Silvano Arieti / Jules Bemporad

■ ■ ■ ■ Depression ■ ■ ■ ■

Krankheitsbild, Entstehung, Dynamik und psychotherapeutische Behandlung

Klett-Cotta

Aus dem Amerikanischen übersetzt von Ulrike Stopfel
Die Originalausgabe erschien unter dem Titel
»Severe and Mild Depression«
im Verlag Basic Books, New York 1978

Die deutsche Ausgabe wurde gegenüber der
Originalausgabe gekürzt, das Kapitel
»Franz Kafka: A Literary Prototype of the
Depressive Character« entfällt ganz.

Printed in Germany 1983
Umschlag: Manfred Muraro
nach einem Entwurf von Heinz Edelmann
Satz und Druck: Hieronymus Mühlberger, Augsburg

CIP-Kurztitelaufnahme der Deutschen Bibliothek

Arieti, Silvano:
Depression : Krankheitsbild, Entstehung, Dynamik
u. psychotherapeut. Behandlung /
Silvano Arieti ; Jules Bemporad.
[Aus d. Amerikan. übers. von Ulrike Stopfel].
– Stuttgart : Klett-Cotta, 1983.
Einheitssacht.: Severe and mild depression
⟨dt.⟩
ISBN 3-608-95194-6
NE: Bemporad, Jules:

Für Vana und Enrico
Tante und Onkel von Silvano Arieti
Mutter und Vater von
Jules Bemporad

■■■■ Inhalt ■■■■

Teil IV
Depression als soziologischer Faktor 447

■■■■ Vorwort ■■■■

Die abnorme seelische Verfassung, die wir als Depression bezeichnen, ist schon seit den Tagen Homers bekannt und wird auch in der Bibel beschrieben; das Interesse an dieser Störung war aber noch nie so groß wie in den vergangenen zehn Jahren. Es handelt sich um eine sehr verbreitete Erscheinung, von der viele Menschen mehr oder weniger stark betroffen sind und die alle Formen des Leidens – von der milden Ausprägung bis hin zu schwersten Störungen – annehmen kann.

Seit einiger Zeit wird die Depression von den meisten Forschern als metabolische Störung angesehen, die ausschließlich oder doch vorwiegend medikamentös zu behandeln ist. Die Verfasser des vorliegenden Buches gehören insoweit heute noch einer Minderheit an – allerdings einer Minderheit, die bemüht ist, sich weithin Gehör zu verschaffen, weil ihre Vertreter der Ansicht sind, daß sie eine wichtige Botschaft auch an die Adresse jener Psychiater zu verkünden haben, die einen völlig anderen Ansatz verfolgen.

Mit der vorliegenden Arbeit wollen wir auf die Bedeutung bestimmter psychischer Faktoren sowohl für die Entstehungsgeschichte als auch für die Behandlung der Depression hinweisen und deutlich machen, wie diese Faktoren zustande kommen und wie sich ihre Wirkungen korrigieren oder aufheben lassen. Diese Faktoren sind gewiß nicht die einzigen Kräfte, die in jedem einzelnen Fall von Depression wirksam werden, aber sie sind unserer Meinung nach notwendig vorhanden; sie lassen sich immer aufspüren, wenn wir in der richtigen Weise nach ihnen suchen, und wir müssen sie uns erklären können, wenn wir uns nicht mit einer nur oberflächlichen und allein auf die Symptome bezogenen Wiederherstellung unserer Patienten begnügen wollen, bei der die Möglichkeit eines Rückfalles keinen Augenblick lang ausgeschlossen werden kann. Auch der Therapeut, der seine depressiven Patienten in der Hauptsache mit Trizyklika und Monoaminoxydase-Hemmern behandelt, kann nicht umhin, daneben in gewisser Weise auch psychotherapeutisch tätig zu werden, die dynamischen Aspekte der Ängste und Konflikte des Patienten zu erkunden, die Vorgeschichte des Patienten zu überdenken und sich klarzumachen, was sich in der therapeutischen Situation ereignet.

Wir geben in diesem Buch zunächst einen Überblick über die wichtigsten Theorien zur Depression und eine Beschreibung der klinischen Symptomatik in ihren unterschiedlichen Erscheinungsformen; anschließend wollen wir uns den psychodynamischen Aspekten des Zustandes und schließlich seiner psychotherapeutischen Behandlung im

Falle erwachsener, heranwachsender und kindlicher Patienten zuwenden. Der postpartalen Depression und der Depression in den mittleren Lebensjahren ist dabei jeweils ein eigenes Kapitel gewidmet. In einem der ersten Kapitel befassen wir uns mit den psychobiologischen Komponenten des Traurigseins, deren Kenntnis für das Verständnis der Depression unerläßlich ist. Am Schluß des Buches beschäftigt sich ein eigenes Kapitel mit den soziokulturellen Faktoren, die möglicherweise am Zustandekommen der Depression ganz wesentlich beteiligt sind.

Das Gebiet der Depressionen ist ein weites Feld, und kein Psychiater kann sich in allen Teilgebieten wirklich gründlich auskennen. Jeder von uns hat deshalb hier nur diejenigen Themen behandelt, bei denen er sich tatsächlich kompetent fühlte: Von Silvano Arieti stammen die Kapitel über die schwere Depression des erwachsenen Patienten und über Fragen und Überlegungen im Zusammenhang mit dem psychologischen Behandlungsansatz: die Kapitel 1, 3, 5, 6, 9, 10, 11 und 12. Jules Bemporad ist der Verfasser der Kapitel über die leichte Depression des Erwachsenen und über die Depression des kindlichen und des heranwachsenden Patienten sowie des Kapitels über die wichtigsten theoretischen Ansätze zum Verständnis der Depression: Kapitel 2, 4, 7, 8, 13, 14, 15 und 17. Das Kapitel 16, das sich mit den soziokulturellen Einflüssen befaßt, besteht aus zwei Teilen – der erste stammt von Silvano Arieti, der zweite von Jules Bemporad.

Wir hatten zwar beide von Anfang an eine feste Vorstellung, was den Inhalt und die Ausrichtung des nun vorliegenden Buches und die wesentlichen Gesichtspunkte betraf, die darin vertreten werden sollten; mit Ausnahme dieses Vorwortes ist aber keine einzige Seite in Gemeinschaftsarbeit entstanden.

Mit den ausführlichen Fallberichten in den Kapiteln 10, 11, 12 und 14 wollen wir zum einen unser praktisches Vorgehen schildern, zum anderen dem Leser die theoretischen Voraussetzungen dieses Vorgehens, wie sie in den übrigen Kapiteln vorgetragen werden, nahebringen.

Der Leser, dem es vorwiegend um statistische Angaben geht, wie sie sich aus der Beobachtung einer möglichst großen Zahl von Patienten gewinnen lassen, wird in diesem Buch nicht finden, was er sucht. Das statistisch orientierte Vorgehen läßt sich mit einer tiefreichenden und sorgfältigen psychodynamischen Erkundung des einzelnen Falles nicht vereinbaren, die ja notwendig bedeutet, daß nur eine beschränkte Zahl von Patienten untersucht und beobachtet werden kann. Wir sind zwar durchaus der Meinung, ein großes Gebiet behandelt zu haben – die Depression von der Kindheit bis ins reife Erwachsenenalter –, aber unser erstes Anliegen ist dabei immer die gründliche und solide Arbeit gewesen, nicht die Zahl der behandelten Patienten.

Wenn unsere Kollegen nach Lektüre dieses Buches von der Wirksamkeit unseres Ansatzes überzeugt und zugleich der Meinung sind, daß er sich unschwer befolgen läßt, wenn der Therapeut seine anfänglichen Hemmungen und Reserven erst einmal überwunden hat, dann haben wir unseren Zweck erreicht und sehen uns in unseren Hoffnungen bestärkt, daß die Fachleute sich in möglichst großer Zahl diesem vielversprechenden Gebiet der Forschung und Behandlung zuwenden werden.

Silvano Arieti
Jules Bemporad

■■■■ Teil I ■■■■
Grundbegriffe und die manifeste Symptomatik

■ ■ ■ ■ 1. Grundsätzliche ■ ■ ■ ■ Überlegungen und der psychologische Ansatz

Jedem Menschen ist das Gefühl der Betrübtheit vertraut, das uns überkommt, wenn in unserem stets von Gefahren bedrohten Leben ein widriger Umstand eintritt oder unsere Gedanken lange genug um die Überlegung gekreist sind, daß das Leben doch viel schöner sein könnte, als es nun einmal ist. Manche Menschen erleben dieses Gefühl immer und immer wieder, bei anderen stellt es sich nur sehr gelegentlich ein. Es schmerzt den betroffenen Menschen, es verzögert seine Handlungen, und schließlich verheilt es in den meisten Fällen auch wieder. In der Regel – wenn auch nicht immer – hat es dem Menschen in gewisser Weise zur Lehre gedient und sein Reifwerden gefördert.

Nicht jedem Menschen bekannt – aber dennoch häufig genug, um das Interesse der Psychiatrie auf sich zu ziehen – ist dagegen jenes andere Gefühl der Betrübtheit, das im Laufe der Zeit eben nicht nachläßt, das im Verhältnis zum auslösenden Geschehen übertrieben oder unangemessen erscheint, für das sich kein vernünftiger Grund finden läßt oder das den Platz einer anderen Emotion einnimmt, die sehr viel »passender« erscheinen würde. Diese Art der Betrübtheit verzögert oder unterbricht die Handlungen des Menschen oder macht sie ganz und gar zunichte; sie ist von einem Gefühl der qualvollen Beunruhigung begleitet, das sich nur schwer im Zaum halten läßt; sie kann sich geradezu erbarmungslos des gesamten Seelenlebens bemächtigen, dessen Kapazität, was die Erfahrung von Schmerz und Pein angeht, unendlich zu sein scheint; oft taucht sie von neuem auf, nachdem sie allem Anschein nach geheilt worden war. Diesen gefühlsmäßigen Zustand bezeichnen wir gewöhnlich als Depression.

Ist sie nur eben ein Gefühl? Ist sie ein Syndrom? Ist sie eine Krankheit? Depression ist ein Gefühl, aber im Gegensatz zu der betrübten oder traurigen Stimmung, von der jeder Mensch gelegentlich erfaßt wird, ist sie zugleich auch ein Syndrom, insofern nämlich, als sie ernsthafte Veränderungen der psychischen und gewisser somatischer Funktionen mit sich bringt. Ob es sich um eine Krankheit handelt, hängt von der Definition ab, die wir mit dem Ausdruck Krankheit verbinden. Wenn »Krankheit« einen Zustand bezeichnen soll, der eine organische Dysfunktion bewirkt – unabhängig vom Vorhandensein gewebsmäßiger Veränderungen und unabhängig von der Art der Ursache, die sie bedingt hat –, dann können wir die Depression sehr wohl als Krankheit bezeichnen. Allerdings müssen wir sorgfältig zwischen der Depression einerseits und der normalen Traurigkeit oder Betrübtheit andererseits unterscheiden, mit der wir uns in Kapitel 5 näher befassen werden. Depression stellt also eine Abweichung gegenüber der normalen Form der Erfahrung bestimmter Emotionen wie Traurigkeit oder Betrübtheit dar.

Zu den wichtigsten und häufigsten Überlegungen, die in diesem Zusammenhang angestellt wurden und werden, gehört die Frage, ob diese Abweichung vom Normalen *von äußeren Gegebenheiten abhängt*. Viele Autoren verneinen das Vorhandensein einer solchen Abhängigkeit mit allem Nachdruck; gelegentlich scheine zwar ein derartiger Zusammenhang zu bestehen, aber er erweise sich dann eben doch als illusorisch: Ein unliebsames Ereignis im Leben, das beim normalen Menschen nur vorübergehende Traurigkeit oder Betrübtheit auslöst, leitet im Patienten eine psychische Störung ein, die sich sehr bald als autonomes Geschehen erweist. Diese psychische Störung ist zunächst von der normalen Traurigkeit nur sehr schwer zu unterscheiden, wird aber in ihrem weiteren Verlauf von Agitiertheit und Ruhelosigkeit oder von ernsthafter Retardation, Hemmung, verminderter Reaktionsfähigkeit in bezug auf äußere Reize und wiederkehrenden düsteren und pessimistischen Gedanken begleitet. In manchen Fällen, die wir als manisch-depressive Störungen bezeichnen, wechselt dieses Bild mit Perioden der Euphorie und der motorischen Erregung ab.

Wenn dieser Zustand eine Krankheit oder medizinisch faßbare Größe ist, wenn sich kein Zusammenhang mit äußeren Gegebenheiten feststellen läßt und der Zustand eine autonome Entwicklung nimmt, dann ziehen viele Beobachter daraus den Schluß, daß es sich um eine endogene Kondition handelt, das heißt also um einen Zustand, dessen Ursprünge im Organismus selbst liegen.

Wo dieser Standpunkt gilt, wird die Forschung in eine bestimmte Richtung gedrängt. Nachdem sich die neuropathologische Forschung bereits zur Zeit Kraepelins (1921) als in diesem Zusammenhang vollkommen fruchtlos erwiesen hatte, wandte man sich vor allem dem Gebiet der Genetik und der Biochemie zu. Ein näheres Eingehen auf diese Bemühungen würde den Rahmen des vorliegenden Buches überschreiten. Wir wollen hier nur erwähnen, daß eine Reihe von Forschern nachweisen konnten, daß zumindest bei der zweiphasigen manisch-depressiven Psychose (einer Störung, die sowohl durch depressive als auch durch manische Anfälle gekennzeichnet ist) ein genetischer Faktor im Spiel ist (siehe Mendels 1974; Cadoret und Tanna 1977). Auch Perris (1966) kam zu dem Schluß, daß Patienten, die sowohl unter manischen wie unter depressiven Episoden zu leiden haben, in genetischer Hinsicht von denjenigen zu unterscheiden sind, die »nur« depressive Anfälle erleiden. In einem später veröffentlichten Artikel formulierte Perris (1976) dann eher zurückhaltend, daß »die Gesamtheit der Ergebnisse der klinischen und biologischen Untersuchungen affektiver Störungen die Hypothese stützte, daß genetische Faktoren von einer gewissen Bedeutung für das Auftauchen zumindest bestimmter Gruppen dieser Störungen sind« (insbesondere solcher, die sowohl manische als auch depressive Phasen enthalten).

Der beträchtlichen Anzahl von Veröffentlichungen, in denen die Meinung vertreten wird, daß in der typischen zweiphasigen manisch-depressiven Erkrankung wohl auch ein genetischer Faktor am Werk ist, stehen die Ergebnisse von Odegard (1963) entgegen, aus denen sich kein genetischer Unterschied zwischen psychotischen und neurotischen Formen der Depression ablesen läßt. Das Vorhandensein eines genetischen Faktors ist nahezu überzeugend also nur in typischen Fällen der manisch-depressiven Psychose nachgewiesen worden. Aber auch bei diesen Fällen scheint er eher in der Form einer gewissen Prädisposition vorhanden zu sein und nicht als ein Faktor, der in sich selbst ausreichen würde, um einen klinischen Zustand zu begründen.

Wenn schon die Beschäftigung mit den erblichen Faktoren kaum irgendwelche ernstzunehmenden Schlüsse gestattet, so gilt dies um so mehr für die biochemischen Forschungen.

Resultate sind hier noch am ehesten im Zuge derjenigen Untersuchungen zu erhoffen, die auf der Katecholamin-Hypothese aufbauen, nach der die Depression möglicherweise in einem Zusammenhang mit der verminderten Aktivität gewisser Überträgersubstanzen des sympathischen Nervensystems steht, vermutlich Noradrenalin und Dopamin. Umgekehrt wäre dann in den manischen Phasen eine erhöhte Aktivität dieser Amine zu erwarten. Diese Hypothese ist aber wie so manche andere über das Stadium der Hypothese nicht hinausgelangt (siehe Mendels, Stern und Frazer 1976).

Eine andere Überlegung, der meines Wissens noch nicht näher nachgegangen worden ist, lautet, daß die biologische Prädisposition möglicherweise darin besteht, daß sich bestimmte neuronische raumzeitliche Muster im Gehirn rascher aktivieren lassen. Diese raumzeitlichen Muster nehmen dann schließlich jene Teile des limbischen Systems oder andere Teile des Gehirns, die das Phänomen der Depression vermitteln, intensiver als üblich in ihren Dienst.

Ich kann nichts darüber sagen, ob sich diese veränderten Muster letzten Endes in die Kategorie der veränderten biochemischen Ereignisse einordnen lassen.

Aber ich bin der Meinung, daß wir an einer Ebene der Forschung nicht hochmütig vorbeigehen sollten, die in anderem Zusammenhang – etwa bei der Erforschung der Funktion der Sprache – durchaus Beachtung gefunden hat und findet. Offensichtlich können wir uns nicht vorstellen, daß es ein »Traurigkeits-« oder »Depressionszentrum« geben könnte, ähnlich dem Sprachzentrum oder gar dem »Lustzentrum«, dessen Vorhandensein von Olds und Milner (1954) aufgrund ihrer Experimente angenommen wird. Sollten Bereiche, durch die Traurigkeit und Depression »vermittelt« werden, in der Tat existieren, dann bestehen sie vermutlich aus einer Vielzahl zerebraler Unterbereiche, die einander zwar nicht benachbart sind, durch die entsprechende Schaltung aber zusammenarbeiten und das bilden, was Luria (1966, 1973) ein »funktionales System« nennt.

Im Gegensatz zu meiner verständlichen Zurückhaltung in der soeben angeschnittenen Frage zögere ich keinen Augenblick, die folgende Feststellung zu treffen: In meiner jahrzehntelangen praktischen und forschenden Tätigkeit habe ich keinen einzigen Fall von Depression über längere Zeit beobachtet, von dem ich hätte sagen können, daß wirklich kein psychischer Faktor im Spiel gewesen wäre. Von keinem einzigen meiner Patienten könnte ich behaupten, daß seine Depression in keinem Zusammenhang mit einer vorangehenden Beunruhigung gestanden hätte oder daß sie aus dem Nichts gekommen und ihre Ursache ausschließlich in einer metabolischen Störung zu suchen gewesen wäre. Dabei möchte ich betonen, daß meine Erfahrungen im wesentlichen aus der Behandlung schwerer Fälle von Depression stammen, die viele Autoren als endogen bezeichnen. Bemporad (der nicht Autor dieses Kapitels ist) schließt sich mir insofern an, als er gleichfalls vom Vorhandensein eines psychischen Faktors auch in den Fällen von milder Depression, die er behandelt hat, überzeugt ist.

Soll das bedeuten, daß wir hier den Standpunkt vertreten, jeder Fall von Depression sei eine *reaktive* Depression? Keineswegs, zumindest nicht in dem Sinne, in dem der Ausdruck Reaktion von vielen Psychiatern verwendet wird. Daß die psychische Krankheit eine Reaktion sei, gilt manchen Fachleuten als eine Erfindung Karl Bonhoeffers, der sich mit den von ihm so genannten »exogenen Reaktionen« (1910) beschäftigte. Aber Bonhoeffer bezog sich auf Hirnkrankheiten, die von außen her durch toxische Wirkstoffe ausgelöst worden waren. Er deutete geistige Krankheit als Folge von physischen Veränderungen.

In den Vereinigten Staaten leitet sich das Konzept der Depression als einer Reaktion aus der Arbeit und der Lehre Adolph Meyers her. Zwar ging es Meyer sehr viel eher um das Phänomen der Schizophrenie, aber er formulierte auch im Zusammenhang mit der Depression eine Reihe von Grundsätzen, die sich mit seiner allgemeinen psychiatrischen Orientierung deckten. Er sprach von Patienten, die »dazu neigen, mit einer ganz bestimmten depressiven Reaktion *zu reagieren,* wo andere ihr Gleichgewicht durchaus wahren können« (1908a) (Kursive von mir). In der gleichen Veröffentlichung heißt es: »Zur Entstehungsgeschichte gehört also 1. die konstitutionelle Ausstattung und 2. ein auslösender Faktor; und in unserem Eifer lassen wir den letzteren gern beiseite und sprechen immer nur von Erblichkeit oder dem konstitutionellen Apparat. Ich stehe auf dem Standpunkt, daß wir *beide* Elemente nützen müssen, ja daß dem auslösenden Faktor sogar die größere Bedeutung zukommt, weil nur er uns eine Vorstellung vom tatsächlichen Defekt liefern, nämlich einen Hinweis auf die Art der konstitutionellen Ausstattung geben kann, und weil wir auf dieser Grundlage präventive Arbeit leisten, das heißt den Menschen in der jeweils richtigen Weise stärken können, so daß er Widerstandskräfte gegen diese seine Ausstattung entwickelt« (Kursive von Meyer).

Diese Worte Adolph Meyers, die 1908 geschrieben wurden, haben bis heute nichts von ihrer brennenden Aktualität eingebüßt. Meyer betonte, daß beide Faktoren in Betracht zu ziehen seien. Er setzte den Ausdruck »beide« kursiv, nicht den Ausdruck »Reaktion«. Meyer sprach von der Bedeutung des auslösenden Faktors, »weil nur er uns eine Vorstellung vom tatsächlichen Defekt liefern... kann« – und dennoch hat die amerikanische Psychiatrie sich in der Folge sehr viel stärker für das Konzept der Reaktion interessiert. Aber auf welche Art von Defekt hat Meyer sich eigentlich bezogen? Aus seinen übrigen Arbeiten und besonders aus seiner Beschäftigung mit der Schizophrenie wissen wir, daß nach seiner Überzeugung der »tatsächliche Defekt« ebenso wie die Reaktion das Ergebnis der Lebenserfahrung des Patienten insgesamt und seiner biologischen Mitgift (also seiner psychobiologischen Ausstattung) waren. Aber war es Meyer schon nicht gelungen, in die tieferen Schichten des Seelenlebens des schizophrenen Patienten vorzudringen, obwohl er Längsschnittuntersuchungen betrieb, so gelang ihm dies in der Arbeit mit dem depressiven Patienten noch weniger. Er unterstrich zwar ganz zu Recht, daß die »Reaktion« des psychiatrischen Patienten ja gar nicht eintreten würde, wenn er nicht bereits darauf vorbereitet gewesen wäre, aber er ging dieser Vorbereitung nur in sehr vager und unbefriedigender Weise nach; das heißt er bezeichnete sie als »stellvertretende« bzw. »Ersatz«-Aktivität (Meyer 1908b). Unter Meyers Einfluß bildeten sich zwei Lager in der amerikanischen Psychiatrie: auf der einen Seite standen diejenigen, die allein die Reaktion für wichtig hielten und den

Patienten als passive und vom äußeren Geschehen beherrschte Entität betrachteten; die andere Seite hielt dagegen an der alten Konzeption fest, nach der der Patient an einer endogenen Krankheit leide, also ein Organismus sei, der auf Gnade und Ungnade seinem chromosomalen oder metabolischen Geschick ausgeliefert sei.

Wir verfolgen mit diesem Buch nicht die Absicht, das Vorhandensein bestimmter konstitutioneller oder biochemischer Faktoren nachzuweisen oder auszuschließen. Ob solche Faktoren gegeben sind, ist angesichts der von uns gewählten Themenstellung nicht von ausschlaggebender Bedeutung, denn unserer Meinung nach müssen ja andere – psychologische – Faktoren existieren oder doch zumindest koexistieren. Da jedes psychische Geschehen zu seinem Zustandekommen auf neurophysiologische und biochemische Mechanismen angewiesen ist, bestätigen wir hier die Existenz solcher Mechanismen, aber wir untersuchen sie nicht.

Die Autoren des vorliegenden Buches räumen zwar den psychischen Faktoren eine ganz besondere Bedeutung ein, schließen sich aber in bezug auf das Konzept der Reaktion, wie es üblicherweise verstanden wird, nicht der herrschenden Meinung an. Wenn wir das Wort »Reaktion« im Zusammenhang mit bestimmten Formen der Depression verwenden, bei denen das auslösende Geschehen eine besondere Rolle zu spielen scheint (etwa bei der sogenannten reaktiven Depression), so halten wir uns insoweit an den üblichen Sprachgebrauch, um Verwirrung zu vermeiden.

Der Grund aber, weshalb wir uns nicht imstande sehen, das Konzept der Reaktion voll zu übernehmen – selbst in Fällen, in denen ein auslösendes Geschehen tatsächlich vorhanden ist und sehr wahrscheinlich die größte Rolle spielt –, ist folgender: Unsere Untersuchungen haben uns zu dem Schluß geführt, daß ein solches Geschehen nicht zum auslösenden Faktor geworden wäre, wenn es nicht eine ganz besondere Bedeutung für den Patienten angenommen und damit ein pathogenes Potential erworben hätte. Das heißt, die Umgebung und der Patient tragen beide zur Transformation des Geschehens in eine Ursache bei: die Umgebung dadurch, daß sie die Kontingenzen für das Geschehen liefert; der Patient dadurch, daß er dem Geschehen bewußt oder unbewußt eine besondere Bedeutung beimißt. Und schließlich würde das Geschehen nicht mit einer solchen Bedeutung verknüpft werden und folglich nicht mit dem erwähnten Potential ausgestattet sein, wenn der Patient nicht seine bisherigen Lebenserfahrungen und seine Persönlichkeit in ganz spezifischer Weise zur Integration gebracht hätte.

Seit vielen Jahren vertrete ich den Standpunkt (der übrigens von

Bemporad aufgrund seiner klinischen Arbeit bestätigt wird), daß eine bestimmte, der Entwicklung vorausgehende Denkweise den Boden für die Depression bereitet. Diese Denkweise ist der Grund dafür, daß dem auslösenden Geschehen eine solche Bedeutung beigemessen wird, und sie erklärt, daß und warum der Patient das Geschehen so und nicht anders aufnimmt. Wenn kein erkennbares auslösendes Geschehen gegeben ist, so ist doch eine besondere zuvor schon bestehende Denkweise vorhanden, die – zum Teil bewußt, zu einem sehr viel größeren Teil unbewußt – den Boden für das depressive Ergebnis bereitet hat. Diese seine Art zu denken, die im Leben des Patienten eine integrative Funktion innehatte und von ihm als Abwehr genutzt wurde, vermittelt ihm jetzt die Empfindung eines partiellen oder vollständigen Verlustes, einer partiellen oder vollständigen Hilf- und Hoffnungslosigkeit, die von Depression begleitet ist. Während die Depression in der Regel als subjektives und bewußtes Phänomen fortbesteht, kann der kognitive Nährboden teilweise oder ganz ins Unbewußte absinken.

In diesem Buch wollen wir aufzeigen, wie diese Denkweise zustande gekommen ist. In vielen Fällen läßt sich ihr Ursprung in Ereignissen ausfindig machen, die sich in der Kindheit des Patienten abspielten. Der Leser wird allerdings feststellen, daß wir die Erfahrungen aus der Kindheit im Einklang mit der klassischen Freudschen Lehre zwar für sehr bedeutsam halten, daß wir in ihnen aber nicht die einzigen Determinanten des pathologischen Ablaufs der Ereignisse erblicken, wie er in der Lebensgeschichte des Patienten sichtbar wird.

Nach der allgemeinen Systemtheorie ist die Psyche kein geschlossenes System, sondern ein System, das für die ständige Beeinflussung durch außersystemische Faktoren offen ist (Bertalanffy 1956). Auch psychopathologische Strukturen sind offene Systeme, Zustände von unterschiedlich starker Unwahrscheinlichkeit, die durch negative psychologische Entropie aufrechterhalten werden, wie sie von außerhalb des ursprünglichen Systems herkommt. Ein offenes System wie die menschliche Psyche folgt dem Prinzip der Äquifinalität; der Endzustand ist nicht eindeutig durch die Ausgangslage bestimmt. Jede Lebensphase steht unter dem Einfluß der vorausgegangenen Phasen, aber nicht in starrer oder unabwendbarer Weise. Andere Faktoren treten hinzu. Frühe Erfahrungen haben an der Verursachung einer Depression nur dann teil, wenn sie gemeinsam mit anderen Faktoren die Ausbildung einer Denkweise begünstigen, die ihrerseits ungünstige Lebensmuster hervorbringt.

Aus dem bisher Gesagten ergeben sich eine Reihe weiterer Fragen. Wir sprechen zwar in diesem Buch immer wieder von Lebensmustern und spezifischen Verhaltensweisen, aber es geht uns dabei nicht in erster Linie um das äußere Verhalten, sondern um die Vorstellungswelt und um die ihr entsprechenden Mechanismen, die zur Ausbildung solcher Muster führen. Aus diesem Grunde nennen wir unseren Ansatz kognitiv. Ich habe mich innerhalb der psychiatrischen Forschung schon seit 1946 mit Fragen der Kognition befaßt; meine ersten Veröffentlichungen über den Zusammenhang von Kognition und Depression erschienen aber erst 1959 und 1962. Seit 1963 befürwortet auch Aaron Beck einen kognitiven Ansatz bei der Behandlung der Depression. Der Ansatz, den ich propagiere und zu dem Bemporad eine Reihe eigener Beiträge geleistet hat, unterscheidet sich von Becks Überlegungen insofern, als er longitudinal und dynamisch ausgerichtet ist. Es geht dabei nicht so sehr darum, daß der Patient depressiv ist, weil er jetzt depressive Gedanken hat, sondern es wird auf die kognitive Vorgeschichte verwiesen, die weitgehend unbewußt verlaufen ist. Viele Psychiater stehen dem kognitiven Ansatz zögernd gegenüber, weil sie befürchten, daß bei dieser Betrachtung der Dinge das affektive Leben und insbesondere die – bewußte und unbewußte – Motivation falsch gesehen oder in ihrer Rolle nicht voll erkannt und verstanden werden könnten. Diese Befürchtung hegen sie vor allem im Zusammenhang mit der Untersuchung und Behandlung affektiver, also solcher Störungen, bei denen die erhebliche Abweichung vom Normalen gerade die Affekte erfaßt.

Unsere Zeit ist von einem gewissen Anti-Intellektualismus geprägt, der selbst in der Psychiatrie und in der Psychoanalyse zu Mißverständnissen und Verzerrungen geführt hat. Der kognitive Ansatz betont eine Tatsache, die in Psychiatrie und Psychoanalyse sehr selten zugegeben wird: die meisten menschlichen Emotionen können ohne ein kognitives Substrat, einen kognitiven Nährboden nicht gedacht werden. Die Ausdehnung des Neokortex und damit unserer kognitiven Funktionen hat auch eine Erweiterung unseres affektiven Lebens ermöglicht. In einer 1937 erschienenen und inzwischen klassischen Veröffentlichung wies Papez nach, daß gewisse Teile des Rhinencephalons und des Archipalliums (die nach MacLean [1959] heute zum limbischen System zählen) beim Menschen keine olfaktorischen Funktionen besitzen, sondern der Erfahrung von Emotionen dienen. Obgleich dem Geruchssinn heute nicht mehr soviel Bedeutung zukommt wie in früheren Zeiten, sind diese Bereiche beim Menschen nicht etwa geschrumpft, sondern haben sich ausgedehnt und sind eine Verbindung mit großen neokortikalen Bereichen eingegangen. An anderer Stelle (Arieti 1967) habe ich aufgezeigt, daß elementare Emotionen, die ohne kognitive Entsprechung auskommen bzw. nur eine sehr dürftige kognitive Entsprechung verlangen – etwa Spannung, Furcht, Wut –, sich durch die Intervention komplizierter kognitiver Mechanismen in komplexere Emotionen verwandeln – etwa Angst, Zorn, Depression und Haß. Diese Zusammenhänge mit der potentiell unendlichen Sphäre der symbolischen Kognitionen lassen auch das emotionale Leben des Menschen unübersehbar und potentiell unendlich geraten. In Kapitel 5 werde ich zeigen, daß und wie kognitive Elemente zu Traurigkeit und Depression führen können.

Zu Beginn unseres Jahrhunderts führten Bleuler und Jung das Konzept des »Komplexes« in die Psychiatrie ein. Nach Laplanche und Pontalis (dt. 1977) ist ein Komplex eine

> »organisierte Gesamtheit von teilweise oder ganz unbewußten, stark affektbesetzten Vorstellungen und Erinnerungen. Ein Komplex entsteht auf der Grundlage der zwischenmenschlichen Beziehungen der Kindheitsgeschichte; er kann alle psychologischen Ebenen strukturieren: Emotionen, Haltungen, angepaßte Verhaltensformen« (S. 252).

Das Konzept des Komplexes fand sofort Eingang in die klassische Psychoanalyse, wenn Freud auch bald feststellte, daß es sich um einen unzureichenden theoretischen Begriff handelte (Jones 1955). Es hat dann in Psychiatrie und Psychoanalyse bald wieder an Beliebtheit eingebüßt, ist dafür aber von der Alltagssprache bereitwillig aufgenommen worden. Wenn wir in diesem Buch den Begriff Komplex verwenden, dann im Sinne eines kognitiven Konstrukts oder Konstruktsystems. Der alte Begriff des »Komplexes« gilt unter den Fachleuten nicht mehr viel, weil seinen kognitiven Komponenten zu wenig Bedeutung beigemessen wurde. Wenn wir hier von einem Konstrukt sprechen, dann bezeichnen wir damit nicht etwas Statisches, sondern etwas, das sich im Laufe des Lebens eines Menschen immer wieder verändern kann; etwas, das durch die Lebensereignisse verändert wird und auch seinerseits am Zustandekommen von Lebensereignissen teil hat.

Es ist wichtig, daß wir uns mit der Transformation der kognitiven in affektive Komponenten der Psyche befassen, aber es ist ebenso wichtig zu untersuchen, warum es dem Patienten so schwer fällt, sich von dem intensiven Gefühl der Depression zu befreien. Häufig kann er sich dem Gefühl einfach nicht entziehen, daß er etwas sehr Wertvolles verloren hat – dabei kann es sich um etwas ganz Bestimmtes oder aber um eine sehr vage, undefinierbare oder mit Worten einfach nicht zu beschreibende Sache handeln. In schweren Fällen beklagt der Patient den weitestgehenden Verlust überhaupt – die Tatsache, daß das Leben für ihn keinen Sinn mehr hat –, eine Empfindung, die einen früher einmal erlittenen Verlust bzw. eine ganze Reihe tatsächlicher oder symbolischer Verluste in stark vergrößerter Form spiegelt. In solchen Fällen schwerster Beeinträchtigung empfindet oder handelt der Patient so, als sei er zu dem unausweichlichen Schluß gekommen, daß sein Leben sinn- und wertlos ist. Die starke Depression, die mit dieser sichtbaren Überzeugung einhergeht, bedeutet im Grunde einen Verrat an der Liebe des Patienten zum Leben und an seiner letztlich doch vorhandenen Gewißheit, daß das Leben einen Sinn hat und lebenswert ist. Selbst seine tiefe Depression enthält also noch ein im psychologischen Sinne positives Element: Seinem innersten Wesen nach gehört der Patient nicht zu den Menschen, die alles kosmische Geschehen als das Ergebnis zufälliger Begegnungen von Atomen betrachten, die wiederum zufällig zu organischen Einheiten werden und mit den Regungen des menschlichen Herzens nicht das geringste zu tun haben.

Läßt sich außerhalb des Bereichs des Pathologischen irgend etwas denken, das dieser tiefen Depression ähnelt, und in dem die Unausweichlichkeit des zumeist und zutiefst Gefürchteten beschlossen ist? Ja: die *tragische* Situation, wie wir sie aus der Literatur kennen.

Bevor ich in der Erörterung des kognitiven Ansatzes fortfahre, muß ich erwähnen, daß Jules Bemporad in Kapitel 2 die anderen psychologisch ausgerichteten Deutungen der Depression erläutern wird. In Kapitel 16 wird dann der Zusammenhang zwischen Depression und gewissen ideologischen Voraussetzungen, wie der Patient sie in seiner soziokulturellen Umwelt vorfindet, beschrieben und erörtert.

Der eigentliche Gegenstand dieses Buches aber sind die psychische Schädigung und die psychotherapeutische Behandlung des individuellen Patienten – sei er Kind, Jugendlicher oder Erwachsener. Wenn wir uns nicht nur mit der manifesten Symptomatik, sondern darüber hinaus allmählich mit der Vorgeschichte des depressiven Patienten vertraut machen, dann stellt sich bei uns das Gefühl ein, eine unsichtbare Macht habe ihn sein ganzes Leben lang begleitet und ihn in die unglückliche Lage versetzt, in der er sich jetzt befindet. Zu den vordringlichen Anliegen dieses Buches gehört es, diese unsichtbare Macht dadurch sichtbar werden zu lassen, daß wir zeigen, wie sie zustande kommen und bestehen bleiben konnte – mit Hilfe vieler innerer und äußerer, individueller und soziokultureller Gegebenheiten nämlich, die dem Menschen in ihrer Mehrzahl unbewußt waren und nur zu einem geringeren Teil bewußt geworden sind; aber auch diese haben ihre unbewußten Verzweigungen besessen.

Ein weiteres Ziel, das wir mit diesem Buch verfolgen, ist die ins einzelne gehende Darstellung unseres psychotherapeutischen Vorgehens. Der Psychotherapeut will die psychologisch-ätiologischen Faktoren und Mechanismen so weitgehend beeinflussen, daß sie auch bei Vorhandensein zusätzlicher biologischer Mechanismen nicht mehr imstande sind, die Störung weiter aufrechtzuerhalten, zumindest nicht mit der bisherigen Intensität. Eine erfolgreiche psychotherapeutische Betreuung wirkt auch der Gefahr des erneuten Auftauchens der Störung zu einem späteren Zeitpunkt sehr nachhaltig entgegen. Unsere Fallberichte werden, so hoffen wir, unseren Optimismus bestätigen. Wir sind zu dem Schluß gekommen, daß die meisten Fälle von Depression – von der milden bis zur schweren Form – durch Psychotherapie gebessert werden können. Wir erheben keine Einwendungen gegen den Gebrauch anderer Behandlungsmethoden für bestimmte Fälle, aber wir sind der Meinung, daß der psychotherapeutische Ansatz sich für sehr viele Patienten als segensreich erweist, auch dort, wo andere therapeutische Vorgehensweisen wirkungslos geblieben sind. In einigen besonders gelagerten Fällen kann man auch an eine Kombination verschiedener Behandlungsweisen denken.

Bei allen unseren Bemühungen steht selbstverständlich immer der Patient im Mittelpunkt. Dennoch sollten wir die Überlegung nicht völlig außer acht lassen, daß der psychotherapeutische Ansatz auch für den Therapeuten eine belohnende Erfahrung ist, weil er ihm nämlich ein tieferes Verständnis für die eine oder andere menschliche Dimension einträgt. Wie ich schon an anderer Stelle (1976) ausgeführt habe, erfüllt uns die gelungene Behandlung eines schwer depressiven Patienten mit tiefer Freude, denn wir haben einem Menschen geholfen, der nun glücklich darüber ist, uns begegnet zu sein. Wir empfinden aber auch eine geheime Freude darüber, daß wir den Patienten kennengelernt und damit mehr über uns selbst erfahren haben. Im Grunde unseres Herzens sind wir wohl immer empfänglich für das Leiden des depressiven Patienten, das uns ja nicht völlig unbegründet erscheint, sondern unseren eigenen Leiden ähnlich ist und eine Wahrheit enthält, die im Dilemma des Menschen beschlossen ist.

Diese Beschäftigung mit dem depressiven Menschen wird uns auch zeigen, daß wir unser Unglück selbst heraufbeschwören können – durch die seltsame Art nämlich, in der wir unsere Vorstellungen und Empfindungen mischen und mit Bedeutungen versehen. Wir werden erkennen, daß die Beschäftigung mit den Lebensumständen durchaus wichtig ist; viel wichtiger aber ist die Beschäftigung mit unseren Vorstellungen bezüglich dieser Umstände, mit unseren Idealen und mit der Frage, was wir aus ihnen machen bzw. wie wir sie nützen, um am Ende zu bestimmten Gefühlen und Einstellungen zu gelangen. Diese Beschäftigung wird nicht nur unsere pathologischen Züge, sondern auch unsere sogenannte Normalität erfassen und, so hoffen wir, in gewissem Ausmaß erhellen – nicht nur unsere Verzweiflung, sondern auch unsere zuversichtlichen Erwartungen, nicht nur unsere Einsamkeit, sondern auch die Art, wie wir einander zu Hilfe kommen und so das Band zu unseren Mitmenschen fester knüpfen.

■ ■ ■ ■ 2. Kritische Betrachtung der wichtigsten ■ ■ ■ ■ theoretischen Ansätze zum Verständnis der Depression

Melancholie ist einer der großen Begriffe der Psychiatrie. Er hat viele Bedeutungsveränderungen erfahren, hat veraltete Schemata oder irrige Theorien gedeckt, ist falsch angewandt, angefochten, seines Sinnes beraubt worden und hat sich doch bis in unsere Zeit hinein gehalten, Teil der Sprache der Mediziner wie des verständigen Laien.
Sir Aubrey Lewis

■ ■ ■ Einführung ■ ■ ■

Wohl keine andere Störung, mit der wir es in der Psychiatrie oder in der Medizin ganz allgemein zu tun haben, läßt sich wie die Depression bis zu den ersten schriftlichen Aufzeichnungen des Menschen zurückverfolgen. In den klassischen Sagen und in der Bibel begegnen uns immer wieder Gestalten, die Symptome aufweisen, die wir heute als typisch für die Depression bezeichnen würden. Die erste objektive klinische Beschreibung stammt von Hippokrates, der den Ausdruck »Melancholie« (»Schwarzgalligkeit«) dafür prägte und so auf die ungewöhnliche Trübsal hinwies, wie sie den depressiven Menschen auszeichnet.

Nach Zilboorg (1944) sind diese frühen Berichte insofern bedeutsam, als sie uns bestätigen, daß die Symptome affektiver Störungen während 25 Jahrhunderten mehr oder weniger die gleichen geblieben sind. Trotz der historischen Übereinstimmung in der Symptombeschreibung sind die vorgetragenen Ursachen und die verschiedenen Formen der Behandlung der Depression immer wieder kritisch unter die Lupe genommen worden – entsprechend den jeweils herrschenden Erklärungsmodellen und ätiologischen Vorstellungen. Deshalb gerät jede umfassende Betrachtung der Geschichte der Depression zugleich zu einer Dokumentation der Ausfaltung des psychiatrischen Denkens. Angesichts der ins Unermeßliche angewachsenen einschlägigen Literatur will ich mich hier nur mit denjenigen Autoren befassen, die entweder mit neuen Ideen über die Depression hervortraten oder von deren Ansichten noch unsere heutigen Vorstellungen von der Depression entscheidend geprägt sind.*

---

* Der Leser, der sich ausführlicher über die frühe psychiatrische Forschung informieren möchte, sei auf die ausgezeichneten Arbeiten von Lewis (1934), Jellife (1931) und Zilboorg (1944) hingewiesen.

Hippokrates, von dem es heißt, er habe im vierten Jahrhundert vor Christus gelebt, hat die erste medizinische Beschreibung der Depression hinterlassen. Er bezeichnete die Störung als »Melancholie«, weil er glaubte, sie werde durch ein Übermaß an schwarzer Galle im Gehirn hervorgerufen. Nach seiner Überzeugung stand die Melancholie in engem Zusammenhang mit der Epilepsie, und er zählte sie neben der Manie, der Phrenitis und der Paranoia zu den vier großen psychiatrischen Krankheiten. Hippokrates kommt zwar das Verdienst zu, diese Störung als erster beschrieben zu haben; aber erst Aretaeus von Kappadozien verfaßte dann im zweiten nachchristlichen Jahrhundert eine sehr ausführliche und bemerkenswert »moderne« Schilderung des Leidens. Für Aretaeus war die Depression durch rein psychische Faktoren verursacht und hatte nichts mit Galle, Phlegma oder Launen zu tun. Siebzehn Jahrhunderte vor Kraepelin hat Aretaeus schließlich in bestimmten Fällen auch schon einen Zusammenhang zwischen Manie und Depression gesehen und beide Zustände als Teil ein und derselben Krankheitsentität betrachtet. Möglicherweise ist seine Prognose sogar zutreffender ausgefallen als diejenige von Kraepelin, denn Aretaeus stellte bereits fest, daß die Krankheit nach einer Remission wiederkehren könne und daß die Erholung von einer depressiven Episode nicht notwendig Heilung bedeuten müsse (Arieti 1974). Schließlich hat Aretaeus auch die Bedeutung der zwischenmenschlichen Beziehungen im Zusammenhang mit der Depression erkannt; er berichtet nämlich über den Fall eines schwer gestörten Patienten, der sich von seinem Leiden erholte, nachdem er sich verliebt hatte.

Welchen bedeutsamen Beitrag Aretaeus erbracht hat, wird auch an der nachstehend wiedergegebenen Schilderung deutlich, die sich fast wie eine Stelle aus einem modernen Lehrbuch liest:

> »Die charakteristischen Erscheinungsformen sind also gar nicht unklar; die Patienten sind stumpfsinnig oder starr, niedergeschlagen oder ohne allen Schwung, und dies ohne erkennbare Ursache: das ist der Beginn der Melancholie. Dazu werden sie launisch, mutlos, sie schlafen nicht oder fahren aus unruhigem Schlaf auf... Sie neigen dazu, sich rasch wieder anders zu entscheiden; sie werden herrschsüchtig und sparsam bis zur Knauserigkeit; innerhalb kürzester Zeit geben sie sich bald einfach, dann wieder extravagant und großzügig, und dies nicht aus edler Veranlagung, sondern aufgrund der Wandelbarkeit ihrer Krankheit. Wenn die Krankheit aber heftiger wird, zeigen sie Haßgefühle, bleiben den

Stätten der Menschen fern und äußern leere Klagen; sie bejammern ihr Leben und wünschen sich den Tod« (zitiert nach Lewis 1934).

Dieses vielversprechende Werk über die Depression, das von Aretaeus (und auch von Celsus, der das Leiden mit großer Einfühlsamkeit schilderte) begonnen wurde, ist leider von seinen unmittelbaren Nachfolgern nicht fortgeführt worden. Galen stellte im zweiten Jahrhundert eine Theorie auf, nach der die geistige Krankheit mit den Körpersäften zu tun hatte. Seine Theorie blieb das ganze Mittelalter hindurch Doktrin. Erst in der Renaissance erwachte das Interesse an der Depression von neuem, und es wurden wieder Bemühungen unternommen, ihre Ursachen zu erforschen. Das trifft in erster Linie für das elisabethanische England zu, wo es offensichtlich zu einer wahren Epidemie von Fällen von Melancholie gekommen war, wie wir aus den zahlreichen Schriften über diese Störung schließen können, die innerhalb jener kurzen Zeitspanne erschienen sind. Timothy Bright brachte im Jahre 1586 ein Werk mit dem Titel *Treatise on Melancholia* heraus, und zwei Jahrzehnte später erschien Thomas Walkingtons *Optick Glass of Humours,* in dem der Autor sich des langen und breiten mit der »melancholick complexion« (also dem melancholischen Aussehen und Charakter) befaßte, wie sie sich aus dem Einfluß der Körpersäfte und der Stellung der Planeten ergebe (Veith 1970). Schließlich erschien 1621 Robert Burtons gewichtige *Anatomy of Melancholy,* die uns heute noch zugänglich ist. Dieses riesige und höchst verschlungene Werk ist ebenso ein Spiegel des Lebens wie eine endlose Abhandlung über die Depression. Trotz seiner enzyklopädischen Gründlichkeit und Gelehrsamkeit ist es schwierig, aus ihm das zentrale Thema Depression herauszufiltern – sei es, was die Ursachen, sei es, was die Behandlung angeht. Immerhin entdeckten die Ärzte in Europa nun von neuem, daß Melancholie und Manie einander häufig im gleichen Menschen ablösen. Beide Zustände galten verschiedenen Autoren wie Bonet oder Schacht und Herchel als Bestandteile der gleichen diagnostischen Gegebenheit.

Im Zuge der stürmischen Verbreitung naturwissenschaftlicher Erkenntnisse betrachteten die psychiatrischen Forscher die geistige Krankheit allmählich eher als Folge physiologischer Einflüsse denn als Anzeichen dämonischer Besessenheit. Allerdings fehlte es bei ihren Entdeckungen an einer übergreifenden Ordnung; jeder Forscher nahm für sich in Anspruch, ein neues Syndrom entdeckt zu haben, nur weil er eine Handvoll Patienten behandelt hatte. Es war die Zeit der extrem detaillierten Schilderung pathologischer Zustände, der durch die lateinische Bezeichnung jeder diagnostischen Gegebenheit noch Vorschub geleistet wurde. Im Jahre 1851 unterschied Falret zwischen der gewöhnlichen Melancholie und ihren episodischen Varianten, und drei Jahre später nahm Baillarger eine ähnliche Einteilung vor. Falret prägte auch den Ausdruck »folie circulaire« (zirkuläres Irresein) und berichtete, daß manche Patienten gesunde Intervalle erlebten, während bei anderen eine zwar allmählich verlaufende, aber eindeutige Degeneration am Werk sei. Zu seinen bedeutsamen Leistungen gehört weiter die Beobachtung, daß die wiederkehrende Depression »in der Familie« liege und Frauen häufiger als Männer von ihr befallen würden. Insgesamt aber herrschte auf dem ganzen Gebiet beträchtliche Verwirrung; die einzelnen Psychiater nahmen diagnostische Unterscheidungen und Einteilungen vor, die so gut wie nie miteinander in Zusammenhang gebracht wurden. Ein Thema, das alle interessierte, war die Frage nach dem Ausgang der Störung, der dann zur Bestätigung der Diagnose herangezogen wurde. Griesinger unterschied um die Mitte des vorigen Jahrhunderts zwei Kategorien von »Verrücktheit«, die heilbaren und die unheilbaren Fälle. Dieses Interesse an der Prognose entstammte möglicherweise dem Mangel an angemessenen Behandlungsmethoden – das Beste, was man tun konnte, war, den Verlauf der Krankheit zu beobachten und sie dann anschließend zu klassifizieren.

Vor diesem Hintergrund wird die herausragende Leistung Kraepelins besonders deutlich, der die Psychiatrie durch die Einführung eines nosologischen Systems revolutionierte, das noch heute Gültigkeit besitzt. Kraepelin sonderte die gemeinsamen Elemente aus der verwirrenden Vielzahl der jeweils im Alleingang entdeckten Syndrome aus und stellte dann drei große Kategorien der Krankheit auf: die dementia praecox, die Paraphrenie und die manisch-depressive Psychose. Grundlage seiner Klassifikation waren die Ähnlichkeit der Symptome und das jeweilige Ende.

Kraepelin ordnete eine Reihe depressiver Störungen in die größere Kategorie der manisch-depressiven Psychose ein, und zwar mit der Begründung, daß diese Gruppe von Störungen sich neben einigen oberflächlichen Unterschieden im wesentlichen durch gemeinsame Symptome auszeichne, daß die einzelnen Symptome einander im gleichen Patienten »ablösen« könnten und daß die Prognose für alle diese Untertypen günstig sei (Arieti 1974). Zu den manisch-depressiven Erkrankungen gehörten nach Kraepelins nosologischem System die folgenden Zustände: die intermittierende Psychose, die einfache Manie, bestimmte Zustände der Verwirrtheit, die meisten Fälle von Melancholie und bestimmte Fälle leichter Stimmungsstörungen als Vorläufer ernsthafterer Zustände. Insgesamt unterschied Kraepelin vier größere Untergruppen: depressive Zustände, manische Zustände, gemischte Zustände und »fundamentale Zustände«, das heißt Stimmungsstörungen, wie sie zwischen oder vor den manisch-depressiven Attacken oder auch anstelle dieser Attacken eintreten (Braceland 1957).

Kraepelins große Leistung besteht darin, Ordnung in das bisherige nosologische Chaos gebracht zu haben. Braceland (1957) schildert den Zeitpunkt von Kraepelins Auftreten als eine Periode, »in der die Psychiater hilflos im Sumpf der Symptome herumtappten und keine gemeinsamen Bezeichnungen ... finden konnten« (S. 872). Bei seinem Versuch, ein brauchbares Klassifikationssystem zu schaffen, hielt Kraepelin sich an das medizinische Modell; für ihn waren die psychiatrischen Störungen in bestimmter, wenn auch bisher noch nicht geklärter Weise organisch bedingt, besaßen einen charakteristischen Verlauf und nahmen ein vorhersagbares Ende.

Im Einklang mit diesen Kriterien unterschied er die manisch-depressive Erkrankung von der dementia praecox; bei der ersteren handelte es sich um einen remittierenden Zustand, der aber schließlich geheilt werden konnte, wenn es auch während der klinischen Episoden zu schweren Beeinträchtigungen kam. In gewissem Sinne schuf Kraepelin also so etwas wie ein »psychiatrisches System der Endergebnisse« – er nutzte die Prognose als wesentliches diagnostisches Kriterium. Kraepelins System wurde weithin bejaht und als großer Schritt nach vorn begrüßt, aber es fand auch seine Kritiker. So hieß es etwa, daß sich angesichts der Vielzahl von (inneren und äußeren) Einflüssen, denen jeder Mensch ausgesetzt ist, eine streng deterministische Prognose nicht mit Sicherheit aufstellen lasse. In seinen späteren Veröffentlichungen akzeptierte Kraepelin diesen Einwand und räumte ein, daß ein gewisser Prozentsatz der Fälle nicht wie »vorgeschrieben« verlaufe. Allerdings ging es Kraepelins Kritikern weniger um klinische Daten als vielmehr um seine fatalistische Betrachtung der Krankheit und um die Tatsache, daß er den Ausgang (der im einzelnen Fall ja niemals im vorhinein bekannt sein konnte) zur Aufstellung der Diagnose heranzog.

Zu den entschiedensten Kritikern Kraepelins gehörte Adolf Meyer, dessen eigenes Klassifikationssystem sich im Gegensatz zu dem Kraepelins an die größere Kategorie der Reaktionstypen hielt. Ursprünglich hatte Meyer das neue Kraepelinsche System begrüßt und selbst angewandt, aber später kamen ihm Bedenken, weil dieses System sich zu stark auf Ergebnisse stützte. Meyer begann, psychiatrische Störungen unter dem Gesichtspunkt zu behandeln, daß sie eher infolge von Lebensereignissen als infolge ausschließlich organischer Zustände

– die ihren Fortgang ja völlig unabhängig vom Geschehen in der Umgebung nehmen – zustande gekommen seien. Schließlich wandte er sich vollkommen vom medizinischen Modell ab und betrachtete psychiatrische Störungen von nun an als die spezifische Reaktion des Menschen auf eine Folge von Lebensereignissen. Er wandte sich (1904) gegen den Ausdruck »Melancholie«, der einem vagen Zustand, von dem man kaum etwas Genaues wisse, den Stempel der Gewißheit aufdrücke, und schlug vor, die Störung als Depression zu bezeichnen, zumindest solange sich eine wirkliche Krankheit (wie etwa eine hirnorganische Schädigung) nicht positiv nachweisen lasse.

Meyers Ansichten spiegelten wahrscheinlich eine Überzeugung, die sich in der Psychiatrie ganz allgemein immer stärker durchsetzte: daß geistige Krankheit nämlich im Zusammenhang mit der wachsenden Kenntnis in bezug auf das normale Verhalten des Menschen gesehen und erklärt werden müsse und nicht einfach als eine Form des physischen Leidens betrachtet werden könne, dessen Symptome man gewissermaßen »wörtlich« nehmen und auflisten könne. Ohne Zweifel stand Meyer unter dem Einfluß der faszinierenden Entdeckungen der Psychoanalyse, deren Anhänger behaupteten, über die oberflächlichen Manifestationen der Krankheit hinaus bis zum Kern des pathologischen Geschehens vordringen zu können, das man dann mit psychologischen Begriffen erklären könne.

Kraepelin blieb sein Leben lang der peinlich genaue und objektive Beobachter, der es ablehnte, sich mit mehr als den klinisch faßbaren Daten zu beschäftigen. Noch zu einem Zeitpunkt, als es der Psychoanalyse schon gelungen war, die Aufmerksamkeit bekannter Vertreter der Psychiatrie auf sich zu lenken, schrieb Kraepelin: »Ich bin nun einmal daran gewöhnt, auf dem sicheren Boden der direkten Erfahrung zu wandeln, und mein philisterhafter Umgang mit den Naturwissenschaften hemmt jeden meiner Schritte angesichts von Einwendungen, Überlegungen und Zweifeln, über die sich die Anhänger Freuds dank ihrer ungehemmten Vorstellungskraft mit Leichtigkeit hinwegsetzen« (zitiert in Braceland 1957).

Kraepelin ist und bleibt der Prototyp des objektiven Wissenschaftlers, der es nicht zulassen kann, daß sich unvermittelte Einsichten in seine sorgfältig dokumentierten Beobachtungen hineinstehlen. Wir können wohl sagen, daß die moderne Psychiatrie in dem Augenblick ihren Anfang genommen hat, als Kraepelin dem Chaos, das bis zu seinem Auftreten geherrscht hatte, eine Ordnung gab.

■ ■ ■ Die Suche nach den Ursachen ■ ■ ■

Was die Psychiater an der Psychoanalyse so faszinierte, war nicht zuletzt die beharrlich vorgetragene Behauptung, daß geistige Krankheit nicht einfach die nach außen gekehrte Manifestation einer zerebralen Schädigung sei, sondern daß ihre Symptome psychischen Gegebenheiten entspringen und eine Bedeutung besitzen. Die Psychoanalyse wies den Weg zur Aufdeckung dieser Bedeutung. Kraepelin hatte den tatsächlichen Inhalt der pathologischen Präsentationen seiner Patienten weitgehend außer acht gelassen und sich statt dessen an die formale Struktur ihrer Krankheit gehalten. Für Freud besaßen die Worte und Handlungen des Patienten eine bestimmte Bedeutung, und wenn man wußte, wie diesen Verhaltensweisen oder Symptomen nachzuspüren war, dann enthüllten sie eine Logik, die sich begreifen ließ. Hinter Freuds Theorie der menschlichen Natur, seinen Aussagen über das Unbewußte, über die Abwehrkräfte des Ich, über die gewaltige Macht der in der Kindheit erlittenen Traumata und seiner Lehre von den Trieben und ihren Derivaten steht der großangelegte Versuch, die Ursachen der Krankheit zu entdecken. Ob der moderne Psychopathologe den orthodoxen Freudschen Standpunkt einnimmt oder nicht – dem Einfluß der psychoanalytischen Suche nach den verborgenen Motiven des Verhaltens kann er sich in keinem Fall ganz entziehen.

Aus eben diesem Wunsch heraus, das Vorhandensein einer verborgenen Motivation nachzuweisen, beschäftigten sich die ersten Psychoanalytiker mit hysterischen und zwangsneurotischen Störungen, an denen sich ihrer Meinung nach die Existenz unbewußter Konflikte leichter nachweisen lassen würde. Die Depression blieb anfänglich unbeachtet – sie zeigt nicht so dramatische Symptome, die sich als symbolisch für tieferliegende Probleme interpretieren lassen. Erst nachdem Freud sich mit der Hysterie, der Zwangsneurose, dem Traum, der Fehlleistung, dem Witz, der kindlichen Sexualität und der Paranoia beschäftigt hatte, wandte er seine Aufmerksamkeit den depressiven Zuständen zu, und seine Aussagen – und die seiner Schüler – zu diesem Gegenstand zeigten denselben Einfallsreichtum und dieselbe revolutionäre Qualität wie die Aussagen zu den anderen Themenbereichen. Der Einfluß dieser frühen psychoanalytischen Forschungen auf die nachfolgende Beschäftigung der Psychiatrie mit den affektiven Störungen kann gar nicht deutlich genug hervorgehoben werden. Wir wollen uns daher hier im einzelnen mit diesen Forschungen beschäftigen.

■ ■ Der Beitrag Abrahams ■ ■

Es war Karl Abraham, der 1911 die wohl erste psychoanalytische Studie über die Depression veröffentlichte. Wir müssen diese bahnbrechende Untersuchung heute vor dem Hintergrund der damals gültigen psychoanalytischen Verlautbarungen betrachten. Um 1911 galt die Psychoneurose als Folge der Unterdrückung der Libido, und so vergleicht Abraham die Depression in diesem frühen Aufsatz mit der Angst, von der man ebenfalls annahm, sie sei Folge einer Unterdrükkung der Triebe. Abraham unterscheidet zwischen den beiden genannten Zuständen: Angst entsteht, wenn die Erlangung der erwünschten – und auch weiterhin erreichbaren – Befriedigung durch Triebunterdrückung verhindert wird; zur Depression kommt es dagegen, wenn der Mensch die Hoffnung aufgegeben hat, seine libidinösen Strebungen befriedigen zu können. Zudem ist bei der Depression das Bemühen um Triebbefriedigung so tief unterdrückt, daß der Mensch nicht imstande ist, sich geliebt zu fühlen oder selbst zu lieben – er hat die Hoffnung aufgegeben, jemals zur emotionalen Intimität zu gelangen. Das heißt also, Abraham verknüpft die Lehre von der exzessiven Unterdrückung der Libido nun mit der Depression und versucht dann, diese Verknüpfung am Beispiel von sechs depressiven Patienten nachzuweisen, die bei ihm in Behandlung waren. Diese Fallstudien gehören zu den klassischen Beispielen der psychoanalytischen Literatur.

Bei der Schilderung der sechs Patienten weist Abraham zunächst auf die Gemeinsamkeiten zwischen Depressiven und Zwangsneurotikern hin – ein Zusammenhang, der sich in seinen Schriften immer wieder findet. Bei beiden Patiententypen stellt er eine tiefreichende Ambivalenz gegenüber anderen Menschen fest – dem Werben um Liebe stehen starke Haßgefühle gegenüber, die ihrerseits wieder unterdrückt werden, weil der Mensch seine extreme Feindseligkeit ja nicht zugeben kann. Ebenso wie der Zwangsneurotiker kann auch der Depressive sich nicht gesund entfalten, weil in ihm Haß und Liebe ständig in Streit miteinander liegen. Die zwischenmenschlichen Beziehungen des Depressiven lassen diesen unterdrückten Haß erkennen, der seine Wurzeln in einer blockierten Libido hat.

Bei beiden Zuständen ist die Liebesfähigkeit behindert, weil die Libido unterdrückt wird; Depressive und Zwangsneurotiker unterscheiden sich aber darin ganz radikal voneinander, wie sie ihre blokkierten Impulse anderweitig zum Ausdruck bringen: Der Zwangsneurotiker ersetzt die ursprünglichen und für ihn unannehmbaren sexuellen Wünsche durch Wiederholungsrituale. Der Depressive, so Abraham, nimmt seine Zuflucht zu einem nur ihm eigentümlichen Prozeß der Projektion. Dieser Prozeß scheint der Erklärung der Paranoia nachgebildet, die Freud kurz zuvor formuliert hatte. Die innere Dynamik des depressiven Patienten läßt sich danach etwa in die folgenden Worte kleiden: »Ich kann die Menschen nicht lieben; ich muß sie hassen.« Ein solches Eingeständnis seiner Haßgefühle ist unannehmbar und muß unterdrückt werden. Dann wird die Feindseligkeit auf andere Menschen projiziert, und das bewußte Denken wird transformiert, es lautet nun: »Die Menschen lieben mich nicht; sie hassen mich.« Diese Formulierung ist annehmbar und findet noch eine zusätzliche Bestätigung durch Rationalisierung: der Haß der Umwelt ist wegen irgendeines imaginierten angeborenen Defektes gerechtfertigt.

Abraham erklärt noch weitere signifikante Aspekte der Depression auf der Basis des Gedankens der Unterdrückung. Erstaunlich modern mutet seine Feststellung an, daß die massiven Schuldgefühle des Depressiven auf seine durchaus vorhandenen, wenn auch im Unbewußten gehaltenen Zerstörungswünsche zurückgehen. Diese unterdrückte Feindseligkeit zeigt sich deutlich in Träumen, Fehlleistungen und anderen symbolischen Akten. Abraham behauptet, daß manche Patienten stolz auf ihre Schuldgefühle seien und sich wünschten, ». . . ein Verbrecher allergrößten Stiles zu sein, mehr Schuld auf sich zu laden als alle anderen Menschen zusammengenommen« (1911, S. 146; dt. S. 153). Er bemerkt auch, daß manche Depressiven ihre Selbstbeschuldigungen genießen und Freude an ihrem Leiden finden, weil es ihnen gestattet, alle ihre Gedanken auf sich selbst zu richten. Diese Selbstbezogenheit erklärt die Anfälle von Verarmungswahn, die wiederum symbolisch sind für die emotionale Deprivation des Menschen, der seine Libido von der Umgebung abgezogen hat.

Im übrigen befaßt sich Abraham in dieser frühen Veröffentlichung mit der Manie und mit der Frage, ob und wie weit sich die psychoanalytische Behandlung für depressive Patienten eigne. Manie gilt ihm als die offene Manifestation dessen, was in der depressiven Phase unterdrückt war. Der ungestüme Ausdruck von Liebe und Haß, der »Freiheitsrausch« in der manischen Phase wird als Rückkehr in jene Phase der Kindheit erklärt, in der die jeweilige Emotion noch nicht unterdrückt wurde. Abraham bemerkt, daß das Gespräch mit einem manischen Erwachsenen sehr stark an die Unterhaltung mit einem Fünfjährigen erinnere. Er gibt zu, daß er keine Erklärung dafür hat, warum es in manchen Fällen zur Auflösung der Verdrängung kommt, in anderen dagegen nicht.

Diese frühe Veröffentlichung ist deshalb besonders bedeutsam, weil sie versucht, die affektiven Störungen gewissermaßen für die psychoanalytische Betrachtungsweise zu »erschließen«. In diesem Bemühen beschränkt Abraham sich auf die damals verfügbaren Formulierungen, etwa Repression und Projektion. Aber schon in diesem frühen Werk macht er auf signifikante Aspekte der depressiven Erkrankung aufmerksam, die von den vor ihm tätigen Forschern übersehen worden waren. Er erkennt die Ambivalenz und die Unfähigkeit des Depressiven, andere Menschen wirklich zu lieben. Er erwähnt auch die exzessive Selbstbezogenheit des Depressiven und die Tatsache, daß er sogar Schuldgefühle nützt, um die Aufmerksamkeit auf seine Person zu lenken. Schließlich spricht Abraham auch von der grundsätzlichen Feindseligkeit, die einer befriedigenden emotionalen Entfaltung im Wege steht. Von unserer heutigen Warte aus fällt auf, daß die Rolle der Mitmenschen im Zusammenhang mit Entstehen und Fortbestehen der depressiven Episode nicht erwähnt und gewürdigt wird. Auch über die Bedeutung des Objektverlustes, der später ja als das wichtigste Geschehen überhaupt im Zusammenhang mit der Depression gilt, wird nicht gesprochen. Statt dessen geht Abraham der Überlegung nach, daß affektive Störungen sich möglicherweise als Folge des Gefühls einstellen, zur Übernahme von Pflichten und Verantwortlichkeiten eines erwachsenen Menschen in der Gesellschaft unfähig zu sein. Es klingt wie Hohn, daß diese Überlegungen später auch von Adler und von anderen Autoren angestellt wurden, die wesentliche Aspekte der Freudschen Lehre nicht anerkannten.

Fünf Jahre später erschien Abrahams zweite Veröffentlichung über die affektiven Störungen, ein Aufsatz mit dem Titel »Untersuchungen über die früheste prägenitale Entwicklungsstufe der Libido«. Schon in dieser Überschrift deutet sich die Veränderung an, die seit Erscheinen der zuerst genannten Arbeit eingetreten war. Gleich zu Beginn spricht Abraham von seiner Absicht, jene Theorien, die Freud in der dritten Auflage seiner *Drei Abhandlungen zur Sexualtheorie* entwickelt hatte, durch klinische Daten zu untermauern. Das heißt, Abraham will nachweisen, wie sich die Depression mit der Formel von der Regression auf eine bestimmte libidinöse Entwicklungsstufe integrieren läßt.

Abraham glaubt, daß die Depression sich als Regression auf die erste psychosexuelle bzw. die orale Phase verstehen lasse. Gemeinsamkeiten zwischen der oralen Phase und der Depression finden sich in der Art der libidinösen Entladung und in der typischen Form der Objektbeziehungen. Freud hatte darauf hingewiesen, daß die unbewußten Beziehungen des oral fixierten Menschen in aller Regel durch Introjektion gekennzeichnet seien. Abraham glaubt nun, daß der Depressive noch über die bloße Einverleibung des psychischen Objektes hinausgehe: »In der Tiefe seines Unbewußten findet sich die Tendenz, das Objekt zu verschlingen, zu vernichten« (1916, S. 276; dt. S. 109). Eben dieser unbewußte Wunsch nach der oralen Zerstörung des Objektes macht dann zwei ganz wesentliche Symptome der Depression verständlich: die Verweigerung der Nahrungsaufnahme (das heißt die Gleichsetzung von Nahrung mit dem Liebesobjekt, das der Mensch zu zerstören fürchtet) und die Angst vor dem Verhungern (die wiederum aus der Furcht erwächst, die oral-zerstörerischen Wünsche in die Tat umzusetzen). Abraham sieht auch eine scheinbar antithetische Situation: Manche Depressive erfahren durch die Nahrungsaufnahme eine Erleichterung ihres depressiven Zustandes. Aber auch hier sieht er den Zusammenhang zwischen Depression und Oralität.

Zwei Dinge bleiben dem Leser dieser Veröffentlichung nicht lange verborgen: das allmähliche Abweichen vom Pfad der empirischen Beobachtung und die ganz subtile, aber doch durchgängig vorhandene Tendenz, die klinischen Daten einer bereits existierenden Theorie an- und einzupassen. Dazu kommt, daß die Theorie sich auch ihrerseits von der direkten Beobachtung entfernt und es daher schwieriger wird, sie empirisch auf ihre Richtigkeit hin zu überprüfen. Die Feststellung, Depression sei eine unbewußte Regression auf die erste prägenitale Phase der Libido und enthalte sowohl kannibalistische Phantasien als auch Formen der Abwehr gegen diese Wünsche, ist eine sehr komplexe Aussage, in der der zunehmend spekulative und gewundene Charakter der psychoanalytischen Theorie sichtbar wird. Aber die Veröffentlichung ist insofern bemerkenswert, als sie auf die Rolle der Introjektion in der Depression verweist und damit Freuds spätere Äußerungen zu diesem Thema bereits vorwegnimmt. Von größerem heuristischen Wert ist möglicherweise der Umstand, daß Abraham die libidinösen Stufen dahingehend erweitert, daß sie nicht einfach nur Formen der libidinösen Befriedigung, sondern auch Formen der Objektbeziehung in sich schließen. So gesehen, sind die prägenitalen Phasen eher psychologische denn biologische Abschnitte – eine Art der Betrachtung, der dann in den Arbeiten von Sullivan, Fairbairn und den Ichpsychologen höchste Priorität zukommt.

Auch in seinem dritten Beitrag zur Depression, der 1924 erschien, ging Abraham den Ursprüngen in der Fixierung auf die orale Phase nach, obwohl Freud inzwischen seine eigene Ansicht über die Melancholie veröffentlicht hatte. Auch hier bemüht Abraham sich wieder um eine Bestätigung der Freudschen Theorien, aber das wichtigste Anliegen dieser dritten Veröffentlichung scheint doch die Erarbeitung einer Typologie der Krankheit auf der Grundlage der Fixierung auf bestimmte libidinöse Phasen zu sein. Wie zuvor beginnt Abraham mit den Gemeinsamkeiten zwischen Zwangsneurotikern und Melancholikern. Beide gehen ambivalente Beziehungen ein und zeigen ungewöhnliche Charakterzüge wie etwa die geradezu maßlose Ordnungsliebe und die übermäßige Beschäftigung mit Geldfragen. Abraham stellt zunächst die Überlegung an, daß der Depressive während seiner gesunden Intervalle wohl in der Tat von Zwang getrieben ist. Später heißt es, daß beide Typen auf frühe prägenitale Phasen regredieren; während aber der Zwangsneurotiker sich offenbar mit der unbewußten Kontrolle über sein Liebesobjekt zufrieden gibt, zerstört der Depressive das internalisierte psychische Objekt tatsächlich. Um diesen Unterschied zu erklären, postuliert Abraham zwei Subphasen des analen Stadiums: eine spätere, durch Festhalten gekennzeichnete Phase und eine frühere Phase, die durch das Ausstoßen charakterisiert ist. Abraham führt aus, daß der Mensch später im Leben sein internalisiertes Liebesobjekt ebenso behandelt, wie er ursprünglich seine »primitivste Form des Besitzes«, nämlich seine Fäces, behandelt hat. Er behauptet, daß der Zwangsneurotiker zur späteren analen Phase hin regrediert und sich das Objekt auf diese Weise bewahrt; der Depressive regrediert zur früheren analen Phase, stößt damit das Liebesobjekt unbewußt von sich und verliert es. Der Zwangsneurotiker ist nach Abraham imstande, Abwehrkräfte gegen eine weitergehende Regression zu mobilisieren, die der Depressive nicht auf den Plan rufen kann. Folglich empfindet der Depressive nach dem Verlust seines internalisierten Liebesobjektes ein Gefühl der inneren Leere, das er auf dem Weg über die orale Einverleibung verzweifelt zu beheben sucht. Wieder verweist Abraham hier auf die große Bedeutung, die den oralen Symptomen in der Depression zukommt: diesmal interpretiert er sie als Bemühungen um die erneute Einverleibung des zerstörten Liebesobjektes. Zum Beweis seiner Hypothese beruft Abraham sich auf die in der Depression häufig auftretenden koprophilen Phantasien, die nach seiner Interpretation nicht etwa Versuche der Selbsterniedrigung sind, sondern ein Symbol für den unbewußten Wunsch, sich das anal ausgestoßene Objekt auf oralem Wege wieder einzuverleiben.

Zwar gelten Abrahams Bemühungen in diesem Beitrag sehr weitgehend der näheren Definition jener Fixierungen, die dann eine pathologische Entwicklung zur Folge haben; zugleich bemüht er sich aber auch um die Integration der jüngsten Freudschen Theorien, in diesem Fall des Essays »Trauer und Melancholie«, auf den wir noch im einzelnen zu sprechen kommen werden. Hier soll die knappe Feststellung genügen, daß Abraham in der Tat die reparative Einverleibung des Liebesobjekts, die in der Depression auf den Verlust folgt, mit der späteren ambivalenten Beziehung zu diesem introjizierten Objekt verknüpft. Dieser Aspekt der Freudschen Theorie deckt sich deutlich mit Abrahams eigenen Vorstellungen. Auch stimmt Abraham dem Gedanken zu, daß das verlorene Objekt als Teil des Ichs angesehen wird, so daß das eigene Selbst nun eine ambivalente Betrachtung erfährt. Das zeigt sich beispielhaft am Kontrast zwischen den Selbstbeschuldigungen während der depressiven Phase und dem Überlegenheitsgefühl, das der Patient in den gesunden Intervallen zur Schau stellt.

Nachdem er auf diese Weise seine eigenen Feststellungen mit den jüngsten Freudschen Erkenntnissen verwoben hat, stellt Abraham ätiologische Überlegungen an und gelangt auf klinischem Weg auch hier zu sehr bemerkenswerten Beobachtungen. Er weist auf den häufig vorhandenen Zusammenhang zwischen einer Liebesenttäuschung und dem Beginn der Depression hin. Eine Analyse dieser Fälle zeigt »unweigerlich«, daß die erlittene Zurückweisung eine erhebliche pathogene Wirkung hatte, denn sie wurde im Unbewußten als Wiederholung des in der Kindheit erlittenen Verlustes eines Liebesobjektes empfunden. Ein solches zeitig im Leben erfahrenes Trauma ist ein machtvoller ätiologischer Faktor, es stellt gewissermaßen die Weichen dafür, daß der Mensch auf jeden Verlust, den er in seinem späteren Leben hinnehmen muß, mit einer Depression antwortet. Gemäß dieser Theorie der libidinösen Entwicklung sagt Abraham dann, daß die in der Kindheit erlebte Enttäuschung vor der ödipalen Phase eingetreten sein muß, als die Libido des Kindes noch »narzißtisch« war. Das heißt, zur Objektliebe gehört auch die Hereinnahme der mentalen Vorstellung des Liebesobjektes ins Unbewußte – mit der Folge, daß es als Teil des eigenen Selbst behandelt wird und auch der Wunsch nach seiner Zerstörung aufkommt (wie oben beschrieben). Am Ende dieser Überlegungen kommt Abraham zu dem für die weitere Entwicklung der Theorie bedeutsamen Schluß, daß das Kindheitstrauma, da es ja so früh im Leben eingetreten ist, seine Erklärung nicht in ödipaler Rivalität haben kann, sondern durch unzureichende mütterliche Zuwendung und Fürsorge entstanden ist.

Im letzten Teil dieser Veröffentlichung faßt Abraham seine drei Beiträge zum Thema Depression noch einmal zusammen und nennt eine Reihe prädisponierender Faktoren: 1. einen konstitutionellen Faktor, nämlich die Überakzentuierung des oral-erotischen Elements; 2. eine starke Fixierung der Libido auf der oralen Stufe, wie sie in der übertriebenen Bekümmernis angesichts von Enttäuschungen und Versagungen und in einem Übermaß an oralen Aktivitäten (Saugen, Essen usw.) im täglichen Leben erkennbar wird; 3. eine schwere Schädigung des infantilen Narzißmus als Folge wiederholter Liebesenttäuschungen, die zum »infantilen Vorbild« der Depression führt, nämlich zur »Urverstimmung«; 4. das Eintreten der ersten ernsthaften Liebesenttäuschung vor der Überwindung der ödipalen Wünsche; 5. die Wiederholung der primären Enttäuschung zu einem späteren Zeitpunkt im Leben. Immer wieder kommt Abraham auf die Bedeutung der Ambivalenz zu sprechen, sei es im Verhältnis zu anderen Menschen, sei es im Verhältnis zum inkorporierten Objekt.

Abrahams endgültiger Standpunkt in bezug auf die Depression läßt sich wohl mit Hilfe des folgenden Zitats zusammenfassend darstellen:

> »Wir dürfen zusammenfassend sagen, daß sich bei unseren Patienten an eine unerträgliche Enttäuschung durch das Liebesobjekt die Tendenz anschließt, es wie Körperinhalt auszustoßen und zu vernichten. Dann folgt die Introjektion, das Wiederfressen des Objektes, als spezifische Form der narzißtischen Identifizierung in der Melancholie. Die sadistische Rachsucht tobt sich nun in einer zum Teil lustvollen Selbstquälerei aus« (1924, S. 469; dt. S. 151).

Nach alldem können wir wohl zu Recht sagen, daß die psychoanalytische Erforschung der Depression mit Abraham beginnt. Seine Arbeiten entstanden zu einer Zeit, in der die psychoanalytische Theorie noch einigermaßen unkompliziert war, als man noch jede psychische Krankheit als Regression auf bestimmte libidinöse Fixpunkte ansehen konnte.* Aber neben der sorgfältigen Beschreibung und Definition der spezifischen Fixierungen in der Depression wies Abraham auch auf die wichtige Rolle der Ambivalenz hin, sprach vom Zusammenhang zwischen Enttäuschung im Kindesalter und den späteren Liebesbeziehungen des Menschen und schließlich davon, daß die Depression die Wiederholung eines in der Kindheit erlittenen Traumas im Erwachsenenalter darstelle. Wohl ist ihm seine Beschreibung der Melancholie etwas mechanistisch-metapsychologisch geraten; das ändert aber nichts an der Tatsache, daß sein klinischer Scharfsinn ihn die machtvollen interpersonalen und intrapsychischen Aspekte der Depression durchaus erkennen ließ.

■ ■ »Trauer und Melancholie« ■ ■

Es ist wohl nicht übertrieben zu behaupten, daß Freuds kurze Abhandlung »Trauer und Melancholie« die Entwicklung der Psychoanalyse in eine andere Richtung lenkte. Dieses Werk hat unter der Fülle

* Interessant ist in diesem Zusammenhang, daß Freud an Abraham Kritik übte wegen dessen übermäßiger Betonung der libidinösen Phasen bei gleichzeitiger Außerachtlassung der übrigen Aspekte der Persönlichkeit (Siehe Jones 1955, Band II).

der Veröffentlichungen insofern eine besondere Stellung inne, als Freud hier zum ersten Male vom Vorhandensein pathologischer Mechanismen ausgeht, bei denen das Moment der Sexualität keine Rolle spielt. Überdies spricht Freud in dieser Abhandlung von »Objektbeziehungen« und nicht von der Unterdrückung, er erarbeitet eine Instanz, die später zum Überich werden sollte, und weist der Rolle des Ich im pathologischen Geschehen einen größeren Spielraum zu. Die gesamte britische Schule der Psychoanalyse hat ihre Wurzeln wohl in diesem grundlegenden Werk, in dem Freud den Inhalt des Unbewußten dahingehend verändert, daß es sowohl Objekte (das heißt mentale Repräsentationen anderer Menschen) als auch Affekte und Ideen enthält. Mit dieser Veröffentlichung beginnt das »reife« Werk Freuds. Schuldgefühle und Aggression werden hier als primäre Motivationen genannt und anerkannt, und dies gewissermaßen auf Kosten des Gedankens der blockierten Äußerung erotischer Impulse.

Nach Jones (1955) hatte Freud bereits 1914 sein Interesse an der Depression bekundet, möglicherweise angeregt durch die Arbeiten von Abraham und Tausk. »Trauer und Melancholie« entstand 1915, wurde aber wegen der Kriegsereignisse erst 1917 veröffentlicht. Die Schrift umfaßt nur knapp zwanzig Seiten, traf aber auf ein bemerkenswertes Echo; sie beeinflußt noch ein halbes Jahrhundert später die Ansichten über die Depression und hat eine Umorientierung der psychoanalytischen Forschung bewirkt. Sie erhellt schlaglichtartig die Genialität ihres Verfassers – seine Fähigkeit, klinische Manifestationen aus einer neuen und überraschenden Perspektive zu sehen, und sein beeindruckendes und von tiefem Verständnis für seinen Gegenstand zeugendes Argumentationstalent.

Freud beginnt seinen Essay mit der Mitteilung, daß ihm an der schriftlichen Äußerung über die Melancholie gelegen sei, da diese Diagnose letzten Endes wohl eine ganze Gruppe von »Affektionen« charakterisiere. Er macht auch die einschränkende Bemerkung, daß seine Erkenntnisse auf der Beobachtung nur einer kleinen Gruppe von Patienten gründeten, und daß eine Verallgemeinerung daher vielleicht nicht zulässig sei.

Daran anschließend vergleicht Freud die Melancholie mit dem Phänomen des Trauerns und stellt zahlreiche Gemeinsamkeiten wie auch einige wesentliche Unterschiede fest: beiden gemeinsam ist das Gefühl der tiefen, schmerzlichen Verstimmung aufgrund eines Verlustes, das mangelnde Interesse an der Außenwelt, der Verlust der Liebesfähigkeit und eine Hemmung der Aktivität. Aber nur die Melancholie zeigt eine Herabsetzung des Selbstgefühls bis hin zu Selbstvorwürfen und Selbstbeschimpfungen und der wahnhaften Erwartung von Strafe. Dazu kommt, daß der Melancholiker sich gar nicht im klaren ist über die Natur des erlittenen Verlustes und darüber, was seine Niedergeschlagenheit eigentlich herbeigeführt hat. Selbst wenn ihm klar ist, wen er verloren hat, so weiß er doch nicht recht, »was er an ihm verloren hat«. Diese Feststellung macht Freud glauben, daß der Verlust ein innerer und unbewußter sei. Der Verlust der Selbstachtung weist auch auf eine innere Verarmung hin. »Bei der Trauer«, sagt Freud, »ist die Welt arm und leer geworden; bei der Melancholie ist es das Ich selbst.« Wie erklärt Freud nun dieses innere Gefühl des Verlustes in der Depression?

Er setzt bei den unangemessenen Selbstbeschuldigungen an, die 1. gewöhnlich moralischen Inhalts sind, 2. völlig ungerechtfertigt sind und 3. öffentlich und ungeniert erhoben werden. Nach Freud geht dies auf eine Spaltung im Ich des Melancholikers zurück, in dem der eine Teil sich über und wider den anderen plaziert, ihn kritisch beurteilt und ihn wie ein äußeres Objekt betrachtet.* Auf der Grundlage dieser klinischen Feststellungen entwickelt Freud dann den Gedanken, daß die Selbstbeschuldigungen sich in Wahrheit gar nicht gegen das Selbst, sondern gegen einen Menschen richten, den der Patient liebt, geliebt hat oder lieben sollte. Der Schlüssel zum Verständnis des Krankheitsbildes lautet, daß die Selbstbeschuldigungen in Wahrheit Beschuldigungen gegenüber einem Liebesobjekt sind, die auf das eigene Ich des Patienten verlagert worden sind. Deshalb braucht sich der Melancholiker seiner Beschuldigungen nicht zu schämen, denn sie gelten ja im Grunde einem anderen Menschen. Spitzfindig fügt Freud hinzu, daß der Melancholiker trotz seiner entsprechenden Verlautbarungen nicht wirklich wie ein nichtswürdiger Mensch handelt, sondern ständig gekränkt ist, so als ob er sehr ungerecht behandelt worden wäre. Wie kommt es zu diesem innerpsychischen Prozeß der Verlagerung eines Objekts auf das eigene Ich?

Freud stellt die Behauptung auf, daß der spätere Melancholiker in seiner Kindheit eine intensive Objektbeziehung aufgebaut hat, die dann erschüttert worden ist, weil die geliebte Person ihn enttäuscht hat. Dem Bruch der Beziehung folgte der Abzug der libidinösen Besetzung, aber die befreite Libido wurde nicht auf ein anderes Objekt übertragen, möglicherweise wegen der im Grunde narzißtischen Art der Objektwahl. Statt dessen wurde diese Libido ins Ich zurückgenommen, es kam zu einer Identifizierung zwischen einem Teil des Ichs

* An diesem Punkt wird der richtende Teil des Ichs als *Gewissen* bezeichnet, aber später – mit der Revision, wie sie durch die Strukturtheorie herbeigeführt wurde – wird er eindeutig zum Überich.

und dem verlorenen Objekt, und diese Ichidentifizierung absorbiert nun die Libido. Freud beschreibt diesen Vorgang mit den berühmtgewordenen Worten: »Der Schatten des Objekts fiel so auf das Ich, welches nun von einer besonderen Instanz wie ein Objekt, wie das verlassene Objekt, beurteilt werden konnte« (G. W. Bd. X, S. 435). Damit wird das internalisierte Bild des verlorenen Objekts den ambivalenten Gefühlen des Menschen und der Verachtung und dem Haß ausgesetzt, die sich eigentlich auf das verlorene Objekt richten sollten. Darin also liegt nun die innerpsychische Prädisposition für die Melancholie.

Später eintretende Verluste erwecken den ersten Verlust von neuem zum Leben und veranlassen den Patienten, seine Wut am ursprünglichen enttäuschenden Objekt auszulassen, das mit einem Teil seines eigenen Ichs verschmolzen ist. In extremen Fällen ist dieser Sadismus so virulent, daß der Mensch das innere Bild des Objekts ganz und gar zerstören möchte und daher Selbstmord begeht. Die meisten Melancholiker erfahren jedoch eine ausreichende Befriedigung dadurch, daß sie das Bild schmähen und herabsetzen, was klinisch in den Selbstbeschuldigungen faßbar wird. Wenn ihre Wut sich verbraucht hat oder sie das Objektbild als nicht länger von Wert abgetan haben, dann verschwindet die Krankheit, bis ein weiterer Verlust den gesamten Vorgang von neuem in Gang setzt. Bei manchen Patienten kommt es zu einem plötzlichen Abzug der Libido von dem inneren Bild, und dieser Überschuß an Energie wird dann in manischem Verhalten verausgabt. Bei der Manie hat das Ich die nach innen gekehrte Wut gemeistert und das Problem gewissermaßen ad acta gelegt; bei der Melancholie wird das Ich von der kritischen Instanz verfolgt und ist ihrem Zorn weiterhin ausgesetzt.

Abschließend nennt Freud drei die Melancholie bedingende Faktoren: den Verlust des Objektes, ein hohes Maß an Ambivalenz und die Regression der Libido in das Ich. Alle drei Faktoren sind notwendig, aber nur der letzte ist spezifisch für die Melancholie.

Wenn wir Freuds kurzen Essay heute betrachten, so müssen wir sagen, daß er ein Meisterwerk der klinischen Forschung und der logischen Deduktion darstellt. Dennoch hat er möglicherweise mehr Schwierigkeiten hervorgerufen als gelöst. Dieser Aufsatz bringt ein völlig neues Modell der Krankheit in Vorschlag: Krankheit als Affektäußerung an die Adresse des inkorporierten Objektes (allerdings hat schon Abraham in seiner Beschäftigung mit der Depression vor dem Hintergrund der libidinösen Regression einen ähnlichen Weg eingeschlagen).* Wir wissen heute, daß sich dieses Konzept nur unter größ-

* Fußnote s. Seite 44

ten Schwierigkeiten beweisen oder durch klinisches Material erhärten läßt. Seit Jahrzehnten bemühen sich die Therapeuten ohne nennenswerten Erfolg, ihre depressiven Patienten dazu zu bringen, daß sie ihren Zorn aussprechen und auf diese Weise von dem internalisierten Bild abziehen. Es gibt aber depressive Menschen, die diese so bedeutsamen Selbstbeschuldigungen gar nicht kennen. Und nicht alle Depressiven haben eine von Verlust gekennzeichnete Vorgeschichte oder Gegenwart. Freuds kühne und phantasiereiche Formulierung hat also auf lange Sicht der Erprobung nicht standhalten können.

Auch in theoretischer Hinsicht bereitet uns diese Formulierung Schwierigkeiten. Die kritische Instanz ist inzwischen zum Überich geworden, das seinen Zorn nicht nur in der Melancholie, sondern in allen neurotischen Störungen am Ich ausläßt. Das Konzept der Introjektion des die Enttäuschung verursachenden Objekts hat sich weiter durchsetzen können, insbesondere im Werk der Kleinianer, und ist damit nicht länger typisch allein für die Melancholie. In späteren orthodoxen Verlautbarungen über die Depression, die wir im folgenden noch besprechen werden, ist das Konzept der Introjektion recht eindeutig beiseitegeschoben worden, und zwar zugunsten einer Hypothese, nach der die Depression das Resultat einer deutlich empfundenen Disparität zwischen dem Ichideal und dem tatsächlichen Selbst ist.

Dennoch bleibt »Trauer und Melancholie« ein Klassiker der psychoanalytischen Literatur. Freud erkannte, daß der Verlust eines Menschen, der auf die psychisch-geistige Verfassung eines anderen einen tiefreichenden Einfluß ausgeübt hat, für diesen anderen (den Depressiven) zum *inneren* Verlust wird. Das heißt, er erkannte den zwischenmenschlichen Charakter der Störung und den engen Zusammenhang zwischen der Wahrung der Selbstachtung und dem Fortbestehen einer zufriedenstellenden menschlichen Beziehung. Er versuchte auch aufzuzeigen, daß depressive Menschen aufgrund von Ereignissen, die sich in ihrer Kindheit abgespielt haben – gewöhnlich aufgrund früher

---

* Es ist interessant, daß der englische Psychiater George Carver 1920 auf dem Weg über die Analyse einer depressiven Patientin von sich aus zu Schlüssen gelangte, die den von Freud entwickelten Folgerungen sehr nahe kamen. Carver weist auf den unbewußten Zorn seiner Patientin gegenüber ihrem verstorbenen Ehemann hin, weil er sie verlassen hatte, und spricht dann von einer »Identifikation des Selbst mit einem geliebten Menschen, der beschuldigt wird, die Deprivation verursacht zu haben«. Carver schreibt, daß der herausragende Mechanismus in diesem Fall »wohl eine Verschiebung der zunächst gegen die Umwelt und den Ehemann erhobenen Beschuldigungen auf das Selbst hin ist; die Analyse machte deutlich, daß die Schmähungen, mit denen die Patientin sich so überreich bedachte, in Wahrheit an die Adresse der ersteren gehen sollten« (Carver, 1921, zitiert in Mendelson 1974).

enttäuschender Erfahrungen mit signifikanten Bezugspersonen, die eine immer vorhandene Ambivalenz in allen ihren Beziehungen bewirkt haben – für ihre Störung prädisponiert sind. Und schließlich gelang es ihm dank seiner Einfühlungsgabe, hinter die trügerischen Selbstbeschuldigungen mancher depressiver Patienten zu blicken und zu erkennen, daß sie letzten Endes auch das äußere geliebte Objekt dadurch bestrafen, daß sie krank werden.

■ ■ Weitere Äußerungen Freuds über die Depression ■ ■

Freud hat speziell über die Depression keine weitere Arbeit hinterlassen, dieses Thema aber in seinen späteren Veröffentlichungen immer wieder angeschnitten. So kommt er auch in seinem Werk *Massenpsychologie und Ich-Analyse* (1921), in dem es um die Kräfte geht, die den Zusammenhalt der Gruppe bewirken, kurz auf die Vorstellungen zu sprechen, die er bezüglich der Melancholie entwickelt hat. Er untersucht die Zusammenhänge zwischen dem Ich und dem Ichideal bzw. zwischen dem Ich und dem idealisierten anderen Menschen und beschreibt dabei die Manie als eine Verschmelzung des Ichs mit dem Ichideal, so daß das erstere sich von der Kritik durch das letztere befreit sieht. In der Melancholie dagegen ist das Ich, das sich mit dem enttäuschenden Objekt identifiziert hat, den Attacken des Ichideals ausgesetzt. Hier wird deutlich, daß das Ichideal sehr bald umgeformt werden und als Überich erscheinen wird.

In *Das Ich und das Es*, einer Veröffentlichung, in der die Strukturtheorie ihre gründlichste Überarbeitung erfährt, kehrt Freud dann zu den Mechanismen der Introjektion des libidinös besetzten Objekts bzw. der Identifikation mit diesem Objekt zurück. Er stellt fest, daß es sich bei der Introjektion um einen sehr viel allgemeineren Vorgang handelt, als er zunächst angenommen hatte. Der Mechanismus der Einverleibung eines Versagung und Enttäuschung bereitenden Objektes könnte in der Tat das sein, wodurch das Ich des Kindes allmählich seinen spezifischen Charakter entwickelt, gewissermaßen die Ablagerungen von inzwischen aufgegebenen internalisierten Objekten. Daher wird die Identifikation bzw. die Inkorporation zum wichtigsten Mechanismus im Umgang mit Objekten, die verlorengegangen bzw. beiseitegeschoben worden sind oder das Ich enttäuscht haben. Diese Internalisierung ist dann also eine Möglichkeit, den erlittenen Verlust im Unbewußten ungeschehen zu machen.

Nachdem er gezeigt hat, daß ein Ichideal (oder Überich) ebenso allgegenwärtig ist wie der Prozeß der Internalisierung aufgegebener Objekte, trägt Freud nun den Gedanken vor, daß die Melancholie aus einer extremen Nichtübereinstimmung zwischen Überich und Ich herrühre, wobei das Überich seinen Zorn an dem anscheinend hilflosen Ich auslasse. Bezüglich der Frage, warum der Melancholiker ein so strenges und mächtiges Überich besitzen sollte, hält Freud sich an die soeben formulierte Hypothese vom Todestrieb und bemerkt außerdem, daß Aggression, die nicht nach außen hin gezeigt wird, sich notwendig gegen das Selbst richtet.

Freuds erneute Beschäftigung mit seiner Theorie der Melancholie in *Das Ich und das Es* und die Korrekturen, die er hier an dieser Theorie anbringt, sind von großer Bedeutung, weil im Grunde nun vieles verneint wird, was er zuvor in »Trauer und Melancholie« behauptet hatte. Allerdings wird die spätere Auffassung Freuds nur allzuoft ignoriert, und das frühe Werk gilt dann fälschlicherweise als sein letztes Wort über die Depression. In der *Neuen Folge der Vorlesungen zur Einführung in die Psychoanalyse* steht Freud aber ganz eindeutig zu seiner späteren Ansicht über die Melancholie, wenn es heißt: »Kaum daß wir uns mit der Idee eines solchen Über-Ichs befreundet haben ... drängt sich uns ein Krankheitsbild auf, das die Strenge, ja die Grausamkeit dieser Instanz und die Wandlungen in ihrer Beziehung zum Ich auffällig verdeutlicht. Ich meine den Zustand der Melancholie« (1933, G. W. Bd. XV, S. 66).

■ ■ ■ Der Einfluß der Strukturtheorie ■ ■ ■

Über die Revision der psychoanalytischen Theorie, wie sie durch den Einfluß der Strukturtheorie auf die Lehre von den innerpsychischen Vorgängen in Gang kam, besitzen wir eine sehr gründliche und originelle Abhandlung von Sandor Rado. In diesem aufsehenerregenden Aufsatz befaßte sich Rado (1928) mit Depression und Manie vor dem Hintergrund der ineinandergreifenden Beziehungen zwischen dem Ich, dem Überich und dem Liebesobjekt. Er beobachtete, daß dem Einsetzen einer depressiven Episode immer eine Periode vorangeht, in der der Mensch sich voller Anmaßung und Verbitterung dagegen auflehnt. Rado erklärte, daß diese Phase der affektiven Störung leicht übersehen werde, weil sie rasch vorbeigehe und bald von der viel auffälligeren melancholischen Symptomatik überschattet werde. Diese Phase ist typisch für die Behandlung, die der Depressive seinem Liebesobjekt in seinen gesunden Intervallen angedeihen läßt. Sobald der Depressive sich der Liebe des anderen Menschen sicher ist, behandelt er diesen mit »sublimer Nonchalance« und geht ganz allmählich dazu über, ihn zu beherrschen und in tyrannischer Weise zu kontrollieren. Dieses Verhalten wird den anderen Menschen schließlich vertreiben, weil er sich die schlechte Behandlung nicht länger gefallen lassen will. Wenn und falls dieser Verlust eintritt, verfällt der Mensch in die Depression.

Der Grund, weshalb er in dieser Weise auf den Objektverlust reagiert, liegt in der besonderen Persönlichkeitsstruktur des depressionsanfälligen Menschen. Er drangsaliert und quält sein Liebesobjekt ständig, ist aber andererseits ständig auf dessen nährend-fürsorgliche Haltung ihm gegenüber angewiesen. Er muß gewissermaßen mit Liebe und Bewunderung überschüttet werden und kann Versagungen in diesem Punkt einfach nicht ertragen. Dieser Typus verläßt sich in außergewöhnlichem Maß auf andere Menschen, was die Befriedigung seiner narzißtischen Bedürfnisse und die Wahrung seiner Selbstachtung angeht. Selbst geringfügige Enttäuschungen verursachen schon einen gewissen Aufruhr in seinem Selbstbild und veranlassen ihn, sich sofort um Linderung des damit verbundenen Unbehagens zu bemühen. Zitieren wir Rado selbst: »Sie fühlen sich nur dann sicher und behaglich, wenn ihnen Liebe, Achtung, Ermutigung zuteil werden. Selbst wenn sie in bezug auf die Befriedigung ihrer Triebe eine mehr oder weniger normale Aktivität zur Schau stellen und es ihnen gelingt, ihre Ziele und Ideale zu verwirklichen, so hängt ihre Selbstachtung doch sehr weitgehend davon ab, ob sie auf Zustimmung und Anerkennung treffen oder nicht« (1928). Da er dieses starke Bedürfnis nach Zustimmung und Anerkennung nun einmal empfindet, entwickelt der Depressive mit der Zeit ein außergewöhnliches Geschick darin, Liebesbeweise von seiten anderer Menschen zu ergattern. Aber, wie schon gesagt, er treibt es zu weit: die »Liebesprobe«, die er dem jeweiligen anderen Menschen immer dann abverlangt, wenn er sich sicher und einigermaßen wohl fühlt, wird für den anderen auf Dauer unerträglich. In den depressiven Perioden, die sich einstellen, wenn das Objekt vertrieben worden ist, nimmt der Mensch Zuflucht zu einer anderen Zwangsmaßnahme: Er zeigt sich reuig und zerknirscht, er bittet inständig um Verzeihung und hofft, das verlorene Objekt dadurch wiederzugewinnen, daß er Mitleid und Schuldgefühle in ihm wachruft.

Dieses Muster – Feindseligkeit-Schuldgefühle-Zerknirschung – entsteht nach Rado in der frühen Kindheit, wenn der Mensch lernt, daß er die Verzeihung der Mutter erlangen und ihre für ihn so überaus wichtige Liebe wiedergewinnen kann, wenn er sich angemessen reuig verhält. Rado führt diese Aufeinanderfolge von Schuld und Sühne auf die noch ältere Sequenz von Wut-Hunger-Saugen zurück. Er ist fest überzeugt, daß der Wunsch, von der Mutter genährt zu werden, den innersten Kern der Melancholie bildet, und daß dessen unbewußtes

Fortbestehen bis in das Leben des Erwachsenen hinein sowohl die orale Fixierung erklärt, wie sie von Abraham beschrieben wird, als auch das heftige Bedürfnis nach der emotionalen Versorgung durch andere Menschen. Im Grunde ist es so, daß das Verlangen des Depressiven nach Passivität durch einen anderen Menschen gestillt wird, der ihm »alles gibt« und den er kontrollieren und tyrannisieren kann.

Wenn der depressive Mensch die Liebe des verlorenen Objektes nicht zurückgewinnen kann, dann bewegt er sich auf eine bösartigere Form der Melancholie hin, in der das zwischenmenschliche Drama nun durch einen innerpsychischen Kampf abgelöst wird. Hier zeigt sich der Einfluß der Strukturtheorie, wenn Rado behauptet, daß in der schweren (vermutlich psychotischen) Depression die äußeren Objekte aufgegeben werden und das Ich Verzeihung vom Überich erbittet, das die Stelle des Liebesobjektes eingenommen hat. Die Selbstbeschuldigungen des schwer melancholischen Menschen werden also verständlich, wenn man bedenkt, daß das Ich ja hofft, durch angemessen reuiges Verhalten die Liebe des Überichs zu erwerben.

Rado hält diesen innerpsychischen Zustand der Depression für eine Erweiterung der grundlegenden psychodynamischen Zusammenhänge ganz allgemein, wenn auch auf einer anderen Ebene; nach seiner Vermutung haben das Ich wie das Überich ihre ursprüngliche Gestalt durch die Inkorporation bestimmter Aspekte eines Liebesobjekts erhalten, und das Ich sucht nun Liebe und Verzeihung von seiten eines internalisierten, nicht eines äußeren Liebesobjektes. Rado sagt weiter, daß das Kind in seinen frühen Lebensjahren, als es seine Selbstachtung in erster Linie aus dem positiven elterlichen Echo bezog, diese achtunggebenden Eltern durch Introjektion zur innerpsychischen Instanz werden ließ – nämlich zum Überich. Aber Rado trägt daneben auch den Gedanken vor, daß in Wahrheit eine *Doppelintrojektion* stattgefunden habe. Aufgrund der noch nicht voll ausgebildeten kognitiven Fähigkeiten des Kindes wurde die Mutter/der Vater als rundum »gut« (bei Befriedigung der Bedürfnisse) oder als rundum »schlecht« (bei Frustration) erfahren, nicht aber als vollständige Person, die zugleich gut und schlecht sein kann. Rado glaubt, daß das gute Objekt, dessen Liebe so dringend gewünscht wird, ins Überich hineingenommen wurde, während das schlechte, enttäuschende Objekt ins Ich aufgenommen wurde, das dann zum Prügelknaben des guten Objekts geworden ist. Der depressive Mensch strebt weiterhin nach der Liebe des guten internalisierten Objektes, und die äußeren Anzeichen der Versuche des Ichs, diese Liebe durch reuiges und bußfertiges Verhalten zu erlangen, machen das klinische Bild der Melancholie aus. Durch Selbstverleugnung und Selbstbestrafung gewinnt das Ich schließlich die Liebe des Überichs zurück, damit löst sich die depressive Episode auf, die Selbstachtung steigt wieder, das Interesse an den äußeren Objekten erwacht von neuem.

Von Wichtigkeit an Rados Theorie ist die Behauptung, daß die Depression ein Prozeß der Wiederherstellung und eine Periode der Sühne dafür sei, daß der Mensch das dringend benötigte Objekt vertrieben hat. Am Anfang steht der Versuch, das äußere Objekt zu zwingen, Verzeihung und Liebe bereitzuhalten. Wenn dieses Manöver zwischen den beiden Menschen fehlschlägt, wechselt die Störung auf den innerpsychischen Schauplatz über, wo der Kampf nun zwischen Ich und Überich ausgetragen wird. Der Einfluß von Abrahams Überlegungen bezüglich der Kontrolle und des Verlustes des Objektes ist nicht zu übersehen; ebenso sind Freuds Vorstellungen vom strengen Überich und von dem Zorn, der sich gegen das ins Ich introjizierte Objekt richtet, erkennbar. Rado wandelt diese bereits vorhandenen Formulierungen so um, daß sie sich mit den Konzepten der Strukturtheorie decken, aber er trägt auch eigene Gedanken bei, etwa die Vorstellung, daß der Depressive die Mitmenschen braucht, um seiner Selbstachtung aufzuhelfen, und den Gedanken der Wiederholung des in der Kindheit geübten Musters von Zorn und Sühne. Rado versucht außerdem, unterschiedliche Schweregrade der Depression in Art eines Kontinuums bei gleichen kausalen Mechanismen darzustellen. Er nähert seine Formulierungen den klinischen Daten soweit wie möglich an, indem er zeigt, daß die melancholische Episode sich schließlich von selbst aufklärt, weil das Ich die Verzeihung des Überichs erlangt oder die Beziehung mit dem Liebesobjekt von neuem eingeht. Die Schwachstellen in Rados Theorie sind seine Spekulationen bezüglich der Doppelintrojektion in der Kindheit und die Tatsache, daß er die innerpsychischen Strukturen nahezu als Anthropomorphismen behandelt.

Ein knappes Vierteljahrhundert später wendet Rado (1951) sich erneut der Depression zu, nachdem er die Psychoanalyse aus dem Blickwinkel der psychobiologischen Anpassung des Menschen an seine Umgebung heraus umformuliert hatte. Aus dieser neuen und von ihm selbst erarbeiteten Haltung heraus erkennt er im psychopathologischen Geschehen nun den Umstand, daß die in der Kindheit gefundenen Anpassungsmuster sich unpassenderweise bis ins Erwachsenenalter hinein erhalten haben. Was speziell die Depression angeht, so hält er an der Überzeugung fest, daß die depressiven Manifestationen den Versuch darstellen, sich wieder das Gefühl des Umsorgtwerdens zu verschaffen, das der Sicherheit des Säuglings an der Mutterbrust entspricht. Die Symptome des erwachsenen Melancholikers sind also, so

Rados Interpretation, dem »lauten Hilferuf« des Säuglings nachgebildet, und die Furcht des Depressiven vor materieller Verarmung, seine hypochondrischen Ängste und gastro-intestinalen Beschwerden haben ihre Entsprechung in der Furcht des Kleinstkindes, nicht genügend Nahrung zu erhalten. Ferner erklärt Rado den ganzen Sinn und Zweck der Depression weiterhin als eine unbewußte Sühneleistung mit dem Ziel der Wiederherstellung des verlorenen Liebesobjektes. Hier wiederholt Rado seine frühere Darlegung, nach der der Depressive zunächst das Liebesobjekt bis an die Grenzen seiner Toleranz drängt und sich dann für den Verlust des Objektes selbst bestraft. Immerhin fügt Rado seiner alten Theorie aus dem Jahre 1928 einige neue Dimensionen hinzu. Er ist jetzt der Überzeugung, daß der Depressive sich möglicherweise selbst verachtet, weil er so schwach ist und weil es ihm nicht gelingt, selbst mit seinem Zorn fertigzuwerden. Das Dilemma des Melancholikers besteht darin, daß er hin- und hergerissen ist zwischen seiner Wut, die ihn treibt, das Liebesobjekt unter Druck zu setzen, und seiner Furcht, die ihn dem Liebesobjekt gegenüber so unterwürfig macht. Mit ähnlichem Nachdruck, wie Abraham ihn auf das Moment der Ambivalenz legte, erklärt Rado, daß der Depressive den Wunsch hat, seinen gewaltigen Zorn auf sein Liebesobjekt zum Ausdruck zu bringen, daß er aber an der offenen Zurschaustellung seiner Feindseligkeit gehindert ist, weil er ja von eben diesem Liebesobjekt abhängig ist. Wenn diese Konstellation ins Wanken gerät und der Depressive das Objekt verliert, dann, so sagt Rado, richtet er seinen Zorn gegen sich selbst und kehrt zugleich zu dem alten Muster der Sühnebereitschaft zurück, in der Hoffnung, das Liebesobjekt zurückzugewinnen.

Rado bezeichnet diese Reaktion auf den erlittenen Verlust als einen »Prozeß der mißglückten Wiederherstellung«. Der gesunde Mensch sieht in einem Verlust, den er erleidet, die Herausforderung, nun alle Mittel und Möglichkeiten dafür auf den Plan zu rufen, daß er auch ohne das zuvor so dringend benötigte Objekt weiterleben oder aber den Verlust durch geeignete Maßnahmen wiedergutmachen kann. Beim depressiven Menschen dagegen »zwingt (ein Verlust) das überholte Anpassungsmuster – das Eingeständnis der Abhängigkeit von der Nahrung spendenden Mutter – erneut in den Dienst und schränkt den Patienten durch diese regressive Bewegung noch stärker in seinen Möglichkeiten ein«. So betrachtet, nämlich im Blick auf die der Anpassung dienenden psychischen Abläufe, ist die Depression eine wenn auch hartnäckig geübte, aber nicht weiter wirksame Form der Reaktion auf den erlittenen Liebesverlust.

Schließlich sagt Rado, daß ihm die Rolle des Verlustes in der Umgebung des Patienten nicht einmal so wichtig erscheint. Manchmal wiegt der Verlust nicht besonders schwer und wird vom Patienten nur stark übertrieben. In anderen Fällen bleibt der Verlust vollkommen unbewußt und außerhalb des Wahrnehmungsbereichs des Menschen. Und wie Sullivan glaubt auch Rado, daß in wieder anderen Fällen gar kein Verlust eingetreten ist, der Patient aber ein »auslösendes Geschehen« erfindet, um eine rationale Erklärung dafür zu haben, daß er sich zunehmend deprimiert fühlt. Rado kommt zu dem Schluß, daß die Depression durch jedes Geschehen herbeigeführt werden kann, das Schuld- und Angstgefühle wachzurufen und den Menschen in die regressive Abhängigkeit zu treiben vermochte, ihn also den zum Scheitern verurteilten Versuch der Wiederherstellung unternehmen ließ. Die Melancholie hat ihre Signifikanz als pathologischer Reparaturprozeß; sie ist aber nicht signifikant für irgendein auslösendes Ereignis. Rados Interesse hatte sich bei Erscheinen dieser zuletzt besprochenen Veröffentlichung aus dem Jahre 1951 längst von den klassischen psychodynamischen Zusammenhängen ab- und den krankhaften Reaktionen auf Lebensbelastungen zugewandt, wobei er in den angemessenen und »reifen« Mustern – also den Zeichen einer gelungenen Anpassung – Kriterien der Gesundheit und in den anachronistischen und aus der Kindheit übernommenen Mustern – den Anzeichen einer mißglückten Anpassung – Kriterien des Pathologischen erkannte.

■ ■ ■ Depression und Ichpsychologie ■ ■ ■

Fenichels enzyklopädisches Werk über die Psychoanalyse aus dem Jahre 1945 enthielt ein eigenes Kapitel über die Depression, in dem der Autor die damals gängigen Ansichten der Psychoanalytiker über diese Störung besprach. Er hielt sich dabei an die Arbeiten anderer Autoren, soweit es um die Aufzählung der verschiedenen Faktoren in der Depression ging, das heißt, er führte die ursprünglich von Freud gefundene Formel vom »pathognomischen Introjekt« an, die orale Fixierung, wie sie von Abraham behauptet worden war, und das fortgesetzte Streben nach Liebe, wie Rado es geschildert hatte. Was diesen letzten Punkt angeht, so bezeichnete Fenichel den Depressiven als einen »liebessüchtigen« Menschen, der fortgesetzt Wohlwollen für sich fordert, sich aber so gut wie gar nicht für die Persönlichkeit oder die Bedürfnisse desjenigen Menschen interessiert, der ihm dieses Wohlwollen entgegenbringt. Er stimmte ferner der von Rado getroffenen Unterscheidung zu, nach der in der neurotischen Depression nach Liebe von seiten eines äußeren Objektes gesucht wird, während in der psychotischen Depression die äußeren Objekte aufgegeben sind und Liebe von einer inneren Instanz erwartet wird. Allerdings sah Fenichel in diesem Unterschied keine unüberbrückbare Kluft, weil ja auch neurotisch Depressive versuchen, das Überich zu versöhnen, und umgekehrt auch schwer melancholische Kranke sich aus der Welt der Objekte nicht völlig zurückgezogen haben, sondern immer noch die Hoffnung hegen, daß ein anderer Mensch ihnen »alles geben« und so ihr heftiges Bedürfnis nach Liebe erfüllen wird. Nach ausführlicher Diskussion aller dieser Theorien weist Fenichel mit Nachdruck auf einen weiteren Aspekt der Depression hin, der die Richtung des psychoanalytischen Denkens von nun an sehr nachhaltig beeinflussen sollte.

Bei diesem Aspekt, den Fenichel für ein zentrales Element der Depression überhaupt hielt, handelte es sich um das Schwinden der Selbstachtung. Schon vor ihm hatte der eine oder andere Autor erwähnt, daß es in der Depression zu einer Schwächung des Selbstbildes komme; Fenichel machte nun aber diesen Rückgang der Selbstachtung zum Schlüsselfaktor schlechthin. Er schrieb: »Ein Mensch, der auf einen Zustand fixiert ist, in dem seine Selbstachtung von äußeren Quellen reguliert wird, oder dessen Schuldgefühle ihn zur Regression auf einen solchen Zustand hin veranlassen, ist dringend auf diese Art der Versorgung angewiesen. Er geht im Zustand ständiger Gier durch diese Welt. Wenn seine narzißtischen Bedürfnisse nicht befriedigt werden, läßt seine Selbstachtung in gefährlichem Ausmaß nach« (1945, S. 387).

Die zentrale Stellung, die der Regulierung der Selbstachtung und dem Zusammenhang von Selbstachtung und Depression zukommt, hat die psychoanalytische Beschäftigung mit den affektiven Störungen in eine andere Richtung gelenkt. Daß von nun an dem Ich in der Psychoanalyse eine so große Bedeutung beigemessen wird, ist verständlich, wenn man davon ausgeht, daß es das Ich ist, das den Grad der Selbstachtung bestimmt, daß nämlich das Ich die Diskrepanz zwischen dem tatsächlichen Zustand des Selbst und einem gewünschten Ichideal mißt. Die Selbstachtung gilt als der Ausdruck dieser Diskrepanz.

Drei Theoretiker nähern sich dem Phänomen der Depression auf diesem Wege: Jacobson, Bibring und Sandler. Ihre Ansichten beeinflussen die Depressionsforschung noch heute sehr nachhaltig. Insgesamt betrachtet unterscheiden sich ihre jeweiligen Standpunkte sehr deutlich voneinander, aber jeder von ihnen mißt der Regulierung der Selbstachtung große Bedeutung für die Depression bei, und alle sind sie der Meinung, daß die Selbstachtung mehr oder weniger mit der empfundenen Diskrepanz zwischen dem tatsächlichen Selbst und dem angestrebten Idealzustand gleichzusetzen ist.

Betrachten wir zunächst das Werk von Edith Jacobson, die sich ausführlich mit der Depression beschäftigt hat und deren Interesse an schwer gestörten manisch-depressiven Patienten über ein halbes Jahrhundert hinweg ungebrochen geblieben ist. Ihre Bücher lesen sich nicht leicht, und ihre Erklärung der Depression findet sich eingebettet in ihre eigene Theorie der psychischen Entwicklung des Menschen. Kurz zusammengefaßt können wir folgendes sagen: Jacobson (1954) behauptet, daß die menschliche Psyche sich aus einer undifferenzierten Matrix heraus entwickelt, und zwar durch die allmähliche Ausbildung von Selbst- und Objekt-»repräsentanzen« – womit sie mehr oder weniger das internalisierte Selbstbild und das internalisierte Bild des anderen Menschen meint. Jede dieser Repräsentanzen kann mit psychischer Energie – libidinöser, aggressiver oder neutralisierter Art – besetzt werden. Diese »Besetzungsverhältnisse« erklären, warum wir bezüglich der eigenen Person und bezüglich anderer Menschen bestimmte Gefühle hegen, je nachdem, welche Repräsentanz zum Empfänger des jeweiligen Energietyps wird. Wenn es im Säuglingsalter infolge einer Frustration zu einer Abwertung des anderen Menschen (das heißt zur aggressiven Besetzung der Objektrepräsentanz) kommt, dann erfolgt damit zugleich auch eine Abwertung des Selbst, da das Selbst noch mit den Objektrepräsentanzen verschmolzen ist. In einer älteren Veröffentlichung schildert Jacobson (1946) die Auswirkungen früher Enttäuschungen auf den Glauben an die elterliche Allmacht und die entsprechende Abwertung der elterlichen Bilder. Infolge dieser Enttäuschung kommt es zugleich zu einer Abwertung des Selbst und zur primären Kindheitsdepression, die von neuem zum Leben erweckt wird, wenn der erwachsene Mensch eine Enttäuschung erlebt. Entsprechendes gilt für das Gefühl von Grandiosität, das dem kleinen Kind zugeschrieben wird – dann nämlich, wenn seine Selbstrepräsentanz mit einer idealisierten (das heißt libidinös besetzten) Objektrepräsentanz verschmolzen ist.

Andere und eher traditionelle Konstrukte, wie sie von Jacobson herangezogen werden, sind das Ichideal und das Überich. Das erstere wird als Überrest der narzißtischen Bestrebungen des Kindes definiert, an dem das Ich sich ständig mißt und dessen Standard es zu erreichen sucht. Das letztere gilt als ein System, das die libidinöse und aggressive Besetzung der Selbstrepräsentanzen reguliert, und zwar unabhängig von der äußeren Welt. Beim gesunden Menschen entwikkelt sich das Überich zu einer abstrakten, depersonifizierten Instanz, beim psychisch Beeinträchtigten ist das Überich dagegen nicht gut ausgebildet, noch immer an Menschen aus der Vergangenheit gebunden und stets in Gefahr, mit Objekten in der Außenwelt verwechselt oder vermengt zu werden. Diese mangelnde Differenzierung des Überichs steht der angemessenen Besetzung der Selbstrepräsentanzen störend entgegen und beeinträchtigt auch die Selbstachtung.

In der Depression haben wir es mit der aggressiven Besetzung des Selbst, der nur spärlichen Differenzierung des Überichs und der unzureichenden Trennung der Objektrepräsentanzen vom Idealbild der Eltern zu tun, wie es in der frühen Kindheit bestand. »Ökonomisch« betrachtet läßt sich die Depression mithin als ein Problem der »Energieverteilung« ansehen, strukturell betrachtet als Mangel an Differenzierung. Für Jacobson liegt der grundsätzliche Konflikt bei allen affektiven Störungen im folgenden Zusammenhang: Wenn der Mensch auf Versagung trifft, weckt dies seinen Zorn und führt ihn zu feindseligen Versuchen, sich die erwünschte Befriedigung eben doch zu verschaffen. Wenn aber das Ich (aus äußeren oder inneren Gründen) unfähig ist, dieses Ziel zu erreichen, dann wendet die Aggression sich gegen das Selbstbild. Diese Schwächung des Selbstbildes verursacht wiederum eine größere Diskrepanz zwischen Selbstbild und Ichideal – die Selbstachtung sinkt. Der niedergeschlagene und auf Verteidigung bedachte Mensch versucht dann entweder, sich eng mit einem allmächtigen Objekt zu verbinden (Manie), oder sich einem neuen Objekt zuzuwenden, um die libidinöse Versorgung wieder voll in Gang zu bringen und so seine Selbstachtung zu steigern.

Im Zusammenhang der Beschreibung eines schwer depressiven Patienten heißt es bei Jacobson:

> »In seinen Selbstrepräsentanzen (erhielt sich) die infantile Vorstellung von einem hilflosen Selbst . . ., das seine Stärke von einem mächtigen, idealen Liebesobjekt bezieht. Er bemühte sich, die Imago dieses Liebesobjekts in einem Zustand libidinöser Überbesetzung zu halten; die libidinöse Besetzung, die er der Selbstimago ständig entzog, ließ er der Objektimago zufließen. Dann freilich mußte er wieder seine Selbstimago stützen, indem er sich von der Imago des Liebesobjekts einen libidinösen Rückfluß sicherte« (1971, S. 235; dt. S. 296).

Jacobson sagt hier also, daß der Patient die Beziehung zu einem in übermäßiger Wertschätzung gehaltenen anderen Menschen brauchte, um seine Selbstachtung zu wahren. Wir haben das Zitat hier abgedruckt, um dem Leser eine Vorstellung davon zu vermitteln, wie beharrlich Jacobson sich bei der Schilderung der klinischen Symptomatik an die Triebtheorie hält. Sie hat anderen Theoretikern sogar vorgeworfen, die ökonomischen Aspekte der psychoanalytischen Theorie in ihren Verlautbarungen nicht oder nicht genügend beachtet zu haben.

Auch bei der Beschreibung des weiteren Verlaufs der Depression hält sie sich an die Triebdynamik. Wenn der Depressive kein neues Liebesobjekt finden kann, das die libidinöse Versorgung seines Selbstbildes garantiert, so sagt Jacobson, dann wendet er sich einem mächtigen, aber sadistischen Liebesobjekt zu in der Hoffnung, hier wenn schon nicht Liebe, so doch Stärke zu gewinnen. Wenn dieser letzte verzweifelte Versuch ebenfalls fehlschlägt, dann wird der Mensch sich aus den Beziehungen zur Außenwelt zurückziehen und ein inneres primitives und machtvolles Bild aus der Vergangenheit mit neuem Leben versehen. Diese machtvolle innere Objektrepräsentanz verschmilzt mit dem Überich, das so personifiziert wird, und die wahren Objektrepräsentanzen, die ja eine Reduzierung erfahren haben, mischen sich mit der Selbstrepräsentanz. Das heißt, der letzte Schritt in der depressiven Progression ist der bekannte Rückzug aus der Welt der Objekte und die Wiederherstellung des Liebesobjektes im Überich. So hält Jacobson sich zwar einerseits an die traditionellen Vorstellungen von der psychotischen Depression als (im Gegensatz zur neurotischen Depression) gekennzeichnet durch die Abkehr von den äußeren Beziehungen und die Hinwendung zu den rein innerpsychischen Besetzungen; andererseits glaubt sie aber auch, daß ein bisher noch unentdeckter neurologischer Defekt notwendig sei, damit die psychotische Depression sich überhaupt entwickeln könne.

Diese wenigen Worte können der Vielschichtigkeit von Jacobsons Ansichten über die Regulierung der Stimmungen und der Selbstachtung natürlich nicht gerecht werden. Sie versucht, psychoanalytische Konstrukte zu »purifizieren«, indem sie sie mit großer Mühe definiert und voneinander differenziert. Bei der Darstellung ihrer klinischen Arbeit kommen ihr dann allerdings selbst Zweifel, ob es ihr gelingen wird, sich an ihre strengen Definitionen zu halten, und viele ihrer Konzepte werden gewissermaßen als Anthropomorphismen behandelt. Von Bedeutung ist aber ihr Versuch, die Ichpsychologie und die Trieblehre mit dem von ihr selbst entwickelten Ansatz, der von den Objekten und den Beziehungen zu den Objekten ausgeht, zu vereinigen. Möglicherweise läßt sich diese Synthese gar nicht in allen Einzelheiten bewerkstelligen, wenn man versucht, sie nicht auf rein theoretische Spekulationen, sondern auf tatsächliche klinische Gegebenheiten anzuwenden. In jedem Fall aber liefert Jacobson eine umfassende Analyse der Depression auf der Grundlage einer Verschiebung aggressiver und libidinöser Besetzungen zwischen Selbst- und Objektvorstellungen und auf der Grundlage einer Fusion der innerpsychischen Strukturen – wobei sie die Frage der Regulierung der Selbstachtung, die für sie das größte Problem in der Depression ist, keinen Augenblick aus den Augen verliert. Wir können abschließend wohl sagen, daß man Jacobson sowohl als Klinikerin als auch als Metapsychologin lesen sollte. Ihre praktisch-klinischen Erkenntnisse sind bemerkenswert, und was sie in der Behandlung der Depression bewirkt bzw. darüber geschrieben hat, ist eine hervorragende Leistung. Was ihre metapsychologischen Bemühungen angeht, so ist zu sagen, daß die Reduzierung klinischer Daten auf spekulativ-hypothetische Konstrukte im theoretischen Versuchsstadium stecken bleiben muß. Man hat fast den Eindruck, als beschreibe sie zwei Theorien – die »Praxistheorie« der Klinik und eine hypothetische Theorie –, wobei es dem Leser überlassen ist, ihren Ausführungen so lange und so weit zu folgen, wie sie sich mit seinen eigenen Überzeugungen decken.

Im Gegensatz zu Jacobsons komplizierter Metapsychologie ist Bibrings (1953) Theorie ein Musterbeispiel an Einfachheit und Klarheit. Bibring bringt kurze Schilderungen der Patienten, die im Gefolge unterschiedlicher Lebensereignisse in die Depression geraten sind. Trotz der unterschiedlichen Umstände und der von Fall zu Fall jeweils unterschiedlichen sekundären Symptomatik präsentieren alle diese Menschen doch ein im Grunde gleiches Muster. Alle fühlten sich hilflos im Angesicht von Mächten, die ihnen überlegen waren, oder konnten das Gefühl nicht loswerden, versagt zu haben, und alle hatten eine Einbuße in ihrer Selbstachtung erlitten. Bibring schließt: »So betrachtet, läßt die Depression sich als emotionaler Ausdruck eines Zustandes der Hilf- und Machtlosigkeit des Ichs definieren, unabhängig von der Frage, was den Zusammenbruch der Mechanismen verursacht hat, die die Selbstachtung des betreffenden Menschen begründet hatten« (1953, S. 24). Zentrale Kennzeichen der Depression sind nach Bibring ferner die schmerzliche Bewußtheit des Ichs hinsichtlich seiner tatsächlichen oder eingebildeten Hilflosigkeit und seine starken narzißtischen Bestrebungen, die es nicht verwirklichen kann.

Diese beiden Kennzeichen – das Gefühl der Hilflosigkeit und die Diskrepanz zwischen der tatsächlichen Situation und dem erwünschten Idealzustand – sind auch von anderen Autoren genannt worden. Bibrings ureigener Beitrag besteht in seiner besonderen Sicht dieser Kombination der Geschehnisse; er sagt, daß sie zu Spannungen im Ich selbst führen und nicht etwa in einen intersystemischen Konflikt (beispielsweise in einen Konflikt zwischen Ich und Überich) oder in einen Konflikt zwischen dem Ich und seiner Umgebung münden. Für Bibring ist die Depression das emotionale Korrelat eines bestimmten Ichzustandes. Diese Betrachtung führt ihn zu einem Vergleich von Depression und Angst und zu dem Schluß, daß es sich bei beiden Erscheinungen um primäre Erfahrungen handelt, die sich nicht weiter »auseinandernehmen« lassen. Bibrings Betrachtung der Depression mag simpel erscheinen, aber sie hat weitreichende Folgen: Sie vereinigt normale, neurotische und psychotische Depressionen insofern, als ihnen allen dieselben auslösenden Mechanismen zugeschrieben werden. Zudem wird durch die Betrachtung der Depression als eines primären Ichzustandes, der in jedem Menschen möglich ist, das Schwergewicht von der inneren Struktur der Depression auf die in der Umwelt und im jeweiligen Charakter vorhandenen Faktoren verlagert, die die depressive Reaktion begünstigen. Deshalb sagt Bibring auch, daß manche Menschen wegen ihrer unrealistischen und unerfüllbaren Hoffnungen und Erwartungen oder wegen eines früher empfundenen starken Gefühls von Hilflosigkeit bzw. der tatsächlichen Erfahrung ausgesprochener Hilflosigkeit für die Depression prädisponiert seien. Und wenn schließlich die Depression ein ganz einfacher und nicht weiter reduzierbarer Erfahrungszustand wie etwa die Angst ist, dann kann man damit rechnen, daß die Menschen bestimmte Formen der Abwehr gegen sie ausbilden, ja sogar, daß Depression, wiederum wie die Angst auch, einem nützlichen Zweck dient, wenn sie in milder Form erfahren wird. Deshalb sind die Symptome der Depression selbst nicht reparativ (wie dies von Rado und anderen Autoren behauptet wird), während andere Symptome, die in Reaktion auf die Depression entwickelt worden sind, dies sehr wohl sein können.

Sandler und Joffe (1965) sind aufgrund ihrer klinischen Arbeit mit gestörten Kindern und aufgrund ihrer theoretischen Beschäftigung mit bestimmten psychoanalytischen Konzepten wie dem Überich und dem Ichideal zu ähnlichen Schlüssen gelangt. Wie Bibring sehen auch sie in der Depression einen fundamentalen Affekt (wie in der Angst), der dann empfunden wird, wenn der Mensch etwas verloren zu haben glaubt, das für sein Wohlergehen von höchster Wichtigkeit war, und sich nicht imstande sieht, diesen Verlust zu beheben. Sandler und Joffe behaupten ferner, daß es sich bei dem in der Depression erlittenen Verlust um den Verlust des Gefühls einer narzißtischen Integrität und nicht um den irgendeines spezifischen »Objekts« handele. Sie schreiben: »Wenn ein Liebesobjekt verlorengegangen ist, so ist unserer Meinung nach in Wahrheit jener Zustand des Wohlbefindens verlorengegangen, der im psychologischen wie im biologischen Sinne der Beziehung zu dem Objekt inhärent gewesen ist« (1965, S. 91). Sandler und Joffe wissen sich zwar in der Schuld Bibrings, sind aber doch der Meinung, daß »Verlust der Selbstachtung« eine zu anspruchsvolle und zu intellektuelle Bezeichnung für die primäre Natur dieser Reaktion sei, die man beispielsweise ja auch an Kindern beobachten könne. In ihren Augen handelt es sich bei der Depression eher um das Gefühl, einem Idealzustand entrückt zu sein, dessen Medium häufig, wenn auch nicht immer, die Beziehung zu einem anderen Menschen gewesen ist.

Sandler und Joffe unterscheiden auch zwischen der Depression als einer fundamentalen psychobiologischen Reaktion, die sich automatisch aus den beschriebenen Situationen ergibt, und der klinischen Depression als der weiteren Ausformung oder abnorm langlebigen Variante der ursprünglichen unangenehmen Reaktion. Das erste Echo ist so etwas wie ein »mentaler Schmerz«, als Spiegel der Diskrepanz, wie sie zwischen dem tatsächlichen Zustand des Selbst und einem idealen Zustand des psychischen Wohlergehens besteht. Wenn der Mensch angesichts der für ihn schmerzlichen Situation aufgibt oder sich hilflos und ohnmächtig fühlt, dann erfährt er nichts anderes als die affektive Reaktion der Depression. Was die Hypothese angeht, daß Depression der gegen das Selbst gerichtete Zorn des Menschen sei, so sagen die beiden Autoren, daß der erste Verlust natürlich Zorn oder Wut erzeugt, daß aber dieser Feindseligkeit nicht Ausdruck gegeben wird bzw. daß sie sich nicht gegen ein Selbst richtet, das wegen seines Unvermögens nicht geliebt wird. Nach Sandler und Joffe ist der depressive Mensch gewissermaßen Träger einer blockierten Aggression, aber diese Feststellung deckt sich nicht notwendig mit der Freudschen Introjektionstheorie. Schließlich erkennen Sandler und Joffe ebenso wie Bibring, daß die anfängliche psychobiologisch-depressive Reaktion Abwehr hervorruft und nicht immer und in allen Fällen in die klinisch faßbare depressive Episode mündet. Sie kann sich auch als heilsam erweisen und dann der Wirkung ähnlich sein, wie Freud sie für die Signalangst annahm.

Die Ichpsychologie hat das traditionelle psychoanalytische Denken in bezug auf die Depression verändert. Ihre Vertreter sind der Meinung, daß die bewußte Erkenntnis schmerzlicher Diskrepanzen das zentrale Element der Depression und der Rückgang der Selbstachtung eines ihrer wichtigsten Kennzeichen sei. Jacobson hat diese Auffassung in ein komplexes System eingebaut, das sich sehr stark an metaphysische Konstrukte und an die Trieblehre anlehnt. Bibring und Sandler/Joffe nützen dagegen die Erkenntnisse der Ichpsychologie zur Vereinfachung der herkömmlichen Betrachtung der Depression und zur Reduzierung der Störung auf einen fundamentalen psychobiologischen Zustand, der sich mit intersystemischen Konflikten nicht erklären bzw. nicht weiter auf solche Konflikte reduzieren läßt.

Diese neue Orientierung liegt mehr oder weniger »in einer Linie« mit den klinischen Daten. Fraglich ist allerdings, ob sie ausreicht, um eine depressive Episode zu erklären oder zu beschreiben. Eine ganze

Anzahl von Autoren, die außerhalb des orthodoxen Lagers stehen, wie etwa Sullivan oder Horney, verkünden seit Jahrzehnten, daß das Schwinden der Selbstachtung ein fundamentales Kennzeichen nahezu aller psychischen Beeinträchtigung sei – das heißt, die Ichpsychologen kommen als letzte bei dieser schon längst wohldokumentierten Position an. Wenn diese Ansicht zutrifft, dann ist die dürftige Selbstachtung eine zwar notwendige, aber nicht allein ausreichende Erklärung für die Depression, denn wir treffen sie auch bei anderen Störungen an. Notwendig wäre jetzt eine Aussage darüber, wie die Depression sich von anderen Syndromen unterscheidet, die ebenfalls eine Reaktion auf die dürftige Selbstachtung sind. Jacobson hat eine solche Aussage versucht, indem sie das Konzept der aggressiven Besetzung der Selbstrepräsentanz vortrug. Aber – wie schon an anderer Stelle gesagt – ihr System macht die Übernahme ausgeklügelter metapsychologischer Gedankengänge erforderlich, die sich nicht immer mit den klinischen Beobachtungen decken. Dennoch gestattet der Ansatz, der von der Regulierung der Selbstachtung ausgeht, den Vergleich der Depression mit anderen pathologischen Zuständen, die ebenfalls Resultat eines Rückgangs der Selbstachtung sind, und er gestattet es uns ferner, die Verwendung spezifischer Mechanismen, die bei bestimmten Menschen die Depression »produzieren«, genauer unter die Lupe zu nehmen.

■ ■ ■ Der Beitrag Melanie Kleins ■ ■ ■

Melanie Klein selbst hat ihre Arbeit als die logische Fortführung der orthodoxen Psychoanalyse betrachtet; im Laufe der Zeit ist aber deutlich geworden, daß sie mit ihren neuen und kühnen Gedanken ein eigenständiges System der psychodynamischen Interpretation geschaffen hat, dessen Anhänger schließlich eine zusammenhängende Gruppe bildeten, die etwas vage als die »britische Schule der Psychoanalyse« bezeichnet wird. Kleins Interesse galt vor allem den frühesten Phasen des psychischen Lebens und der herausragenden Rolle der Ambivalenz im psychopathologischen Geschehen und erklärte sich aus ihren direkten klinischen Erfahrungen mit schwer gestörten Kindern und aus dem Einfluß, den das Werk Karl Abrahams auf sie ausgeübt hatte. Ihre Äußerungen zum Thema der Depression lassen sich nur im Zusammenhang ihres gesamten Systems verstehen; wir wollen es deshalb hier kurz umreißen.*

---

* Der Leser, der sich näher mit Kleins System befassen möchte, findet eine Zusammenfassung in dem ausgezeichneten Buch von Hannah Segal (1964).

Klein spricht von zwei Entwicklungsstadien innerhalb des ersten Lebensjahres, die sie als »Positionen« bezeichnet. Die erste ist die schizo-paranoide Position, die durch die Wahrnehmung von Teilobjekten und nicht von realistischen ganzen Objekten gekennzeichnet ist. So heißt es etwa, daß der Säugling auf dieser Stufe seiner Entwicklung die mütterliche Brust noch als losgelöst von der Mutter wahrnimmt, und daß die »gute«, nämlich nährende Brust als ein anderes Objekt angesehen wird als die »böse« Brust, die keine Nahrung hergibt. So löst das Kind das Problem der Ambivalenz, indem es das ganze Objekt in einzelne gute und schlechte Teilobjekte »spaltet«, die nicht der gleichen Person zugehören. Zum einen spürt der Säugling, daß diese guten und bösen Objekte in der Außenwelt vorhanden sind, und zum anderen internalisiert er die Objekte (wegen der noch dürftigen Differenzierung zwischen dem Selbst und der Umgebung), so daß sie zu »inneren Objekten« werden. Nach Klein hegt der Säugling die Furcht, daß die bösen internalisierten Objekte die guten internalisierten Objekte zerstören könnten. Er löst diesen Konflikt, indem er die bösen Objekte in die Umgebung zurückprojiziert, um so sein Gefühl der inneren »Güte« bewahren zu können. Dadurch nun entwickelt er ein Gespür für die von außen drohende Gefahr, das als »Verfolgungsangst« bezeichnet wird, obwohl das Kind die bösen inneren Objekte ja selbst in die Umgebung projiziert hat: daher der Ausdruck »paranoide Position«. Ursprünglich glaubte Klein, daß die Gefahr für die guten Objekte aus der eigenen angeborenen Aggression des Kindes herrühre, die wiederum eine Umlenkung des Todestriebes sei, und daß diese Anstrengungen mit dem Ziel der Abwehr der bösen Objekte nichts mit der Umgebung zu tun hätten. Andere Theoretiker nach ihr dachten weniger nativistisch; sie glaubten, daß die Qualität der mütterlichen Betreuung sich auf das Gleichgewicht der guten und bösen Objekte auswirke.

Die zweite Position ist die sogenannte »depressive Position«. Sie soll etwa im Alter von vier bis fünf Monaten eintreten, wenn die kognitiven Fähigkeiten des Kindes entsprechend entwickelt sind und es anfängt, ganze Objekte wahrzunehmen. Auf dieser Stufe erkennt das Kind, daß die gute und die böse Brust der gleichen Mutter gehören, und muß sich mit dem Konflikt auseinandersetzen, daß äußere Figuren die Quelle von Schmerz und Lust zugleich sind. Außerdem muß es mit der eigenen Ambivalenz fertig werden; es kann seine Feindseligkeit nicht länger auf die Umgebung projizieren. Die Krise dieser Phase besteht in der Furcht des Kindes, daß seine Aggression, die es jetzt als ihm zugehörig erkennt, die guten Objekte – seien sie in der Außenwelt oder in seinem Inneren vorhanden – zerstören könnte.

Deshalb spricht Klein von der »depressiven« Angst und meint damit die Furcht des Kindes, es könnte den Verlust oder die Zerstörung seines Wohlbefindens (nämlich der guten Objekte) selbst verursacht haben.

Das Kind hat mehrere Möglichkeiten, mit der depressiven Position fertigzuwerden. Es kann in Gehemmtheit und Depression verfallen und sich vor jeder Handlung fürchten, weil es die guten Objekte damit ja möglicherweise zerstören könnte. Es kann andererseits auch den Wert der guten Objekte leugnen und darauf beharren, daß es kein anderes Objekt als sich selbst braucht (die sogenannte manische Abwehr). Die gesunde Lösung schließlich liegt darin, daß das Kind erkennt, daß seine Handlungen oder Wünsche zwar möglicherweise vorübergehend zum Verlust der guten Objekte geführt haben, daß diese sich aber durch die entsprechenden Manöver wieder »einsetzen« lassen. Damit erkennt der Mensch an, daß er für seine feindseligen Gefühle selbst verantwortlich ist (er projiziert sie nicht auf andere), und hat zugleich die Gewißheit, daß seine Feindseligkeit nicht so massiv zerstörerisch ist und daß er durch entsprechendes Verhalten ein »gutes Gefühl« bezüglich der eigenen Person, das heißt bezüglich der inneren guten Objekte, wiedergewinnen kann. Die Kleinianer haben zum Teil sogar angenommen, daß die meisten, wenn nicht alle schöpferischen Unternehmungen des erwachsenen Menschen symbolische »Instandsetzungsarbeiten« sind und in einen Zusammenhang mit den zerstörerischen Wünschen aus der Kindheit gehören.

Diese kurze Zusammenfassung kann der Vielfalt und Vielschichtigkeit des Kleinschen Systems nicht gerecht werden, aber vielleicht genügt sie, um Kleins Bild der Depression verständlich zu machen. Für Klein hat die Depression einen zentralen Platz innerhalb der Psychopathologie inne, denn sie liegt vielen anderen klinischen Zuständen zugrunde. Insofern ähnelt Kleins Position derjenigen von Sandler und von Bibring – auch sie sieht die Depression als einen mehr oder weniger fundamentalen Zustand an, gegen den man sich verteidigen muß, sei es in abnormer oder in gesunder Weise. Aber in Kleins System nimmt die Depression eine neue und weniger spezifische Bedeutung an; sie ist eine normale Entwicklungsstufe, eine spezifische Form der Angst, und der »depressive Konflikt« liegt den meisten neurotischen Störungen zugrunde (im Gegensatz zum schizo-paranoiden Konflikt, der eventuell später eintretenden schizophrenen Zuständen zugrunde liegt). Winnicott hat die depressive Position als entwicklungsmäßige Leistung betrachtet, weil der Mensch damit die Verantwortung für seinen Zorn akzeptiert und Ambivalenz zu ertragen vermag.

Klein (1940) hat den Versuch unternommen, die Symptome der klinischen Depression mit ihrem System in Zusammenhang zu bringen: Im Verlauf des »inneren Krieges« der inneren Objekte wird Depression empfunden, wenn das Ich sich mit den Leiden der guten Objekte identifiziert, die den Angriffen der bösen Objekte und des Es ausgesetzt sind. Sie zieht auch eine Verbindungslinie zwischen dem Leiden des erwachsenen Melancholikers und den Schuldgefühlen und Gewissensbissen des kleinen Kindes, das im Konflikt zwischen Liebe und unkontrollierbarem Haß gegenüber seinen guten Objekten gefangen ist. Eine eindeutige Prädisposition in bezug auf die Melancholie ist nach Klein dann vorhanden, wenn es dem kleinen Kind nicht gelingt, sein geliebtes gutes Objekt im Ich zu etablieren. Dieses Versagen erklärt das lebenslänglich anhaltende Gefühl der »Schlechtigkeit«, das nicht nach außen projiziert, sondern in das Selbstbild hineingenommen wird.

Klein ist zu Recht dafür kritisiert worden, daß sie so extremen Gebrauch von der Reifikation macht, das heißt, daß sie von den hypothetischen inneren Objekten so spricht, als handele es sich um tatsächlich vorhandene konkrete Entitäten. Kritisiert wurde auch, daß sie schon dem jungen Säugling alle möglichen subtilen Fähigkeiten zuschreibt, daß sie das Pathologische im alltäglichen Verhalten zu stark betont und daß sie alles, was der Patient in der Behandlung hervorbringt, mit Gewalt in ihr System hineinzwingen möchte. Schließlich ist ihr auch der Vorwurf gemacht worden, daß sie die Umgebung des Patienten vollständig außer acht läßt und sich nur auf die innere Entfaltung triebgebundener Prozesse und später auf den inneren Kampf zwischen den internalisierten Objekten konzentriert. Was diesen letzten Kritikpunkt angeht, so haben zumindest ihre Nachfolger – vor allem Fairbairn, Winnicott und Guntrip – zunehmend auch die Faktoren in der Umgebung des Patienten beachtet, so daß der Ausdruck »Objektbeziehungen« sich bei ihnen sowohl auf äußere wie auf innere Objekte bezieht. In jüngster Zeit haben die Kleinschen Formulierungen eine erstaunlich bereitwillige Aufnahme bei den Familientherapeuten gefunden, die sie noch weiter auszudehnen versuchen und mit ihrer Hilfe auch Interaktionen unter den einzelnen Familienmitgliedern erklären möchten. So hat Slipp (1976) im Rahmen seiner umfassenden Darlegung des Werdegangs des melancholischen Patienten die Theorie der familiären Transaktionen mit den psychodynamischen Feststellungen der Kleinianer verbunden. Slipp zählt verschiedene Rollen auf, die dem Kind entsprechend dem elterlichen Introjekt, das die Eltern auf das Kind projizieren, aufgezwungen werden. Diese projizierten elterlichen Introjekte sind häufig widersprüchlich, so daß das Kind in einem Konflikt darüber aufwächst, wie es sich eigentlich verhalten soll. Beispielsweise wird das Kind gedrängt, nach Erfolgen zu streben, um die Ehre der Familie zu retten, aber seine Erfolge werden auch wieder sabotiert, weil die Eltern fürchten, daß das Kind schließlich aus seiner Abhängigkeit von ihnen heraustreten wird. Slipp beschreibt im einzelnen, daß und wie das Kind allmählich einen depressiven Charakter entwickelt und ganz spezifische Abwehrformen in Reaktion auf diese elterlichen Interaktionen ersinnt. Der Kampf des erwachsenen Depressiven ist nach seiner Beschreibung im wesentlichen der Versuch, das böse elterliche Introjekt in ein gutes Introjekt umzuwandeln, so daß er sich seines eigenen Wertes bewußt sein kann.

Zusammenfassend läßt sich sagen, daß Klein die Depressionsforschung vorangetrieben hat, indem sie auf die Handlungsfurcht (wegen der Gefahr des Verlustes der dringend benötigten Objekte), auf die nicht zur rechten Zeit erfolgte Inkorporation der guten Objekte und auf die wichtige Rolle von Schuldgefühlen und Feindseligkeit (anstelle der libidinösen Transformation) hingewiesen hat. Aber sie blieb mit ihren Forschungen in der intrapsychischen Welt gefangen (wie übrigens die meisten der bisher vorgestellten Autoren), und sie hatte keinen Blick für die große Bedeutung, die dem Umgang und Austausch mit wichtigen Bezugspersonen hinsichtlich einer besonderen Prädisposition für die Depression zukommt. Der Betrachtung eben dieser interpersonalen und kulturellen Faktoren wollen wir uns nun als nächstes zuwenden.

■ ■ ■ Die interpersonale ■ ■ ■ und die »kulturalistische« Schule

Seit Freuds schicksalsträchtiger Entscheidung, die Erinnerungen seiner Patienten als Kindheitsphantasien und nicht als wirkliche, wenn auch verzerrte, Erinnerungen zu betrachten, hat die traditionelle Psychoanalyse bei der Betrachtung des menschlichen Verhaltens eine ganz bestimmte Perspektive eingenommen – sie befaßte sich vermehrt mit dem intrapsychischen Leben auf Kosten der Beschäftigung mit den kulturellen und interpersonalen Einflüssen. Freud war sich offensichtlich über die Rolle der menschlichen Interaktion für die Regulierung der psychischen Vorgänge im klaren, aber er zog es vor, sich mit den menschlichen Beziehungen nicht direkt, sondern in der Form von Objektvorstellungen zu befassen, die – in Übereinstimmung oder Nichtübereinstimmung mit anderen inneren Strukturen – der Besetzung mit Triebenergie ausgesetzt waren. Er hielt es für richtig, sowohl die pathologische wie auch die normale Entwicklung als die Ausfaltung angeborener Kräfte zu betrachten und den gesellschaftlichen oder interpersonalen Einflüssen nur sehr geringe Aufmerksamkeit zu schenken. Eine Ausnahme bildeten die Erfahrungen des Kindes, weil sie in sein bereits bestehendes System der psychosexuellen Entwicklungsphasen hineinpaßten, in denen Freud allerdings nicht so sehr Formen der Hinwendung zu den Mitmenschen, sondern eher Mittel zur Erlangung der auf der jeweiligen Stufe gewünschten Befriedigungen sah. Eine deutliche Ausnahme bildete darüber hinaus auch die Identifikation des Jungen mit seinem Vater zum Zeitpunkt der Bewältigung des ödipalen Konflikts.

In ähnlich einseitiger Weise betrachtete Freud die Schwierigkeiten des erwachsenen Menschen als offensichtliche Wiederholungen von Ereignissen aus der Kindheit, ohne dabei der gegenwärtigen Situation des Menschen, den Auswirkungen seines wechselvollen Schicksals – als einer von seiner Vergangenheit unabhängigen Variable – auf seine Gedanken und der Wirkung des Verhaltens des Patienten und seiner Krankheit auf seine Umgebung die gebührende Beachtung zu schenken, wobei das zuletzt genannte Versäumnis vielleicht am schwersten wiegt. Als Reaktion auf Freuds intrapsychische, biologische und mechanistische Metapsychologie bildete sich aus den Vertretern entgegenstehender Auffassungen allmählich eine ganze Reihe von Schulen, deren jede ihren eigenen und besonderen Einwand gegen die Freudsche Lehre pflegte. Wir können diese Gegenpositionen vielleicht die interpersonale, die »kulturalistische« und die existentialistische Schule nennen. Viele dieser Schulen lehnten die orthodoxe Psychoanalyse vollständig ab, andere versuchten sich in einer Synthese der Freudschen Doktrin mit anderen Standpunkten. Schließlich näherten sich selbst die orthodoxen psychoanalytischen Zirkel allmählich den neueren Formulierungen an, die zunächst als abweichlerisch und radikal gegolten hatten.

Die ersten großen Arbeiten, die sich in aller Ausführlichkeit mit den nicht-intrapsychischen Faktoren in der Depression befaßten, waren die beiden Veröffentlichungen über manisch-depressive Patienten von Cohen und ihren Mitarbeitern (1949, 1954) im Auftrag der Washington School of Psychiatry, die sich sehr stark an die Arbeit Sullivans anlehnten. Diese Untersuchungen sind durchaus beachtenswert; sie behandeln die Familienatmosphäre, in der der spätere Depressive heranwächst, die Wirkung des Patienten auf andere Menschen und die depressive Persönlichkeit insgesamt.

Was den Familienhintergrund angeht, so stellte Cohens Gruppe fest, daß in allen 12 untersuchten Fällen die Familie sich aus eigenem Antrieb oder auf Betreiben anderer von der größeren Gemeinschaft abgesetzt hatte. In manchen Fällen war diese Separierung darauf zurückzuführen, daß die Familie einer religiösen Minderheit angehörte, in anderen waren die völlig anderen Einkommensverhältnisse oder eine chronische Familienkrankheit der Grund. In jedem Fall spürte die Familie jedoch ihre Isolierung sehr deutlich und war bestrebt, von den Nachbarn akzeptiert zu werden. Dazu gehörte die Erwartung, daß die eigenen Kinder ein ausgesprochenes »Wohlverhalten« zeigen und sich als ganz besonders tüchtig erweisen würden, damit der angeblich niedrigere Status der Familie allmählich vergessen würde. Cohen und ihre Mitarbeiter kommen zu dem Schluß, daß ein Kind, das zur Verbesserung der sozialen Position der Eltern eingesetzt wird, als Mensch in seinen eigenen Rechten abgewertet ist. Selbst Familien, die sich im Vergleich zu ihren Nachbarn für etwas Besseres hielten, betrachteten die Erfolge des Kindes eher im Hinblick auf die Mehrung des Familienansehens und nicht so sehr in der Vorstellung, daß sie dem Kind ein Gefühl für die eigene Leistung und eine gewisse Selbstachtung vermitteln könnten.

Die Mutter war der strengere Elternteil, sie verlangte Gehorsam und hervorragende Leistungen. Andererseits war der Vater in ökonomischer und sozialer Hinsicht in vielen Fällen wenig erfolgreich; zu Hause hatte er unter der Kritik und der abwertenden Haltung der Mutter zu leiden. Die Patienten erinnerten sich an ihre Väter als an schwache, aber liebenswerte Männer, die ihnen implizit den Rat auf den Weg gegeben hatten: »Werde nur ja nicht so wie ich«. Die Mutter galt ihnen als der zuverlässige, wenn auch weniger herzliche und liebevolle Elternteil. Der Vater war das wandelnde Beispiel dafür, wie es den Kindern ergehen würde, wenn sie die hohen Ziele, die die Mutter für sie gesetzt hatte, nicht erreichen würden. Cohen und ihre Mitarbeiter untersuchten auch die frühkindliche Entwicklung des späteren manisch-depressiven Patienten und stellten in allen Fällen fest, daß die Mutter mit dem hilflosen Säugling sehr gut zurechtgekommen war, die Individuation und beginnende Unabhängigkeit des Kindes zum Zeitpunkt des Laufenlernens aber mit Ärger aufgenommen hatte. Allen Müttern hatte die völlige Abhängigkeit des Neugeborenen zugesagt, aber mit dem rebellischen Wesen des Kleinkindes wurden sie nicht anders fertig, als daß sie angesichts von Widersetzlichkeit dem Kind damit drohten, es im Stich zu lassen. Im Gegensatz zu Freud und Abraham konnte die Washingtoner Gruppe nicht feststellen, daß der Patient in seiner Kindheit einen Verlust erlitten oder eine depressive Episode (Abrahams »Urverstimmung«) durchlaufen hatte; dagegen kamen sie in allen untersuchten Fällen zu dem Schluß, daß Verlust eigentlich immer drohte, wenn das Kind normales und spontanes Verhalten zeigte.

Die Entwicklung des älteren Kindes zeigte dann, daß die Patienten oft eine besondere und begünstigte Position in ihrer Familie innegehabt hatten, weil sie entweder mit besonderer Begabung ausgestattet waren oder sich stärker darum bemüht hatten, es ihren Eltern und ihrer Umwelt recht zu machen. Ihre Favoritenstellung genossen sie aber nur aufgrund ihrer Fähigkeiten, die zu so schönen Hoffnungen berechtigten, und nicht etwa deshalb, weil die Familie ein echtes Interesse an diesem einen Menschen als einem von der Familieneinheit losgelösten Individuum besessen hätte. Die Folge war, daß das Kind immer stärker zum Mittel der Manipulation griff und menschliche Beziehungen in erster Linie als ein Vehikel zur Beförderung seiner eigenen Ambitionen und Wünsche betrachtete. Zugleich empfand es geradezu schmerzlichen Neid auf andere und fürchtete, von diesen eingeholt oder übertroffen zu werden. Diese Sorge äußerte sich darin, daß das Kind sich zum Schein »unter seinem Wert verkaufte«, um die Mitmenschen zu entwaffnen und sich ihrer so dringend benötigten Unterstützung zu versichern.

Diese Kindheitserfahrungen, so nahm man an, würden in einer ganz bestimmten Persönlichkeitsstruktur des Erwachsenen münden, die sich bei allen zwölf untersuchten Patienten dann auch fand. Dabei fiel unter anderem auf, daß die manisch-depressiven Patienten andere Menschen nicht losgelöst von ihren eigenen Bedürfnissen betrachten konnten. Sie sahen in ihnen vielmehr fast so etwas wie einen persönlichen Besitz und glaubten, ständig Unterstützung von ihnen verlangen zu können. Zugleich fürchteten sie, von diesen anderen verlassen zu werden, und gingen deshalb Konfrontationen oder dem direkten Wettbewerb aus dem Wege. Die meisten dieser Patienten waren zwischen den einzelnen Anfällen fleißige, schwer arbeitende und zwanghafte Menschen, die sich bemühten, ihren Mitmenschen gefällig zu sein, um ihre Abhängigkeitsansprüche diesen gegenüber geltend machen zu können. Bei aller Anstrengung ließen sie kaum Kreativität erkennen; vielmehr übernahmen diese Patienten in der Regel die Wertvorstellungen oder Meinungen, wie sie von den Autoritäten in ihrer Umgebung vertreten wurden.

Cohen entdeckte keinen eindeutigen Hinweis auf eine feindselige Haltung, obwohl sie und ihre Mitarbeiter feststellen, daß die unaufhörlichen Forderungen des Patienten und sein ausgesprochener Mangel an Einfühlungsvermögen durchaus geeignet seien, den Menschen in seiner Umgebung den Eindruck von Feindseligkeit zu vermitteln. Immer und in allen Fällen war nach Ansicht der Forscher ein Gefühl der inneren Leere und das Streben nach Bestätigung und Unterstützung vorhanden – Gefühle und Bestrebungen, denen die Außenstehenden abhelfen bzw. Genüge tun sollten. Diese Forderung des Patienten an die Adresse eines Außenstehenden, seine inneren Bedürfnisse zu erfüllen, war es dann, was ihn zur klinisch faßbaren Dekompensation prädisponierte, wenn die Beziehung zu dem so dringend benötigten anderen Menschen zerbrach. Die eigentliche depressive Episode ist nach Cohen die äußere Manifestation des Versuches, den anderen Menschen zurückzugewinnen. Wenn keine Hoffnung auf das Wiederaufleben der Beziehung mehr bestand, dann verstärkte sich die Depression und wurde zu einem psychotischen Zustand – es sei denn, der Patient zeigte eine manisch gefärbte Abkehr von dem so dringend benötigten Objekt.

Die Wahingtoner Gruppe schilderte auch die besonderen Probleme, auf die sie bei der Behandlung der manisch-depressiven Patienten stieß. Dazu gehörte einmal die überwältigende Abhängigkeit, die der Patient mit der Zeit gegenüber seinem Therapeuten entwickelte, zum anderen die »stereotype Reaktion«, das heißt die Unfähigkeit des Patienten, den Therapeuten objektiv zu sehen – er erkennt in ihm immer nur das Abbild einer Elternfigur. Er sieht im Therapeuten

1. ein Objekt, das man manipulieren kann, um Sympathie und Zuspruch zu gewinnen;

2. eine moralische Autorität, die durch entsprechende Anstrengungen dazu veranlaßt werden kann, ihm Zustimmung zu zeigen;

3. eine kritische oder abweisende Autorität, die keine wirkliche Zu stimmung, sondern nur ersatzweise oder stellvertretende Zustimmung erkennen läßt.

Die zuletzt genannte Vorstellung trifft häufig durchaus zu, denn solche Patienten können sich ihre Therapeuten mit ihren erdrückenden Forderungen sehr rasch entfremden. Diese Verzerrungen des Manisch-Depressiven werden von Cohen als Fixierung auf Kleins Stufe der Teilobjekte angesehen, in deren Gefolge der manisch-depressive Patient andere Menschen weiterhin als entweder durchweg gut oder aber als durchweg schlecht betrachtet. Die Gruppe kommt zu dem Schluß, daß solche Patienten, sobald sie den anderen als eigenständige Person und mithin als zugleich gut *und* schlecht erkennen, eine erhebliche Angst empfinden, weil diese zutreffende Sicht der angestrebten Idealisierung des anderen Menschen und ihrer Abhängigkeit von ihm im Wege steht.

Als letztes therapeutisches Problem wird schließlich die Kommunikation genannt. Manisch-depressive Patienten errichten nach den Erfahrungen der Forschergruppe eine Barriere gegenüber dem echten emotionalen Austausch mit anderen Menschen und sind ohne alles Einfühlungsvermögen. Diese Schwierigkeit ist in den Augen der Forscher die logische Verkehrung der ungewöhnlichen Bedürfnisse des Patienten und seiner verzerrten Sicht des anderen als einer Figur, die rundum gut ist und ihm »alles gibt« – er hält also seine Gefühle in Schach, um den so dringend benötigten anderen Menschen nicht zu verletzen. Solche Menschen haben anscheinend auch nicht den Wunsch, über ihre eigentlichen Schwierigkeiten zu sprechen; lieber nutzen sie die Sitzungen, um sich beruhigen und gut zureden zu lassen. Wir werden in den Kapiteln 9 und 13 noch ausführlich auf diese Schwierigkeiten bei der Behandlung zurückkommen.

Die Arbeiten der Washingtoner Gruppe über schwer gestörte manisch-depressive Patienten sind innerhalb der psychoanalytischen Literatur über die Depression von außerordentlicher Bedeutung. Die Autoren befaßten sich in objektiver Weise mit der Familienatmosphäre, mit den frühen Mutter-Kind-Interaktionen und mit den späteren Lebenserfahrungen des depressiven Menschen, und sie brachten die entsprechenden Daten mit der Persönlichkeit des Patienten und mit den besonderen Schwierigkeiten, die er in der Behandlung präsentierte, in einen Zusammenhang. Sie erkannten und würdigten neben der Rolle der kulturellen und interpersonalen Faktoren in gewissem Umfang auch das innere Kräftespiel und gelangten so zu einer recht umfassenden Sicht der Störung.

Gibson (1958) knüpfte unter Zuhilfenahme eines Fragebogens, der die gleichen Patienten betraf, an die Untersuchungen der Washingtoner Gruppe an. Er verglich diese manisch-depressiven Patienten mit einer Gruppe Schizophrener und stellte fest, daß die Manisch-Depressiven aus Familien kamen, in denen ein höherer Leistungsdruck und ein ausgesprochenes Prestigedenken herrschten und die sich durch Neid und Konkurrenzstreben auszeichneten. Die Manisch-Depressiven waren auch stärker daran interessiert, im sozialen Sinne akzeptiert zu werden. Allerdings ist die Zahl der Familienuntersuchungen im Blick auf die Depression insgesamt gering, besonders im Vergleich zu der großen Zahl von Untersuchungen der Familientransaktionen im Blick auf die Genese der Schizophrenie. Es scheint paradox, daß so viele Theoretiker zwar auf die Rolle der interpersonalen Beziehungen in der Depression hinweisen, sich aber dann bei ihren Forschungen in der Hauptsache weiterhin mit den intrapsychischen Mechanismen beschäftigen. Andererseits sind die bahnbrechenden Untersuchungen der Washingtoner Gruppe zwar wertvoll, aber manchmal stellen sie das Innenleben des depressiven Patienten doch allzu stark vereinfacht dar und berücksichtigen die Komplexität des innerseelischen Kräftespiels nicht genügend.

Die eher »kulturalistisch« ausgerichtete Betrachtung der Depression legt bei ihrer Erklärung der Störung besonderes Gewicht auf die Reaktion des Menschen angesichts der sozialen Anforderungen, auf die Wirkung seiner Symptome auf die Umgebung und auf die »Benutzung« der Krankheit zur Erfüllung abnormer Zielvorstellungen. Der wohl erste Versuch, die Depression von diesem Standpunkt her zu erklären und zu analysieren, stammt aus dem Jahr 1914 und aus der Feder Alfred Adlers. In einer Veröffentlichung mit dem Titel *Melancholie* (zitiert in Ansbacher und Ansbacher, 1956) schreibt Adler: »Solche Menschen versuchen immer, sich an andere anzulehnen, und scheuen sich nicht, in übertriebener Weise auf ihre eigene Untauglichkeit hinzuweisen, um sich so die Unterstützung, die Zustimmung und die Ergebenheit ihrer Mitmenschen zu sichern.« Melancholiker gelten ihm als Menschen, die sich mit dem Versuch der »Kompensation ihrer Untauglichkeit« abmühen. Damit meint Adler, daß depressive Menschen im Streben nach ihren hochgesteckten und unerreichbaren Zielen die Gefahren und Risiken des täglichen Lebens künstlich aufbauschen und dann ihre Mitmenschen oder die Lebensumstände dafür verantwortlich machen, daß sie diese Ziele nicht zu erreichen vermögen. In der gleichen Arbeit führt Adler aus: »Es gibt in der Tat keine psychische Krankheit, unter der die Umgebung stärker zu leiden hat und durch die sie nachhaltiger an ihre Schwächen und Untauglichkeiten erinnert wird, als die Melancholie.« Auf diese Weise bringt der Depressive sowohl seinen Zorn darüber, daß er nicht kann, wie er möchte, als auch seine Verachtung gegenüber den anderen Menschen zum Ausdruck. Indem er die Welt als schlecht und verächtlich hinstellt und ihre Gefahren übertreibt, kompensiert er nach Adlers Meinung den Umstand, daß er unsinnige Ziele anstrebt, sie aber nicht erreichen kann.

Kurt Adler (1961) befestigte dann die Position der Individualpsychologie (Alfred Adlers theoretisches System) hinsichtlich der Depression weiter und wies nach, daß diese Störung sich in Alfred Adlers allgemeine Theorie des menschlichen Verhaltens einfügen läßt. Nach Adler und seinen Nachfolgern entsteht alle Psychopathologie aus einem Überlegenheitsstreben, das seinerseits der Kompensation von Minderwertigkeitsgefühlen dienen soll. Da der Mensch aber seine entsprechenden grandiosen Ziele nur selten erreicht, zimmert er sich ein System der rationellen Erklärungen dafür zurecht, daß er mit diesem seinem »Versagen« leben kann. Seine entsprechenden Alibis und Ausflüchte sind Schutzmanöver; sie erhalten ihm seine Selbstachtung und stellen sich zugleich schützend vor die Symptome einer pathologischen Lebensweise. Der depressive Mensch hat gelernt, so nimmt man an, seine Schwächen und Mängel in einer Weise auszunutzen, durch die er andere zwingt, ihm seinen Weg zu lassen, so daß er sich den Aufgaben und Verantwortlichkeiten des Lebens entziehen kann. Er bemitleidet sich selbst und veranlaßt damit die Mitmenschen, auf seine Wünsche einzugehen; er erzwingt sich Sympathie und läßt andere Menschen sich für ihn opfern. Er scheut keine Mühe, wenn es darum geht, den Mitmenschen seine Krankheit und Schwäche zu beweisen und den sozialen Verpflichtungen und der Erwiderung von Freundschaftsbeweisen aus dem Weg zu gehen.

Die Geringschätzung, die der Depressive anderen Menschen entgegenbringt, wird nach Adler in seinen gesunden Perioden deutlich, wenn seine maßlosen Ziele und Hoffnungen die Oberhand gewinnen; dann zeigt er, wie rücksichtslos und wie wenig bereit er ist, sich irgendwie anzustrengen, um zu tatsächlichen Ergebnissen zu gelangen. Bleibt der Erfolg dann aus, so gibt er die Schuld daran regelmäßig anderen Menschen, seiner Erziehung, seinem persönlichen Pech oder sogar seiner Depression.

Kurt Adler kennzeichnet die Persönlichkeit des Depressiven zusammenfassend wie folgt:

> »Dies also sind die erbarmungslos betriebenen Bemühungen des Depressiven: seinen Willen den anderen gegenüber durchzusetzen, ihnen Opfer abzuringen, all ihre Hilfsanstrengungen zu vereiteln, sie – offen oder insgeheim – für seinen Zustand anzuklagen und sich aus allen sozialen Verpflichtungen und aller Kooperation herauszuhalten, indem er seine Krankheit bezeugt« (1961, S. 59).

Unter den in jüngerer und jüngster Zeit tätigen Autoren ist wohl Bonime (1960, 1962, 1976) der überzeugendste Vertreter der »kulturalistischen« Position. Bonime ist der Überzeugung, daß die Depression nicht einfach aus einer Reihe von Symptomen besteht, die zusammengenommen eine periodisch auftretende Krankheit bilden, sondern daß es sich um eine »Praxis« handelt, um eine alltäglich geübte Form der Interaktion. Alles, was diese Art des Verhaltens irgend stört, führt dazu, daß ein klinisch faßbares Bild nach außen hin sichtbar wird und die Umgebung eines solchen Menschen ganz einfach nicht anders kann, als ihm zu gestatten, seine gewohnten interpersonalen Verhaltensweisen wieder aufzunehmen. Die pathologischen Elemente dieser besonderen Lebensweise sind das manipulative Verhalten, die Abneigung gegen jede Beeinflussung der eigenen Person durch andere Menschen, die fehlende Bereitschaft, auf die Bedürfnisse anderer Menschen einzugehen, eine fundamentale Feindseligkeit und schließlich Angstgefühle.

Mit dem manipulativen Verhalten meint Bonime die angebliche Abhängigkeit des Depressiven, hinter der sich – nach Bonime – das Bestreben verbirgt, sich die Großzügigkeit oder das Verantwortungsgefühl anderer Menschen zunutze zu machen. Der Depressive verlangt ein Echo von seinen Mitmenschen, aber er ist nicht bereit, ihnen dafür etwas zu geben. Damit beraubt er sich der wahren Zuneigung und Erfüllung; es geht ihm allein darum, daß andere sich seinen Wünschen fügen. So ausgeprägt wie sein manipulatives Wesen ist auch seine Unduldsamkeit anderen Menschen gegenüber, und es passiert nicht selten, daß er ihre aufrichtigen Bemühungen, ihm zu helfen, als den versteckten Versuch ansieht, ihn zu kontrollieren. Bonime sagt ferner, daß der Depressive sich oft weigert, die Aufgaben und Verpflichtungen anzuerkennen, auf die er in seinem Leben trifft; er für sein Teil empfindet sie eher als Zumutung.

Schließlich ist für Bonime das nach außen hin gezeigte Verhalten des Depressiven zu einem großen Teil nichts als maskierte Feindseligkeit. Der Depressive sorgt dafür, daß andere durch seine Krankheit im Wortsinn in Mitleidenschaft gezogen werden. Nach Bonime spielen Rachsucht und Zorn in der Psyche des für Depressionen anfälligen Menschen eine bedeutsame Rolle. Das affektive Gegenstück dazu ist die Angst, die der Depressive empfindet, wenn seine gewohnten Machenschaften auf kein Echo bei den Mitmenschen treffen. Allerdings überwindet er diese Angst sehr häufig dadurch, daß er den Stil seiner manipulativen Bemühungen ändert und damit dann wiederum Erfolg hat. Seine Angst ist »in erster Linie die Erkenntnis der Gefahr, möglicherweise als Depressiver nicht mehr erfolgreich funktionieren zu können« (1976, S. 318).

Bonime glaubt, daß die Ursprünge der Depression des Erwachsenen in einer Kindheit zu finden sind, in der es an der nötigen Fürsorge und Achtung für das Kind von seiten der Eltern gefehlt hat. Die wahren emotionalen Bedürfnisse des Kindes wurden ignoriert oder mit Füßen getreten, so daß es mit dem Gefühl aufgewachsen ist, um seine Rechte betrogen worden zu sein und durchaus noch Fürsorge von anderen Menschen erwarten zu dürfen. Um Bonime zu zitieren: »Bei aller Verschiedenheit der depressionsanfälligen Menschen untereinander – ein Faktor ihrer Psychodynamik, der niemals fehlt, ist die Verbissenheit, mit der sie ihrer nicht (oder nicht vollständig) gelebten Kindheit nachjagen« (1976, S. 321).

Auch in den Arbeiten anderer Psychoanalytiker, wie etwa Chodoff (1970), Salzman und Masserman (1962) oder Sapirstein und Kaufman (1966), wird eher auf die sozialen denn auf die triebmäßigen oder libidinösen Wurzeln der Depression abgehoben. Die genannten Autoren befassen sich ebenfalls mit den interpersonalen Aspekten der Störung und mit den unrealistischen, wenn auch verzweifelt angestrebten persönlichen Zielen des Depressiven (und mit dem Auftauchen der klinischen Depression, wenn entweder die Umgebung keinerlei Reaktion erkennen läßt oder wenn sich zeigt, daß die hochfliegenden Ziele eben nicht zu erreichen sind). Becker (1964) trägt eine außerordentlich interessante Theorie vor, in der die sozialen Konsequenzen von Depression und Schizophrenie einander gegenübergestellt werden: Nach Becker wird in der Schizophrenie eine Mißachtung der sozialen Konventionen sichtbar, während die Depression einen Menschen zeigt, der gar nicht mehr anders kann als sich in allzu starrer Weise an die kulturellen Werte zu halten, und der diese strengen Richtlinien zu seinem Wohlergehen braucht.

Becker äußert auch den Gedanken, daß der Depressive seine Objektbindungen möglicherweise auf einige wenige Menschen beschränkt, so daß der Verlust einer solchen Bindung ihn mit besonderer Härte trifft. Der Depressive zeigt immer und immer wieder die gleichen Verhaltensweisen, um sich die Zustimmung der wenigen »Erwählten« zu sichern. Becker schreibt: »In unserer Kultur sind wir vertraut mit dem Menschen, der sein Leben an den Wünschen der Eltern ausrichtet und in die Depression verfällt, wenn sie sterben und er das Alter von 40 oder 50 Jahren erreicht hat. Er hat das einzige Publikum verloren, dem das Stück galt, in dem er ständig aufgetreten ist. Nun empfindet er die düstere Verzweiflung des Schauspielers, der nur einen einzigen Text kennt und das einzige Publikum verliert, das ihn hören wollte« (1964, S. 127).

Welcher These man auch zustimmt – Adlers Überzeugung von der Depression als »Macht durch Krankheit«, Bonimes Ansicht, daß es sich bei der Depression um das hartnäckige Festhalten an einer bestimmten Form der Interaktion und um die Weigerung handelt, soziale Verantwortung zu übernehmen, oder schließlich Beckers Erklärung der Depression als des übermäßig konformen Verhaltens –, es kann kein Zweifel daran bestehen, daß die »kulturalistische« Bewegung das Verständnis für diese Störung insofern vorangetrieben hat, als sie ihre Verknüpftheit mit den kulturellen Erwartungen und den sozialen Beziehungen aufzeigte. Der Vertreter der »kulturalistischen« Betrachtungsweise sieht die Depression als Teil der soziokulturellen Verflechtungen und nicht als isoliertes Phänomen. Zugleich fällt an dieser Betrachtungsweise auf, daß der Depression als einer persönlichen Erfahrung und dem Umstand, daß der Patient in seinem melancholischen Elend ja tatsächlich leidet, verhältnismäßig wenig Beachtung zuteil wird. Das Schwergewicht liegt so deutlich auf der Frage, was der Depressive zu erreichen, zu umgehen oder zu manipulieren wünscht, daß sich der Eindruck aufdrängt, der Kranke selbst und sein Innenleben seien gewissermaßen übersehen worden. Die interpersonale und die »kulturalistische« Richtung haben sich als bedeutsames Korrektiv gegenüber der übertriebenen Beschäftigung mit der inneren Dynamik erwiesen, der sich die ersten an der Depression interessierten psychoanalytischen Autoren so einseitig gewidmet haben. Sie zeigen aber häufig eine ähnliche Beschränktheit wie die von ihnen kritisierten »nach innen orientierten« Theoretiker, wenn sie so übereifrig auf die äußeren Aspekte der Depression verweisen.

■ ■ ■ Die existentialistische Schule ■ ■ ■

Diese Art der Betrachtung psychopathologischer Zusammenhänge und Erscheinungen hat sich in den Vereinigten Staaten nicht sehr weit durchsetzen können, vielleicht weil mit ihr eine eigene und ganz besondere Terminologie verbunden ist und sie weitgehend auf einer in Europa gewachsenen Philosophie aufbaut, die sehr vielschichtig ist und mit der die meisten amerikanischen Psychotherapeuten während ihrer Ausbildung nicht näher in Berührung kommen. Um es ganz kurz zu sagen, sieht der »existentialistisch geschulte« Therapeut seine Aufgabe darin, die phänomenologische Welt des Patienten zu erfassen, ohne sich dabei allzu stark auf erfahrungsmäßig nicht faßbare Konzepte (wie die unbewußte Dynamik) oder ausgewählte kausale Ereignisse (etwa Vererbung oder Kindheitstraumata) zu verlassen. Die existentialistische oder phänomenologische Analyse besteht in der Betrachtung der Welt, wie sie intuitiv und ohne irgendwelche vorgefaßten Strukturen vom aktiven Bewußtsein erfaßt wird. Karl Jaspers (1964) hat uns ein umfangreiches Werk hinterlassen, in dem er das gesamte Gebiet der Psychopathologie von diesem Standpunkt aus behandelt. Er beginnt mit der »Darstellung dessen, was wirklich in unseren Patienten vorgeht, was sie tatsächlich durchmachen, wie es sie berührt und wie sie empfinden«. Dann geht er dazu über, sinnvolle Beziehungen zwischen den Erfahrungen herzustellen, und kommt schließlich zu einem umfassenden Begreifen des Patienten in seinem gesamten Wesen, wie es sich in dessen Erfahrungen zeigt.

Minkowski (1958) schildert aus dieser Sicht einen Fall von »schizophrener Depression« und kommt zu dem Schluß, daß die melancholischen Wahnvorstellungen seines Patienten sich völlig logisch aus dessen verzerrtem Zeitgefühl herleiten. Arieti (1974c) faßt eine Reihe existentialistisch orientierter Studien (von Le Mappian, Ey und Sommer) zusammen, in denen der depressive Zustand als eine Art Sperre bzw. als Insuffizienz aller Lebensaktivitäten gedeutet wird. Bei Ey ist die Rede von einer »pathetischen Immobilität, einem Aussetzen des

Daseins, einer Synkope der Zeit« (zitiert in Arieti 1974c). Die genannten Autoren weisen besonders auch auf die Rolle hin, die dem verzerrten Zeitgefühl innerhalb der Erfahrung der Depression zukommt; sie beobachteten eine übermäßige Beschäftigung mit Ereignissen aus der Vergangenheit, die dem Menschen ständig im Gedächtnis sind und die er heranzieht, um sich mit Selbstanklagen und Selbstbeschuldigungen zu quälen. Beck (1967) bringt die Zusammenfassung einer großangelegten Studie von Tellenbach über die Fallgeschichten von 140 Melancholikern. Tellenbach stellte fest, daß die Welt des Depressiven von Ordnungsliebe, einem ausgeprägten moralischen Empfinden und von dem alles übersteigenden Bedürfnis, wichtigen Bezugspersonen gefällig zu sein, beherrscht wird. Diese Patienten, so heißt es weiter, suchen Sicherheit und meiden Situationen, die Schuldgefühle erzeugen könnten. Paradoxerweise lassen seine übertriebenen Skrupel und sein ausgeprägtes moralisches Empfinden den Patienten häufig die Verpflichtung empfinden, unmögliche Forderungen an sich selbst zu stellen, um möglichen Schuldgefühlen zu entgehen. Wenn diese Anforderungen sich dann einfach nicht erfüllen lassen, kann sich eine klinische Depression einstellen. Die wohl berühmtesten existentialistischen Untersuchungen betreffen allerdings nicht die Depression, sondern die Manie. Binswanger (1933) ging den inneren Erfahrungen des manischen Patienten nach und kam zu dem Schluß, daß die Logik beiseitegeschoben wird, Schwierigkeiten verkleinert gesehen werden und das Leben nur für den konkreten Augenblick überhaupt besteht. Die »Ideenflucht« zeigt, daß die Sprache nicht länger als Mittel der Kommunikation dient, sondern eher für Spiel und Spaß herhalten muß. Verzerrte Zeit- und Raumempfindungen finden sich beim Maniker ebenfalls.

Sullivan, der mit Sicherheit nicht der existentialistischen Schule zuzurechnen ist, liefert uns eine bemerkenswert »klinische« und fast phänomenologische Beschreibung der Depression (1940, S. 102). Er erwähnt die stereotyp anmutende und immer gleiche Haltung gegenüber zerstörerischen Situationen, die übermäßige Beschäftigung mit einer beschränkten Zahl von Vorstellungen und die Retardation der lebenswichtigen Prozesse. Er ist ferner der Meinung, daß die Verknüpfung des Beginns der Depression mit einer ohne weiteres verständlichen Ursache nichts als eine Möglichkeit sei, das Leiden, das der Mensch empfindet, zu rationalisieren und »die Erfahrung ohne Prestigeverlust und ohne Ungewißheit in bezug auf die soziale und persönliche Zukunft in das Selbst zu integrieren« (1940, S. 105). Damit schiebt Sullivan den Gedanken beiseite, daß Depressionen Reaktionen auf Lebensereignisse seien.

Diese Untersuchungen waren zum Teil eine Reaktion auf die Tatsache, daß die traditionelle Psychoanalyse von jeher die tatsächliche und bewußte Erfahrung des Menschen zugunsten des komplexen Gefüges seiner unbewußten Triebe und seiner unbewußten Dynamik vernachlässigt hatte; zum Teil dürfen wir in ihnen aber wohl auch so etwas wie die »psychiatrische Anwendung« der existentialistischen Heideggerschen Philosophie erkennen*.

Die Existentialisten vermitteln uns ein sehr zutreffendes und genaues Bild der subjektiven Welt des Individuums; ihre Untersuchungen sind daher eine bedeutsame Ergänzung des Wissens, das wir aus den übrigen psychoanalytischen Verfahren gewonnen haben. Unabhängig davon, ob und wie weit man der existentialistischen Philosophie glaubt zustimmen zu können, lohnt sich die Lektüre dieser Studien allein schon wegen der lebendigen und scharfsinnigen Schilderung der Art und Weise, wie die Störung das bewußte Leben des Patienten beeinträchtigt.

■ ■ ■ Becks kognitive Theorie ■ ■ ■

Seitdem man begonnen hat, sich mit der depressiven Erkrankung zu beschäftigen, haben die meisten Forscher unter anderem die Verzerrtheit der Kognitionen – etwa einen extremen Pessimismus oder grundlose Selbstvorwürfe – als Teil des Symptomkomplexes erkannt. Becks Ansicht ist insofern neu, als er in diesen kognitiven Verzerrungen nicht etwa sekundäre Verzweigungen, sondern die primäre Ursache der Störung sieht. Nach Beck zeichnen sich alle Formen der Psychopathologie (nicht nur die Schizophrenie) in gewissem Maße auch durch Denkstörungen aus. Gewiß kann kein Mensch die Realität in wirklich objektiver Weise erkennen, und die Art, in der der einzelne seine Welt wahrnimmt, ist gewissermaßen durch seine bisherigen Erfahrungen »gefärbt«. Deshalb muß die sogenannte Realitätsprüfung ein weitgehend subjektives Unterfangen bleiben. Und dennoch sind sich die Menschen hinsichtlich der meisten Erfahrungen weitgehend einig, und da diese Übereinstimmung von der überwiegenden Mehrheit der Menschen getragen wird, gelten die darauf basierenden Perspektiven als innerhalb des Normalen angesiedelt. Bei psychopathologischen Zuständen treten nach Beck charakteristische Verzerrungen auf, die von dem abweichen, was die meisten Menschen als realistische

---

* Binswangers Werk »Heidegger's Analytic of Existence and Its Meaning for Psychiatry« (1963) bietet eine ausgezeichnete Darlegung der existentialistischen Position und sei dem interessierten Leser zur Einführung in das Thema empfohlen.

Art des Denkens bzw. der Interpretation der Realität bezeichnen würden.

Die Depression hat ihre eigenen und ganz spezifischen Verzerrungen, die Beck als die »kognitive Triade« (1970) bezeichnet. Ihre Komponenten sind

1. negative Erwartungen gegenüber der Umgebung
2. eine negative Sicht der eigenen Person
3. negative Zukunftserwartungen.

Beck führt aus, daß es ihm gelungen sei, diese Kernelemente der Depression aus den Träumen, freien Assoziationen und Reaktionen seiner Patienten auf äußere Reize herauszufiltern; er bringt auch umfangreiches experimentelles Material, das in der Hauptsache aus Messungen herrührt und seine Ausführungen untermauern soll (Beck, 1967).

Die meisten Fachleute würden wohl der Feststellung zustimmen, daß depressive Patienten häufig eine pessimistische Sichtweise haben, was andere Menschen, die eigene Person und ihre Zukunft angeht. Die Schwierigkeiten beginnen in dem Augenblick, in dem die Kognitionen als primäre Erscheinungen angesehen werden, die den Affekt der Depression erst hervorrufen.

Für Beck entstehen die depressiven Gefühle spontan aus dieser kognitiven Haltung heraus, wenn er auch nicht erklärt, wie dies vor sich geht. In einer jüngeren Veröffentlichung (1976) bringt Beck die Depression in einen Zusammenhang mit einem signifikanten Verlust, der seinerseits die charakteristischen kognitiven Verzerrungen bewirkt. Beck schreibt, daß

> »die Lebenserfahrungen des Patienten auf diese Weise bestimmte kognitive Muster aktivieren, die um den Gedanken des Verlustes kreisen. Die verschiedenen emotionalen, motivationalen, verhaltensmäßigen und vegetativen Phänomene der Depression ergeben sich aus diesen negativen Selbstbewertungen«.
>
> »Die Trauer des Patienten ist die unvermeidliche Folge seines Gefühls von Deprivation, Pessimismus und Unzufriedenheit mit sich selbst.«

Beck schließt, daß

> »der depressionsanfällige Mensch nach einem Verlust (ob es sich dabei nun um das Endergebnis eines tatsächlichen und offenkundigen Geschehens oder aber um weniger auffällige und eher schleichende Deprivationen handelt) anfängt, seine Erfahrungen in negativer Weise zu bewerten« (1976, S. 129).

Zur Untermauerung seiner Theorie hat Beck umfangreiche klinische und experimentelle Arbeit geleistet. Seine Ansichten verdienen durchaus Beachtung, wenn auch mit gewissen Abstrichen. Zweifellos hat Beck der Psychiatrie einen Dienst erwiesen, indem er ihre Aufmerksamkeit auf die kognitiven Aspekte der Depression gelenkt hat. Allerdings hat er sein Augenmerk in der Hauptsache auf die bewußten und einfachen kognitiven Phänomene gerichtet und dabei die wichtige Rolle der unbewußten kognitiven Strukturen und die Rolle des Konfliktes außer acht gelassen. Wir wissen beispielsweise, daß manche Depressive Erwartungen hegen, die ihnen zwangsläufig Enttäuschung und Verzweiflung eintragen müssen, aber diese Erwartungen sind unbewußt, und der betreffende Mensch weiß nichts von dem Einfluß, den sie auf sein Verhalten ausüben. Andere Depressive schämen sich ihrer unrealistischen Abhängigkeitswünsche oder irrationalen Pläne und Hoffnungen und kämpfen gegen diese unerfreulichen Aspekte ihres Selbst. Diesen konfliktären Bereich läßt Beck völlig außer acht, so daß seine Theorie der Depression gelegentlich »falsch ausgedacht« wirkt und der Vielfalt und Vielschichtigkeit der menschlichen Psyche nicht gerecht wird.

Becks Theorie enthält auch keine zwingende Erklärung des Umstandes, daß manche Menschen auf einen Verlust hin in die Depression verfallen, andere dagegen nicht. Beck beschäftigt sich nicht wirklich mit den interpersonalen Aspekten des depressionsanfälligen Menschen und mit der Frage, warum ein Verlust bzw. eine Enttäuschung schließlich die depressive Episode auszulösen vermögen. Er kombiniert nur, daß ein Verlust eine sich selbst verstärkende Kettenreaktion in Gang bringt, die dann in der Depression gipfelt. Der depressive Mensch glaubt, so sagt Beck, »daß ihm ein gewisses Element oder Attribut fehlt, das nach seiner Überzeugung für sein Wohlbefinden unerläßlich ist« (1976, S. 5). Warum diese Überzeugung aber zur »kognitiven Triade« führen sollte, wird im einzelnen nicht erklärt.

Im Grunde beschreibt Beck die Folgen, nicht aber die Ursache der Depression. Seine Darstellung gleicht einem Querschnitt, er nimmt keine Längsschnittbetrachtung vor und kümmert sich nicht um die allmähliche psychodynamische Ausfaltung der Depression. Er stellt fest, daß der Mensch, nachdem er sich im klinischen Sinne erholt hat, seine Erfahrungen nicht länger verzerrt; aber im Grunde hat die Persönlichkeit sich ja nicht verändert. Beck beschreibt also zwar recht genau eine Reihe der kognitiven Verzerrungen, wie wir sie während der depressiven Episode beobachten können, aber an diesem Punkt, nämlich bei den bewußten Überzeugungen und Meinungen, bleibt er dann auch stehen. Er stößt nicht bis zu den zugrundeliegenden – häufig unbewußten, konfliktären oder interpersonalen – Mustern vor, die den Menschen in erster Linie für die Depression »anfällig« machen.

Trotz dieser Einschränkungen bleibt Becks Beitrag exemplarisch, weil er uns den Weg zu dem vernachlässigten Bereich der Kognition in der Psychopathologie gewiesen hat. Mit Recht hat sein Name auf diesem Feld einiges Gewicht.

■ ■ ■ Seligmans Modell ■ ■ ■ der »erlernten Hilflosigkeit«

Im Rahmen von Experimenten, die sie mit Hunden durchführten und bei denen den Versuchstieren ein Schock verabreicht wurde, entdeckten Seligman und seine Mitarbeiter (Seligman und Maier 1967) eine Reaktion, die sie als »erlernte Hilflosigkeit« bezeichneten: Nachdem sie die Tiere einer Reihe schmerzlicher Stimuli ausgesetzt hatten, denen diese nicht ausweichen konnten, vermieden die Hunde die schmerzlichen Reize selbst dann nicht mehr, als ihnen wieder eine Möglichkeit des Ausweichens offenstand. Sie hatten offensichtlich »aufgegeben« und gelernt, die schmerzlichen Schläge hilflos zu ertragen. Seligman schloß von diesen Feststellungen auf die menschliche Depression: Er meinte, daß der Depressive jene Techniken der Anpassung nicht mehr heranziehen kann, die es ihm ermöglichen würden, mit schmerzlichen Situationen fertig zu werden, und daß er statt dessen »Hilflosigkeit erlernt« hat. Den Kern dieser Überlegungen bildet die Hypothese, daß der Depressive keinen Zusammenhang zwischen seinen Reaktionen und den Verstärkungen erkennt, die er aus seiner Umgebung bezieht. Nach wiederholten Anstrengungen hat er vielleicht festgestellt, daß die Belohnung nicht größer ausfällt, so sehr er sich auch bemüht, und das hat schließlich zu einer Generalisierung seiner erlernten Verhaltensweisen und dazu geführt, daß sie als ein persönlicher Zug internalisiert worden sind.

Entsprechend behauptet Seligman, daß die Vorgeschichte des Depressiven dadurch gekennzeichnet sei, daß er die Belohnungen, die in seiner Umgebung sehr wohl vorhanden gewesen wären, nicht unter Kontrolle hatte. Zur Depression kommt es, wenn der Mensch schließlich feststellt, daß er alle Kontrolle über die Reaktionen aus seiner Umgebung verloren hat, und wenn er sich aufgrund seiner erlernten Hilflosigkeit für unfähig hält, diesen unbefriedigenden Stand der Dinge zu verändern. Er verfällt dann in Passivität, Trübsal und Hoffnungslosigkeit. Er glaubt, daß alle seine Unternehmungen sinnlos sind, weil sie ihm so gut wie keine Verstärkungen einbringen. Wir müssen hier betonen, daß Seligman im Gegensatz zu Beck die vorherrschenden negativen Erwartungen von der erlernten Hilflosigkeit unterscheidet. Er sagt: »Nach unserem Modell ist Depression nicht etwa ein generalisierter Pessimismus, sondern ein Pessimismus, der speziell der Wirkung dessen gilt, was der Mensch von sich aus und aus eigenen Kräften unternimmt« (1975, S. 86). Seligman glaubt auch nicht, mit seinem Modell alle affektiven Störungen erklären zu können, sondern nur diejenigen, »bei denen der Mensch in seinen Reaktionen erlahmt, sich für machtlos und aller Hoffnung beraubt hält und trostlos in die Zukunft blickt« (1975, S. 81). Für Seligmans Modell spricht insofern einiges, als es sich dabei um eine empirische Hypothese handelt, die der direkten experimentellen Prüfung zugänglich ist (Miller und Seligman, 1976).

Zu Recht stellt Seligman fest, daß viele Depressive sich hilflos fühlen, was die Kontrolle über die in der Umgebung vorhandenen Möglichkeiten der Verstärkung angeht; diese Situation ist aber nur ein Teil des gesamten depressiven Bildes. Manche Autoren, unter ihnen Adler und Bonime, sehen in der depressiven Episode den Versuch des Patienten, die Umgebung zur Befriedigung seiner Bedürfnisse zu zwingen – was bedeutet, daß er keineswegs hilflos ist. Nach dieser Ansicht ist die zur Schau gestellte Hilflosigkeit ein ausgeklügeltes Verfahren, durch das die Umgebung gezwungen werden soll, dem Depressiven zu geben, was er haben möchte. Selbst wenn man sich diesem Gedankengang nicht anschließen will, bleiben gewisse Schwierigkeiten im Zusammenhang mit dem Modell der »erlernten Hilflosigkeit« bestehen: Viele Depressive versuchen, sich die verlorenen Quellen der Befriedigung dadurch wieder zu erschließen, daß sie hart arbeiten, Selbstverleugnung üben oder sich in einer Weise verhalten, die bei ihren Mitmenschen Schuldgefühle erzeugt. Der Depressive ist also keineswegs hilflos; er hat nur ganz spezielle – wenn auch unangebrachte – Formen erlernt, wie er jene Verstärkungen erlangen kann, die er braucht. Seine Anfälligkeit für die Störung hat ihren Grund allem Anschein nach in dem ungewöhnlich großen Bedürfnis nach äußerer Verstärkung, um seine Selbstachtung oder sein Wohlbefinden aufrechtzuerhalten, und nicht etwa darin, daß er nicht wüßte, wie er an die so heftig benötigte Verstärkung herankommen kann. Der Depressive verläßt sich allzu sehr auf äußere Quellen, um zu Erfüllung und Sinnfindung zu gelangen, und deshalb entwickelt er ein erhebliches Geschick in seinen zwischenmenschlichen Manövern, damit ihm die so dringend benötigten Beziehungen zu anderen Menschen erhalten bleiben.

Wenn es doch geschieht, daß ihm die äußeren Quellen der Befriedigung verloren gehen, dann wird deutlich, daß er von sich aus keinen Sinn in seinem Leben zu entdecken und keine Verstärkung aus den Aktivitäten zu ziehen vermag, die er um seiner selbst willen unternimmt. Es ist nicht etwa so, daß der Depressive keinen Zusammenhang zwischen Reaktion und Verstärkung erkennen würde, aber sein System der Verstärkung ist zu labil und zu begrenzt.

Es scheint, daß Seligman die Folgen der depressiven Episode für ihre Ursache hält. Im Augenblick der depressiven Attacke ist es wohl so, daß der betroffene Mensch sein Schicksal beklagt, nichts unternimmt, was in seinem eigenen Interesse liegen würde, und vollkommen hilflos erscheint. Aber dieses klinische Bild ist vielleicht Teil der charakteristischen Neigung des Depressiven, andere Menschen dazu zu bewegen, daß sie ihm zur Erfüllung und Sinnfindung verhelfen. Wenn diese äußeren Möglichkeiten nicht mehr gegeben sind – sei es, daß er den anderen Menschen wirklich verloren hat, sei es, daß dieser andere nicht mehr imstande ist, seine Manipulationen zu ertragen –, dann mag der Depressive wirklich das Gefühl haben, daß er sich die dringend benötigten äußeren Quellen der Befriedigung durch direkte Aktivitäten nicht wieder erschließen kann. Hier haben wir es aber nicht mit einem Zustand zu tun, wie er durch die erlernte Hilflosigkeit, also aufgrund der Annahme entstanden ist, daß es zwischen Reaktion und Verstärkung keinen Zusammenhang gebe. Vielmehr könnte dieser Zustand, wie schon gesagt, seinen Ursprung darin haben, daß der Mensch sich fast ausschließlich auf äußere Figuren und Gegebenheiten verlassen bzw. sich fast ausschließlich an einem äußeren Ziel orientiert hat – in der Hoffnung, auf diese Weise zu Erfüllung und Sinnfindung zu gelangen. Depressive sind in bestimmten wichtigen Bereichen (mit denen wir uns in den Kapiteln 6 und 7 befassen wollen) eingeschränkte Persönlichkeiten, aber diese Bereiche der Einschränkung sind nicht, wie Seligman meint, deshalb zustande gekommen, weil die Belohnung für ihre Bemühungen ausgeblieben ist.

■ ■ ■ Physiologische Erklärungsversuche ■ ■ ■

Wir verfolgen mit diesem Buch nicht die Absicht, den Leser mit den verschiedenen Theorien über die organische Bedingtheit der Depression bekanntzumachen, und mir fehlt auch jede eigene Kenntnis, was diesen Zweig der Depressionsforschung angeht. Im Sinne einer möglichst vollständigen Darstellung der verschiedensten Ansätze zur Erklärung der Depression sollen im folgenden aber dennoch die wichtigsten physiologischen Theorien zu diesem Gegenstand kurz betrachtet werden.

Zuvor sollten wir uns klarmachen, daß ein auf physiologischen Abläufen gründender Erklärungsversuch der psychodynamischen Betrachtungsweise nicht notwendig entgegenstehen muß. Ganz gewiß begleiten neurologische Geschehnisse die psychischen Phänomene, und die Erfahrung der Depression bildet dabei keine Ausnahme. Zwischen den beiden Betrachtungsweisen besteht sogar ein ganz besonderes Maß an Übereinstimmung, wenn man die Depression als einen fundamentalen Affekt betrachtet, der sich in bestimmten Situationen automatisch einstellt, wie dies etwa in den Theorien von Sandler und Joffe (1965) und von Bibring (1953) exemplifiziert wird. Die sehr viel komplexere Auffassung, nach der die Depression das Resultat komplizierter metapsychologischer Abläufe ist, deckt sich allerdings nicht so ohne weiteres mit den biochemischen Ansätzen, denn nach diesem Konzept läßt sich die Depression auf gewisse fundamentale Triebe oder Strukturen reduzieren. Die biochemisch orientierten Theorien begünstigen also ein Bild der Depression als einer fundamentalen Emotion (siehe Kapitel 7), die sowohl psychologische als auch physiologische Korrelate besitzt.

Die moderne biochemisch orientierte Betrachtung der Depression entstand, nachdem ein glücklicher Zufall zu einer Reihe klinischer Beobachtungen geführt hatte, die später dann in Tierversuchen erhärtet wurden. Zu Beginn der fünfziger Jahre stellte man fest, daß Hochdruckpatienten, denen man Reserpin (ein Sedativum) gegeben hatte, depressive Episoden durchliefen. Reserpin entzieht dem Gehirn bekanntlich Norepinephrin und Serotonin. Zur gleichen Zeit wurde im Rahmen einer anderen klinischen Studie festgestellt, daß sich auf Gaben von Isoniazid ($C_6H_7N_30$) die Stimmung mancher Tbc-Patienten ganz plötzlich hob. Isoniazid blockiert nachweislich den Abbau von Norepinephrin und von 5-HT, indem es die Wirkung der Monoaminoxidase (MAO) behindert – eines Enzyms, das diese Amine umwandelt. In Tierversuchen gelangte man ferner zu der Feststellung, daß auch andere Präparate, die die Wirkung der MAO behindern, jenes depressionsähnliche Syndrom wieder umkehren konnten, das durch die Verabreichung von Reserpin ausgelöst worden war. Schließlich konnte Hertting (Prange, 1973) nachweisen, daß die günstigen Wirkungen der trizyklischen Antidepressiva wie etwa des Imipramin dadurch zustande kamen, daß die erneute Aufnahme von NE an den Nervenendigungen blockiert war. Vom Lithium, einer Droge, die die Manie reduziert, glaubte man dagegen, daß es die erneute Aufnahme von NE an der Synapse befördere.

Die genannten klinischen Beobachtungen und die daran anschließenden Forschungen haben wohl hinreichend dargelegt, daß diese beiden Verbindungen, also das NE und das 5-HT, in einem besonderen Zusammenhang mit der Depression stehen. Diese Amine gelten als Überträgersubstanzen des sympathischen Nervensystems, das heißt sie leiten Erregung von einem Neuron zum anderen. Ein Überschuß an einem dieser Amine oder auch an beiden führt angeblich zur Manie, ein Defizit zur Depression.

Tabelle 2-1 (Akiskal und McKinney, 1975) zeigt die metabolische Umwandlung von NE und 5-HT:

Tabelle 2-1: Die metabolische Umwandlung von NE und 5-HT

Vorläufer		Aktives Amin	Metabolit
Tyrosin	Dopamin	Norepinephrin	3-Methoxy-4-Hydroxy-phenyläthylen-glykol (MHPG)
	Dopamin		Homovanillin-säure (HVS)
L-Tryptophan	5-Hydroxytryptophan	Serotonin (5-HT)	5-Hydroxy-Indolessig-säure

In den Vereinigten Staaten hält man das Norepinephrin für das aktive Amin, während man sich in Europa eher dem Serotonin (5-HT) als dem Mediator zugewandt hat, der vermutlich bei der Depression zur Wirkung kommt. Die positiven Wirkungen von Präparaten, die den Pegel dieser Amine im Gehirn bei der Behandlung depressiver Episoden verändern, haben umfangreiche Forschungen nach sich gezogen und sogar die Hoffnung geweckt, daß man eines Tages vielleicht imstande sein würde, die verschiedenen Untertypen der Depression allein durch biochemische Untersuchungen voneinander zu differenzieren (Schildkraut, 1975).

Die »Indol-Hypothese«, nach der es der Abbau von 5-HT ist, der das aktive Geschehen in der Depression verursacht, fußt auf den Ergebnissen einer ganzen Reihe von Untersuchungen. Besonders bekannt ist die Untersuchung von Coppen und seinen Mitarbeitern (1963), die nachweisen konnten, daß Tryptophan, eine Vorstufe des 5-HT, die antidepressive Wirkung eines MAO-Blockers ermöglichte. Die Forscher überlegten weiter, daß die größere antidepressive Wirkung wohl auf einen erhöhten 5-HT-Pegel zurückgehen müsse. Allerdings haben weitere Untersuchungen dieser Art (Mendels, 1974) keine entsprechenden Ergebnisse erbracht. Auch die antidepressive Wirkung des Tryptophan allein konnte nicht in allen Fällen nachgewiesen werden (Goodwin und Bunney, 1973).

Im Einklang mit der Hypothese vom Abbau des Serotonin steht

auch die Feststellung, daß sowohl im Liquor cerebrospinalis depressiver Patienten als auch im Hirngewebe von Selbstmördern unterdurchschnittliche Konzentrationen von 5-HTAA, einem Metaboliten des Serotonins, zu finden sind (Bunney und andere, 1972).

Nicht bestätigt wird die Rolle des 5-HT bei den affektiven Störungen dagegen durch die Tatsache, daß es nicht gelang, eine Depression »künstlich«, nämlich mit Hilfe von Präparaten herbeizuführen, die die Serotoninsynthese blockieren. Krebspatienten, denen man die Droge Parachlorphenylalanin (PCPA) verabreicht hatte, zeigten zwar eine Reihe psychischer Abnormitäten wie Angst, Reizbarkeit und Negativismus, aber keine Depressionen. Die gleiche Droge war selbst in hohen Dosen auch bei Affen wenig wirksam (Redmont u. a., 1971). Das heißt, der Abbau des 5-HT scheint allein noch nicht zur Depression zu führen, obwohl man diesem Amin weiterhin und bei gleichzeitigem Vorhandensein noch anderer physiologischer Veränderungen eine gewisse Rolle in der Biochemie der affektiven Störungen zugesteht.

Der zweite wichtige biochemisch orientierte Erklärungsversuch geht von dem Hirnkatecholamin NE (Noradrenalin bzw. Norepinephrin) und seiner Vorstufe, dem Dopamin aus. Hauptvertreter dieser Hypothese ist Schildkraut, der die einschlägige Literatur in Abständen immer wieder durchgesehen (1965; 1975; Durell und Schildkraut, 1966) und daneben eigene Forschungen und klinische Experimente durchgeführt hat. Was in bezug auf das Serotonin zutraf, gilt entsprechend auch hier: Die Forscher fanden bei diesen Untersuchungen verminderte NE-Werte im Urin einiger, aber nicht aller depressiver Patienten. Schinfecker stellte bei einer 1965 durchgeführten Untersuchung (zitiert bei Schildkraut, 1975) fest, daß den Phasen von Manie und Depression bei zyklothymen Patienten ein regelmäßiger Zyklus der Exkretion des NE-Metaboliten entsprach; die hohe NE-Exkretion begann mit dem Einsetzen einer manischen Phase; geringe NE-Exkretion spiegelte die depressive Phase. Auch hier steht am Ende die Behauptung, daß der Rückgang von NE (hervorgerufen etwa durch Reserpin) zur Depression führt, eine Wiederherstellung des normalen NE-Pegels im Gehirn durch Verabreichung trizyklischer Antidepressiva oder von MAO-Blockern die Depression erleichtert und ein Überschuß von NE schließlich Manie verursacht.

Schildkraut führt zahlreiche Untersuchungen an, durch die seine Hypothese gestützt wird, aber er bringt andererseits auch viele Daten, die sie wieder in Frage stellen. Wir wollen im folgenden eine dieser widersprüchlichen Feststellungen zitieren: 1. Nicht alle depressiven Patienten zeigen eine verminderte Katecholamin-Ausscheidung, sondern es sind in der Hauptsache die agitierten oder ängstlichen

Typen; 2. die Konzentration der Plasmakatecholamine korrelierte sehr viel stärker mit Angst als mit Depression. Es kann also sein, daß nicht die Depression selbst, sondern die Tätigkeit der Muskeln (bei der Manie, bei Angstzuständen oder der agitierten Depression) der Grund für die veränderte Noradrenalin-Ausscheidung ist. Schwierigkeiten bereitet auch der Umstand, daß das im Urin vorhandene Noradrenalin Reaktionen des gesamten Körpers reflektiert und wir es daher besser nicht zum Maßstab des Katecholaminstoffwechsels im Gehirn machen sollten.

Unlängst ist der Gedanke vorgetragen worden (siehe Schildkraut, 1975), daß MHPG, ein Metabolit des NE, das man im Urin findet, dem NE-Pegel im Gehirn parallel läuft und die unterschiedlichen Katecholaminpegel im übrigen Körper nicht vollständig reflektiert. Erste Versuche mit MHPG haben eine Korrelation mit der Stimmung ergeben, allerdings haben spätere Experimente dann auch wieder gegensätzliche Feststellungen erbracht. Es ist von Variationen der MHPG-Ausscheidung in Erwiderung auf Belastung allgemein (nicht nur auf affektive Störungen) berichtet worden, so daß der spezifische Zusammenhang des MHPG mit der Depression und der Manie weiter auf seine Bestätigung wartet. Und schließlich findet sich die geringe MHPG-Ausscheidung nicht bei allen depressiven Patienten. Diese zuletzt genannte Beobachtung erlaubt die Vermutung, daß es verschiedene biochemische Typen der Depression gibt, die auf bestimmte Drogen dann auch unterschiedlich ansprechen.

Mendels (1975) stellte nach der Verabreichung großer Dosen von L-Dopa, der unmittelbaren Vorstufe des DA, an depressiven Patienten keine nennenswerte Besserung fest. Mit dieser Dosierung hatte er eine Erhöhung des DA-Pegels im Gehirn und vielleicht auch des NE-Pegels erreichen wollen. Auch hier gilt entsprechend, was wir zuvor für die Serotonin-Forschungen festgestellt haben: Die meisten Forscher glauben, daß die Katecholamine in einem bestimmten Zusammenhang mit den affektiven Störungen stehen, sie sind aber zugleich der Meinung, daß es sich bei diesen Aminen nur um einen Teil eines außerordentlich komplizierten metabolischen Prozesses handelt, der noch erforscht werden muß.

Die trizyklischen Antidepressiva und die MAO-Blocker haben sich in der Behandlung der Depression als sehr hilfreich erwiesen, aber der Versuch, diese positiven klinischen Wirkungen in eine umfassende biochemische Theorie der Depression einzubinden, hat bis jetzt noch nicht zum Erfolg geführt. Die Autoren, die sich mit den verschiedenen Experimenten befassen (Akiskal und McKinney, 1975; Baldessarini, 1975; Goodwin und Bunney, 1973), sind sich darin einig, daß diese

Amine bei den affektiven Störungen eine Rolle spielen, sie sagen aber auch, daß die biochemischen Vorgänge im Gehirn noch zu wenig erforscht sind, als daß man schon endgültige Schlüsse ziehen könnte. Daß die affektiven Störungen nichts anderes sein sollen als die direkte Reflexion eines bestimmten Pegels der biogenen Amine im Gehirn, erscheint den meisten Forschern als eine allzu einfache Erklärung.

Die Einwände, die gegen die Aminhypothese erhoben worden sind, werden von Baldessarini (1975) in einem ausgezeichneten Überblick besprochen und sollen auch hier kurz erwähnt werden. Nach Baldessarinis Meinung haben die sogenannten tierischen Depressionen, die durch Drogen zustande kommen, auf die sich die biochemischen Theorien sehr weitgehend stützen, im Grunde nicht sehr viel mit den auf »natürliche Weise« entstehenden menschlichen Depressionen zu tun. Vielmehr ähnelt die durch Reserpin zustandegebrachte »Depression« des Affen einem Zustand der Sedierung. Diejenigen Drogen, die solche tierischen »Depressionen« in optimaler Weise wieder umkehren – die L-Dopa und die Amphetamine –, zeigen, auf die menschliche Depression angewandt, nur eine minimale Wirkung. Baldessarini sagt weiter, daß die durch Reserpin ausgelöste Depression für die menschliche Depression keineswegs typisch ist, denn man hat festgestellt, daß die Wirkungen dieses Präparates höchst unterschiedlich ausfallen; manche Menschen reagieren mit Lethargie, andere mit einem hirnorganischen Syndrom, wieder andere zeigen überhaupt keine mentalen Veränderungen. Diejenigen Menschen, die auf die Verabreichung von Reserpin depressiv reagieren, hatten bereits eine depressive Vorgeschichte und waren mithin möglicherweise durch ihre Erfahrungen für eine depressive Reaktion prädisponiert.

Kritik an der pharmakologischen Erforschung der Depression wird auch deshalb geübt, weil die meisten Experimente nur den unmittelbaren biochemischen Effekt des jeweiligen Mittels erfassen, nicht aber seine Langzeitwirkungen untersuchen. Das kann gerade bei den affektiven Störungen zu ganz falschen Schlüssen führen, denn die klinische Reaktion auf die meisten antidepressiven Mittel setzt mit erheblicher Verzögerung ein. Die Tatsache dieses verzögerten Einsetzens der therapeutischen Reaktion veranlaßte Mandell und Segal (1975), eine Theorie der Depression aufzustellen, die die Katecholamin-Hypothese nahezu umkehrt. Die genannten Autoren glauben, daß Depression die Folge vermehrter Aktivität der Hirnkatecholamine sein könnte und daß antidepressive Mittel, die ja den Katecholaminspiegel anheben, die Enzyme und anderen Makromoleküle affizieren, welche wiederum die Katecholamine synthetisieren. Die Antidepressiva verursachen einen Rückgang der natürlichen Katecholaminproduktion, weil die Enzyme sich dem durch die antidepressiven Drogen bewirkten hohen Aminpegel anpassen. Da ein solcher Anpassungsprozeß mehrere Tage in Anspruch nehmen würde, glauben die Autoren, daß ihre Theorie sich besser mit den klinischen Daten verträgt. Die biochemische Ursache der affektiven Störungen liegt dann in einem umfassenden biochemischen System, das Art und Menge der Überträgerstoffe in wichtigen Teilen des Gehirns kontrolliert, und nicht im periodisch auftretenden Überschuß an irgendwelchen Katecholaminen. Diese reichlich kühne Hypothese ist keineswegs bewiesen, auch wenn Mandell und Segal sich auf die Untersuchung Oswalds (1972) berufen, nach der normale Probanden nach Einnahme von antidepressiven Mitteln zunächst über Gefühle des Unbehagens klagten, vermutlich wegen des damit bewirkten Überschusses an Katecholaminen. Andererseits berichteten depressive Patienten, die die gleiche Medikation erhalten hatten, von keiner anfänglichen Verschlimmerung ihrer Symptome.

Die weiterreichende Bedeutung der Arbeit von Mandell und Segal liegt in dem Hinweis darauf, daß Antidepressiva in vielfältiger Weise biochemisch wirksam werden und nicht nur den Pegel der biogenen Amine, sondern auch eine Reihe anderer Systeme beeinflussen können. Möglicherweise sind es letzten Endes diese anderen Systeme, die für die klinischen Wirkungen antidepressiver Mittel verantwortlich sind. Diese Ansicht wird noch dadurch erhärtet, daß keine wirkliche Korrelation zwischen der klinischen Reaktion und dem Katecholamin- bzw. Indolaminpegel besteht. Baldessarini (1975) erklärt sehr klar, warum es kaum möglich ist, den jeweiligen Aminpegel für die Depression verantwortlich zu machen, nur weil er durch die Verabreichung antidepressiver Mittel verändert wird:

> »Auf diesem Gebiet besteht durchaus die Gefahr des logischen Trugschlusses – post hoc, ergo propter hoc. Häufig wird nämlich ganz fraglos folgendes angenommen: Wenn eine verhaltensmäßige Störung auf eine bestimmte Form der physikalischen Therapie anspricht, so impliziert dies nicht nur das Vorhandensein einer organisch-metabolischen Ursache, sondern darüber hinaus auch die Vorstellung, daß es sich bei dieser Ursache um metabolische Veränderungen handeln muß, die den dann durch die Behandlung bewirkten metabolischen Vorgängen gerade entgegengesetzt sind. Dieser Schluß ist um nichts logischer als die Feststellung, daß eine eingehende Beschäftigung mit der Heilkraft von klinisch wirksamen Zubereitungen aus Fingerhut, Meerzwiebel und Bingelkraut uns Informationen von fundamentaler Bedeutung für die Ätiologie der Ödembildung gebracht hätte« (S. 1092).

Neben diesen besonders wichtigen und vorwiegend in heuristischer Form betriebenen physiologischen Erklärungsversuchen, die bei den biogenen Aminen ansetzen, hat es auch Untersuchungen anderer biologischer Systeme gegeben, die hier kurz erwähnt werden sollen. Lange Zeit wurde die Ansicht vertreten, daß es einen Zusammenhang zwischen endokrinen Veränderungen und affektiven Störungen geben müsse, weil manche Endokrinopathien von Depression oder auch von Hochstimmung begleitet sind. Eine Reihe von Untersuchungen hatte eine Korrelation zwischen der Exkretion von 17-Hydroxycorticosteroiden und Veränderungen in der betreffenden affektiven Störung dargetan (Gibbons, 1967); andere Forschungen hatten keinen solchen Zusammenhang erbracht (Kurland, 1964). Im Rahmen einer sorgfältig kontrollierten Studie stellten Sachar u. a. (1972) fest, daß die Cortisolproduktion durch emotionale Erregung, Angst oder psychotische Dekompensation sehr stark beeinflußt wird, nicht aber durch die Depression selbst. Apathisch-depressive Menschen zeigten weder während ihrer depressiven Episode noch danach irgendwelche Veränderungen in der adrenokortikalen Aktivität. Aufgrund dieser Untersuchung und der ihren Ergebnissen widersprechenden Angaben aus anderen Studien kann man versuchshalber annehmen, daß der Cortisolpegel eine allgemeine Beunruhigung des Menschen anzeigt, unabhängig von irgendwelchen affektiven Störungen.

Ein weiteres endokrines System, das von manchen Forschern mit der Depression in einen Zusammenhang gebracht wird, ist die thyroid-pituitäre Achse. Prange u. a. (1969) stellten fest, daß Trijodthyronin (T_3) die Wirkung von Imipramin bei depressiven weiblichen Patienten erhöhte. Etwas später beobachteten Prange und Wilson (1972), daß das Thyreotropin freisetzende Hormon schon allein antidepressiv wirken kann. Prange bringt dieses therapeutische Ergebnis allerdings mit einer Wirkung auf den Katecholamin-Metabolismus in Zusammenhang, die vom Funktionieren der Schilddrüse unabhängig ist. Prange nutzte zwar thyroide Substanzen in seiner klinischen Forschung, aber im Grunde ist er ein Anhänger der sogenannten »permissiven Hypothese«, nach der ein ursprünglich vorhandenes Serotonin-Defizit den Menschen für die Depression empfänglich macht, wenn seine Noradrenalin-Werte niedrig liegen, bzw. ihn für die Manie empfänglich macht, wenn die NE-Werte hoch liegen (Prange, 1973). Beim augenblicklichen Stand der Forschung ist also das endokrine System wohl kein sehr vielversprechendes Forschungsfeld im Zusammenhang mit den affektiven Störungen.

Ein anderer wichtiger Bereich der biochemischen Forschung betrifft den Membrantransport und den Elektrolythaushalt. Diese Richtung der Forschung ist durch die Erfolge, die sich durch die Behandlung akuter manischer Attacken mit Lithium (einem einfachen Alkalimetall ähnlich dem Sodium und der Pottasche) erzielen ließen, sehr stark belebt worden (Cade, 1949). Später wurde Lithium als Prophylaktikum gegen die manisch-depressive Erkrankung verabreicht (Baastrup und Schou, 1967), und in jüngerer Zeit hat man es versuchsweise solchen Patienten gegeben, die an wiederkehrenden Anfällen von Depression leiden, aber keine manischen Episoden durchlaufen (Fieve u. a., 1968).

Auch in diesem Fall hat der Erfolg eines bestimmten Mittels verständlicherweise zu Spekulationen über die Natur der Krankheit geführt, die auf den biochemischen Wirkungen des Mittels aufbauen. Im Fall des Lithiums stellte man fest, daß dem anfänglichen Abbau des Sodiums nach einigen Tagen bei manchen Patienten eine kompensatorische Sodiumverhaltung folgte (Tupin, 1972). Es ist bisher nicht geklärt, ob dieser Effekt des Lithiums auf das Natrium auf der zellularen Ebene oder durch die vermittelnde Wirkung von Aldosteron erfolgt (Aronoff u. a., 1971).

Manche Forscher sind der Meinung, daß Lithium die ionische Konzentration von Natrium und Potassium an den Zellwänden der Neuronen verändert, die neuronale Transmission verzögert und so den manischen Patienten »langsam macht«. Diese Hypothese hat ihre Schwachstellen, denn Lithium hat sich auch bei einigen Formen der Depression als wirksam erwiesen. Andere Forscher (Greenspan u. a., 1970; Messina u. a., 1970) wollen einen Zusammenhang zwischen der Verabreichung von Lithium und bestimmten Veränderungen im Katecholaminstoffwechsel herstellen. Augenblicklich ist dieser Forschungsbereich noch zu jung, als daß sich hier bereits eine Hypothese von einiger Bedeutung herauskristallisiert haben könnte. Die Beschäftigung mit dem Lithium spielt aber im Zusammenhang mit der Biochemie der affektiven Störungen weiterhin eine herausragende Rolle.

Mit dieser sehr knappen Darstellung der physiologisch begründeten Versuche, zu einer Theorie der Depression und der Manie zu gelangen, wollen wir den Leser wenigstens ansatzweise über diese sehr produktive Form der Annäherung an die affektiven Störungen informieren, die von den Psychotherapeuten in der Regel ignoriert wird. Zu Beginn dieses Abschnittes haben wir darauf hingewiesen, daß physiologisch begründete Erklärungsversuche der psychodynamischen Betrachtungsweise keineswegs zuwiderlaufen müssen, wenn man die Depression als affektive Grundstimmung betrachtet. Leider hat sich die Erforschung der psychisch-geistigen Krankheiten allzu häufig in zwei Lager aufgesplittert, die einander bekämpfen: das Lager der am Organischen und das der am Psychologischen ausgerichteten Praktiker. Der Kliniker kann aber die Tatsache biologischer Abläufe im Gehirn des Patienten nicht einfach ignorieren, ebenso wenig wie der Chemiker an dem Umstand vorbeikommt, daß die Substanzen, die er untersucht, von den Lebenserfahrungen des Organismus beeinflußt werden.

■ ■ ■ Zusammenfassung ■ ■ ■

Die verschiedenen Theorien über die Depression, wie sie im Laufe der Jahre vorgetragen worden sind, spiegeln in jedem Fall den jeweiligen Stand der Psychoanalyse wider. Dem Leser ist vielleicht aufgefallen, daß die jüngsten Theorien (von einigen beachtenswerten Ausnahmen abgesehen) sich nicht mehr so ausschließlich an die Metapsychologie anlehnen, sondern statt dessen verstärkt der klinischen Erfahrung Rechnung tragen. Die modernen Theorien über die Depression sind weniger spekulativ (und entsprechend weniger imaginativ). Die kulturellen und interpersonalen Faktoren werden stärker beachtet, seitdem die Psychoanalyse vom triebbezogenen und vorwiegend »hydraulischen« Modell abgerückt ist und sich einer umfassenderen Sicht der Dinge zugewandt hat, die nicht länger bemüht ist, alles Verhalten auf die unbewußten Transformationen der Triebenergie zu reduzieren. Gewiß haben sowohl das politische und soziale Umfeld als auch die Veränderungen im wissenschaftlichen Vorgehen ganz allgemein die Entwicklung der Psychoanalyse vorangetrieben, und das hat wiederum unsere Sicht der Depression beeinflußt.

Die psychoanalytische Erforschung der Depression ist auch auf Kritik gestoßen, und manche dieser Bewertungen erscheinen durchaus gerechtfertigt. Chodoff (1972) sagt zu Recht, daß in vielen Beiträgen zur Depression das Ausmaß der Krankheit gar nicht spezifiziert ist, aber dennoch Beobachtungen dazu verallgemeinert werden. Freud hatte noch ganz deutlich gesagt, daß seine Formulierungen nur auf sehr gestörte Melancholiker Anwendung finden dürften. Spätere Autoren haben dann aber seine Theorie auch auf weniger beeinträchtigte Patienten bezogen bzw. den Grad der Beeinträchtigung ihrer Patienten gar nicht angegeben. Chodoff ist auch der Meinung, daß in der Literatur die Beschäftigung mit der manisch-depressiven Psychose allzu stark durchschlägt, während andere Formen der Depression eher vernachlässigt worden sind.

Kritik gilt weiterhin dem Umstand, daß die psychoanalytische Literatur zum Thema Depression auf der Analyse nur einer sehr kleinen Zahl von Patienten aufbaut; Verallgemeinerungen seien aus diesem

Grunde gar nicht zulässig. In dieser Hinsicht ist die psychoanalytische Methode in der Tat leider begrenzt; der einzelne Praktiker kann in seinem Leben nur eine gewisse Anzahl von Menschen wirklich intensiv behandeln. Aber es entspricht nun einmal der klinisch-medizinischen Tradition, daß über eine Reihe von Patienten berichtet wird, die einen ähnlichen Zustand präsentieren, und anschließend die Gemeinsamkeiten und Unterschiede zwischen ihnen festgehalten werden. Bei größer angelegten experimentellen Untersuchungen kann natürlich eine größere Zahl von Patienten erfaßt werden – was aber dabei herauskommt, sind dann Erkenntnisse, die im Grunde auch der Mann von der Straße mit Hilfe seines gesunden Menschenverstandes gewinnen kann. Chodoff (1972) sieht diese Schwäche der nichtpsychoanalytischen Untersuchungen ebenfalls, wenn er sagt, daß die dabei gemachten Beobachtungen häufig oberflächlich bleiben. Seiner Meinung nach sind die psychoanalytischen Erkundungen intensiver und anspruchsvoller, zeichnen sich aber im Gegensatz zu anderen – wissenschaftlich kontrollierten – Forschungsunternehmen gelegentlich dadurch aus, daß nicht sauber zwischen Beobachtung und Schluß unterschieden wird. Ein weiterer Einwand in bezug auf die psychodynamischen Darlegungen lautet, daß keine Kontrollgruppen in die Untersuchungen einbezogen werden. Diese Kritik wiegt vielleicht nicht allzu schwer, da man davon ausgehen kann, daß die übrigen – nichtdepressiven – Patienten des Analytikers sich in genügendem Maße (insofern nämlich, als von ihnen in der Beschreibung der depressiven Patienten nicht die Rede ist) von den Depressiven unterscheiden, um als zwar nicht eigens erwähnte, aber jedenfalls doch bestehende Kontrollgruppe »durchgehen« zu können.

Eine deutlichere Schwäche der psychodynamischen Untersuchungen zur Depression ist vielleicht die immer wieder zu beobachtende Tendenz der Autoren, die Störung in eine bereits existierende und von ihnen vertretene allgemeine Theorie der Psychopathologie einpassen zu wollen. Die größere Theorie wirkt zuzeiten wie ein Prokrustesbett, das nur diejenigen Züge der Depression aufnimmt, die sich nach dieser Theorie darin unterbringen lassen, während andere Aspekte, die den grundlegenden Formulierungen möglicherweise zuwiderlaufen, verzerrt oder ignoriert werden. Das ist ein Nachteil vieler dieser Theorien, deren Unebenheiten und Voreingenommenheiten wir ja im übrigen zusammen mit den jeweiligen positiven Seiten hier besprochen haben. Es empfiehlt sich, die Aussagen der einzelnen Schulen als das Ergebnis einer von Fall zu Fall wieder anderen Perspektive in der Betrachtung eines im übrigen gleichen klinischen Problems anzusehen und dabei zu bedenken, daß diese unterschiedlichen Standpunkte einander ergänzen und auf diese Weise wichtige Konstrukte hervorheben, auch wenn nicht jede einzelne Schule alle berücksichtigt. Die Freudianer, die Kleinianer, die Vertreter der »interpersonalen« Schule und alle übrigen, deren Auffassungen hier vorgetragen worden sind, haben unsere Kenntnis und unser Verständnis der Depression entscheidend geprägt, und wir sollten ihr Werk, soweit uns dies möglich ist, als eine Ganzheit betrachten.

Die Unterschiede in der Theorie mögen als Wandlungen des psychoanalytischen »Zeitgeistes« betrachtet werden; denkbar ist aber auch, daß sich im Laufe der Jahrzehnte die klinische Natur der Depression selbst verändert hat. Die schuldbeladenen und wie gelähmt wirkenden Melancholiker, wie sie zu Beginn der Depressionsforschung in der Literatur beschrieben werden, begegnen uns heute nur noch selten. Die meisten Depressionen scheinen heute milder zu verlaufen und sind nicht so sehr von Selbstbeschuldigungen als vielmehr von einer fordernden Haltung geprägt, hinter der sich wohl gescheiterte Hoffnungen verbergen. Möglicherweise verändern sich die nach außen sichtbaren Aspekte des Syndroms in dem Maße, in dem die Gesellschaft ihre starren Moralvorstellungen lockert und die Erziehung weniger autoritär ist. Dazu kommt, daß die größere Mobilität zwischen den sozialen und ökonomischen Schichten möglicherweise zu stärkerem Leistungsdruck führt als eine statische und unbewegliche Klassengesellschaft. Die Unterschiede zwischen den hier vorgestellten Theorien könnten demnach auch darauf zurückzuführen sein, daß wir es mit einem immer wieder anderen Patiententyp zu tun haben.

Schließlich ist es durchaus möglich, daß die Depression bei verschiedenen Menschen verschiedene Ursachen haben könnte. Wir könnten sie uns zum Beispiel als eine Bahn vorstellen, in die ganz unterschiedliche Prozesse, die das psychische Gleichgewicht bei ganz verschiedenen Patienten verändern, letztlich einmünden. Gewiß sind nicht alle depressiven Menschen gleich, auch wenn der Forscher, wie bei jeder wissenschaftlichen Untersuchung, bemüht sein muß, gewissermaßen auf einer höheren Ebene und jenseits der klinischen Unterschiede nach grundlegenden Prinzipien zu suchen, von denen sich dann das symptomatische Bild logisch ableiten läßt. Trotz der Disparität der theoretischen Systeme kann dem Leser nicht entgangen sein, daß bestimmte grundlegende Sachverhalte immer und immer wieder zur Sprache gekommen sind. Das heißt also, die meisten Autoren erkennen eine Reihe spezifischer Züge des depressiven Menschen, auch wenn sie von ganz und gar verschiedenen Ansichten über die Natur des psychopathologischen Geschehens ausgehen.

Zum Schluß sei darauf hingewiesen, daß die Autoren dieses Buches sich auch selbst über die Depression geäußert haben. Die entsprechenden Arbeiten sind in diesem Kapitel nicht genannt worden, denn unsere Überlegungen sollen in den nachfolgenden Kapiteln ja in allen Einzelheiten ausgefaltet werden. Wir hoffen, daß dieser Streifzug durch die Geschichte der Beschäftigung mit der Melancholie ein ausreichendes Fundament für die ausführliche Darstellung des nun folgenden Materials abgeben und dazu beitragen wird, es in die richtige Perspektive zu rücken.

■ ■ ■ ■ 3. Die manifeste ■ ■ ■ ■ Symptomatik des erwachsenen Depressiven

■ ■ ■ Einführende ■ ■ ■ Bemerkungen und Kriterien der Klassifikation

Die manifeste Symptomatik der verschiedenen depressiven Syndrome erfordert sorgfältigste Prüfung und Bewertung. Dennoch hat der Kliniker in diesem Fall mehr als bei der Beobachtung anderer psychiatrischer Zustände das Gefühl der Begrenztheit einer Methode, die sich in der Beobachtung und Einordnung der offenkundigen depressiven Symptomatik erschöpft. Er spürt, daß das Syndrom, mit dem er es zu tun hat, in der Tat »in die Tiefe« geht und daß er mit einer Erkundung der Fassade deshalb nicht sehr weit gelangen wird, sondern sich einer psychodynamischen Methode bedienen muß. An diesen Ansatz halten wir uns in dem vorliegenden Buch.

Die manifeste depressive Symptomatik beeindruckt den Kliniker durch ihre relative Uniformität und dadurch, daß zumindest in der Mehrzahl der Fälle ein herausragendes Merkmal vorhanden ist – die gedrückte Stimmung. Die Depression präsentiert kein sehr facettenreiches Bild und erfordert mithin nicht so unterschiedliche Formen der Erkundung wie etwa die schizophrene Störung. Im Gegensatz zum schizophrenen Syndrom konfrontiert sie den Therapeuten auch nicht mit einem so ungewöhnlichen und verzerrten Bild des Menschen. Und doch ist der Kliniker immer wieder aufs stärkste beeindruckt von der Intensität des Leidens, das er beobachtet und das ihn anrührt, denn eng benachbart ist dieses Bild des Jammers einem Zustand, den alle Menschen immer wieder einmal in ihrem Leben erfahren. Dem klinischen Bild haften daneben wichtige sekundäre Züge an, die im Kontext der depressiven Stimmung häufig übersehen werden. Jede Beschreibung der manifesten Symptomatik jener Syndrome, die in die Kategorie »Depression« fallen, setzt eine gewisse Übereinstimmung hinsichtlich der Klassifizierung dieser Syndrome voraus. Eine solche Übereinstimmung ist aber niemals erzielt worden, denn gewisse Aspekte der so bezeichneten Zustände sind keineswegs geklärt, und über eine Reihe weiterer Aspekte sind die Meinungen geteilt. Was wir heute noch ohne Zögern als unterscheidendes Merkmal bezeichnen würden, kann sich zu einem späteren Zeitpunkt als irrelevant herausstellen.

Jede Klassifizierung und Beschreibung auf der Grundlage eines nur bruchstückhaften Wissens muß sich im Grunde in den herkömmlichen Bahnen bewegen, wie sie von früheren Generationen von Fachleuten im jeweiligen Feld erschlossen worden sind. Angesichts dessen, was wir heute über die Depression wissen, sind die im folgenden genannten drei Fragen von entscheidender Wichtigkeit für den Versuch einer Klassifizierung:

Handelt es sich um eine primäre oder um eine sekundäre Depression? Wir sprechen von einer primären Depression, wenn sie eine bedeutsame und/oder wesentliche Komponente eines Syndroms bildet; beispielsweise im Falle der Erscheinung, die üblicherweise als »psychotische Depression« oder »schwere Depression« bezeichnet wird.

Auch bei der manisch-depressiven Psychose handelt es sich um eine primäre Depression. Tatsächlich kann dieses Syndrom auch manische Attacken einschließen, aber die Depression ist eine wichtige und vermutlich notwendige Komponente. Wir sagen, daß sie »vermutlich notwendig« und nicht »absolut notwendig« ist, weil es seltene Fälle gibt, in denen diese Krankheit nur aus manischen Attacken besteht. In diesen Fällen sprechen aber alle Indizien dafür, daß die depressiven Attacken sich auf der subklinischen oder subliminalen Ebene abspielen.

Eine Depression, die parallel mit Epilepsie oder mit einem endokrinen Syndrom auftritt, gilt nicht als primär, denn die vorhandenen Anzeichen deuten darauf hin, daß sie in Abwesenheit des ursprünglichen Syndroms nicht eingetreten wäre.

Handelt es sich um eine schwere oder um eine milde Depression? Diese Frage wird gelegentlich etwas anders formuliert: Ist die Depression endogen oder reaktiv; ist sie psychotischer oder neurotischer Art? Im unterschiedlichen Sprachgebrauch wird die jeweilige theoretische Ausgangsposition des Fragenden bereits deutlich. Die endogene Depression beruht ausschließlich auf organischen, vermutlich erblichen Faktoren, die sich in biochemischen Veränderungen des Organismus manifestieren. Die reaktive Depression ist dagegen durch ein Ereignis ausgelöst worden, das der Patient als schädlich oder unerfreulich empfindet.

Diese Unterscheidung fußt nicht etwa auf irgendwelchen gesicherten Daten. Jede Depression muß letzten Endes durch einen lebenden Organismus vermittelt werden, und das bedeutet, daß neurophysiologische Mechanismen und biochemische Veränderungen eintreten müssen. Andererseits können wir nicht ohne weiteres behaupten, daß keine auslösenden Geschehnisse existieren, nur weil wir sie nicht ausfindig machen können. Bei allen Depressionen sind sowohl psychologische als auch biologische, also nichtpsychologische Komponenten im Spiel. Dabei müssen die biologischen Komponenten nicht einmal notwendig auf anatomischen Störungen beruhen, sondern können funktioneller Natur sein. Mit anderen Worten, es braucht sich dabei nur um Veränderungen gewisser organischer Funktionen, nicht aber um Veränderungen von anatomischen Strukturen zu handeln.

Die Autoren des vorliegenden Buches sind überzeugt, daß man in den meisten Fällen erkennen kann, ob eine Depression psychotischer oder neurotischer Art ist. Allerdings werden diese beiden Begriffe heute von vielen Autoren und vielen Klinikern falsch benutzt. Es ist beispielsweise falsch, eine Depression als psychotisch zu bezeichnen, nur weil gewisse Symptome zu beobachten sind, die auch bei der Schizophrenie auftreten und von jedermann als psychotisch anerkannt werden – etwa Halluzinationen, Wahnvorstellungen, Beziehungswahn. Diese Symptome sind nicht typisch für irgendeine Form der Depression oder die manisch-depressive Erkrankung. Hier geht es ganz einfach um die Definition der Psychose.

An anderer Stelle habe ich bereits ausgeführt (1973, 1974), daß »Psychose« ein Ausdruck ist, der sehr häufig gebraucht wird, um auf eine schwere seelisch-geistige Störung hinzuweisen. In der Theorie und in der klinischen Praxis ist der Begriff schwieriger zu definieren, denn der »Schweregrad« ist kein ein für allemal festgelegtes Kennzeichen. Ein bestimmter Prozentsatz von Fällen, die als Psychosen diagnostiziert worden sind, ist in Wahrheit vielleicht weniger schwerwiegend – vom Standpunkt der betroffenen Menschen oder der Gesellschaft ausgehend – als gewisse Fälle, die in andere psychiatrische Kategorien eingeordnet worden sind. Der Ausdruck *Psychose* wird gelegentlich mit »Wahnsinn« gleichgesetzt. Dieser zuletzt genannte Begriff bezeichnet in der Umgangssprache und im juristischen Sprachgebrauch einen Zustand, in dem der Mensch so absolut lebensuntüchtig ist, daß er besondere Beaufsichtigung oder Überwachung braucht. »Psychose« dagegen deutet nicht nur auf einen gewissen tatsächlich vorhandenen oder möglichen »Schweregrad« hin, sondern auch darauf, daß der betroffene Mensch von einer unrealistischen Art der Betrachtung der eigenen Person und der Welt ausgeht und schließlich davon überzeugt ist, daß dies die normale Art zu leben sei.

Diese Definition der Psychose bietet sich der berechtigten Kritik geradezu an, denn sie impliziert, daß wir wissen, was Wirklichkeit und was Unwirklichkeit ist. Viele Philosophen würden uns an diesem Punkt darauf hinweisen, wie naiv wir in unserer Annahme sind, diese Kenntnis zu besitzen.

Im Blick auf die Praxis können wir sagen, daß – gleichgültig, welche Transformation der psychotische Patient durchgemacht hat – diese Transformation nun seine Art des Umgangs mit sich selbst und den

Mitmenschen und seine Art der Interpretation der Welt geworden ist. Der aufgrund organischer Ursachen psychotisch gewordene Patient leidet unter einer kognitiven Störung, hält aber seine Art der Interaktion mit der Welt nicht für fehlerhaft oder unvollständig. Der Schizophrene macht in erster Linie eine symbolische Transformation durch, aber er glaubt, daß es ganz in Ordnung sei, im Einklang mit dieser symbolischen Transformation zu leben.

Der Patient, der in psychotischem Ausmaß depressiv ist, hat in erster Linie eine schwere emotionale Transformation erfahren, glaubt aber, daß seine Empfindungen den Umständen, unter denen er lebt, angemessen seien. Also unternimmt er – anders als der Psychoneurotiker – nichts gegen seine Störung, sondern lebt in und mit ihr. In vielen Fällen hat man sogar den Eindruck, daß er sie hegt und pflegt. In dieser Hinsicht ähnelt er dem Menschen, der eine Charakterneurose hat und sich der pathologischen Natur seiner Schwierigkeiten überhaupt nicht bewußt ist. Allerdings lassen sich die Verzerrungen der Charakterneurose in eine wenigstens teilweise Übereinstimmung mit den Forderungen der Gesellschaft bringen, während eine solche Anpassung bei der Psychose unmöglich oder doch außerordentlich schwierig ist.

Der schwer depressive Mensch kann seine Ernährung soweit vernachlässigen, daß er dem Verhungern nahe ist; er kann so inaktiv sein, daß es ihm nicht mehr möglich ist, auch nur seinen elementarsten Bedürfnissen gerecht zu werden; er glaubt sich unter Umständen zu der Annahme berechtigt, daß das Leben nichts Gutes bereithalte und der Tod dem Leben vorzuziehen sei. Er betrachtet jeden Versuch, sein Leben erträglicher zu gestalten, als sinnlos, und in manchen Fällen fühlt er sich schuldig, wenn er nämlich keinen Grund findet, weshalb andere Menschen sich schuldig fühlen müßten. Es mag sein, daß er einen Selbstmordversuch unternimmt, wenn er eine Gelegenheit dazu sieht. Er ist der Meinung, daß seine Stimmung dem, was er für die Realität seiner Situation hält, durchaus angemessen ist. Das heißt also, er zeigt Merkmale, die es immerhin möglich erscheinen lassen, daß die Bezeichnung »psychotisch« gerechtfertigt sein könnte. Nur in seltenen Fällen kommt es zu Wahnvorstellungen, insbesondere was eine Schuld betrifft, die er auf sich geladen hat, und zu Halluzinationen.

Andererseits gibt es schwer depressive Patienten, die ihre Depression nicht akzeptieren, sondern entschieden ablehnen. Genau genommen dürften wir sie also nicht als psychotisch bezeichnen. Sie ähneln in dieser Hinsicht dem an der Schwelle zur Schizophrenie stehenden Patienten, der wenigstens eine teilweise Einsicht in die pathologische Natur seines Zustandes besitzt. Allerdings können beide, der soeben beschriebene schwer depressive wie der schizophrene Patient, diese Einsicht rasch wieder verlieren. Wenn wir unter dem Begriff Psychose auch den möglichen Verlust der Einsicht verstehen, dann können wir diese beiden ebenfalls als psychotisch bezeichnen. Allerdings begeben wir uns damit auf unsicheren Boden. Um die entsprechenden Schwierigkeiten zu vermeiden, schlage ich vor, daß wir die Depression entweder als »mild« oder als »schwer« bezeichnen, wobei uns klar sein muß, daß die schwere Depression vom Patienten als eine Form des Lebens akzeptiert werden und daher syntonisch sein kann oder daß sie von ihm nicht akzeptiert wird und mithin dystonisch ist.

Damit sind unsere Schwierigkeiten aber noch nicht zu Ende. Viele Kliniker könnten mit vollem Recht darauf verweisen, daß Depressionen sich oft nicht sauber nach »mild« oder »schwer« differenzieren lassen, daß sie vielmehr ein mittleres Maß an Intensität erreichen. Die meisten Fälle neigen nun aber, was ihre psychodynamische Struktur und ihren klinischen Verlauf angeht, entweder dem milden oder dem schweren Typ der Depression zu, und deshalb möchte ich diese Zwischenstadien der Depression als gemäßigt bis mild bzw. als gemäßigt bis schwer klassifizieren.

Sind das Alter des Patienten oder bestimmte Gegebenheiten in seinem Leben für die jeweilige Klassifizierung von ausschlaggebender Bedeutung? Ich denke hier beispielsweise an die postpartale Depression, an die pubertäre Depression, an die Involutionsmelancholie, die senile Depression usw. Die jeweiligen Lebensumstände sollten bei der Klassifizierung nur insoweit eine Rolle spielen, als sie der Störung häufig ganz bestimmte klinische oder psychodynamische Merkmale hinzufügen, und selbstverständlich sollte der Therapeut sie kennen. Die zugrundeliegenden Mechanismen sind aber vermutlich die gleichen wie bei anderen Formen der milden bzw. der schweren Depression.

Tabelle 3–1 zeigt die Klassifizierung, an die wir uns in diesem Buch halten. Sie enthält auch Unterarten, die zwar aus therapeutischen Gründen oder wegen ihres psychodynamischen Verlaufs nicht notwendig nach einer gesonderten Betrachtung verlangen, wegen ihrer spezifischen Kennzeichen aber von zahlreichen Autoren besonders vermerkt worden sind. Wir haben sie hier eigens aufgeführt, um zunächst eine solide gemeinsame Plattform für die Beschäftigung mit unserem Gegenstand zu errichten und diesen Gegenstand dann möglichst umfassend und klar darzustellen.

Bevor wir uns im einzelnen mit den klinischen Syndromen aus Tabelle 3–1 befassen, wollen wir uns kurz den anderen Klassifizierungen oder Klassifizierungsversuchen zuwenden.

Tabelle 3–1: Klassifikation der Depression

Primäre Depressionen
mild (dystonisch)
  a. depressiver Charakter/depressive Persönlichkeit
  b. reaktive Depression
  c. ängstliche Depression
  d. Zwangsdepression
  e. larvierte Depression
  f. depersonalisierte Depression

schwer (syntonisch)
  a. reine Depression
  b. Depression bei der manisch-depressiven Erkrankung
  c. Depression bei der schizoaffektiven Psychose

Unterarten
  1. Depression, die mit Selbstbeschuldigungen einhergeht
  2. Depression mit ausgeprägtem »Forderungscharakter«
  3. gemischte Depression
  4. einfache Depression
  5. akute Depression
  6. agitierte Depression
  7. paranoide Depression
  8. depressiver Stupor

Im Zusammenhang mit dem Lebenszyklus
  a. Depression im Kindesalter
  b. pubertäre Depression
  c. postpartale Depression
  d. Involutionsmelancholie
  e. senile Depression

Sekundäre Depressionen
  a. Depression im Zusammenhang mit neurologischen Störungen oder organischen Psychosen
  b. Depression im Zusammenhang mit endokrinen Störungen
  c. Depression im Zusammenhang mit anderen physischen Krankheiten
  d. Drogeninduzierte Depression
  e. schizophrene Depression

Eine Klassifikation auf der Grundlage genetischer oder biochemischer Mechanismen erscheint zum gegenwärtigen Zeitpunkt nicht angebracht bzw. nicht möglich. Frazier (1976) gibt folgendes zu bedenken:

> »Es gibt noch immer eine Vielzahl von Hypothesen bezüglich der Rolle der chemischen Mittlersysteme in der Biologie der Depression. Dies ist ein Bereich, der von jeher das Interesse der Forscher auf sich gezogen hat. Unter den englischen und amerikanischen Psychiatern ist die Debatte über die Rolle des Serotonin bzw. des Noradrenalin in der Biologie der Depression noch keineswegs abgeschlossen.«

In einem Aufsatz, der von großer Sachkenntnis zeugt, bemühten sich Akiskal und McKinney (1975) um eine Zusammenbindung von zehn verschiedenen begrifflichen Modellen der Depression. Sie unternahmen es aber nicht, die chemischen Ansätze bzw. solche Theorien mit ihrer Zusammenschau zu verbinden, die »den Sprung von den chemischen zu den verhaltensmäßigen Abläufen« zu erklären suchen. Wörtlich heißt es: »Biochemische Verlautbarungen, mit denen ein kausaler Zusammenhang zwischen einem chemischen Geschehen im Gehirn und bestimmten beobachtbaren Verhaltensweisen oder subjektiven Erfahrungen behauptet werden soll, stellen uns vor schwierige philosophische Fragen.« Sie zitieren ferner Smythies (1973) mit seiner Aussage, daß der Versuch, seelisch-geistige Abläufe allein vor dem Hintergrund der chemischen Prozesse im Gehirn zu erklären, schon in seinen Anfängen steckenbleiben muß.

Von der Arbeitsgruppe Nomenklatur und Statistik der *American Psychiatric Association* stammt die folgende Klassifikation der Gemütskrankheiten:

Unipolare manische Erkrankung
- 296.01X Einzelepisode
- 296.02X wiederkehrend

Unipolare depressive Erkrankung
- 296.11X Einzelepisode
- 296.12X wiederkehrend

Bipolare Gemütsstörung
- 296.20X manisch
- 296.30X depressiv
- 296.40X gemischt

Intermittierende Gemütsstörungen
301.110 intermittierende depressive Erkrankung
301.120 intermittierende hypomanische Erkrankung
300.410 demoralisierende Störung

Andere Gemütsstörungen
300.420 andere depressive Störungen
296.610 andere manische Störungen
296.620 andere bipolare Störungen

Das »X« an der sechsten Stelle zeigt an, daß der Zustand noch weiter spezifiziert ist als 1 = mild, 2= gemäßigt, 3 = schwer, aber nicht psychotisch, 4 = psychotisch, 5 = teilweise remittierend, 6 = voll remittierend.

Ich habe an der »Working Conference to Critically Examine DSM-111 in Midstream« teilgenommen, die vom 10. bis zum 12. 6. 1976 in St. Louis, Missouri, stattfand. Viele Teilnehmer dieses Treffens wandten sich gegen die von der Arbeitsgruppe vorgeschlagene Klassifizierung, insbesondere schien ihnen die Auflistung unter der Kategorie der »intermittierenden Gemütsstörungen« unklar und unnötig, da sie in diesen Zuständen nichts anderes als milde Formen einer affektiven Störung sahen. Auch der Ausdruck »demoralisierende Störung«, der die neurotische Depression kennzeichnen sollte, stieß auf Kritik. Maria Kovacs von der Universität Pennsylvanien bemerkte dazu: »Der Ausdruck Demoralisierung scheint mir fehl am Platz. In gewissem Sinne ist jeder Patient, der seine Krankheit erkennt und zur Behandlung kommt, ›demoralisiert‹. Das Wörterbuch verzeichnet unter diesem Stichwort den Verlust der Moral, des psychischen Wohlergehens, weil der Mensch kein Ziel in seinem Leben erkennt und den Glauben an die Zukunft verloren hat, bzw. den Verlust von Pflichtbewußtsein und Disziplin, wie sie von der Umgebung erwartet und auch selbst gezeigt werden. Nach dieser Definition trifft der Ausdruck für praktisch alle psychiatrischen Patienten und darüber hinaus für viele andere Menschen zu, auch wenn sie ihre anhaltend oder chronisch geringe Selbstachtung nicht zur Schau stellen.«

Auch ich habe mich gegen den Ausdruck »demoralisierende Störung« und übrigens auch gegen den Begriff der psychotischen Depression gewandt, wie er in der zur Diskussion gestellten Nomenklatur erklärt war, nämlich nur auf einen Zustand bezogen, zu dem auch Delusionen und Halluzinationen gehören. Meine Einwendungen waren die gleichen, wie ich sie zu Beginn dieses Kapitels bereits vorgetragen habe.

Ich habe ferner ausgeführt, daß ich den Ausdruck »Gemütsstörungen« für weniger geeignet halte als den Ausdruck »affektive Störungen«. Zunächst einmal bezieht sich das Wort Gemüt (mood) im allgemeinen Sprachgebrauch ja auf die übliche Gestimmtheit der Persönlichkeit und auf die übliche Skala der Variationen, wie sie innerhalb der Grenzen der Normalität anzutreffen sind. Das Wort »affektiv« ist dagegen von größerem Gewicht und entspricht eher der »Tiefenwirkung«, die affektive Störungen erreichen können. Außerdem gehört es zu den Zielen des DSM 111 (Diagnostic and Statistical Manual of Mental Disorders, hgg. von der American Psychiatric Association), die Übereinstimmung mit den europäischen Nomenklaturen möglichst zu wahren. Das Wort »mood« ist sehr schwer in andere Sprachen zu übersetzen, insbesondere in die romanischen. Das französische Wort »humeur« würde den Sinn nicht treffen. Es gibt eine Reihe von Klassifikationen, die zur Bezeichnung von »Affekt« das Teilwort *thymo* (von griechisch *Thymos*) verwenden. Mein Vorschlag lautete, den Ausdruck »affektive Störungen« beizubehalten.

Ferner wies ich darauf hin, daß der Ausdruck »unipolar« zur Kennzeichnung solcher Störungen, die nur depressive bzw. nur manische Episoden aufweisen, zwar an Beliebtheit zunimmt, aber inkorrekt ist und nicht weiter benutzt werden sollte. Polarität bedeutet ja, daß ein Ding zwei entgegengesetzte Eigenschaften, Formen oder Positionen besitzt. Die Bezeichnungen für zwei Pole, etwa Nordpol und Südpol, sind korrelative Begriffe; wie Ehemann und Ehefrau kann der eine nicht ohne den anderen existieren. Wenn die Erde die Form einer Birne hätte, dann besäße sie *ein* spitzes Ende, nicht aber *einen* Pol. Es trifft zu, daß der Ausdruck »unipolar« in der Elektrizität gebraucht wird, aber für etwas künstlich Hervorgebrachtes. Wir würden niemals davon sprechen, daß eine Birne »unipolar« ist. Ich habe deshalb vorgeschlagen, anstatt von »unipolar« und »bipolar« lieber von »monophasig« und »biphasig« zu sprechen.

■ ■ ■ Primäre Depressionen ■ ■ ■

■ ■ Milde Depressionen ■ ■

Die milden Depressionen lassen sich in verschiedene Typen unterteilen. Fast allen sind aber gewisse Merkmale gemeinsam, die ich im folgenden beschreiben möchte. Ihr ausgeprägtes Kennzeichen ist das Gefühl der Niedergeschlagenheit bzw. eben der »Depression«, das nur bei der sogenannten larvierten Depression und beim Depersonalisationssyndrom fehlt.

Depression als Symptom läßt sich nur schwer vom Gefühl der Depression als einer normalen Emotion unterscheiden, die wir gewöhnlich als Traurigsein bezeichnen und die ihren Platz in der Gefühlsskala des durchschnittlichen oder »normalen« Menschen hat. In der Regel wird die Depression intensiver empfunden als die Traurigkeit. Es ist ein unangenehmes Gefühl, das sich kaum ignorieren oder abschütteln läßt. Es verschwindet meist nicht spontan, sondern hält über eine kürzere oder längere Zeitspanne an. Der Mensch, der deprimiert ist, sieht häufig keine Möglichkeit, sich von diesem Gefühl der Niedergeschlagenheit zu befreien. Oft scheint es ihm so, als werde er sein Leben lang deprimiert bleiben. Dabei ist gerade das Gegenteil der Fall; in nahezu allen Fällen von milder Depression läßt das Gefühl früher oder später nach oder verschwindet vollständig. In vielen Fällen kehrt es allerdings zu einem späteren Zeitpunkt wieder.

Das zweite Merkmal der milden Depression besteht darin, daß der Patient dieses schreckliche Gefühl nicht haben will; er lehnt es ab, aber er weiß nicht, wie er sich davon befreien könnte. Er erkennt, daß es völlig grundlos oder zumindest übertrieben ist, daß es ihn behindert und sich in gewissem Ausmaß zerstörerisch auf sein Leben auswirkt. Mit anderen Worten, er ist sich der dystonischen Natur des Symptoms bewußt. In der Regel hat er mit dieser Betrachtung recht: Seine gedrückte Stimmung verlangsamt das spontane Verhalten und die geplanten Aktivitäten, sie erfordert ein erhöhtes Maß an Anstrengung, was seine Konzentrationsfähigkeit und seine Arbeit betrifft, sie hält ihn davon ab, angenehmere Dinge zu tun oder an angenehmere Dinge zu denken, und sie läßt ihm nur wenig Raum für andere Emotionen. In manchen Fällen kann der Patient sein Gefühl der Deprimiertheit mit einem bestimmten Geschehen in Zusammenhang bringen, das die meisten anderen Menschen auch als unangenehm bezeichnen würden, aber dennoch ist seine Reaktion übertrieben. Um mit Gutheil (1959) zu sprechen: Er ist nicht nur traurig, sondern pessimistisch. Für Gutheil ist Pessimismus das zusätzliche Element, das das einfache Traurigsein in Deprimiertsein verwandelt. Wir können hier anfügen, daß zu diesem Pessimismus häufig noch Einsamkeit, ein schwaches Selbstgefühl und Selbstbeschuldigungen hinzutreten.

Vorstellungen der Art, daß das Leben nicht lebenswert sei, und Selbstmordgedanken tauchen auf, halten aber in der Regel nicht an. Die Selbstmordgedanken werden nur in den wenigsten Fällen ausgeführt.

Fast jeder Fall von Depression ist von psychosomatischen und somatischen Symptomen begleitet. Der Appetit und die Eßgewohnheiten ändern sich. Viele Patienten nehmen merklich, wenn auch nicht im

Übermaß, ab. Andererseits gibt es eine beträchtliche Anzahl von Patienten, die deutlich zunehmen. Dieser Typ des Patienten ißt, um so seine Depression zu lindern.

Auch Schlafstörungen sind häufig. Viele Patienten klagen über Schlaflosigkeit; dabei schlafen sie unter Umständen länger als in gesunden Tagen, entweder weil sie sich vor dem Tag fürchten oder weil sie wirklich glauben oder doch zu glauben vorgeben, daß sich ihr Schlafbedürfnis erhöht hat. Sie behaupten, sie fühlten sich matt, wenn sie nicht länger schlafen, aber die Mattigkeit bleibt bei vielen von ihnen als Symptom erhalten, selbst wenn sie wirklich länger schlafen als früher. Auch über Verstopfung wird häufig geklagt. Viele mild depressive Patienten klagen darüber, daß ihr sexuelles Verlangen nachgelassen hat, und trotzdem geben sich manche von ihnen sexuellen Aktivitäten jetzt verstärkt hin, um auf diese Weise Trost zu finden.

Neben diesen eben beschriebenen Kennzeichen weisen die milden Depressionen noch weitere Züge auf, die weitergehende Klassifizierungen erlauben. In manchen Fällen ist es allerdings unmöglich auszumachen, welchem Typ die Depression zuzurechnen ist. Die Frage ist insgesamt strittig, ob eine solche weitergehende Klassifizierung überhaupt gerechtfertigt ist.

Eine dieser Unterarten läßt sich als depressiver Charakter (Bemporad 1976) oder als depressive Persönlichkeit bezeichnen. In diesen Fällen ist die Depression nach Bemporad »ein Gefühl, das gewissermaßen ständig im Hintergrund lauert und von daher das tägliche Leben des Menschen beherrscht«. Es ist die bewußte Reaktion auf den Verlust des Wohlbefindens. Im Gegensatz zu einer Reihe anderer Charakter- oder Persönlichkeitsstörungen ist der Patient hier mit seinem Zustand unzufrieden und würde ihn gerne ändern. Das unangenehme Gefühl taucht häufig nach scheinbar belanglosen kleinen Enttäuschungen auf. Bemporad bemerkt, daß es im Fall des depressiven Charakters leicht ist, die primäre kognitive Triade zu entdecken, wie sie von Beck (1967) beschrieben worden ist: die negative Sicht der Welt, der eigenen Person und der Zukunft.

Das Hauptkennzeichen dieser Unterart der milden Depression ist ihr konstanter oder doch nahezu konstanter Charakter – die gedrückte Stimmung wird zum herausragenden Charakterzug. Gewöhnlich wird der Patient als depressiver Mensch bezeichnet. In manchen Fällen übernimmt er diese Bezeichnung nicht selbst, sondern schildert sich als einen Menschen, der sich gelangweilt fühlt und ohne alle Lebensfreude ist oder für den es nichts gibt, was ihn einmal in freudige Erregung versetzen könnte.

Die nächste Unterart der milden Depression, mit der wir uns beschäftigen wollen, ist in der psychiatrischen Literatur sehr viel häufiger behandelt worden – die reaktive Depression nämlich. Dieser Zustand ist vorwiegend durch die Tatsache gekennzeichnet, daß er nach dem Eintreten eines unangenehmen Geschehens im Leben des Patienten bzw. eines Ereignisses beginnt, das der Patient als unwillkommen oder für ihn schädlich ansieht.

Ein schmerzlicher Verlust, nämlich der Tod eines Menschen, der dem Patienten teuer war, ist wohl der häufigste »auslösende Faktor« für die reaktive Depression. Wie wir in Kapitel 5 noch ausführlicher darlegen werden, ist Traurigkeit im Gefolge eines solchen Schicksalsschlages eine völlig normale Empfindung. Während sich aber der normale Mensch früher oder später davon erholt, sieht sich der Mensch, der in eine Depression verfallen ist, nicht imstande, das unangenehme Gefühl abzuschütteln. Im Gegenteil, sein Schmerz zieht sich in die Länge, er kann sogar an Intensität noch zunehmen.

Nach meiner Erfahrung ist die Kombination reaktive Depression/eheliche Schwierigkeiten besonders oft zu beobachten. Ebenfalls häufig anzutreffen ist die Depression im Zusammenhang mit dem Ende einer Liebesbeziehung oder mit dem Verlust der geliebten Person als eines Liebesobjekts. Der Verlust der Arbeitsstelle, berufliche Enttäuschungen, eine unbefriedigende Karriere, finanzielle Schwierigkeiten, das Zerbrechen einer bedeutsamen Freundschaft, eine Einbuße an Status und Prestige sowie Beleidigungen, die der Mensch hinnehmen mußte – all dies sind auslösende Faktoren, die auch bei realistischer Betrachtung der Situation sofort als solche verständlich sind.

Schwieriger liegen die Dinge, wenn der erlittene Verlust offensichtlich in keinem Verhältnis zur Intensität der Depression steht, wenn also beispielsweise der Tod eines Vogels, der Verlust eines Taschentuches oder die Tatsache, daß man keine Theaterkarten mehr bekommen hat, eine Depression hervorrufen. In diesen Fällen liegt der Schluß nahe, daß das auslösende Geschehen eine symbolische Bedeutung hatte, wir wir an anderer Stelle in diesem Buch noch ausführlicher darlegen werden. In manchen Fällen reaktiver Depression tauchen auch noch andere Symptome auf: Reizbarkeit, Zorn, ein unstillbares Verlangen danach, etwas zu bekommen oder zu werden, und schließlich sogar der Wunsch, sich anderen Menschen zu entfremden oder sie zu manipulieren.

Ein weiterer Untertyp der milden Depression ist die »ängstliche Depression«. Das klinische Bild ist durch das gleichzeitige Vorhandensein von Depression und Angst gekennzeichnet. Gewöhnlich wird der Zustand zu den Depressionen gezählt, wenn die depressive Stimmung vorherrscht, obwohl auch die Angst eine wichtige Rolle innerhalb des gesamten Bildes spielt. Der Patient ist nicht nur deprimiert; er ist darüber hinaus ängstlich und beunruhigt, er erwartet, daß böse Dinge geschehen werden, und steht in der Regel sogar seinen eigenen und gewohnten Aktivitäten furchtsam gegenüber. Manchmal macht er den Eindruck, als sei er lieber deprimiert als geängstigt und als sei die Depression für ihn ein Ausweg vor der Angst. Wenn die Depression dann aber größere Dimensionen annimmt, wird sie unter Umständen noch unerträglicher als die Angst.

Eine weitere Variante, die häufiger auftritt, als man nach den in der Literatur vorhandenen Fallbeschreibungen annehmen könnte, ist die Kombination von Depression und Zwangssymptomen. Neben seiner Niedergeschlagenheit zeigt der Patient Zwangsvorstellungen, führt Zwangshandlungen aus und befolgt Rituale von zwanghafter Art. Im Gegensatz zu dem, was wir im typischen Fall der zwanghaften Psychoneurose beobachten, sind die Zwangsgedanken und vor allem die Zwangshandlungen hier nicht besonders resistent. Zumindest in manchen Fällen lassen sie sich im Zusammenhang der Zwangsdepression leichter überwinden als bei der typischen zwanghaften Psychoneurose. Die von Zwangsdenken und -handeln gekennzeichnete Depression findet sich nicht selten bei sehr religiösen Menschen, die es gewohnt sind, Rituale in zwanghafter Form zu praktizieren. Manche dieser Fälle sind nicht mehr als mild zu bezeichnen, sondern gehören eher in die Klasse der schweren Depressionen, bei denen ebenfalls Zwangssymptome beobachtet werden können.

Die nächsten beiden Typen der Depression zeichnen sich dadurch aus, daß Depression als ein Gefühlszustand, dessen sich der Patient bewußt wäre, hier fehlt. Der erste dieser Zustände wird als larvierte Depression bezeichnet. Zweifel an der Existenz einer solchen klinischen Entität ergeben sich nicht nur aufgrund der sehr unterschiedlichen Kriterien, die in bezug auf diese Klassifizierung vorgetragen worden sind, sondern auch aufgrund semantischer Überlegungen. Können wir wirklich von einem Gefühl sprechen, das nicht »gefühlt« wird? Können wir von einer subjektiven Empfindung sprechen, die nicht empfunden wird? Auch Freud war der Meinung, daß zwar ein Gedanke ins Unbewußte absinken kann, daß aber eine Emotion per definitionem immer empfunden werden muß.

Im Jahre 1944 berichtete Kennedy, daß die Symptomatik bei vielen Patienten fast ausschließlich aus somatischen Dysfunktionen bestehe, die er als manisch-depressive Äquivalente bezeichnete. Begriffe wie maskierte oder verborgene Depression finden sich vor allem in der deutschen Literatur. Im Jahre 1937 veröffentlichte Hempel einen Aufsatz über die Depression, in dem er vegetative Dysfunktionen beschrieb, und 1949 äußerte sich Lemke über die »vegetative Depression«. Möglicherweise im Gedanken an die Terminologie, wie sie im Zusammenhang mit der Epilepsie gebraucht wird, schrieb Ibor Lopes (1966) über die depressiven Äquivalente und über die »depressio sine depressione«.

Berner, Katschnig und Pöldinger (1973) sind der Meinung, daß die meisten Autoren, die von der larvierten Depression sprechen, damit »eine Depression [meinen], bei der die physischen Manifestationen die psychopathologische Symptomatik verdecken«. Andere verstehen unter diesem Ausdruck »eine Depression, die von einem zuvor damit befaßten Untersucher nicht als solche erkannt worden, sondern für eine somatische Störung gehalten worden ist«. Und wieder andere bezeichnen als »larvierte Depression« »jede Depression, die durch verschleierte physische Anzeichen und Symptome gekennzeichnet ist«. Das sind gewissermaßen zirkuläre Definitionen. Wenn wir sagen, daß es sich bei der larvierten Depression um eine Depression handle, die sich durch physische Symptome auszeichne, dann bieten wir damit eine Tautologie an, die bar jeden erklärenden Inhaltes ist. Wir müßten dann erst noch nachweisen, daß die physische Symptomatik eben eine Form der Depression ist.

Geisler (1973) untersuchte Patienten, die an einer larvierten Depression litten und denen zuvor die Diagnose einer inneren Krankheit gestellt worden war – Angina pectoris, vegetative Dystonie, kardiovaskuläre Störungen, Gallenblasenentzündung, Dickdarmentzündung, Divertikel-Entzündung, Nahrungsmittelallergie, Neoplasie und perniziöse Anämie. Die 36 Patienten, die an larvierter Depression litten, klagten über Schlafstörungen, Appetitlosigkeit, Verdauungsbeschwerden, Angstgefühle, Herzsensationen, Verstopfung usw. Die häufigste Symptomkombination bestand dabei aus Beschwerden organischer Art, Schlafstörungen, Appetitlosigkeit und Angst.

Nach Braceland (1966) sind die sechs häufigsten Symptome der larvierten Depression Schlafstörungen, Müdigkeit, gastrische und epigastrische Beschwerden, Anorexie, Kopfschmerzen und Störungen des Verdauungstraktes. In solchen Fällen ist die Abgrenzung gegenüber der Hypochondrie oder bestimmten psychosomatischen Zuständen oft sehr schwierig. Manchmal wird an der Diagnose nicht so sehr die Art des Zustandes als vielmehr das klassifikatorische Vorgehen des Therapeuten erkennbar.

Meiner Meinung nach ist eine verbreitete Form der larvierten Depression jener Zustand, den wir im allgemeinen als Alkoholismus bezeichnen. Nicht wenige depressive Menschen verbergen nämlich ihre

Depression hinter einem übermäßigen Alkoholkonsum und werden daher als Alkoholiker betrachtet. Häufig geben diese Menschen ihre Depression zu, wenn sie sich in einer alkoholfreien Phase befinden. Daß sie im tiefsten Grunde deprimiert sind, zeigt sich auch daran, daß die meisten von ihnen positiv auf die Verabreichung antidepressiver Pharmaka wie etwa Imipramin ansprechen.

Ein weiterer relativ selten anzutreffender Typ der Depression, bei dem das Gefühl der Niedergeschlagenheit fehlt, ist durch das Syndrom der Depersonalisation gekennzeichnet. Der betroffene Mensch hat nicht mehr das Gefühl, er selbst zu sein. Alle seine Empfindungen sind gedämpft, seine Wahrnehmungen verändert; die Realität kann ihm modifiziert oder transformiert erscheinen; Entfernungen und der Raum scheinen irreal. Seine Stimme oder Teile seines Körpers scheinen ihm nicht anzugehören. Der Mensch ist insofern depersonalisiert, als er das Gefühl hat, nicht mehr die gleiche Person zu sein und nicht mehr wie früher denken, fühlen, handeln oder motiviert sein zu können. Bis hierhin scheint kein Zusammenhang mit der Depression zu bestehen, aber es ist eine Tatsache, daß ein solcher Patient sich zuzeiten wirklich deprimiert fühlt. Ein weiteres Kennzeichen, das auf die depressive Natur dieses Syndroms verweist, ist der Umstand, daß manche dieser Patienten (aber nicht alle) zumindest vorübergehend positiv auf die Elektroschockbehandlung ansprechen. Ihr Zustand bessert sich auch durch Gaben von Amphetamin und Amphetaminderivaten. Unter keinen Umständen soll hier allerdings angedeutet werden, daß alle oder auch nur die meisten Patienten, die an Depersonalisation leiden, depressiv wären.

Zur larvierten Depression und zum Syndrom der Depersonalisation muß noch eine weitere Bemerkung angeschlossen werden. Es ist mehr als fraglich, ob wir diese Zustände, wenn sie überhaupt in die Kategorie der Depression hineingehören, noch zu den milden Depressionen zählen dürfen. Bei einigen dieser Fälle ist die Symptomatik nämlich sehr deutlich ausgeprägt und für den Patienten überaus hinderlich.

■ ■ ■ Schwere Depression ■ ■ ■

Die schwere Depression ist als klinisches Krankheitsbild seit der Antike bekannt. Ihre Merkmale sind in der Regel sehr deutlich ausgeprägt, unschwer zu erkennen und sehr viel leichter zu definieren als die der milden Depression.

Bis in die späten fünfziger Jahre unseres Jahrhunderts hat sich das Bild, das sich schon Hippokrates bot, nicht geändert: in der intensiven Depression sind fast immer schwerste Selbstbeschuldigungen, Hoffnungslosigkeit und Selbstverachtung auszumachen. Diese klassischen Fälle sind noch immer recht verbreitet; daneben haben wir es aber zunehmend auch mit einem anderen Erscheinungsbild zu tun, an dem ein Zug besonders auffällt, den ich als ausgeprägten Forderungscharakter bezeichnen möchte.

Wir wollen nun die verschiedenen Formenkreise der schweren Depression etwas näher betrachten, wobei uns klar sein muß, daß die Unterscheidung nach einzelnen Typen und Untertypen an Deutlichkeit zu wünschen übrig läßt und in vielen Fällen noch strittig ist.

■ ■ Die klassische Form der schweren Depression ■ ■

Die schwere Depression ist durch die drei nachstehend genannten psychischen Symptome gekennzeichnet: 1. durch ein alles umfassendes Gefühl der Melancholie; 2. durch eine Störung der Denkprozesse in Form von Retardation und ungewöhnlichen Denkinhalten; 3. durch die psychomotorische Retardation. Parallel dazu treten somatische Dysfunktionen auf.

Das allgegenwärtige Gefühl tiefer Niedergeschlagenheit setzt in manchen Fällen sehr abrupt und dramatisch ein, in anderen Fällen ist der Beginn eher schleichend. Der Patient hat in der Regel schon depressive Anfälle gehabt, die wegen ihrer geringen Intensität nicht weiter beachtet oder von ihm und seinen Angehörigen als normale Stimmungsschwankungen angesehen worden sind. Selbst eine Attakke, die sich später als schwer und intensiv herausstellt, wird zunächst nicht so verstanden. Ein betrübliches Ereignis – der Tod eines nahen Verwandten oder irgendein anderes Geschehen, das Kummer verursacht – rechtfertigt zunächst die traurige Stimmung. Wenn dann aber eine gewisse Zeitspanne verstrichen ist und das Gefühl des Unglücklichseins eigentlich erloschen sein sollte, scheint es sogar an Intensität noch zuzunehmen. Der Patient klagt darüber, daß er nicht denken kann, nicht imstande ist zu arbeiten, nicht essen mag und nur wenige Stunden in der Nacht schläft.

Wenn die Symptome immer intensiver werden, bittet der Patient vielleicht selbst darum, einem Arzt vorgestellt zu werden. Häufig ist die Krankheit dann allerdings schon so weit fortgeschritten, daß der Patient gar nicht mehr imstande ist, sich zu einem solchen Schritt zu entschließen, und wenn er den Arzt aufsucht, dann auf Betreiben seiner Familienangehörigen. Dem Arzt fällt sofort auf, welchen unglücklichen und traurigen Eindruck dieser Mensch macht. Der Patient wirkt älter als er ist, seine Stirn ist faltig, sein Gesicht läßt erkennen, wie verzweifelt er ist, obwohl es kaum von Mienenspiel bewegt wird.

Manchmal ist das mittlere Drittel des Oberlides etwas nach oben gezogen (Veraguthsche Falte).

In den meisten Fällen wird der untersuchende Arzt durch die Klagen, die der Patient vorträgt, zunächst einmal in die Irre geführt: der Patient berichtet von körperlichen Schmerzen, von Unbehagen, Verdauungsschwierigkeiten, Appetitlosigkeit und Schlafstörungen. Der Arzt deutet diese Beschwerden unter Umständen als psychosomatische Dysfunktionen. Sie können weiterhin anhalten und eine schwere Form der larvierten Depression darstellen. In der Mehrzahl der Fälle gewinnt allerdings die melancholische Stimmung des Patienten früher oder später die Oberhand über seine übrigen Beschwerden, und dann läßt sich die richtige Diagnose ohne weiteres stellen.

Der Patient weiß häufig nicht so recht, wie er das Gefühl der Melancholie eigentlich beschreiben soll. Er sagt, daß er ein enges Gefühl in der Brust hat und seine Glieder schwer sind, daß er gerne schlafen würde, aber nicht schlafen kann; daß er sich gerne in die Arbeit stürzen möchte, daß ihm das aber nicht gelingt, ja, daß er am liebsten weinen möchte, daß aber auch das nicht geht. »Meine Augen haben keine Tränen mehr« – »Das Leben ist eine Qual.« Zugleich empfindet der Patient den Wunsch, sich zu bestrafen, indem er sich selbst zerstört – dann hätte überdies alle Qual ein Ende. Drei Viertel aller dieser Patienten haben Selbstmordgedanken, und mindestens 15 Prozent von ihnen unternehmen einen entsprechenden Versuch, und zwar häufig zu einem Zeitpunkt, da man ihn am wenigsten erwarten würde, weil es gerade jetzt so ausgesehen hat, als habe sich der Zustand des Patienten etwas gebessert und als sei die Depression etwas abgeklungen. Einige wenige Patienten halten ihre entsprechenden Absichten sorgfältig vor ihrer Familie geheim. Der Wunsch, dem Leben ein Ende zu machen, bezieht sich in aller Regel nur auf das eigene Leben des Patienten – mit einer bedeutsamen Ausnahme, die wir keinen Augenblick vergessen sollten: junge Mütter, die an einer psychotischen Depression leiden, wollen häufig nicht nur ihr eigenes, sondern auch das Leben ihrer Kinder auslöschen, in denen sie vermutlich eine Erweiterung ihres eigenen Selbst sehen. Wenn die Zeitungen darüber berichten, daß eine Mutter sich und ihre Kinder umgebracht hat, dann handelt es sich meistens um einen unerkannt gebliebenen Fall einer schweren Depression.

Das zweite wichtige Symptom der Depression betrifft den Inhalt und die Art des Denkens. Was den Inhalt angeht, so bestehen die Gedanken des Patienten aus düsteren und morbiden Vorstellungen. In manchen Fällen tauchen zu Beginn einer depressiven Attacke Vorstellungen auf, die zunächst nicht als Teil des allmählich entstehenden

Bildes der psychotischen Depression erkannt werden. Sie können phobischer, zwanghafter oder obszöner Art sein. Auf diese Vorstellungen folgen dann sehr störende Ideen, die sich immer mehr in den Vordergrund schieben. Der Patient hat das Gefühl, daß er bald nicht mehr imstande sein wird zu arbeiten, daß er sein Geld verlieren, daß seinen Angehörigen etwas Böses zustoßen, daß jemand verletzt werden oder daß seine Familie in äußerste Armut geraten wird. Die Variationsbreite seiner Vorstellungen ist nicht eben groß. Es scheint fast, als ob der Patient sich absichtlich nur solche Gedanken gestatte, die einen unangenehmen und unerfreulichen Inhalt haben. *Dies sind auch nicht Gedanken um ihrer selbst willen – seine Gedanken sind in erster Linie Vehikel seelisch-geistiger Pein.*

Die Verzerrung, wie sie durch die unerfreuliche Stimmung bewirkt wird, verwandelt solche melancholischen Gedanken zuzeiten in beinahe wahnhafte Vorstellungen oder sogar in echte Delusionen. Der Patient hegt hypochondrische Befürchtungen und meint, er sei körperlich entstellt. Er glaubt, daß er an Krebs, an Tuberkulose, an Syphilis usw. leide, daß sein Hirn zerschmelze, seine Eingeweide verlorengegangen seien, sein Herz nicht mehr schlage. Immer wieder beobachtet man auch eine Art Verarmungswahn. Ferner sind ausgeprägte Schuldgefühle, »sündige« Vorstellungen und die Tendenz zur Selbstverdammung zu beobachten, besonders in den schweren Fällen. Manchmal sind die Selbstanklagen so unrealistisch, daß der Ausdruck »Wahn« am Platz ist. »Es ist alles meine Schuld«, »Ich bin ganz allein dafür verantwortlich«. In einigen Fällen erreicht die Neigung zur Selbstbeschuldigung absurde Ausmaße; der Patient macht sich Vorwürfe, weil er krank ist oder weil er »sich der Krankheit ergeben hat«. Hin und wieder hat er das Gefühl, nicht wirklich krank zu sein, sondern nur den Kranken zu spielen. Das ist fast das genaue Gegenteil dessen, was wir bei schizophrenen Patienten beobachten, für die die Welt in der Tat eine große Bühne und das Weltgeschehen eine Art Schauspiel ist. Der depressive Patient dagegen hat das Gefühl, den Part des Kranken nur zu spielen. Übrigens taucht diese Vorstellung in der Regel dann auf, wenn der Patient dabei ist, sich von seiner depressiven Attacke zu erholen.

Nicht immer lassen sich diese wahnhaften Vorstellungen auf eine Übertreibung oder Verzerrung der Gestimmtheit zurückführen. In Fällen mit gemischter paranoid-melancholischer Symptomatik sind die Wahnvorstellungen noch unangemessener und bizarrer und von denen des paranoiden Patienten überhaupt nicht mehr zu unterscheiden.

Ein kleiner Prozentsatz der schwer depressiven Patienten hat

Zwangsgedanken, wie sie in ähnlicher Form auch bei der Psychoneurose zwanghafter Art oder bei milden Depressionen mit zwanghaften Zügen auftreten. Die allgegenwärtige depressive Stimmung ist aber das herausragende Merkmal im Kontext der gesamten vielfältigen Symptomatik.

Bei der klassischen oder traditionellen psychotischen Depression steht die selbstanklagende Haltung im Mittelpunkt. In schweren Fällen scheint der Patient seiner Umgebung etwa folgendes mitzuteilen: »Helft mir nicht. Ich verdiene eure Hilfe nicht. Ich verdiene den Tod.« Parallel zu diesem ganz speziellen Denkinhalt ist eine Retardation der Denkprozesse ganz allgemein zu beobachten. Der Patient klagt darüber, daß er sich nicht konzentrieren kann; er kann seine Aufmerksamkeit nicht anhaltend auf eine bestimmte Sache richten. Noch kann er lesen, aber nicht mehr behalten, was er gelesen hat. Das Schreiben fällt ihm schon schwerer, und die Abfassung eines Briefes bedeutet eine ungeheure Anstrengung für ihn. Wenn der Patient noch Schüler oder Student ist, dann kann er kaum noch arbeiten. Sein Denken scheint sehr verlangsamt, und auch seine Sprechweise ist langsam. Bei schwerem Stupor kann der Patient überhaupt nicht mehr sprechen.

Viele Autoren, insbesondere die Verfasser älterer Lehrbücher, erwähnen Halluzinationen als Symptome schwerer Depressionen. Die Erfahrungen einer ganzen Reihe von Psychiatern lauten allerdings, daß Halluzinationen im Gefolge einer schweren Depression heute nicht mehr so häufig auftreten wie früher. Dieser Unterschied fällt nicht weiter ins Auge, weil Patienten, die an Halluzinationen leiden, heute als Schizophrene diagnostiziert werden. Ich habe festgestellt, daß schwer depressive Patienten in seltenen Fällen tatsächlich halluzinieren. Zu diesen Halluzinationen ist folgendes zu sagen:

1. Im Vergleich zu ihrem Auftreten im Rahmen des schizophrenen Syndroms sind sie in der Depression selten.

2. Sie sind nicht so deutlich wahrzunehmen und zu hören wie im Fall der Schizophrenie. Häufig kann der Patient nicht wiedergeben, was die Stimmen gesagt haben; sie klingen unbestimmt. Nach seiner Beschreibung war es so, »als ob Steine heruntergefallen wären« oder »als ob Glocken geläutet hätten«. Oft sind es wohl nicht so sehr Halluzinationen als vielmehr Illusionen bzw. Transformationen tatsächlich erfolgter Wahrnehmungen.

3. Sie lassen sich sehr viel leichter als im Fall der Schizophrenie in einen Zusammenhang mit der vorherrschenden Stimmung des Patienten bringen. Es ist ganz offensichtlich, daß sie in bezug auf diese alles beherrschende Stimmung nur sekundäre Erscheinungen sind. Der In-

halt ist gewöhnlich depressiver oder verunglimpfender Art; häufig fordern die Stimmen zu Selbstzerstörung oder -verstümmelung auf.

4. Im Gegensatz zum Schizophrenen hat der depressive Patient seine Halluzinationen häufiger während der Nacht und seltener am Tag. Der depressive Patient, der ja in engerem Kontakt mit der äußeren Realität steht als der schizophrene, braucht wohl einen gewissen Abstand von den Anreizen des Tages, um sich dieser inneren Phänomene bewußt zu werden.

Das dritte bedeutsame Anzeichen des klassischen Typs der Depression besteht in der Verminderung und Verzögerung der Aktivitäten, das heißt, die Handlungen des Patienten werden seltener und nehmen jeweils sehr viel mehr Zeit in Anspruch als früher. Auch seine Wahrnehmungen sind verzögert. Die meisten Patienten sprechen so gut wie gar nichts mehr; eine Minderheit hat sich allerdings die Neigung zur Geschwätzigkeit bewahrt. Die täglichen Aufgaben werden aufgeschoben oder doch nur sehr langsam in Angriff genommen. Der Patient erledigt viele Dinge nicht mehr, sondern nimmt sich nur der wirklich wichtigen Aufgaben an. Frauen vernachlässigen ihren Haushalt und ihre äußere Erscheinung. Jede Veränderung bedeutet für den Patienten eine ungeheure Anstrengung. Die zwischenmenschlichen Beziehungen werden abgebrochen. Es gibt allerdings auch eine Reihe weniger ausgeprägter Fälle, in denen zunächst genau das Gegenteil zu beobachten ist: Der Patient, der dazu neigt, sich selbst zu beschuldigen und andere zu loben und zu preisen, zeigt jetzt mehr Zärtlichkeit gegenüber seinen Angehörigen und sogar die Bereitschaft, ihnen die eine oder andere Aufgabe abzunehmen. Wenn die Störung dann allerdings intensiver wird, zeigt er sich allen Menschen gegenüber gleichgültig.

Zu den somatischen Symptomen, von denen die klassische Depression begleitet ist, zählen verminderter Schlaf, geringerer Appetit und ein beträchtlicher Gewichtsverlust. Diese Symptome lassen sich nicht auf einen spezifischen oder direkten physiologischen Mechanismus zurückführen, sondern sie stehen wohl im Zusammenhang mit der Depression bzw. sind Folgeerscheinungen der Störung. Viele Patienten klagen über Mundtrockenheit, eine Folge der verminderten Tätigkeit der Ohrspeicheldrüsen (Strongin und Hinsie 1938).

Häufig werden auch Verstopfung, Rückenschmerzen, Amenorrhöe und Trockenheit der Haut beobachtet. Das sexuelle Verlangen nimmt deutlich ab, häufig bis zur vollständigen Impotenz bzw. Frigidität. Bei vielen Patienten findet sich während der depressiven Attacke Zucker im Urin. Der Grundumsatz erfolgt in der Regel etwas langsamer als gewöhnlich.

■ ■ Die Depression mit ■ ■ ausgeprägtem Forderungscharakter

Wie schon erwähnt, nimmt die Zahl der klassischen Depressionen – ob es sich nun um Fälle einer manisch-depressiven Psychose oder um »reine Depressionen« handelt – seit den späten fünfziger Jahren immer mehr ab. Dazu kommt, daß die Fälle, mit denen wir es jetzt zu tun haben, nur selten noch den Schweregrad erreichen, wie er früher üblich war. Heute beobachten wir dagegen recht häufig einen anderen Typ der Depression, dessen Symptomatik sich in erster Linie als Appell an die Umgebung bzw. als Hilferuf darbietet. Der Patient ist ängstlich und gequält, er möchte aber, daß die Menschen um ihn herum seinen Zustand ganz deutlich erkennen. Alle seine Symptome scheinen die Botschaft zu enthalten: »Hilf mir, bemitleide mich. Es liegt in deiner Macht, mich zu erlösen. Wenn ich leide, dann deshalb, weil du mir nicht gibst, was ich brauche.« Auch der Gedanke an Selbstmord bzw. der Selbstmordversuch ist der Appell: »Laß mich nicht im Stich« oder »Du hast die Macht, meinen Tod abzuwenden. Ich will, daß du das weißt.« Mit anderen Worten, die Symptomatik besteht in einer einzigen gigantischen, wenn auch depressiv gefärbten Forderung. Bald steht die depressive Konfiguration bedrohlich im Vordergrund, während die Forderungen gewissermaßen im Hintergrund lauern; dann wieder sind es gerade die Forderungen des Patienten, die das Bild beherrschen, während die Depression in den Hintergrund getreten ist. Kaum verborgen werden auch feindselige Gefühle gegenüber Menschen, die dem Patienten nahestehen, etwa Angehörige, die ihm nicht so viel geben wie er gerne haben würde. Auf Zornesäußerungen folgen Schuldgefühle und Depression. Während der Patient, dessen Depression von Selbstbeschuldigungen gekennzeichnet ist, in der Regel allein gelassen sein möchte, klammert sich der fordernde Patient an seine Umgebung, zeigt sich abhängig und stellt Ansprüche. Selbstbeschuldigungen und Schuldgefühle spielen bei diesem Typ der Depression nur eine sekundäre oder aber gar keine Rolle.

Bei der durch Selbstbeschuldigungen gekennzeichneten Depression lassen Appetit und Schlafvermögen nach. Dagegen muß im Fall der Depression mit ausgeprägtem Forderungscharakter der Appetit nicht notwendig verringert sein, und häufig will und kann der Patient länger schlafen als früher. In manchen Fällen möchte er gar nicht aufstehen oder mehrmals am Tag wieder in sein Bett zurückkehren.

■ ■ Weitere klinische Varianten ■ ■

Einige Autoren unterscheiden eine ganze Reihe von Varianten der schweren Depression: die einfache, die akute, die paranoide Depression und den depressiven Stupor.

Die *einfache Depression* ist durch eine mittlere Intensität der Symptome gekennzeichnet und kann die Diagnose »Psychose« recht schwierig machen. Delusionen und Halluzinationen fehlen. Der Patient ist zwar psychomotorisch retardiert, aber er kann seinen elementaren Lebensbedürfnissen selbst nachkommen. Auch bei diesem Typ der Krankheit können Selbstmordgedanken und -versuche auftreten. Die Zahl der Fälle von einfacher Depression hat in den letzten Jahren zugenommen.

Bei der *akuten Depression* sind die Symptome sehr viel ausgeprägter. Im Vordergrund stehen Selbstbeschuldigungen, Versündigungsideen und Verarmungsgedanken. Die Gedanken geraten gelegentlich in die Nähe von Wahnvorstellungen. Der Patient verliert erheblich an Gewicht.

Bei der *paranoiden Depression* ist die depressive Stimmung zwar ebenfalls vorherrschend; hier spielen aber auch Wahnvorstellungen eine bedeutsame Rolle. Der Patient hat das Gefühl, beobachtet, bespitzelt oder bedroht zu werden. Irgend jemand möchte ihm etwas antun. Es kann zu hypochondrischen Wahnvorstellungen kommen – dann glaubt der Patient fest, er sei körperlich entstellt. Auch diese Wahnvorstellungen sind, wie die Halluzinationen, gegenüber der vorherrschenden Gestimmtheit des Patienten sekundär. Sie verschwinden rasch, wenn seine Stimmung sich ändert. Gelegentlich tauchen auch Halluzinationen auf.

Der *depressive Stupor* ist die ausgeprägteste Form der Depression. Was wir hier beobachten, ist mehr als nur psychomotorische Retardation: Die Bewegungen des Patienten sind erkennbar behindert oder ganz unterdrückt. Der Patient ist so tief in das alles beherrschende Gefühl der Depression versunken, daß er seine Aufmerksamkeit nicht auf die Umgebung richten kann. Er scheint nichts zu hören und zeigt keine Reaktion. Er ist meist stumm und gibt nur ganz gelegentlich einmal eine Äußerung von sich. Selbst das Mienenspiel fehlt, das Gesicht gleicht einer Maske; ähnlich sehen Kranke aus, die an der Parkinsonschen Krankheit leiden oder eine Enzephalitis überstanden haben. Da der Patient sich auf nichts konzentrieren kann, macht er einen apathischen Eindruck, obwohl er in Wahrheit doch das Opfer einer tiefreichenden und störenden Emotion ist. Ein solcher Patient kann sich nicht selbst versorgen. In der Regel liegt er stumm in seinem Bett und muß mit dem Löffel gefüttert werden.

Wenn die Attacke nicht mit Erfolg behandelt wird, kann die physische Gesundheit schweren Schaden nehmen. In manchen Fällen verliert ein solcher Patient bis zu fünfzig Kilogramm Gewicht; er leidet an Verstopfung, und sein Kreislauf ist geschwächt.

Alle Typen der Depression, die wir bisher beschrieben haben, zeichnen sich auch dadurch aus, daß manische Züge oder Episoden in ihrem Verlauf völlig fehlen.

■ ■ Die manisch-depressive Psychose ■ ■

Sämtliche klinischen Varianten der schweren Depression, die wir soeben beschrieben haben, tauchen auch in der depressiven Phase innerhalb der manisch-depressiven Psychose auf.

Bei der manisch-depressiven Psychose haben wir es am häufigsten mit dem klassischen Typ der Depression zu tun. Aber auch der »fordernde« Typ bzw. derjenige, der sich sowohl durch Selbstbeschuldigungen als auch durch einen ausgeprägten Forderungscharakter auszeichnet, erscheinen in diesem Zusammenhang mit ihrer typischen oder auch einer atypischen Symptomatik. Daneben zeigen sich auch hier die »einfache« Depression, die akute Depression, die paranoide Depression und der depressive Stupor.

Das wichtigste Merkmal der Depression, wie sie im Zusammenhang der manisch-depressiven Psychose auftaucht, besteht in ihrer regelmäßigen oder gelegentlichen Ablösung durch eine manische Episode. Da sich das depressive Bild nicht wesentlich von dem unterscheidet, was wir bisher beschrieben haben, wollen wir uns in diesem Abschnitt mit der manischen Episode befassen. Die manische Attacke ist natürlich keine Attacke von »Depression«. Sie soll trotzdem hier beschrieben werden, weil sie häufig Teil eines Syndroms ist, innerhalb dessen die primäre schwere Depression eine wichtige Rolle spielt.

Wie bei der schwer depressiven Attacke besteht die Symptomatik auch hier aus 1. einer Veränderung der Stimmung – hier Hochstimmung; 2. einer Störung der Denkprozesse – hier Ideenflucht und erfreuliche Inhalte; 3. erhöhter Motilität. Daneben kommt es auch hierbei gelegentlich zu somatischen Veränderungen.

In vielen Fällen ist es schwierig zu bestimmen, wann die manische Episode einsetzt. Der Patient ist häufig in lebhafter Verfassung. Er fällt dem Beobachter als extravertierter, aktiver Mensch auf, der gerne redet und viele Dinge unternimmt. Zum Zeitpunkt der Attacke wirkt die übermäßige Fröhlichkeit des Patienten allerdings gelegentlich übertrieben und unpassend, zum Beispiel wenn er Dinge, die ihn eigentlich betrüben müßten, sofort wieder vergißt und weiter in seiner heiteren Stimmung verharrt. Der Patient ist überschwenglich und sehr gesellig, und manchmal gelingt es ihm sogar, seine heiter-glückliche Stimmung auf die Menschen in seiner Nähe zu übertragen. Diese Stimmung ist aber nicht anhaltend, und man kann ihr nicht trauen. Wir beziehen uns mit dieser Aussage nicht auf die Tatsache, daß sie mit der depressiven Phase abwechselt, sondern darauf, daß die euphorische Stimmung leicht in Gereiztheit oder sogar Wut und Zorn umschlagen kann, besonders wenn der Patient feststellt, daß die Umgebung seine Begeisterung gar nicht teilt oder nicht so stark auf ihn eingeht, wie er dies infolge der überzogenen Meinung, die er von sich selbst hat, eigentlich erwartet.

Die Denkstörung ist ausgeprägt und zeigt sich in den verbalen Verlautbarungen des Patienten. Er spricht sehr schnell und kann sich nicht länger als einige Sekunden auf den jeweiligen Gegenstand konzentrieren. Jeder Nebengedanke wird geäußert, jeder sekundäre und gar nicht zur Sache gehörige Stimulus erreicht den Patienten. Die Gedanken, die er äußert, sind nicht ohne Zusammenhang, sondern erkennbar miteinander verbunden. Wir können die zugrundeliegenden Assoziationsvorgänge in jedem Fall noch ausmachen, aber die Rede als Ganzes ist wortreich, oberflächlich und nicht auf irgendein Ziel bzw. die logische Bestätigung des diskutierten Gegenstandes gerichtet. Die Gesamtheit dieser raschen gedanklichen und sprachlichen Übergänge wird als Ideenflucht bezeichnet.

Tatsächlich hat diese Art des verbalen Verhaltens durchaus ein Ziel: mit seiner Hilfe soll die oberflächliche überschäumende Euphorie am Leben gehalten und der Patient vor störenden Gedanken bewahrt werden, die ihm vielleicht eine Depression einbringen würden. In weniger heftigen Fällen erkennt der Patient, daß er es leider wieder einmal zugelassen hat, daß irgendwelche Dinge sich störend vor das eigentliche Ziel seiner Rede schieben konnten – er versucht, zu seinem Thema zurückzukehren, verliert sich aber sogleich von neuem in einer Flut von Einzelheiten.

In diesen unaufhörlichen Redeschwall flicht der Patient auch Witze ein. Seine Neigung zur Verknüpfung und Aneinanderreihung führt ihn immer wieder zu Klangassoziationen, mit deren Hilfe er Scherze, Wortspiele usw. macht (Arieti 1950). In seltenen Fällen kann diese ungehemmte Art zu denken eine vorhandene künstlerische Neigung noch begünstigen, ohne daß es allerdings bei der Konzentrationsschwäche des Patienten zu irgendwelchen bedeutsamen Hervorbringungen kommt.

Lorenz und Cobb (1952) und Lorenz (1953), die sich eingehend mit der Redeweise des manischen Patienten befaßten, berichten von einer quantitativen Veränderung im Gebrauch bestimmter Sprachelemente, nämlich 1. von einer relativen Zunahme des Gebrauchs von Pronomen und Verben, 2. von einer relativen Abnahme im Gebrauch von Adjektiven und Präpositionen und 3. von einem hohen Verb-Adjektiv-Quotienten (der Anteil der Adjektive ist geringer geworden). Was die Ebene der strukturellen Elemente betrifft, so finden die genannten Autoren keine auffällige Desorganisation, und sie stellen die Behauptung auf, daß der Defekt in der manischen Sprechweise auf einer höheren Ebene der Sprachformulierung angesiedelt sei. Schließlich heißt es: »Wenn die Annahme einer Korrelation zwischen emotionalem Zustand und Verb-Adjektiv-Quotienten zutrifft, dann liefert uns die Sprechweise des manischen Patienten einen objektiven Beweis für seinen erhöhten Angstpegel.«

Das ausgesprochene Assoziationstalent des Manikers ermöglicht es ihm, sofort gewisse Aspekte aus der Umgebung aufzugreifen, die im anderen Fall unbemerkt bleiben würden. Der Patient befindet sich in der paradoxen Situation, daß seine Fähigkeit zur Beobachtung und Aufnahme von Anreizen aus der Umgebung zugenommen hat, daß er von dieser vermehrten Fähigkeit aber keinen Gebrauch machen kann, weil er zu leicht ablenkbar ist.

Die Denkinhalte des Patienten enthüllen oft eine überhöhte Meinung von sich selbst. Der Patient prahlt unter Umständen damit, daß er sehr viel Geld hat, daß er ein fabelhafter Liebhaber, ein berühmter Schauspieler oder ein erfolgreicher Geschäftsmann sei. Allerdings weiß er diese Äußerungen kaum zu belegen. Wenn er dazu aufgefordert wird, verliert er sich nach anfänglichen Bemühungen rasch in einem Gewebe ganz unwesentlicher Details. Er wird unter Umständen nervös, wenn man ihn an das Ziel der Unterhaltung erinnert. Die Störungen des Sensoriums sind in der Regel nur von minimaler Intensität und nicht auf eine intellektuelle Schädigung, sondern auf die exaltierte Stimmung oder auf die Ablenkbarkeit des Patienten zurückzuführen.

Die motorische Aktivität ist erhöht. Manische Patienten sind immer in Bewegung, wobei ihr Zustand von der leichten motorischen Erregtheit bis zu unaufhörlicher und ungestümer Aktivität reicht. Sie sprechen, singen, tanzen, scherzen, tragen Gegenstände hin und her oder zerstören sie. In schweren Fällen bleiben diese Aktionen oder Bewegungen unvollendet und ohne Ziel. Trotz ihrer ständigen Aktivität spüren Maniker keine Ermüdung und zeigen eine unglaubliche Ausdauer.

Die begleitenden somatischen Symptome bestehen in Gewichtsverlust, der in der Regel nicht so schwerwiegend ist wie während der

Depression, ferner im Nachlassen des Appetites und in Verstopfung, in erheblichen Schlafstörungen, allgemein niedrigem Blutdruck und unregelmäßig einsetzender Periode. Die sexuellen Aktivitäten, die in hypomanischen Phasen deutlich zunehmen, sind bei manischen Zuständen in der Regel reduziert oder in vielfältiger Weise gestört.

Manische Varianten. Manische Zustände sind wie depressive Zustände in ihren vielfältigen Erscheinungsformen schon frühzeitig beschrieben worden. Eine kurze Aufzählung und Schilderung soll sich hier anschließen.

Bei der *Hypomanie* sind die Symptome nicht sehr deutlich ausgeprägt. Wie schon erwähnt, ist es manchmal nicht einfach zu sagen, ob der Patient nur sein übliches extravertiertes Wesen oder aber schon den Beginn der Krankheit zeigt. Er ist voller Leben und Bewegung und in guter Stimmung. Er möchte viele Dinge anpacken. Seine verbalen Fähigkeiten kommen jetzt besonders gut zur Geltung. Er hat schon immer eine Begabung für fremde Sprachen gehabt, aber jetzt spricht er ohne alle Hemmungen viele Fremdsprachen und stört sich nicht daran, daß er Fehler macht. Bei manchen dieser Patienten nimmt die Aktivität in einem so übertriebenen Ausmaß zu, daß sie zu keiner vernünftigen Aussage mehr fähig sind. Sie sind ständig von ihrer inneren Erregtheit und ihrer exaltierten Stimmung getrieben. Sie machen stundenlange Fußmärsche. In der Regel haben sie sich ein Ziel gesetzt (etwa das nächste Dorf zu erreichen), aber es ist kein unbedingtes Ziel. Sie verschicken Hunderte von nichtssagenden Briefen oder Postkarten und führen immer wieder endlose Telefongespräche. Oft werden sie von einer wahren Kaufwut gepackt, was schreckliche Folgen für ihre finanziellen Verhältnisse hat. Ihre sexuelle Aktivität ist gesteigert, und die mangelnde Selbstkontrolle kann unangenehme Folgen zeitigen. Illegitime Schwangerschaften sind bei hypomanischen Frauen nichts Ungewöhnliches, ebenso finden sich bei Hypomanikern beiderlei Geschlechts relativ häufig Geschlechtskrankheiten.

Die Erregbarkeit, unablässige Betriebsamkeit und euphorische Stimmung verleihen dem Verhalten des Manikers einen bizarren Anstrich. Eine Patientin, die ihrem Arzt eine Wunde zeigen wollte, entkleidete sich zu diesem Zweck vollständig. Gelegentlich scheut der Maniker auch nicht vor Diebstahl oder Veruntreuung zurück. Er ist imstande, seine Handlungen zu rationalisieren, und zwar zuzeiten so sehr, daß der Laie verwirrt und fast der Meinung ist, der Patient sei vollkommen in Ordnung.

Bei der *akuten Manie* sind die Symptome sehr viel stärker ausgeprägt. Sie können sich ganz allmählich aus einem zuvor hypomanischen Zustand entwickeln oder rasch auftauchen, nachdem der Zustand des Menschen zuvor normal war. Der Patient ist hier von so extremer Ruhelosigkeit, daß sein Verhalten für die Umgebung außerordentlich störend ist und sich nur schwer unter Kontrolle bringen läßt: Er kann etwa ein Theaterpublikum in Angst und Schrecken versetzen, auf der Straße laut singen oder schreien, die Turmglocken zum Läuten bringen. Wenn man versucht, ihm Einhalt zu gebieten, wird er unter Umständen rauflustig. Seine Stimmung ist derartig exaltiert, daß er spontane Gedanken, die mit der Verherrlichung seiner eigenen Person zu tun haben, sofort akzeptiert.

Ein Untertyp, den Kraepelin von der akuten Manie unterschied, ist die wahnhafte Manie, bei der ein Übermaß an grandiosen Wahnvorstellungen zu beobachten ist, wie sie ähnlich auch beim expansiven Typ der progressiven Paralyse auftreten.

Die *delirante Manie* ist ein Zustand der extremen Erregtheit. Der Patient spricht unzusammenhängend, er ist desorientiert, ruhelos und agitiert. In seiner ziellosen Aktivität kann es leicht geschehen, daß er sich selbst oder anderen Menschen Verletzungen beibringt. Zwangsmaßnahmen chemischer oder physischer Art sind eine absolute Notwendigkeit, weil der Patient sonst unter Umständen in eine Erschöpfung gerät, die zum Tode führen kann. Halluzinationen und Wahnvorstellungen sind häufig.

Neben den bisher erwähnten Typen beschreibt Kraepelin die sogenannten *Mischzustände*, bei denen manische und depressive Symptome in Kombination miteinander auftreten. Kraepelin unterscheidet die folgenden sechs Haupttypen: 1. den manischen Stupor, 2. die erregte Depression, 3. die gedankenarme Manie, 4. die ängstliche Manie, 5. die ideenflüchtige Depression, 6. die gehemmte Manie.

Diese Bezeichnungen weisen auf die Kombination der jeweils entscheidenden Symptome hin. Am verbreitetsten ist unter diesen sechs Mischtypen wohl die agitierte oder erregte Depression. Bei diesem Zustand tritt zu der motorischen Ruhelosigkeit, wie sie für die manische Erregung typisch ist, eine ausgeprägte depressive Symptomatik hinzu.

Wir haben die Spielarten der manisch-depressiven Psychose zwar so beschrieben, als handele es sich jeweils um separate und voneinander abgegrenzte Krankheitsbilder. In Wahrheit stehen alle diese Varianten miteinander in Zusammenhang, wie Kraepelin schon feststellte, als er seine Klassifikation der manisch-depressiven Erkrankungen formulierte.

Die depressive und die manische Attacke, die auf den ersten Blick so ganz verschieden voneinander scheinen, besitzen eine innere Gemeinsamkeit; sie verändern nämlich die gleichen mentalen Funktionen, wenn auch diese Veränderungen einander in gewisser Weise entgegengesetzt sind: Während der Mensch in der depressiven Phase melancholisch ist, bewirkt die manische Attacke eine Art Hochstimmung; in der depressiven Phase sind die Denkprozesse und die motorische Aktivität verlangsamt, bei der manischen Attacke beobachten wir Ideenflucht und erhöhte Motilität.

Zu den wichtigsten Kennzeichen der manisch-depressiven Psychose gehört die Wiederkehr der Attacken. Das ist der Grund, weshalb diese Störung in Europa häufig auch als intermittierende Psychose bezeichnet wird.

Die Abfolge der einzelnen Attacken ist unterschiedlich. In den älteren psychiatrischen Veröffentlichungen wird sie sehr ausführlich und anschaulich beschrieben; dabei wird die manische Attacke als die »positive Welle« und die Depression als die »negative Welle« dargestellt. Üblicherweise folgt bei der zirkulären Psychose jeweils eine manische Phase auf die depressive Episode. Wir können andererseits aber auch beobachten, daß die depressiven Attacken gegenüber den manischen stark überwiegen. Manche Patienten haben auffallend viele aufeinanderfolgende depressive Attacken, ohne daß dazwischen eine manische Phase zu verzeichnen wäre.

Zwischen der Dauer der einzelnen Attacke und der Dauer der dazwischenliegenden »normalen Intervalle« scheint kein Zusammenhang zu bestehen. Manchmal kommt es in rascher Folge zu mehreren kurzen Attacken, und dann wird dieses Muster wieder durch eine längere Pause unterbrochen, in der der Patient ein normales Befinden zeigt. Ich weiß von verschiedenen Fällen, in denen der Patient einen ersten depressiven Anfall mit gut zwanzig Jahren hatte und den zweiten erst mit Mitte sechzig oder gar im Alter von über siebzig Jahren erlitt. Nach Kraepelin müssen viele depressive Attacken, die spät im Leben des Patienten eintreten und von denen andere Autoren glauben, es handele sich dabei um einen Untertyp der senilen Psychose, eher als später Ausbruch oder Wiederausbruch der manisch-depressiven Erkrankung betrachtet werden.

Nach Pollock u. a. (1939) haben 58,1 Prozent der Patienten nur eine einzige Attacke, 26,1 Prozent erleiden zwei, 9,3 Prozent drei und 6,5 Prozent der Patienten mehr als drei Attacken in ihrem Leben. Hin und wieder begegnet man einem Patienten, der 25 oder sogar noch mehr depressive Attacken in seinem Leben erlitten hat.

Das Alter, in dem der erste Anfall erfolgt, ist bei den einzelnen Patienten verschieden. In seltenen Fällen kann schon in der Kindheit ein erster depressiver Anfall eintreten. Bei weitem die meisten Erstanfälle treten zwischen dem 20. und dem 35. Lebensjahr ein. Die Zahl der manischen Attacken ist zwischen dem 20. und dem 40. Lebensjahr geringfügig höher. Nach dem 40. Lebensjahr nehmen sie im Verhältnis zu den depressiven Anfällen weiter ab. Frauen sind in bezug auf diese Erkrankung anfälliger als Männer (etwa 70 Prozent der Patienten sind Frauen).

Der einzelne Anfall endet gewöhnlich mit der Genesung des Patienten, und selbst wiederholte Anfälle verursachen in der Regel kaum eine intellektuelle Schädigung. Allerdings kann die Erkrankung in zwei Fällen auch tödlich ausgehen, dann nämlich, wenn der Patient in der Depression Selbstmord begeht bzw. sich in der *deliranten Manie* zu Tode erschöpft oder an Herzschwäche stirbt. Eine weitere Möglichkeit, auf die wir später noch zu sprechen kommen werden, besteht in der Umwandlung der manisch-depressiven in eine schizophrene Symptomatik. Diese Umwandlung kann kurz nach Einsetzen der Krankheit, aber auch noch nach einem langjährigen Krankenhausaufenthalt erfolgen.*

Eine Beurteilung des voraussichtlichen Verlaufs der Erkrankung ist sehr schwierig, wenn der Patient nur im Blick auf die manifeste Symptomatik untersucht wird. Anders als im Fall der Schizophrenie erlaubt die manifeste Symptomatik der manisch-depressiven Erkrankung selten eine Voraussage darüber, ob es bei diesem einen Anfall bleiben wird oder ob der Patient einige weitere bzw. sogar noch viele Anfälle in seinem Leben erleiden wird. Die Prognose ist fast immer gut, was den einzelnen Anfall betrifft, aber sie ist nicht sicher, was eine mögliche Wiederkehr angeht. Rennie (1942) hat im Rahmen einer genauen statistischen Untersuchung festgestellt, daß die Prognose schlechter ist, wenn die Anfälle sich nach dem 40. Lebensjahr einstellen. Nach Rennies Erkenntnissen hatten 70 Prozent aller Patienten einen zweiten, 63,5 Prozent einen dritten und 45 Prozent einen vierten Anfall. Je häufiger die Anfälle, desto schlechter wird die Prognose.

---

* Diese Feststellung wird wohl auf den Widerspruch vieler Psychiater treffen, die der Meinung sind, daß der manisch-depressive Patient, der später schizophren wird, anfangs nicht zutreffend (das heißt eben nicht als schizophren) diagnostiziert worden ist. Eine beträchtliche Zahl von Psychiatern würde einen solchen Patienten als schizo-affektiv bezeichnen. Die meisten Fachleute allerdings wenden die Diagnose der schizo-affektiven Psychose ausschließlich auf Patienten an, die von Anfang an eine gemischte Symptomatik präsentieren.

■ ■ Involutionsmelancholie ■ ■

Ein verbreiteter Typ der Depression tritt während des Klimakteriums (der Menopause) bzw. kurz davor oder kurz danach auf. Es handelt sich um die sogenannte Involutionsmelancholie. Bevor die Elektroschockbehandlung bzw. medikamentöse und psychotherapeutische Maßnahmen breite Anwendung fanden, wurde diese Diagnose sehr viel häufiger gestellt. Die Patienten wurden in psychiatrische Krankenhäuser aufgenommen und blieben in vielen Fällen jahrelang, unter Umständen sogar bis an ihr Lebensende dort. Die Dauer der Krankheit betrug für die meisten von ihnen zwischen einem Jahr und fünf Jahren, aber ich habe während meiner Tätigkeit am Pilgrim State Hospital auch eine ganze Reihe so diagnostizierter Patienten kennengelernt, die sich schon seit mehr als zehn Jahren im Krankenhaus befanden. Die Einführung der Elektroschockbehandlung hat hier für einen dramatischen Wandel gesorgt, nämlich die vollständige Beseitigung von Symptomen bewirkt, die sich über so lange Zeit hinweg gehalten hatten. Alle obengenannten Behandlungsarten haben den Verlauf der Krankheit drastisch verändert und gestatten eine sehr viel günstigere Prognose.

Die Involutionsmelancholie ist ein Syndrom, das in erster Linie durch schwere Depression gekennzeichnet ist, die in der Regel erstmals im sogenannten Involutionsalter – bei Frauen zwischen 40 und 58 Jahren, bei Männern zwischen 50 und 65 Jahren – auftritt. Unter den Patienten überwiegen die Frauen bei weitem.

Die Störung kann ganz allmählich einsetzen und sich in Angst, bösen Ahnungen, Hypochondrie, gelegentlich auch in quasi-paranoiden Befürchtungen gegenüber Bekannten, Verwandten, Freunden, Kollegen usw. äußern. Zunächst fallen vor allem die gereizte und pessimistische Stimmung, das übermäßige Interesse an den körperlichen Funktionen und die Furcht vor Erkrankungen auf. Später nehmen dann in den meisten Fällen Ruhelosigkeit und eine ungehemmte motorische Agitiertheit den ersten Platz ein. Die psychomotorische Retardation, wie sie für andere schwere Spielarten der Depression typisch ist, fehlt in den meisten Fällen von Involutionsmelancholie, oder sie ist zumindest nicht sehr stark ausgeprägt. Immerhin ist der Patient aber deutlich weniger aktiv als vor Einsetzen der Krankheit. Die Tatsache, daß er keine zweckgerichtete Aktivität verfolgt, steht manchmal in scharfem Gegensatz zu seiner motorischen Ruhelosigkeit. Weibliche Patienten sind häufig rasch bereit, ihre Symptome der einsetzenden Menopause anzulasten, und spielen die möglichen psychischen Faktoren herunter. In manchen Fällen, die einen sehr akuten und ernsthaften Verlauf nehmen, hat der Untersucher den Eindruck, daß er mit einem Menschen umgeht, der sein Leben bereits zu Ende gehen sieht. Die noch verbleibenden Jahre werden als eine sich lange hinziehende Agonie betrachtet, die man mit Hilfe eines selbst unternommenen »Gnadenstoßes« wohl besser beenden sollte. Früher hat man die ausgeprägteste Form der Depression eher in der Involutionsmelancholie als in der depressiven Phase der manisch-depressiven Erkrankung oder in anderen Typen der schweren Depression zu entdecken vermeint. Vor Einführung der schon genannten drei Formen der Behandlung – Elektroschock, Pharmakotherapie, Psychotherapie – glaubten die Ärzte und Pflegekräfte in den psychiatrischen Krankenhäusern, daß nur »etwa ein Drittel der hospitalisierten Fälle ihre Psychose lebend überstanden« (Bigelow 1959). Dazu ist natürlich zu sagen, daß es sich hier um stationäre Patienten handelte und leichtere Fälle, in denen eine Aufnahme ins Krankenhaus nicht nötig war, von dieser Schätzung gar nicht erfaßt waren. Heute sieht die Prognose völlig anders aus. Wenn sich der Selbstmord des Patienten vermeiden läßt, lassen sich alle Fälle von Involutionsmelancholie heilen oder doch sehr deutlich bessern.

In frühen Untersuchungen dieses Zustandes heißt es von der präpsychotischen Persönlichkeit des Involutionspatienten, sie halte sich starr an die geltenden Moralvorstellungen, besitze einen begrenzten Gesichts- und Interessenkreis, sei in allen Dingen peinlich genau, eigensinnig und sexuell wenig anpassungsfähig (Titley 1936). Andere Autoren heben die zwanghafte, sadomasochistische, introvertierte Persönlichkeit des Involutionskranken hervor (Palmer und Sherman 1938). Rosenthal (1968, 1974), der sich erst kürzlich mit der Involutionsmelancholie beschäftigt hat, hält nicht allzuviel von den Erkenntnissen von Palmer/Sherman und Titley. Bei ihm heißt es, daß »man kaum eine neuere Untersuchung finden kann, die diese Feststellungen mit solideren statistischen Mitteln bestätigt«.

Übrigens führt keine der Untersuchungen, die die Involutionsmelancholie in einen Zusammenhang mit den körperlichen Veränderungen während der Menopause oder mit anderen endokrinen Funktionen bringen möchten, zu irgendwelchen Schlußfolgerungen.

■ ■ Senile Depression ■ ■

Die senile Depression muß von einem vorwiegend organisch bedingten depressiven Zustand unterschieden werden, wie er sich etwa in der senilen Psychose oder der zerebralen Arteriosklerose äußert.

Die senile Depression ist eine verhältnismäßig häufige Form einer in der Regel gemäßigten bis schweren Depression, die sich von den übrigen Arten der schweren Depression dadurch unterscheidet, daß sie im fortgeschrittenen Alter bei Menschen auftritt, die in jüngeren Jahren nicht an Depressionen gelitten haben. Sie äußert sich zunächst in psychosomatischen Beschwerden und hypochondrischen Befürchtungen, später in einem überwältigenden Gefühl von Niedergeschlagenheit und Schuld, in Selbstdeprivation, Aktivitätshemmung, Retardation und einem merklichen Nachlassen des Interesses. Zumindest zwei Drittel der Patienten sind Frauen.

Manche Fälle sind verhältnismäßig »gutartig« und werden häufig als Fälle einer reaktiven Depression diagnostiziert, weil sie sich im Anschluß an ein unangenehmes Ereignis einstellen. Die wirklich schweren Fälle scheinen keine Reaktion auf irgendein spezifisches Geschehen darzustellen; hier haben wir es wohl eher mit dem Umstand zu tun, daß der Patient sein ganzes Leben als im Grunde unbefriedigend und unerfreulich verlaufen betrachtet.

Einer Untersuchung von Charatan (1975) zufolge wurden 52 Prozent der Patienten einer ambulanten geriatrisch-psychiatrischen Beratungsstelle als affektiv gestört – in erster Linie psychotisch depressiv – diagnostiziert.

Bei vielen Patienten, die sich dem Alter nähern, aber noch nicht eigentlich »alt« sind – die sich also in den späten fünfziger bis mittleren sechziger Jahren ihres Lebens befinden –, scheint die Depression in erster Linie durch eine Dysfunktion im sexuellen Bereich oder zumindest durch entsprechende Überlegungen und Befürchtungen ausgelöst zu sein. Männliche Patienten klagen über Erektionsschwierigkeiten oder darüber, daß die Erektion zu rasch zurückgehe, daß die Ejakulation kraftlos und eher zufällig erfolge oder daß sie nicht mehr genügend Samen haben. Frauen berichten über Schmerzen beim Geschlechtsverkehr, über vollständige Frigidität oder sogar über einen ausgesprochenen Abscheu vor sexueller Betätigung. Eine Minderheit dieser Männer und Frauen masturbiert außerdem zwanghaft oder zeigt sogar Promiskuität, um auf diese Weise mit der Depression fertigzuwerden. In vielen anderen Fällen, insbesondere bei Witwern, spielt die Einsamkeit eine sehr viel größere Rolle als die sexuelle Dysfunktion.

■ ■ Die postpartale Depression ■ ■

Nach einer Entbindung können alle möglichen affektiven Zustände auftreten, von der sogenannten postpartalen Schwermut über die Manie bis hin zur psychotischen Depression. Meiner Meinung nach ist die

Entbindung ein »auslösender Faktor« von großer psychologischer Bedeutung, auch wenn sie in keinem physischen Zusammenhang mit der Depression steht, und daher nehme ich die postpartale Depression hier unter die primären Depressionen auf.

Die manifeste Symptomatik der postpartalen Depression ist im Grunde von der Symptomatik anderer schwerer Depressionen nicht unterschieden. In den meisten Fällen nehmen die depressiven Züge ganz allmählich zu. Manchmal wird der Zustand erst mehrere Wochen nach der Geburt des Kindes und auch nur dann entdeckt, wenn es sich um eine voll ausgebildete Depression handelt.

Häufig auftretende Symptome sind Schlafstörungen, Ruhelosigkeit, verminderte Aktivität, mangelndes Interesse am Kind oder gar dessen Vernachlässigung. In manchen Fällen kommt es auch zu phobischen oder zwanghaften Symptomen, die für die Patientin sehr quälend sind: Sie fürchtet sich davor, dem Kind Schaden zuzufügen oder sogar es zu töten. In weniger schweren Fällen hat sie Angst, das Kind nicht richtig versorgen zu können; sie hält sich für eine schlechte oder unwürdige Mutter. Entweder hat sie heftiges Mitleid mit dem Kind, oder sie ist ihm gegenüber vollkommen gleichgültig und betrachtet es als einen Eindringling in ihr Leben. In wieder anderen Fällen ist die Angst und Sorge, keine gute Mutter zu sein, stärker als das Gefühl der Niedergeschlagenheit.

In den schwersten Fällen sind alle übrigen Empfindungen von einer tiefen Depression überlagert, in die sich häufig Schuldgefühle und eine absolute Hoffnungslosigkeit mischen.

Manche Patientinnen erholen sich rasch von ihrer postpartalen Depression, aber meistens hält diese Störung länger an und ist stärker ausgeprägt als andere Depressionen, ob es sich nun um eine einphasige Depression oder um eine Seite einer zweiphasigen manisch depressiven Erkrankung handelt, die durch die Entbindung zum Ausbruch gekommen ist.

Was die Sicherheit des Kindes angeht, so müssen wir bei der postpartalen Depression eine sehr wichtige Unterscheidung treffen. Wenn die Patientin an der zwanghaften oder phobischen Angst leidet, daß sie ihr Kind verletzen oder gar töten könnte, dann ist die Gefahr minimal oder so gut wie nicht vorhanden. In diesem Fall muß man der Patientin gut zureden und ihr sagen, daß sie an einer Furcht leidet, nicht aber an dem Entschluß, irgendeine gefährliche Handlung zu unternehmen. Zeigt die Patientin dagegen keine zwanghaften oder phobischen Symptome, ist sie daneben sehr deprimiert und hegt bzw. äußert sie Selbstmordgedanken, dann ist das Risiko nicht nur für sie selbst, sondern auch für das Kind groß. Was wir an anderer Stelle sagten – daß depressive Frauen, die Selbstmord begehen, häufig ihre Kinder mit in den Tod nehmen –, gilt ganz besonders für Frauen mit einer postpartalen Depression. Eine depressive Mutter bringt neugeborene Zwillinge ebensoleicht um wie ein einzelnes Kind. Hier ist also höchste Aufmerksamkeit geboten.

Da im Anschluß an eine Entbindung alle möglichen psychiatrischen Zustände auftreten können, gestaltet sich die Diagnose in atypisch gelagerten Fällen gelegentlich schwierig. Die erste diagnostische Aufgabe besteht darin, mit Sicherheit festzustellen, ob es sich bei dem Zustand um ein postpartales Delirium, das gewöhnlich organisch bedingt ist, oder um irgendeine andere psychiatrische Konstellation handelt, die seltener in einem Zusammenhang mit organischen Faktoren steht. Delirien, also Zustände, die in der Regel durch Verwirrtheit, extreme Erregtheit, unzusammenhängende oder belanglose Gedanken und einen ausgesprochen akuten Verlauf gekennzeichnet sind, werden in den letzten Jahrzehnten sehr viel seltener beobachtet als früher. Das hat seinen Grund wahrscheinlich in der verbesserten Geburtshilfe und darin, daß toxische Zustände während der Schwangerschaft seltener geworden sind.

Wenn schizophrene Symptome – Delusionen, Halluzinationen, Beziehungswahn – vorhanden sind, so wird unter Umständen auf eine schizophrene Erkrankung geschlossen.

Allerdings besteht in der Literatur keineswegs Übereinstimmung, was das Auftreten schizophrener oder affektiver Psychosen im Anschluß an eine Entbindung angeht. Nach Davidson (1936) bildeten schizophrene und manisch-depressive Psychosen jeweils 30 Prozent der von ihm behandelten postpartalen Störungen. Für Boyd (1942) waren manisch-depressive Psychosen in 40 Prozent, Schizophrenie in 20 Prozent und Delirien in 28,5 Prozent der untersuchten Fälle vorhanden. Strecker und Ebaugh (1926) nennen folgende Zahlen: 34 Prozent Delirium, 36 Prozent manisch-depressive Erkrankungen und 20 Prozent Schizophrenie. Protheroe (1969) berichtet für England von einer fast doppelt so hohen Zahl affektiver gegenüber schizophrenen Psychosen. Herzog und Detre (1976) sagen in ihrer Übersicht, daß die Diskrepanz zwischen den für England und für Amerika veröffentlichten Zahlen vielleicht dadurch zu erklären sei, daß die amerikanischen Kliniker sehr viel stärker zur Diagnose der Schizophrenie als zur Diagnose einer affektiven Störung neigen. Meiner Meinung nach werden die Dinge noch weiter dadurch kompliziert, daß es nicht möglich ist, eine manisch-depressive Psychose differentialdiagnostisch von einer Depression abzugrenzen, die in keinem Zusammenhang mit der manisch-depressiven Psychose steht.

Es ist eine verbreitete Ansicht, daß postpartale Zustände heute weniger häufig auftreten, und in der Tat wird in der gegenwärtigen psychiatrischen Literatur sehr viel seltener über solche Zustände berichtet als noch vor einigen Jahrzehnten. Nach meiner klinischen Erfahrung ist diese Ansicht allerdings nicht gerechtfertigt. Vielleicht sind postpartale Delirien und voll erblühte Psychosen heute deshalb seltener, weil die Betreuung der Mutter während der Schwangerschaft und der ärztliche Beistand während der Entbindung und im Wochenbett erheblich verbessert worden sind. Ich habe zwar entsprechend aussagekräftige Zahlenreihen nicht zusammenstellen können, aber mein – bona fide gewonnener – Eindruck lautet doch, daß die weniger ausgeprägten postpartalen Zustände weiterhin sehr verbreitet sind und schizophrene wie affektive Psychosen keineswegs selten auftreten.

■ ■ Selbstmord ■ ■

Schwere Depressionen enden verhältnismäßig häufig mit dem Selbstmord des Patienten, wie wir dies bereits im Zusammenhang mit dem von Selbstbeschuldigungen gekennzeichneten Typ der Depression ausführten. Wir wollen den Selbstmord hier als Teil der manifesten Symptomatik aller schweren Depressionen betrachten. Die psychodynamischen Aspekte des Suizids werden in den Kapiteln 6 und 8 zur Sprache kommen.

Die Zahl der Selbstmordfälle bei allen Formen schwerer Depression wird unterschiedlich angegeben. Rennie (1942) macht eine vorsichtige Schätzung, er spricht davon, daß fünf Prozent aller Patienten, die unter schwerer Depression leiden, schließlich Selbstmord begehen. Nach Weiss (1974) werden in den Vereinigten Staaten jährlich mehr als 20 000 Selbstmorde registriert; dagegen schätzt Dublin (1963) diese Zahl auf 25 000, und Choron (1972) nennt 30 000 Fälle von Selbstmord. Wenn wir zu dieser Angabe noch die Selbstmordversuche hinzuzählen, die sich exakt natürlich nicht zählen lassen, dann müssen wir sagen, daß dies in der Tat ein Problem von erheblichen Ausmaßen ist.

Selbstverständlich sind nicht alle Menschen depressiv, die Selbstmord begehen oder einen Versuch dazu unternehmen; die Depressiven unter ihnen bilden aber doch bei weitem die größte Gruppe. Menschen, die sich zum Selbstmordversuch entschlossen haben, sind beherrscht vom Gefühl der Hilflosigkeit und Hoffnungslosigkeit, sie glauben versagt zu haben und sehen im Tod den einzigen Ausweg aus ihrer Lage. Ungünstige prognostische Anzeichen sind der besondere Schweregrad der Depression, früher bereits unternommene Selbstmordversuche, die Ernsthaftigkeit der Absicht, das fortgeschrittene oder hohe Alter des Patienten. Das Risiko wird noch größer, wenn der Patient alleinstehend ist und weiß, daß niemand seinen Plänen entgegentreten wird, und wenn seine Depression in ihrer Intensität so weit nachgelassen hat, daß er sich in seiner motorischen Aktivität nicht gehemmt oder doch zumindest in seiner physischen Fähigkeit, den Selbstmordversuch durchzuführen, nicht behindert sieht. Bestimmte äußere Gegebenheiten erhöhen die Gefahr noch weiter: Der Patient wohnt vielleicht im fünften Stock eines Hauses, hat große Mengen von Schlafmitteln zur Hand, hat in seiner unmittelbaren Umgebung die Möglichkeit, sich zu ertränken, oder kann sich ohne Schwierigkeiten eine Waffe bzw. ein Seil beschaffen.

■ ■ ■ Sekundäre Depressionen ■ ■ ■

■ ■ Depression im Verein mit neurologischen ■ ■ oder hirnorganischen Störungen

Verhältnismäßig häufig treten Depressionen als Begleiterscheinungen neurologischer Erkrankungen auf. Die verbreitetste Form ist dabei wohl die Depression, wie sie verschiedene Arten der Epilepsie begleitet. Bei *Grand-mal-Epileptikern* ist sie seltener, vielleicht deshalb, weil die Anfälle in sich antidepressiv wirken – ebenso wie die Konvulsionen, die durch die Elektroschockbehandlung hervorgerufen werden. Häufiger treten Depressionen bei Epileptikern auf, die am *petit mal* oder an psychomotorischen Äquivalenten leiden, und bei Patienten, deren EEG eine dienzephale Dysfunktion oder Entladungen aus den Schläfenlappen anzeigt.

Die Gefahr des Selbstmordes ist bei depressiven Epileptikern sehr groß, weil solche Patienten nicht nur mit ihrer Depression, sondern auch mit ihrer Impulsivität und Getriebenheit zu kämpfen haben. Ob die Depression des Epileptikers auf das durch die Krankheit selbst verursachte Unbehagen zurückzuführen ist, ob es sich dabei um ein epileptisches Äquivalent handelt oder ob wir es einfach mit einem Zustand zu tun haben, der zufällig einen epileptischen Patienten trifft, läßt sich in der Mehrzahl der Fälle nur schwer beurteilen. Diese Patienten stellen den Therapeuten vor eine schwere Aufgabe.

Bei Patienten, die an der Huntingtonschen Krankheit (Chorea hereditaria chronica – eine Art Veitstanz) leiden, sind Depressionen und in ihrem Gefolge Selbstmordversuche sehr häufig, insbesondere unter den weiblichen Kranken (Whittier 1975). Depression wird oft bei postenzephalitischen Zuständen beobachtet. Nach Brill (1975) zeichnen sich diese Patienten durch eine weinerliche Sprechweise, übergroße Anhänglichkeit, ständiges Klagen und ein sehr abhängiges Wesen aus. Hypochondrie, Selbstanklagen und wahnhafte Schuldgefühle sind ebenfalls verbreitet. Nach Neal (1942) entspricht das am häufigsten vorkommende klinische Bild der von Brill gegebenen Beschreibung. In seiner Übersicht über gut 200 Fälle von Enzephalitis ist die Rede von neun pathologisch depressiven, acht psychotisch depressiven und acht hypomanischen Patienten.

Milde bis mittlere und sogar schwere Depression findet sich oft auch bei Parkinson-Patienten. Diese Feststellung und die Beobachtung, daß die Depression häufig auf die Einnahme von Pharmaka hin erfolgt, welche die Basalganglien affizieren, haben zu interessanten Hypothesen über die anatomische und biochemische Natur der Depression geführt.

Viele andere chronische neurologische Störungen (Muskeldystrophien, zerebellare Atrophien) sind ebenfalls von Depressionen begleitet. In den meisten Fällen besteht die therapeutische Aufgabe im wesentlichen in der Rehabilitation oder der Anpassung des Patienten an seinen Zustand. Bei der multiplen Sklerose kommt es trotz der lähmenden Züge dieser Krankheit oft nicht zu einer begleitenden Depression. Der Patient zeigt sich im Gegenteil eher apathisch oder zumindest doch völlig unbekümmert, was seinen Zustand betrifft. Depressionen finden sich dagegen oft auch bei geistig gestörten Menschen, deren Beeinträchtigung andererseits nicht so erheblich ist, daß sie ihren Zustand nicht erkennen könnten.

Bei der senilen Demenz und auch bei den Psychosen im Zusammenhang mit der Hirnarteriosklerose kommt es ebenfalls zu depressiven Episoden. Diese Attacken sind von kurzer Dauer und innerhalb des gesamten klinischen Bildes im allgemeinen nicht besonders auffällig. Der Patient fühlt sich schlecht behandelt, er weint, weil er angeblich bestohlen worden ist, und er ist verwirrt.

■ ■ Depression bei ■ ■ endokrinen und anderen chronischen Störungen

Bei Depressionen, die im Verein mit endokrinen Störungen auftreten, ist in den meisten Fällen die Schilddrüse beteiligt. Schilddrüsenunterfunktion jeder Art kann zur Depression führen, insbesondere im Zusammenhang mit Myxoedema. Überfunktionen der Schilddrüse (gleichgültig ob sie den Schweregrad der Gravesschen Krankheit erreichen oder nicht) werden häufig durch Depressionen kompliziert. Dabei laufen der verzweifelten Stimmung des Patienten oft ein kapriziöses Gehabe und eine gewisse Gereiztheit parallel bzw. wechseln sich damit ab.

Ich habe Fälle von Depression auch bei Überfunktion der Nebenschilddrüse und bei schwerem Diabetes erlebt. Depressionen stellen sich häufig auch nach Herzkrankheiten ein, wenn auch nicht so oft wie Angstzustände.

Viele Krankheiten, insbesondere die chronisch verlaufenden, können von Depressionen begleitet sein. In allen diesen Fällen ist es schwierig zu sagen, ob die physische Krankheit ätiologisch in einem Zusammenhang mit der Depression steht oder ob die Depression nur die psychische Reaktion des Patienten auf die Unannehmlichkeiten darstellt, die ihm durch sein physisches Leiden entstanden sind.

■ ■ Drogeninduzierte Depression ■ ■

Die nachstehend genannten Drogen können bei manchen Patienten eine depressive Verstimmung bewirken: Steroide, Chlorpromazin, die Butyrophenone wie Haloperiodol (Haldol®) und insbesondere die Rauwolfia-Alkaloide wie Reserpin (Serpasil). Solche Depressionen sind in der Regel nicht schwer und verschwinden mit dem Absetzen der Droge.

■ ■ Depression im Verlauf einer Schizophrenie ■ ■

Im Verlauf einer schizophrenen Erkrankung kann es ebenfalls zu Depressionen kommen. Diese Möglichkeit muß von der schizo-affektiven Psychose unterschieden werden, einem Zustand, bei dem von Anfang an schizophrene und manisch-depressive Symptome vermischt auftreten. Wie viele andere Psychiater bin auch ich der Meinung, daß das Auftreten einer Depression im Verlauf der schizophrenen Erkrankung nicht durchwegs negativ betrachtet werden sollte, sondern im Gegenteil als Beweis des Wachstums und als ein günstiges Zeichen, vor allem dann, wenn die Depression einsetzt, nachdem der Patient begonnen hat, positiv auf die Behandlung zu reagieren, und wenn die schizophrenen Symptome verschwunden sind oder an Intensität verloren haben.

■ ■ Differentialdiagnose ■ ■

Die Diagnose erfolgt in zwei Schritten. Der erste Schritt besteht in der Feststellung, ob der Patient wirklich an einer Depression oder aber an einem Syndrom leidet, das eine Depression simuliert. Ein Mensch, der deprimiert ist, muß nicht im klinischen Sinne depressiv sein.

Er kann ganz normale Traurigkeit (siehe Kapitel 5) empfinden. Er kann auch deprimiert sein und an vielen psychiatrischen Störungen leiden, nicht unbedingt aber an einer klinischen Form der Depression. Deprimiertheit ist ebenso wie Angst bei den meisten psychiatrischen Zuständen als begleitendes Symptom vorhanden. Wir bezeichnen ein Syndrom aber dann zu Recht als *Depression*, wenn die depressive Stimmung das wichtigste Kennzeichen bildet – wobei es gleichgültig ist, ob diese Stimmung einer primären oder einer sekundären Form der Depression zugehört.

Nehmen wir an, ein älterer Patient hat erheblich an Körpergewicht verloren, sieht deprimiert aus und äußert die Sorge, daß er möglicherweise Krebs habe. Man kann nun einen solchen Menschen fälschlicherweise als schwer depressiv einstufen, während er in Wahrheit an einer bösartigen Krankheit leidet. Wenn er daneben noch depressiv ist, dann hat das seinen Grund vielleicht darin, daß der Patient sich seines bedenklichen Zustandes bewußt ist. Eine gründliche körperliche Untersuchung wird hier Klarheit schaffen. In der psychiatrischen Praxis dagegen geschieht eher das Gegenteil: Ein älterer Patient hat an Körpergewicht verloren, er äußert viele hypochondrische Klagen – unter anderem fürchtet er, Krebs zu haben –, und er ist deprimiert. Ein negatives Resultat der körperlichen Untersuchung, die psychomotorische Retardation des Patienten, die Tatsache, daß er nicht schlafen kann, und seine verzweifelte Stimmung werden in der Regel zu dem Schluß führen, daß er an einer Depression leidet.

Es kommt hin und wieder vor, daß Patienten mit postenzephalitischen Zuständen oder auch Parkinson-Kranke fälschlicherweise als depressiv angesehen werden, selbst wenn ihr Zustand gar nicht durch eine Depression kompliziert ist. Dieser Irrtum kommt dadurch zustande, daß Patienten mit extrapyramidalen Syndromen ähnliche Symptome und Anzeichen vorweisen, wie sie auch der depressive Patient zeigt: Bewegungsstörungen, maskenartiger Gesichtsausdruck, schleppender Gang, gekrümmte Körper- und geneigte Kopfhaltung, allgemeine psychomotorische Retardation. Die neurologische Untersuchung und die Beschäftigung mit der Vorgeschichte des Patienten ermöglichen aber eine korrekte Diagnose.

Wenn der Patient unbeweglich ist und auf äußere Reize kaum reagiert, dann kann die Abgrenzung zwischen dem depressiven Stupor einerseits und dem katatonen Stupor andererseits sehr schwierig werden. Ist eine depressive Vorgeschichte vorhanden, dann wird in der Regel die Diagnose »Depression« gestellt – allerdings nicht in allen Fällen, denn viele Katatoniker haben vor der katatonischen Attacke auch Episoden der milden oder schweren Depression gehabt. Weitere begleitende Symptome – Negativismus, bizarre Körperhaltung, das Anschwellen der Beine vom hartnäckigen Stehen am gleichen Platz, das Geschlossenhalten der Augen und die fast vollständige Abwesenheit aller Emotionen – führen oft zur Diagnose des katatonen Stupors.

Schizophrenie muß auch bei bestimmten Fällen der manisch-depressiven Erkrankung ausgeschlossen werden, die dem schizophrenen Syndrom gleichen, insbesondere wenn auch manische Phasen auftreten. Während der manischen Attacke ist das Verhalten des Patienten vielleicht bizarr, und seine Denkprozesse sind desorganisiert. Aber bei der schizophrenen Erkrankung verändern sich sowohl das Verhalten als auch die Denkprozesse weit stärker. Wenn es im Rahmen der manisch-depressiven Erkrankung zu Halluzinationen kommt, so haben diese ihre ganz eigenen Kennzeichen, wie sie auf Seite 111 aufgeführt sind; und wenn es zu paranoider Ideenbildung kommt, dann nur in minimalem Umfang. Das gesamte Bild einschließlich des Persönlichkeitstyps, der im Fall der manisch-depressiven Erkrankung zyklothym ist, macht die Diagnosestellung leicht – außer in den Fällen, die gewöhnlich in die Kategorie der schizo-affektiven Störungen eingeordnet werden.

Nachdem wir nun also festgestellt haben, daß wir es mit einer Depression zu tun haben, müssen wir uns dem zweiten diagnostischen Schritt zuwenden und uns Gewißheit darüber verschaffen, um welchen Typ der Depression es sich handelt. Wenn wir noch eine weitere Krankheit (beispielsweise eine Epilepsie oder ein Myxödem) feststellen, dann werden wir rasch zur Diagnose der sekundären Depression gelangen. In der Mehrzahl der Fälle ist es nicht schwierig zu sagen, ob wir es jeweils mit einer milden (neurotischen) oder mit einer schweren (psychotischen) Depression zu tun haben.

Nach dem *Diagnostic and Statistical Manual of Mental Disorders* (DSM-11) der *American Psychiatric Association (Committee on Nomenclature 1968)* hängt die Unterscheidung zwischen der psychotischen Depression und der depressiven Neurose »davon ab, ob die jeweilige Reaktion die Realitätsprüfung oder das angemessene Funktionieren des Patienten so weitgehend beeinträchtigt, daß man sie als Psychose betrachten kann.«

Die Fähigkeit zur Realitätsprüfung bezieht sich in diesem Fall auf die depressive Stimmung. Hält der Patient seine Depression für gerechtfertigt; will er sie beibehalten; verändert sie sein Lebensbild in drastischer Weise? Wenn diese Fragen bejaht werden, dann muß die Diagnose auf schwere Depression (psychotische Depression) oder manisch-depressive Erkrankung lauten. Wenn zuvor schon manische Attacken aufgetreten sind oder der Mensch zumindest den zyklothymen Persönlichkeitstyp angehört, dann wird eine manisch-depressive Erkrankung diagnostiziert. Bei der milden Depression können wir die folgenden Merkmale erkennen, die eine schwere Depression ausschließen: 1. Die Depression ist nicht so intensiv, daß sie die gesamte Persönlichkeit des Patienten erfaßt; 2. der Patient möchte von seiner Depression befreit sein; 3. Selbstmordgedanken zählen nicht zu den herausragenden Merkmalen; 4. der Patient reagiert, wenn auch in bescheidenem Ausmaß, auf erfreuliche Gegebenheiten in seiner Umgebung und auf Versuche, ihm Trost und Zuspruch zukommen zu lassen; 5. die psychosomatischen Symptome sind im Vergleich zur schweren Depression anders gelagert: a) der Appetit hat nicht übermäßig nachgelassen, in manchen Fällen hat er sogar zugenommen; b) in der Regel sind keine prämorbiden Angstzustände aufgetreten; c) die Schlafstörungen sind nicht sehr ausgeprägt. In manchen Fällen hat sich das Schlafbedürfnis sogar erhöht; d) der Patient klagt nicht über Mundtrockenheit; e) die Verstopfung ist weniger stark ausgeprägt; f) die Haut ist nicht ausgetrocknet; g) es besteht keine Hypomenorrhöe bzw. Amenorrhöe.

■ ■ ■ ■ 4. Die manifeste ■ ■ ■ ■ Symptomatik des kindlichen und des heranwachsenden Depressiven

Der Begriff der Depression im Kindesalter ist umstritten. Manche Autoren (Rochlin 1959; Beres 1966) bezweifeln, daß Depression im Kindesalter überhaupt möglich ist, und zwar aus theoretischen Überlegungen heraus: Sie sind der Ansicht, daß es vor Ausbildung des Überich eine gegen das Selbst gerichtete Aggression (die für sie eine *conditio sine qua non* der Depression darstellt) nicht geben kann und daß kleinere Kinder daher nicht wirklich deprimiert sein können. Andere Autoren sind der Meinung, daß Kinder nicht imstande sind, über längere Zeit hinweg in einer dysphorischen Stimmung zu verharren, sondern daß sie mit allen Kräften nach einer Möglichkeit suchen werden, ihrer Niedergeschlagenheit zu entrinnen. Im Blick auf die kognitiven Fähigkeiten und Leistungen des Kindes – das sich ja noch nicht an der Zukunft, sondern allein am »Hier und Jetzt« orientiert – ist es eher unwahrscheinlich, daß es in diesem Lebensabschnitt zu einer sich selbst perpetuierenden klinischen Depression kommen könnte. Diesen Fragen werden wir in Kapitel 8 weiter nachgehen. Dieses Kapitel beschränkt sich auf eine phänomenologische Beschreibung solcher in Kindheit und Adoleszenz auftretender Syndrome, die eine gleiche oder ähnliche Klassifizierung wie die depressiven Störungen des Erwachsenen erfahren haben.

■ ■ ■ Depressionsähnliche ■ ■ ■ Zustände im Säuglingsalter

Mit einem bahnbrechenden Aufsatz über die Reaktion von Säuglingen auf die Trennung von der Mutter wandte sich René Spitz 1946 einem Bereich zu, dem das Interesse der Forschung seither unvermindert gilt. Er beschrieb die Reaktionen kleiner Kinder, die zunächst eine normale Bindung an ihre Mütter entwickelt hatten und dann im Alter von sechs Monaten von den Müttern getrennt worden waren. Diese Kinder antworteten anfangs mit Jammern und Klagen auf die Trennung, später zeigten sie Rückzugsverhalten und Lethargie. Sie lagen mit abgewandtem Gesicht in ihren Bettchen und nahmen keine Notiz von ihrer Umgebung. Wenn fremde Gesichter sich ihnen näherten, begannen sie zu weinen und zu schreien. Wurde das Kind seiner Mutter nicht wieder zugeführt, so entwickelte es allmählich ein Syndrom, das Spitz als »anaklitische Depression« bezeichnete und das durch Gewichtsverlust, Schlaflosigkeit, mangelnde Reaktion gegenüber anderen Menschen und einen starren und ausdruckslosen Blick gekennzeichnet war. Wurden Mutter und Kind nach einer Zeitspanne von drei bis fünf Monaten wieder zusammengeführt, dann war das Syndrom reversibel. Wenn die Trennung dagegen länger anhielt, dann verfestigte sich der beschriebene Zustand des Kindes und war schließlich nicht mehr umzukehren. Später stellte sich heraus, daß diese Kinder in mehrfacher Hinsicht in ihrer Entwicklung zurückgeblieben waren und eine größere Anfälligkeit für Krankheiten besaßen.

Spitz wies auf den Umstand hin, daß die Symptome, wie sie von diesen Kleinstkindern gezeigt wurden, den Symptomen der Depression des Erwachsenen zwar ähneln, daß sich diese Form der Depression aber insofern von der des Erwachsenen unterscheidet, als hier der wichtigste Faktor in der Störung des erwachsenen Patienten – die Ausbildung eines strengen Uberichs – fehlt. Alledings stellte Spitz zugleich die Überlegung an, daß das Kind möglicherweise seine Aggressionen gegen sich selbst richtet, weil ihm das äußere Objekt – die Mutter – fehlt, die sowohl seine aggressiven Impulse absorbieren als auch ein starkes libidinöses Echo in ihm wecken und so die aggressiven Triebkräfte neutralisieren kann. Zehn Jahre später berichteten Engel und Reichsman (1956) von einem ähnlichen Symptomkomplex bei einem sozial völlig isolierten Säugling, der zudem an einer Magenfistel litt. Diese Autoren hielten nichts von der Vorstellung, daß hier ein retroflektierter Zorn am Werk sei; vielmehr behaupteten sie, das Kind zeige im Grunde eine »auf Depression und Rückzug ausgerichtete Reaktion«, um auf diese Weise eine unerfreuliche Umgebung von sich fernzuhalten.

Die genannten Arbeiten waren Anlaß für eine ausgedehnte theoretische und praktische Beschäftigung mit dem Auftreten depressionsartiger Episoden im Säuglingsalter, wenn Mutter und Kind voneinander getrennt wurden. Zu den produktivsten Autoren auf diesem Gebiet zählt Bowlby, der die Bindung des Kleinstkindes an die Mutter und seine Trennung von ihr in allen Einzelheiten untersucht und dokumentiert hat. Bowlby (1958) versuchte, diese Bindung des Kindes an seine Mutter in neuer Weise, nämlich nach ethologischen Gesichtspunkten – als angeborene Reaktionen auf gewisse auslösende Stimuli – zu formulieren. Das heißt, die Mutter erweckt das instinktive Bindungs- und Anlehnungsverhalten des Kindes zum Leben, und das Kind setzt seinerseits das angeborene Bindungsverhalten in der Mutter frei. Das Neue an Bowlbys Überlegungen ist, daß er die emotionale Bindung als unabhängig von der oralen Befriedigung betrachtet und die ganz spezifischen Verhaltensweisen dokumentiert, die im Prozeß der Bindung und Anlehnung eine Rolle spielen.

Bowlby hat ferner Schritt für Schritt festgehalten, was auf die verfrühte Trennung des Kindes von der Mutter folgt (1960 b), und hier sind seine Forschungen möglicherweise von Wichtigkeit für die Erforschung der im Säuglingsalter auftretenden Depression. Bowlby teilt den Prozeß der Trennung in drei Stufen ein: im ersten Stadium, dem Stadium des Protestes, ist das Kind in hohem Maße beunruhigt und versucht, den Kontakt mit der Mutter von neuem zu begründen, indem es weint, schreit und sich in seinem Bettchen hin- und herwirft. Auf diese Stufe folgt rasch das Stadium der Verzweiflung, in dem das Kind allem Anschein nach noch immer hofft, wieder mit seiner Mutter vereinigt zu werden. Allerdings ist sein Weinen jetzt leiser geworden und hört immer wieder einmal auf. Das Kind wird immer stiller, es läßt in seinen Bewegungen nach und macht einen akut deprimierten Eindruck. Das letzte Stadium birgt dann so etwas wie die innere Ablösung, das Kind hat seinen Verlust anscheinend überwunden und zeigt Reaktionen auf andere Erwachsene. Es wird wieder fröhlich und gesellig. Aber an diesem Punkt trifft das Kind keine Unterscheidung mehr zwischen seiner Mutter und anderen Personen, und wenn die Mutter wieder auftaucht, wird es sie unter Umständen nicht einmal mehr erkennen.

Auf den ersten Blick scheint es, als beschreibe Bowlby das gleiche Verhalten, das zuvor schon von Spitz und von Engel/Reichsman geschildert worden ist. Bowlby liefert aber einige sehr wichtige Deutungen und entfernt sich damit wieder von den genannten anderen Forschern: Seiner Meinung nach ist dieses Verhalten des Kindes nicht etwa typisch für »die« infantile Depression, sondern es repräsentiert eine universale Form des Trauerns, wie sie auf eine Trennung hin auftritt. Bowlbys Prognose lautet günstiger als die von Spitz; er sagt, daß Kinder das Trauma der Trennung ohne eine weitreichende Entwicklungshemmung verkraften. Er stellt sogar die Überlegung an, daß solche Kinder, wenn sie wiederholt Trennungen dieser Art erleben, eine immer schwächere Bindung an die Bezugsfigur entwickeln und als Erwachsene nicht etwa deprimierte oder depressive, sondern eher gefühlskalte Naturen ohne alles Verständnis für ihre Mitmenschen sein werden. Schon 1937 hatte David Levy genau diesen Menschen beschrieben; es war der Fall eines achtjährigen Mädchens, das von einer Pflegefamilie zur anderen weitergereicht worden war und schließlich zu seinen Adoptiveltern kein herzliches und freundliches Verhältnis mehr begründen konnte. Nach Levy fehlte diesem Mädchen die emotionale Reaktionsfähigkeit, während es andererseits einen »Affekthunger« bzw. den heftigen Wunsch nach Aufmerksamkeit und Zuwendung von seiten anderer Menschen zeigte. Im Anschluß an diese erste Schilderung von Levy erschienen ähnliche Fallbeschreibungen auch von anderen Autoren. Zu diesen klinischen Daten hat Bowlby dann das theoretische Fundament geliefert.

Schließlich sieht Bowlby in der Reaktion des Kindes nicht die Folge einer nach innen gekehrten Aggression, sondern das ungewöhnliche und plötzliche Zerbrechen der instinktmäßigen Bindung an die Mutter. In ähnlicher Weise sprechen Klaus und Kennell (1976) von einer in bezug auf die emotionale Bindung des Kindes »kritischen Periode«, in der die Eltern sich nach der Geburt des Kindes befinden. Die Autoren sind der Meinung, daß die Eltern schon gleich nach der Geburt den Kontakt mit ihrem kleinen Kind aufnehmen müssen, damit es sich später in der bestmöglichen Weise entwickeln kann. Sie behaupten, daß sich in dieser Zeit eine von der Natur gewissermaßen vorgesehene Bindung zwischen Eltern und Kind entwickelt, die über Jahre hinweg bestehen bleibt. Zur Untermauerung dieser Gedanken führen Klaus und Kennell Tierversuche an, an denen sich die schädlichen Auswirkungen der Trennung des Neugeborenen von seinen Eltern ablesen lassen. Die Mutter verliert das Interesse an dem Jungen und kann ihm die notwendige Pflege und Betreuung nicht angedeihen lassen, wenn sie während dieser ersten kritischen Zeit nicht zugegen ist.

Zusammenfassend läßt sich sagen, daß Säuglinge, die von ihren Müttern getrennt worden sind, depressive Verhaltensweisen zeigen. Nach einer Zeitspanne des zornigen Protestes zeigen solche Kinder Traurigkeit, Rückzug und Apathie. Die Frage, ob wir es hier tatsächlich mit Depression, mit Trauer oder mit der Reaktion auf eine Deprivation zu tun haben, soll uns in Kapitel 8 näher beschäftigen.

■ ■ ■ Depression in der frühen Kindheit ■ ■ ■

Kleine Kinder sind in der Regel vom Beginn des zweiten Lebensjahres bis in die Zeit des ödipalen Konflikts hinein frei von depressiven Symptomen. Poznanski und Zrull (1970) fanden nach Durchsicht aller Unterlagen, die in fünf Jahren in der Ambulanz der Psychiatrischen Kinderklinik der Universität von Michigan zusammengekommen waren, nur ein Kind unter fünf Jahren, von dem man sagen konnte, daß es depressive Symptome zeigte. (Auch was dieses Kind anging, fühlten die Autoren sich in ihrer Diagnose erst nach einer zwei Jahre später durchgeführten Kontrolluntersuchung einigermaßen bestätigt.) Das Kind gedieh nicht, zog sich zurück, fürchtete sich vor dem Im-Stich-gelassen-Werden und zeigte – wenn man der Mutter glauben durfte, die ihm ablehnend gegenüberstand – für keinen Menschen Zuneigung. Poznanski und Zrull beschäftigten sich mit der Tatsache, daß zwischen der Säuglingszeit und der mittleren Kindheit eine Lücke klafft, was das Auftreten depressiver Symptome angeht, und kommen zu dem Schluß, daß diese Lücke sich ohne eine weitere Beschäftigung mit der Entwicklung der Affekte und Triebkräfte des Vorschulkindes nicht erklären läßt. Andererseits stellen sie angesicht der wenigen klinischen Berichte, die uns über Depressionen in dieser Altersgruppe zur Verfügung stehen, die Frage, ob echte affektive Störungen von klinischer Signifikanz bei Vorschulkindern überhaupt schon auftreten können, bzw. ob ein manifestes Auftreten affektiver Symptome nicht vielleicht erst in einer reiferen Phase möglich ist.

Anthony (1975) sieht eine mögliche Erklärung dafür, warum es sowenig Berichte über Depressionen im Kindesalter gibt, im Unvermögen des kleineren Kindes, seine Empfindungen zum Ausdruck zu bringen. Auf eine Depression kann man daher nur aus dem motorischen Verhalten des kleinen Kindes und aus seinem Gesichtsausdruck schließen, und das ist ein schwieriges Unterfangen. Da das kleine Kind zur motorischen Hyperaktivität und ganz allgemein in seinem Verhalten zur Überschwenglichkeit neigt, gibt es im Blick auf die Diagnosestellung »Depression« gewissermaßen »nicht viel her«. Tatsächlich werden wir später noch sehen, daß die mangelnden verbalen Fähigkeiten des Kleinkindes der Grund sein können, weshalb eine Depression allzu rasch diagnostiziert wird – der Untersucher neigt nämlich möglicherweise dazu, dem kleinen Kind oder sogar dem Säugling »erwachsene« Emotionen und eine für seinen Entwicklungsstand viel zu komplexe psychische Ausstattung zuzubilligen.

Im Rahmen von Untersuchungen, die dem Thema der Loslösung und Individuation des Kindes galten, hat Mahler Kinder dieser Entwicklungsstufe sehr genau beobachtet und sich auch zur Herausbildung der jeweiligen allgemeinen Grundstimmung (1966) und ihrer verhaltensmäßigen Manifestationen geäußert. Bei kleineren Kindern konnte sie echte depressive Symptome nicht beobachten, wohl aber Verhaltensweisen, in denen sich möglicherweise eine Prädisposition für Depressionen zu einem späteren Zeitpunkt im Leben andeutete. Kinder, die eine solche Prädisposition ahnen oder erkennen lassen, zeigen übermäßige »Trennungs- und Trauerreaktionen in Form von Wutausbrüchen, dem fortgesetzten Versuch, die Mutter herbeizuflehen oder herbeizuzwingen, und schließlich dem zeitweiligen verzweifelten Verzicht auf diese Bemühungen, wenn es ihnen nicht gelingt, die Trennung rückgängig zu machen« (1966, S. 163). Anzeichen für diese von Anfang an bestehende, negative Art der Reaktion sind ferner Akte der Resignation und der ohnmächtigen Kapitulation oder auch Unzufriedenheit und Zorn im Anschluß an eine Periode, in der

Kummer und Trauer die Oberhand hatten. In allen von ihr untersuchten Fällen stellte Mahler eine ungewöhnlich starke Anlehnung des Kindes an die Mutter fest, obwohl diese Beziehung das Kind nicht wirklich befriedigte.

Mahler spricht von der flüchtigen und vorübergehenden Natur dieser Stimmungen und sagt, daß die entsprechenden Verhaltensweisen in der Regel nur im Umgang des Kindes mit seiner Mutter zu beobachten sind, nicht aber dann, wenn das Kind allein oder mit anderen Menschen zusammen ist. Daß das Kind sich in der beschriebenen Weise verhält, hat ihrer Meinung nach seinen Grund darin, daß es von der Mutter und in zweiter Linie auch vom eigenen Selbst enttäuscht ist. Diese Enttäuschung hindert es daran, wirklich so lange an die Allmacht der Mutter zu glauben, wie dies zur Ausbildung seines Selbstwertgefühls notwendig wäre. Seine »vertrauensvollen Erwartungen« gegenüber wichtigen Bezugspersonen sind geschwunden, und das hat zur Folge, daß seine Selbstachtung sinkt und damit auch seine Fähigkeit zur Neutralisierung seiner aggressiven Triebe abnimmt – so erklärt sich dann das Auftreten der depressiven Symptome zu einem späteren Zeitpunkt. Allerdings werden an diesem Punkt der Entwicklung in der Regel depressive Syndrome noch nicht beobachtet, wenn auch (wie wir in Kapitel 8 noch ausführlich darlegen werden) der Boden für eine Prädisposition in bezug auf Depressionen schon bereit ist – mag das Verhalten des kleinen Kindes nach außen noch so überschwenglich und vertrauensvoll erscheinen.

■ ■ ■ Depression ■ ■ ■ in der mittleren und späten Kindheit

In den letzten Jahren sind eine ganze Reihe von Veröffentlichungen erschienen, in denen depressive Episoden bei älteren Kindern beschrieben werden, die alle Anzeichen jener Syndrome tragen, an denen üblicherweise erwachsene Patienten leiden (Poznanski und Zrull 1970; Cytryn und McKnew 1972; Weinberg u. a. 1973; McConville u. a. 1973). Auch zuvor waren schon hin und wieder solche Fälle geschildert (Bierman u. a. 1961), aber als klinische Ausnahmen oder als Beispiele einer falschen Diagnose angesehen worden. Immerhin war in diesen Berichten jeweils von einer recht großen Gruppe von Kindern mit offensichtlich depressiven Symptomen die Rede, wenn auch die diagnostischen Kriterien nicht von allen Forschern mit gleicher Strenge gehandhabt wurden. Was die Beurteilung des tatsächlichen Vorkommens von Depression – übrigens auch bei älteren Kindern – noch weiter erschwert, ist die Bezeichnung »depressive Äquivalente« zur

Erklärung des klinischen Bildes der kindlichen Depression (Sperling 1959; Toolan 1962). Die Vorstellung, daß Kinder ihre Depression durch gewisse altersspezifische Äquivalente zum Ausdruck bringen, hat dazu geführt, daß unendlich viele klinische Manifestationen jeweils als Formen einer affektiven Störung im Kindesalter diagnostiziert wurden.

Die Ausdrücke »larvierte Depression« und »depressive Äquivalente« sind unpräzise und stiften Verwirrung; sie haben dazu geführt, daß alle möglichen Symptome als Anzeichen von Depression betrachtet wurden. Es kommt natürlich vor, daß Kinder depressiv verstimmt sind, aber diese Verstimmung ist nicht konstant, weil das Kind anhaltende Traurigkeit oder Bekümmertheit gar nicht erträgt. Manche Kinder sind ganz unfähig, Niedergeschlagenheit auszuhalten, und wenden ihre Aufmerksamkeit rasch wieder einer angenehmeren Vorstellung oder Tätigkeit zu. Die Grenzen zwischen Phantasie und Realität sind noch immer so lose gezogen, daß das Kind harten Wahrheiten aus dem Weg geht und sich in seinem Verhalten in der Regel am unmittelbaren Lustgewinn ausrichtet, so daß diejenigen kognitiven Elemente, die depressive Gefühle hervorrufen könnten, abgewehrt und umgangen werden. Manche Kinder sind sehr geschickt, wenn es darum geht, sich vor Deprimiertheit zu schützen – sie entwickeln dazu eine Vielzahl von entsprechenden Verhaltensweisen; aber diese Verhaltensweisen sind nicht etwa ein Äquivalent der Depression und ebensowenig Beweis für eine larvierte Depression. Es handelt sich eher um Anpassungsversuche, um mit einer Situation zurechtzukommen, von der der Untersucher meint, sie könne bei einem Erwachsenen eine Depression auslösen. Wenn das Kind gezwungen wird, seine Situation realistisch zu betrachten, dann kann sich Traurigkeit einstellen. Wenn man es aber seinen eigenen Mechanismen überläßt, dann drückt es sich unter Umständen mit großem Geschick an der Erkenntnis vorbei, daß seine augenblickliche Situation deprimierend ist, indem es beispeilsweise Abwehrmaßnahmen ergreift, um diese schmerzliche Konfrontation zu vermeiden. Als solche Abwehrmaßnahmen gelten etwa hypomanisches, hyperaktives und delinquentes Verhalten sowie somatische Beschwerden. Toolan (1962) stellt in diesem Zusammenhang weiter fest, daß Jungen bzw. männliche Jugendliche sich schämen, Traurigkeit oder Niedergeschlagenheit zu zeigen, und daß sie diese Gefühle hinter einer erzwungenen Fröhlichkeit verbergen. Unter Umständen werden auch in einem bestimmten kulturellen Milieu aggressive Ausbrüche gutgeheißen, während zur Schau getragene Verzweiflung eher als lächerlich gilt, und entsprechend entscheidet sich das Kind für das zuerst genannte Verhalten.

Diese Disparität der diagnostischen Kriterien insgesamt hat dazu geführt, daß uns zur Depression im Kindesalter ganz unterschiedliche Berichte vorliegen. Annell (1971) verglich die Häufigkeit, mit der eine Reihe von Untersuchern zur Diagnose »Depression« gelangen, und stellte fest, daß diese Diagnose in den Extremfällen für 1,8 Prozent bzw. für 25 Prozent aller untersuchten Kinder gefunden wurde. Sie schloß zu Recht, daß dieser markante Unterschied in erster Linie darauf zurückzuführen war, daß die einzelnen Forscher jeweils ganz verschiedene Dinge mit dem Begriff »Depression« verbanden. Trotz dieser Uneinigkeit, was das Vorkommen von Depressionen in der mittleren Kindheit angeht, soll hier der Versuch gemacht werden, die von den Klinikern besonders hervorgehobenen Symptome aufzuzählen.

Weinberg u. a. (1973) stellten eine Liste von zehn Symptomen zusammen, an die sie sich dann bei ihren diagnostischen Bemühungen um eine bestimmte Gruppe von Kindern hielten. Um als depressiv klassifiziert zu werden, mußte das Kind in dysphorischer Stimmung sein, eine abwertend-verächtliche Haltung sich selbst gegenüber zeigen und mindestens zwei weitere der nachstehend genannten acht Symptome vorweisen: 1. aggressives Verhalten, 2. Schlafstörungen, 3. Nachlassen der schulischen Leistungen, 4. verminderte Sozialisation, 5. eine veränderte Einstellung gegenüber der Schule, 6. somatische Beschwerden, 7. Nachlassen der üblichen Energie, 8. erhebliche Appetit- oder Gewichtsveränderungen.

Weinberg berichtet, daß 45 der 72 Patienten (im Alter zwischen sechs Jahren/sechs Monaten und zwölf Jahren/acht Monaten), die in einer Erziehungsberatungsstelle empfangen und betreut wurden, die genannten Kriterien erfüllten. Nach seinen Feststellungen wäre also die Depression im Kindesalter erstaunlich weit verbreitet; allerdings ist es möglich, daß Weinberg eine atypische Kindergruppe ausgewählt hat. Tatsächlich heißt es in der Untersuchung, daß die »Depression« bei der Hälfte der Kinder gegenüber den Lern- oder Verhaltensschwierigkeiten als sekundär eingestuft wurde und vielleicht keine primäre Störung war.

Dagegen fanden Poznanski und Zrull (1970) unter 1788 Kindern, die im Medical Center der Universität von Michigan untersucht und beobachtet wurden, nur 14 depressive Kinder. Diesen Autoren fiel als häufigstes Symptom das negative Selbstbild der Patienten auf. Damit in Zusammenhang standen Gefühle des Ungenügens, die Furcht, die geforderte Leistung nicht erbringen zu können, und die Erwartung, ungerecht behandelt zu werden. Einige Kinder bezeichneten sich selbst als »schlecht«. Die äußeren Anzeichen der Störung bestanden in häufigem Weinen und in Rückzugsverhalten. Schlafstörungen fanden sich hier seltener als bei nichtdepressiven Kindern. Zwölf der insgesamt vierzehn depressiven Kinder zeigten aggressives Verhalten. Dieser letzte Umstand weckte bei den Autoren gewisse Zweifel an der These von der zurückgehaltenen und dann gegen das Selbst gerichteten Aggression als einem bedeutsamen psychodynamischen Aspekt der Depression.

Sandler und Joffe (1965) nennen in ihrem wichtigen Aufsatz ebenfalls depressive Symptome, die sie bei Kindern feststellten, die sich in psychiatrischer Behandlung befanden: 1. Das Kind erschien traurig, unglücklich oder deprimiert; 2. sein Rückzugsverhalten bzw. sein mangelndes Interesse an der Umgebung fielen besonders auf; 3. das Kind war unzufrieden und nur sehr begrenzt imstande, Freude an seinem Dasein zu empfinden; 4. das Kind ließ erkennen, daß es sich ungeliebt oder zurückgewiesen fühlte, und wandte sich nun seinerseits von den Bezugspersonen ab, von denen es enttäuscht war; 5. das Kind war nicht darauf vorbereitet, Trost oder Zuspruch entgegenzunehmen; 6. ganz allgemein bestand eine Tendenz zur »oralen Passivität«; 7. es wurden Schlafstörungen bzw. Schlaflosigkeit festgestellt; 8. es wurden autoerotische oder andere wiederkehrende Aktivitäten festgestellt; 9. der Therapeut hatte Schwierigkeiten, den Kontakt mit dem Kind aufrechtzuerhalten. Die Autoren beeilen sich, darauf hinzuweisen, daß die Kinder diese Symptome nicht ständig zeigten und daß ihre depressiven Züge in vielen Fällen nur Teil eines anderen pathologischen Syndroms waren. Andere Autoren qualifizieren ihre Beobachtungen nicht in dieser Weise. Daß die Zeitweiligkeit der Symptome also einmal ganz deutlich gesehen und dann wieder überhaupt nicht beachtet wird, erklärt vielleicht die großen Unterschiede im berichteten Vorkommen von Depression im Kindesalter. Es gibt kaum ein Kind, das ständig traurig ist und dessen Stimmung sich angesichts einer neuen Situation nicht verändert, und fast alle Kinder sind vorübergehend »deprimiert«, wenn sie eine Enttäuschung hinnehmen müssen. Die Diagnose muß also immer im Blick darauf betrachtet werden, wann das Kind untersucht worden ist, ob es mehr als einmal zur Untersuchung gekommen ist und ob die diagnostischen Kriterien nur eine sporadische oder aber eine ständig dysphorische Stimmung »verlangen«.

Zusammenfassend läßt sich sagen, daß als depressive Symptome bei älteren Kindern eine gedrückte Stimmung, Rückzugsverhalten, Enttäuschung, mangelndes Eingehen auf die Umgebung und offene Aggression genannt werden. Gewisse Merkmale der Depression des Erwachsenen sind dagegen in der Regel nicht vorhanden: So fehlen beispielsweise die Zukunftsangst und bestimmte somatische Symptome wie die psychomotorische Retardation oder die Verweigerung der Nahrungsaufnahme. Auch scheint die Störung sich nicht selbst zu perpetuieren, und sie läßt sich durch Veränderungen in der äußeren Umgebung durchaus beeinflussen. Kinder reagieren rasch auf äußere Veränderungen und können ihre Verzweiflung nicht über längere Zeit hinweg und ohne Ansehen ihrer Lebensumstände bewahren. Selbst unter Kindern verschiedener Entwicklungsstufen erwarten wir ja Veränderungen in der Zusammensetzung der Symptomatik, in denen sich die allmähliche kognitive Entfaltung spiegelt.

McConville und seine Mitarbeiter (1973) haben solche entwicklungsbedingten Varianten in bezug auf die depressiven Symptome von Kindern unterschiedlichen Alters festgehalten. Die Gruppe ihrer Probanden bestand aus 75 Kindern, die drei Jahre lang in einer psychiatrischen Einrichtung stationär behandelt wurden. Dabei wurden drei Typen depressiver Syndrome beobachtet. Der »affektbestimmte« Typ fand sich bei Kindern zwischen sechs und acht Jahren und äußerte sich in erster Linie darin, daß das Kind durch sein gesamtes Verhalten Traurigkeit und Hilflosigkeit erkennen ließ. Der Typ, der sich durch eine »negative Selbstachtung« auszeichnete, trat am häufigsten in der Gruppe der Acht- bis Zehnjährigen auf. Diese Patienten äußerten, daß sie sich wertlos, ungeliebt und von anderen Menschen ausgenützt fühlten. Der seltenere dritte – »schuldbestimmte« – Typ zeigte als herausragendes Symptom die Überzeugung des Kindes, daß es böse sei und eigentlich tot sein oder getötet werden sollte. Dieser Typ wurde in der Gruppe der zehn- bis dreizehnjährigen Kinder beobachtet. Diese Untersuchung von McConville u. a. ist insofern sehr bedeutsam, als sie zeigt, daß die normalen Entwicklungsprozesse selbst in der mittleren und sogar in der späten Kindheit noch Einfluß auf die Darstellung der Symptome haben. Die jüngsten Kinder hatten noch Schwierigkeiten mit der Verbalisierung ihrer Gefühle, und ihre Depression nahm insgesamt die Form einer alles einhüllenden Traurigkeit ein. Die Acht- bis Zehnjährigen konnten ihre Gefühle in Worte kleiden und bereits Zustände ihres Selbst identifizieren, aber sie hatten noch nicht die Empfindung der eigenen »Schlechtigkeit«. Sie beurteilten ihre Gefühle weiterhin als eine Reaktion auf andere Menschen. Erst mit der beginnenden Adoleszenz kam es zur Internalisierung bestimmter kognitiver Bedingungen der Depression, nämlich des Gefühls von Schuld und Schlechtigkeit, das den dysphorischen Zustand rechtfertigte und ihn selbst angesichts äußerer Veränderungen anhalten ließ.

■ ■ Fallbeschreibung: ■ ■
Depression bei einem älteren Kind

Mit der nachstehenden Fallgeschichte wird eine schwere Depression in der späten Kindheit beschrieben. Der elfjährige Jimmy wurde dem Therapeuten vorgestellt, nachdem er seinen Eltern eine Reihe halb pathetischer, halb fordernder Briefe geschrieben hatte. Sie wiederholten sämtlich das gleiche Thema: daß er wertlos und ein Versager sei, der die Liebe der Eltern zwar nicht verdiene, sie aber doch dringend brauche. Jimmy hatte seine Mutter auch schon gefragt, ob es eine Sünde sei, Selbstmord zu begehen. Die Familienvorgeschichte war insofern interessant, als der Vater schon seit jungen Jahren an einer chronischen Depression litt. Er war strenger Katholik und las ständig Erbauungsbücher in der Hoffnung, auf diese Weise einen Sinn in seinem Leben erkennen zu können. Für seine Familie war er häufig überhaupt nicht ansprechbar, während er an seinem Arbeitsplatz die Fassade aufrechtzuerhalten verstand. In der Familie des Vaters hatte es mehrere Fälle von schwerer geistiger Störung gegeben.

Bei seinem ersten Besuch war Jimmy still und wenig kommunikationsfreudig. Er sah traurig aus und konnte dem Therapeuten sagen, daß er sich selbst nicht mochte. Gott habe ihn fallenlassen, sagte er, und nun lasse er Gott eben auch seinerseits fallen. Zur Erklärung dieser Bemerkung führte er dann aus, seiner Meinung nach sei er zwar schon als mieser Sportler und schlechter Schüler geboren worden, aber er selbst habe eben auch nichts getan und sich nicht heftig genug bemüht, seine angeborenen Schwächen zu überwinden. Er war vollkommen überzeugt von seiner absoluten Wertlosigkeit, und dazu kam noch, daß er sich selbst verabscheute, weil er zu schwach war, sein angebliches Ungenügen zu überwinden. Allmählich stellte sich heraus, daß Jimmy wegen seines unausgeglichenen Wesens von seinen Kameraden und Geschwistern gequält wurde. Es gab keinen Bereich in seinem Leben, in dem er sich kompetent oder sogar sicher fühlen konnte. Die übertrieben religiöse Atmosphäre zu Hause hatte ihn davon überzeugt, daß er sein Elend größtenteils selbst verschuldet habe und ein sündiger Mensch sei, weil er sich mit seinem Versagen abgefunden hatte. Man hatte ihm auch zu verstehen gegeben, daß er seine Gefühle für sich behalten und Widrigkeiten standhaft ins Auge sehen müsse. Im Grunde fühlte er sich wie ein kleines Kind, das die Zärtlichkeit und Fürsorge seiner Eltern dringend braucht, aber er konnte es sich nicht gestatten, dieses Verlangen offen zuzugeben. Scham und Versagensgefühle überwältigten ihn, aber er konnte sich niemandem anvertrauen. Schließlich überwand er sich dazu, seine Empfindungen wenigstens teilweise in Briefform zum Ausdruck zu bringen, wenn er sich anschließend auch weigerte, mit seinen Eltern über den Inhalt dieser Briefe zu sprechen. Der kleine Jimmy war in einer verzweifelten Situation; seiner Ansicht nach genügte er den Erwartungen seiner Eltern keineswegs, aber so wie er erzogen worden war, konnte er sich nicht dazu durchringen, über seine Enttäuschung und Verzweiflung zu sprechen oder zuzugeben, daß er sich vor seinen Peinigern fürchtete. Statt dessen kam er zu dem Schluß, daß er einfach nichts tauge. Je mehr er unter diesen Überlegungen litt, desto heftiger verlangte es ihn nach der Zuwendung und Aufmerksamkeit von seiten seiner Eltern, und desto mehr beschämten ihn wieder diese Wünsche, die, wie er meinte, sich für einen Jungen seines Alters nicht mehr gehörten. Er war ganz einfach ein Versager – vor sich selbst, vor seinen Eltern und schließlich auch vor Gott. Mehr und mehr ging er seinen Kameraden aus dem Wege und hielt sich schließlich am liebsten ganz in der Nähe seines Hauses auf. Er verlor das Interesse am Lernen und täuschte Krankheiten vor, um nicht in die Schule gehen zu müssen. Er zog sich zurück und bemühte sich, bei Tisch oder überhaupt in Gegenwart seiner Familie ein trauriges Gesicht zu machen. Schließlich weckte er mit seinen Briefen glücklicherweise doch die Aufmerksamkeit und Anteilnahme seiner Eltern und hatte damit den ersten Schritt zu seiner Behandlung und schließlichen Heilung getan.

■ ■ ■ Ansätze zu einer ■ ■ ■ Klassifikation der kindlichen Depression

Wie wir gesehen haben, ist die Frage, ob echte Depressionen vor der Adoleszenz überhaupt möglich sind, durchaus umstritten. Einige Autoren sehen die Depression im Kindesalter aber als klinische Tatsache an und versuchen, solche dysphorischen Zustände nach empirischen Gesichtspunkten – im Blick auf den Erfolg der Behandlung, auf das Vorhandensein eines auslösenden Geschehens oder auf eine parallel dazu vorhandene andere psychische Störung – zu klassifizieren.

Eva Frommer (1968) vertritt die Meinung, daß Depression im Kindesalter eine verbreitete Erscheinung und an etwa 20 Prozent aller psychischen Störungen in dieser Lebensphase beteiligt sei. Sie zählt drei Haupttypen der kindlichen Depression auf und nennt daneben noch eine weitere kleine Gruppe von Störungen, die möglicherweise eine jugendliche Form der manisch-depressiven Erkrankung sein könnte. Den ersten Typ bezeichnet sie als »enuretisch-depressive Störung«, weil hier sehr häufig eine Inkontinenz von Blase und Darm im Spiel ist. Daneben hatten die Kinder, die an dieser Form der Krankheit litten, Schwierigkeiten mit dem Lernen, und außerdem zogen sie sich aus ihren sozialen Beziehungen zurück. Nur 19 Prozent der Kinder aus dieser Gruppe klagten darüber, daß sie deprimiert seien. Die Behandlung gestaltet sich nach Frommer langwierig und schwierig und erfordert mehr als nur die Verabreichung antidepressiver Mittel oder Gruppentherapie. Gelegentlich ist die Herausnahme des Kindes aus seiner häuslichen Umgebung angezeigt.

Es erscheint fraglich, ob man diese Gruppe von Kindern wirklich als depressiv einstufen kann. Es sind unglückliche und freudlose Kinder, die aufgrund einer bestimmten Konstellation einzelner Faktoren im neurologischen Sinne »unreif« sind, Lernschwierigkeiten haben und zur Inkontinenz neigen. Solche Kinder geraten häufig in chronische Machtkämpfe mit ihren Eltern, durch die sich ihr Gefühl der Enttäuschung und Ernüchterung noch steigert, aber sie erwecken nicht eigentlich den Eindruck, depressiv zu sein; vielmehr sind sie ständig ärgerlich und versuchen, sich in passiv-aggressiver Weise an den Autoritäten zu »rächen«. Das negative Selbstbild, das Gefühl der Hilflosigkeit und die Selbstanschuldigungen, die sämtlich als notwendige Voraussetzungen für die Diagnose der Depression gelten, fehlen hier. Kinder dieses Typs werden in der Literatur im Zusammenhang mit Bettnässen bzw. Einkoten und mit dem Problem der Lernhemmung ausführlich und zutreffend beschrieben, ohne daß dort auf eine affektive Störung abgehoben wird.

Frommers zweite Gruppe bildet die sogenannte »unkomplizierte Depression«. In diese Kategorie fällt der größte Teil der von ihr untersuchten Kinder, und diese Patienten zeigten Reizbarkeit, Schwäche und die Neigung zu wiederkehrenden Wutausbrüchen. Etwa die Hälfte der Kinder litt unter Schlafstörungen unterschiedlichen Ausmaßes, und ungefähr ein Drittel klagte über Depressionen. Angstgefühle fehlten, und das Vertrauen der Kinder in ihre Umgebung war intakt. In dieser Gruppe sind wohl wirklich depressive Kinder erfaßt. Nach der Behandlung zeigte sich eine deutliche Verbesserung in den schulischen Leistungen, und aus der Umgebung der Kinder wurde berichtet, daß sich ihr Verhalten und Auftreten geändert habe.

Die dritte Gruppe wird von Frommer als »phobisch-depressiv« bezeichnet, weil hier Angstgefühle und mangelndes Vertrauen sehr verbreitet waren. Mehr als zwei Drittel dieser Kinder zeigten Verdauungsschwierigkeiten oder andere somatische Symptome, um nicht zur Schule gehen zu müssen. In dieser Gruppe befanden sich doppelt so viele Mädchen wie Jungen. Frommer nennt diese Kinder zwar depressiv, aber sie entsprechen wohl eher dem klassischen Typ des Schulphobikers. Gittleman Klein hat erst vor kurzem eine große Gruppe solcher Kinder beobachtet und festgestellt, daß sie unter einer ungewöhnlich hartnäckigen Trennungsangst leiden und immer in der Nähe der Mutter bleiben müssen. Wenn ihnen das zugebilligt wird, sind sie gelöst und zufrieden; wenn sie aber mit Gewalt von der Mutter getrennt werden, geraten sie in Panik und zeigen somatische Symptome. In keiner Situation sind sie deprimiert.

Zu Frommers letzter Gruppe zählen solche Kinder, die vorübergehende Wutausbrüche zeigen und dann wieder eine Weile ruhig, vernünftig und zugänglich sind. Frommer äußert die vorsichtige Vermutung, daß diese Gruppe möglicherweise erste Anzeichen manisch-depressiver Stimmungsschwankungen zur Schau stelle.

In Frommers Studien fehlt die Beschäftigung mit den psychodynamischen Abläufen und die Berücksichtigung der Altersunterschiede und damit der unterschiedlichen Entwicklungsstufen der Patienten. Noch schwerer wiegt allerdings die Tatsache, daß sie in allzu großzügiger Weise nichtdepressive Kinder in die »depressiven Kategorien« einordnet. Zur klinischen Depression gehört nun einmal mehr als ein situationsbedingtes Unglücksgefühl, wie es durch Familienstreitigkeiten, Lernschwierigkeiten oder die Trennung von den Eltern bewirkt werden kann.

Eine solidere und brauchbarere Klassifikation der Depression im Kindesalter stammt von Cytryn und McKnew (1972). Diese Autoren unterscheiden zwischen einer depressiv gefärbten affektiven Reaktion und der depressiven Erkrankung, bei der die Depression lange anhält und das Traurigkeitsgefühl sich mit einer Störung der vegetativen Funktionen oder einer Beeinträchtigung der schulischen Leistungen oder der sozialen Anpassung verbindet. Von den schwereren Fällen heißt es, daß hier das Denken des Kindes vom Gefühl der Verzweiflung und der Hoffnungslosigkeit, von allgemeiner Retardation und von Selbstmordvorstellungen affiziert ist. Nachdem sie diese deutlichen Kriterien der depressiven Erkrankung aufgestellt haben, schildern Cytryn und McKnew drei Arten depressiver Störungen bei Kindern zwischen sechs und zwölf Jahren.

Die erste Art wird als »larvierte depressive Reaktion« bezeichnet. Ihre Kennzeichen sind Hyperaktivität, aggressives Verhalten, psychosomatische Beschwerden oder delinquentes Betragen. Daneben zeigten die betroffenen Kinder im Rahmen der psychologischen Untersuchung auch depressive Neigungen und Perioden von offen zutage liegender Depression. Die Familien der Kinder waren chronisch desorganisiert, besaßen aber keine depressive Vorgeschichte. Wenn ich das Konzept der Autoren von der larvierten Depression richtig verstehe, dann unterscheidet es sich von den sogenannten depressiven

»Äquivalenten«. Cytryn und McKnew stellen nicht die Überlegung an, daß nichtdepressives Verhalten wie etwa Delinquenz eine für das Kindesalter typische Äußerung von Depression sei; sie sehen in diesem Verhalten vielmehr eine Form der Abwehr gegenüber dem Gefühl der Niedergeschlagenheit. Hin und wieder bricht dieser Mechanismus zusammen, und dann zeigt sich die zugrundeliegende Depression.

Die zweite Art trägt die Bezeichnung »akute depressive Reaktion«. Sie ist Folge einer deutlich auszumachenden Ursache in der Umgebung des Kindes. Als verursachendes Geschehen wird dabei meistens der Umstand angeführt, daß dem Kind die Aufmerksamkeit und Zuwendung von seiten einer geliebten Person verlorengegangen ist. Die Kinder dieser Gruppe zeigten kurzfristig deutliche Symptome einer Depression und erholten sich dann rasch. Ihre Vorgeschichte wies sie in der Regel als gut angepaßt aus, die Familien machten einen soliden und gefestigten Eindruck, Fälle von Depression waren unbekannt. Es dürfte schwierig sein, diese Kinder von solchen Kindern abzusetzen, die eine wirkliche Trauerreaktion zeigen. Man kann es vielleicht so sagen, daß die Abwehrmechanismen des Kindes vorübergehend erschüttert worden sind, daß es in der Regel aber bald wiederhergestellt sein wird, wenn es in seiner Umgebung nicht zu immer neuen traumatischen Geschehnissen kommt.

Schließlich schildern Cytryn und McKnew als dritte Art eine schwerere »chronisch depressive Reaktion«, der kein auslösendes Geschehen vorangegangen ist. Die davon betroffenen Kinder erfuhren keine rasche Wiederherstellung, sondern zeigten über lange Zeit hinweg depressive Merkmale. Sie waren in ihrem Leben immer wieder von den geliebten Bezugspersonen getrennt worden und hatten schon frühzeitig Deprivationen erfahren. Bei allen diesen Kindern litt zumindest ein Elternteil an wiederkehrenden Anfällen von Depression.

Was über diese zuletzt genannte Gruppe gesagt wird, steht im Einklang mit den Feststellungen von Poznanski und Zrull (1970), daß nämlich die Depression der Kinder, die sie untersuchten, nicht »reaktiv« in bezug auf ein soeben durchlittenes Trauma, sondern Teil eines zusammenhängenden Lebensprozesses war. Auch Poznanski und Zrull stellten unter den Eltern eine hohe Zahl an depressiven Erkrankungen fest, ferner häufig eine recht strenge Behandlung des Kindes und eine abweisende Haltung der Eltern gegenüber dem Kind. Es scheint fast, als beschrieben Poznanski und Zrull den »chronischen« Typ des Kindes, wie er in Cytryns und McKnews Klassifikation enthalten ist. Poznanski und Zrull haben wohl strengere Kriterien für ihre Diagnose der Depression aufgestellt und jene Kinder ausgeschlossen, die nach Cytryn und McKnew an »larvierter« oder »akuter« Depression leiden. Der mögliche Vorteil dieser begrenzteren Definition von Depression liegt darin, daß auf dieser Grundlage die Beschäftigung mit der »natürlichen« Geschichte der Störung möglich wird – durch die Ausschaltung solcher Kinder, deren depressive Symptome möglicherweise nur Teil einer vorübergehenden Trauerreaktion sind oder hinter delinquenten Handlungen bzw. anderen Abwehrmaßnahmen verschwunden sind. Beispielsweise stellten Poznanski, Krähenbühl und Zrull (1976) im Rahmen einer interessanten Längsschnittuntersuchung fest, daß die Hälfte der ursprünglich von ihnen beobachteten (und jetzt in der Adoleszenz befindlichen) Patienten noch immer depressiv war. Eine weitere Feststellung lautete, daß die Aggression, die in der Kindheit zu beobachten war, nachgelassen hatte und nun die pathologische Abhängigkeit, wie sie in der Depression des Erwachsenen ganz üblich ist, stärker hervortrat. Bei den noch immer depressiven Patienten hatte sich an dem alten Muster – der Zurückweisung durch die Eltern und der sozialen Isolation – nichts geändert. Wir können wohl die Hypothese aufstellen, daß in diesen Fällen die Ursache der Depression internalisiert und eine dauerhafte Ausbildung wirksamer Bewältigungsformen verhindert worden war. Andererseits ist es auch denkbar, daß der Vertreter des von Cytryn und McKnew beschriebenen Typs der »larvierten« Depression schließlich delinquente Verhaltensweisen ausbildet und der Vertreter des »akuten« Typs in der Adoleszenz überhaupt keine pathologischen Merkmale mehr zeigt.

Vielleicht wird die weitere Beschäftigung dieser Autoren mit ihren Patienten die notwendigen Antworten liefern und die Frage klären, ob es gerechtfertigt ist, Kinder als depressiv zu bezeichnen, die sich gegen ihre Depression zur Wehr setzen können oder die nur vorübergehend wegen eines traumatischen Geschehens in ihrer Umgebung trauern. Das theoretische Problem (das in Kapitel 8 behandelt werden wird) besteht in der Frage, ob Kinder, die keine länger anhaltende Depression präsentieren, wirklich als an einer depressiven Erkrankung leidend klassifiziert werden können. Kinder, die depressive Äquivalente oder larvierte Depressionen zeigen, sind vielleicht in Wirklichkeit gar nicht depressiv. Der Untersucher kommt aber unter Umständen zu dem Schluß, daß sie aufgrund ihrer schwierigen Lebensumstände depressiv sein *müssen*. Wenn solche Kinder Abwehrmaßnahmen gegen ungünstige äußere Situationen ausbilden können, dann ist es vielleicht doch fraglich, ob man sie als an einer Depression leidend betrachten sollte.

Eingedenk dieser Schwierigkeiten hat Malmquist (1971) versucht, eine übergreifende Klassifikation zu entwickeln, die einfach auf dem Vorherrschen des depressiven Affekts basiert. Dabei verwendet er Kriterien aus ganz unterschiedlichen begrifflichen Bereichen – seien es klinische Merkmale, das Lebensalter oder die Ätiologie. Malmquists Klassifizierung ist in Tabelle 4–1 unten wiedergegeben.

Vorausgegangen war eine außerordentlich gründliche Durchsicht der einschlägigen Literatur. Malmquists System ist insofern von größtem Wert, als es in gedrängter Form alle Zustände aufzeigt, die jemals als Depression im Kindesalter bezeichnet worden sind. Wir können diese Arbeit als eine Zusammenfassung der gegenwärtigen Kenntnisse über die Symptomatik der kindlichen und jugendlichen Depression betrachten. Der Leser mag der Aufnahme der einen oder anderen Untergruppe in diese Zusammenstellung zustimmen oder nicht zustimmen – sie sind jedenfalls alle von Malmquist aufgeführt worden. Der »rote Faden« des depressiven Affekts* als des einzigen Kriteriums für die Diagnose der Depression läßt sich zwar über alle theoretischen Unterschiede hinweg verfolgen, führt aber letztlich vielleicht doch in die Irre, weil, wie schon gesagt, das Gefühl des Traurigseins sich auch in zahlreichen nichtdepressiven Zuständen findet.

Tabelle 4–1: Klassifikation der Depression im Kindesalter

I. Depression im Zusammenhang mit organischen Erkrankungen
   A. Depression als Teil des Krankheitsprozesses
      1. Leukämie
      2. Degenerationskrankheiten
      3. Infektionskrankheiten
      4. Stoffwechselkrankheiten – Erkrankungen der Hypophyse, juveniler Diabetes, Erkrankungen der Schilddrüse usw.
      5. Mangelkrankheiten (Nährstoffe, Vitamine)
   B. Depression als sekundäre (reaktive) Erscheinung in bezug auf körperliche Vorgänge

II. Deprivationssyndrome: Realitätsbezogene Reaktionen auf eine reizarme oder nichtbelohnende Umgebung
   A. Anaklitische Depressionen
   B. »Affektlose« Charaktertypen

* Malmquist zählt dazu auch die »depressiven Äquivalente«.

III. Syndrome im Zusammenhang mit Individuationsschwierigkeiten
   A. Probleme der Ablösung und der Individuation
   B. Schulphobien mit depressiven Komponenten
   C. Entwicklungsmäßige Vorläufer des »moralischen Masochismus«

IV. Formen der Depression im Latenzalter
   A. Depression im Zusammenhang mit einem Objektverlust
   B. Depression angesichts der Unerreichbarkeit von Idealen
   C. »Depressive Äquivalente« (Depression ohne depressiven Affekt)
      1. Somatisierung (hypochondrische Muster)
      2. Hyperkinese
      3. Agieren
      4. Verzögerte depressive Reaktionen
         a) Trauer »aus der Ferne«
         b) Überidealisierung und Aufschub der Reaktion
         c) Verleugnung
      5. Eßsstörungen (Fettleibigkeitssyndrome)
   D. Manisch-depressive Zustände
   E. »Affektlose« Charaktertypen (generalisierter Anhedonismus)
   F. Zwangscharakter (kompensierter Depressiver)

V. Formen der Depression in der Adoleszenz
   A. Stimmungslabilität als entwicklungsbedingte Erscheinung
   B. Reaktiv in bezug auf einen soeben erlittenen Verlust
   C. Unbewältigte Trauer im Zusammenhang mit soeben erlittenen Verlusten
   D. Frühere Verluste (»Traumata«), die jetzt vom Ich verarbeitet werden
   E. Agieren
   F. Schizophrenien mit ausgeprägten affektiven Komponenten
   G. Fortsetzung »älterer« Formen (I, IV)

Quelle: »Depression in Childhood and Adolescence« von C. Malmquist, in: *New England Journal of Medicine* 284 (1971).

Dieser Abschnitt muß notgedrungen mit einer gewissen Enttäuschung und dem Eingeständnis der Unvollständigkeit enden. Bis heute haben wir noch keine befriedigende Klassifikation der kindlichen Depression, ja nicht einmal irgendwelche allseits anerkannten Kriterien einer Diagnose der Depression in den Jahren vor der Adoleszenz.

Es erscheint vernünftig, eine solche Klassifikation auf der Grundlage des Entwicklungsprozesses vorzunehmen, wie McConville (1973) dies versuchsweise unternommen hat. Kinder sind aufgrund ihrer kognitiven und affektiven Möglichkeiten noch nicht zur uneingeschränkten Erfahrung und Äußerung depressiver Gefühle fähig. Offensichtlich wandelt sich mit dem Heranreifen des Kindes auch das, was jeweils imstande ist, eine Depression hervorzurufen. Neugeborene haben noch keine Schwierigkeiten mit ihrer Selbstachtung, und Vorschulkinder sind wohl kaum von der Furcht vor einer leeren und düsteren Zukunft geplagt. Vielleicht werden wir die Frage der kindlichen Depression in den Griff bekommen, wenn wir noch mehr über die normale Entwicklung des Kindes wissen.

■ ■ ■ Depression in der Adoleszenz ■ ■ ■

Im Gegensatz zur umstrittenen Frage der Depression im Kindesalter besteht kaum ein Zweifel daran, daß Heranwachsende an Depressionen leiden können. Für diese Entwicklungsstufe liegt die Schwierigkeit darin, daß Depression immer und überall vorhanden sein kann. Die normalen Stimmungsschwankungen des Heranwachsenden können fast den Eindruck entstehen lassen, als komme es nach der Pubertät zu einer wahren Epidemie von depressiven Störungen. Wir müssen also zwischen dem wirklich depressiven Jugendlichen und dem in gewöhnlichem Ausmaß »launischen« Heranwachsenden unterscheiden, der hin und wieder in Überreaktion auf relativ geringfügige Enttäuschungen in eine dysphorische Stimmung gerät. Jacobson (1961) ist den Ursachen des launischen Wesens des Heranwachsenden nachgegangen und zu der Überzeugung gelangt, daß die emotionale Labilität ein Zeichen dafür ist, daß der Jugendliche im Gefolge der massiven biologischen, sozialen und psychischen Veränderungen, die er soeben durchgemacht hat, nun gewissermaßen seine psychische Struktur neu formt. Nach Jacobson ist die Adoleszenz eine Zeit, in der der Mensch die Bande, die er aus der Vergangenheit noch unterhält, zerbrechen muß (auch seine alte Identifikation mit erwachsenen Bezugspersonen), um sich ein neues Selbstbild zu erschaffen. Bei der Bildung seiner neuen Identität wird er sowohl durch das Es als auch durch das Überich bedrängt, was sich darin äußert, daß er abwechselnd einmal seine sexuellen und aggressiven Triebe auslebt, dann wieder reumütig und geradezu moralistisch auftritt und schließlich Schuld, Scham und Minderwertigkeitsgefühle empfindet. Nach Jacobson gewinnt das Ich erst in der späten Adoleszenz ausreichende Stabilität, und deshalb müssen in den ersten Jahren nach der Pubertät notwenig Stimmungsschwankungen auftreten, in denen sich die Dominanz des Es bzw. des Überichs über das relativ schwache Ich spiegelt. Weitere Gründe dafür, daß es im Rahmen der Entwicklung des jungen Menschen zu einer Depression kommen kann, liegen im Verzicht auf die Bindungen und Interessen aus der Kindheit, in der Tatsache, daß es nicht gelingt, sein Leben an den völlig unrealistischen Idealen auszurichten, und schließlich in Schuldkonflikten. Für Jacobson ist die Adoleszenz eine turbulente Zeitspanne, in der man mit ausgreifenden psychischen Veränderungen, Stimmungsschwankungen und vorübergehenden Depressionen rechnen sollte.

Andere Autoren (Weiner 1970) weisen die Auffassung zurück, daß die Adoleszenz notwendig von Tumult und emotionaler Labilität gekennzeichnet sein müsse. Psychische Störungen in dieser Phase, so glauben sie, sind nicht die Regel, sondern Folge einer bereits mit Störungen belasteten Kindheit und Vorläufer eines von Störungen überschatteten Erwachsenenlebens. Im Rahmen des vorliegenden Buches können wir uns mit dieser Debatte nicht weiter beschäftigen, aber meiner Meinung nach liegt die Wahrheit irgendwo in der Mitte zwischen den beiden geschilderten Positionen. Was an klinischen Berichten über schwer gestörte Heranwachsende zur Verfügung steht, ist vielleicht etwas zu großzügig auf »die Heranwachsenden« insgesamt bezogen worden. Dazu kommt, daß das jeweilige kulturelle Milieu von großem Einfluß auf den Verlauf der Adoleszenz sein kann. Sicherlich müssen nicht alle Heranwachsenden durch die schmerzlichen Traumata hindurch, wie sie von einigen Autoren beschrieben werden. Für manche jungen Menschen sind diese Jahre nicht nur eine friedliche, sondern sogar eine sehr befriedigende Spanne ihres Lebens. Immerhin stellt aber unsere eigene Kultur den Heranwachsenden vor große Belastungen – sie schränkt ihn in seiner sexuellen Betätigung und in seiner Freiheit ein, sie drängt ihn auf der sozialen und bildungsmäßigen Leiter nach oben, aber sie bietet ihm keine definierbare Rolle an, so daß es nicht weiter verwunderlich ist, wenn er mit verhaltensmäßigen Störungen antwortet.

Unabhängig vom jeweiligen kulturellen Milieu steht dem Jugendlichen unter Umständen auch sein noch nicht fertig ausgebildetes Urteilsvermögen im Wege, das heißt, er neigt vielleicht zu impulsiven Handlungen und ganz und gar unangemessenen Reaktionen. Manche depressiven Jugendlichen zeigen eine solche innere Bedrängnis, ein derartiges Maß an Verzweiflung und eine so alarmierende Neigung zu selbstzerstörerischen Handlungen, daß man schon auf einen bösartigen schizophrenen Prozeß schließen könnte. Manche zeigen ein extremes Bewegungsbedürfnis, wieder andere ziehen sich aus allen Kontakten mit ihren Altersgenossen zurück. Ein junger Mann verbrachte beispielsweise ganze Tage allein in seinem Zimmer, hatte sich mehrere Bettücher über das Gesicht gezogen und hörte Schallplatten; er wollte weder mit seiner Familie essen noch sprechen. Im Denken mancher Heranwachsender kommt ein ganz unrealistisches Moment der Finalität zum Ausdruck: Die Tatsache, daß ein Jugendlicher nicht Klassenbester ist, kann für ihn bedeuten, daß er sich sein Leben lang als Versager gebrandmarkt vorkommen wird, oder die Zurückweisung durch einen Kameraden heißt für ihn, daß er nie und nimmer für andere Menschen annehmbar sein kann. Diese falsche Sicht der Dinge macht die Symptome schwerer und gefährlicher. Ein damit in Zusammenhang stehendes kognitives Merkmal, das sich bei manchen Heranwachsenden findet, ist die Unfähigkeit, sich an irgendein Maß zu halten. Die Menschen, die Gesellschaft insgesamt oder auch sie selbst sind entweder durchweg gut oder aber durchweg schlecht, je nach ihren jüngsten Erfahrungen. Ein sehr intelligenter Vierzehnjähriger, der von der Art und Weise enttäuscht war, in der ihn seine neuen Klassenkameraden in der höheren Schule in den ersten paar Tagen behandelt hatten, schimpfte in der ersten therapeutischen Sitzung wie ein Rohrspatz über die angeborene Bosheit des Menschen und über die feindliche Haltung einer materialistisch eingestellten Gesellschaft gegenüber dem Menschen. Der Anlaß seiner so gelehrten Ausführungen war die Tatsache, daß man ihm nicht so achtungsvoll begegnet war, wie er es seiner Meinung nach verdiente. Wenige Wochen später, als er sich an die neue Umgebung gewöhnt hatte, war die ganze Welt wieder gut und freundlich und der Kapitalismus ein funktionstüchtiges Wirtschaftssystem. Glücklicherweise sind diese Depressionen in der Adoleszenz häufig ebenso kurzlebig wie intensiv.

Es gibt aber auch Fälle, die einen chronischen Charakter annehmen und auf eine Verbesserung der äußeren Umstände nicht länger ansprechen. Die betroffenen Jugendlichen zeigen Symptome, die denen des erwachsenen depressiven Patienten ähnlich sind, oder sie versuchen es mit altersspezifischen Abwehrmaßnahmen gegen ihre Depression, etwa mit ruhelosem Hin und Her, mit Drogenkonsum, mit dem Anschluß an irgendwelche Gruppen, mit Delinquenz oder Promiskuität. Easson (1977) hat die zahllosen Formen der Abwehr des Heranwachsenden gegen seine depressive Stimmung zusammengestellt und sie der jeweiligen zugrundeliegenden Ursache, einem schmerzlichen Affekt, zugeordnet. Selbstverachtung kann zu rebellischem Verhalten, Drogenkonsum und aggressiven Handlungen führen. Eine Depression, die aus der Tatsache herrührt, daß den Abhängigkeitsbedürfnissen nicht Rechnung getragen worden ist, kann motorische Ruhelosigkeit, Angst und den verzweifelten Wunsch wecken, neue und belohnende Figuren an die Stelle der verlorenen Eltern zu setzen – was bedeutet, daß der Jugendliche sich einer Bande anschließt oder wahllos sexuelle Verbindungen eingeht.

■ ■ Fallbeschreibung: ■ ■
Die Depression eines heranwachsenden Mädchens

Die nachstehende klinische Beschreibung hat die verhältnismäßig schwere depressive Erkrankung eines sehr jungen Mädchens zum Inhalt. Betty war 15 Jahre alt, als sie zur Behandlung kam, nachdem sie in der Schule ganz plötzlich einen Weinkrampf erlitten hatte. Nach diesem Vorfall wollte sie nicht wieder in die Schule zurückkehren, in der sie als besonders gute Schülerin galt. Beim ersten Gespräch wirkte Betty traurig und völlig schwunglos und war immer wieder den Tränen nahe. Sie klagte über Übelkeit und das Gefühl, ersticken zu müssen. Am liebsten, so sagte sie, würde sie sich selbst etwas antun, weil sie zu nichts tauge, häßlich sei und sich vor ihren Schulkameradinnen durch ihren Weinkrampf selbst erniedrigt habe. Sie würde wohl niemals als Mannequin arbeiten können, wie sie sich das immer gewünscht hatte, weil sie nun einmal nicht hübsch und nicht ausgeglichen genug dafür sei. In Wahrheit war sie ein sehr anziehendes Mädchen. Sie befand sich ständig in einer äußerlich kaum sichtbaren Panik, weil sie nicht imstande war, ihre schmerzlichen Gefühle unter Kontrolle zu halten. Über Schlafstörungen klagte sie nicht, aber sie hatte quälende Träume, in denen sie sich einsam und verloren fühlte oder von fremden Menschen verfolgt und gejagt wurde.

Die nähere Beschäftigung mit dem Fall ergab, daß Betty es sich in diesem letzten Jahr nicht ein einziges Mal gestattet hatte, an irgendeiner Sache Freude zu empfinden. Der Grund für diesen erzwungenen Verzicht auf alle Daseinsfreude war, daß sie sich wertlos vorkam, weil sie für ihre Mutter wie auch für sich selbst eine Enttäuschung zu sein glaubte. Die ersten Depressionen stellten sich ein, nachdem sie in den Sommerferien einen Jungen kennengelernt und gehofft hatte, er werde sich näher für sie interessieren. Zugleich hatte sie Schuldgefühle wegen dieser romantischen Sehnsüchte empfunden. Der Junge bemühte sich dann nicht weiter um Betty, und das war für sie die Bestätigung, daß sie häßlich und nicht begehrenswert sei. In ihrer Erzählung ließ sie auch durchblicken, daß diese »Zurückweisung« ihr ja ganz recht geschehen sei, weil sie sich im Grunde ja allein ihren schulischen Pflichten und ihrer Familie hätte widmen sollen. Seit dieser Episode hatte sie sich ununterbrochen damit beschäftigt, wie sie selbst sich gab und wie andere Menschen sie behandelten. Geringfügige Zurechtweisungen von seiten anderer nahmen jetzt riesenhafte Ausmaße an und blieben ihr im Gedächtnis, und schließlich hatte sie das Gefühl, daß alle Menschen sie ablehnten. Der Schulbesuch war ihr allmählich ganz und gar zuwider, denn angeblich trug er ihr nichts als Kritik und Verachtung ein.

Bettys Mutter war eine sehr gestörte Frau, die ihre Rolle in der Familie als außerordentlich lästig empfand. Sie hatte ihre Tochter gegen deren Willen in den Kindergarten geschickt und sie später immer wieder gezwungen, in ein Ferienlager zu gehen, in dem die Kinder auch über Nacht blieben. Sie kritisierte unablässig alle Menschen und betrachtete sich selbst als den Märtyrer der Familie. Bettys Vater hatte sich ganz in seine Arbeit vergraben und kam nur selten und ungern nach Hause. Das einzige Lob, das Betty erhielt, galt ihren schulischen Leistungen, aber auch diese Freude wurde ihr gleich wieder vergällt, weil die Mutter Bettys gute Noten zum Anlaß nahm, ihre übrigen Kinder herabzusetzen.

Betty hatte niemals ein wirkliches Selbstwertgefühl entwickeln können, sondern sich immer und ausschließlich auf die Meinung ihrer Mutter verlassen. Sie hegte die romantischen Vorstellungen, wie sie unter jungen Mädchen üblich sind, behielt aber diese Gedanken streng für sich. Als ihre Träume durch die angebliche »Zurückweisung« einen so empfindlichen Stoß erhielten, glaubte sie, daß sich ihre geheimen Wünsche niemals erfüllen würden und sie niemals um ihrer selbst willen geachtet und geliebt werden würde, wie ihr die Mutter das ja bereits versteckt zu verstehen gegeben hatte. Ein einziges Erlebnis reichte aus, um sie davon zu überzeugen, daß ihr ein fürchterliches Schicksal beschieden sei, vor dem es kein Ausweichen gab. Von diesem Augenblick an verzerrte sie unbewußt die Reaktionen anderer Menschen und bestätigte sich so ihre Wertlosigkeit; sie griff immer nur diejenigen Reaktionen heraus, die sie in ihrer geringen Selbstachtung noch bestärkten. Gleichzeitig mit ihren unbewußten kognitiven Überzeugungen verschlechterte sich ihre Gemütsverfassung immer weiter, bis ein Tiefpunkt in Form einer schweren Depression erreicht war.

■ ■ ■ Manisch-depressive Störungen im Kindesalter ■ ■ ■

Ist schon der klinische Zustand der Depression im Kindesalter umstritten, so ist das Auftreten manisch-depressiver Störungen vor der Pubertät noch fraglicher. Kraepelin (1921) berichtete, daß einige seiner erwachsenen manisch-depressiven Patienten ihm mitgeteilt hatten, ihre erste derartige Episode sei bereits vor dem vollendeten zehnten Lebensjahr eingetreten; in einem Fall war der Patient sogar erst fünf Jahre alt gewesen. Auch andere Forscher haben erwachsenen Patienten, die ihre Krankheit bis in die frühe Kindheit hinein zurückverfolgen können; direkte Beobachtungen von Fällen einer manisch-depressiven Erkrankung vor der Pubertät sind aber sehr selten.

In den letzten Jahren des 19. und zu Beginn des 20. Jahrhunderts gab es hin und wieder Berichte über angebliche manische Episoden im Kindesalter (siehe dazu den ausführlichen Überblick von Anthony und Scott 1960), aber es ist zu bezweifeln, ob diese Kinder wirklich Maniker waren. Offensichtlich hat man damals jedes zyklische Verhalten bzw. jede Periode der lebhaften Erregung als Manie diagnostiziert. Die entsprechenden Berichte müssen mit größter Aufmerksamkeit und Sorgfalt gelesen werden, denn es ist möglich, daß ihre Autoren das, was wir heute als das Syndrom der minimalen Hirndysfunktion bezeichnen – die in erster Linie aus Hyperaktivität, Ablenkbarkeit und emotionaler Labilität besteht – mit dem manischen Verhalten verwechselt haben. Da diese Symptome vom Ausmaß der äußeren Stimulierung abhängig sind, könnte der Zustand als seinem Wesen nach episodisch bzw. zyklisch betrachtet worden sein. Es ist also fraglich, ob diese frühen Berichte wirklich manische und nicht vielleicht eher hyperaktive Patienten beschreiben. Anthony und Scott haben 28 solcher Fallberichte durchgesehen und dabei recht strenge Kriterien angelegt, was die Diagnose der manisch-depressiven Erkrankung angeht. Sie fanden am Ende nur drei Kinder, auf die mehr als fünf der insgesamt zehn Kriterien zutrafen, und keines, auf das mehr als sieben Kriterien Anwendung fanden. Alle drei Kinder waren elf Jahre alt und zeigten abwechselnd depressive und manische Stimmungen. Anthony und Scott glauben, daß »in allen anderen Fällen der Vorwurf der Fehldiagnose gerechtfertigt ist« (1960, S. 58). Dieser Schluß deckt sich mit der schon lange Zeit zuvor gewonnenen Erkenntnis von Kasanin und Kaufman (1929), daß affektive Psychosen in der frühen Kindheit nicht auftreten. Die zuletzt genannten Autoren hatten sich mit 6000 Patientengeschichten beschäftigt und festgestellt, daß eine affektive Psychose in nur vier Fällen vor dem vollendeten 16. Lebensjahr und in keinem einzigen Fall vor dem vollendeten 14. Lebensjahr eingetreten war.

Ungeachtet der Tatsache, daß die Frage sehr umstritten ist, ob es eine manisch-depressive Erkrankung im Kindesalter überhaupt gibt, sind einige solche Fälle in der Literatur beschrieben worden, vor allem seit der Entdeckung der Wirksamkeit des Lithium in der Behandlung dieser Störung. Anthony und Scott (1960) schildern den Fall eines zwölfjährigen Jungen, dessen akute manische Symptome kamen und gingen. Sie beobachteten diesen Patienten bis zu seinem 22. Lebensjahr. Zu diesem Zeitpunkt war er insgesamt viermal wegen einer eindeutigen manisch-depressiven Erkrankung ins Krankenhaus gekommen. Die Autoren weisen ausdrücklich darauf hin, daß die Krankheit vor Eintritt der Pubertät begonnen hatte. Sie schließen, daß manisch-depressive Erkrankungen im Kindesalter zwar selten auftreten, daß sie den psychodynamischen Gegebenheiten nach aber möglich seien, weil Kinder angesichts von Enttäuschungen und traurigen Empfindungen unter Umständen Zuflucht zu grandiosen Phantasien nehmen.

Seit Erscheinen dieser Veröffentlichung haben auch andere Autoren einzelne Fälle manischer Attacken bei heranwachsenden Kindern beschrieben (Warneke 1975; Berg, Hullin und Allsopp 1974). Ganz gewiß ist der Umstand von klinischem Interesse und therapeutisch bedeutsam, daß in diesen Fällen erfolgreich mit Lithium gearbeitet wurde; aber im Grunde lenken diese Artikel die Aufmerksamkeit eben nur auf einige wenige Fälle, in denen die manisch-depressive Erkrankung schon in der Adoleszenz begann. In zwei Artikeln allerdings ist von manischen Episoden bei sehr kleinen Kindern die Rede, was uns vielleicht veranlassen sollte, bis zum Beweis des Gegenteils in dieser Störung unter anderem auch eine Kinderkrankheit zu sehen. Der erste Artikel von Feinstein und Wolpert (1973) enthält die Überlegung, daß manche Kinder gewissermaßen Vorboten des späteren manisch-depressiven Verhaltens zeigen. Es wird der Fall eines dreieinhalbjährigen Mädchens geschildert, in dessen Familie diese Störung in beträchtlichem Umfang vorhanden war und das schon im Alter von zwei Jahren abrupte Stimmungsschwankungen gezeigt hatte. Das Kind wurde schließlich wegen seiner Hyperaktivität und leichten Ablenkbarkeit zur Untersuchung gebracht. Später heißt es, daß das Mädchen auf eine angebliche Enttäuschung mit langanhaltender Agitiertheit und destruktivem Verhalten reagierte (die Patientin war von ihrer Schwester in die Sprechstunde des Psychiaters begleitet worden, aber nur, weil die Schwester ihrerseits vorhatte, einen anderen Psychiater aufzusuchen, der mit dem ersten zusammen das Wartezimmer teilte). Da das Mädchen sich extrem aggressiv verhielt, wurde es im Alter von fünfeinhalb Jahren versuchsweise mit Lithium behandelt und sprach günstig auf diese Therapie an. Die motorische Ruhelosigkeit und das destruktive Verhalten blieben von nun an aus. Angesichts der Familiengeschichte, der wiederkehrenden hyperaktiven Episoden und schließlich der Reaktion des Mädchens auf die Verabreichung von Lithium folgern die Autoren, daß ihre Patientin ein Beispiel einer manisch-depressiven Erkrankung im jugendlichen Alter darstellt. Sie glauben nicht, daß es sich bei der Hyperaktivität um die Folge einer minimalen Hirndysfunktion handelt, weil diese Form der Hyperaktivität auf Lithium nicht anspricht.

Thompson und Schindler (1976) beschreiben den Fall eines fünfjährigen Jungen, der wegen mangelnder Konzentrationsfähigkeit, sprunghaften Denkens und außerordentlich störenden Verhaltens in der Vorschule zur Untersuchung gebracht worden war. Seine Vorgeschichte war insofern interessant, als das Kind von seinen Eltern weggegeben worden war und seine ersten Lebensjahre in einem Waisenhaus verbracht hatte, wo es nicht nur sehr isoliert gelebt hatte, sondern auch ungenügend ernährt worden war. Als das Kind drei Jahre alt war, wurde es von einem Ehepaar adoptiert und mit Fürsorge und Aufmerksamkeit förmlich überschüttet. Die Untersuchung erbrachte in neurologischer Hinsicht außer der Ablenkbarkeit des Kindes keinen Befund. Der Junge war gesellig und freundlich und ständig in gehobener Stimmung. Die Autoren geben zu bedenken, daß sein überschwengliches Verhalten möglicherweise die Folge der plötzlich zum Günstigen gewendeten Umstände war – er war in eine liebevolle und fürsorgliche Umgebung gekommen, nachdem er zuvor in der Öde eines schlecht geführten Waisenhauses gelebt hatte. Die Trennung von dieser rundum erfreulichen und befriedigenden Umgebung, die mit dem Schulbesuch eintrat, hatte möglicherweise Verlustängste und die Furcht geweckt, erneut in die soziale Isolation zu geraten. Diese Befürchtungen, so meinen die Autoren, haben dann das zunehmend manische Verhalten bewirkt.

Diese beiden Schilderungen sind ohne Zweifel aufsehenerregend, aber sie lassen wichtige Fragen unbeantwortet. Es gab keinen Wechsel des sogenannten manischen Verhaltens mit Zuständen der Depression, der die Bestätigung dafür geliefert hätte, daß zu Recht eine manisch-depressive Störung diagnostiziert worden war. Das manische Verhalten selbst bestand in Hyperaktivität, Ablenkbarkeit, grandlosen Vorstellungen und im einen Fall in aggressivem Auftreten. Es wird aber nicht erwähnt, daß ein derartiges Verhalten bei vielen Kindern zu beobachten ist, die an der einen oder anderen Form einer minimalen Hirndysfunktion leiden. Grandiose Phantasien sind übrigens auch eine recht häufige Form der Abwehr bei jüngeren Kindern, die in ihrem Versuch, einen Ausgleich für ihre Kleinheit und soziale Machtlosigkeit zu finden, eben Phantasie und Realität durcheinanderbringen. Das steht übrigens in Einklang mit der Behauptung von Anthony und Scott, daß sich die psychodynamischen Mechanismen, die in der manisch-depressiven Erkrankung am Werk sind, in manchen Fällen schon bei Kindern finden. Das ist sicherlich richtig, denn Kinder sind abhängig von anderen Menschen, sie haben Schwierigkeiten mit der Auflösung ambivalenter Gefühle, und sie neigen dazu, die Realität in »allmächtiger« Weise zu leugnen. Diese psychodynamischen Merkmale finden sich bei ganz normalen Kindern, die keinerlei Anzeichen affektiver Störungen aufweisen. Das heißt also, das Vorhandensein solcher psychodynamischer Merkmale ist vielleicht eine notwendige, nicht aber allein ausreichende Ursache für manisch-depressives Verhalten. Was hier auffällt, ist die Tatsache, daß die Autoren – im klinischen wie im psychodynamischen Sinne – gerade die Spezifität vermissen lassen, wie sie zur Erstellung dieser Diagnose nötig gewesen wäre. Das Kind, das auf Gaben von Lithium hin eine Besserung zeigte, kann als Beispiel dafür herhalten, daß hier ein gewisser Grad von Spezifität – in Form der positiven Reaktion auf das Medikament – am Werk war. Aber Lithium ist schon bei einer Vielzahl kindlicher Störungen erprobt worden, insbesondere bei aggressivem Verhalten, und hat auch dabei gute Wirkungen gezeitigt (Annell 1969), und das wiederum heißt, daß es seine spezifische Wirkung eben nicht so ausschließlich auf die manisch-depressive Störung ausübt. Der Gedanke, daß eine Prädisposition für manisch-depressive Störungen tatsächlich schon in der Kindheit vorhanden sein könnte, verliert deshalb nichts von seiner Faszination. Eine solche Prädisposition kann in Form der exzessiven affektiven Labilität oder Impulsivität vorhanden sein, die schließlich in eine zyklische Störung münden kann, wenn die häusliche Umgebung in ausreichendem Maße pathologisch ist und ein auslösendes traumatisches Ereignis vorausging. Zum Beweis einer solchen besonderen Anfälligkeit bedarf es allerdings vergleichender Untersuchungen an Kindern aus erheblich pathologischen Familien, die teils bei ihren natürlichen Eltern aufwachsen und teils in ihren ersten Lebenstagen von »normalen« Eltern adoptiert werden müßten. Die Adoptivkinder wären dann nicht ständig den wechselnden Stimmungen der Eltern ausgesetzt.

■ ■ ■ Schlußbemerkung ■ ■ ■

In diesem Kapitel haben wir die klinischen Syndrome betrachtet, die als »Depression im Kindesalter« bezeichnet werden. Noch immer ist die Frage höchst umstritten, ob echte Depressionen vor der späten Kindheit überhaupt möglich sind. Die Reaktion des Säuglings auf die Trennung von seiner Mutter ist wohl besser als Trauerreaktion zu begreifen, und die vorübergehende betrübte Stimmung des Kleinkindes läßt sich als die direkte verhaltensmäßige Reaktion auf eine augenblickliche Enttäuschung ansehen. Selbst wenn sich in der späteren Kindheit Zustände zeigen, die der Depression des Erwachsenen ähneln oder gleichen, so stehen die entsprechenden Symptome doch unter dem Einfluß der jeweiligen kognitiven und affektiven Entwicklungsstufe. In der Psychiatrie ist man bald mehr, bald weniger davon überzeugt, daß die »Depression im Kindesalter« existiert; aber diese anhaltende Debatte wird vielleicht eines Tages einer etwas anderen Themenstellung gelten: Die Frage lautet dann nicht mehr, ob es Depression im Kindesalter gibt, sondern in welcher Weise die Erfahrung und/oder Äußerung aller möglichen pathologischen Stimmungen und Affekte durch den Entwicklungsprozeß ermöglicht oder aber eingeschränkt werden.

■■■■ Teil II ■■■■
Psychodynamische Zusammenhänge

■ ■ ■ ■ 5. Die psychologischen ■ ■ ■ ■ Aspekte der Traurigkeit

■ ■ ■ Einleitende Bemerkungen ■ ■ ■

Der angehende Therapeut hört von seinen Lehrern immer wieder die Warnung, daß er Traurigkeit oder »normales« Unglücklichsein nicht mit Depression verwechseln dürfe. Diese Warnung ist berechtigt, aber ganz gewiß wäre die Gefahr einer solchen Verwechslung gar nicht vorhanden, wenn es nicht gewisse Gemeinsamkeiten zwischen den beiden Zuständen gäbe. Und selbst wenn die Gemeinsamkeiten weniger ins Gewicht fielen als die Unterschiede, so verdienten sie doch Beachtung, es sei denn, es handelte sich dabei nachweislich um reine Zufälle.

In vielen Bereichen der Wissenschaft werden Fortschritte oft in dem Augenblick erzielt, in dem es gelingt, zwei oder mehrere Zustände oder Erscheinungen, die sich allem Anschein nach gleichen, voneinander zu differenzieren und schließlich nachzuweisen, daß sie in ihrer grundlegenden Struktur eben doch verschieden voneinander sind. Fortschritte ergeben sich häufig aber auch in der umgekehrten Richtung, dann nämlich, wenn gewisse Ähnlichkeiten innerhalb sonst voneinander verschiedener Zustände oder Erscheinungen sich als nicht zufällig, nicht nebensächlich und nicht irrelevant erweisen, sondern als Anzeichen dafür, daß die betrachteten Phänomene ihrer Natur nach in einem gewissen Zusammenhang miteinander stehen. Tatsächlich ist es in manchen Fällen so, daß einer der beiden Zustände im Grunde nur eine quantitative Transformation des anderen darstellt. So ist beispielsweise Fieber etwas, was sich von der normalen Körpertemperatur unterscheidet, aber dennoch ist es eine Körpertemperatur, allerdings aus bestimmten Gründen erhöht.

Ich bin überzeugt, daß zwischen Traurigkeit – einer normalen Emotion – und Depression – einem psychiatrischen Symptom bzw. einem psychiatrischen Zustand – ein enger Zusammenhang besteht. Zweifellos bin ich durch eine gewisse persönliche Ausrichtung oder Neigung sozusagen schon prädisponiert, so zu denken – aber mir ist auch klar, daß andere Autoren, die Traurigkeit und Depression für zwei ihrer Natur nach völlig verschiedene Zustände halten, dies ebenfalls aufgrund ihrer – der meinen entgegengesetzten – Ausrichtung oder Neigung tun. Diese »gegnerischen« Autoren erklären die Depression fast ausschließlich als chemischen Ablauf, der sich im Gehirn vollzieht. Ich bestreite nicht, daß ein chemischer Prozeß im Gehirn abläuft, wenn ein Mensch unter Depressionen leidet – ich glaube sogar, daß ein solcher Prozeß auch dann im Gang ist, wenn der Mensch nur traurig ist. Aber das chemische Geschehen ist eine Wirkung und in gewissem Ausmaß das Medium des psychischen Geschehens, mit dem ich – als Psychiater, Psychologe oder Therapeut – in erster Linie befaßt bin. Das psychische Geschehen kann durch ein äußeres Ereignis, durch ein vorangegangenes psychisches Geschehen oder durch die Kombination beider hervorgerufen werden, und in diesem Gedanken muß ich als Therapeut mich mit ihm beschäftigen. Selbstverständlich halte ich die Erforschung dessen, was auf der nervlichen und der biochemischen Ebene abläuft und notwendig das psychische Geschehen begleitet, nicht etwa für unwichtig oder vernachlässigbar. Wenn wir jedoch durch unsere Beschäftigung mit diesen Phänomenen die vorrangige Stellung des psychischen Geschehens erkennen können, dann wird es uns meiner Meinung nach leichter fallen, auch einen Zusammenhang zwischen normaler Traurigkeit und abnormer Depression zu erblicken.

Wenn ein normaler Mensch aufgrund bestimmter unerfreulicher Ereignisse in seinem Leben traurig oder unglücklich ist, dann bezeichnet er sich gelegentlich selbst als deprimiert oder melancholisch. Ebenso können wir auch unsere zutiefst deprimierten psychiatrischen Patienten als traurig, melancholisch, schwermütig oder unglücklich bezeichnen. Dieses Spiel mit den Adjektiven rechtfertigt sich durch die Tatsache, daß sie alle das gleiche Gefühl der »Unlust« implizieren. Wir müßten uns vielleicht mit der Traurigkeit nicht weiter beschäftigen und könnten uns direkt dem Studium jenes Syndroms zuwenden, das als Depression bezeichnet wird, wenn wir alles wüßten, was man über Traurigkeit eben wissen kann, aber leider ist das noch längst nicht der Fall. In den Registern vieler bedeutender Bücher über die Depression konnte ich Stichworte wie etwa »Traurigkeit« oder »Unglücksgefühl« nicht entdecken. Die entsprechenden Begriffe fehlen auch im psychologischen Wörterbuch von English und English (1958), im psychiatrischen Lexikon von Hinsie und Campbell (1960) und im Dictionary of Behavioral Science von Wolman (1973).

Normale Traurigkeit ist die emotionale Wirkung auf einen Menschen angesichts einer Situation, von der er gewünscht hätte, sie wäre nicht eingetreten, und die er als seinem Wohlbefinden abträglich betrachtet. Diese Definition würde wohl der Prüfung durch einen strengen Logiker nicht standhalten. Sie ist nämlich in gewissem Ausmaß zirkulär, wie alle Definitionen, die sich mit dem subjektiven Leben des Individuums befassen, und sie zeigt wieder einmal, wie schwer wir uns tun, wenn es um die Überwindung der Dichotomie zwischen Geist und Körper geht. Dennoch glaube ich, daß wir sie als Arbeitsgrundlage beibehalten und nutzen können.

Zunächst müssen wir uns daran erinnern, daß Traurigsein die Fähigkeit voraussetzt, andere normale Emotionen und Zustände zu empfinden, also etwa Zuneigung, Nähe, Liebe, Selbstachtung, Befriedigung. Wenn solche positiven Emotionen und Zustände nicht oder nicht mehr in ausreichendem Maße vorhanden sind, werden wir der Traurigkeit gegenüber »anfällig«.

Traurigkeit hat viele Züge, die auch anderen Gefühlen und Emotionen zugehören, und daneben bestimmte eigene Züge. Bevor wir uns mit dem Gefühl des Traurigseins näher befassen, wollen wir gewisse Aspekte betrachten, wie sie allen Gefühlen eigen sind. Dieses Vorgehen ist in psychiatrischen Abhandlungen eigentlich nicht üblich; aber Gefühle gehören nun einmal zu allen psychiatrischen Zuständen und ganz besonders zu den affektiven Störungen. Die Beschäftigung mit ihnen, gerade wenn sie nicht mit pathologischen Zuständen zusammenhängen, muß meiner Meinung nach nicht nur der psychologischen, sondern ebenso auch der psychiatrischen Forschung vorausgehen.

■ ■ ■ Gefühle und Erfahrungen ■ ■ ■ im Zusammenhang mit dem inneren Zustand*

Der Ausdruck »Gefühl« kann sich auf alle subjektiven oder persönlichen Erfahrungen – von den elementarsten Empfindungen bis zu komplizierten Emotionen – beziehen.

Empfindungen, die die Ebene der Wahrnehmung erreichen, werden auf zweierlei Weise erfahren: Zum einen bestehen sie aus der subjektiven Wahrnehmung eines physischen Zustandes des Organismus (zum Beispiel eines ganz spezifischen unangenehmen Gefühls, das wir als Schmerz bezeichnen), zum anderen spiegeln sie einen Aspekt der Realität.

Die erste Erfahrungsweise ist sensorischer Art – eine körperliche Veränderung wird in die Erfahrung eines inneren Zustandes umgewandelt, eine Erfahrung, die als subjektives Geschehen innerhalb des Organismus statthat. In der zweiten Erfahrungsweise erkennen wir die Funktion der Spiegelung der Realität, eine Funktion, die im allgemeinen in zahlreiche Verzweigungen ausläuft, die mit dem Bereich der Kognitionen zu tun haben.

---

* In einem 1960 veröffentlichten Artikel habe ich Empfindungen und Emotionen als Erfahrungen des inneren Zustandes bzw. als subjektive Zustände des Organismus beschrieben. In meinem Buch *The Intrapsychic Self* (1967) untersuchte ich die wichtigsten Emotionen im einzelnen. Hier behandle ich das Thema kürzer und nur im Blick auf den Zusammenhang mit dem eigentlichen Gegenstand dieses Buches.

Wenn wir sensorische Wahrnehmungen untersuchen, erkennen wir, daß die Bedeutung dieser beiden Komponenten sehr unterschiedlich sein kann. Die Erfahrung des inneren Zustandes ist sehr bedeutsam, wenn wir Schmerz, Hunger, Durst oder Fieber wahrnehmen. Weniger ausgeprägt ist sie bei anderen Wahrnehmungen, zu deren Zustandekommen der Organismus sich notwendig in Kontakt mit bestimmten Stimuli befinden muß, die dem Außenbereich zugehören (das ist der Fall etwa beim Berühren, Schmecken oder – weniger offensichtlich – beim Riechen). Bei solchen Wahrnehmungen spielt die subjektive Veränderung des Organismus zwar die herausragende Rolle, aber das Vorhandensein des äußeren Stimulus wird im allgemeinen ebenfalls anerkannt.

Bei auditiven und visuellen Wahrnehmungen spielt die Erfahrung einer Veränderung des inneren Zustandes nur eine ganz geringe Rolle. Sehr viel wichtiger ist das Gewahrwerden, das solche Wahrnehmungen uns hinsichtlich des Geschehens in der äußeren Welt vermitteln; damit setzen sie nämlich den Organismus in die Lage, sich in der angebrachten Weise mit der Außenwelt auseinanderzusetzen. Sie bilden weitgehend die Grundlage aller kognitiven Vorgänge, sie stellen Verbindungen mit dem Symbolismus der Sprache her, sie reichen bis in die Ebene der Apperzeption hinein und entfernen sich zunehmend von ihrem sensorischen Ursprung. Ihre Bedeutung liegt am Ende nicht mehr in ihrer sensorischen Natur, sondern in ihrem Gehalt.

Beide Arten von Erfahrung sind zweckgerichtet, aber die Erfahrung des inneren Zustandes ist unmittelbar für das Überleben von Wert und ihrem eigentlichen Wesen nach nicht symbolisch, während die Erfahrung der Spiegelung der Realität rasch eine symbolische Funktion annimmt und für das Überleben nicht unmittelbar wichtig ist.

Ich muß betonen, daß ich diese hochkomplexen Zusammenhänge sehr stark vereinfacht habe, um sie hier darstellen zu können. Keine Erfahrung und insbesondere keine menschliche Erfahrung gehört jemals ausschließlich dem einen oder dem anderen Typ an, sondern neigt nur jeweils dem einen oder dem anderen Typ zu. In diesem Kapitel geht es zwar in der Hauptsache um Erfahrungen des inneren Zustandes; ich möchte aber hier dennoch einige Bemerkungen über den allgemeinen Charakter der kognitiven Erfahrungen einfügen, damit der Unterschied zu den Erfahrungen des inneren Zustandes ganz deutlich wird.

Kognitive Erfahrungen werden zu Symbolen, das heißt, sie haben die Eigenschaft, ein Ding für ein anderes stehen zu lassen. So stehen beispielsweise Klänge für Worte, Gegenstände und Bedeutungen. Damit wird das Feld der Kognitionen potentiell unendlich. Es ist ein ständig sich erweiterndes System, das wir als Fähigkeit des Individuums wie als soziales und historisches Phänomen in der räumlichen Dimension der Gemeinschaft und in der zeitlichen Dimension der Geschichte des Menschen sehen und begreifen müssen. Es werden ständig neue Symbole geschaffen, die in immer größere Entfernung von ihrer ursprünglichen perzeptuellen Grundlage geraten. Was als einfache Wahrnehmung beginnt, setzt sich als Erkundung immer weitergefaßter Horizonte fort. Die »Endlichkeit« des Menschen scheint durch den Gebrauch der symbolischen Prozesse vorübergehend überwunden.

Im Gegensatz zu dieser unbegrenzten Reichweite scheint es zunächst, daß die Erfahrungen des inneren Zustandes nur eine zweitrangige Rolle spielen, zumindest im menschlichen Organismus. Sie können sich nicht ins Endlose erweitern, und sie scheinen zwangsläufig mit der Realität des Hier und Jetzt befaßt, mit einer Realität also, die durch die Grenzen des Organismus beschränkt ist, sich aber ohne weiteres in angenehme und unangenehme Erfahrungen scheiden läßt.

Hat der Organismus den Erfahrungen des inneren Zustandes wirklich eine zweitrangige Rolle zugedacht? Keineswegs, wie sich sogleich zeigen wird, wenn wir eine solche Erfahrung als Musterbeispiel herausgreifen und näher betrachten – eine unangenehme Erfahrung, den Schmerz.

Wenn bestimmte Nervenenden gereizt werden, kommt es zur Weiterleitung dieser Stimulation bis in den Thalamus und in die Großhirnrinde; und nun wird Schmerz empfunden. Schmerz ist nicht nur eine Empfindung und eine Wahrnehmung. Er ist eine Warnung, ein Signal dafür, daß es im Körper zu einer Diskontinuität oder einer ungünstigen Veränderung gekommen ist, die anhalten und sich verstärken kann, wenn der Organismus den Ursprung des Schmerzes nicht beseitigt. Das heißt, Schmerz übersetzt gewissermaßen einen abnormen Zustand des animalischen Organismus in eine subjektive Erfahrung. Niedrigere Lebewesen versuchen, den Schmerz dadurch zu beseitigen, daß sie sich motorisch von seiner Quelle entfernen. Höhere Arten und insbesondere der Mensch suchen sich in der Regel der Schmerzquelle durch ein zweckgerichtetes Verhalten zu entledigen, so daß das Regenerationspotential des Organismus eine Heilung zulassen kann. Wenn wir Zahnschmerzen haben, suchen wir unverzüglich den Zahnarzt auf.

Aber lange bevor wir die Bedeutung des Zahnschmerzes verstehen und die Hilfe eines Zahnarztes in Anspruch nehmen können, ist es uns bereits möglich, den Schmerz selbst zu verstehen. Das Neugeborene besitzt dieses Vermögen bereits in seinen ersten Lebenstagen. Der Schmerz ist für das kleine Kind eine unmittelbare Entdeckung, die allem Lernen vorausgeht. Die subjektive unangenehme Erfahrung erfolgt blitzartig. Sie ist früher und sehr viel schneller da als jede kognitive Erfahrung, die sich aus der Beschäftigung mit der zweiten Art von Empfindungen, mit den Wahrnehmungen, ergibt. Das kleine Kind kann noch nicht sprechen, aber es kann seine Erfahrung des Schmerzes durch Schreien zum Ausdruck bringen. Daß es schreit, belehrt uns darüber, daß es bereits imstande ist, dem Schmerz einen negativen *Wert* zuzuordnen. Zugleich übermittelt es dem Erwachsenen eine Botschaft: »Beseitige meinen Schmerz, indem du mich nährst, mich aufnimmst, meine Windeln wechselst«.

Wenn das Kind älter wird, schreit es nicht mehr, aber die Motivation ist die gleiche: »Beseitige die Quelle meines Schmerzes.« Diese Beseitigung des Schmerzes wird mit Hilfe anderer Menschen oder durch eigene Anstrengungen versucht. Das heißt, der – in diesem Fall negative – Wert, der selbst von dem kleinen Kind sofort als einem ganz bestimmten Bewußtseinszustand innewohnend erkannt wird, korrespondiert einem positiven Wert, was das Leben ganz allgemein betrifft, und fördert eine ganz bestimmte Art motivierten Verhaltens. Mit anderen Worten, das Schmerzgefühl wird zur motivierenden Kraft, und die Motivation gilt der Eliminierung der Schmerzquelle oder doch wenigstens der Abgabe einer Warnung des Inhalts, daß eine Methode gefunden werden sollte, um die Ursache dieses Gefühls auszuschalten.

Selbstverständlich ist die Übereinstimmung zwischen der Intensität des Schmerzgefühls, der darin implizierten Warnung und dem entsprechenden Verhalten nicht vollkommen. Zahnweh kann ein sehr quälender Schmerz sein, während eine schwere Krankheit unter Umständen nur ein dumpfes Schmerzgefühl erzeugt. Bei manchen schweren Krankheiten macht sich Schmerz erst bemerkbar oder wird erst dann unerträglich, wenn der Zustand bereits ein fortgeschrittenes Stadium erreicht hat, für das es beim gegenwärtigen Stand unserer therapeutischen Kenntnisse und Möglichkeiten keine Heilung mehr gibt. Auch wenn das System, das Schmerzempfinden ermöglicht, keine präzise Meldevorrichtung und kein geniales diagnostisches Werkzeug darstellt, ist es in seiner Wirkung insgesamt doch von unerläßlichem und kaum zu überschätzendem Wert für den Organismus. Wir können logischerweise annehmen, daß die Fähigkeit, Schmerz zu empfinden, im Laufe der Entwicklung zuerst ausgebildet wurde, weil das Tier sich – im Gegensatz zu den pflanzlichen Lebewesen – bewegt und seine Position verändert und daher ein Signal in der Form einer Empfindung braucht, um solchen »Körpern« in seiner Umgebung aus dem Weg zu gehen, die bestimmte schädigende Kennzeichen aufweisen (zu hart, kantig, dornig etc.). Der Schmerz ist auch ein – obgleich nicht perfekter – Indikator für bestimmte schädliche innere Zustände und Krankheiten des Organismus. So können wir wohl als sicher annehmen, daß die Schmerzwahrnehmung einen solchen Überlebenswert besitzt, daß animalisches Leben ohne sie – außer auf der alleruntersten Stufe – gar nicht möglich wäre.

An anderer Stelle (Arieti 1960, 1967) habe ich ausgeführt, daß Emotionen gewisse Gemeinsamkeiten mit den ganz simplen Gefühlen, also den Empfindungen und Wahrnehmungen des inneren Zustandes, besitzen. Auch Emotionen lassen sich scheiden in solche, die angenehm, und solche, die unangenehm sind, und daher werden auch sie zu motivierenden Kräften: Angenehme Emotionen motivieren den Menschen zu einem Verhalten, das darauf zielt, sich die Annehmlichkeiten zu bewahren, und unangenehme Emotionen motivieren ihn zu einem Verhalten, das darauf ausgerichtet ist, die Unannehmlichkeiten zu beenden. Was Freud als »Besetzung« bezeichnete – also als Anreicherung mit Energie oder Libido –, ist wahrscheinlich nur der Motivationswert der subjektiven Erfahrungen, wie Freud auch selbst meinte, bevor er *Das Ich und das Es* verfaßte.

Im Zusammenhang mit den Emotionen müssen wir uns zwei bedeutsame Sachverhalte vor Augen halten:

Viele bekannte Psychologen (z. B. Woodworth 1940; Munn 1946) haben in den Emotionen so etwas wie eine Desorganisation des Organismus gesehen. Es ist das Verdienst von Leeper (1948), diesen Irrtum aus der Welt geschafft zu haben. Ich selbst habe die von Leeper eingeschlagene Linie unabhängig von ihm ebenfalls verfolgt und das in hohem Maße organisierte System der Emotionen und der ihnen zugehörigen Motivationen geschildert (Arieti 1960, 1967). Spannung beispielsweise richtet sich als motivierende Kraft auf das Bemühen, die Rückkehr zur Homöostase und zu einem Zustand der Befriedigung in die Wege zu leiten; Furcht warnt uns vor einer schon vorhandenen Gefahr und bereitet uns darauf vor, diese Gefahr zu überwinden, Angst warnt uns vor einer noch in der Zukunft liegenden oder unbestimmten Gefahr, Wut und Zorn setzen uns in die Lage, gegen eine feindliche Macht anzukämpfen usw. Die Erfahrung einer Emotion bedeutet in der Tat eine Veränderung im Organismus und kann insofern störend sein, sie ist aber keine Desorganisation.

Der zweite Sachverhalt, über den ich mich ausführlich bereits in *The Intrapsychic Self* (1967) geäußert habe, betrifft die Tatsache, daß alle vom Menschen empfundenen Emotionen eine kognitive Komponente besitzen, die bei einigen Emotionen ganz geringfügig, bei anderen dagegen von herausragender Bedeutung ist.

Emotionen lassen sich nach drei Rangfolgen einteilen (Arieti 1967, 1970a, 1970b). Den ersten Rang nehmen die einfachsten Emotionen ein, die ich als erstrangige Emotionen bzw. als Protoemotionen bezeichnet habe. Von diesen gibt es mindestens fünf Typen: 1. Spannung – ein Gefühl des Unbehagens, das beispielsweise durch übermäßige Stimulierung hervorgerufen, dessen physiologische oder triebgesteuerte Abfuhr aber behindert wird; 2. Appetit, ein Gefühl der Erwartung im Gefolge der Absicht, sich auf ein fast unmittelbar erreichbares Ziel hin zu bewegen, es zu berühren, zu erfassen oder sich einzuverleiben; 3. Furcht, ein unangenehmer subjektiver Zustand, der auf die Wahrnehmung einer Gefahr folgt und die Bereitschaft zu fliehen auslöst; 4. Wut, eine Emotion, die auf die Wahrnehmung einer Gefahr folgt, die durch Kampf bewältigt werden muß, das heißt also durch aggressives Verhalten und nicht durch Flucht; 5. Befriedigung, ein emotionaler Zustand, der sich aus der Erfüllung physischer Bedürfnisse und aus der Befreiung von anderen Emotionen ergibt.

Ganz allgemein können wir über die Protoemotionen folgendes sagen: 1. Sie sind Erfahrungen des inneren Zustandes, die sich nicht deutlich lokalisieren lassen und die den Organismus insgesamt oder doch zu einem großen Teil erfassen. 2. Sie bringen entweder gewisse körperliche Veränderungen – meist muskulärer und humoraler Art – mit sich oder stellen auch gewisse Eigenschaften des Körpers in ihren Dienst. 3. Sie werden durch das Vorhandensein oder Nichtvorhandensein spezifischer Stimuli ausgelöst, die der Organismus als in positiver oder negativer Weise mit seiner Sicherheit und seinem Wohlbefinden zusammenhängend wahrnimmt. 4. Sie werden zu bedeutsamen Motivationsfaktoren und bestimmen weitgehend die Art des äußeren Verhaltens des jeweiligen Menschen. 5. Sie wirken beinahe sofort; wenn sie eine verzögerte Reaktion freisetzen, dann beträgt die Verzögerung zwischen dem Bruchteil einer Sekunde und einer Zeitspanne von wenigen Minuten. 6. Um sie zu erfahren, bedarf es eines Minimums an kognitiver Bemühung. So muß – etwa bei Furcht oder Wut – ein Stimulus sogleich als Gefahrenzeichen erkannt werden; die Gefahr ist bereits vorhanden oder steht unmittelbar bevor.

Mit den an fünfter und sechster Stelle genannten Kennzeichen müssen wir uns etwas ausführlicher befassen. Protoemotionen werden nicht blitzartig erfahren wie die ganz simplen Empfindungen von Schmerz oder Durst. Sie erfordern eine gewisse kognitive Tätigkeit. Allerdings ist diese kognitive Arbeit von sehr kurzer Dauer und noch kaum auf der symbolischen Ebene zu leisten, außer in einigen Fällen von allereinfachster symbolischer Qualität. Zur kognitiven Tätigkeit gehören die Perzeption und das einfache Lernen, ferner die »sensomotorische Intelligenz«, wie Piaget sie für die ersten anderthalb Lebensjahre beschreibt.

Protoemotionen sind für das Überleben der Art wie auch als Motivationskräfte von außergewöhnlicher Bedeutung, und dies sowohl auf der Ebene des Tiers als auch auf der Ebene des Menschen. Wir sollten aber nicht vergessen, daß die Lernvorgänge, die auf dieser Ebene nötig werden, von sehr einfacher Art sind. Ihr Inhalt sind Botschaften, die unverzüglich gegeben werden, und zwar mit Hilfe direkter Stimuli oder aber mit Hilfe von Signalen, nicht aber mit Symbolen. Signale oder Zeichen weisen auf Dinge. Sie können den Dingen sogar zugehören (der Geruch einer Maus ist für die Katze mit der Maus verbunden oder aber ein Teil der Maus), sie müssen es aber nicht. Wie der Glockenton, der dem konditionierten Hund vorgespielt wird, zeigen sie etwas an, was bevorsteht.

Die Organisation auf der protoemotionalen Ebene ist sehr einfach, und ihre Wirkung reicht nicht bis zu jenen Erscheinungen hin, die in der Psychiatrie wirklich von Relevanz sind. Wir müssen uns dem Bereich der Emotionen der zweiten Ordnung zuwenden, wenn es um psychische Erfahrungen wie Angst, Zorn, Wünschen oder Sicherheit geht.

Emotionen der zweiten Ordnung werden nicht durch einen direkten oder unmittelbar bevorstehenden Angriff oder durch eine drohende unmittelbare Veränderung in der Homöostase des Organismus hervorgerufen, sondern durch kognitiv-symbolische Prozesse. Das dafür notwendige Lernen hat nicht nur mit direkten Stimuli oder Signalen, sondern auch mit Symbolen zu tun; das heißt mit Repräsentationen der Stimuli bzw. der unmittelbaren Sinneseindrücke.

Diese Symbole können ganz unterschiedlich aussehen, das heißt, es kann sich bei ihnen um einfachste Formen, aber auch um abstrakte und hochkomplizierte Vorstellungen handeln. Das einfachste Symbol ist das Bild, ein psychisches Phänomen, das in Psychologie und Psychiatrie schon immer sträflich vernachlässigt worden ist. Wir wissen, daß das Bild eine ins Gedächtnis gegrabene Spur und damit eine Vorstellung ist, eine innere Quasi-Reproduktion einer Wahrnehmung, zu deren Herbeiführung es des entsprechenden äußeren Stimulus nicht bedarf. Wohl kommt es in rudimentärer Form auch bei nichtmenschlichen Arten zu solchen »Bildern«, aber es steht wohl außer Zweifel, daß sie im wesentlichen ein menschliches Kennzeichen sind. Das Kind schließt die Augen und sieht seine Mutter vor sich. Die Mutter ist vielleicht gar nicht anwesend, aber ihr Bild ist bei dem Kind und steht für sie. Das Kind liegt friedlich in seinem Bett, und das Bild bleibt bei ihm, bis es einschläft. Durch das Bild, das für die Mutter steht und sie repräsentiert, gewinnt die Mutter eine psychische Realität, die nicht an ihre physische Anwesenheit gebunden ist.

Alle höheren mentalen Prozesse beruhen darauf, daß der Mensch sich in dieser Weise Bilder »schafft«. Damit ist er nicht nur imstande, das herbeizurufen, was nicht anwesend ist, sondern auch sich seine affektive Disposition in bezug auf das abwesende Objekt zu erhalten. Das Bild wird so zum Ersatz für das äußere Objekt. Im Grunde ist es ein inneres Objekt, wenn auch nicht sehr gut organisiert.

Wir wollen nun untersuchen, wie solche Bilder das Spektrum der Emotionen erweitern können. Angst ist die emotionale Reaktion auf die Erwartung einer Gefahr. Die Gefahr ist nicht unmittelbar, und sie ist auch nicht immer wohldefiniert. Die Erwartung von Gefahr ist nicht Folge einer einfachen Wahrnehmung oder eines einfachen Signales wie im Falle der Furcht. Die Bilder setzen den Menschen in die Lage, eine zukünftige Gefahr und ihre gefürchteten Folgen vorauszubedenken, selbst wenn er nicht damit rechnet, daß sie sich in der nächsten Zukunft tatsächlich einstellt. Angst in ihrer einfachsten Form ist Furcht, die durch Bilder vermittelt wird, also »imaginierte« Furcht. Häufig wird die Gefahr allerdings durch Symbole repräsentiert, die komplizierter sind als Bildsequenzen.

Ähnliches läßt sich auch in bezug auf die andere Emotion der zweiten Rangordnung, den Zorn, sagen. Zorn in seiner einfachsten Form ist »imaginierte« Wut, eine Wut also, die durch die Bilder jener Stimuli hervorgerufen wird, die in der Regel eben Wut auslösen. Während Wut gewöhnlich zur unmittelbaren motorischen Entladung dem auslösenden Stimulus gegenüber führt, hat Zorn die Tendenz, länger anzuhalten, dabei aber sein drängendes Wesen nicht einzubüßen. Dieses Fortbestehen des Zorns ist möglich, weil er – ebenso wie die Angst – durch symbolische Formen vermittelt wird. Wenn Wut dem Überleben im Dschungel diente, so half der Zorn den frühen menschlichen Gemeinschaften, sich ihre feindlich-defensive Haltung gegenüber dem Gegner zu bewahren, auch wenn dieser gar nicht anwesend war.

Wünschen ist ein emotionaler Zustand, der in der Psychologie nur am Rande beachtet worden ist, außer in den Fällen, in denen Wünsche und Appetit verwechselt worden sind. Beim Appetit handelt es sich um ein Gefühl, das von der Vorbereitung des Körpers auf Annäherung und Einverleibung begleitet ist; Wünschen bedeutet dagegen, daß der Mensch sich zu einem Gegenstand, einem Menschen oder einer Tätigkeit in angenehmer Weise hingezogen fühlt. Im Gegensatz zum Appetit wird Wünschen durch das Hervorrufen des Bildes – oder anderer

Symbole – eines Objektes möglich, dessen Anwesenheit dem Menschen angenehm ist. Das Bild einer früheren angenehmen Erfahrung – etwa der Befriedigung eines Bedürfnisses – ruft eine emotionale Disposition hervor, die den Menschen dazu motiviert, dieses Bild mit dem realen Objekt seiner Befriedigung zu vertauschen. Damit beginnt die Suche nach dem realen Objekt oder wird doch zumindest erwogen. Diese Suche macht auch Umwege nötig, da ein direkter Zugang häufig nicht möglich ist.

Sicherheit ist die letzte der Emotionen der zweiten Rangordnung. Im Denken des Psychiaters Harry Stack Sullivan (1940, 1953) spielt sie eine sehr bedeutende Rolle. Es ist fraglich, ob eine solche Emotion in der Tat existiert; möglicherweise deutet dieser Begriff auch nur auf das Nichtvorhandensein unangenehmer Emotionen hin, oder aber er ist ein rein hypothetisches Konzept. Als einfachste Form von Sicherheit können wir uns die imaginierte Befriedigung denken: Bilder erlauben es dem Menschen, einen Zustand der Befriedigung nicht nur für heute, sondern auch für morgen sich zu vergegenwärtigen.

Das Gehirn, das Bilder oder Imagines verwendet, läßt sich in gewisser Weise mit einer Rechenmaschine vergleichen. Mit dem Hinzutreten der Sprache wird das Nervensystem dann gewissermaßen zum Digitalrechner; ein System von Zeichen ist jetzt imstande, jene Emotionen hervorzurufen, die früher nur durch äußere Stimuli oder Bilder entstehen konnten. Bisher sind Emotionen nichts als Erfahrungen des inneren Zustandes, die mit dem Organismus selbst, mit seiner unmittelbaren Umgebung oder mit seinem Bild der unmittelbaren Umgebung verbunden sind. Emotionen als Erfahrungen innerer Zustände, wie wir sie, von einigen Ausnahmen abgesehen, später noch behandeln wollen, sind nicht symbolisch. Sie stehen nur für sich selbst und reichen nicht über die Grenzen des Organismus hinaus. Wenn sie aber mit symbolischen Phänomen verbunden werden, können sie an der Unendlichkeit des Universums teilhaben.

Emotionen der zweiten Rangordnung können auch durch eine präkonzeptuelle Form der Kognition hervorgerufen werden; das heißt durch primitive Formen des Denkens, wie sie in dem von Freud so bezeichneten Primärprozeß enthalten sind. Das nichtmenschliche Wesen steht auf einem Niveau, auf dem nur Emotionen der ersten Rangordnung möglich sind, es ist daher in seinem psychischen Funktionieren eingeschränkt; es bleibt innerhalb der Grenzen einer limitierten Realität, ist aber in der Tat ein »Realist«. Es kann nur in nichtsymbolischer Weise lernen. Es deutet Zeichen – aber nicht Symbole – im Licht seiner bisherigen Erfahrungen. Wenn der Mensch Symbole verwendet, insbesondere präkonzeptuelle Symbole, dann erschließt sich seinem Geist die Unendlichkeit des Universums, zugleich aber auch die Unendlichkeit von Irrtümern und der Bereich des Nichtwirklichen. Er kann beispielsweise Angst gewissermaßen »umsonst« erfahren, weil sie nicht auf einer realistischen Würdigung von Gefahr gründet, sondern auf einer unzutreffenden oder willkürlichen Symbolik.

Emotionen der dritten Rangordnung kommen zustande, wenn die präkonzeptuellen Ebenen verlassen werden und die konzeptuellen Ebenen der Kognition sich entwickeln. Zusammen mit den Emotionen der ersten und zweiten Rangordnung bieten sie dem Menschen ein sehr kompliziertes und vielfältiges emotionales Repertoire. Bei den Emotionen der dritten Rangordnung spielt die Sprache eine bedeutende Rolle. Die temporale Repräsentation wird in Richtung auf Vergangenheit und Zukunft hin erweitert. Als erfahrungsmäßiges Phänomen hat Emotion nur *eine* zeitliche Dimension, nämlich die Gegenwart. Da ihr aber kognitive Komponenten zu eigen sind, handelt es sich um eine gegenwärtige Erfahrung, die sehr viel mit vergangenen Erfahrungen und mit einer bereits in den Blick genommenen Zukunft zu tun haben kann. Der Mensch kann heute wegen einer Sache glücklich oder unglücklich sein, die lange zurückliegt oder die sich seiner Meinung nach in der Zukunft ereignen könnte.

Emotionen der dritten Rangordnung können zwar bereits existieren, bevor das konzeptuelle Niveau überhaupt ausgebildet ist; auf dem konzeptuellen Niveau aber erweitern sie sich und werden sehr viel komplizierter. Emotionen der dritten Rangordnung sind Traurigkeit, Haß, Liebe, Freude. Eine angemessene Darlegung unseres Wissens in bezug auf diese Emotionen – das weit hinter dem zurückbleibt, was wir in diesem Zusammenhang noch nicht wissen – würde viele Bücher füllen. Ich will mich hier nur mit einer einzigen Emotion der dritten Rangordnung näher befassen: mit der Traurigkeit.

■ ■ ■ Traurigkeit ■ ■ ■

Traurigkeit ist ein spezifisch menschliches Phänomen, obwohl rudimentäre Formen dieses Gefühls oder verwandte Emotionen auch bei anderen Arten von Wirbeltieren beobachtet werden. Wir können Traurigkeit als eine besondere Form des Schmerzes bezeichnen, die nicht physischen, sondern mentalen Charakters ist. Das Wort Schmerz bezieht sich nicht nur auf physische, sondern auch auf seelisch-geistige Leiden, die einander als subjektive Erfahrung ja ähneln. Wenn unsere grundlegenden Annahmen, was das menschliche Fühlen angeht, zutreffen, dann muß die Traurigkeit ebenso wie der physische Schmerz im gesamten Verlauf der Evolution beibehalten worden sein, weil sie dem Überleben diente. Sie ist unter Umständen ebenso wie andere unangenehme Gefühle – ob Empfindungen oder Emotionen – zur motivierenden Kraft geworden. Die Motivation bestünde dann in dem Drang, die Ursache des unangenehmen Gefühls zu beseitigen. Diese Überlegung wird sich wohl schwerlich beweisen lassen; nehmen wir als Beispiele sieben verschiedene Situationen, in denen ein normaler Mensch sich vermutlich traurig oder unglücklich fühlen wird:

1. Er erfährt, daß ein Mensch, der ihm teuer war, plötzlich gestorben ist. Er verfällt in einen Zustand des Klagens und Trauerns.
2. Der Sohn oder die Tochter haben eine Prüfung nicht bestanden.
3. Der/die Geliebte hat deutlich und unwiderruflich erklärt, daß er/sie den Partner nicht mehr liebt.
4. Er verliert unerwartet eine Position, die er viele Jahre lang innegehabt hat, der gegenüber er Verpflichtung und Loyalität empfunden und die ihm Freude bereitet und Erfüllung gebracht hat.
5. Er ist an seinem Arbeitsplatz von seinem Vorgesetzten gedemütigt worden.
6. Er ist ungerecht behandelt worden.
7. Er erkennt, daß eine grundsätzliche Einstellung oder spezifische Ausrichtung, die sein bisheriges Leben bestimmt hat, falsch ist (etwa die Ergebenheit gegenüber einem anderen Menschen, einem bestimmten Gedanken, einer Tätigkeit). Er hat Zeit und Kraft vertan und muß sich nun anders orientieren.

Dank unserer Lebenserfahrung verstehen wir, daß ein Mensch, der sich einem oder mehreren dieser eben genannten Umstände gegenübersieht, in bestimmter emotionaler Weise darauf reagiert, sei es mit gemäßigter Traurigkeit, mit Verzagtheit, mit Schmerz, mit Unglücksgefühlen oder tiefem Kummer.

Ein Mensch, der damit rechnet, daß etwas Unerfreuliches oder Gefährliches in seinem Leben eintreten wird, hat Angst. Aber in unseren sieben Beispielen ist der Verlust bereits eingetreten, der Schaden bereits geschehen. Der Mensch erkennt das und empfindet folglich nicht Angst, sondern Traurigkeit. Offensichtlich ist die Würdigung der Situation die Voraussetzung dafür, daß Traurigkeit sich einstellt. Der Mensch erkennt nicht nur die Bedeutung des mißlichen Geschehens für sein gegenwärtiges Leben, sondern er kann auch die negativen Folgen einschätzen, die es für seine Zukunft haben wird. Um noch einmal auf unsere sieben Beispiele zurückzukommen:

Er wird sich nie mehr der Gesellschaft der verstorbenen Person erfreuen können; sein Sohn wird die angestrebte Beförderung nicht erhalten; er muß in Zukunft auf die Liebe des Partners verzichten; er hat die Position, die ihm so wichtig war, nicht mehr inne; er hat bei seinen Kollegen das Gesicht oder sein Ansehen verloren; er kann den Schaden, der ihm zugefügt worden ist, nicht ungeschehen machen, denn die Menschen glauben vielleicht wirklich an seine Schuld; er ist ein Narr gewesen, sich so ausschließlich einer Sache zu verschreiben, die diesen Einsatz gar nicht wert war, usw.

Manche Autoren sind der Meinung, daß Traurigkeit und Depression durch ein Absinken des Noradrenalinspiegels in bestimmten Teilen des Zentralnervensystems hervorgerufen werden. Sicher ist wohl, daß im Gehirn des Menschen, der Traurigkeit empfindet, eine chemische Veränderung stattfindet. Aber entgegen der von Akiskal und McKinney (1975) vertretenen Meinung bin ich eher der Auffassung, daß der Sprung nicht vom chemischen zum psychischen, sondern vielmehr vom psychischen zum chemischen Geschehen erfolgt. Mit anderen Worten, die kognitive Würdigung des Geschehens kommt *vor* der chemischen Veränderung. Wenn die chemische Veränderung für die subjektive Empfindung von Traurigkeit notwendig ist, dann muß sie für eine zweite Bewegung verantwortlich sein, nämlich für den Sprung von der chemischen Reaktion zur psychischen Erfahrung von Traurigkeit.

Wir müssen hier auf die ausgesprochen »extensive« kognitive Arbeit verweisen, die dem Aufkommen von Traurigkeit vorausgeht. Um zu verstehen, was der Tod eines Menschen, den wir geliebt haben, und sein Nichtmehrdasein für uns und unser weiteres Leben bedeutet, oder um das Ausmaß einer Demütigung bzw. die Folgen eines grundlegenden Irrtums, der uns unterlaufen ist, wirklich ermessen zu können, müssen wir Tausende von Tatsachen und ihre Verzweigungen, eine unendliche Zahl von Vorstellungen und vielfältige und einander häufig widersprechende Gefühle auswerten. Zunächst einmal verrichten Billionen von Neuronen ihre kognitive Arbeit im Neopallium; erst dann wird Traurigkeit als Resultat dieser kognitiven Arbeit empfunden. Das konzertierte Funktionieren aller neopallischen Neuronen wird in eine Emotion, in eine Erfahrung des inneren Zustandes, umgewandelt.

In diesem Buch befassen wir uns nicht mit den anatomischen Strukturen, die diese Umwandlung bewirken. Aus dem klassischen Werk von Papez (1937) und seinen Anhängern wissen wir, daß ein großer Teil der neopallischen Strukturen sich Wege zu bestimmten Teilen des limbischen Systems verschafft. Und schon an diesem Punkt können wir über ein Phänomen nachdenken, das mysteriös erscheint: daß nämlich innerhalb einer ganz kurzen Zeit – die vom Bruchteil einer Sekunde bis zu einigen Sekunden reicht – die Arbeit einer Vielzahl von Neuronen in eine emotionale Erfahrung verkehrt wird. Wenn wir auf einen einfachen Reiz mit der Erfahrung eines inneren Zustandes reagieren, so erscheint uns dieses Phänomen vielleicht nicht einmal so beeindruckend, solange uns nicht klar ist, daß die Erfahrung des inneren Zustandes das Resultat der konzertierten Tätigkeit von Billionen von Neuronen ist.

Ähnliche Phänomene sind im gesamten Nervensystem wirksam, wobei es unendliche Möglichkeiten gibt, was die Intensität und Komplexität der jeweils beteiligten Reize angeht. So kann unser auditives System einerseits das schwächste Wispern und andererseits das Donnergeräusch einer Explosion hören und in seiner Bedeutung verstehen, obwohl die beiden Geräuscherfahrungen um ein Trillionfaches voneinander abweichen. Die Augen können visuelle Bilder erfassen, die in ihrer Lichtintensität um ein Millionfaches schwanken (Guyton 1972). Entsprechend können gewisse Teile des limbischen Systems auch mit einer schmerzlichen Emotion auf Wellen der nervösen Stimulation reagieren, die aus den neopallischen Bereichen kommen und zwischen denen enorme Größenunterschiede bestehen.

Wir können wohl mit Sicherheit behaupten, daß kognitive Tätigkeit notwendig ist, damit normale Traurigkeit erfahren werden kann, so wie wir auch verhältnismäßig leicht feststellen können, daß eine Veränderung in dieser kognitiven Arbeit das Gefühl der Traurigkeit unter Umständen umzukehren vermag. Das folgende Beispiel soll diese Überlegungen verdeutlichen: Während des Zweiten Weltkrieges wurden eine Reihe von Familien davon benachrichtigt, daß einer ihrer Angehörigen vermißt wurde. Diese Nachricht löste in der Regel nicht nur großen Kummer, sondern auch Angst aus, denn der Tod des Vermißten war damit ja noch keineswegs bestätigt. Als später weitere Nachrichten eintrafen und den Tod des Soldaten bestätigten, war jedes Angstgefühl verschwunden, und es wurde nur noch tiefe Traurigkeit empfunden. In den seltenen Fällen, von denen die Zeitungen gelegentlich berichteten, in denen der Totgeglaubte wie durch ein Wunder am Leben geblieben und bei guter Gesundheit war, verschwand die Traurigkeit sofort und machte dem Gefühl von Glück und Freude Platz. Es ist also klar, daß eine Veränderung in der kognitiven Arbeit ihrerseits die Emotion verändern kann. Im folgenden müssen wir noch zeigen, wie und aus welchem Grunde die Emotion im Fall des Traurigkeins zu einem motivierenden Faktor werden kann.

■ ■ Traurigkeit – insbesondere ■ ■ Trauer um den Verlust eines geliebten Menschen – als motivierende Kraft

Wenn Traurigkeit anderen unangenehmen Gefühlen ähnelt, dann muß sie ein Verhalten fördern, das zu ihrem Verschwinden führt. Diese Funktion leuchtet ohne weiteres ein, wenn es um Schmerz, Hunger, Durst, Müdigkeit, Furcht und Angst geht, die sämtlich zu Verhaltensweisen führen, durch die die Ursache des jeweiligen Gefühls umgangen, beseitigt oder verhindert werden soll. Aber was können wir im Fall von Traurigkeit tun, wenn das schädigende Ereignis oder der Verlust bereits eingetreten sind? Die Dinge werden noch dadurch erschwert, daß wir, wenn wir traurig sind, uns um so weniger in der Lage sehen, irgend etwas zu unternehmen. Im Gegensatz zu Menschen, die zornig und damit kampfbereit sind, oder zu Menschen, die Angst haben und deshalb im Begriff sind zu fliehen, sind wir hier in unserem Handeln und Denken gebremst. Um dieses Phänomen verstehen zu können, müssen wir noch einmal zu unseren sieben Beispielen auf S. 177 zurückkehren und uns etwas ausführlicher mit dem ersten dieser Beispiele beschäftigen, mit dem Menschen, der erfährt, daß jemand, der ihm nahegestanden hat, ganz plötzlich gestorben ist.

Nachdem er die Mitteilung begriffen und im nächsten Augenblick auch schon erkannt hat, was dieser Tod für ihn bedeutet, empfindet er zunächst einen Schock und dann Traurigkeit; oder, um genauer zu sein, jene Sonderform der normalen Traurigkeit, die wir als tiefe Trauer um einen Menschen, der uns verloren gegangen ist, bezeichnen. Tagelang bewirkt jeder Gedanke im Zusammenhang mit dem dahingegangenen Menschen ein schmerzliches und nahezu unerträgliches Gefühl. Alle Überlegungen, die auch nur entfernt in einem Zusammenhang mit dem Toten stehen, erwecken Kummer. Der Mensch kann sich nicht an den Gedanken gewöhnen, daß die geliebte Person nicht mehr am Leben ist. Und da sie so wichtig für ihn war, stehen viele seiner Gedanken und Handlungen in direktem oder indirektem Zusammenhang mit ihr und rufen damit immer von neuem Traurigkeit hervor. Der Mensch stellt fest, daß er nach dem verlorenen anderen sucht. Wenn er jemanden trifft, der dem Dahingegangenen ähnlich sieht, hat er für einen Augenblick den Eindruck – den er sofort wieder korrigiert –, diesen anderen wiedergefunden zu haben. Wenn dann allerdings eine gewisse Zeitspanne verstrichen ist, die von einem Menschen zum anderen in ihrer Dauer jeweils variieren kann, gewöhnt sich der Trauernde allmählich an die Vorstellung, daß der geliebte Mensch tot ist.

Wie kommt dieser Wandel zustande? Wenn der Mensch zu einer gewissen Selbstbeobachtung fähig ist, wird er erkennen, daß bestimmte neue Gedankenverbindungen an die Stelle früherer Gedankenbündel und -verbindungen getreten sind, die mit dem dahingegangenen Menschen verknüpft waren. Zunächst hatte er den – ganz bewußten – Eindruck, daß die schmerzlichen Gedanken an den Toten ihn davon abgehalten hatten, an irgend etwas anderes zu denken. Nach einiger Zeit aber erkennt er, daß gerade das Gegenteil zutrifft: Die schmerzlichen Gedanken ziehen neue Gedanken an, so als wollten sie von diesen abgelöst oder ersetzt werden. Diese kognitive Aktivität hält an, bis die Trauerarbeit abgeschlossen ist.

Zunächst versucht der Mensch, des verstorbenen anderen wieder »habhaft zu werden«, ihn in seinen Träumen und Phantasien wieder zum Leben zu erwecken. Diese Versuche müssen selbstverständlich scheitern, und nun bleibt ihm nur noch die Möglichkeit, seine Gedanken im Zusammenhang mit dem verlorenen Menschen neu zu ordnen. Diese Neuordnung kann entsprechend der mentalen Prädisposition des betreffenden Menschen auf verschiedene Weise erfolgen. Er kann zum Beispiel jetzt die Überlegung anstellen, daß der Tote nicht länger unentbehrlich für ihn ist. Oder er verbindet das Bild des Toten in der Hauptsache mit denjenigen Eigenschaften, die für ihn immer erfreulich gewesen sind, so daß das Bild nicht länger Schmerz, sondern positive Gefühle erzeugt. Oder er stellt sich vor, daß das Leben des anderen nicht wirklich zu Ende ist, sondern entweder in einer anderen Welt oder auch in dieser Welt durch das Wirken des Toten, das ja nicht ausgelöscht ist, seine Fortsetzung findet. Und schließlich mag er daran denken, daß ein anderer den verlorenen Menschen in seinem Leben ersetzen kann; der Dahingegangene war ja nicht in jeder Hinsicht einmalig. Wie immer dieses gedankliche Neuordnen ausfällt, der Mensch bewegt sich nicht etwa – wie beim körperlichen Schmerz – von der Quelle des Unbehagens oder – wie im Fall der Furcht – von der Gefahrenquelle fort. Die Fortbewegung bezieht sich nur auf bestimmte Gedankenverbindungen, die das Gefühl der Traurigkeit anhalten lassen würden. Nicht das Verstreichen der Zeit heilt die Wunde, sondern die Neuordnung der Vorstellungen, die allerdings unter Umständen beträchtliche Zeit in Anspruch nimmt.

Wie ich schon in *The Intrapsychic Self* schrieb (dort sprach ich von Traurigkeit als von »normaler Depression« – eine Bezeichnung, die ich heute nicht mehr verwende), ist Traurigkeit eine unangenehme Emotion und hat die Tendenz, sich nicht etwa rasch, wie zum Beispiel die Wut, auslöschen zu lassen, sondern im Gegenteil anzuhalten. Sie drängt und treibt den Menschen nicht zur sofortigen Aktion und Entladung, wie Wut und Furcht dies tun; sie ist nicht zentripetal wie die Furcht, die als eine Erscheinung erfahren wird, die sich vom furchterregenden Stimulus auf den Organismus richtet, und ebensowenig zentrifugal wie etwa die Wut, die als gegen etwas außerhalb des Organismus Befindliches gerichtet erfahren wird. Obwohl in den meisten Fällen von bestimmten Ereignissen in der Außenwelt ausgelöst, ist sie reflexiv in dem Sinne, daß sie auf den Organismus zurückfällt, der sie empfindet.

Zusammenfassend können wir sagen, daß Traurigkeit unsere Tätigkeiten verlangsamt und lange genug in uns anhält, um keine sofortige motorische Reaktion zu erzeugen. Sie begünstigt langsam ablaufende mentale Prozesse, durch die die Vorstellungen hinsichtlich der Lebensmaximen neu geordnet werden und schließlich ein anderes und zweckmäßiges Verhalten herbeigeführt wird. Bei Kindern, die einfach noch nicht verstehen können, daß der Verlust nicht wieder gutzumachen ist, wirkt sich der Drang zur Wiedergewinnung des verlorenen Objektes heftiger aus als bei Erwachsenen, wie Bowlby feststellt (1960a). Viele Autoren (Anna Freud 1960; Jacobson 1971) bezweifeln, daß man die Reaktion von Kindern auf den Tod ihrer Mutter wirklich als die bekannte »tiefe Trauer« bezeichnen kann. Auf jeden Fall handelt es sich, selbst wenn die kindliche Reaktion der »tiefen Trauer« des Erwachsenen nicht gleichwertig ist, um einen Zustand der Traurigkeit im Gefolge eines unangenehmen Geschehens.

Zum Thema der Trauer um einen geliebten Menschen hat Parkes sehr umfangreiche Forschungen angestellt (1964, 1965, 1972, 1973). Er beschäftigte sich mit den Wirkungen des Trauerfalles auf 66 verwitwete Frauen aus allen Gegenden Englands und schrieb, daß der erwachsene Mensch, der vom Tod einer geliebten Person hört, diese rufen und nach ihr suchen möchte. Da er aber weiß, daß eine solche Suche sinnlos und schmerzlich ist, will er sie nicht wahrhaben. Das Resultat ist ein Kompromiß, ein teilweises Zugeben der Tatsache, daß er sucht. Während das Kind weint und protestiert, wie Bowlby dies beschreibt, fährt der Erwachsene fort zu suchen. Parkes (1973) schildert unter anderem den Fall einer Frau, die nach ihrem vermißten Sohn suchte. »Sie streicht ruhelos durch das Haus, tastet jeden möglichen Winkel mit ihren Blicken ab und denkt an ihren Jungen; sie hört ein Geräusch und bringt es sofort mit dem Geräusch in Verbindung, das der Fußball des Jungen auf den Treppenstufen verursachte; sie ruft: ›John, bist du's?‹«

Dieses Suchen zeichnet sich anfangs durch motorische Hyperaktivität aus, die, wie Parkes sagt, dem Ziel dient, die verstorbene Person tatsächlich zu »finden«. Schon Lindemann beschreibt diese übermäßige Geschäftigkeit: »Menschen in tiefer Trauer zeigen im Verlauf des Tages eine bemerkenswert unterschiedliche Aktivität. Ihr Handeln und ihre Sprechweise sind nicht etwa verlangsamt; ganz im Gegenteil sprechen sie besonders hastig, vor allem wenn es um den Verstorbenen geht. Sie sind ruhelos, können nicht stillsitzen, bewegen sich ziellos umher und suchen sich ständig etwas zu tun. Gleichzeitig zeigen sie aber auch eine geradezu quälende Unfähigkeit, normale Tätigkeiten zu beginnen und durchzuhalten« (Lindemann 1944). Nach Parkes folgt auf die Hyperaktivität zunächst die ausgedehnte Beschäftigung mit dem Andenken des verlorenen Menschen, das Aufgreifen jedes Hinweises, der sich in diesem Zusammenhang auch immer bieten mag, die besondere Beachtung all der Orte und Gegenstände, die in irgendeinem Zusammenhang mit dem Verstorbenen stehen, und schließlich die bewußte Erkenntnis, daß man fast zwanghaft auf der Suche nach dem verlorenen Menschen ist.

Parkes bemerkt, daß Trauer gewöhnlich als ein Prozeß betrachtet wird, in dessen Verlauf der Mensch sich von seinem verlorenen Objekt entfernt. Dennoch handelt der trauernde Mensch so, als wolle er die Wiederherstellung des Objekts. Parkes (1973) fügt allerdings hinzu, daß »nachdem die Bemühungen um eine Wiedervereinigung wiederholt fehlgeschlagen sind, das intensive und lange Suchen allmählich nachläßt, Gewöhnung eintritt und die ›Trauerarbeit‹ abgeschlossen wird. Es scheint, daß der erwachsene Mensch unbedingt auch dann durch das schmerzhafte Sehnen und Suchen hindurch muß, wenn es darum geht, seine Bindung an eine verlorene Person wieder zu ›verlernen‹.«

Mir scheint, daß Parkes hier im wesentlichen das frühe Stadium des Trauerns meint, das gleich nach dem ersten Schock und der damit einhergehenden Retardation einsetzt. Er unterstreicht, was ich bereits früher geschrieben habe (Arieti 1959), daß nämlich der trauernde Mensch durch seine Bemühungen um die Wiederherstellung der verlorenen Person seine Aktivität zurückgewinnt. Die Retardation hält nicht an, sondern es kommt jetzt zur motorischen und intellektuellen Hyperaktivität mit dem Ziel, den verlorenen Menschen wiederzufinden. Meiner Ansicht nach verhält sich ein Mensch, der eine solche unrealistische und sinnlose Suche beginnt, wie jemand, der ein Trauma durchlitten hat und immer wieder davon träumt, um sich auf diese Weise daran zu gewöhnen, gewissermaßen in bezug auf dieses Trauma desensibilisiert zu werden oder seine emotionale Wucht zu vermindern.

Ich teile nicht die Meinung von Parkes, daß die »Trauerarbeit« mit der Erfüllung der Aktivitäten, die er beschreibt, beendet ist. Wenn wir mit Trauerarbeit die »reparative« Arbeit meinen, dann muß uns klar sein, daß Parkes nur den ersten Teil beschrieben hat, der die Vorbereitung für den zweiten darstellt.

Mit dem ersten Teil der Trauerarbeit gelingt dem Patienten eine teilweise Desensibilisierung in bezug auf den Verlust, den er erlitten hat, aber angesichts der Sinnlosigkeit seiner Bemühungen wird er auch zunehmend empfänglich für realistische Alternativen. Er akzeptiert jetzt die kognitiven Möglichkeiten, die wir auf S. 181 beschrieben haben: Er betrachtet den Dahingegangenen nicht länger als unentbehrlich; er glaubt, daß er – in seinen Taten oder in einer anderen Welt – weiterlebt oder daß er durch einen anderen Menschen ersetzt werden kann usw. Die Trauerarbeit ist erst dann bewältigt, und das Gefühl der Traurigkeit verschwindet erst dann, wenn eine oder mehrere dieser Möglichkeiten akzeptiert werden und dann ihrerseits ein anderes intellektuelles und motorisches Verhalten des verlassenen Menschen zustandebringen.

Alberta Szalita (1974) schreibt über die Trauer: »Wenn ein Mensch einen Verlust erleidet – und insbesondere wenn es sich um einen ihm nahestehenden Menschen handelte –, durchläuft er normalerweise eine Periode des Kummers und der Trauer von unterschiedlicher Intensität, bis er die Energien wieder zurückgewonnen hat, die er auf das verlorene Objekt gerichtet hatte. Der Prozeß des Trauerns ist sehr schmerzlich. Es ist eine schwere Arbeit, die ihn schließlich sich mit dem Verlust abfinden läßt und es ihm am Ende ermöglicht, sein Leben mit ungebrochener Kraft oder sogar mit erhöhter Vitalität fortzuführen. Ein ähnlicher Prozeß findet statt, wenn wir mit einer Enttäuschung, einem Fehlschlag, mit der Zurückweisung durch einen geliebten Menschen, mit Scheidung oder Trennung fertigwerden müssen.«

Szalita nennt drei Stadien des Trauerns: die vollständige Identifizierung mit dem verstorbenen Menschen, die Aufspaltung dieser Identifikation und schließlich die erneute und gründliche Betrachtung und Würdigung der Beziehung, die zu dem Verstorbenen unterhalten worden ist. Von dieser dritten Stufe sagt sie, daß es sich dabei »um eine aus einer gewissen Distanz vorgenommene Würdigung des eigenen Verhaltens gegenüber dem verlorenen Objekt [handelt]. Zu dieser Selbstbetrachtung gehört die schmerzliche Beschäftigung mit Tausenden von kleinen und kleinsten Dingen und eine wirkliche Überprüfung des eigenen Lebens. Hier kann nicht flüchtig über die Dinge hinweggeglitten werden; Oberflächlichkeit verträgt sich nicht mit Trauer. Aus dieser bohrenden Suche geht man am Ende gefestigt, bereichert und von neuem Leben erfüllt hervor.« Szalitas drittes Stadium deckt sich zum Teil mit der Phase der Wiederherstellung, wie ich sie beschrieben habe.

Wir sollten an dieser Stelle noch einmal daran erinnern, daß die Langsamkeit, wie sie durch das Gefühl der Traurigkeit bewirkt wird, ihren Sinn hat. Die Wiederherstellungsarbeit, die der trauernde Mensch bewältigen muß, erfordert viel Zeit. Schnell etwas zu tun ist unter diesen Umständen nur schwer möglich, und damit ist auch der Neigung, rasch einmal in eine gänzlich andere Richtung auszuweichen, gewissermaßen ein Riegel vorgeschoben.

Was den motivationalen Charakter der Trauer angeht, so wird seit dem Erscheinen von Freuds *Trauer und Melancholie* (1917) von den Vertretern der klassischen Psychoanalyse noch ein weiterer Aspekt hervorgehoben: Der Trauernde empfindet Schuldgefühle, weil er den dahingegangenen Menschen überlebt hat, weil er seinen Tod nicht verhindert hat, oder – noch häufiger – weil er glaubt, daß er seinen Tod herbeigewünscht habe. Solche Wünsche sind vielleicht nur tief im Unbewußten gehegt worden, aber die Traurigkeit ist nun gewissermaßen die Sühne dafür, daß der Mensch diese Schuld auf sich geladen hat. Es trifft zwar zu, daß sich Komplexe dieser Art bei manchen Menschen aufspüren lassen, insbesondere bei solchen, die auf den Tod eines ihnen nahestehenden Menschen mit einer Depression von pathologischen Ausmaßen reagieren (siehe Kapitel 6); es ist aber sehr unwahrscheinlich, daß wir in diesem Mechanismus eine hinreichende Erklärung für das Phänomen der tiefen Trauer insgesamt besitzen.*

Wenn wir uns den übrigen sechs Situationen zuwenden, die wir auf S. 177 aufgeführt haben und in denen ein normaler Mensch aller Wahrscheinlichkeit nach traurig oder unglücklich sein wird, dann erkennen wir, daß das Phänomen der Traurigkeit in diesen Fällen einerseits der tiefen Trauer nach einem Verlust ähnelt, sich andererseits aber in mancher Hinsicht leichter begreifen läßt. Am Anfang steht die kognitive Würdigung des Geschehens und seiner Folgen. Im Anschluß daran empfindet der Mensch Traurigkeit und zeigt verlangsamtes Handeln, und schließlich setzt die »reparative« Arbeit ein. Diese letzte Phase ist in der Regel schon sehr realitätsbezogen und ist kaum noch von unrealistischen Phantasien geprägt, wenn es nicht zu pathologischen Komplikationen kommt. So wird beispielsweise der Vater dem jungen Mann, der sein Examen nicht bestanden hat, nun

* Der Leser, der sich ausführlicher mit der tiefen Trauer befassen möchte, sei auf die Arbeiten von Parkes (1972) und von Schoenberg u. a. (1975) hingewiesen.

zureden, fleißiger zu lernen, es noch einmal zu versuchen oder schließlich sogar »umzusatteln«. Der verlassene Liebhaber wird seine Liebesgeschichte noch einmal und nun kritischer an seinem inneren Auge vorbeiziehen lassen oder sich nach einer neuen Freundin umsehen. Der Mensch, der erkannt hat, daß er sein Lebensschiff in die falsche Richtung gesteuert hat oder daß die Person, die Sache oder die Bemühung, der er sich verschrieben hatte, diesen Einsatz nicht wert war, empfindet Traurigkeit nicht in bezug auf irgendein spezifisches Geschehen, sondern eher angesichts der Einsicht in sein Lebensmuster oder der neugewonnenen Einschätzung dieses Musters. Hier haben wir es übrigens mit einer der häufigsten Ursachen für Traurigkeit und Depression zu tun, wie wir dies in Kapitel 6 im einzelnen noch sehen werden. Die Neubetrachtung des eigenen Lebens kann dem Menschen Kummer bereiten, aber wenn er sich in der richtigen Weise mit diesem Kummer auseinandersetzt, kann er sein Wohlbefinden zurückgewinnen oder zumindest doch eine Depression verhindern.

Was wir bisher beschrieben haben, läßt wohl keinen Zweifel mehr daran, daß Traurigkeit einen Zweck hat. Damit wird auch verständlich, daß Traurigkeit als eines der wesentlichen Gefühle innerhalb der Erlebensmöglichkeiten des Menschen im Laufe der Evolution bewahrt und weitergetragen worden ist.

Ich bin mir bewußt, daß diese Formulierung vielleicht jene Leser irritieren wird, die in der Forschung tätig sind und nur eine deterministische Erklärung gelten lassen wollen, in der es für den Gedanken von Zweck oder Selektion keinen Raum gibt. Ich möchte aber zu bedenken geben, daß wir uns ja nur an eine bestimmte *façon de parler* halten, wenn wir etwa in biologischen Abhandlungen davon sprechen, daß »durch Evolution eine Selektion erfolgt« ist. Wir legen keine menschlichen Maßstäbe auf einen Prozeß an, der Jahrmillionen zu seinem Ablauf gebraucht hat. Wir benutzen »menschliche« Begriffe, wenn wir uns über die Tatsache verständigen, daß Mutationen, die für das Überleben der Art nicht geeignet sind, sehr wahrscheinlich wieder verschwinden. Das heißt, die unvorteilhaften Mutationen werden nicht reproduziert, und nur solche Mutationen setzen sich immer weiter fort, die dem Überleben prinzipiell förderlich sind (auch wenn dies im einzelnen Fall nicht immer zutreffen muß). Obwohl es also vorkommt, daß Traurigkeit in Depression und Selbsttötung mündet, besitzt sie im Gesamtbild der menschlichen Spezies letztlich doch einen positiven, nämlich einen Überlebenswert. Auch wenn man die Dinge deterministisch betrachtet und sagt, daß Traurigkeit dem Menschen aufgrund gewisser äußerer oder innerer Ursachen vorbestimmt sei, so hat sie dennoch im begrenzten Bezugsrahmen des einzelnen ihren Zweck und ihre heilsame Wirkung. Wenn wir uns psychodynamischer Konzepte bedienen, dann implizieren wir normale bzw. abnorme Zwecke – auch wenn sich unser gesamtes Leben schließlich in das deterministische Schema des Kosmos einfügen läßt (Arieti 1967, 1970).

■ ■ ■ ■ 6. Psychodynamische Aspekte der schweren Depression ■ ■ ■ ■

In manchen Fällen wird Trauer nicht bewältigt und entwickelt sich dann unter Umständen zu einem Zustand der Depression. Da sie sich für eine Überprüfung zu didaktischen Zwecken besonders gut eignen, haben wir hier in erster Linie solche Trauerzustände unter die Lupe genommen, die sich – als Folge spezifischer, meist plötzlich eintretender Geschehnisse – sehr rasch entfalten. In der Praxis stellen wir immer wieder fest, daß viele Fälle von Traurigkeit, die schließlich zur schweren Depression führen, einen sehr langsamen Verlauf nehmen, seien sie chronischer oder subchronischer Art, seien sie an der Bewußtseinsschwelle oder unterhalb dieser Schwelle angesiedelt. Wir stellen weiter fest, daß in vielen Fällen zwar der wichtigste auslösende Faktor eindeutig in einem ganz bestimmten Geschehen zu finden ist, daß aber zuvor schon eine subliminale Traurigkeit – bedingt durch bereits bestehende Kontingenzen – vorhanden gewesen ist. Es ist somit wichtig, eine Art Längsschnittbetrachtung der psychodynamischen Entwicklung des einzelnen Patienten vorzunehmen. Die psychodynamische Vorgeschichte ist nicht nur die Sequenz der Ereignisse von der Geburt bis zum gegenwärtigen Zeitpunkt, sondern die Ausfaltung der psychischen Kräfte, wie sie aus dem Wechselspiel zwischen äußeren und inneren Geschehnissen entstehen.

Wie bereits in Kapitel 1 erwähnt, befindet sich jedes menschliche Wesen grundsätzlich in einem Zustand der Rezeptivität; das heißt, es ist bereit und fähig, sich von seiner Umgebung beeinflussen zu lassen. Aber Menschen lassen sich nicht nur nach diesem Zustand der Rezeptivität definieren. Jeder Mensch besitzt bereits in seiner frühen Kindheit eine weitere grundlegende Funktion, nämlich die integrative Aktivität (Arieti 1977). So wie seine Transaktionen mit der Welt den einzelnen Menschen nicht nur informieren, sondern auch transformieren, so transformiert das Individuum seinerseits diese Transaktionen mittels seiner integrativen Aktivität und wird dann wiederum von diesen Transformationen informiert und transformiert. Kein Einfluß wird als direkte und unwandelbare Botschaft empfangen. Eine Vielzahl von Prozessen gehen auf der interpersonalen wie auf der intrapsychischen Ebene hin und her.

In diesem Kapitel wollen wir im einzelnen aufzeigen, wie die Umgebung den späteren schwer depressiven Patienten beeinflußt und auf welche Weise er diese Einflüsse mit seiner Person verbindet. Dabei wird deutlich werden, daß die Art der Einflußnahme wie auch die Art der Einflußverarbeitung sich von den entsprechenden Vorgängen beim »normalen« Menschen oder auch beim typischen schizophrenen Patienten sehr stark unterscheiden.

■ ■ ■ Die Kindheit ■ ■ ■

In der Regel ist die Kindheit eines Menschen, der als Erwachsener an einer schweren Depression leidet, nicht so traumatisch verlaufen wie die Kinderjahre von Menschen, die später schizophren oder auch schwer neurotisch werden.

Die Eltern des Patienten vermitteln im allgemeinen den Eindruck von Zusammenhalt und Stabilität. Nur in wenigen Fällen ist zwischen solchen Paaren ernsthaft von Scheidung die Rede. Die Familie scheint auf einer soliden Grundlage zu stehen und sich an die ungeschriebenen Gesetze der Gesellschaft zu halten. Konflikt, Gespaltenheit und jene besonderen Konstellationen, wie sie für die Familien schizophrener Patienten beschrieben werden, sind in den Familien von Patienten, die an affektiven Störungen leiden, nicht so häufig zu beobachten. Wenn sie vorhanden sind, dann sehr viel weniger ausgeprägt als in den Familien Schizophrener.

Der im Erwachsenenleben schwer depressive Patient kommt gewöhnlich in einer Familie auf die Welt, die ihn bereitwillig akzeptiert und gerne für ihn sorgt. Das Wort »akzeptieren« hat in diesem Zusammenhang eine besondere Bedeutung; die Mutter ist sich ihrer Pflichten voll bewußt, sie will dem kleinen Kind alle notwendige Pflege und Fürsorge angedeihen lassen, und sie ist bereit, es mit allem, was es braucht, zu versorgen. Diese Bereitschaft der Mutter wird wiederum vom Kind akzeptiert, das seinerseits bereit ist, alles zu akzeptieren, was ihm geboten wird; das heißt, das Kind ist schon frühzeitig in seinem Leben ganz außerordentlich empfänglich für den Einfluß (die Zuwendung) des signifikanten Erwachsenen (der Mutter). Es läßt keinerlei Anzeichen von Widerstand gegenüber diesem Einfluß erkennen, etwa autistische Manifestationen oder Versuche, die Sozialisation zu verhindern oder hinauszuzögern, wie wir sie bei der Schizophrenie durchaus finden (Arieti, 1974). Um mit Martin Buber (1937) zu sprechen: Das »Du« oder der andere wird unverzüglich akzeptiert und introjiziert. Das »Du« ist zunächst die Mutter, aber diese besondere Empfänglichkeit gegenüber dem Einfluß der Mutter stärkt die Empfänglichkeit gegenüber beiden Eltern und gegenüber allen anderen wichtigen Erwachsenen in der Umgebung und fördert die Bereitschaft, sie mitsamt ihren Symbolen und Werten zu akzeptieren. Sie fördert daneben auch die Bereitschaft, die von ihnen gebotene Nahrung (die Muttermilch oder normale Kost) zu akzeptieren, und prädisponiert damit manche Menschen (wenn auch keineswegs alle) zum übermäßigen Essen, zur Fettleibigkeit und zur Kompensation mittels Nahrungsaufnahme, wenn andere Befriedigungen nicht erreichbar sind.

Diese Empfänglichkeit für die Guttaten anderer Menschen und die Bereitschaft, sie in diesem frühen Alter zu introjizieren, fördern ganz bestimmte Persönlichkeitszüge in dem späteren Patienten. In der Regel wächst er zu einem extravertierten und zugleich konformistischen Menschen heran, der gerne alles, was seine Umgebung ihm gibt, seien es materielle Dinge oder Gewohnheiten und Werte, annimmt, und der sich in geringerem Ausmaß als andere Menschen auf seine eigenen Mittel und Möglichkeiten verläßt. Diese Bereitschaft zum Annehmen – diese psychische Rezeptivität – prädisponiert ihn auch zur pathologischen oder übertriebenen Introjektion; das heißt, er neigt dazu, sich allzu stark auf andere Menschen zu verlassen, was bestimmte Aspekte des Lebens angeht. Darauf werden wir später noch eingehen.

Im zweiten Lebensjahr (nach manchen Autoren auch schon früher) kommt es durch eine neue Haltung der Mutter gegenüber dem Kind zu einer drastischen Veränderung der Umgebung, in der das Kind aufwächst. In manchen Fällen wird dieser plötzliche Wechsel als schweres Trauma empfunden. Die Mutter kümmert sich weiterhin um das Kind, aber doch merklich weniger als zuvor, und sie stellt jetzt eine Menge Forderungen an das Kind. Es empfängt Fürsorge und Zuwendung, vorausgesetzt, daß es die elterlichen Erwartungen in bezug auf seine Person akzeptiert und ihnen zu genügen sucht.

Dieser brüske Wechsel in der Haltung der Eltern hat in der Regel mehrere Gründe. Zunächst einmal erweckt ihre Einstellung gegenüber dem Leben ganz allgemein in dem Kind schon bald ein Gefühl für Pflicht und Verantwortung; was man haben möchte, muß man sich verdienen. Die Eltern sind im allgemeinen mit ihrem eigenen Leben unzufrieden und gelegentlich ärgerlich auf die Kinder, die ihnen zusätzliche Arbeit und Verantwortung eintragen. Allerdings zeigt sich diese Verärgerung selten unverhüllt; gewöhnlich wird sie in der Tatsache erkennbar, daß die Eltern ihre Erwartungen allzuhoch schrauben.

Das Kind stellt also fest, daß seine Umgebung sich verändert hat: Anfangs war es eine Umgebung, die es zu ausgeprägter Empfänglichkeit »anhielt«, nun ist es eine Umgebung, die große Erwartungen an das Kind stellt. Diese unterschiedlichen Umgebungen erklären sich im Grunde durch ein und denselben Faktor, nämlich das ausgeprägte Pflichtgefühl der Mutter, das sie zunächst veranlaßte, besonders viel für das kleine Kind zu tun, das sie nun aber in einem frühen Lebensstadium bereits auf das Kind überträgt. Depressive Menschen sind häufig mit vielen Geschwistern aufgewachsen. Wenn der spätere Patient im zweiten Lebensjahr steht, wird oft schon das nächste Geschwisterchen geboren, und die Mutter überhäuft nun aus ihrem Pflichtbewußtsein heraus das Neugeborene mit der gleichen großzügigen Fürsorge, die sie zuvor dem Patienten hat angedeihen lassen. Das macht die Veränderung für den Patienten natürlich ganz besonders augenfällig.

Dieses Beiseitegeschobenwerden durch ein jüngeres Kind scheint im Verlauf vieler Fälle von manisch-depressiver Psychose und anderen Formen der schweren Depression eine gewichtige Rolle zu spielen, wenn sich das auch nicht statistisch nachweisen läßt. Statistische Erhebungen haben sich bisher eher mit der Geburtenfolge, also mit der Frage befaßt, ob der Patient das erste, das zweite usw. Kind in der Familie ist*.

In vielen Fällen waren überraschend eingetretene Geschehnisse schuld daran, daß die Umgebung des Kindes sich so abrupt veränderte: Die Mutter konnte sich nicht mehr um das Kind kümmern, weil sie krank wurde, weil die Familie in finanzielle Schwierigkeiten geriet, zur Auswanderung gezwungen oder politisch verfolgt wurde. Das Kind wurde dann in die Obhut einer Tante, Großmutter, Cousine oder auch einer fremden Person gegeben oder kam ins Waisenhaus und war der Heftigkeit dieser Verlusterfahrung wehrlos ausgeliefert.

Für manche Patienten ist der plötzliche Wechsel, den wir beschrieben haben, schon mit der Entwöhnung von der Mutterbrust eingetreten. Affektiv gestörte Patienten sind in ihrer Säuglingszeit in der Regel zunächst von der Mutter genährt und dann abrupt entwöhnt worden. Sie erhielten kein Fläschchen, keinen Gummischnuller und auch sonst nichts zur Beruhigung. Der Übergang ist hart: von der Mutterbrust zum Trinkgefäß. Bei einigen wenigen Patienten spielt dieser Verlust der mütterlichen Brust eine wichtige Rolle.

Viele andere Patienten haben die abrupte Veränderung später er-

---

* Es gibt allerdings statistische Untersuchungen, aus denen hervorgeht, daß das erstgeborene Kind stärker als die nachfolgenden zur manisch-depressiven Psychose neigt. Natürlich besteht beim erstgeborenen Kind auch eher die Gefahr, daß es beiseitegeschoben wird. Bermann (1933) stellte im Rahmen seiner Beschäftigung mit 100 manisch-depressiven Patienten fest, daß 48 von ihnen erstgeborene Kinder waren; 15 waren das zweite, 10 das dritte und 10 das vierte Kind gewesen, 17 das fünfte oder ein noch späteres. Pollock und seine Mitarbeiter (1939) stellten fest, daß 39,7 Prozent ihrer Patienten erstgeborene und 29,7 Prozent zweitgeborene Kinder gewesen waren. Malzberg (1937) und Katz (1934) konnten keinen Zusammenhang zwischen der Geburtenfolge und dem Auftreten der manisch-depressiven Psychose entdecken.

fahren, gewöhnlich im Vorschulalter, aber auch noch in den ersten Schuljahren (siehe den Fall der Frau Fullman in Kapitel 10). In wieder anderen Fällen sind es ganz spezifische Ereignisse, die dem Kind das Gefühl vermitteln, daß seine wichtigste Liebesbeziehung bedroht ist. Die Veränderung kann in der Zusammensetzung der Familie oder in der Haltung der Eltern liegen oder durch irgendein ungewöhnliches Geschehen bewirkt worden sein. Wenn der Patient seinem Therapeuten diese Veränderung schildert, wie sie sich in seiner Erinnerung nach so langer Zeit darstellt, dann stellt sich manchmal heraus, daß die Bedrohung ihm viel zu groß erschienen ist. In vielen anderen Fällen dagegen scheint das außerordentlich bedrohliche Gefühl, das der Patient empfunden hat, durchaus berechtigt gewesen zu sein; in noch anderen Fällen kann der Patient sich gar nicht daran erinnern, daß er sich bedroht fühlte, aber er erinnert sich, wie unter einer Bedrohung gehandelt zu haben, und gelegentlich fallen ihm sogar Dinge ein, die ihn sehr wohl geängstigt haben müßten. Wir verwenden hier das Wort »Bedrohung« und nicht das Wort »Verlust«, obwohl das Kind in vielen Fällen einen Verlust hinnehmen mußte (der Mutter, des Kindermädchens, der Liebe eines anderen usw.). Wenn das Kind das störende Geschehen als einen Verlust empfindet, kann es leicht geschehen, daß es sofort in tiefe Niedergeschlagenheit verfällt. Der Mensch aber, der erst in seinem Erwachsenenleben depressiv wird, hat in seiner Kindheit auf irgendeine Weise diese traumatische Erfahrung zum Teil kompensieren oder aber sie als eine Bedrohung empfinden können, angesichts deren er nach Bewältigungsmechanismen suchen mußte.

Freud (1917) schrieb, daß der Entzug von Liebe, Bestätigung und Unterstützung durch die Mutter oder die Person, die die Mutter ersetzt, in einer wichtigen Phase der Entwicklung den betroffenen Menschen für die Depression in seinem späteren Leben anfällig mache. Nach Abraham (1916) ist die später im Leben einsetzende Depression durch den Entzug von Liebe in der allerersten Kindheit und durch die Fixierung auf die orale Phase vorbestimmt. Gleichgültig, wie zerstörerisch diese Erlebnisse im einzelnen Fall gewesen sind – Patienten, die erst als Erwachsene depressiv werden, haben ihre ganze Kindheit hindurch die Fähigkeit besessen, Abwehrkräfte aufzubieten, die das Verlustgefühl bis zu einem gewissen Grade minderten. Der Verlust verwandelte sich in eine Bedrohung, mit der umzugehen das Kind lernen mußte. Es bewahrte sich eine gewisse Stabilität und einen gewissen Optimismus.

Wie versucht nun das Kind, sich an die bedrohliche neue Situation anzupassen? Das Kind, das später zu affektiven Störungen neigt, bildet ganz bestimmte Mechanismen aus. Ein verbreiteter Mechanismus dieser Art (der allerdings, wie wir später noch sehen werden, heute seltener ist) besteht darin, sich Sicherheit zu verschaffen, indem man die elterlichen Erwartungen akzeptiert, wie beschwerlich das auch immer sein mag. Das Kind weist die Eltern nicht zurück und geht ihnen nicht aus dem Wege, wie der schizoide Patient dies häufig tut, sondern akzeptiert sie ganz bewußt. Es muß ihren Erwartungen gerecht werden, wie schwer ihm das auch fallen mag. Nur durch Willfährigkeit, Gehorsam und ernsthaftes Bemühen wird es sich die Liebe oder das herzliche Wohlwollen zurückerobern, die es als ganz kleines Kind erfahren hat; es wird sich damit zumindest jene gemäßigte Liebe bewahren, die es jetzt noch empfängt. Liebe ist noch immer durchaus erreichbar, aber nicht mehr als ständiger und nie versiegender Strom. Dieser Strom ist jetzt gelegentlich unterbrochen und an bestimmte Bedingungen gebunden und vermittelt deshalb keine Sicherheit mehr. Das Kind weiß jetzt, daß es bestraft wird, wenn es nicht tut, was von ihm erwartet wird, und daß die Mutter ihre Liebe möglicherweise vollständig von ihm abziehen wird. Im gleichen Augenblick, in dem es Angst bekommt, es könnte die mütterliche Liebe verlieren, wird dem Kind zugleich Hoffnung gemacht, daß es sich diese Liebe bewahren oder doch zurückerobern kann, wenn es sie verloren hat. Das Kind hat also das Gefühl, daß es ja in seiner Macht oder in seinem Ermessen steht, sich die mütterliche Liebe zu erhalten. Aber wie immer es sich entscheidet, es hat einen hohen Preis zu zahlen: Unterwerfung oder Zurückweisung. Es spürt auch, daß die Mutter entgegen allen äußeren Anzeichen ja nicht böse ist; im Gegenteil, sie ist gut. Sie ist sogar dann gut, wenn sie das Kind straft, denn indem sie es straft, möchte sie es ja gerade erlösen und es ihrer Liebe von neuem würdig machen. Der Mechanismus, der hier am Werk ist, unterscheidet sich also von dem, was sich bei vielen präschizophrenen Menschen beobachten läßt; der spätere affektivgestörte Patient hat zwar ein »schlechtes« Selbstbild, aber er glaubt nicht, wie der Präschizophrene, daß es überhaupt keine Möglichkeit der Erlösung für ihn gibt. Die Angst, die elterlichen Erwartungen nicht erfüllen zu können, verwandelt sich in Schuldgefühle. Wenn er keine Zuwendung oder Verzeihung erhält, dann glaubt das Kind, daran selbst schuld zu sein; es hat den Erwartungen eben nicht entsprochen, und nun fühlt es sich schuldig. In seinem Schuldbewußtsein erwartet es wiederum Bestrafung. Es möchte bestraft werden, denn Strafe ist das kleinere Übel; es möchte lieber bestraft werden als die Liebe der Mutter zu verlieren. Wenn es nicht bestraft wird, dann verstärkt es seine Bemühungen häufig noch, um sich auf diese Weise selbst zu bestrafen.

Etwas später, aber immer noch in sehr jungen Jahren, übernehmen solche Kinder häufig schon eine hohe Verantwortung, indem sie etwa zum Unterhalt der Familie beitragen. Wenn sie beruflich erfolgreich sind, dann oft in dem Wunsch, der Familie zu Ehre und Ansehen zu verhelfen. In manchen solchen Fällen gehört die Familie einer Randgruppe der Gesellschaft an – sie zählt beispielsweise zu einer religiösen oder ethnischen Minderheit oder steht aus anderen Gründen abseits –, und das Kind hält es für seine Pflicht, die Familie aus eigener Kraft zu »retten«. In allen diesen Fällen wird aber das gleiche Muster aus Willfährigkeit, Unterwerfung und selbstauferlegter harter Disziplin erkennbar.

Bei manchen Patienten kommt es wegen der inzestuösen Wünsche, die sie gegenüber den Eltern und ebenso häufig gegenüber einem der Geschwister hegen, noch zusätzlich zu starken Schuldgefühlen. Ein solcher Patient meint dann, er müsse dafür Abbitte tun, indem er das Muster seines Auftretens und Verhaltens gegenüber der Familie noch starrer gestaltet. Andere Faktoren machen das Bild komplizierter und schwerer verständlich: Die Eltern mancher Patienten sind beispielsweise gerade nicht streng, sondern im Gegenteil allzu nachgiebig, denn in diesem zweiten Stadium der Kindheit ist es nicht mehr nötig, daß sie durch ihr Vorgehen irgendwelche Regeln setzen. Die Normen und Grundsätze sind vom Kind bereits aufgenommen worden. Tatsächlich tut es den Eltern jetzt gelegentlich sogar leid, daß das Kind sich so unerbittlich daran hält.

Bevor wir uns mit anderen möglichen Konstellationen im frühen Familienleben des depressiven Erwachsenen beschäftigen, müssen wir eine Reihe theoretischer Überlegungen anstellen, wobei wir von der bereits besprochenen Situation ausgehen wollen, daß das Kind sich an den Mechanismus von Willfährigkeit und Unterwerfung gehalten hat (die anderen Mechanismen werden später noch ausführlich behandelt werden). Durch die willfährige und versöhnliche Art seines Umgangs mit der Umgebung ist dem Kind eine bestimmte Haltung der Welt, seinen Mitmenschen und der eigenen Person gegenüber schon vorgezeichnet. Damit sind nicht ausschließlich und nicht einmal in erster Linie die fortbestehenden Verhaltensmuster gemeint, sondern auch eine besondere Art des Denkens und Sichentscheidens, die mit der integrativen Aktivität des Kindes in Zusammenhang steht. Manchmal ist diese integrative Aktivität nichts weiter als nur die Neigung, in Anlehnung an bestimmte Schemata zu leben. In anderen Fällen bewirkt sie das Zustandekommen außerordentlich starrer Muster, die das ganze Leben lang anhalten, insbesondere dann, wenn sie durch das wiederholte Eintreten der immer gleichen Ereignisse noch verstärkt werden. Solche Lebensmuster bestehen nicht nur aus Bewegungen oder spezifischen äußeren Verhaltensweisen. Es sind kognitiv-affektive Strukturen, die durch Lernprozesse, durch die Konfrontation mit der frühen interpersonalen Situation entstanden sind. Genauer gesagt, sie gründen auf der Würdigung von äußeren Ereignissen, auf der Fähigkeit, sich für gewisse Handlungen – anstatt für andere Handlungen – zu entscheiden, und auf dem Gespür für die Wirkung dieser Handlungen auf die Menschen in der Umgebung.

Eine Theorie, die von der Vorherrschaft bestimmter kognitiver Konstrukte ausgeht, deckt sich natürlich nicht mit solchen psychologischen und psychiatrischen Vorstellungen, nach denen Lebensmuster nichts anderes als Reaktionen auf die umgebende Situation sind. Das Konzept der Reaktion, das einem verhaltenstheoretischen Bezugsrahmen entnommen ist, impliziert eine nahezu totale Passivität bzw. eine deterministische Haltung gegenüber den Einflüssen der Umgebung. Nach der Deutung, wie wir sie in diesem Buch anbieten, nimmt der Patient zunächst eine Einschätzung der spezifischen Umgebung vor, in der er sich befindet, um sich ihr dann in der bestmöglichen Weise anzupassen und einzufügen oder vielmehr ihr abwechselnd als Subjekt und als Objekt gegenüberzutreten. Das kognitive Konstrukt, dem unsere Aufmerksamkeit hier in erster Linie gilt, hat mit einem Menschen zu tun, der dem betroffenen Individuum besonders wichtig ist und den ich als die signifikante Bezugsperson bezeichne. Die signifikante Bezugsperson – gewöhnlich die Mutter – ist derjenige Erwachsene, von dem das Kind Nahrung, Annahme, Anerkennung, Liebe und Achtung erwartet.

In der interpersonalen Beziehung, die wir oben geschildert haben, entwickelt das Kind eine übermäßige Willfährigkeit gegenüber der signifikanten Bezugsperson. Jedes Individuum hat mit mehr als einem anderen Menschen und auch mit Gruppen von Menschen zu tun, etwa mit der Familie in ihrer Gesamtheit. Dennoch spreche ich hier im Singular, nämlich von *der signifikanten Bezugsperson*, denn auf dieser Stufe der Entwicklung ist die dyadische Beziehung bei weitem die vorherrschende. Das zwischenmenschliche Verhaltensmuster, das das Kind im Umgang mit seiner Mutter zeigt und das es später auf seinen Umgang mit anderen Menschen ausdehnen wird, hat seinen Ursprung erkennbar im interpersonalen Teil jenes grundlegenden Konstrukts, mit dem wir uns hier beschäftigen. Aber das ursprüngliche Konstrukt hat noch eine andere Seite, die intrapersonale nämlich, die sich rasch erweitert. Sie hat hauptsächlich mit dem Selbstbild des Kindes zu tun, und zwar mit einem Selbstbild, wie es vor dem Hintergrund dessen, was andere Menschen seiner Meinung nach von ihm halten, und in

Würdigung seines eigenen Umgangs mit den Mitmenschen zustande kommt.

Wir können von jedem wichtigen Konstrukt sagen, daß es zwei Seiten besitzt, nämlich eine intrapersonale und eine interpersonale. Beide gehören dem innerpsychischen Bereich an – auch die interpersonale Seite. Es sind Binnenstrukturen, die zu bestimmten äußeren Verhaltensweisen und zur inneren Auseinandersetzung mit diesen Verhaltensweisen führen. In dem Konstrukt, das auf der übertriebenen Aufnahmebereitschaft und Willfährigkeit basiert, erkennen wir eine solche Struktur, eine Entscheidung, einen Zweck – die Erkenntnis des Verlustes oder der Bedrohung und den Versuch, damit fertigzuwerden.

Wir wollen nun andere familiäre Situationen und innere Konstrukte betrachten und dann aufzeigen, wie sie den Patienten bereits in die Richtung bestimmter Lebensmuster treiben, die es ihm schwer machen, Trauerarbeit zu leisten, und damit auch schon das Risiko für ihn bergen, daß er irgendwann in seinem Erwachsenenleben depressiv werden wird. In vielen Fällen hören wir, daß der Patient als Kind glaubte, daß er Liebe, Zustimmung und Beachtung vielleicht nicht einfach durch Willfährigkeit, Gehorsam und harte Arbeit, wohl aber dadurch zurückgewinnen könne, daß er seine Bemühungen mehr oder weniger ungeteilt auf ein einziges Ziel richtete – etwa darauf, ein bedeutender Mann, eine Führerpersönlichkeit, ein berühmter Schauspieler oder ein begehrter Liebhaber zu werden. In der späten Kindheit und frühen Adoleszenz schwebte dem Patienten beim Gedanken an das Ziel dann das Bild des erfolgreichen Wissenschaftlers, Schriftstellers, Geschäftsmannes oder Nobelpreisträgers vor. In wieder anderen Fällen bestand das Ziel in einer großen Leidenschaft oder der Entdeckung einer Mission. Dieses Muster war zwar zu einem frühen Zeitpunkt im Leben zunächst mit dem Ziel entwickelt worden, die signifikante Bezugsperson zu erfreuen oder günstig zu stimmen, es wurde aber rasch zu einem Ziel in sich selbst. Die signifikante Bezugsperson büßte an Signifikanz ein und wurde mit der Zeit durch ein signifikantes Ziel ersetzt. Allmählich lebte der Patient nur noch für dieses Ziel. Seine Selbstachtung und der Sinn seines Lebens standen und fielen mit der Verwirklichung dieses Zieles.

Daß Kinder und Heranwachsende gewisse Ziele und Erwartungen mit ihrem zukünftigen Leben verknüpfen, ist eine normale Erscheinung. Wir sollten solche »Marschpläne« des jungen Menschen und auch seine Phantasien und Träume in diesem Zusammenhang sogar begrüßen. Bei dem Menschen allerdings, der später ernsthaft depressiv wird, beansprucht das signifikante Ziel den größten Teil des Innenlebens und läßt keinen Raum mehr für andere Ziele oder für eine gewisse Flexibilität in bezug auf andere Möglichkeiten. Wenn diese Entwicklung nicht wieder korrigiert wird, orientiert sich der junge Mensch nicht nur allzu ausschließlich – nämlich unter Außerachtlassung aller anderen Lebensaspekte – an einem einzigen Punkt, sondern auch an einer einzigen Möglichkeit, sein Ziel zu erreichen.

Wird eine derartig einseitige und ausschließliche Orientierung nicht noch verändert und verlagert – und glücklicherweise geschieht dies sehr häufig –, dann wird der Mensch bereits in jungen Jahren zum Egozentriker und Egoisten, der unter Umständen auch taub und blind für die Bedürfnisse und Gefühle anderer Menschen ist, auch derjenigen, die ihm nahestehen. Während also der Mensch, der die signifikante Bezugsperson zufriedenzustellen bestrebt ist, sich eine wichtige zwischenmenschliche Beziehung bewahrt – und sei sie auch von zweifelhaftem Wert –, neigt derjenige, der für ein »signifikantes Ziel« lebt, zu Selbstbezogenheit und kühler Distanz.

Ein drittes wichtiges Muster, mittels dessen das Kind unter Umständen versucht, mit der plötzlichen Veränderung in seiner Umgebung fertigzuwerden, besteht in dem Bemühen, sich wieder wie ein kleines Kind zu geben und seine Abhängigkeit von der signifikanten Bezugsperson deutlich zu machen. Das Kind entwickelt ein bestimmtes Abhängigkeitsmuster. Wenn es sich in dieser »aggressiven« Weise selbst abhängig und unselbständig macht, ist die Mutter bzw. sind andere wichtige erwachsene Bezugspersonen gezwungen, wieder jene Atmosphäre zu schaffen, die das Kind als Baby oder sehr kleines Kind genossen hat – die Atmosphäre der frühen Glückseligkeit. Ein solches Kind wird sich zu einer außerordentlich anspruchsvollen und zugleich extrem abhängigen Persönlichkeit entwickeln.

Seit den fünfziger Jahren läßt sich dieses zuletzt genannte Lebensmuster zumindest in den Vereinigten Staaten häufiger beobachten. Möglicherweise hängt dies mit der veränderten Art der Kindererziehung zusammen; das Kind spürt, daß seine Umgebung sehr nachgiebig ist, und glaubt, durch besonders anspruchsvolles und forderndes Verhalten den früheren Zustand der paradiesischen Abhängigkeit wieder herbeiführen zu können.

Wir müssen hier klarstellen, daß neben diesen vorherrschenden Mustern, die in der Kindheit begründet werden, bei allen Patienten, die später eine affektive Störung entwickeln, auch sekundäre Muster vorhanden sind. In dem Kind wächst mit der Zeit ein heftiger Unwillen gegenüber der signifikanten Bezugsperson, die ihm – in der zuerst genannten Situation – zuviel aufbürdet und – in der zuletzt beschriebenen Situation – »zu wenig gibt«. Dieser Unwillen manifestiert sich in

Form von Wutanfällen, Zornesausbrüchen, Aufsässigkeit oder sogar Gewalttätigkeit. Solche Manifestationen dienen nur zu häufig dem Zweck, ein im Entstehen begriffenes Gefühl der Traurigkeit zu vertreiben. Aus diesem Grunde glauben manche Therapeuten, daß jede Depression einen zugrundeliegenden Zorn verberge. Das trifft aber nur in begrenztem Ausmaß zu: Der Zorn ist Folge einer Situation, die bereits bestanden hatte und für das Kind unannehmbar war. Mit Zorn allein läßt sich die konfliktgeladene zwischenmenschliche Situation nicht lösen, wenn er auch vorübergehend als Abwehrmaßnahme gegen die Depression taugen mag.

Zorn wird sehr häufig sofort erkannt und unterdrückt, nicht nur in der Kindheit, sondern während des gesamten Lebens des Patienten. Manchmal sind sadistische Gedanken und Impulse sehr deutlich ausgeprägt, aber es wird ihnen nur selten nachgegeben. Solche Impulse erzeugen ihrerseits Gewissensbisse und das Gefühl der Wertlosigkeit. Der Patient stellt rasch fest, daß Rebellion sich nicht auszahlt: Im Gegenteil, später wird er dafür nur um so härter büßen müssen. Je stärker seine sadistischen Impulse, desto heftiger werden auch seine masochistischen Neigungen. Bald wünscht er sich nur noch Ruhe und Frieden, und zwar um jeden Preis, so daß ihm nun auch jeder Kompromiß willkommen ist. Der Mechanismus, der es ihm gestattet, sich ein gewisses Gleichgewicht zu bewahren, besteht in der Unterdrükkung seines Unwillens. Aber der Unwillen bleibt im Unbewußten erhalten und kommt in seinen Träumen und gelegentlich auch in Ausbrüchen zum Vorschein, die dann doch die Ebene der Bewußtheit erreichen. Bei Kindern und Jugendlichen, die sich für unser an zweiter Stelle geschildertes Muster – das signifikante Ziel – entschieden haben, kommt es ebenfalls zu Episoden von Zorn und Rebellion. Sie wollen nicht alles zugunsten ihres signifikanten Zieles opfern. Sie flüchten sich einmal in träge Gleichgültigkeit, dann wieder in Überschwenglichkeit oder schließlich in unberechenbares Verhalten. Diese Ausbrüche bleiben allerdings Episoden und nehmen innerhalb des gesamten Bildes keine herausragende Stellung ein.

Ein weiterer dynamischer Mechanismus findet sich hin und wieder dort, wo es später zur manisch-depressiven Erkrankung kommt: Das Kind spürt, daß die Annahme oder die Introjektion der Eltern eine zu große Last bedeuten, und wendet sich, ohne dies zu erkennen, anderen erwachsenen Menschen in seiner Umgebung zu (sehr viel älteren Geschwistern, einem Onkel, einer Tante, den Großeltern, Freunden usw.), die es dann anstelle seiner Eltern internalisiert. Hier wird zum einen die normale kindliche Tendenz, das Bild erwachsener Menschen zu introjizieren, stark übertrieben, zum anderen werden auf diese

Weise Erwachsene, die eigentlich an der Peripherie stehen, zu elterngleichen Figuren erhoben. Das Kind sucht unbewußt Zuflucht bei diesem Mechanismus, um sich so die Bürde, die die Introjektion der Eltern darstellt, zu erleichtern, aber in vielen Fällen erweist sich diese Form der Abwehr als nicht nützlich. Wie Fromm-Reichmann (1949) bemerkte, gibt es *den* signifikanten Erwachsenen gar nicht, dem der junge Mensch sich in einer wirklich bedeutsamen Beziehung zuwenden kann. Auch die Beziehung zu diesen anderen Erwachsenen ist von einem praktischen Zweck, einer Pflicht, einer Rolle bestimmt. Die Introjektion solcher Erwachsener bringt dem Kind am Ende nicht das, was es braucht, und kann es noch dazu in Verwirrung stürzen (wie kann es alle Erwachsenen zufriedenstellen?) und seine Belastung wie auch sein Schuldgefühl noch vergrößern.

■ ■ ■ Die prädepressive Persönlichkeit ■ ■ ■

Die Persönlichkeit des Patienten, der eine affektive Störung entwikkelt, ist zum einen durch ein inneres Konstrukt und das damit zusammenhängende Lebensmuster bestimmt, wie wir sie im vorangegangenen Abschnitt beschrieben haben, zum anderen durch das, was sich im Gefolge dieses Lebensmusters sozusagen »angesammelt« hat bzw. durch dieses Muster bewirkt worden ist. Auch nachdem ein bestimmtes Lebensmuster die Führung übernommen hat, kann der Mensch noch in relativ vielfältiger Weise mit seiner Umgebung umgehen. Allerdings läßt sich eine gewisse Starrheit der Persönlichkeit beobachten, und es ist nun leichter vorauszusagen, wie er in Zukunft handeln wird. Am Ende wird das zunächst vorherrschende dann mehr oder weniger zum alleinherrschenden Muster.

Zunächst möchte ich die Persönlichkeit solcher Patienten beschreiben, die durch eine besonders versöhnliche Art des Auftretens versucht haben, mit ihrer traumatisch veränderten Umgebung ins reine zu kommen. In diesem Zusammenhang stellt sich sogleich die Frage, ob dieser Typ sich etwa mit Persönlichkeitstypen deckt, wie sie in der psychiatrischen Literatur bereits beschrieben worden sind, etwa mit dem willfährigen und entgegenkommenden Typ, wie er von Karen Horney (1945, 1950) geschildert wird.

Natürlich verbinden gewisse Kennzeichen »unseren Patienten« mit Horneys willfähriger Persönlichkeit, vielleicht ist er sogar nichts als eine eigene Spielart des Horneyschen Typs. Immerhin besitzt er eine Reihe nur ihm eigener Merkmale. Horneys willfährige Persönlichkeit zeigt sich im Leben allgemein und in vielen zwischenmenschlichen Beziehungen »willfährig«, während der spätere schwer depressive Patient diese Haltung in sehr viel begrenzterem Ausmaß an den Tag legt und Unterschiede macht – schon gar nicht ist er willfährig im Leben allgemein, sondern ausschließlich oder doch so gut wie ausschließlich gegenüber einem anderen Menschen, seinen Eltern oder einer Institution. Was er unternimmt, ist in der Regel auf eine Person oder eine Institution ausgerichtet. Wenn wir nun viele Menschen betrachten, die solche Persönlichkeitszüge aufweisen, dann finden wir bei ihnen einen ausgeprägten Patriotismus, betonte Religiosität und Loyalität gegenüber einer politischen Partei oder der Familie. Oft streben sie eine militärische Laufbahn oder eine Karriere im kirchlichen Dienst an, denn diese Institutionen gelten ihnen unbewußt oder unterbewußt als Elternfiguren, die man versöhnlich stimmen muß. Gruppenloyalität und Korpsgeist spielen in der psychischen Konstellation dieses Persönlichkeitstyps eine große Rolle. Hinter der Erklärung, daß er einer Gruppe, einer eng zusammenhaltenden Familie oder einer Organisation angehört, verbirgt ein solcher Mensch seine Einsamkeit.

Oft ist dieser Typ sehr unsicher und gehemmt, dabei pflichtbewußt und mit einem Wesenszug ausgestattet, den Riesman u. a. (1950) als »Innen-Lenkung« bezeichnen. Die Freude an der Erfüllung seiner Pflichten ist bei ihm oft so stark ausgeprägt, daß man schon fast von Unterwürfigkeit gegenüber der von ihm anerkannten höheren Ordnung sprechen kann. Auch Abraham (1924) erwähnt das heftige Bedürfnis der prädepressiven Persönlichkeit nach Ordnung und Sauberkeit sowie ihre ausgesprochene Halsstarrigkeit, daneben aber auch die Ausdauer und Zuverlässigkeit dieses Typs.

Shimoda, ein japanischer Autor, der sich intensiv mit der Depression befaßt hat, spricht von der Vorliebe des prädepressiven Menschen für bestimmte Gedanken und Gefühle, von seiner Integrität und Verläßlichkeit.

Der deutsche Autor Tellenbach (1974), der sich dem Phänomen der Melancholie von ganz verschiedenen Richtungen her nähert, erwähnt ebenfalls das hartnäckige Bestehen der prädepressiven Persönlichkeit auf Ordnung, Sauberkeit und Regelmäßigkeit. Der spätere Depressive stellt hohe Anforderungen an sich selbst und versucht, diese Anforderungen dann sogar noch zu übertreffen. Tellenbach bringt genaue klinische Beschreibungen von Patienten, die ihr Leben lang von diesem Drang nach Ordnung und Regelmäßigkeit besessen waren und den heftigen Wunsch hatten, möglichst viel zu arbeiten. Tellenbach macht aber nicht den Versuch zu erklären, wo diese Neigung herkommen könnte.

Nach meiner Erfahrung gelingt es diesem Typ der prädepressiven

Persönlichkeit gelegentlich, seine Schwierigkeiten wenigstens teilweise zu überwinden. Unter Umständen schafft er es sogar, sie in einer ganz bestimmten Weise zu kanalisieren und auf ausgewählten Gebieten schöpferisch zu werden; wenn er aber seine Schwierigkeiten nicht meistert und alle seine Kräfte darauf richtet, sich andere Menschen günstig zu stimmen, dann kommen seine kreativen Möglichkeiten nicht zur Entfaltung, und er bleibt ein Nachahmer. Allerdings macht er alles, was er in Angriff nimmt, besonders gut. Er hat festgefügte Überzeugungen und hält sich an seine Grundsätze. Er braucht immer etwas, dem er sich voll und ganz widmen kann. In der Regel ist er sehr tüchtig, und wer ihn nicht gut kennt, hat zunächst den Eindruck, es mit einem gutangepaßten und zufriedenen Menschen zu tun zu haben.

Dabei ist dieser Mensch keineswegs glücklich.* Er wählt eine Partnerin nicht etwa, weil er sie liebt, sondern weil sie ihn »braucht«. Er läßt sich niemals von ihr scheiden, weil sie doch so dringend auf ihn angewiesen ist. Zugleich macht er sich Vorwürfe, daß er so selbstgefällig ist und sich für so unersetzlich hält. Der heftige Wunsch, anderen gefällig zu sein und im Einklang mit ihren Erwartungen bzw. mit seinen eigenen Grundsätzen zu handeln, macht es ihm unmöglich, wirklich in Berührung mit sich selbst zu kommen. Er hört nicht auf seine eigenen Wünsche, er weiß gar nicht, was es bedeutet, er selbst zu sein. Er arbeitet ununterbrochen und hat doch immer das Gefühl der Leere und der Sinnlosigkeit. Manchmal verbirgt er sein Unglück, indem er Betrachtungen darüber anstellt, was er in seinem Leben schon alles geleistet hat, so wie er seine Einsamkeit verbirgt, indem er an die Gruppe denkt, der er ja angehört. Wenn er sich seinen unglücklichen Gefühlen und dem Gedanken an die Sinnlosigkeit und Leere seines Lebens aber einmal überläßt, dann mißdeutet er sie auch schon wieder. Er ist geneigt zu glauben, daß man ihn eigentlich dafür tadeln müßte. Wenn er unglücklich ist oder keinen Sinn in seinem Leben entdecken kann, dann muß der Fehler doch bei ihm liegen, oder es muß ganz einfach so sein, daß er etwas anderes eben nicht verdient. Aus diesem Teufelskreis gibt es kein Entrinnen, oft nimmt er im Laufe des Lebens des Patienten an Intensität noch zu, wenn nicht glückliche Umstände oder eine psychotherapeutische Intervention ihn zerbrechen. So wird das innere Konstrukt, von dem wir im vorangegan-

* Ganz allgemein spreche ich hier von *dem Patienten* und folglich auch von ihm in seiner männlichen Rolle. Wie ich allerdings an anderer Stelle in diesem Kapitel noch ausführen werde, sind Frauen dieses Typs zahlreicher als Männer. Wenn ich später auf eine Reihe besonderer Situationen zu sprechen komme, die die Frauen mindestens doppelt so häufig betreffen wie die Männer, werde ich von *der Patientin* sprechen.

genen Abschnitt sprachen, noch weiter verengt und immer mehr vom Gefühl der Pflicht und der Schuld gezeichnet.

Häufig ist der Patient sich wenigstens teilweise über diese Mechanismen im klaren, aber er weiß nicht, wie er sie auflösen kann. Beispielsweise ist er durchaus willens, in der Familie wie in der Gesellschaft die ihm zugewiesene Rolle zu akzeptieren, und doch beschimpft er sich später selbst, weil er diese Rolle spielt, anstatt sich spontan zu geben. Wenn er aber versucht, die Rolle zurückzuweisen, fühlt er sich schuldig. Seine Schlußfolgerung lautet, daß – ganz gleichgültig, wie er seine Probleme zu lösen versucht – er immer das Gefühl haben wird, sich falsch entschieden zu haben. Eine Patientin berichtete mir, daß sie sich vorkomme »wie ein kleines Mädchen, das vorgibt, erwachsen zu sein, es aber nicht ist. Ich spiele eine Rolle.« Aber sie mußte in dieser Weise leben, es war ihre Pflicht. Sie war selbst schuld, daß sie »spielte« und daß soziales Verhalten für sie nicht spontan oder lebensecht sein konnte.

Der Patient neigt ferner dazu, seine Vorgesetzten oder Lehrer mit einer elterlich-autoritären Rolle zu versehen. Sehr häufig ist er zornig auf sie, weil sie zu viel von ihm erwarten oder weil sie sich ja offensichtlich auch einmal irren. Der Patient weiß nicht, was er tun soll: Soll er weiterhin die Autorität dieser Menschen und die damit verbundene Last akzeptieren, oder soll er sie von ihrem Podest stürzen? Wenn er das aber tut, dann entsteht eine Lücke. Diese Autoritäten sind ein Teil seiner selbst, seiner Wertvorstellungen und der symbolischen Welt, von der er sich doch stützen und halten läßt, und ohne sie auszukommen ist nicht möglich. Außerdem würde er sich sehr schuldig fühlen. Häufig erkennt der Patient (wie Cohen und ihre Mitarbeiter 1954 zeigten), daß er zur Selbstunterschätzung neigt. Es ist seine Pflicht, sich unter seinem Wert zu verkaufen. Andererseits neigt er zur Selbstbeschuldigung, gerade weil er sich zu niedrig einschätzt und es sich nicht gestattet, seine Talente und potentiellen Fähigkeiten zu entfalten. Der Patient wird immer starrer: Was zunächst eine Form der Abwehr oder eine praktische Möglichkeit war, im Alltag einigermaßen gut mit den Mitmenschen auszukommen, gerät allmählich zum Charakterpanzer. Gelegentlich zeitigt die Starrheit des Denkens und Handelns eine bereits zwanghafte Symptomatik. Tatsächlich kommt es immer wieder vor, daß solche Patienten nicht ganz zu Unrecht als Zwangsnaturen diagnostiziert werden.

Trotz der bisher beschriebenen Kennzeichen gelingt es dem Patienten häufig, den Eindruck zu vermitteln, daß er selbständig leben oder sich wirklich in seine Arbeit versenken könne. Aber am Ende läuft er dann häufig doch bei einem Menschen »vor Anker«, den er sich unbedingt günstig stimmen, dem er folgen und dessen Zustimmung er gewinnen muß. An diesem Punkt wird deutlich, daß das Gleichgewicht, das er bisher wahren konnte, höchst gefährdet ist und hauptsächlich oder sogar ausschließlich von der Beziehung zu dem Menschen abhängt, dem der Patient unbedingt gefällig sein möchte. Dieser Mensch ist jetzt nicht mehr die signifikante Bezugsperson; von jetzt an ist er das, was ich an anderer Stelle als die *dominante Bezugsperson* bezeichnet habe (Arieti, 1962). Die Beziehung zwischen dem Patienten und der dominanten Bezugsperson ist nicht einfach durch die Unterwerfung des Patienten und die Dominanz des anderen geprägt. Daneben bestehen auch Gefühle der Zuneigung, der Zusammengehörigkeit, der Liebe, der Freundschaft, der Achtung und der Abhängigkeit, das heißt es handelt sich um eine sehr komplizierte Beziehung. Die dominante Bezugsperson wird vom Patienten nicht nur als ein Mensch erfahren, der sehr viel verlangt, sondern auch als einer, der sehr viel gibt. In Wahrheit ist es so, daß er entweder wirklich sehr viel gibt oder aber vom Patienten in die Rolle des Gebenden gedrängt wird. Der Patient kann sich selbst nicht länger akzeptieren, wenn die dominante Bezugsperson ihn nicht ebenfalls akzeptiert, und er kann sich nicht loben, wenn die dominante Bezugsperson ihn nicht lobt bzw. wenn er glaubt, daß sie ihn nicht lobt. Wie Bemporad (1970) schreibt, ist der Patient zur autonomen Befriedigung einfach nicht fähig. Die grundlegenden Merkmale dieser Beziehung sind die Ungleichheit der Rollen und die Tatsache, daß der Patient sich seiner dominanten Bezugsperson so fest angeschlossen hat, daß er eine enge und wirkliche Beziehung zu irgendeinem anderen Menschen nicht mehr begründen kann. Dieser Zustand war zu ertragen, solange die signifikante Bezugsperson die Mutter und der Patient noch ein Kind waren, aber jetzt ist er unerträglich und einfach falsch. Der Patient gebraucht das gleiche Konstrukt, das er sich in der Kindheitssituation zunutze gemacht hat, und inzwischen erweist es sich in mehrfacher Hinsicht als noch weniger flexibel als damals.

Die dominante Bezugsperson vermittelt dem Patienten den – realen oder illusorischen – Beweis (oder zumindest die Hoffnung), daß er von wenigstens einem anderen Menschen anerkannt, geliebt und geachtet wird und daß wenigstens dieser eine seinen menschlichen Wert erkennt und vom Sinn seines Lebens überzeugt ist. Der dominante andere ist sehr häufig der Ehepartner, und zwar – in unserer ausgesprochen patriarchalisch strukturierten Gesellschaft – in der Regel der Mann, während die Frau der unterwürfige Partner ist. Wir wollen an anderer Stelle noch ausführlicher auf diesen Aspekt des Problems zu sprechen kommen.

Sehr viel seltener wird die Rolle der dominanten Bezugsperson von anderen Menschen eingenommen, am ehesten noch von der Mutter, weniger häufig von jemandem, dem der Patient in romantischer Weise verbunden war, gelegentlich von einem erwachsenen Kind, einer Schwester oder dem Vater. Häufig tritt an die Stelle der dominanten Bezugsperson so etwas wie ein dominantes Bezugssystem, also etwa die Firma, in der der Patient arbeitet, oder eine soziale Institution, der er angehört, etwa die Kirche, eine politische Partei, die Armee, ein Club usw. Alle diese dominanten Bezugssysteme stehen für die Mutter, die dem Patienten ihre Liebe entzogen hat; oder genauer gesagt für die Mutter, die ihm zunächst ihre Liebe geschenkt und später entzogen hat. Wenn die wirkliche Mutter noch am Leben und selbst die dominante Bezugsperson ist, dann spielt sie jetzt zwei Rollen, ihre aktuelle Rolle und symbolisch ihre frühere Rolle. Wenn die dominante Bezugsperson stirbt, gewinnt sie sogar noch mehr an Macht – auf dem Weg über die Bedeutungen, die ihrem Tod beigegeben werden.

Der zweite Typ der prädepressiven Persönlichkeit, der sich durch die Verfolgung eines signifikanten Ziels auszeichnet, wird allmählich selbst von seinem inzwischen dominanten Ziel verfolgt. Das dominante Ziel ist überall, der Mensch begegnet ihm an jedem Ort; es bestimmt den größten Teil seiner Handlungen und verwehrt ihm viele andere Unternehmungen. Das Ziel ist in der Regel grandios – der Mensch möchte beispielsweise mit einem Nobelpreis ausgezeichnet werden oder zum Chef einer großen Firma aufsteigen, und das Motiv aller seiner Handlungen liegt erkennbar in dem Versuch, das zu erreichen, was sein grandioses Selbstbild verlangt. Allerdings glaube ich nicht, daß das dominante Ziel genau das gleiche ist wie das grandiose Bild, wie Karen Horney (1945) es beschreibt. Möglicherweise ist es wiederum eine besondere Spielart des Horneyschen Konzeptes, wie sie bei Menschen auftritt, die zur Ausbildung einer schweren Depression neigen.

Das dominante Ziel ist dem Patienten bewußt, wenn er sich auch über seinen weitreichenden Einfluß und seine zahlreichen Verzweigungen nicht im klaren ist. Es erscheint plausibler und realistischer als Horneys idealisiertes Bild: Manche Menschen erreichen ihr dominantes Ziel nämlich wirklich. Sicher ist, daß der Patient hart arbeitet und alles tut, um es zu erreichen. Er ist zwar ein Tagträumer, aber er verwendet nicht alle seine Energien auf das Tagträumen, sondern darauf, so erfolgreich wie möglich zu arbeiten. Er schiebt nichts auf. Er scheint von einem wahren Hunger nach Ruhm und Ehre getrieben zu sein. In den meisten Fällen steht aber noch mehr hinter seinen

Bemühungen um das Ziel; im Grunde sucht er nach Liebe. Unbewußt fühlt der Patient, daß er der Liebe anderer Menschen oder der Selbstliebe nur dann würdig sein wird, wenn er sein dominantes Ziel tatsächlich erreicht. Häufig treffen die Bemühungen um das dominante Ziel und die Suche nach der wahren und vollkommenen Liebe auch auf der bewußten Ebene zusammen.

Beim dritten Typ der prädepressiven Persönlichkeit fällt stärker als bei den beiden übrigen Typen die Abhängigkeit des Patienten auf. Dieser Mechanismus der ausgesprochenen Anlehnung an die Mutter bzw. an die Figuren, die später ihren Platz einnehmen, wird im Anschluß an das Trauma der Kindheit entwickelt. Im Gegensatz zu den zuvor beschriebenen Typen erscheint dieser dritte Typ des prädepressiven Menschen schon bei flüchtiger Betrachtung als fehlangepaßt. Solche Menschen haben die Glückseligkeit ihrer ersten Lebensjahre nicht vergessen und wollen oder fordern das Fortbestehen dieses Zustandes. Sie verlangen und erwarten Befriedigung von anderen Menschen und sie fühlen sich beraubt und bekümmert, wenn sie nicht bekommen, was sie erwartet haben. Sie stellen Forderungen, aber sie sind nicht aggressiv im üblichen Sinn des Wortes, denn sie unternehmen von sich aus nichts, um zu bekommen, was sie haben wollen; sie erwarten einfach, daß die Mitmenschen es ihnen geben werden. Sie haben nicht jenen Komplex aus Pflichtgefühl und harter Anstrengung entwickelt, wie er für den willfährigen, zur Introjektion neigenden Patienten typisch ist.

Solche Patienten schwanken zwischen eigenen Schuldgefühlen und dem Wunsch, andere Menschen Schuldgefühle empfinden zu lassen. In der Regel finden sie einen Menschen, an den sie sich anlehnen können, und erwecken in diesem Menschen Schuldgefühle, wenn er nicht tut, was sie haben wollen. Das Objekt ihrer Anlehnung (in der Regel der Ehepartner) ist mit der Fähigkeit ausgestattet, den Patienten glücklich oder unglücklich zu machen, und gilt als »schuld« an der Verzweiflung und Hilflosigkeit des Patienten. Diese Person spielt auch eine dominierende Rolle im Leben des Patienten, aber nur weil der Patient so viel von ihr erwartet, nicht weil sie selbst etwa Forderungen an den Patienten stellt. In dieser Gruppe finden wir verhältnismäßig oft Frauen, die sich vollkommen auf ihren Ehepartner verlassen, der in der Regel sehr viel älter ist. In diesen Fällen ist die dominante Bezugsperson also nicht nur derjenige, der den Patienten akzeptieren, lieben und achten soll, sondern auch derjenige, von dem Schutz und die materielle Versorgung kommen. Gelegentlich gehen die Anforderungen ins Ungemessene: Der Patient verlangt, bildlich gesprochen, Milch oder Blut.

Es gibt auch Fälle, die deutlich von diesem Bild abweichen. Dann stürzt der Patient sich geradezu verzweifelt in alle möglichen Arbeiten und Unternehmungen, immer in der Hoffnung, endlich doch etwas zu tun zu finden, das ihm die verdiente Anerkennung von seiten seiner Mitmenschen einträgt. Die beiden zuerst beschriebenen Typen der prädepressiven Persönlichkeit suchten die Lösung ihrer Konflikte im Blick nach innen, der dritte Typ sucht sie in der Außenwelt.

Bei manchen Menschen, die eine manisch-depressive Erkrankung entwickeln, können wir noch einen weiteren Zug beobachten, der sich entweder als herausragendes Persönlichkeitsmerkmal oder als vorübergehendes Charaktermerkmal zeigt, das von Zeit zu Zeit an die Stelle eines der drei Bilder tritt, die wir soeben beschrieben haben. Dieser vierte Typ, die Vorform des Manikers, ist lebhaft, aktiv, kraftvoll und freundlich. Bei näherem Hinsehen erweisen sich die angebliche Gesundheit und Lebensfülle allerdings als oberflächlich. In gewisser Weise flüchtet der Patient tatsächlich in Aktionen und in die Realität, aber er bleibt dabei doch leer und unbefriedigt. Wenn er mit einer Arbeit beschäftigt ist, bei der es eher auf Aktion als auf Konzentration ankommt, macht er seine Sache unter Umständen recht gut und kann ein befriedigendes Niveau der Anpassung wahren; im anderen Fall gerät er früher oder später in Schwierigkeiten. Er behauptet, viele Freunde zu haben, und seine Beziehungen zu anderen Menschen wirken zunächst eng und aufrichtig, aber im Grunde sind sie oberflächlich und entbehren jeder echten Verbundenheit. Ein Patient sagte einmal zu mir: »Ich scherze, ich lache, ich täusche etwas vor, ich gebe mich strahlend und lebensfroh, aber tief in meinem Innern bin ich leer und einsam.« Dieser Typ ist nur in gewisser Hinsicht das Gegenstück des pflichtbewußten Individuums. Er versucht, von seiner »Innen-Lenkung« wegzukommen, aber er entspricht nicht dem, was Riesman als den »außen-geleiteten« Persönlichkeitstyp bezeichnet. In Anlehnung an Riesmans Terminologie könnten wir diesen dem Hypomaniker ähnlichen Typ als nach außen gerichtet, aber nicht als außen-geleitet bezeichnen. Er »flüchtet« sich nicht in andere Personen; er flüchtet vor seinem inneren Selbst, denn sein inneres Selbst hat ja diese anderen, die ihm so zu schaffen machen, in sich aufgenommen. Er entflieht in die Welt der oberflächlichen Realität, in der Meditation, Reflexion oder tiefreichende Emotionen nicht gefragt sind. Seine allgemeine Einstellung ist gewissermaßen die große Verleugnung all der Dinge, die, wenn er es zugeben würde, in die Depression führen könnten.

Ein solcher Mensch wirkt gelegentlich so frei, daß man ihn schon fast als psychopathisch betrachten könnte. Tatsächlich aber kommt es zu dieser pseudopsychopathischen Flucht häufig gerade deshalb, weil ihm so besonders viel an den herkömmlichen Moralvorstellungen gelegen ist. Manche von diesen pseudopsychopathischen Hypomanikern haben sich schon in ihrer Kindheit asozial verhalten, etwa wenn sie, um inneren oder äußeren Beschränkungen zu entgehen, aus dem Elternhaus oder aus der Schule »ausrissen«.

Diese affektiv gestörten, präpsychotischen Persönlichkeitstypen erscheinen selten »in Reinkultur«. Wenn ein Mensch, der zunächst einem der drei erstgenannten Typen zuzurechnen war, die Züge des vierten Persönlichkeitstyps annimmt, haben wir es mit der sogenannten zyklothymen Persönlichkeit zu tun.

■ ■ ■ Die Vorgeschichte ■ ■ ■ des schweren depressiven Anfalls

Die Persönlichkeitstypen, die wir im vorangegangenen Abschnitt beschrieben haben, gelangen nicht zu einem stabilen Gleichgewicht, sondern zu einem fast immer anhaltenden Zustand der Unzufriedenheit und der Traurigkeit (in einigen Fällen auch des hypomanischen Nichtwahrhabenwollens der Traurigkeit). Wenn wir uns im einzelnen mit der Zeitspanne beschäftigen, die der Depression vorangeht – und die wenige Tage, einige Monate, aber auch Jahrzehnte dauern kann –, dann erkennen wir die fortschreitende Fehlanpassung, die nur von den Abwehrmechanismen im Zaum gehalten wird, von denen wir gerade gesprochen haben. Auf diesem unsicheren Boden kann dann irgendein eindeutiger Umstand leicht eine heftige depressive Attacke herbeiführen. Solche spezifischen auslösenden Faktoren sind ganz bestimmte Ereignisse im Leben des Patienten, die jedoch keineswegs absolut notwendig sind. Da sie aber gerade in den wirklich typischen Fällen vorkommen und die Psychodynamik der schweren Depression ganz allgemein verdeutlichen, will ich sie und ihre Bedeutung hier behandeln. Später werden wir auch noch Fälle untersuchen, in denen sich ein auslösender Faktor nicht ausmachen läßt.

Die wichtigsten auslösenden Situationen lassen sich in drei Kategorien einteilen: 1. Die Erkenntnis des Patienten, daß seine Beziehung zu der dominanten Bezugsperson gescheitert ist; 2. der Tod der dominanten Bezugsperson; 3. die Erkenntnis des Patienten, daß sein Versuch, ein dominantes Ziel zu erreichen, fehlgeschlagen ist, und eine – im Anschluß an diese Erkenntnis – negative Neufassung seines Selbstbildes.

Aus didaktischen Gründen wollen wir diese verschiedenen Situationen jeweils für sich betrachten, obwohl ihr Ursprung eigentlich immer der gleiche ist: Der Patient hat etwas eingebüßt, was ihm sehr wertvoll war. Dieses »Etwas« mag aus einer konkreten Situation bestehen, aber es transzendiert die Realität der konkreten Situation. In manchen Fällen ist der Verlust noch gar nicht eingetreten, aber die Gewißheit, daß er unmittelbar bevorsteht, ist so stark, daß der Patient nicht Angst, sondern Depression empfindet. Das auslösende Geschehen verursacht dann großen Kummer oder psychischen Schmerz, der sehr intensiv empfunden wird, und zwar aus folgenden Gründen:

1. Die kognitive Würdigung des Geschehens führt den Patienten zu der Erkenntnis, daß es seine Lebensstruktur und sein Selbstbild in Unordnung bringen wird.

2. Sein wichtigstes kognitives Konstrukt und sein Lebensmuster setzen ihn nicht länger in die Lage, mit der Situation fertigzuwerden. Diese Erkenntnis ruft von neuem etwas auf den Plan, das wir uns als fernes, aber nachhallendes Echo eines Schmerzes vorstellen können, den der Patient zu einem früheren Zeitpunkt in seinem Leben erlitten hat, als er spürte, daß er die Liebe der Mutter oder der Person, die ihm die Mutter ersetzte, verloren hatte. Der jetzige Verlust hat den gleichen Wert wie der Verlust der mütterlichen Liebe.

3. Der Patient erkennt, daß alle Maßnahmen, mit denen er die Katastrophe abzuwenden versuchte, fehlgeschlagen sind.

4. Zudem glaubt er, daß die Maßnahmen, die er angewandt hat, die einzigen waren, die er anwenden konnte und die er anzuwenden verstand. Deshalb fühlt er sich jetzt hilflos. Maßnahmen, die ein normaler Mensch ergreift, wenn er sich von normaler Traurigkeit erholt, kann er nicht nutzen. Alternative Vorgehensweisen sind für ihn eine Unmöglichkeit, und entsprechend kann er keine Trauerarbeit leisten.

5. Statt dessen gerät seine Traurigkeit zur Depression, die an Intensität ständig zunimmt.

Die Ausfaltung dieser psychischen Vorgänge soll im einzelnen in den nachfolgenden Abschnitten behandelt werden.

■ ■ Depression als Folge der Verschlechterung ■ ■ der wichtigsten zwischenmenschlichen Beziehung

Von allen Situationen, die zur schweren Depression hinführen, halte ich diejenige für ganz besonders typisch, in der der Patient erkennt, daß seine wichtigste zwischenmenschliche Beziehung (die Beziehung zu einer dominanten Figur) zusammengebrochen ist. Daher will ich zunächst diese Situation in aller Ausführlichkeit schildern und dann die übrigen Situationen vorwiegend unter den Aspekten betrachten, die sie von der Situation unterscheiden, die wir jetzt untersuchen wollen. Depression als Folge der Verschlechterung oder des Zusammenbruchs der wichtigsten zwischenmenschlichen Beziehung ist bei Frauen sehr viel häufiger als bei Männern, so daß ich im folgenden von »der Patientin« sprechen werde. Wir dürfen aber nicht vergessen, daß auch eine beträchtliche Anzahl männlicher Patienten in diese Situation gerät.

Nehmen wir an, in der jüngsten Vergangenheit sind Dinge geschehen, die das Leben der Patientin sehr nachhaltig beeinflußt haben. Der Ehepartner hat vielleicht von Scheidung gesprochen, oder die Frau hat entdeckt, daß er eine außereheliche Beziehung unterhält. Oft ist die Frau allerdings auch durch ganz andere Ereignisse, durch eine Entscheidung oder durch einen Rückblick auf ihr vergangenes Leben dazu veranlaßt worden, ihre eheliche Situation einmal kritisch unter die Lupe zu nehmen. In manchen Fällen war nicht vorauszusehen, daß das auslösende Geschehen von solcher Wirkung sein würde; es bestand unter Umständen nur in der Lektüre eines Buches oder im Besuch eines Schauspiels oder Films, aber für die Patientin erwies es sich als von höchster psychologischer Bedeutung. Der Ehemann – in dem die Patientin bisher ihren Beschützer, die Quelle von Liebe, Sex, Zärtlichkeit, Zustimmung, Nahrung und Geld gesehen hat – gilt ihr jetzt als autoritäre Figur, als Mensch, der ihr seine Lebensregeln aufzwingt, manchmal in subtiler und kaum wahrnehmbarer Weise, zu anderen Zeiten aber auch ganz unverhüllt. Ihr bisheriges Leben, von dem sie selbst glaubte, es gehe in Zärtlichkeit, in Fürsorge für die Familie, in harter Arbeit oder im Geben und Empfangen von Liebe auf, stellt sich ihr nun als ein unechtes Leben dar. In ihrem Wunsch nach Harmonie und Eintracht um jeden Preis hat sie viele Aspekte des Lebens ganz und gar außer acht gelassen. Sie ist übertrieben willfährig, unterwürfig und entgegenkommend gewesen. Sie hat immer getan, was der Mann wollte, und dabei ihre eigenen Wünsche verleugnet, sie ist gegen sich selbst nicht ehrlich gewesen; um es sehr deutlich zu sagen, sie hat sich selbst hintergangen. In manchen Fällen übertreibt die Patientin, sie sieht den autoritären Ehemann als einen Tyrannen und als jemanden, der nicht Liebe, sondern Haß verdient hat, der sie versklaven und ihre wahre Natur unterdrücken will. Meist erkennt sie nicht, daß auch sie dazu beigetragen hat, daß die beiderseitige Beziehung sich in dieser Weise entwickelt hat, indem sie sich nämlich so unterwürfig und liebedienerisch gegeben hat, indem sie die patriarchalische Struktur unserer Gesellschaft stillschweigend hingenommen oder indem sie der dominanten Bezugsperson die Überzeugung vermittelt hat, daß sie mit diesem Leben vollkommen zufrieden, ja sogar glücklich sei. Sie hat sich in der Tat »ergeben«, sie hat den Kopf geneigt und es zugelassen, daß sie gegen ihre wahren Wünsche verändert worden ist. Selbstverständlich ist nichts dagegen zu sagen, wenn die Frau den Lebensstil des Mannes aus eigenem Willen oder in der wirklichen Überzeugung übernimmt, er sei besser oder »richtiger« als ihr eigener Stil. Wenn sie diesen Stil aber nur übernimmt, um den Ehepartner versöhnlich zu stimmen, und wenn sie sich selbst vormacht, daß sie diesen Wandel ihrer bisherigen Lebensweise wünscht, wo dies in Wahrheit doch gar nicht der Fall ist, dann fügt sie sich selbst Schaden zu.

Das neue Bild des Ehemannes – als einer in Wahrheit dominierenden Person – wird nicht ohne weiteres akzeptiert. Ein normaler Mensch würde diese neue Einschätzung verkraften, auch wenn sie schmerzlich ist, und versuchen, das Beste aus seinem Leben zu machen (Scheidung, Trennung, neue Bindungen und Interessen). Aber die Patientin kann das nicht. Sie kann sich nicht zu dem Eingeständnis durchringen, daß sie ihr Leben vergeudet hat. Sie braucht ihre dominante Bezugsperson auch weiterhin – als Quelle von Lob, Bestätigung und Selbstachtung. Wie kann der andere diese Rolle aber noch spielen, wenn sie ihm Haß entgegenbringt, sich aufsässig zeigt oder gar sich von nun an selbstsicher gibt?

Die Patientin ist also in einer Situation, in der sie ihre kognitiven Strukturen nicht ändern kann. Sie hat einen kritischen Punkt erreicht, an dem eigentlich eine neue Ausrichtung ihrer inneren Kräfte und ein neues Muster der zwischenmenschlichen Beziehungen fällig wären, aber dazu ist sie nicht fähig, und das macht ihr Dilemma aus. Häufig bestreitet sie vor sich selbst, daß sie ihre dominante Bezugsperson und ihr Leben so negativ sieht – das heißt, sie verdrängt ihre Gedanken –, aber das Gefühl der Traurigkeit bleibt dennoch bewußt und wird ganz deutlich empfunden. Da sie sich andere Strukturen nicht zurechtlegen kann – etwa neue Pläne, was ihr Leben angeht, und eine neue Art, ihre eigene Person zu betrachten –, fühlt sie sich hilflos. Sie kann nicht tun, was normale Menschen in dieser Lage tun würden, um ihren Kummer zu lösen.

Die Verzweiflung wird empfunden und wird allmählich zu einer überwältigenden Niedergeschlagenheit, die jede andere Vorstellung fortschwemmt. Schließlich sind fast alle Vorstellungen ins Unbewußte abgesunken, und die Patientin ist sich nur noch des übermächtigen Gefühls der Depression bewußt. Die Verlangsamung der Denkprozesse bewirkt auch ein Nachlassen der Mobilität. Damit Bewegungen und Handlungen überhaupt in Gang kommen, bedarf es einer ideomotorischen Aktivität, die aber jetzt erheblich zurückgegangen ist. Die Verlangsamung der Denkprozesse ist allerdings ein selbstzerstörerischer Mechanismus. Bestimmte gedankliche Konstellationen aktivieren die

Depression weiter, auch wenn sie unbewußt sind. Wenn wir die Patientin fragen, warum sie deprimiert ist, kann sie oft keine Erklärung dafür geben.

Manchmal bleibt der eine oder andere Gedanke als bewußte kognitive »Insel« im Ozean der depressiven Empfindungen erhalten. Die Patientin fühlt sich unter Umständen sehr schuldig. Dieses Schuldgefühl kommt im Gefolge von Gedanken auf, mit denen eine neue Sicht der dominanten Bezugsperson einhergeht. Die Patientin fühlt sich schuldig, weil sie diese Person, die sie früher doch fast als einen Heiligen betrachtet hat, dem Achtung und Verehrung gebührten, nun in einem so schlechten Licht sieht. In ihrer Niedergeschlagenheit ist sie in der Regel nicht fähig, ihren Schuldgefühlen nachzugehen; sie fühlt sich einfach schuldig und gibt dafür unter Umständen absurde Erklärungen ab. Sie hat »schreckliche Dinge« getan usw. In vielen Fällen wird der Haß auf den Ehemann nicht so weit unterdrückt, daß die Patientin sich seinetwegen nicht mehr schuldig fühlen müßte. Andererseits wäre sie, wenn sie mit diesem Haß wirklich bewußt umgehen könnte, eher imstande, ihre Situation zu verändern. In manchen Fällen würde sie dann nämlich sogar erkennen, daß ihre Ablehnung zu stark und den wirklichen Umständen nicht angemessen ist. Aber sie kann sich einer Überlegung nicht stellen, von der sie glaubt, sie würde die Grundlagen ihres Lebens zerstören und die Sinnlosigkeit all dessen, was sie bisher unternommen hat, dartun. Also unterdrückt sie ihren Haß und hält sich auch weiter an das Muster der stillschweigenden Unterwerfung. Auch als sie noch nicht so krank war, hat sie die feindseligen Gefühle, die sie ihrem Mann gegenüber hegte, vor ihren Freundinnen nicht zugegeben.

Das Schuldgefühl, von dem wir eben gesprochen haben, wird oft zu einem so herausragenden Zug, daß die Symptomatik insgesamt das Bild der von Selbstbeschuldigungen geprägten Depression annimmt, deren manifesten Aspekt wir ja in Kapitel 3 bereits geschildert haben. Die besonderen Merkmale der Umgebung leisten dem Auftreten von Schuldgefühlen entweder Vorschub oder aber behindern deren Entstehen eher, wie wir in Kapitel 16 noch sehen werden. Selbstbeschuldigungen spielen heute längst nicht mehr die Rolle, die ihnen noch bis in die vierziger Jahre zukam; aber dennoch haben wir es noch immer recht häufig mit diesem Bild zu tun.

Die Schuldgefühle dieser Patientinnen sorgen für das Fortbestehen einer Überzeugung, deren Anfänge in der Kindheit liegen: Man kann noch so viel unternehmen, um die Situation zum Besseren zu wenden – es wird niemals ausreichen. Später hat die Patientin das Gefühl, es sei ihre Schuld, daß die Beziehung zu der dominanten Bezugsperson nicht geglückt ist. Schließlich fühlt sie sich schuldig, wie wir schon sagten, weil sie ihrem Mann gegenüber so negative Empfindungen hegt. Wenn die Patientin dann in schwere Verzweiflung gerät und sich selbst anklagt, treten immer häufiger auch Selbstmordgedanken auf.

Bei den Patienten, die Selbstmordgedanken hegen und in die Tat umsetzen, sind die Männer in der Überzahl. Deshalb werde ich von nun an wieder von »dem Patienten« sprechen: Der Patient, der Selbstanklagen und Selbstbeschuldigungen äußert, sendet uns eine Botschaft, zum Beispiel: »Ich verdiene kein Mitleid und keine Hilfe. Ich sollte wohl am besten sterben. Ich sollte mir das antun, was eigentlich du mir antun müßtest, aber du bist zu gut, um es zu tun.«

Wenn solche Gedanken immer wieder auftauchen, unternimmt der Patient wahrscheinlich irgendwann einen Suizidversuch, der in einer beträchtlichen Zahl von Fällen auch gelingt.

Hier müssen wir nun versuchen, die Signifikanz des Selbstmordversuchs zu verstehen. Es gibt eine ganze Reihe von Erklärungen, die in diesem Zusammenhang vorgetragen worden sind:

1. Der Patient möchte sich selbst bestrafen.
2. Er möchte von seinem Leiden erlöst werden oder sein sinnloses Leben beenden.
3. Er möchte symbolisch die dominante Bezugsperson umbringen.
4. Der Selbstmord hat keine eigene Bedeutung. Er zeigt lediglich an, daß die biochemischen Vorgänge, die die Depression herbeigeführt haben, eine Wendung zum Schlechten genommen haben.

Im Einklang mit der Linie, die wir in diesem Buch vertreten, wollen wir uns nur mit den drei erstgenannten Möglichkeiten beschäftigen. Die beiden ersten Erklärungen widersprechen einander bzw. schließen einander gegenseitig aus, wenn man sie nicht im Blick auf den emotionalen Zustand des Patienten betrachtet. Das Gefühl, es sei besser zu sterben als so heftig zu leiden, ist ganz sicher da. Der Patient würde seine Selbstmordgedanken aber nicht ausführen, wenn sie nicht von der Vorstellung verstärkt oder gestützt würden, daß er den Tod verdient und sich diese höchste Strafe selbst auferlegen muß. In manchen Fällen ist es möglich, bei einem Patienten, der einen Selbstmordversuch überlebt hat, die Vorstellung wieder aufzuspüren, daß es sich dabei um einen verzweifelten Versuch handelte, sich durch Selbstbestrafung selbst zu erretten. Unbewußt hat der Patient wahrscheinlich das – nicht verbalisierte – Gefühl: »Bestrafe dich selbst, und du wirst wieder akzeptiert sein. Du bist zwar akzeptabel, aber trotzdem wirst du nicht akzeptiert. Verzeihung wird am Ende doch noch möglich werden. Die Liebe, die du eine Zeitlang nicht bekommen hast, wird dir wieder geschenkt werden.« Natürlich kann der Patient keine

Liebe mehr empfangen, wenn er tot ist, aber das ist eine realistische Überlegung, die ihm im Augenblick nicht zugänglich ist. Möglicherweise glaubt er auch, daß er in der Erinnerung der Überlebenden zu Verzeihung und Liebe gelangen wird. Wir sehen also, daß hier zwei oder mehr Motivationen nebeneinander bestehen und einander verstärken, obwohl sie logisch nicht miteinander zu vereinbaren sind.

Der orthodoxe Freudsche Standpunkt besagt, daß im Suizid der Versuch steckt, den gehaßten Menschen, den der Patient sich einverleibt hat, zu töten – in unserem Sprachgebrauch also die dominante Bezugsperson.

Wie ich an anderer Stelle schon sagte, hat der Mensch, der dieser Art der psychotischen Depression gegenüber anfällig ist, das Du schon in seiner frühesten Kindheit restlos akzeptiert. Manchmal läßt er das Du sein Ich ersticken oder vollkommen zudecken. So gesehen ist der Selbstmordversuch die Kulmination dieses Prozesses; am Ende tötet das Du das Ich, nicht umgekehrt. Wenn das Ich das Du töten würde, hätten wir es mit einer plötzlichen und vollständigen Verkehrung der bisherigen und ununterbrochenen Neigung zur Selbstverleugnung zu tun. Rado (1951) hat einen sehr scharfsinnigen Versuch der Erklärung vorgetragen: er nimmt an, daß das Überich (das Du) aus zwei Teilen besteht, von denen der Patient eines lieben und das andere umbringen möchte. Ich bin allerdings, zumindest aufgrund meiner klinischen Erfahrung, davon überzeugt, daß der Patient sich wirklich selbst umbringen will. Das aber würde bedeuten, daß er ein verzerrtes Bild des Du restlos akzeptiert oder introjiziert.

Es gibt noch eine Reihe weiterer Umstände, die diese Auffassung stützen. Zunächst einmal kommt es zum Selbstmord vielfach nicht dann, wenn die Depression ihren Höhepunkt erreicht hat, sondern zu einem frühen Zeitpunkt im Verlauf der Remission, wenn das Schlimmste eben überstanden ist. Das kann man natürlich auf verschiedene Weise deuten. Die erste Erklärung ist einfach und »mechanischer« Art: Wenn der Patient tief in der Depression steckt, befindet er sich im Stupor oder doch in einem stuporähnlichen Zustand; er kann nicht handeln, er ist extrem langsam oder völlig unbeweglich, er kann keine koordinierten Bewegungen ausführen und nicht zusammenhängend denken, und deshalb kann er seine Absichten auch nicht ausführen. Wenn die Retardation nachläßt und er seine Gedanken wieder ordnen kann, begibt er sich an die Verwirklichung seiner destruktiven Absichten. Eine zweite Erklärung lautet, daß der Patient, der die fürchterliche Erfahrung des Höhepunkts seiner Depression eben hinter sich hat, sich vor der Wiederkehr dieser Erfahrung fürchtet und lieber sterben möchte, als sie noch einmal durchleiden zu müssen. (Das läßt sich natürlich mit der zuerst erwähnten Erklärung sehr gut vereinbaren.)

Es ist aber noch eine dritte Deutung möglich: Der Patient, der unter starken Schuldgefühlen leidet, ist der Meinung, daß auch die tiefste und schwerste Depression noch nicht genug gewesen ist; sie hat ihn nicht völlig von seiner Schuld befreien können, und er wird erst dann wirklich erlöst sein, wenn er sich selbst umgebracht hat.

Diese letztgenannte Deutung wird durch andere Faktoren untermauert. Interessanterweise fühlt der Patient sich nach dem versuchten Selbstmord befreit. Nach der Freudschen Deutung müßte man erwarten, daß die Schuldgefühle sich noch verstärkt haben (weil der Patient versucht hat, das Überich zu töten, mit diesem Versuch aber keinen Erfolg hatte) und die Depression folglich zunehmen müßte. Wie Weiss (1957, 1974) und neben ihm andere Autoren betonen, hat der Patient aber schon bei dem Versuch selbst – das heißt, beim Spiel mit dem Tod – das Gefühl, angemessen bestraft worden zu sein. Er hat getan, was das Du verlangte, und jetzt kann er in Frieden leben. Häufig besteht gar nicht wirklich der Wunsch, den Versuch zu unternehmen; nachdem er den Höhepunkt seiner Depression hinter sich hat, fühlt der Patient sich plötzlich erleichtert, und es tritt eine deutliche Besserung ein.

Kolb (1959) schreibt: »Das Selbstmordmanöver geht häufig darauf zurück, daß die Familie ihr Einverständnis mit dieser Form des Agierens erkennen läßt.« Kolbs klinische Erfahrung hat ihn gelehrt, daß die psychodynamische Erklärung für das Agieren, wie sie in bezug auf andere antisoziale Akte vorgetragen worden ist, auch für den Suizid gilt: in Familien, in denen es bereits Fälle von Selbstmord gegeben hat, ist die Wahrscheinlichkeit, daß der manisch-depressive Patient sich umbringt, sehr viel größer als anderswo. Wo es nicht zu einer solchen Handlung gekommen ist, stößt man gewöhnlich auf entsprechende drohende Äußerungen oder einschüchternde Handlungen von seiten der Eltern, in denen eine solche Drohung anklingt.

In meiner langjährigen praktischen Arbeit habe ich allerdings zunehmend mit solchen Patienten zu tun gehabt, die sich nicht schuldig fühlten und dennoch beschlossen hatten, ihrem »nichtswürdigen« Leben ein Ende zu machen. In einigen Fällen war nicht klar, ob der Patient das Leben überhaupt, sein eigenes Leben oder aber sich selbst »nichtswürdig« fand. Klar war nur, daß der fürchterlichen seelischen Qual um jeden Preis ein Ende bereitet werden mußte.

Die Erleichterung, die der Patient im Anschluß an einen akuten depressiven Anfall verspürt, ist bemerkenswert. Er fühlt sich schuldlos und von seiner Umwelt akzeptiert und möchte sich nun wieder in seinem Leben einrichten. Selbst die äußere Realität scheint erfreulich, und er möchte nicht allein bleiben; er sucht die Nähe zu seinem Partner. Dieser Versuch kann allerdings auf Dauer nicht gelingen, wenn nicht eine erfolgreiche Behandlung hinzukommt. Der Patient, dem es wieder besser geht, nachdem er den tiefsten Punkt seiner Depression hinter sich gelassen hat – wobei es gleichgültig ist, ob er an diesem Punkt einen Selbstmordversuch unternommen hat oder nicht –, wird sich irgendwann später wiederum deprimiert fühlen. Das relativ beschwerdefreie Intervall kann wenige Stunden, es kann aber auch Tage, Wochen, Monate oder sogar noch länger dauern.

Die Besserung bzw. die depressionsfreie Phase lassen sich auf verschiedene Art deuten. Eine solche Erklärung lautet, daß der Patient für seine Schuld gebüßt zu haben glaubt. Eine andere Deutung scheint mir allerdings plausibler und deckt sich eher mit dem, was mehrere Patienten mir in der Behandlung erzählt haben: es taucht eine Vorstellung auf, die die depressogenen Kognitionen gewissermaßen in ihrem Schnittpunkt durchschneidet und dafür sorgt, daß eine hoffnungsvollere, wenn auch schwächere und sekundäre kognitive Struktur aufblitzt. Diese schwächere Struktur hat unter Umständen immer schon bestanden, oder sie ist – in selteneren Fällen – durch ein unerwartetes äußeres Geschehen entstanden. Manchmal wird diese sekundäre kognitive Struktur so weit organisiert und ausgebaut, daß sie dem Patienten beträchtliche Erleichterung verschafft. In vielen Fällen allerdings wird die vorherrschende depressogene Struktur erneut die Oberhand gewinnen, und der Patient verfällt wieder in die Depression.

Manche unbehandelten Fälle entwickeln sich zur chronischen und schweren Depression; bei anderen bleibt die Depression zwar auch chronisch, aber sie ist weniger schwer; und schließlich kann sie zwischen schwer und mild alternieren. Beim gegenwärtigen Stand unseres Wissens können wir nicht mit absoluter Sicherheit sagen, warum manche unbehandelt gebliebenen schweren Depresssionen zu intermittierenden Fällen werden, eine Besserung erfahren oder sogar ganz geheilt werden. Aus irgendwelchen unvorhersehbaren Gründen gelingt es den Patienten schließlich, aus dem starren kognitiven Konstrukt auszubrechen und Alternativen zu entdecken.

Manche Patienten, besonders diejenigen, die man der Kategorie der manisch-depressiven Erkrankung zuordnen könnte, sind imstande, ihre Depression in einen manischen, hypomanischen oder minimal-manischen Anfall zu verwandeln.

In der manischen Attacke wird das Du nicht eliminiert oder in die

Außenwelt projiziert; es wird lediglich außer acht gelassen. Der Patient muß sich weiterhin in Zerstreutheit und äußerste Erregung hineinzwingen, in eine Stimmung also, die nicht nur die Introspektion, sondern auch alles klare und geordnete Denken ausschließt. Im Zustand der Manie kann es nicht zur Eliminierung des Freudschen Überichs kommen, wie sie vielleicht dem Psychopathen hin und wieder gelingt. Das Überich ist in hohem Maße präsent, und die manische Raserei ist eine Form des Umgangs mit ihm.

Aber weder die Depression noch die manische Attacke vermögen die tiefverwurzelten Konflikte wirklich zu lösen. Auch wenn sie ihr Bußgeld entrichtet, das heißt den schweren Anfall erlitten haben, werden viele Patienten (wenn auch nicht alle) nach einer mehr oder weniger beschwerdefreien Pause erneut die gleichen Schwierigkeiten haben, die wiederum in das gleiche Muster gegossen werden – womit der Zyklus sich sehr wahrscheinlich wiederholt. Wir müssen darüber hinaus erkennen, daß dieser Typ der Depression – wie im übrigen alle in diesem Buch behandelten Typen – zur fundamentalen und gewohnten Lebensweise wird. Wie wir später noch sehen werden, wählt der Patient gewisse depressive Gedanken (Becks Triade), um sich seine gewohnte Stimmung zu erhalten. Kleine Enttäuschungen, Einbußen oder zufällige Geschehnisse, die ihn in die Selbstanklage, in Schuldgefühle oder schwere Depression stürzen, stehen in Wahrheit für eine frühere und größere Enttäuschung oder sogar für die lebenslange Enttäuschung. Um die relative Unwichtigkeit der psychogenen Faktoren darzutun, schilderte Kraepelin (1921) den Fall einer Frau, die drei depressive Anfälle erlitten hatte: den ersten nach dem Tod ihres Ehemannes, den zweiten nach dem Tod ihres Hundes und den dritten, nachdem ihr eine Brieftaube eingegangen war. Aus dem bisher Gesagten ergibt sich, daß alle diese Todesfälle *per se* nicht notwendig Traumen waren. Möglicherweise reaktivierte aber der Tod der Taube den Kummer, den die Patientin bei den vorangegangenen Unglücksfällen empfunden hatte, und möglicherweise stand er auch für einen sehr viel größeren Verlust, nämlich den Verlust von Sinn und Zweck ihres Lebens.

Bisher habe ich solche Anfälle von schwerer Depression psychodynamisch zu deuten versucht, wie sie durch die Erkenntis ausgelöst werden, daß eine wichtige zwischenmenschliche Beziehung entzweigegangen ist, wie im Fall der Patientin, die sich gegenüber der dominanten Bezugsperson so unterwürfig und sanftmütig verhalten hatte. Die Patientin andererseits, die einem Muster der Abhängigkeit folgt und schließlich eine Symptomatik entwickelt, wie sie dem »fordernden Typ« entspricht, erkennt an einem bestimmten Punkt ihres Lebens, daß sie sich auf diese zwischenmenschliche Beziehung nicht länger verlassen kann. Ohne sich dessen bewußt zu sein, ruft sie noch immer vernehmlich nach dem verlorenen Paradies oder nach der Glückseligkeit ihrer ersten Lebensjahre, als sie noch vollständig von der pflichtbewußten Mutter oder der Person, die ihr die Mutter ersetzte, abhängig war. Je weiter die Patientin sich jetzt in die Abhängigkeit von ihrer dominanten Bezugsperson hineinbegibt und je größere Ansprüche sie stellt, desto größer wird ihr Gefühl der Deprivation. Jede unerfüllt gebliebene Forderung ist eine Wunde, eine schwere Beraubung, eine Beleidigung, ein nicht wiedergutzumachender Verlust und bringt ein ungutes Gefühl der Traurigkeit mit sich, das sich nicht auflösen läßt und eine Depression nach sich zieht.

Die neue und andere Erfahrung der Beziehung zur dominanten Bezugsperson hat ihren Grund darin, daß die Patientin die Zuneigung oder die Liebe, von der sie sich bisher beschützt und umhüllt wußte und in deren Gewißheit sie so große Erwartungen hegte, jetzt als eine unsichere Sache, als unehrlich, unzuverlässig, im Verlöschen begriffen oder als bereits völlig erloschen betrachtet. Auch sie liebt den Partner nicht mehr, und deshalb glaubt sie, von ihm nicht mehr viel erwarten zu können. Leider ist es aber tatsächlich so, daß sie psychisch, ökonomisch und sozial von ihm abhängig ist und ohne ihn gar nicht zurechtkommt. So wie der zuvor beschriebene Typ der Patientin sieht sie sich in einer Falle, aus der es kein Entkommen gibt. Sie gerät immer tiefer in die Depression und denkt an Selbstmord. In diesen Fällen enthält ein Selbstmordversuch die Botschaft: »Laß mich nicht im Stich. Es steht in deiner Macht, meinen Tod zu verhindern. Du wirst dich schuldig fühlen, wenn du mir nicht gibst, was ich brauche, und mich sterben läßt.« Allerdings sind diese Patientinnen auch ohne alle Hoffnung und haben das Gefühl, daß die dominante Bezugsperson diesen Ruf nicht beachten, sondern sie fallenlassen wird. Es gibt auch Patienten dieses Typs, für die die dominante Bezugsperson nicht der Ehepartner, sondern ein Elternteil oder beide Eltern sind. Viele Patienten bleiben ihr Leben lang von ihren Eltern abhängig. Sie wünschen sich zwar, frei zu sein und selbständig zu leben, allein für sich zu sorgen, zu heiraten – aber sie können es nicht. Auch sie sind in einem Teufelskreis gefangen, aus dem sie nicht ausbrechen können (Abhängigkeit von einem anderen und zugleich feindselige Gefühle gegenüber diesem anderen). Sie ähneln wohl stärker als alle übrigen depressiven Patienten dem von Abraham beschriebenen Typ, der infolge des früh erlittenen Liebesentzuges auf der oralen Stufe fixiert und ganz allgemein von seinen Mitmenschen abhängig bleibt.

■ ■ Depression nach dem Tod, dem Verlust ■ ■ oder dem Weggang der dominanten Bezugsperson

Hier kommt es zur Depression, wenn die dominante Bezugsperson nicht länger zur Verfügung steht, in der Regel deshalb, weil sie nicht mehr am Leben ist. Mit Fällen, in denen sich ihre Abwesenheit durch die erfolgte Ehescheidung erklärt, wollen wir uns hier nicht beschäftigen, weil diese Trennung ja auf den Zusammenbruch einer zwischenmenschlichen Beziehung zurückgeht und wir Fälle dieser Art in die zuvor beschriebene Kategorie einordnen. Es gibt allerdings auch Grenzfälle, in denen der eine Ehepartner den anderen urplötzlich verläßt, ihm ein Ultimatum stellt oder ganz unerwartet erklärt, er wolle die Ehe auflösen.

Seltener werden schwere Depressionen dadurch ausgelöst, daß eine Freundschaft zerbricht bzw. freundschaftliche Gefühle, Zustimmung und Bestätigung ausbleiben, weil ein Mensch, der dem Patienten nahegestanden hat, weggezogen ist oder geheiratet hat und deshalb den Patienten aus seinem Leben ausschließt oder ihm zumindest doch eine geringere Rolle darin einräumt.

Sind an einer Trennung Umstände schuld, die sich der Kontrolle des Patienten entziehen, also etwa der Tod oder ein Umzug aus beruflichen Gründen, dann ist er nicht der bewußten Meinung, die dominante Bezugsperson habe ihn im Stich gelassen, weil die beiderseitige Beziehung nichts mehr taugt. Es ist allerdings fraglich, ob der Patient solche Begründungen wirklich für gerechtfertigt hält; in den meisten Fällen ist es zweifellos so, daß er die dominante Bezugsperson zumindest im Unbewußten als an ihrem Weggang schuld betrachtet, selbst wenn sie »für immer weggegangen«, also gestorben ist. Sie hätte es sich eben nicht gestatten dürfen zu sterben. Ebenso sicher ist, daß manche Patienten sich – sogar ganz bewußt – für den Weggang oder den Tod ihrer dominanten Bezugsperson verantwortlich fühlen. Wenn sie den anderen Menschen besser behandelt hätten, wäre er nicht gestorben. So aber hat das üble Verhalten des Patienten die dominante Bezugsperson unglücklich und krank gemacht bzw. die Wahrscheinlichkeit ihres Todes erhöht. Der Patient hat ihn oder sie also »umgebracht«.

In anderen Fällen fühlt der Patient sich schuldig, weil er in Augenblicken, in denen der Ärger wieder aufkommt, erkennt, daß er den Tod dieses anderen Menschen ja herbeigewünscht hat. Jetzt ist der Wunsch Wirklichkeit geworden, das heißt, dem Wunsch wird die urtümliche Macht zugesprochen, Realität schaffen zu können. Der Patient macht sich Vorwürfe, daß er den mörderischen Wunsch in sich hat aufkommen lassen.

Alle diese Deutungen, in denen der Schuldgedanke eine Rolle spielt, leiten sich aus Freuds Überlegung her, daß Schuld und Selbstverachtung nichts anderes sind als umgeleiteter Zorn, der sich ursprünglich auf das Liebesobjekt (unsere dominante Bezugsperson) richtete. Ich habe allerdings schon erwähnt, daß der Schuldgedanke heute keine so große Rolle mehr spielt. Möglicherweise wird er in Zukunft wieder an Bedeutung gewinnen.

Bemporad (1970) trägt eine andere Erklärung vor. Der Patient, der bezüglich seiner Selbstachtung und des Gefühls, angenommen, bestätigt und geschätzt zu sein, vollständig abhängig war von seiner dominanten Bezugsperson, erkennt jetzt, daß er sich nicht länger an diesen Menschen halten kann. Andererseits ist er zur »autonomen Befriedigung,« zur Selbstversorgung mit dem, was er braucht, nicht fähig. Er wird traurig und schließlich deprimiert, weil er sich aller Befriedigung beraubt sieht. Mit anderen Worten, seine Depression ist Folge der (emotionalen und kognitiven) Deprivation. Bemporads Deutung trifft auf eine Reihe von Fällen schwerer Depression zu, wenn dabei auch noch weitere Faktoren eine Rolle spielen, die das Bild komplizieren: Zunächst muß ich noch einmal betonen, daß der Patient gar nicht fähig ist, kognitiv-affektive Alternativen für das zu finden, was ihm bisher von seiner dominanten Bezugsperson geliefert worden ist. Zweitens will er nicht glauben, daß die dominante Bezugsperson durch einen anderen Menschen ersetzt werden könnte. Er weist diese Möglichkeit zurück, denn wenn er sie bejahen würde, dann wäre das gleichbedeutend mit dem Eingeständnis, daß die dominante Bezugsperson eben nicht unersetzlich für ihn gewesen ist. Ein solches Fazit aber würde es erfordern, daß der Patient sein ganzes Leben überdenkt, und es würde möglicherweise einen Zustand der Panik heraufbeschwören, den der Patient sich noch nicht einmal auszumalen vermag. Deshalb möchte er weiterhin glauben, die dominante Bezugsperson sei unentbehrlich und unersetzlich. Sobald die realen Umstände das Gegenteil anzudeuten scheinen – daß das Leben nämlich auch ohne die dominante Bezugsperson seinen Sinn und Zweck haben kann –, wird diese Möglichkeit verzerrt betrachtet und als Bedrohung empfunden, was wiederum eine Depression hervorrufen kann.

■ ■ Depression als Folge der Erkenntnis, ■ ■ daß das dominante Ziel nicht erreicht worden ist

Dieser Typ der Depression wird bei männlichen Patienten häufiger beobachtet als Depressionen, die nach anderen Mustern verlaufen; absolut betrachtet ist allerdings auch hier die Zahl der betroffenen

Frauen größer als die der Männer. Das Ziel, das von Frauen am häufigsten als nicht erreicht oder nicht erreichbar erfahren wird, ist die romantische Liebe. Nicht geliebt zu werden bedeutet für sie, nicht liebenswert zu sein. Störend wirkt also nicht nur die Tatsache, daß ihnen Liebesglück nicht beschieden ist, sondern auch die Verletzung, die das für ihr Selbstbild bedeutet. Die kulturellen und sozialen Veränderungen, wie wir sie in bezug auf den Status der Frau gegenwärtig beobachten, haben allerdings schon dafür gesorgt, daß dieser Faktor heute keine so große Rolle mehr spielt wie früher. Genauer gesagt, Liebe, die einem Menschen verlorengeht, bleibt durchaus ein gewichtiger auslösender Faktor für Depressionen, wie wir soeben gesehen haben. Aber die Tatsache, daß Liebe als ein dominantes Lebensziel nicht erreicht worden ist, löst heute längst nicht mehr so häufig eine schwere Depression aus.

Bei Männern hat das nicht erreichte bzw. überhaupt nicht erreichbare dominante Ziel mit dem Beruf und dem beruflichen Erfolg zu tun. Auch an dieser Erkenntnis wiegt am schwersten der Schaden, der damit dem Selbstbild zugefügt wird. Gewiß ist der Patient sehr an seiner Arbeit und an seinem beruflichen Fortkommen interessiert, aber die depressiven Elemente leiten sich eher aus den zugehörigen – meist unbewußten oder nur dumpf bewußten – kognitiven Verzweigungen her, das heißt aus der Verknüpfung von Arbeit und Karriere mit dem, was der Mensch von sich selbst denkt und was andere von ihm halten, und mit der Frage, ob er ein nützlicher Mensch ist, der Liebe verdient. Zu einem bestimmten Zeitpunkt ist der Mensch zu der Erkenntnis gelangt, daß er eben kein berühmter Anwalt, Arzt, Politiker, Schauspieler, Dichter, Liebhaber, Geschäftsmann, Erfinder, Musiker und so weiter mehr werden wird. Er kann weder in einen anderen Beruf überwechseln noch seine Hoffnungen und Erwartungen aufgeben, denn sein ganzes Leben kreiste ja um den Gedanken, dieses ganz bestimmte Ziel zu erreichen. Nichts anderes zählt daneben; nach dieser dramatischen Erkenntnis erscheint ihm das Leben ohne Sinn; er empfindet es in der Tat als schmerzlich und schwer zu ertragen.

Wenn er früher davon geträumt hat, ein großer Dirigent zu werden, ein zweiter Toscanini, so muß er sich jetzt mit der Tatsache abfinden, daß er eben nicht Toscanini ist; er ist er selbst, »N.N.«. Für N.N. aber empfindet er keine Achtung, N.N. ist für ihn ein Nichts. Es hat eine gewisse Berechtigung, daß der Patient sich so negativ betrachtet, denn er hat ja soviel Zeit und Energie auf die Vorstellung verwendet, ein Toscanini zu werden, und ohne diese alles beherrschende Vorstellung fühlt er sich innerlich leer. Das heißt, wir müssen erkennen, daß die Depression nicht nur in der Klage um ein Wunschbild besteht;

vielmehr trauert der Patient deshalb, weil er einen großen Teil seines Lebens im Dienst dieser Wunschvorstellung vertan hat. So wird verständlich, warum die Depression eine solche Tiefe erreichen und so lange anhalten kann.

Diese Überlegungen und die sie begleitenden negativen Gefühle werden durch die Beschränkungen möglich, in denen der Patient gefangen ist, durch seine Unfähigkeit, Lösungen zu finden. Hin und wieder erkennt der Patient vielleicht Alternativen, aber sie scheinen ihm entweder unerreichbar oder aber nicht der Mühe wert. Die Unfähigkeit, zu anderen Lebensformen überzuwechseln, geht nicht etwa auf einen angeborenen Defekt oder auf mangelnde Intelligenz zurück, sondern sie ist einzig und allein das Ergebnis einer Lebensgeschichte, die durch das starre Festhalten an jenen Mustern gekennzeichnet ist, die wir zu Beginn dieses Kapitels geschildert haben. Dieses Unvermögen, das dem Patienten häufig gar nicht bewußt ist, kann durch geschickte psychotherapeutische Behandlung ganz oder doch weitgehend überwunden werden.

In manchen Fällen ist das psychodynamische Bild komplizierter. Der Patient spürt, daß er sich selbst gegenüber nicht aufrichtig gewesen ist, oder daß er sein Ziel nicht in der richtigen Weise verfolgt hat. Vielleicht hat er wirklich davon geträumt, ein zweiter Toscanini zu werden, sich dann aber doch in erster Linie auf sein Geschäft, auf das Geld, auf die Frauen usw. konzentriert. Jetzt sieht er sich in der Falle: seine Traurigkeit hat sich zu schweren Depressionen ausgewachsen, aus denen er sich nicht zu befreien weiß.

■ ■ Besondere Fälle und Schlußfolgerungen ■ ■

Fälle, die nicht exakt in die soeben beschriebenen Kategorien passen, aber dennoch einige der entscheidenden Merkmale aufweisen, sind sehr häufig. Ich will die besonders oft zu beobachtenden Kombinationen hier kurz erwähnen. Die Depression kann einsetzen, nachdem der Patient aus einer Institution, einer Organisation oder einer Firma entlassen worden ist, der er einen wesentlichen Teil seines Lebens gewidmet hat. Daß der Mensch sich enttäuscht fühlt, führt er häufig darauf zurück, daß er seine Beschäftigung verloren hat. Tatsächlich hat Malzberg (1940) festgestellt, daß Arbeitslosigkeit und finanzielle Schwierigkeiten, wie sie im Gefolge der Wirtschaftskrise von 1929 bis 1937 eintraten, sich in der Statistik der manisch-depressiven Erkrankungen niederschlugen. So nannten beispielsweise 26,2 Prozent der Patienten, die im Jahre 1933 als manisch-depressiv zum ersten Mal in staatliche Krankenhäuser in New York aufgenommen wurden, den

Verlust ihres Arbeitsplatzes oder finanzielle Einbußen als auslösende Faktoren, während nur 9,6 Prozent der im gleichen Jahr erstmals mit der Diagnose Dementia praecox (Schizophrenie) aufgenommenen Patienten diesen Umstand für den Ausbruch ihrer Störung verantwortlich machten.

In manchen Fällen ist der auslösende Faktor nicht die Entlassung, sondern die Tatsache, daß der Patient in seinem Beruf nicht weitergekommen ist. Hier besteht das Trauma zum Teil im Verlust eines – nichtpersonalen – dominanten Bezugssystems und zum Teil in der Tatsache, daß das dominante Ziel nicht erreicht worden ist oder als solches nicht beibehalten werden konnte. Die Quelle von Belohnung und Befriedigung ist ebenso verloren wie das belohnende Selbstbild, das der Patient sich nur dadurch bewahren konnte, daß er mit dieser bestimmten Organisation verbunden war.

Zu Depressionen, die häufig sogar mit Selbstmord enden, kommt es oft auch bei unverheirateten Männern nach dem Ausscheiden aus dem Arbeitsleben. Sie fühlen sich plötzlich der einzigen Möglichkeit der Befriedigung beraubt. Bei Frauen treten Depressionen oft um die Zeit der Menopause auf, wenn auch nicht mehr so häufig wie früher. Auf diesen Umstand werden wir in Kapitel 12 noch ausführlicher zu sprechen kommen.

Verhältnismäßig häufig werden Depressionen ferner bei Zwillingen beobachtet, insbesondere bei eineiigen Zwillingsschwestern. Das Zahlenmaterial, das mir in diesem Zusammenhang zur Verfügung steht, ist nicht sehr umfangreich, aber ich kann sagen, daß diese Fälle sich von anderen nicht wesentlich unterscheiden, wenn man von dem psychischen Bild einmal absieht, das der Zwilling in seiner Eigenschaft als Zwilling von sich selbst hat. In der Regel nimmt einer der Zwillinge die Rolle der dominanten Bezugsperson an, während der andere den Part des Unterwürfigen oder Abhängigen übernimmt. Der dominante Zwilling spielt die Rolle des Führers, Lehrers und Mentors; der unterwürfige spielt den Nachfolger, den Schüler, das Kind. In diesen Fällen kommt den Eltern nur eine sekundäre Rolle zu, weil sie zu alt sind, zu stark abseits stehen, krank sind oder den Kindern im geographischen Sinne »entrückt« sind; sie waren immer blasse Gestalten und haben es damit ermöglicht, daß der eine Zwilling eine elterliche bzw. dominante Rolle gegenüber dem anderen eingenommen hat. Wenn der dominante Zwilling dem anderen seine Unterstützung entzieht, wenn er etwa heiratet oder sich von dem unterwürfigen Zwilling trennt, dann durchlebt der letztere ein schweres Trauma, fühlt sich hilflos und verlassen und gerät häufig in eine Depression.

Weniger typisch, dafür aber zahlenmäßig häufiger – vor allem bei

Mädchen – sind Fälle, in denen zwei Geschwister, die einander altersmäßig sehr nahe stehen, ebenfalls in dieser Dyade des dominanten und des untergeordneten Partners leben. Auch hier sind die Eltern eher im Hintergrund geblieben, und das dominante Kind hat sich ihre Rolle in unangemessener Weise zu eigen gemacht. Das unterwürfige Kind neigt zur Depressivität, sobald in der Beziehung zum dominanten Partner eine Unterbrechung eintritt oder das Bild dieses anderen, der ja internalisiert worden ist, einer Revision unterzogen werden muß.

Bei manchen Patienten wird die depressive Attacke offensichtlich nicht durch einen Verlust ausgelöst, sondern durch ein Geschehen, das eigentlich erfreulicher Art ist. So kann es vorkommen, daß Frauen zwischen dem vierzigsten und dem sechzigsten Lebensjahr, die eventuell früher schon einmal eine unerkannt gebliebene depressive Attacke erlitten haben, eine Depression entwickeln, kurz nachdem der einzige Sohn bzw. die einzige Tochter geheiratet hat. Das Ereignis wird von der Patientin nicht als erfreulich, sondern als ein Verlust angesehen: das Kind, das sie so dringend gebraucht hat, das ihr einziger Lebenszweck und ihre Freude gewesen ist, verläßt sie nun.

In wieder anderen Fällen kommt es nach einer Beförderung zum depressiven Anfall; der Patient sieht darin eine neue Bürde, die er nicht mehr tragen zu können glaubt. Er will keine neuen Pflichten übernehmen, und außerdem nimmt ihm die größere Verantwortung, die mit der neuen Stellung verbunden ist, jene Sicherheit, die er sich unter so großen Mühen und Anstrengungen geschaffen hat. Oder der Aufsteiger fürchtet sich vor dem zu erwartenden Neid und Unmut derer, mit denen er bisher zusammengearbeitet hat und denen er eng verbunden ist. Die Erwartung, daß die andern solche negativen Empfindungen ihm gegenüber haben werden, trennt ihn bereits von ihnen und erzeugt Gefühle der Einsamkeit und Depression in ihm. In allen diesen Fällen empfindet der Patient es als schwierig, die alten Lebensmuster aufzugeben, die ihm Sicherheit vermittelten, und kann keine Alternativen entdecken, die den neuen Bedingungen entsprechen würden.

Wenn wir jetzt den Versuch machen, aus allen in diesem Kapitel betrachteten Zuständen das herauszuschälen, was zur schweren Depression führt, so können wir sagen, daß es sich dabei um ein Verlusterlebnis handelt, und zwar um den Verlust dessen, was der Patient für den wertvollsten oder bedeutsamsten Aspekt seines Lebens hält. Noch gravierender ist das Gefühl, das Verlorene unter keinen Umständen wiederbeschaffen oder ersetzen zu können.

Zuzeiten dient der schwere Kummer, den der depressive Mensch empfindet, zugleich als Repräsentation dessen, was ihm verloren gegangen ist, denn solange dieser Kummer anhält, ist der Verlust nicht vollständig. In diesen Fällen ist der Kummer wie das schwache Bild einer verlorenen Hoffnung, der Schatten des nicht mehr Vorhandenen, das Echo einer häufig vernommenen Stimme – etwas, das mit gemischten Gefühlen, aber eben deshalb auch mit Bewegtheit, Hochachtung und Liebe vernommen wird.

In anderen Fällen birgt die Erfahrung des Verlustes zugleich das Gefühl, daß das Leben nicht mehr lebenswert sei und keinen Sinn mehr habe. Oder der Patient erkennt, daß die Bedeutung, die er seinem Leben gegeben hat, falsch oder sinnlos gewesen ist; wenn er auf diese Bedeutung seines Lebens aber von jetzt an verzichten will, dann erleidet er den größtmöglichen Verlust überhaupt: es hat nun gar keine Bedeutung mehr. Daß er so bekümmert und verzweifelt ist, zeigt aber an, daß er das Leben eben nicht in dieser Weise, nämlich als ohne Sinn und Bedeutung, ansehen möchte.

■ ■ ■ ■ 7. Psychodynamische ■ ■ ■ ■ Aspekte der milden Depression

Im Gegensatz zu den Patienten, die wir im vorangegangenen Kapitel betrachtet haben, sind die im folgenden behandelten Patienten nicht so stark beeinträchtigt, daß ihr gesamtes Innenleben von dem depressiven Affekt überlagert wäre. Sie möchten ihre Depression abschütteln und versuchen, sie zu bekämpfen und jenes pathologische Gleichgewicht wiederherzustellen, zu dem sie vor Ausbruch ihrer Depression gefunden hatten. Solche Menschen sind zwar ohne Zweifel deprimiert, aber sie bewältigen ihre täglichen Aufgaben, wenn auch oft mit verminderten Kräften und Fähigkeiten. Sie können denken und argumentieren, und sie sind im Besitz ihrer normalen kognitiven Fähigkeiten. Deshalb kann man rasch mit therapeutischen Bemühungen beginnen, die auf Einsicht zielen. Unter Umständen sind auch somatische Symptome – Eßunlust oder Schlaflosigkeit etwa – vorhanden, wenn auch nicht sehr deutlich ausgeprägt. Konstipation und psychomotorische Retardation werden nicht beobachtet, dagegen ist nicht selten die Libido beeinträchtigt. Das Wichtigste ist wohl, daß diese nicht ganz so schwer depressiven Patienten ihre zwischenmenschlichen Beziehungen aufrechterhalten; manchmal suchen sie sogar geradezu verzweifelt nach Unterstützung und Trost von seiten ihrer Mitmenschen.

Solche Menschen zeichnen sich durch das ständige Vorhandensein des depressiven Affekts aus, der in seiner Intensität gleichbleiben oder aber schwanken kann. Wie wir noch sehen werden, kann diese innere Qual ganz verschiedene Formen annehmen – vom lähmenden Bewußtsein des Verlustes bis hin zu dem verzweifelten Gefühl, daß das Leben in immer gleichen Bahnen verläuft und ohne Sinn und Bedeutung ist.

Wie wir schon in Kapitel 2 sagten, hat die psychodynamische Erklärung der Depression mit der Entfaltung des psychoanalytischen Denkens zahlreiche Veränderungen erfahren. Manche Autoren haben versucht, Depression als komplexes metapsychologisches Phänomen zu erklären, etwa als aggressive Besetzung der Selbstvorstellung oder als Konflikt zwischen dem strafenden Überich und dem hilflosen Ich.

Andere haben sich mit der einfacheren Feststellung begnügt, daß es sich bei der Depression um einen primären Affekt handele, der sich nicht weiter in einzelne grundlegende Konstrukte zerlegen lasse. Ich möchte mich dieser zuletzt genannten Sichtweise anschließen und stimme mit Sandler und Joffe (1965) überein, bei denen es heißt: »Wenn Depression als Affekt angesehen wird, das heißt, wenn wir ihr den gleichen begrifflichen Rang einräumen, wie er dem Affekt der

Angst zukommt, dann läßt sich ein großer Teil der Literatur über die Depression im Kindesalter (und auch über die Depression des Erwachsenen) auf einen sinnvollen gemeinsamen Nenner bringen« (S. 90).*

Allerdings impliziert diese Betrachtung der Depression – als eines primären Affektes nämlich – nicht automatisch, daß es sich dabei auch um eine einfache Emotion ohne komplexere kognitive Komponenten handelte. Wie Arieti in Kapitel 5 ausführt, setzen die unterschiedlichen Emotionen auch ein unterschiedliches Maß an kognitiver Reife und intellektuellem Verständnis voraus. Depression ist eine Emotion der dritten Rangfolge, die ohne eine gewisse Bewußtheit hinsichtlich der Vergangenheit und der Zukunft, ohne eine bestimmte sprachliche Gewandtheit und ohne Gefühl dafür, wie ein Mensch auf den anderen wirkt und ihn beeinflußt, gar nicht möglich ist. Seine Emotionen und Wahrnehmungen werden durch das unbewußte kognitive System hervorgerufen. Unter dem unbewußten kognitiven System verstehe ich eine aus Hoffnungen, Befürchtungen und allgemeinen Erwartungen des Selbst und anderer Menschen entstandene Struktur, die das Verhalten des Menschen lenkt, über deren Vorhandensein und Wirkungsweise er sich aber vielleicht nicht im klaren ist.

Von solchen aus Ansichten und Meinungen gebildeten Systemen kann man annehmen, daß sie auf einem anderen Niveau der Bewußtheit liegen als die oberflächlichen pessimistischen Verzerrungen, wie sie auf den Ausbruch einer depressiven Episode folgen.

So kann ein Mensch im Anschluß an einen Verlust in die Depression geraten, aber es wird ihm nicht klar, in welcher Weise der Verlust ihn denn nun eigentlich berührt hat. Ein anderer wird depressiv, ohne daß in seiner Umgebung irgendein auslösendes Trauma vorhanden wäre, oder ohne zu wissen, warum er denn gerade jetzt, zu diesem Zeitpunkt seines Lebens, ein Gefühl der Dysphorie empfinden sollte. Freud (1917) hat auf diesen Mangel an bewußter Erkenntnis hingewiesen: Er beobachtete, daß der Melancholiker, selbst wenn er seine Leiden mit dem Verlust eines anderen Menschen in Zusam-

---

* Eine gewisse Bestätigung für die Betrachtung der Depression (das heißt des primären Gefühlszustandes und nicht des klinischen Syndroms) als elementare psychobiologische Reaktion liegt darin, daß sie auf physiologischem Wege herbeigeführt werden kann. Milde Depressionen treten auch im Gefolge von Viruskrankheiten oder bei Ermüdungszuständen auf. Depression kann auch bei Schilddrüsenunterfunktion und bei Erkrankungen der Bauchspeicheldrüse auftreten oder von Drogen wie etwa Reserpin erzeugt werden. Damit scheint bestätigt, daß die Depression, die in aller Regel ja durch psychische Ereignisse ausgelöst wird, eng mit bestimmten neurochemischen Veränderungen zusammenhängt und folglich wohl eine fundamentale Form der Reaktion ist wie andere Emotionen auch.

menhang bringt, »zwar weiß, *wen*, aber nicht, *was* er an ihm verloren hat« (S. 431).

Was verloren wurde, ist ein gewisser Halt in der Umgebung. Im Grunde trauert der depressive Mensch nicht um den anderen; er trauert vielmehr im eigenen Interesse – weil er nämlich nun der »Versorgung« durch den anderen Menschen beraubt ist. Seine Klage gilt dem Zustand, in dem sein Selbst sich ohne den anderen Menschen oder ohne das alles überstrahlende Ziel befindet (wie wir dies bei den sogenannten reaktiven Depressionen beobachten können). Oder der Mensch trauert, weil er beim gegenwärtigen Zustand seines Selbst keinen Sinn und keine Befriedigung im Leben findet – er weiß nicht, daß sein unbewußtes kognitives System ihn zwingt, sich selbst Grenzen von der Art aufzuerlegen, daß es keine sinnvollen oder lustvollen Aktivitäten für ihn geben kann.

Der Philosoph Kierkegaard erkannte, daß der wahre Grund der Verzweiflung in der Verzweiflung über das eigene Selbst liegt, unabhängig von den auslösenden Geschehnissen. Er schrieb:

> »Wenn so z. B. der Herrschsüchtige, dessen Lösung es ist, ›entweder Caesar oder gar nichts‹, nicht Caesar wird, dann verzweifelt er darüber. Aber dies bedeutet etwas anderes: daß er, eben weil er nicht Caesar geworden, es nun nicht aushalten kann, er selbst zu sein« (1954, S. 152; dt. S. 15).

Zur Depression im Gefolge eines Verlustes innerhalb der Umgebung sagt Kierkegaard:

> »Ein junges Mädchen verzweifelt aus Liebe, also sie verzweifelt über den Verlust des Geliebten, daß er starb, oder daß er ihr untreu ward. ... Nein, sie verzweifelt über sich selbst. Dieses ihr Selbst, welches sie, wenn es die Geliebte von ›ihm‹ geworden wäre, auf die liebenswürdigste Weise losgeworden wäre, oder verloren hätte, dies Selbst ist ihr nun eine Plage, wenn es sein soll ein Selbst ohne ›ihn‹« (dt. S. 15–16).

■ ■ ■ Formen der milden Depression ■ ■ ■

Wie schon angedeutet, lassen sich die milden (oder dystonischen) Formen der Depression in drei große Gruppen einteilen: in die reaktiven, die charakterbedingten und die larvierten Depressionen. Die Symptome dieser Varianten sind in Kapitel 3 beschrieben worden. Hier wollen wir uns zunächst auf die jeweils zugrundeliegende innerpsychische Dynamik konzentrieren und zu diesem Zweck die reaktive und die charakterbedingte Depression näher betrachten. Der wichtigste klinische Unterschied zwischen diesen beiden Typen besteht darin, daß die erstgenannte Variante im Gefolge eines identifizierbaren und subjektiv als schwer empfundenen Traumas im Leben des Menschen eintritt, während die zweitgenannte Form in einer chronisch unbefriedigenden Daseinsweise zum Ausdruck kommt.

Die reaktive Depression ist bereits ausführlich behandelt worden.

Die meisten, aber keineswegs alle schwer depressiven Menschen haben ihre dominante Bezugsperson bzw. ihr dominantes Ziel dazu benützt, sich irgendwie von dem Gefühl ihrer inneren Schlechtigkeit zu befreien. Dagegen betrachtet der Mensch, der an einer milderen Form der Depression leidet, sich keineswegs immer und durchweg als schlecht; er setzt die dominante Bezugsperson oder das dominante Ziel ein, um so zu Erfüllung zu gelangen und dem Leben einen Sinn abzugewinnen. Seine Bemühungen dienen nicht der Ausschaltung eines negativen Lebensaspektes, sondern vielmehr der Hinzufügung eines weiteren – positiven – Aspektes. Natürlich geht es immer auch darum, Befriedigung und zugleich ein gewisses Maß an Absolution von seiten anderer Menschen zu erhalten; ich habe allerdings die Erfahrung gemacht, daß Menschen, die an milden Formen der Depression leiden, nicht von sich behaupten, wirklich »schlecht« zu sein. Sie bezeichnen sich vielleicht als depriviert, als träge und hilflos, oder sie sagen, daß sie Fehler begangen haben, aber die wirklich feindselige Selbstverleumdung fehlt bei ihnen in der Regel.

Ein weiterer Unterschied betrifft die Stellung, die die dominante Bezugsperson oder das dominante Ziel im Leben des depressiven Menschen einnehmen: Schwer depressive Menschen beziehen ihr Selbstgefühl ausschließlich von einer äußeren Instanz; weniger beeinträchtigte Menschen dagegen sind zwar in ungewöhnlichem Ausmaß auf ein Gegenüber bzw. auf ein Ziel angewiesen, aber sie sind doch fähig, auch noch in anderer Weise zu Selbstachtung zu gelangen. Was ihre kognitiven Strukturen angeht, so sind mild-depressive Menschen eher in der Lage, alternative Bahnen des Denkens zu entwickeln; sie sind nicht so starr an gewisse festgefügte Vorstellungen gebunden, die jede Einschätzung und Bewertung ihres Selbst beeinflussen. Zum Beispiel sind solche Menschen imstande, ihre Aufmerksamkeit rasch dem Therapeuten zuzuwenden – freilich in der Hoffnung, wiederum eine pathologische Beziehung begründen zu können.

Als chronisch depressiv werden zwei Typen von Patienten beschrieben: Die eine Gruppe ähnelt in ihrer psychischen Struktur den »reaktiv« Depressiven, unterscheidet sich aber insofern von diesen, als das Verhältnis zur dominanten Bezugsperson bzw. die Verfolgung eines dominanten Zieles die depressiven Gefühle nicht ständig und nicht in ausreichendem Maße zerstreut. Die andere Gruppe ist chronisch depressiv, weil sie sich unrealistische Maßstäbe gesetzt hat, die ihrerseits auf irrationale Ansichten bezüglich der eigenen Person und anderer Menschen zurückgehen und die Betroffenen daran hindern, Befriedigung oder Erfüllung in ihrem Leben zu finden. Gemeinsam ist beiden Gruppen, daß sie keine Freude an ihrem Dasein empfinden, gering von sich selbst denken und eine übermäßige Hellhörigkeit und Empfindlichkeit an den Tag legen, wenn sie auf geringfügige Enttäuschungen oder verzeihliche negative Reaktionen von seiten ihrer Mitmenschen treffen. Besonders signifikant ist, daß beide Gruppen depressive Perioden von unterschiedlicher Intensität erleiden. Der schmerzliche Affekt durchzieht ihr gesamtes Leben und macht sich einmal stärker und dann wieder schwächer bemerkbar.

Die erste Gruppe versagt sich normale und lustbringende Aktivitäten aus Furcht, die dominante Bezugsperson zu verlieren, oder in der Sorge, solche Aktivitäten könnten der Verfolgung des dominanten Zieles im Wege stehen. Im ersten Fall kann es so aussehen, als ob diese Versagung von außen her initiiert sei. Aber im Grunde handelt es sich um eine von innen kommende Beschränkung. Die Beschränkungen, wie der betroffene Mensch sie sich vorstellt und wie er sie befolgt, fallen häufig härter aus, als wenn sie von der dominanten Bezugsperson selbst verhängt wären. Im zweiten Fall ist der Depressive der irrigen Meinung, daß aufgrund irgendwelcher böswilligen und geheimnisvollen Mächte jede kleine Abweichung und jede Freude, die er sich gönnt, sein Streben nach dem allumfassenden Ziel behindern oder vereiteln könnte. Solche Menschen sind in einer gefährlichen Lage, weil jeder Anschein von (realer oder nur eingebildeter) Mißbilligung von seiten der verklärten Bezugsperson bzw. jedes Hindernis, das sie auf dem Weg zu ihrem signifikanten Ziel zu erkennen glauben, lange Perioden der Depression nach sich zieht.

Die zweite Gruppe erleidet die Depression offensichtlich nicht direkt als Folge von Geschehnissen, die in der Umgebung eingetreten sind. Vielmehr empfinden diese Menschen ständig ein Gefühl der Nutzlosigkeit und Hoffnungslosigkeit, weil sie sich nicht gestatten, sich aktiv auf belohnende Handlungen einzulassen. Oft stellen sie auf den ersten Blick eine gewisse Selbstgerechtigkeit und Überlegenheit zur Schau, hinter der sie ihre recht infantile Persönlichkeit ängstlich vor den Augen anderer Menschen verbergen. Anzeichen solcher zugrundeliegender pathologischer Strukturen zeigen sich in der fast schon paranoiden Vorstellung, daß die Umgebung jeden ihrer Schritte beobachte, und in dem geheimen Wunsch, sich von einer mit großer Macht ausgestatteten Bezugsperson ganz passiv umsorgen zu lassen. Für solche Menschen ist es ein schrecklicher Gedanke, daß ihre Abhängigkeitsbedürfnisse erkennbar werden könnten, und sie scheuen sich davor, sich in aller Öffentlichkeit spontan und ungezwungen zu verhalten. Sie leben ein asketisches und unerfülltes Leben, sie glauben, daß andere ihr Verhalten ganz genau beobachten (wie ihre Eltern dies früher getan haben), und sie unterdrücken den gesunden Wunsch nach Nähe und Austausch.

Aus der Entfernung scheint ein solcher Mensch ein Muster an Tüchtigkeit, Anpassungsfähigkeit und innerer Reife zu sein. Erst im Laufe der Behandlung beginnt er, nicht nur das Ausmaß seiner Depression, sondern auch die Fülle der unbefriedigt gebliebenen Sehnsüchte, die er sein ganzes Leben lang nicht wahrhaben wollte, zu erkennen und zu enthüllen.

Die larvierte Depression schließlich gibt uns zunächst ein Rätsel auf, denn bei diesem Konzept gibt es zwar den diagnostischen Befund der Depression, aber nicht das wesentliche Kennzeichen dieser Störung – das bewußte Gefühl der Niedergeschlagenheit. Wie schon in Kapitel 3 ausgeführt, sind aber viele Autoren der Meinung, daß Patienten, die drogenabhängig sind, psychosomatische Beschwerden haben, zu Unfällen neigen oder sonstige verhaltensmäßige Abnormitäten aufweisen, in Wahrheit mit ihrem Verhalten eine zugrundeliegende Depression verbergen. Lesse (1974, 1977), der sich mit diesem Zustand sehr ausführlich beschäftigt hat, schreibt dazu: »Gewöhnlich taucht der depressive Kern nach einiger Zeit spontan auf – etwa so, wie ein Eisberg unter bestimmten klimatischen Voraussetzungen an die Oberfläche gelangt« (1977, S. 186). Seiner Meinung nach ist die larvierte Depression ein recht verbreiteter Zustand, der von unerfahrenen Klinikern nur häufig nicht erkannt wird. Nach Lesse litten über 30 Prozent der depressiven Patienten, mit denen er es als sachverständiger Berater einer Gemeinschaftspraxis zu tun hatte, an larvierter Depression. Andere Psychiater – so auch ich – haben diesen Zustand nur sehr selten angetroffen. Wie oft man es mit einem Fall von larvierter Depression zu tun hat, mag auch davon abhängen, ob man seine Patienten in der privaten Sprechstunde empfängt oder sich als angestellter Psychiater im offiziellen Gesundheitswesen einer ganz anders zusammengesetzten Patientenpopulation gegenübersieht.

Unterschiede in der Definition von Depression und in den diagnostischen Kriterien mögen ebenfalls schuld daran sein, daß die larvierte Depression einmal als ein häufiger und dann wieder als ein nur selten anzutreffender Zustand beschrieben wird. In meinen Augen ist ein deprimierter Mensch, der trinkt oder Drogen nimmt, kein »larvierter Depressiver«. Vielmehr ist diesem Patienten seine Depression durchaus bewußt und wird von ihm durch äußere Mittel in Schach gehalten.

Und auch ein anderer Hinweis mag hier von Nutzen sein: Viele Patienten fühlen sich im Verlauf der Therapie vorübergehend sehr niedergeschlagen, wenn sie nämlich eine unschöne Eigenschaft an sich selbst entdecken oder wenn sie ein neurotisches Verhaltensmuster aufgeben sollen, obwohl ihnen dieses Muster bisher doch Belohnungen eingebracht hat. So leidet ein hysterischer Patient vielleicht vorübergehend an Depressionen, wenn er aufgrund der Therapie nicht mehr in so massiver Weise zum Mittel der Verleugnung greift und sein Leben allmählich realistischer betrachtet. Das bedeutet nicht etwa, daß schon die ganze Zeit über eine verborgene, eben eine »larvierte« Depression vorhanden gewesen ist; vielmehr korrespondiert dieser Affekt mit einer neuen und möglicherweise gesünderen Art der Betrachtung der Realität.

Eingedenk dieser Vorbehalte gibt es jedoch keinen Zweifel, daß Fälle von larvierter Depression tatsächlich vorkommen. Meiner Erfahrung nach handelt es sich in diesen Fällen um wirklich depressive Menschen, die sich in bestimmter Weise gegen den unangenehmen Affekt zur Wehr setzen – so wie andere Patienten gewisse Methoden erdenken, mit denen sie ihre Angst ausschalten können. Solche Patienten kommen gewöhnlich mit hypochondrischen Beschwerden, die ihre Aufmerksamkeit ununterbrochen in Anspruch nehmen. Sie sind so intensiv mit ihrem physischen Zustand befaßt, daß es ihnen allem Anschein nach gelingt, das Gefühl der Depression abzuwehren. Aber auch bei diesen Patienten ist die bekannte Symptomatik zumindest zum Teil vorhanden: Sie sind überzeugt, daß es ihnen nie wieder wirklich gut gehen wird, sie fürchten sich vor allem Neuen, sie scheuen sich, ihr Leben zu genießen, sie machen sich ihre Symptome zunutze, um auf diese Weise ihr Verhalten nach Möglichkeit einzuschränken und zu behindern, und sie manipulieren ihre Mitmenschen mit Hilfe ihrer angeblich schlechten Gesundheit.

Eine weitere sehr seltene Erscheinungsform der wirklichen larvierten Depression, die ich beobachtet habe, ist die Depersonalisation. Der depressive Affekt ist hier so quälend, daß der Patient alle seine Gefühle ausschaltet, um diesen Affekt nicht erleiden zu müssen. Wie in Kapitel 3 schon gesagt wurde, haben solche Patienten oft unter besonders schweren und lähmenden Depressionen zu leiden, wenn sie nicht zum Mittel der Depersonalisation greifen, und es ist fraglich, ob man sie überhaupt noch als »mild depressiv« betrachten kann. Andererseits bemühen sie sich in der Tat, den depressiven Affekt abzuwehren, und nehmen keine kognitive Um- oder Neuordnung vor, um so ihre Depression nach außen hin zu rechtfertigen. Sie zahlen einen hohen Preis für dieses Abwehrverhalten, aber das Opfer wird verständlich, wenn sie in der Geborgenheit der therapeutischen Situation allmählich erkennen lassen, wie tief ihre Verzweiflung ist. Ich hatte eine solche Patientin etwa fünf Jahre lang in Behandlung. Anfangs litt sie hin und wieder unter Körperschemastörungen und dem Gefühl der Leere und des Abgetrenntseins von der übrigen Welt. Dazu kamen wiederkehrende Träume von einem entsetzlich mißgestalteten Kind, dem niemand helfen konnte. In diesen Träumen empfand sie eine unendliche Verzweiflung. Ihre Lebensgeschichte war typisch für depressive Patienten. Als es ihr mit fortschreitender Behandlung allmählich besser ging, erkannte sie in dem geträumten Bild die verzerrte Sicht, die sie als Kind von sich selbst gehabt hatte, und konnte sich nun auch dem mit diesem kognitiven Konstrukt zusammenhängenden depressiven Affekt stellen.

■ ■ Unzureichende Quellen der Selbstachtung ■ ■

Die pathologische Abhängigkeit ist wohl dasjenige Merkmal des Depressiven, das von der gesamten psychiatrischen Literatur einstimmig besonders hervorgehoben wird. Höchstwahrscheinlich war es eben diese zähe und fordernde Haltung des Melancholikers, die Abraham veranlaßte, in seinem bahnbrechenden Werk über die Depression vom Vorhandensein einer libidinösen Regression auf das orale Stadium auszugehen. Später haben dann viele Autoren zwar den Ausführungen Abrahams über die unbewußte innerseelische Dynamik widersprochen, aber seine vorzügliche Beschreibung der Objektbeziehungen und der Charakterstruktur des depressiven Menschen ist auf ungeteilte Zustimmung gestoßen. Von vielen Autoren ist dann das Thema der Abhängigkeit als eines zentralen Phänomens in der Depression wieder aufgenommen, wenn auch von weit auseinanderklaffenden Standpunkten her betrachtet worden. Arieti (1962) betont die Rolle, die der Abhängigkeit insbesondere in der Ätiologie der Depression zukommt.

Jacobson (1971) umreißt eine ähnliche interpersonale Situation, wenn sie sich auch bei der Schilderung der Behandlung einer jungen Frau, die wiederkehrende Anfälle von Depression erlitten hatte, einer anderen Terminologie bedient. Zur Dynamik dieses Falles bemerkt Jacobson:

> »Wir können daher auch sagen, daß ihre Liebesobjekte verherrlichte Elternimagines darstellten und daß sie sich mit ihnen identifizierte, indem sie an ihrer Größe und Überlegenheit partizipierte. Wenn sie von den Liebesobjekten anerkannt und geliebt wurde, diente dies zur Stützung ihres Selbstwertgefühls, für das die über-

mäßige Strenge ihrer Wertvorstellungen und die Stärke ihres Ehrgeizes eine ständige Bedrohung bedeuteten. Wichtig ist, daß Peggy nicht dazu neigte, wie es bei gewissen schizophrenen Patienten vorkommt, sich das Ich oder das Überich ihrer Liebesobjekte zu ›leihen‹. Sie war statt dessen darauf angewiesen, daß sie die Liebesobjekte achten, lieben, bewundern konnte und daß sie von ihnen emotionale Unterstützung erhielt« (dt. S. 282).

Dieser letzte Punkt ist insofern von außerordentlicher Bedeutung, als der Depressive nicht in seiner dominanten Bezugsperson »aufgeht«; er behält seine eigene Identität. Allerdings mißbraucht er sein Gegenüber, um seine Selbstachtung zu wahren. Die dominante Bezugsperson übernimmt die regelmäßige Versorgung des depressiven Menschen, soweit es die Befriedigung seiner seelischen Bedürfnisse und sein Selbstwertgefühl angeht, aber diese Versorgung ist nicht so umfassend und ausschließlich wie in der symbiotischen Bindung des späteren Schizophrenen an seine Mutter.

Hier darf vielleicht angemerkt werden, daß der für die Depression prädisponierte Mensch – entgegen dem frühen klassischen Verständnis von Depression – sich im Gefolge des in seinem frühesten Leben erlittenen Verlustes nicht etwa ein Ichintrojekt der Mutter schafft. Die Internalisierung der durch die Eltern verkörperten Werte bedeutet nicht die Einverleibung eines verlorenen Liebesobjektes, wie dies ursprünglich von Freud gesehen wurde. Zweifellos übernehmen alle Kinder im Laufe ihrer normalen Entwicklung bestimmte Werte und Einstellungen von ihren Eltern, ohne dann als Erwachsene depressiv zu werden. Daß es so unterschiedliche Erklärungen für die »Internalisierung« gibt, liegt vielleicht daran, daß Freuds Theorie der Depression und seine später entstandene Theorie des Überichs sich nicht so recht miteinander vereinbaren lassen. Nach der Freudschen Depressionstheorie verleibt sich der Säugling die Mutter ein, während die Überich-Theorie besagt, daß das Kind sich mit dem gleichgeschlechtlichen Elternteil identifiziert und so den ödipalen Konflikt auflöst. Aber es ist ja möglich, daß die Internalisierung der von den Eltern vertretenen Werte ganz allmählich erfolgt – sich nämlich über die gesamte Kindheit erstreckt – und deshalb der Begriff des Introjekts eine ganz unnötige Konkretisierung darstellt. Neuere psychoanalytische Veröffentlichungen, in denen betont wird, daß es bereits Vorstufen des Überichs im Säuglings- bzw. Kleinkindalter gebe, postulieren eben diese präödipale An- und Übernahme der elterlichen Einstellungen und können deshalb auf die Hypothese von der Ausbildung eines pathologischen Introjekts verzichten.

Der Prozeß der Internalisierung muß vielleicht noch eine weitergehende Klärung erfahren; wir müssen den Unterschied zwischen dem imitativen Lernen, bei dem das Kind sich nach dem Vorbild der Eltern »bildet«, und dem reaktiven Lernen, bei dem es gezwungen ist, das idealisierte Modell zu werden, das die Eltern sich wünschen, im Blick auf Begriffe wie »Selbstbild« und »Überich« spezifizieren. Im Falle des imitativen Lernens formt sich das Selbst automatisch in Anlehnung an eine hochgeschätzte Figur in der Umgebung, und zwar häufig ohne Konflikte. Mit dem reaktiven Lernen meinen wir hier den Prozeß, durch den das Kind dazu gebracht wird, dem von den Eltern so sehr gewünschten Idealbild zu entsprechen – das gar nicht notwendig dem einen oder anderen Elternteil gleichen muß –, um so ihre Liebe gewinnen oder der Bestrafung entgehen zu können. Die Erfüllung dieser idealen elterlichen Erwartungen verschafft ihm Befriedigung, und zwar nicht aufgrund irgendeiner dieser Leistung selbst innewohnenden befriedigenden Qualität, sondern weil es sich mit dieser Leistung die Gunst und das Wohlwollen der Eltern gesichert hat.

Der depressive Mensch ist wohl das Produkt eines allzu stark »reaktiv« geprägten Lernens; er hat gewissermaßen eine »reaktive Identität« erworben, das heißt, er ist am besten für eine Rolle geeignet, in der vor allem die Diktate der dominanten Bezugsperson zum Ausdruck kommen, nicht aber eigenständige Maßstäbe und Muster. Solche Menschen brauchen eine äußere Instanz, von der sie Befriedigung beziehen können; sie sind unfähig, durch selbständiges Tun zu Erfüllung und Freude zu gelangen.

■ ■ Die Furcht vor der »autonomen Befriedigung« ■ ■

Patienten lassen häufig eine ausgeprägte Unfähigkeit, ja sogar Angst erkennen, durch eigene Anstrengung – statt mit Hilfe einer dominanten Bezugsperson – zu Selbstachtung und Erfüllung zu gelangen. Meiner Erfahrung nach ist dieses pathologische Muster, das wir als »Furcht vor der autonomen Befriedigung« bezeichnen könnten, bei Depressiven sogar die Regel. Möglicherweise ist es nicht immer auf den ersten Blick erkennbar, denn manche depressiven Menschen können ja auf wirklich beeindruckende Leistungen verweisen. Aber bei näherem Hinsehen wird deutlich, daß die Erfüllung seiner beruflichen Aufgaben oder seiner sozialen Verpflichtungen um ihrer selbst willen dem Depressiven kaum Freude bereiten; seine Bemühungen gelten nur dem Zweck, Liebe und Annahme bei einer äußeren Instanz zu finden oder ihm ein irrationales Selbstgefühl zu bestätigen, das noch immer dem elterlichen Diktat nachgebildet ist.

Nancy, eine erfolgreiche Frau in leitender Position, die nach jahrelanger internistischer Behandlung – sie litt an vagen Schmerzen und gelegentlicher Schlaflosigkeit – den Gang zum Psychotherapeuten antrat, ist ein gutes Beispiel für diese Furcht vor der autonomen Befriedigung. Die Patientin hatte eine recht bedeutende Stellung inne und verdiente gut; sie konnte sich aber nicht dazu überwinden, sich ihre Wohnung einigermaßen gemütlich einzurichten oder ein Leben zu führen, das ihrem Einkommen entsprach. Alles, was sie sich leistete, erschien ihr als schändliche Extravaganz; ihren Eltern machte sie dagegen überreiche Geschenke. Ähnlich opferbereit zeigte sie sich auch in bezug auf ihre Freizeit; sie sagte private Verabredungen wieder ab, wenn ihr Chef verlangte, daß sie Überstunden machte, oder wenn ihr Vater sie um ihren Besuch bat. Tatsächlich vermochte Nancy keiner gesellschaftlichen Veranstaltung etwas abzugewinnen, wenn diese sich nicht in irgendeinen Zusammenhang mit ihrer Arbeit bringen ließ, und mußte sich, wenn sie sich ein neues Kleid kaufte, stets mit dem Hinweis rechtfertigen, sie müsse in ihrem Beruf nun einmal gut angezogen sein. Es fiel ihr schwer, sich mit einem Mann zu verabreden, und sie fürchtete sich vor sexuellen Kontakten. Wenn sie wirklich einmal ausging, dann sorgte sie nach Möglichkeit dafür, daß sie von einer Gruppe von Menschen umgeben war, um nur ja nicht den ganzen Abend lang mit einem Mann alleinbleiben zu müssen, und selbst dann mußte sie sich noch mit Hilfe erheblicher Mengen von Alkohol gegen ihre Gewissensbisse und das Gefühl, sich etwas vergeben zu haben, zur Wehr setzen. Schließlich berichtete Nancy, daß selbst ihre Arbeit, die doch ihr eigentlicher Lebensinhalt zu sein schien, ihr im Grunde keine Freude machte, sondern ihr nur dazu diente, sich ihrem Chef gefällig zu erweisen. Sobald der Chef ihr seine Anerkennung aussprach oder ihr Vater sie lobte, verspürte sie ein geradezu ekstatisches Wohlbefinden und sprühte vor Leben. Sie hatte fast ihr ganzes Leben lang gelegentlich Episoden einer milden Depression erlitten. Als ihr Chef in den Ruhestand ging, wurde sie im klinischen Sinn depressiv. Viele Jahre lang hatte sie sich für ihn aufgeopfert, und nun empfand sie seinen Weggang gewissermaßen als Verrat und fühlte sich um so mehr im Stich gelassen, als ihre Eltern zu eben diesem Zeitpunkt beschlossen, eine ausgedehnte Europareise zu unternehmen. Nancy hatte das Gefühl, daß ihr nun mit einem Schlag alle Möglichkeiten der Erfüllung und der Sinnfindung entglitten, und dieser Gedanke war unerträglich für sie. Sie war niemals imstande gewesen, aufgrund ihrer eigenen Verdienste ein Gefühl der Selbstachtung zu entwickeln, sondern war in diesem Punkt immer auf eine dominante Bezugsperson angewiesen gewesen, und nun erschien ihr das Leben leer und sinnlos.

Ein allgemeines Kennzeichen aller depressionsanfälligen Menschen, das nicht nur während der klinischen Episoden auftritt, sondern sich im gesamten Verlauf ihres Lebens zeigt, ist das fast schon paranoid anmutende Gefühl, die Mitmenschen beobachteten ihr Verhalten mit größter Aufmerksamkeit. Sie alle sehen sich als den Mittelpunkt der Aufmerksamkeit anderer Menschen und legen deshalb ein Verhalten an den Tag, das sie als mustergültig ansehen. Diese Eigenschaft hängt insofern eng mit der Furcht vor der autonomen Befriedigung zusammen, als solche Menschen niemals wirklich Spaß an etwas haben können, weil sie überzeugt sind, daß die anderen dies als törichte Zeitverschwendung betrachten. Solche Menschen leben ein sehr eingeschränktes und übertrieben moralisches Leben, nicht etwa weil eine innere Stimme ihnen dies vorschreibt, sondern weil sie sich ständig von anderen Menschen beobachtet glauben.

In der Behandlung stellt sich dann heraus, daß sie als Kinder ständig von den übermäßig kritischen Eltern beobachtet worden sind, die ein mustergültiges Verhalten von ihnen erwarteten, weil die Familie auf diese Weise zu Ehre und Anerkennung gelangen würde. Auch Cohen und ihre Mitarbeiter (1954) sagen, daß manche Eltern depressiver Patienten ihre Kinder bewußt zu einem Verhalten angehalten haben, das ihrem eigenen sozialen Aufstieg förderlich war. Solche Kinder lernen frühzeitig, ihr Verhalten als das ständige Objekt öffentlicher und elterlicher Aufmerksamkeit zu sehen. Später verfahren sie dann mit ihren eigenen Kindern ebenso. Im Verlauf der Behandlung lassen sie oft den heimlichen Wunsch erkennen, ganz andere Menschen als diejenigen zu sein, als die sie sich nach außen hin ständig zeigen. Dann kommen alle möglichen sexuellen, antisozialen und romantischen Wünsche zum Vorschein, die bisher streng unterdrückt worden waren, weil der Patient sich vor der Kritik seiner Eltern und später der größeren Gemeinschaft fürchtete.

Diese Furcht vor der autonomen Befriedigung spielt in der Depression eine sehr bedeutsame Rolle und ist wohl in erster Linie daran schuld, wenn es schließlich zu einer depressiven Episode von klinischen Ausmaßen kommt, ohne daß der Patient zuvor einen Verlust oder eine Einbuße in seiner Umgebung erlitten hätte. Manche Patienten dekompensieren, wenn sie nach Jahren der selbstauferlegten Deprivation erkennen, daß ihnen die Belohnung, mit der sie so lange gerechnet haben, nun doch nicht zuteil wird. Andere verfallen in die Depression, weil sie sich ein so freudloses Leben selbst aufgezwungen haben; sie finden keine Erfüllung, sehen sich aber auch nicht imstande, ihre Lebensweise entsprechend zu ändern.

■ ■ Der »Tauschhandel« ■ ■

In der Abhängigkeit und Selbstbeschränkung des Depressiven ist ein Moment des Aushandelns enthalten, das die Art der zwischenmenschlichen Beziehungen mancher Depressiver entscheidend prägt. Der »Handel« besteht ganz einfach darin, daß der Depressive sich autonome Befriedigung versagt und dafür die Zuwendung der dominanten Bezugsperson gewinnt. Diese Art der Beziehung wird zunächst durch die Mutter begründet, aber der Depressive geht sie immer wieder von neuem mit Menschen ein, auf die er seine Übertragung richtet, ohne daß sie dies wissen.

Schon Cohen und Mitarbeiter (1954) deuten in ihrer Studie der manisch-depressiven Erkrankung auf diese pathologische Art des Umgangs mit dem anderen Menschen hin. Sie schreiben, daß der Patient die signifikante Bezugsperson »spaltet«, nämlich deren schlechte Eigenschaften in seiner Vorstellung verdrängt und in dem verbleibenden durchweg guten Teilobjekt die für ihn so wichtige Person idealisiert. Dieser Mensch muß erhöht und als rundum gut betrachtet werden, damit der Patient sich in seine Abhängigkeit begeben und ihn zur Erfüllung seiner eigenen Wünsche und Bedürfnisse einsetzen kann. Auch bei Jacobson (1971) ist in orthodoxer Terminologie von einer solchen Beziehung die Rede: »Daher hängt die libidinöse Besetzung ihrer Selbstrepräsentanz davon ab, ob sie eine anhaltende libidinöse Überbesetzung des Liebesobjekts aufrechterhalten können, die dazu dient, eine aggressive Entwertung dieses Objekts zu verhindern, an der ihr Selbst zwangsläufig partizipieren würde« (dt. S. 325). Das heißt, der Depressive muß nach Jacobson die dominante Bezugsperson idealisieren, wenn er eine Abwertung seines Selbst verhindern will, die ja eine depressive Episode auslösen würde. Tatsächlich gibt es Fälle, in denen der Partner eine solche Überbewertung erfährt und damit dem Depressiven Halt geben kann.

Ein Beispiel für den erstgenannten Typ dieses »Tauschhandels«, bei dem die signifikante Bezugsperson dem Depressiven Halt und Stütze bietet, haben wir in der Beziehung eines brillanten jungen Wissenschaftlers zu seinem Professor, unter dessen Aufsicht und Führung der junge Mann hervorragende Leistungen zeigte. Er verehrte den Älteren wie einen Gott und zog ihn in allen wichtigen Fragen seines Lebens zu Rate. In seiner Zustimmung fühlte er sich geborgen und sicher. Während er dem Professor gegenüber eine geradezu hündische Ergebenheit zeigte, begegnete er seiner eigenen Frau mit Gleichgültigkeit, sein Verhältnis zu seinen Kommilitonen und Kollegen war von Konkurrenzdenken und Mißtrauen bestimmt, und das Leben außerhalb der Universität schreckte ihn. Immerhin kam er bis zum Zeitpunkt seiner Promotion einigermaßen gut zurecht. Sein Professor besorgte ihm eine gute Stelle bei einem physikalischen Forschungsprojekt, durch die sein Unterhalt gesichert sein würde, während er an seiner Doktorarbeit schrieb. Er nahm die Stelle an, obwohl damit der Umzug in eine nahegelegene Kleinstadt verbunden und letzten Endes auch der regelmäßige Kontakt mit der Universität zu Ende war. In der neuen Stelle fühlte er sich von Anfang an unbehaglich; es gab hier keine akademische Hierarchie, die Kollegen taten ihre Arbeit, ohne einander gegenseitig ausstechen zu wollen, man begegnete einander freundschaftlich und im Ton der Gleichberechtigung. Das Schlimmste war, daß der Leiter des Instituts ein ruhiger und gütiger Mensch war, der sich um das Privatleben seiner Mitarbeiter nicht weiter kümmerte, sondern sie als menschlich gefestigte Personen betrachtete, denen es um ihre Wissenschaft zu tun war. Der junge Mann empfand in dieser neuen Umgebung eine zunehmende Niedergeschlagenheit. Er konnte nicht arbeiten, wenn er sich nicht von einem verehrten Vorgesetzten beobachtet und angeleitet wußte, und der Institutsdirektor war ganz einfach nicht bereit, diese Rolle zu übernehmen. Ohne die Sicherheit, die die Beobachtung und Führung durch eine dominante Bezugsperson ihm vermittelten, verlor der vielversprechende junge Physiker alles Interesse an seinem Fach. Er begann seine Kollegen mit ganz unsinnigen Fragen zu belästigen, um ihre Aufmerksamkeit auf sich zu lenken, und entwickelte eine starke Antipathie gegenüber dem Chef, der nicht bereit war, auf seine unangemessenen Wünsche einzugehen. Ohne den Halt, den eine dominante Bezugsperson ihm geboten hatte, schienen ihm nun alle seine Aktivitäten sinnlos. Es kam immer häufiger vor, daß er morgens gar nicht aufstand, er beklagte sich weitschweifig bei seiner Frau und konnte nicht mehr schlafen. In seinen Träumen war er innerlich leer und völlig verloren – ein Spiegel des Zustandes, in dem er sich in seinen wachen Stunden ja tatsächlich befand.

In diesem Fall kommen eher die positiven oder belohnenden Aspekte einer solchen Beziehung zum Ausdruck. Daneben kennen wir aber auch die sehr viel schwieriger zu ertragende Beziehung, deren herausragendes Merkmal die Ausübung von Zwang aufgrund von Schuldgefühlen ist und die gewöhnlich zu einer schwereren Form der Depression führt. Hier wird die dominante Bezugsperson dazu gebraucht, den Depressiven gegenüber seinem Gefühl der inneren Schlechtigkeit und der Nutzlosigkeit in Schutz zu nehmen. Der Patient ist nicht nur hilflos, resigniert und ohne Selbstwertgefühl, er hält sich daneben auch noch für einen besonders niederträchtigen und boshaften Menschen, und er ist überzeugt, daß nur die dominante Bezugsperson ihn von diesem Selbstbild befreien kann. Eine Patientin dieses Typs, die kurzfristig stationär aufgenommen werden mußte, sprach in abfälligsten Worten von sich selbst, während sie in Wahrheit ein geradezu beispielhaftes Leben geführt hatte. Ihre Mutter war eine selbstsüchtige Frau, die am liebsten gar keine Verantwortung übernommen hätte und ihre mütterlichen Aufgaben verabscheute. Als ihr Mann sie verließ, gab sie der Tochter die Schuld daran und sagte ihr wiederholt, wenn sie nicht geboren worden wäre, dann wäre der Vater bei der Familie geblieben. Auch später schob ihr die Mutter die Schuld an jedem Mißgeschick zu, das sie traf, und projizierte zudem alle möglichen sexuellen Wünsche auf die Patientin, bis diese schließlich überzeugt war, ihre inzestuösen Gelüste hätten den Vater aus dem Haus getrieben. Diese Frau nahm es hin, daß sie von der Mutter für deren eigenes Unglück verantwortlich gemacht wurde, und widmete ihr ganzes Leben der Bitte um Verzeihung. Sie konnte es nicht ertragen, daß die Mutter mürrisch oder zornig war, und tat, was sie konnte, um sie zu besänftigen und zu erfreuen. Mehr als zwanzig Jahre lang zwang sie ihren Mann und ihre Kinder, der Mutter, die nun in einer anderen Stadt lebte, wöchentlich einen Besuch abzustatten, bei dem sie selbst sich dann in der lächerlichsten Weise um die alte Frau bemühte und versuchte, ihr Wohlwollen zu gewinnen. Ihre Laune in der ganzen kommenden Woche hing davon ab, wie diese sonntäglichen Besuche verlaufen waren.

Diese Patientin geriet in eine tiefe Depression, als sie entdeckte, daß sie sich in ihren Arbeitgeber verliebt hatte. Sie konnte ihre Wünsche nicht ertragen, weil sie ihr ja bewiesen, daß die Mutter mit ihrem Urteil, sie sei liederlich und nichtswürdig, ganz recht gehabt hatte. Alles, was sie bisher unternommen hatte, um sich zu befreien, war völlig sinn- und zwecklos gewesen. Sie würde sich niemals ändern; sie war immer schlecht und nichtswürdig gewesen und würde es ewig bleiben. Sie war das Opfer eines Selbstbildes, das sie verabscheute und von dem sie sich abgestoßen fühlte.

■ ■ Das subjektiv empfundene ■ ■ Unvermögen, die Umgebung zu verändern

Zugleich mit dieser übermäßigen Anlehnung an äußere Instanzen, was die nötigen Belohnungen und in manchen Fällen auch die Lebensplanung und -gestaltung angeht, wird deutlich, wie außerordentlich schlecht der Depressive jene Funktionen beherrscht, mit deren Hilfe er sich selbst belohnen könnte. Manchen Depressiven gelingt es einfach nicht, die Schuld- und Schamgefühle zu überwinden, die jedes noch so bescheidene Vergnügen begleiten. Jede Handlung, die unter Umständen als lustvoll erfahren werden könnte, muß rationalisiert und zu einem Unternehmen »umfrisiert« werden, das ein produktives oder ernsthaftes Ziel hat. Solche Menschen empfinden schon dann starke Angstgefühle, wenn auch nur von ferne die Möglichkeit besteht, daß ihnen irgend etwas Vergnügen oder Freude bereiten könnte, und deshalb gehen sie derartigen Aktivitäten entschieden aus dem Weg; deshalb klagen sie darüber, daß sie in bezug auf ihre Depression vollkommen hilflos sind und daß sie sich überwältigt und erschöpft fühlen. Andere depressive Menschen, die zu ihrer Befriedigung von einer dominanten Bezugsperson abhängig sind, fühlen sich gleichermaßen hilf- und hoffnungslos, wenn sie diese Person verlieren; aber sie sind nicht wirklich hilflos – sie sind nur lieber depressiv, als daß sie die Tabus durchbrechen, die sie vor sich selbst aufgerichtet haben. Das trifft natürlich nicht auf alle Depressiven zu: Manche Menschen sehen sich in einer Situation, die sie in der Tat aus eigener Kraft nicht ändern können. Aber diese Menschen brechen in der Regel in ihren Bemühungen nicht vollständig zusammen; sie sind wie vor den Kopf geschlagen, sie fühlen sich betrogen, sie empfinden Zorn – aber sie sind nicht alle und nicht durchweg deprimiert. – Dazu kommt, daß die Nichtdepressiven nicht jenes übertriebene Gewicht auf moralische Fragen legen, wie wir dies so oft bei Menschen beobachten, die wiederkehrende Depressionen haben und alles als die Schuld irgendeines Menschen betrachten müssen – gewöhnlich als ihre eigene.

Seligman trägt, wie in Kapitel 2 schon erwähnt, eine Theorie der »erlernten Hilflosigkeit« vor, um damit gewisse Formen der Depression zu erklären.

Tatsächlich ist der Depressive insofern keineswegs hilflos, als er genau weiß, wie er andere Menschen manipulieren kann, und zu beeindruckenden Leistungen fähig ist, wenn es darum geht, Liebe oder Beifall zu erringen. Die scheinbare Hilflosigkeit des Depressiven rührt vielmehr aus einem Bruch in seinem üblichen Verhalten und der Art und Weise her, in der er sich um die Achtung seiner Mitmenschen bemüht. Die Hilflosigkeit ist sowohl der automatisch einsetzende und pathologische Versuch, andere dazu zu bewegen, ihm die notwendige Sicherheit und Beruhigung zu geben, als auch das Ergebnis der immer wieder gemachten Erfahrung, daß man mit seinen »Handlungen« auf die Mitmenschen eingehen muß, wenn man die erwünschte Bestätigung bekommen möchte. »Erlernte Hilflosigkeit« erklärt also durchaus gewisse Aspekte der Depression. Wohl sieht es auf den ersten

Blick so aus, als lasse der Depressive seine Überzeugung erkennen, daß zwischen Bemühung und Belohnung gar kein Zusammenhang besteht; bei näherer Prüfung wird aber deutlich, daß seine Bemühungen, zu Verstärkung zu gelangen, nur sehr viel gewundener und trickreicher ausfallen als die entsprechenden Unternehmungen des Nichtdepressiven.

Ein Patient, dessen Fall wir hier betrachten wollen, war Ende zwanzig, hatte aber schon zwei Elektroschockbehandlungen hinter sich. Anfangs klagte er ständig darüber, daß er nichts zustande bringe und von anderen Menschen schlecht behandelt werde. In Wahrheit verstand er es ausgezeichnet, sich auf indirektem Wege eben doch durchzusetzen, indem er die Menschen in seiner Umgebung manipulierte. Niemals machte er sich klar, wie oft andere Menschen versucht hatten, ihm zu helfen, oder ihm freundlich und korrekt begegnet waren. Er erinnerte sich nur an solche Situationen, in denen andere seinen persönlichen und eigenartigen Anschauungen von Ehre und Moral eben nicht entsprochen oder ihm keine besondere Behandlung hatten angedeihen lassen. Seine beiden depressiven Anfälle waren aufgetreten, als er nicht bekommen konnte, was er haben wollte, als es ihm nämlich nicht gelungen war, mit Hilfe seiner üblichen Machenschaften den Beifall und die ganz besondere Aufmerksamkeit hochgeschätzter Personen zu erringen. Dieser Patient hielt sich für hilflos – in Wahrheit war aber nichts anderes geschehen, als daß seine übliche Art, die Mitmenschen zu kontrollieren und zu beherrschen, einmal nicht zum gewünschten Erfolg geführt hatte.

Der junge Mann war in einer Atmosphäre der Unaufrichtigkeit und der heimlichen Abmachungen aufgewachsen; er hatte gelernt, sich die Menschen durch sein Verhalten zu verpflichten, und er konnte sich andere Verhaltensformen zunächst gar nicht vorstellen. Diese Art des Umgangs mit den Menschen war automatisch geworden und ihm gar nicht mehr bewußt. Was sich in seinem Bewußtsein erhalten hatte, war die hochgradig übertriebene Reaktion auf die geringste Zurückweisung und das Gefühl, daß alle anderen Menschen ungewöhnliche Anstrengungen auf sich nehmen sollten, wenn es zu seinem Besten war. Wir zitieren aus einer Notiz, die er zu einer der ersten Sitzungen mitgebracht hatte, um sein Elend verständlich zu machen:

»Mein Herz wird von den Dingen so stark angerührt; es weint. Ich bin traurig, und ich kann nicht damit aufhören und mir sagen: ›Sei doch glücklich‹. Es hilft ganz einfach nichts. Aber was könnte ich sonst tun – selbst tun oder andere für mich tun lassen? Was kann ich tun? Etwas muß geschehen, damit ich nicht eines Tages von einer Brücke springe. Wird es vorübergehen? Ich bete, aber wenn Gott überhaupt existiert, dann weiß ich noch nicht einmal, ob er mich anhört – man braucht ja nur die Welt zu betrachten, in der wir leben. Ich bin verloren.«

Auf den ersten Blick scheinen diese pathetischen Worte zu bestätigen, daß der Patient absolut keine Möglichkeit sah, seine Lage zu verbessern; das mußten andere für ihn tun. Aber zu der Zeit, als er diese Sätze niederschrieb, arbeitete er, wenn auch widerstrebend, in seinem Beruf und empfand sogar eine gewisse hämische Freude darüber, daß er eine Reihe besonders günstiger Abschlüsse getätigt hatte. Seine Verzweiflung galt in Wahrheit dem Umstand, daß es ihm nicht möglich war, jene besondere Anerkennung bei seinem Vater – der zugleich sein Chef war – zu finden, die dieser ihm seiner Meinung nach schuldete.

Zweifellos kann auch die milde Depression eine lähmende Krankheit sein, mit der nicht nur die subjektive Empfindung der Hilflosigkeit einhergeht, sondern die daneben auch die Leistungsfähigkeit des betroffenen Menschen beeinträchtigt. Wenn man aber den Ursprüngen dieser subjektiv empfundenen Hilflosigkeit auf psychotherapeutischem Wege nachgeht, dann stellt sich gewöhnlich heraus, daß der Mensch Hilflosigkeit zunächst deshalb empfunden hat, weil es ihm nicht gelungen ist, einen Sinn in seinem Leben zu entdecken oder eine Bestätigung zu erfahren – sei es in Form von Lob und Zustimmung von seiten einer dominanten Bezugsperson, sei es im Verfolg eines dominanten Zieles.

■ ■ ■ Das kognitive ■ ■ ■ Ausweichen vor dem offenen Zorn

In einer erst vor kurem erschienenen Studie über die Depression berichtet Coyne (1976) über die seltsame Heilung von Depressiven, wie sie einem gewissen Dr. Williams aus London zu Beginn des 19. Jahrhunderts gelang. Wenn ein depressiver Patient zu ihm kam, dann pflegte Dr. Williams ihm zu raten, er möge einen bestimmten schottischen Arzt aufsuchen, der berühmt dafür sei, diese Störung heilen zu können. Der Patient gehorchte, reiste nach Schottland und stellte dort fest, daß es den so glänzend begabten Arzt überhaupt nicht gab. Nach dieser erfolglosen Unternehmung stellte der Kranke fest, daß »der Wunsch, Dr. Williams zu beschimpfen, seine Gedanken während der Heimreise so stark in Anspruch nahm, daß seine ursprünglichen Beschwerden vollkommen verschwunden waren« (Coyne 1976, S. 38). Diese Anekdote enthält eine Feststellung, die inzwischen von so gut wie allen Autoren, die sich mit der Depression befassen, bestätigt worden ist: Der depressive Affekt ist mit der offenen Zurschaustellung von Zorn und Ärger unvereinbar. Aus dieser Erkenntnis heraus hat man spezielle verhaltensmodifizierende Techniken entwickelt, um bei depressiven Patienten Zorn hervorzurufen – man gibt ihnen langweilige, sich ewig wiederholende und unerfreuliche Aufgaben, bis ein solcher Patient schließlich »hochgeht« und der Zorn seine Depression verdrängt (Taulbee und Wright 1971). Andererseits hat die Unvereinbarkeit von offenem Zorn und Depression auch zu der Vorstellung geführt, daß Depression die Folge unterdrückten Zornes sei (vgl. Kapitel 2).

Die Tatsache allerdings, daß die klinische Depression nachläßt, sobald der Patient zeigt, daß er Zorn und Ärger offen ausdrücken kann, beweist allein noch nicht die Richtigkeit dieser Hypothese. Brenner (1975) hat eine Anzahl von Veröffentlichungen untersucht, in denen behauptet wird, daß auch Lebensfreude mit dem depressiven Affekt unvereinbar sei. Beweist dies also, daß die Freude am Dasein während der Depression unterdrückt wird, und daß der Patient durch die Behandlung dazu gebracht werden soll, »die Lebensfreude nach außen zu holen«? Allmählich zeichnet sich ab, daß direkte Unterdrückung eines Affektes, wenn sie überhaupt möglich ist, ein sehr komplizierter Vorgang ist. Tatsache ist aber wohl, daß das unbewußte kognitive System des Menschen die jeweilige Situation so strukturiert, daß ein ganz bestimmtes Ergebnis zustandekommt. Das heißt, der Depressive zeigt seinen Zorn nicht offen, weil er seine Sicht der eigenen Person und der an der augenblicklichen Situation sonst noch beteiligten Menschen automatisch so strukturiert, daß Zorn gar nicht produziert wird. Vielmehr reagiert der Depressive auf Situationen, von denen die meisten Menschen sagen würden, daß sie Zorn und Ärger hervorrufen, eher mit Selbstbeschuldigungen, fühlt sich durch solche Situationen gekränkt oder aber sucht sein Gegenüber in irgendeiner Weise zu entschuldigen. Anstatt nur anzunehmen, daß der Depressive seinen Zorn unterdrücke oder gegen die eigene Person richte, täten wir wohl besser daran, den kognitiven Verzerrungen nachzuspüren, die schuld daran sind, daß es eben nicht zu einer aggressiven Reaktion kommt.

Daß der depressive Mensch seinen Zorn nicht offen zeigt, wird neuerdings in einen Zusammenhang mit seinen dürftigen, also stets gefährdeten Objektbeziehungen gebracht. Zornesäußerungen könnten die dominante Bezugsperson verärgern und damit die Quellen der Befriedigung, die dem depressiven Menschen zur Verfügung stehen, verschütten. Arieti (1974) führt beispielsweise aus, daß der Zorn, den ein Depressiver empfindet, letzten Endes die Depression nur noch verstärkt; er weckt nämlich die Furcht, daß die dominante Bezugsperson den depressiven Menschen im Stich lassen könnte, und damit fühlt dieser sich noch verlorener und hoffnungsloser. Zorn gilt als ein hochgefährlicher Affekt, der verborgen und unterdrückt werden muß. In Kleins klassischen Ausführungen wird besonders auf die Furcht des Säuglings hingewiesen, seine inneren guten Objekte aufgrund seiner aggressiven Wünsche wieder zu verlieren. Klein meint, der Säugling bringe die Qual und den Schmerz, die mit dem erlittenen Verlust verbunden sind, in einen Zusammenhang mit seinem eigenen zornigen Verhalten und unterdrücke infolgedessen alle offene Feindseligkeit. Wenn wir Kleins grundsätzliche Überlegungen auf die interpersonale Sphäre übertragen, dann wird das Dilemma des Depressiven – der einerseits Zorn empfindet, andererseits aber die Fürsorge und Zuwendung der Bezugsperson braucht – und seine daraus resultierende Furcht vor der Äußerung seines Zorns eher verständlich. Direkte Zornesäußerungen würden bedeuten, daß er die so unendlich wichtige Bezugsperson verliert, die ihm doch zu den inkorporierten guten Objekten verhilft, das heißt, zu Befriedigung und Selbstachtung. Schließlich glaubt der Depressive, daß jede Äußerung von Zorn katastrophale Folgen haben, nämlich zum Verlust aller Befriedigungen führen werde.

Daß der Depressive seine Feindseligkeit nicht offen zur Schau stellt, kann auch mit der Verzerrung seiner zwischenmenschlichen Beziehungen zu tun haben. Manche Depressive idealisieren die dominante Bezugsperson und vertrauen deren Meinungen und Urteilen so bedingungslos, daß sie keinen Grund sehen, ärgerlich oder unwillig zu werden. Wenn es ihnen nicht gelingt, von der anderen Person wirklich angenommen zu werden, dann eben deshalb, weil sie sich nicht heftig genug darum bemüht haben, sich deren Achtung zu verdienen, und nicht weil die andere Person etwa engherzig oder ungerecht wäre. Sie sind überzeugt, daß sie nur sich selbst dafür anklagen können, und so besteht ja gar kein Grund, zornig zu werden. Eine depressive Patientin, die mir zunächst von ihren wiederholten und immer wieder fehlgeschlagenen Versuchen berichtet hatte, Liebe und Anerkennung bei ihrem Vater zu finden, rief schließlich aus: »Was ist denn nur los mit mir, daß er mich nicht liebt?« Sie konnte sich einfach nicht vorstellen, daß ihr Vater hartherzig oder gefühllos war; es war ihre Schuld, daß sie ihn nicht zufriedenstellen konnte.

Eine andere mögliche Erklärung dafür, daß der Depressive Zorn einfach nicht auszudrücken vermag, ist, daß die Fähigkeit, Zorn zu empfinden und in Verfolgung eines bestimmten Zieles einzusetzen, eine gewisse Selbständigkeit und Unabhängigkeit voraussetzt, die dem Depressiven ja gerade abgeht. Depressiven Menschen geht es um die Reaktion ihrer Mitmenschen, nicht um die Äußerung ihres Selbst ohne Rücksicht auf die möglichen Folgen. In Zorn geraten hieße, die eigenen Impulse zu befriedigen, ohne die Wirkung dieses Tuns auf andere zu bedenken – und das setzt genau jenes Selbstgefühl voraus, das der Depressive nicht entwickelt hat. So nimmt er seine Zuflucht zu verläßlicheren Manifestationen seines Mißbehagens: er schmollt und leidet, was die beabsichtigte Wirkung auf die Umgebung nicht verfehlt, denn es ruft Schuldgefühle und Verzeihung hervor. Manche Depressive, wie sie vor allem von Bonime (1967) so treffend beschrieben werden, sind in der Behandlung einfach nicht zur Mitarbeit zu bewegen; sie stellen sich bockig und weigern sich, ihren Teil an der Verantwortung zu übernehmen, ja sie sind sogar noch stolz darauf, daß sie sich der Veränderung so hartnäckig widersetzen. Ihre Aktivitäten richten sich in der Hauptsache darauf, andere Menschen zu manipulieren und zu beherrschen. Das Verständnis für diesen Typ des Depressiven, der Arietis »forderndem« Typ entspricht, wird durch die Überlegung erleichtert, daß er sich gegen die Enttäuschungen auflehnt, die er in früheren »Handelsbeziehungen« hat hinnehmen müssen. Solche Menschen sind der Meinung, von der früheren Bezugsperson betrogen worden zu sein, die ihre Versprechungen (ob sie nun tatsächlich gegeben wurden oder nur in der Phantasie des Kranken bestehen) nicht eingehalten hat, obwohl der Patient doch zur Gegenleistung, nämlich zu seiner Selbstopferung, bereit war. Solche Patienten beschließen dann, niemals auch nur das leiseste Anzeichen von Entgegenkommen oder Bereitschaft zur Zusammenarbeit zu bekunden, um so die dominante Bezugsperson zu bestrafen, deren Rolle der Therapeut in der Übertragung ja übernommen hat. Sie verlangen alle möglichen Vergünstigungen und Unterstützungen, weigern sich aber, von sich aus irgend etwas in die Behandlung einzubringen.

Allerdings zeigen solche Patienten ihren Ärger niemals offen, sondern strafen den Therapeuten mit der immer wieder erhobenen Feststellung, daß die Behandlung ihnen keine Besserung eingetragen habe, daß also der Therapeut unfähig sei, sie zu verändern. Auf diese Weise sorgen sie dafür, daß der Therapeut sich ohnmächtig und enttäuscht fühlt, aber sie geben ihm niemals Anlaß, die Beziehung zu beenden. So besiegen sie die dominante Bezugsperson, ohne sie jedoch zu verlieren.

Eine deutliche Bestätigung dafür, daß es Patienten mit einer milden Depression an unterdrücktem Zorn fehlt, haben wir in ihren Träumen. Wenn es so wäre, daß sie vor lauter unterdrückter Wut fast »platzen«, dann müßte sich die unterdrückte Feindseligkeit in ihren Träumen enthüllen. Beck und seine Mitarbeiter untersuchten die Träume von 218 Patienten, die von zwei unabhängig voneinander arbeitenden Gutachtern als nicht depressiv, leicht depressiv und schwer depressiv bezeichnet worden waren. Das wichtigste Kennzeichen in den Träumen der Gruppen der Depressiven war eine durchweg vorhandene Neigung zum Masochismus. In den Träumen der depressiven Patienten kamen Enttäuschung, Zurückweisung, Demütigung und ähnliche unerfreuliche Erfahrungen zum Ausdruck, aber sie enthüllten keinen nennenswerten Zorn.

Hauri (1976) beschäftigte sich mit der Literatur über die Träume depressiver Patienten und berichtete über seine eigene Arbeit mit elf Patienten, deren Depression nachgelassen hatte und denen er elf Kontrollpersonen zu Vergleichszwecken gegenüberstellte. Aus älteren Untersuchungen ging hervor, daß depressive Patienten gelegentlich Träume schildern, die eher freundlichen Inhalts sind, für das Verständnis der Depression wenig hergeben und in der Hauptsache die Familienmitglieder betreffen. Wenn die Depression sich dann auflöst, werden die Träume konfliktreicher, aber auch in diesem gebesserten Zustand bleiben die masochistischen Elemente und das Moment der Abhängigkeit erhalten.

Hauris eigene Forschungen sind insofern bemerkenswert, als er dafür Patienten ausgesucht hatte, die sich von ihrer depressiven Episode erholt hatten und deren Träume mithin eher die grundlegende Persönlichkeitsstruktur als die möglichen Verzerrungen einer akuten depressiven Phase spiegelten. Hauri verfolgte das Hirnstrombild seiner Patienten die ganze Nacht hindurch und weckte jeden Probanden sofort, um sich dessen Traum erzählen zu lassen und so die Möglichkeit gering zu halten, daß der Patient bereits auswählen und nur die angenehmen und sozial annehmbaren Träume erzählen würde. Beim Vergleich der Patienten, die sich von ihrer Depression erholt hatten, mit den Kontrollpersonen stieß Hauri auf eine Reihe signifikanter Unterschiede zwischen den jeweiligen Träumen. Die Träume der zuvor depressiven Probanden enthielten mehr Geschehnisse aus der Vergangenheit als solche, die der Gegenwart angehörten oder für die Zukunft zu erwarten waren, mehr Unglücks- als Glücksgefühle und mehr Vorgänge und Eindrücke, an denen Menschen nicht beteiligt oder zumindest nicht als beteiligt zu erkennen waren (Stürme, Motorengeräusch, Geschützdonner). Ebenso bedeutsam war die Feststellung, daß die depressiven Probanden in ihren Träumen keine größere Feindseligkeit gegenüber anderen oder gegenüber sich selbst zeigten. Hauri hält dies für das vielleicht wichtigste Ergebnis seiner Forschungen überhaupt und kommt zu dem Schluß, daß der Depressive, am

Inhalt seiner Träume gemessen, die Welt wohl als gefährlich, beengend oder gar feindlich ansieht, daß diese Feindseligkeit aber weder vom Träumenden ausgeht noch gegen ihn gerichtet ist.

Selbst Bonime, der doch der Meinung ist, daß das neurotisch-depressive Verhalten in vielen Fällen eine verzerrte Mainifestation von Zorn und Ärger ist, spricht in seinem Buch *The Clinical Use of Dreams* (1968) niemals von einer außergewöhnlichen Aggression in den Träumen Depressiver. Weder seine Arbeit noch die von Beck vorgelegte stützen die Hypothese von der unterdrückten Wut als Ursache der Depression.

Offener Zorn läßt sich gelegentlich bei mild-depressiven Menschen beobachten, wenn sie ihre Situation wieder realistischer betrachten. Das kann im Gefolge der therapeutischen Bemühungen geschehen, es kann aber auch schon eintreten, bevor noch eine Veränderung durch die Behandlung zustande gekommen ist. Mild-depressive Patienten haben gelegentlich Perioden der Einsicht, wenn ihre Wünsche und Verzerrungen ihnen einmal nicht den Blick für die Dinge verstellen. Bei schwer Depressiven ist dies gewöhnlich nicht der Fall – für sie ist die Realität in ihrer Bedeutung vollständig verändert.

In den seltenen Fällen, in denen ich es erlebt habe, daß depressive Menschen ihren Zorn offen zum Ausdruck brachten, geschah dies in moralistischer Form und in dem ausgesprochenen Bemühen, den Ausbruch gerechtfertigt erscheinen zu lassen, und selbst dann handelte es sich nicht um einen Ausdruck des Selbst, sondern um den wohlberechneten Versuch, den anderen zum Handeln zu zwingen. Auch Cohen und ihre Mitarbeiter (1954) messen in ihrer Untersuchung den Zornesäußerungen manisch-depressiver Patienten keine sonderliche Bedeutung bei. Ihre Schlußfolgerung lautet:

> »Wir haben in dieser Untersuchung kaum etwas über die Feindseligkeit des manisch-depressiven Patienten gesagt. Unserer Meinung nach ist ihr als einem dynamischen Faktor innerhalb der Krankheit eine zu große Bedeutung beigemessen worden. Gewiß weckt das Verhalten des Patienten bei den Menschen, die ihn umgeben, sehr weitgehend den Eindruck von Feindseligkeit, aber wir sind dennoch der Meinung, daß das, was den Patienten zu seinem Verhalten treibt, eher das Gefühl ist, das wir hier besonders hervorgehoben haben – das Gefühl der Leere und eines dringenden Verlangens. Die Feindseligkeit möchten wir eher in eine sekundäre Position verweisen; nach unserer Auffassung kommen feindselige Gefühle im Patienten deshalb auf, weil seine Versuche, andere zu manipulieren und auszunutzen, nicht zum Erfolg geführt haben. Dieses Folgeverhalten – also die übertriebenen Ansprüche an die

Bezugsperson oder die Selbstbeschimpfungen – ist nach unserem Dafürhalten der Versuch, die alte Abhängigkeit wiederherzustellen« (1954, S. 252).

Weiter heißt es dann:

»Der Vorwurf der Feindseligkeit, wie er gegenüber dem Depressiven erhoben wird, geht im wesentlichen darauf zurück, daß er eine so entnervende Wirkung auf andere Menschen ausübt, nicht aber auf irgendeine primäre Motivation, diese anderen zu verletzen oder zu kränken.«

Daß hinsichtlich der Rolle des Zorns in depressiven Zuständen so wenig Übereinstimmung herrscht, geht wohl nicht zuletzt darauf zurück, daß es sowohl hinsichtlich der Natur der Depression als auch des Zornes sehr unterschiedliche Ansichten gibt. Mendelson (1974) hat zu Recht bemerkt, daß die Definition beider Aspekte keineswegs unumstritten ist. Manche Psychoanalytiker sagen, daß man zur Diagnose der Depression nur dann gelangen kann, wenn Aggression in der einen oder anderen Form vorhanden ist. Ihre Manifestationen können die Form der Selbstbeschuldigung (gegen die eigene Person gerichteter Zorn), der geringen Selbstachtung (aggressive Besetzung der Selbstrepräsentanz) oder auch der Manipulation anderer (Beherrschung der Bezugsperson mit Hilfe des Zornes) annehmen. Diese Palette der Meinungen zeigt, daß auch hinsichtlich der Natur der Aggression keine Einigkeit herrscht. Wenn Jacobson von der aggressiven Besetzung spricht, dann schildert sie damit einen höchst abstrakten metapsychologischen Prozeß, der sich mit der offenen und bewußten Äußerung von Zorn, wie sie dem Laien vertraut ist, keineswegs deckt. Das gleiche gilt in bezug auf den intersystemischen Konflikt zwischen Ich und Überich. Dagegen sieht Bonime (1960) in der Aggression das verdeckte Motiv für das Verhalten des Depressiven – ob es nun darum geht, daß er seine Bezugspersonen kontrollieren will oder daß er nicht bereit ist, mit dem Therapeuten zusammenzuarbeiten. Wieder andere Psychiater sehen im Zorn oder in der Aggression einen subjektiv empfundenen Zustand des Selbst – eben den Zustand des Zornigseins. Wir können also feststellen, daß man sich in der psychiatrischen Literatur keineswegs einig ist, ob Aggression als primärer Trieb oder als Form psychischer Energie (die per definitionem nicht direkt erfahren werden kann), als motivierende Kraft hinter einem Verhalten, das – phänomenologisch betrachtet – nicht als Zorn empfunden wird, oder schließlich als ein primärer Gefühlszustand anzusehen ist.

Bei aller Unklarheit darüber, wie der Begriff der Aggression zu fassen sei, ist doch der klinische Nachweis leicht zu führen, daß der

Depressive der direkten Äußerung, ja schon der Erfahrung von Zorn aus dem Wege geht. Offener Zorn wird von ihm nicht zur Befriedigung seiner Wünsche und Bedürfnisse eingesetzt; vielmehr macht er sich das Mittel der Manipulation zunutze, um andere zu kontrollieren.

In der ungewöhnlich großen Bedeutung, wie sie der Rolle der Feindseligkeit in der Depression zugesprochen wird, steckt vielleicht noch immer ein Echo der ursprünglichen Freudschen Theorien, die er in *Trauer und Melancholie* näher ausgefaltet hat und die die depressive Symptomatik im wesentlichen als fehlgeleitete Aggression beschreiben (vgl. Mendelson 1974).

■ ■ ■ Der Familienhintergrund ■ ■ ■ des mild-depressiven Patienten

Wie wir schon in Kapitel 2 sagten, ist die Zahl der Untersuchungen, die sich mit den Transaktionen der Familien depressiver Patienten befassen, im Vergleich zur Zahl der entsprechenden Veröffentlichungen über die Familien schizophrener Patienten äußerst gering. Die wenigen Arbeiten, in denen der Versuch gemacht wurde, die in der Kindheit liegenden Wurzeln der Depression des Erwachsenen ausfindig zu machen, kreisen in der Hauptsache um die Erfahrung des Verlustes eines Elternteils. Dieses Interesse am schweren Verlust in der Kindheit ist wohl durch die Hypothese angeregt worden, daß die Depression des Erwachsenen nichts anderes ist als die Neubelebung eines in der Kindheit durchlittenen Traumas, bzw. daß der Objektverlust das zugrundeliegende Problem bei allen depressiven Störungen sei. Die meisten derartigen Untersuchungen haben die Häufigkeit des Todes eines Elternteils in den Kinderjahren von später depressiven Patienten mit der Häufigkeit dieses Ereignisses in einer Kontrollgruppe verglichen. Die Ergebnisse dieser Studien sind widersprüchlich bis auf die eine Feststellung, daß ein in der Kindheit erlittener Verlust (Tod eines Elternteiles, Scheidung der Eltern, anderweitige Trennung) bei allen Formen psychiatrischer Störungen, insbesondere bei der Delinquenz, häufiger ist als im Falle »normaler« Probanden. Brown (1968) macht noch eine weitere interessante Beobachtung: 55 Prozent der Dichter und Schriftsteller, die im *Oxford Book of English Verse* und im *Dictionary of National Biography* (England) aufgeführt sind, verloren den Vater oder die Mutter, bevor sie 15 Jahre alt waren. Das heißt also, daß in dieser Gruppe häufiger ein Elternteil gestorben war als bei einer entsprechend großen Gruppe depressiver Patienten oder delinquenter Personen. Brown stellt die Überlegung an, daß diese Dichter und Schriftsteller sich daraufhin inneren Quellen der Befriedigung – ihrer Phantasie – zuwandten, um so den erlittenen Schicksalsschlag abzuschwächen, und daß ihr angeborener Genius diesen Phantasien dann später zum poetischen Ausdruck verhalf.

Die Häufigkeit des Verlusts eines Elternteils mag, für sich genommen, noch nicht der signifikante Faktor für spätere Störungen sein. Retrospektive Untersuchungen dieser Art müssen auch die Wirkung des Verlustes auf den überlebenden Elternteil, das auf diesen Verlust hin eintretende Auseinanderbrechen der Familie, die Frage der Erreichbarkeit von Ersatzfiguren, das Alter des Kindes zum Zeitpumkt des Verlustes und schließlich seine Sicht dieses Geschehens in Betracht ziehen. Daß ein Elternteil stirbt oder in anderer Weise aus dem Leben des Kindes verschwindet, ist zweifellos ein traumatisches Erlebnis für ein Kind, aber es wird dieses Kind nun nicht gerade für die Depression im Erwachsenenalter prädisponieren. Wenn wir die Depression des Erwachsenen so erklären wollten, als handele es sich dabei um die Wiederholung eines Verlustes, wie er tatsächlich in der Kindheit eingetreten ist, machen wir es uns wohl doch zu einfach. Freud, von dem dieses Konzept der Neubelebung eines Kindheitstraumas ursprünglich stammte, meinte nicht den wirklichen Verlust der Mutter bzw. des Vaters, sondern den Verlust der mütterlichen bzw. väterlichen Liebe, also etwas ganz und gar anderes. Dieser Liebesverlust bedeutet dann einen unbewußten Abzug der Besetzung der Objektvorstellung und damit einen unbewußten Objektverlust, aber er impliziert nicht etwa den realen Verlust von Vater und Mutter. Hier sind wieder einmal eine metapsychologische Hypothese und gewisse klinische Daten eine unglückliche Verbindung miteinander eingegangen. Sandler und Joffe (1965) haben versucht, die Dinge klarzustellen, indem sie darauf hinweisen, daß Depression nicht die Folge eines Objektverlustes, sondern die Folge des Verlustes eines durch das Objekt geschaffenen Zustands des Wohlbefindens ist.

Cohen u. a. (1954) haben versucht, die Kinderjahre ihrer zwölf manisch-depressiven Patienten aus der Rückschau zu rekonstruieren. Sie fanden keinen Hinweis auf einen früh erlittenen Objektverlust oder auf eine depressive Reaktion des Kindes, die Abrahams »Urverstimmung« (1924) entsprochen hätte. Vielmehr stellten sie fest, daß die Familien ihrer späteren Patienten sich als von der Gesamtheit der Gesellschaft isoliert oder ausgestoßen betrachteten, daß die Mütter den Vätern vorwarfen, sozial versagt zu haben, und daß vom Kind erwartet wurde, daß es die Ehre und das Ansehen der Familie wiederherstellen würde. Was die Kindererziehung anging, so stellte die Gruppe fest, daß die Mutter das Kind akzeptierte, solange es der hilflose Säugling war, daß sie es aber zurückzuweisen begann, sobald es die normale Eigen-Willigkeit des Kleinkindes zeigte. Diese Erkenntnisse werden von Arieti bestätigt (vgl. Kapitel 6). Es ist nicht unbedingt ein realer Verlust, der den Menschen für die Depression anfällig macht, sondern eher die ständige Befürchtung, daß ein Verlust eintreten könnte, wenn er nicht das »richtige« Verhalten an den Tag legt.

Eine spätere Entwicklung, von der sowohl Cohen u. a. (1954) als auch Arieti sprechen, besteht darin, daß die Mutter die Macht erwirbt, das Kind »zu erlösen«, ihm nämlich das Gefühl seines eigenen Wertes zu vermitteln. Das Kind ist überzeugt, daß es seine eigene Schuld ist, wenn ihm diese Erlösung nicht zuteil wird: hätte es sich stärker bemüht, dann hätte es die notwendige Unterstützung von der Mutter schon erhalten. Mit diesem Austausch (hier Bemühung, dort Unterstützung) kommt ein Prozeß in Gang, wie ihn dann auch der erwachsene Depressive zu nutzen sucht; er möchte Liebe dafür, daß er gehorcht und hart arbeitet, und er gibt sich selbst die Schuld, wenn er sein Ziel nicht erreicht.

Slipp (1976) hat sich mit der Familienumgebung beschäftigt, die einen depressiven Menschen hervorbringt. Er stellte fest, daß das Kind eine widersprüchliche Botschaft von seinen Eltern empfängt: Einerseits erwarten sie, daß es »soziale« Erfolge hat, und andererseits möchten sie, daß es solche Erfolge nicht erringt, damit es nicht allzu unabhängig von ihnen wird. Slipp sagt, daß die Eltern Leistung erwarten, zugleich aber Versagen belohnen. Das Kind lernt, Erfolge zu erringen, aber es fürchtet sich davor, daß diese Erfolge ihm Einsamkeit einbringen werden. Wörtlich heißt es bei Slipp:

> »Der Depressive entwickelt eine von Opposition gekennzeichnete Form der Symbiose als Kompromißlösung in bezug auf diese Doppelbindung. Durch sein teilweises Eingehen auf die Botschaften, die ihm einerseits Erfolg, andererseits Versagen anempfehlen, läuft er nicht Gefahr, von den Eltern im Stich gelassen zu werden; andererseits bewahrt er sich durch ein gewisses Maß an Auflehnung gegen diese Forderungen auch eine gewisse Autonomie. Mittels halbherziger Erfüllung der elterlichen Wünsche kann er mit beiden Forderungen fertig werden und es vermeiden, stark oder aber ganz und gar hilflos zu erscheinen. Indem er sich zum Teil selbst bekämpft und dabei verliert, kann er sich als Opfer äußerer Umstände bezeichnen und muß die Verantwortung nicht übernehmen« (1976, S. 398).

Slipp führt also das pathologische Verhalten des erwachsenen Depressiven auf die Lösung zurück, die der Patient in seiner Kindheit in bezug auf die doppelte Botschaft gefunden hat: Du mußt Erfolge für die Familie erringen und zugleich versagen, damit du nur ja nicht unabhängig von der Familie wirst.

Ich stimme zwar nicht mit jedem Aspekt der Slippschen Analyse überein, aber ich halte seine Beobachtungen dennoch für wichtig, weil und soweit sie zeigen, daß die Erfahrung des selbsterrungenen Erfolges in der Kindheit des zukünftigen Depressiven pervertiert wird. Nach meiner Kenntnis der Dinge haben eine Reihe später depressiver Menschen die deutliche Botschaft erhalten, sie sollten Erfolge heimbringen, aber diese Erfolge wurden später ihrer Bedeutung beraubt; sie wurden nun eher als die fällige Rückzahlung an die Eltern angesehen, als schlichtes Schritthalten mit der angeblichen Überlegenheit der Familie oder als Möglichkeit, die Liebe der Eltern zu erlangen. Das Kind erfuhr, daß es zwar Erfolge erringen mußte, sich aber an diesen Erfolgen nicht erfreuen durfte.

Die Unterschiede in der Kindheit des schwer depressiven und des nur leicht depressiven Patienten gehen vermutlich nicht auf irgendeine qualitative Verschiedenheit zurück, sondern sind wohl nur Ausdruck der Tatsache, daß die Hemmung der normalen Entwicklung im einen Fall stärker, im anderen Fall schwächer ausgefallen ist. In der Regel sind die Kinderjahre des leicht depressiven Patienten nicht ganz so öde verlaufen, weil man ihm weniger mit Moralpredigten und frühen Trennungsdrohungen zugesetzt hat. Oft hat der Patient nur lernen müssen, sich selbst als schwach oder faul zu sehen, nicht aber als schlecht. Er mußte auch nicht so hart arbeiten und seine Wahrnehmungen nicht so stark verzerren, um sich das Wohlwollen der Eltern zu sichern. Häufig war er der Liebling der Familie und konnte sich diese Stellung durch willfähriges Betragen erhalten. Deshalb waren seine Beweggründe für den »Kauf« der elterlichen Verzerrungen eher positiv (Favoritenstellung, Lob und Zustimmung) als negativ (Anschuldigungen, Trennungsdrohungen). Schließlich war in den meisten, wenn auch nicht in allen Fällen leichter Depression nicht die Mutter, sondern eher der Vater die dominante Figur. Die gleiche Feststellung findet sich auch bei Slipp (1976). Diese Menschen waren zwar sehr bald durchdrungen von der in der Familie vorherrschenden verzerrten Ansicht, daß jeder einzelne alles dem Vater verdanke und daß es Aufgabe jedes Familienmitgliedes sei, sich das Wohlwollen des Vaters zu sichern, aber sie brachten es doch zustande, die enge Beziehung zu der liebevollen, wenn auch schwachen und unterwürfigen Mutter fortzusetzen. Die Drohung, daß sie im Stich gelassen würden, kam hier zu einem späteren Zeitpunkt in der Entwicklung und konnte daher die Persönlichkeit nicht mehr so nachhaltig beeindrucken. Erst wenn diese Menschen ihrer Familie durch ihr mustergültiges Verhalten oder ihre hervorragenden schulischen oder akademischen Leistungen zu sozialer Wertschätzung verhalfen, begann der Vater sich für sie zu interessieren. Bis dahin wurden sie als unbedeutende Anhängsel der Mutter behandelt.

Dennoch beobachten wir bei solchen Menschen ebenso wie bei den schwer Depressiven eine grundsätzliche Instabilität ihrer Selbstachtung. Es ist ihnen auch nicht gelungen, irgendwelche Quellen für ihr Selbstwertgefühl zu internalisieren, und sie müssen sich ihren Wert und ihre Bedeutung als Menschen ständig von äußeren Instanzen bestätigen lassen. Sie bleiben bis ans Ende in hohem Maße verletzlich gegenüber den Enttäuschungen und Verlusten, von denen nun einmal das Schicksal eines jeden Menschen mitgeprägt ist.

■ ■ ■ ■ 8. Psychodynamische Aspekte ■ ■ ■ ■ von Depression und Suizid bei Kindern und Heranwachsenden

In Kapitel 4 haben wir uns bereits einen Überblick über die klinischen Syndrome von depressionsartigen Störungen bei Kindern und Heranwachsenden verschafft. Das vorliegende Kapitel soll uns mit dem Phänomen der kindlichen Depression näher bekanntmachen und dabei über die klinischen Beschreibungen hinaus auch theoretische Sachverhalte behandeln.

Jahrzehntelang waren die Vertreter der klassischen Psychoanalyse in bezug auf die Frage der Depression im Kindesalter einhellig und unerschütterlich der Meinung, daß es sie unmöglich geben könne. Rochlin (1959) behauptete kategorisch, daß Depression per definitionem die Folge einer nach innen gelenkten Aggression sei, wobei ein starkes Überich eine Mittlerrolle übernommen habe. Da das Überich bei jüngeren Kindern noch nicht vorhanden sei, könne es auch die Depression bei ihnen noch nicht geben. Und Beres (1966) äußerte die Meinung, daß Depression als ein primäres Überichphänomen, mit dem ein intersystemischer Konflikt einhergeht, sich durch ein herausragendes und anhaltendes Schuldgefühl manifestieren müsse, das bei Kindern nicht vorhanden sei.

Selbst diejenigen Psychoanalytiker, die sich nicht für die alte Hypothese von der Verursachung der Depression durch rückwärts gewandten Zorn stark machten, äußerten schwere Zweifel an der Möglichkeit dieses Affekts oder seiner Entwicklung zu einem klinischen Syndrom vor Eintritt der Adoleszenz. Rie (1966) sagt in seiner ausgezeichneten Abhandlung über die einschlägige theoretische Literatur, daß es, selbst wenn man Depression im Zusammenhang mit niedriger Selbstachtung sieht, wie sie aus der Diskrepanz zwischen dem Ichideal und dem tatsächlichen Selbst herrührt, äußerst schwierig ist, dieses Modell auf Kinder anzuwenden, weil mit der Entwicklung einer stabilen Selbstvorstellung vor Beginn der Adoleszenz aus theoretischen Gründen nicht zu rechnen sei. Rie schließt:

> »Es scheint also, als ob die dynamischen Elemente der Depression, die vielleicht nicht zu Unrecht als der eigentliche Kern des Leidens betrachtet werden, und selbst der eine oder andere ihrer strukturellen Vorläufer insgesamt nicht vor dem Ende des Latenzalters entstehen können« (S. 679).

Auch Mahler (1961) gelangt zu einer recht eindeutigen Folgerung:

> »Wir wissen, daß die systematisierten affektiven Störungen im Kindesalter unbekannt sind. Man hat daraus geschlossen, daß die

unfertige Persönlichkeitsstruktur des sehr jungen oder auch des älteren Kindes noch nicht imstande ist, einen Zustand der Depression hervorzubringen, wie wir ihn beim erwachsenen Patienten beobachten« (S. 342).

Trotz dieser durchaus beachtenswerten und übereinstimmenden Auffassungen und ungeachtet aller Theorie kommt es aber in der Tat zu depressionsartigen Zuständen im Kindesalter. Mendelson (1974) macht den Theoretikern den Vorwurf des mangelnden klinisch-praktischen Wissens in bezug auf einen Gegenstand, den sie so elegant abgehandelt und dann abgetan haben. Über die theoretische Literatur zum Thema der Depression im Kindesalter heißt es bei ihm wörtlich: »In keinem anderen Bereich der psychoanalytischen Beschäftigung mit dem depressiven Menschen klafft eine so große Lücke zwischen den theoretischen Ausführungen und den Beobachungen, die jeder Kliniker tagtäglich anstellen kann« (S. 165).

Der Konflikt zwischen Theorie und praktischer Beobachtung ist in der Geschichte der Wissenschaft keineswegs neu (Kuhn 1962). Wenn es zum Zusammenstoß zwischen beiden kommt, dann sind entweder die Beobachtungen falsch gewesen, oder die Theorie muß revidiert werden. Wie wir in Kapitel 4 zeigen konnten, nehmen die Berichte über das Auftreten depressionsähnlicher Zustände im Kindesalter zu; wir müssen uns bei unserer Suche nach den Quellen des Irrtums also wohl der Theorie zuwenden. Tatsächlich teilen die meisten Autoren, die behaupten, Depression im Kindesalter sei a priori unmöglich, die orthodoxe Freudsche Ansicht von der Melancholie. Bei Heranziehung eines anderen theoretischen Bezugsrahmens ergibt sich unter Umständen ein brauchbares und harmonischeres Verhältnis von Beobachtung und Ableitung. In diesem Zusammenhang ertönt der dringende Ruf nach einer Theorie der kindlichen Entwicklung, die innerhalb der allgemeinen Grenzen des psychoanalytischen Denkens angesiedelt ist und bestimmte Behauptungen in der Weise modifiziert, daß sie eher mit den klinischen Beobachtungen und den Ergebnissen der experimentellen Forschung übereinstimmen. Leider sind die Feststellungen aus den verwandten Disziplinen von der klassischen Psychoanalyse oft überhaupt nicht beachtet worden, und ihre selbstgeschaffene Abseitsstellung war der Grund für die sehr enge Sicht einer ganzen Reihe von klinischen Problemen. Zustandekommen und Anwendbarkeit eines Erklärungssystems haben aber nun einmal ein gesundes Verhältnis zwischen Beobachtung und Schlußfolgerung zur Voraussetzung.

Selbst wenn man die klassischen psychoanalytischen Verlautbarungen nur auf ihren theoretischen Gehalt hin abklopft, entdeckt man noch gewisse Leerstellen, was die Entwicklung von Affekten im Kindesalter angeht. Das allmähliche Anwachsen der Fähigkeiten oder die stufenweise Festigung innerpsychischer Strukturen über die Jahre hinweg finden ganz einfach nicht genügend Beachtung. Selbst wenn wir uns hinsichtlich der Brauchbarkeit (von Validität kann man hier nicht sprechen) solcher Konzepte wie des Überichs oder der Selbstrepräsentanz einig sind und diese Konzepte akzeptieren, müssen wir uns die Konsolidierung der entsprechenden Strukturen doch als einen sehr allmählich verlaufenden Prozeß vorstellen. Eine noch augenfälligere Schwäche der klassischen Theorie besteht allerdings in der nahezu vollständigen Vernachlässigung der kognitiven Faktoren innerhalb der affektiven Entwicklung des Kindes. Im gesamten Verlauf der Entwicklung sind ja doch die Fähigkeit, bestimmte Affekte zu erleben, und der Ausbau der kognitiven Strukturen stets miteinander verwoben. Wie Piaget (1951) sagt, sind Kognition und Affekt nur zwei verschiedene Aspekte der gleichen Einheit, nämlich der sich entwikkelnden Psyche des Kindes.

Ohne die Fähigkeit zur kognitiven Erfassung gewisser Aspekte des Erlebens kann der Mensch spezifische Affekte gar nicht wirklich erfahren. Deshalb muß die Betrachtung der kognitiven Entwicklung immer Hand in Hand mit dem Bemühen gehen, auch die Entwicklung der Affekte zu verstehen. Das bedeutet nicht notwendig, daß die Verstehensprozesse, die zu den Emotionen führen, bewußt sein müßten, sowenig wie die kognitiven Schemata Piagets bewußt sind. Es handelt sich bei diesen Schemata vielmehr um unbewußte Prinzipien, die die Erfahrung organisieren und ihr ihre Bedeutung und damit ihren emotionalen Gehalt geben.

Auch Arieti (1967) geht von einer solchen Parallelität der kognitiven und der affektiven Entwicklung aus. Er postuliert, daß es verschiedene Ebenen von Emotionen gibt, die sich im Lauf der Ontogenese entwickeln. Diese Ansicht gründet auf einer soliden theoretischen Basis und zugleich auf experimentell gewonnenen Daten. Werner (1948) konnte nachweisen, daß zu den wichtigsten Entwicklungsprozessen die Differenzierung gehört. Das Kind schreitet von einem mehr oder weniger globalen »synkretischen« Zustand zu einer artikulierten und differenzierten Daseinsform fort, und so erfahren die globalen positiven Erlebnisse des Kleinkindes allmählich eine Aufteilung in körperliches Lustgefühl, das Gefühl der Bewältigung, des Geliebtwerdens, der Lebensfreude oder der stillen Befriedigung. Zu einer ähnlichen Differenzierung kommt es auch bei den globalen negativen Erfahrungen, die in die reiferen Zustände von Schmerz, Furcht, Angst, Depression oder Verzweiflung übergehen. Wenn auch die jüngsten Entwicklungen in der Ichpsychologie schon die notwendige Richtigstellung mit sich gebracht haben, kann man der klasssischen Psychoanalyse den Vorwurf des doppelten Irrtums nicht ersparen: Sie hat dem Kind allzu zeitig bereits ein kognitives System und dem Erwachsenen eine von allzu großer Unreife geprägte motivationale Struktur zugeschrieben. Kleine Kinder können die Realitäten der Welt nun einmal nicht in der gleichen Weise erfassen wie erwachsene Menschen, mithin können sie auch nicht die gleichen Emotionen erfahren wie der Erwachsene; der reife Mensch ist – dank seines entwickelten kognitiven Status – von sehr viel stärker differenzierten Gefühlszuständen motiviert als das Kind. Untersuchungen, die diese Ansicht zumindest zum Teil stützen, stammen von Kohlberg (1969), der sich mit der moralischen Entwicklung befaßt, und von Loevinger (1976), den die Entfaltung des Ichs insgesamt interessiert. Diese Studien sind für die Beschäftigung mit den affektiven Erfahrungen des Menschen in den einzelnen Stadien seiner Entwicklung von höchster Bedeutung, denn sie zeigen deutlich die Fortentwicklung der vorherrschenden Formen des Denkens in der Ontogenese. Sie zeigen auch, daß der Mensch erst zu einem relativ späten Zeitpunkt in seiner Kindheit jene Konformität des Denkens überwindet, die ihn die sozialen Regeln ganz einfach akzeptieren läßt, ohne sich der eigenen Person wirklich bewußt zu sein und ohne darüber nachzudenken, daß ihm eine Vielzahl von Möglichkeiten zu handeln offensteht. Loevinger sagt, daß viele Menschen niemals über dieses Niveau hinausgelangen und daß ihr Innenleben immer nur aus banalen Klischees, seichten Empfindungen und stark verkürzten moralischen Gesetzen besteht. Nach Loevingers Hypothese können zwar Erwachsene, die auf diesem Nievau der psychischen Entwicklung stehengeblieben sind, eine Depression erleiden; dagegen scheint es ihm ausgeschlossen, daß Kinder, die diese Stufe noch nicht erreicht haben, depressiver Gefühle überhaupt fähig sind.

Zieht man also andere Konzepte zur Depression als die der klassischen Psychoanalyse in Betracht, so ändert sich auch die Fragestellung hinsichtlich der Depression im Kindesalter. Wie in Kapitel 4 schon ausgeführt, geht es nicht darum, ob eine Depression, wie sie der Erwachsene erleidet, im Kindesalter überhaupt schon auftreten kann. Die Frage lautet vielmehr, in welcher Weise die Erfahrung und Äußerung von Emotionen ganz allgemein dadurch modifiziert wird, daß in den verschiedenen Stadien der Kindheit der kognitive und der affektive Bereich noch nicht voll ausgeprägt sind. Deshalb ist es wohl am fruchtbarsten, wenn wir unsere theoretische Diskussion der kindlichen Depression mit der Betrachtung der individuellen Entwicklung verknüpfen, wenn auch unser gegenwärtiges Wissen vom Innenleben des Kindes noch immer recht dürftig ist. Implizit liegt dieser Betrachtungsweise jedenfalls die Annahme zugrunde, daß alle Affekte das Vorhandensein unbewußter kognitiver Strukturen voraussetzen, die sich im Laufe der Kindheit entwickeln.

Eine andere Annahme lautet, daß die Depression – ganz ähnlich wie die Angst – ein direkter Affekt sei (siehe Sandler und Joffe 1965) und nichts mit den komplizierten metapsychologischen Vorgängen zu tun habe, wie sie in bestimmten Situationen von besonders anfälligen Menschen fast zwangsläufig erlebt werden. Dann wieder wird die Depression als komplexer Affekt angesehen (siehe Arieti 1967), der nur dann überhaupt entsteht, wenn bereits eine gewisse kognitive Reife erworben wurde. Wenn wir also in unseren Bemühungen zu tragfähigen Ergebnissen gelangen wollen, sollten wir uns auf die Ichentwicklung konzentrieren, statt der Ausbildung des Überichs soviel Aufmerksamkeit zuzuwenden, wie dies von den Psychoanalytikern bisher getan worden ist.

■ ■ ■ Depression und die kindliche Entwicklung ■ ■ ■

■ ■ Das Säuglingsalter ■ ■

Sowohl Spitz (1946) als auch Engel und Reichsman (1956) haben Syndrome beschrieben, die sich phänomenologisch mit der Depression des Erwachsenen vergleichen lassen. Spitz entwarf die bekannte Formel von der »anaklitischen Depression«, von der in Kapitel 4 bereits die Rede war. Engel und Reichsman schildern den Fall eines dreizehn Monate alten Mädchens, das sich in einen schlafähnlichen Zustand zurückzog, sobald sich ihm Fremde näherten. Aufgrund der Beobachtung dieses kleinen Kindes sprechen Engel und Reichsman von einem ganz bestimmten angeborenen Rückzugsverhalten, das sie als einen infantilen Prototyp jener Haltung betrachten, die der depressive Erwachsene zeigt, wenn er »aufgibt«.

Weinen, Rückzugsverhalten und trauriger Gesichtsausdruck werden zwar auch von Spitz beobachtet; er glaubt aber nicht, daß diese Verhaltensweisen des Säuglings die Folge der gleichen intrapsychischen Situation sind, wie sie vom erwachsenen Depressiven gezeigt wird, denn das kleine Kind hat noch kein tyrannisches Überich ausgebildet, das die aggressiven Triebe gegen das Ich lenken würde. Allerdings stellt Spitz die Überlegung an, daß eine gegen das Selbst gerichtete Aggression bei diesen Symptomen der Säuglinge sehr wohl eine Rolle gespielt hat, weil ihnen nämlich das äußere Liebesobjekt (die Mutter) fehlte, das die freigesetzte Aggression absorbiert und die libidinöse Äußerung stimuliert hätte, durch die die Aggression neutralisiert worden wäre. Da sie keine mütterliche Bezugsperson besaßen, richteten diese Säuglinge ihre Triebe auf das eigene Selbst. Insoweit hält Spitz am Konzept der gegen das Selbst gerichteten Aggression als einer Grundvoraussetzung der Depression fest, während er sich mit dem Umstand, daß die Säuglinge noch kein Überich ausgebildet haben, nicht weiter abgibt. Aber wenn wir uns Spitz' Überlegung einmal anschließen, bleibt doch die Frage unbeantwortet, auf wen denn letztlich diese aggressiven Triebe gerichtet sind. Jacobson (1971) spricht im Zusammenhang der Depression des Erwachsenen von einer aggressiven Besetzung der Selbstrepräsentanz – aber können wir auch dem halbjährigen Kleinkind bereits eine Selbstrepräsentanz zugestehen? Und können wir von einem pathognomischen Introjekt als vom »Empfänger« der Aggression sprechen?

Hierin liegt das Problem, das sich ergibt, wenn wir Spitz' Modell der anaklitischen Depression überhaupt als eine Form der Depression betrachten wollen. Der Säugling ist einfach zu unreif und seine Psyche ist noch zu wenig ausgebildet, als daß er tatsächlich eine Depression erleiden könnte. Es ist keineswegs sicher, ob Kinder dieses Alters überhaupt irgendein Bewußtsein ihrer selbst besitzen, und wir wissen auch nicht, welche Art der Geistestätigkeit es bei ihnen tatsächlich schon gibt. Piaget (1952) hat die ersten achtzehn bis 24 Lebensmonate als das sensomotorische Stadium bezeichnet und damit seine Ansicht bekräftigt, daß die Geistestätigkeit in diesem frühen Alter in der Hauptsache aus angeborenen Reaktionen, gewohnheitsmäßigen Abläufen und möglicherweise aus dem Erlebnis des physischen Unbehagens besteht.

Allerdings machen Säuglinge in der Tat einen unglücklichen Eindruck, wenn sie von ihrer Mutter getrennt werden, und ziehen sich nach einiger Zeit in einen Zustand der Isolation und der Defensive zurück, wie dies von Bowlby (1960) im einzelnen beschrieben wird. Die Versuchung ist also groß, dem Erfahrungsvermögen des kleinen Kindes auch schon Gefühle der Depression zuzugestehen. Das ist allerdings kein ungefährliches Unternehmen, weil wir damit unter Umständen unsere eigenen »erwachsenen« Affekte auf das kleine Kind projizieren. Anna Freud (1970) warnt vor dieser Gefahr: »Manche Psychoanalytiker gestehen bereits dem neugeborenen Kind komplexe mentale Prozesse zu; sie glauben, daß die Triebaktivitäten von einer Vielzahl von Affekten begleitet werden und daß es sogar zu komplexen Reaktionen auf diese Triebaktivitäten komme, etwa zu Schuldgefühlen« (dt. 1980, S. 2517).

Wir werden vermutlich niemals wirklich erfahren, was das kleine Kind, das von seiner Mutter getrennt worden ist, tatsächlich empfindet, aber wir können doch mit Sicherheit annehmen, daß seine Emotionen nicht das Ausmaß bzw. nicht die Tiefe erreichen, wie sie sich beim Erwachsenen beobachten lassen. Das vernachlässigte und im Stich gelassene kleine Kind ist immer wieder als das Muster für den depressiven Erwachsenen hingestellt worden, aber wir können einen solchen Zusammenhang bestenfalls als metaphorisch akzeptieren.

Daß die genannten infantilen Zustände sich von der Depression des Erwachsenen doch sehr stark abheben, wird deutlicher, wenn wir hören, daß auch die mangelnde kognitive Stimulierung (Dennis und Najarian 1957) oder sogar die ungenügende oder falsche Ernährung (Malmquist 1971) das gleiche verhaltensmäßige Resultat nach sich ziehen können. Diese Feststellungen sollten nicht weiter überraschen, denn die Mutter vollzieht ja zahllose Funktionen zugunsten des kleinen Kindes. Um mit Piaget zu sprechen: sie ist das primäre »Nahrungsmittel« für die allmählich entstehenden Schemata des Säuglings. Wenn sie ihm genommen wird, dann wird die psychische Entwicklung – sei sie affektiver, kognitiver oder motorischer Ausprägung – behindert. Vermutlich lassen sich all diese einzelnen Funktionen der Mutter in diesem frühen Lebensalter noch als Gesamtheit betrachten (Werner 1948). Der Verlust der Mutter kann daher das gleiche bedeuten wie der Verlust der Stimulierung oder der faß- und greifbaren Nahrung. Die Mutter ermöglicht die Entfaltung des geistigen Lebens des kleinen Kindes. Durch sie bildet das Kind ein Selbstgefühl aus, und durch sie kann es sich allmählich in der Realität niederlassen und einrichten. Die mütterliche Fürsorge und Zuwendung spielt also eine signifikante Rolle im Reifungsprozeß, und wenn sie fehlt oder nicht ausreicht, kann das langfristig zu jenen Abweichungen führen, wie sie von Spitz und Bowlby geschildert werden. Frühe und anhaltende Deprivation führt nicht zu späterer Depression, sondern erzeugt Retardation oder abnorme Verhaltensweisen.

So betrachtet, ist es vielleicht richtiger, die Reaktionen des Säuglings als sein Echo auf gewisse Deprivationen einzuordnen, die zwar unangenehm sind, die aber von der noch unfertigen Psyche möglicherweise ebenso global erfahren werden wie ein anhaltender unspezifischer Schmerz oder das Fehlen der äußeren Stimulierung. Da die geistige Entwicklung sehr wohl mit Emotionen beginnen kann und der Säugling vielleicht auch schon – lange bevor er denken kann – zu leiden vermag, besteht kein Zweifel daran, daß solche Zustände schmerzlich sind, aber mit dem späteren Schmerz der Depression hat dies wohl nur wenig zu tun.

Auch im späteren Kleinkindalter – denken wir an die Fälle, die Engel und Reichsman (1956) und Bowlby (1960) beschreiben – mag die

Abkehr von der Umgebung eine möglicherweise angeborene Form des Rückzugs aus einer nichtbelohnenden Welt, nicht aber eine wirkliche Depression repräsentieren. Bowlby hat die Erfahrung gemacht, daß die Kinder nach Ablauf einer gewissen Zeitspanne wieder aus ihrer Zurückgezogenheit auftauchen und mit Fremden in Interaktion treten.

■ ■ Die frühe Kindheit ■ ■

Diese Entwicklungsphase läßt sich auch als Beginn der psychischen Individuation des kleinen Kindes gegenüber seiner Mutter bezeichnen. Es kommt jetzt zu einem Wandel in bezug auf die Befriedigungen, die das Kind erfährt, es empfindet nun Freude am aktiven Tun und nicht mehr so sehr am passiven Empfangen der mütterlichen Zuwendung und Fürsorge (Mahler 1968). Zugleich kommt es zur ganz normalen Opposition und zu ersten Versuchen, den eigenen Willen durchzusetzen. Man könnte von einer höchst erfreulichen »Liebesaffäre mit der Welt« sprechen, in der die normalen Befürchtungen, Ängste oder Hemmungen von der stets vorhandenen Neugierde auf die äußere Welt besiegt werden. Klinische Berichte über depressionsähnliche Symptome in dieser Phase der überschäumenden Daseinsfreude gibt es nicht. Dennoch kann diese Zeitspanne insofern entscheidend sein, als schon jetzt möglicherweise der Boden für spätere depressive Episoden gelegt wird.

In dieser Phase steht das Kind vor einer wichtigen Entscheidung: Will es sich Freude und Befriedigung dadurch verschaffen, daß es seinen Willen durchsetzt – allerdings auf die Gefahr hin, daß die Eltern dies mißbilligen –; oder will es seine Spontaneität zügeln und sich die Liebe der Eltern sichern? Silverberg (1952) hat diese Entscheidung sehr treffend als den Konflikt zwischen der »heroischen« und der »unheroischen« Bewältigung der Kindheit bezeichnet. Natürlich hängt die endgültige Entscheidung vom Temperament des Kindes, der Persönlichkeit der Mutter, dem Vorhandensein von Geschwistern, den wirtschaftlichen Verhältnissen der Familie und von unendlich vielen weiteren Faktoren ab. Aber der erste Kampf – die Entscheidung für die Befriedigung, die aus der Durchsetzung des eigenen Willens kommt, oder für die Kapitulation des keimenden Selbst zugunsten der Sicherheit des Geliebtwerdens – läßt Wunden zurück, die noch lange nach Beendigung der Schlacht schmerzen. Wenn die Mutter auf tadelsfreiem Verhalten besteht oder aber sich angesichts der Entschlossenheit des Kindes bedroht und geängstigt fühlt, dann kommt es ganz allmählich zu einer Einschränkung und Beschränkung des Selbst, die wiederum den Boden dafür bereitet, daß der Mensch sich später selbst verleugnet und sich vor Erfüllung und Selbstverwirklichung fürchtet. Kommt unter Umständen noch erschwerend hinzu, daß die depressive Mutter / der depressive Vater an der freudigen Erregung des Kindes angesichts der Entdeckung der Welt nicht teilhaben kann, dann kann sich schließlich Gleichgültigkeit einstellen und alle Spontaneität ersticken.

Cohen und ihre Mitarbeiter (1954) stellten im Rahmen ihrer retrospektiven Untersuchungen fest, daß die Mütter von später depressiven Patienten die Zeitspanne, in der das kleine Kind sich vom passiven Säugling zum eigen-willigen Kleinkind entwickelt, als schwierig empfunden hatten. Green (1946) sagt in anderem Zusammenhang, daß Frauen der Mittelschicht ein übermäßiges Liebesbedürfnis in ihren Kindern wecken und dann zur Drohung mit dem Liebesentzug als einer disziplinarischen Maßnahme greifen. Vielleicht ist es eben diese Form der Sabotierung des Willens – nicht durch äußere Bestrafung, sondern durch die Beschämung des Kindes oder die Androhung, es werde im Stich gelassen –, die das Kind veranlaßt, die freie Willensäußerung allmählich mit dem Liebesverlust oder mit der Kränkung des Menschen, den es so dringend braucht, gleichzusetzen. Mahler (1966) stellte die Behauptung auf, daß die depressive Gemütsverfassung letzten Endes darauf zurückgehe, daß der Glaube des kleinen Kindes an seine Allmacht und an die Allmacht seiner Eltern so abrupt zusammenbricht. Implizit werden dem kleinen Kind auch mit dieser Sicht schon allzu subtile psychische Prozesse zugestanden. Gewiß kann das Vorschulkind so handeln, als fühle es sich von der Welt wie von einer schützenden Hülle umgeben, und in gefährlichen Situationen eine schon beängstigende Furchtlosigkeit an den Tag legen, aber deshalb können wir doch nicht annehmen, daß es sich (oder andere) für allmächtig hält. Eher ist es so, daß das kleine Kind ein noch primitives Lustgefühl aus seinem Tun bezieht, das, was Freud als »Funktionslust« bezeichnete und wovon Mahler selbst ganz richtig sagt, daß es der »tätigen Unterphase« des Prozesses von Separation und Individuation zugehört. Die Wurzeln der Depression liegen erkennbar in der Bestrafung durch die Eltern und darin, daß sie auf die ganz normalen Bemühungen des Kindes um Erkundung und Bewältigung seiner Umgebung nicht eingehen; dadurch nämlich werden automatisch und unbewußt Aktivitäten unterdrückt, die notwendig sind, damit das Kind sich später aufgrund seiner eigenen Leistungen des eigenen Wertes bewußt werden kann.

Solche Kinder sind ernsthaft und wenig spontan und hängen oft sehr stark an ihrer Mutter. Sie besitzen eine für ihr Alter ungewöhnliche Selbstkontrolle, zeigen andererseits aber auch eine erstaunliche Unreife, wenn es darum geht, sich aus dem Umkreis der Mutter einmal hinauszuwagen. Sie werden dazu erzogen, das ganz natürliche Verlangen nach Bewältigung der Dinge und autonomer Befriedigung mit Argwohn zu betrachten und zu unterdrücken. Sie geben bereits die eigene Befriedigung und Erfüllung zugunsten der Befriedigung der Eltern auf, damit ihnen nur ja die so dringend benötigte Sicherheit erhalten bleibt, die sie aus dem guten Verhältnis zu den Eltern ziehen. Um mit Sullivan zu sprechen: sie vernachlässigen ihr Bedürfnis nach Befriedigung um der Gewißheit willen, daß so ihr Bedürfnis nach Sicherheit befriedigt wird.

Wir können solche Kinder nicht als depressiv bezeichnen, wenn sie auch traurig, verschreckt und ungewöhnlich ernsthaft sind. Wir kennen ihren Gefühlszustand nicht; sie sind zwar der Sprache schon mächtig, aber sie können ihre Gefühle noch nicht identifizieren oder mit Worten beschreiben. Eine diagnostische Beurteilung dieser Kinder kann darauf abheben, daß sie übermäßig gehemmt und in Gefahr sind, später depressiv zu werden. Da ihr Lebenskreis ihrem Alter entsprechend noch vorwiegend von Aktion gekennzeichnet ist, bringen sie auch ihre Schädigung offen zum Ausdruck. Aber auch dann können sie immer noch rasch in einen anderen Gefühlszustand überwechseln, wenn die Situation es erfordert. Wenn sie also das Glück haben, einen Kindergarten zu besuchen oder mit solchen Erwachsenen zusammenzusein, die ihr spontanes Verhalten schätzen, verwandeln sie sich in aktive kleine Wesen voller Freude am Spiel. Wie Mahler (1966) beobachtete, zeigen sie ihre Symptome in der Regel in Gegenwart der Eltern, weil eben die Eltern es sind, die Unterwürfigkeit und Selbstbeherrschung von ihrem Kind verlangen. Noch ist dieses Verhaltensmuster aber nicht generalisiert, und noch sind auch die elterlichen Gebote und Verbote nicht vollständig internalisiert. Gewöhnlich ist das Verhalten solcher Kinder auf Belohnungen und Bestrafungen eingestimmt, die aus der Umwelt kommen, nicht aus dem eigenen Innern.

■ ■ Das mittlere Kindesalter ■ ■

Bei Kindern, die das Schulalter erreicht haben, hat man bereits längere Perioden echter Traurigkeit beobachten können. Diese Kinder sind sichtbar unglücklich, obwohl sie in der Regel keinen Grund dafür angeben können. In diesem Alter reagiert das Kind ganz einfach auf seine Umgebung, ohne sich große Gedanken darüber zu machen, wer es ist oder wie gut bzw. wie böse es ist. Gutsein bringt ihm Belohnungen von außen ein, Bösesein ist alles, was Bestrafung von außen nach sich zieht (Piaget 1932). Das Kind kann noch kein stabiles Selbstwertgefühl entwickeln und bringt – was für dieses Alter angemessen ist – Phantasie und Wirklichkeit durcheinander, wenn es über sich selbst nachdenkt. Es ist nicht imstande, anhaltend gering von sich selbst zu denken, falls eine zutreffende Selbsteinschätzung in diesem Alter überhaupt schon möglich ist. Immerhin kann aber die geringschätzige Behandlung, die es unter Umständen von anderen Menschen erfährt, die Stimmung des Kindes negativ beeinflussen. Anna Freud (1970) bemerkt in diesem Zusammenhang:

> »[Neurotische Symptome] . . . kommen erst zustande, wenn sich das Ich vom Es abgesondert hat; andererseits ist die Trennung zwischen Ich und Über-Ich nicht unbedingt erforderlich. Die ersten Konflikte zwischen Es und Ich – und damit auch die ersten Konfliktlösungen, die die Gestalt neurotischer Symptome annehmen – entstehen unter dem Druck der Außenwelt. Die abzuwendende Gefahr ist in diesen Fällen nicht ein inneres Schuldgefühl, das vom Über-Ich ausgeht, sondern Angst vor Strafe und Liebesverlust, also vor der Reaktion eines Objekts in der Außenwelt« (dt. S. 2517).

Deshalb kann es leicht geschehen, daß das Kind auf eine chronisch deprivierende Umgebung oder auf den soeben erlittenen Verlust wichtiger Quellen der Befriedigung mit Traurigkeit reagiert. Daß es traurig ist, muß nun nicht unbedingt auf einen inneren Konflikt zurückgehen. Immerhin enthalten Berichte über solche Kinder (Sandler und Joffe 1965; Poznanski und Zrull 1970) in der Tat gewisse Hinweise darauf, daß eine kognitive Transformation in Richtung auf die Depression stattgefunden hat; diesen Schilderungen zufolge rechnen die Kinder damit, von anderen Menschen schlecht behandelt zu werden. Sie machen sich nicht gerade selbst schlecht, aber es kommt vor, daß sie im Blick auf die Enttäuschungen, die sie im Umgang mit ihren Eltern haben hinnehmen müssen, gewisse verallgemeinernde Schlüsse ziehen, die dann ihre Einstellung gegenüber den Mitmenschen insgesamt prägen.

Daneben wird in der Literatur auch über die Tendenz berichtet, angesichts von Enttäuschungen aufzugeben – eine Haltung, die den Menschen mit der Zeit dazu bringt, daß er auf jeden Schlag gegen sein Selbstgefühl mit Hoffnungslosigkeit und Hilflosigkeit reagiert. Es ist durchaus möglich, daß diese frühe Form der Resignation die Folge der wiederholt gemachten Erfahrung ist, daß Versuche, die Dinge zu bewältigen, vereitelt wurden und der Fehlschlag durch die Reaktionen der signifikanten Bezugspersonen bereits vorprogrammiert war. Das heißt also, Zurückweisung oder aber übertriebene und ganz unrealistische Forderungen von seiten der Eltern können in dem Kind die Überzeugung begünden, daß es niemals gewinnen kann, ja daß schon der Versuch sinnlos ist. Diese Erkenntnisse sind geeignet, Seligmans (1975) Konzept der »erlernten Hilflosigkeit« als der Wurzel der Depression zu bestätigen. Doch die Situation ist nicht ganz so einfach. Vielmehr verhält es sich wohl so, daß die Eltern bestimmte Verhaltensweisen des Kindes belohnen und ihm dafür ihre Liebe zeigen; dabei handelt es sich aber ausschließlich um Aktivitäten, die die Individuation und autonome Befriedigung des Kindes eigentlich unterminieren. In diesem Alter hängt das Selbstwertgefühl des Kindes normalerweise von den Reaktionen der Eltern ab – das heißt, Mißbilligung oder Zurückweisung von ihrer Seite haben verheerende Auswirkungen und blockieren dasjenige Verhalten, das dem Kind die Mißbilligung der Eltern eingetragen hat. Sandler und Joffe bemerken in diesem Zusammenhang: »Es geschieht nicht selten, daß die Eltern sich der fortschreitenden Individuierung des Kindes unbewußt widersetzen, und ihr Einfluß kann sich dann in ihrem ›Nachfolger‹, dem Überich, perpetuieren« (1965, S. 54). In diesem Alter hat das Kind noch kein Selbstbild und noch keine Gesamtheit von Verboten internalisiert, aber es beginnt jetzt ganz automatisch jene Verhaltensweisen zu blockieren, die den Fluß des elterlichen Wohlwollens zu unterbrechen drohen.

Wir können vielleicht zwei Arten dysphorischer Zustände bei Kindern dieses Alters definieren – einen, bei dem die Eltern allmählich jene Reaktionen blockieren, die Befriedigung oder Lust zur Folge hätten, und einen anderen, bei dem das Kind direkt auf den Wegfall der Befriedigungen in seiner Umgebung reagiert. Der erstgenannte Typ findet sich in Familien, in denen die Eltern unrealistische Erwartungen hegen, das Kind dadurch strafen, daß sie es beschämen, und sich durch die Individuation des Kindes bedroht fühlen. Der letztere Typ ist in Familien anzutreffen, in denen die Eltern das Kind ständig zurückweisen oder gar selbst depressiv sind. Häufig finden sich solche dysphorischen Zustände bei Kindern, die körperlich krank sind und deren Krankheit eine Unterbrechung ihrer üblichen erfreulichen Beschäftigungen bedeutet.

Ein ganz extremes Beispiel für diese letztgenannte Form der Dysphorie bildet der sechsjährige Junge, dessen Fall von Bierman, Silverstein und Finesinger (1958) geschildert wird. Das Kind war ursprünglich wegen Kinderlähmung ins Krankenhaus gekommen. Nach zwei Monaten zeigte es Symptome, die an die Depression des Erwachsenen erinnerten: Es wirkte ohne alle Hoffnung und hatte sich wie ein depressiver Patient zurückgezogen, nachdem es Tag für Tag in seinen Hoffnungen getäuscht worden war, sich wie ein Gefangener fühlte und nichts von dem tun konnte, was es sonst oft und gerne tat. In dem

Bericht ist allerdings von Selbstanklagen, Schuldgefühlen oder geringer Selbstachtung nicht die Rede. Der Junge war ganz einfach unglücklich, weil er seine Beine nicht gebrauchen konnte. Das war ein echter und schwerer Verlust, und die Reaktion des Kindes ist verständlich und vollkommen angemessen. Die Mutter des Jungen kam täglich zu Besuch, aber ihre Anwesenheit allein reichte nicht aus, um dem Kind sein sehr realistisches Gefühl, daß es unter einer chronischen Deprivation litt, zu erleichtern. Als der körperliche Zustand sich besserte, wurde auch die Stimmung des Kindes wieder normal. Dieser Fall ist lehrreich, denn er zeigt, daß Kinder dieses Alters unter chronisch frustrierenden Umständen zu extremer Traurigkeit fähig sind, daß diese Stimmung aber doch »reaktiv« in bezug auf die Umgebung ist und daß, wenn der äußere Anlaß nicht mehr besteht, das Kind seine depressive Stimmung nicht beibehält. Dabei braucht es gar nicht den extremen Fall einer lähmenden Krankheit und eines langen Krankenhausaufenthaltes, um eine solche Stimmung hervorzurufen; in der Regel »genügt« schon eine chaotische Familienumgebung oder die ständige Unzufriedenheit und Mißbilligung der Eltern.

Auch unter solchen Umständen ist die Traurigkeit von verhältnismäßig kurzer Dauer. Das mag seinen Grund in zwei wesentlichen Merkmalen von Kindern dieser Altersgruppe haben: Sie sind noch immer »Geschöpfe des Augenblicks«, und sie setzen sich gegen unangenehme Gefühle rasch zur Wehr. Dieser letztere Zug erklärt vielleicht jene Zustände, die auch als »depressive Äquivalente« oder als »larvierte Depression« im Kindesalter beschrieben werden. Traurigkeit wird häufig ganz einfach dadurch abgewehrt, daß für Ablenkung gesorgt wird: Das Kind wendet sich dann eben anderen und erfreulicheren Dingen zu. Wenn seine Aufmerksamkeit auf Gegebenheiten gerichtet ist, die ihm Kummer bereiten, legt es den entsprechenden Affekt an den Tag. Das beweist aber nicht, daß eine zugrundeliegende oder unbewußte Depression schon die ganze Zeit unter einer scheinbar glücklichen Oberfläche geschwelt hätte. Das Kind hat eine erstaunliche Fähigkeit, Dinge zu vergessen, wenn es nicht mit ihnen konfrontiert ist. Wenn diese Eigenschaft sich mit der normalen Lebenslust des Kindes verbündet, dann versteht man, warum depressionsähnliche Symptome in dieser Altersgruppe selten und von kurzer Dauer sind. Erst wenn das Verhalten exzessive Formen annimmt – wenn nämlich eine stets vorhandene frustrierende Realität absolut verleugnet wird oder das Kind hochgradig fehlangepaßt erscheint –, sollte man an eine pathologisch-defensive Verleugnung unangenehmer Affekte denken, ähnlich dem, was wir bei manchen erwachsenen Hysterikern beobachten können.

Komplexer und gelegentlich verwirrend ist die Frage der »depressiven Äquivalente«. Toolan (1962) nennt Eß- und Schlafstörungen, Koliken und Kopfschlagen als depressive Äquivalente bei Säuglingen bzw. Wutausbrüche, Schulschwänzen, Fortlaufen von zu Hause und Unfallneigung bei älteren Kindern. Sperling (1959) hält Schlafstörungen und gastrointestinale Schwierigkeiten bei Kindern für ein Äquivalent der Depression. Beide Autoren stellen die Überlegung an, daß Kinder einen depressiven Affekt nicht in der gleichen Weise zum Ausdruck bringen können wie Erwachsene und daß diese Symptome eben die dem Kindesalter entsprechende Form der Störung darstellen. Diese Auffassung unterscheidet sich deutlich von dem von Cytryn und McKnew (1972) vorgetragenen Gedanken der »larvierten Depression« als einer im Kindesalter geübten Form der Abwehr gegen Gefühle der Depression.

Rie (1966) hat eine tiefsinnige und sorgfältig verfaßte Kritik am Konzept der depressiven Äquivalente bei Kindern vorgelegt. Seine Argumente lassen sich folgendermaßen zusammenfassen: 1. Es besteht kein logischer Zusammenhang zwischen dem äquivalenten Symptom und der vermuteten zugrundeliegenden Depression. 2. Es gibt keinen Beweis dafür, daß ein Gefühl der Depression tatsächlich existiert, wofür das Symptom als Äquivalent betrachtet werden kann. 3. Der Schluß, daß eine Depression vorliegt, erfolgt aus rein theoretischen Gründen; jedes Kind, das nicht unmittelbar nach einem Verlust mit einer Depression aufwartet, muß diesen schmerzlichen Affekt also in anderer Form zum Ausdruck bringen. 4. Alle Symptome, von denen man sagen kann, daß sie für die orale Deprivation stehen (also etwa Eßstörungen), sind irrigerweise für psychodynamische Äquivalente der Depression gehalten worden, das heißt, die Kliniker haben einmal mehr diejenigen Reaktionen, die sie bei sich selbst erwarten würden, auf die Psyche eines im kognitiven Sinne noch unreifen Organismus projiziert. Anstatt weiter anzunehmen, daß Depression vorhanden sein, sich aber anders äußern müsse als beim Erwachsenen, sollten sie sich ernsthafter mit der Frage befassen, ob kleinere Kinder »erwachsene« Formen der Depression überhaupt erleiden können. In keinem anderen pädiatrisch-psychiatrischen Zusammenhang ist diese »adultomorphe« Verzerrung wohl häufiger am Werk gewesen als bei der Beschäftigung mit der Depression im Kindesalter. Das Konzept der depressiven Äquivalente hat viel dazu beigetragen, den diagnostischen Status der »Depression im Kindesalter« zu verunklären, weil sich so gut wie alle Symptome darin unterbringen lassen. Solange wir nicht mehr über das kindliche Innenleben wissen, ist es wohl am besten, dieses fragwürdige Konzept gar nicht erst heranzuziehen.

Zusammenfassend läßt sich sagen, daß Kinder in den ersten Schuljahren, wenn sie in einer chronisch belastenden Umgebung leben, durchaus Gefühle des Unglücklichseins über einige Zeit hinweg zeigen. Sie werden hellhöriger für Zurückweisungen, die sie von anderen Menschen erfahren, und für den Entzug von Befriedigungen. Aber diese Stimmungen halten selten längere Zeit an, und die Kinder reagieren rasch auf äußere Veränderungen. Anzeichen von Schuldgefühlen oder einer gesunkenen Selbstachtung sind auch bei diesen Zuständen von Traurigkeit nicht zu entdecken.

■ ■ Die späte Kindheit ■ ■

Auf dieser Stufe der Entwicklung sind die kognitiven Fähigkeiten des Kindes so weit ausgebildet, daß ihm das Gefühl der Verantwortung gegenüber anderen Menschen, die Internalisierung von Werten und Regeln und die ersten Anfänge eines Selbstgefühls möglich werden. Kinder dieses Alters interessieren sich in der Regel weniger für ihre Familie als vielmehr für das, was ihre Kameraden und »die Gesellschaft« sagen. Allerdings haben sie die Ansichten und Vorstellungen, die in ihrer Familie herrschen, von den Eltern übernommen und internalisiert und tragen sie nun auch in die größere Gemeinschaft hinein. Je nach Art dieser Wertvorstellungen begegnet das Kind den Frustrationen des Lebens in jeweils eigener Weise* und entwickelt jeweils eigene Mechanismen der Lebens- und Problembewältigung. Sandlers und Joffes (1965) theoretische Unterscheidung zwischen der Depression als einer psychobiologischen Reaktion und der Depression als einer klinisch faßbaren Krankheit gilt wohl in besonderem Maße gerade für diese Stufe der Entwicklung. Kinder dieses Alters antworten auf eine Enttäuschung oder den Verlust ihres Wohlbefindens nicht nur damit, daß sie zunächst eine depressive Reaktion zeigen, sondern entwickeln unter Umständen eine länger anhaltende depressionsähnliche Störung. Zu dieser Zeit konsolidieren sich die Anpassungsprozesse, das heißt das Kind reagiert allmählich in immer der gleichen charakteristischen Weise auf Belastungen. Eine dieser Reaktionen, wie sie von Sandler und Joffe (1965) und auch von anderen Autoren beschrieben werden, sieht so aus, daß das Kind vor der frustrierenden Erfahrung

* Das Freudsche Konzept des Überichs wird dem internalisierten kognitiven System nicht voll gerecht. Das Überich scheint auf die Funktionen von Bestrafung und Idealisierung beschränkt zu sein, während das internalisierte kognitive System viele jener Funktionen übernimmt, die normalerweise dem Ich zugeschrieben werden, etwa Formen der Anpassung, der Selbsteinschätzung und der Beziehungen zu anderen Menschen.

kapituliert und vom Gefühl des überwältigenden Verlustes, der persönlichen Ohnmacht und der Scham erfaßt wird.

Die kognitiven Fähigkeiten in den Jahren vor der Adoleszenz gestatten dem Kind auch bereits eine Betrachtung der eigenen Person unter moralischen Vorzeichen. Das Kind kann sich für wertlos halten oder der Meinung sein, daß es den Anforderungen des Lebens nicht recht gewachsen ist. Tatsächlich ist in den Berichten über dysphorische Zustände in diesem Alter gelegentlich von verminderter Selbstachtung die Rede. So berichten McConville u. a. (1973) von einer Gruppe depressiver Kinder im Alter zwischen acht und zehn Jahren, bei denen sich eine negative Selbstachtung bereits verfestigt hatte. Und Poznanski und Zrull (1970) stellten fest, daß ältere depressive Kinder sich eher von sich selbst enttäuscht zeigten, als daß sie mit der Depression auf eine unerfreuliche äußere Situation reagierten.

Die Deprivation, wie sie in dieser Altersgruppe empfunden wird, geht wohl zu einem großen Teil auf die gedankliche Beschäftigung des Kindes mit seiner mißlichen Lage und auf die Schlußfolgerungen zurück, zu denen es am Ende gelangt. Der Affektzustand ist nicht etwa, wie bei jüngeren Kindern, die automatische Folge eines Erlebnisses, vielmehr handelt es sich dabei um die eigene logische Bewertung dieser Erfahrung. Kinder dieses Alters, die den Idealvorstellungen ihrer Eltern nicht genügen können, reagieren mit Niedergeschlagenheit auf diesen Umstand, weil sie ihn als persönliches Versagen ansehen und nicht nur als etwas, dessentwegen ihre Eltern unglücklich sind; und ältere Kinder, die wiederholt Zurückweisungen erfahren haben, reagieren mit ihrer Niedergeschlagenheit weniger auf den unmittelbaren Schmerz, der mit einer Zurückweisung verbunden ist, als vielmehr auf ihre persönliche Überzeugung, daß sie nun einmal nicht liebenswert seien. Die Depression erscheint auf dieser Stufe also stärker kognitiv und evaluativ geprägt und deckt sich insofern nicht mehr mit der unmittelbaren und reizgebundenen Traurigkeit des jüngeren Kindes. Das jüngere Kind bemüht sich angesichts einer Enttäuschung vielleicht direkt um Befriedigung seiner Abhängigkeitswünsche, oder es regrediert ganz offen auf infantile Bedürfnisse, während das Kind, das sich der Phase der Adoleszenz nähert, solche Wünsche nicht mehr zum Ausdruck bringt, weil es sich – wie der Erwachsene auch – dieser Wünsche schämt. Es betrachtet und bewertet sein Verhalten immer im Blick auf das eigene Selbst. Dieser kognitive Aspekt läßt ältere Kinder in ihrer Depression verharren, auch wenn sich die äußeren Gegebenheiten wandeln. Angesichts dieser sich selbst perpetuierenden und zu ständiger Selbstbewertung führenden Züge der Dysphorie des Kindes ist es vielleicht richtig, von einer wirklichen depressiven

Erkrankung in diesem Alter zu sprechen. Wichtig ist dabei, daß die Depression die Folge kognitiver Schlüsse ist, die zwar irrig sein können, aber bereits einen Schritt von der unmittelbaren Umgebung entfernt sind.

Anthony und Scott (1960) schildern den Fall eines zwölfjährigen Jungen, der eine depressive Episode erlitt, die wohl einige Züge der Depression im späten Kindesalter verdeutlich, wie sie auf der Grundlage pathologischer Bedürfnisse zustande kommen. Die Symptome des Kindes waren sehr viel schwerer als jene, die man normalerweise in diesem Alter beobachtet, aber die zugrundeliegenden Dynanismen waren keineswegs ungewöhnlich. Der Junge fiel in eine schwere depressive Erkrankung mit manischen Intervallen, nachdem seine Eltern beschlossen hatten, einen Zehnjährigen als Spielkameraden für ihn zu adoptieren. Er hatte weder ein Liebesobjekt verloren noch etwa irgendwelche belohnenden Aktivitäten eingebüßt; bei den Autoren heißt es vielmehr, daß er in eine Depression verfiel, weil er sich ausgemalt hatte, daß er nun seine Vorzugsstellung bei seiner Mutter verlieren würde. Seine Vorgeschichte war in mehrfacher Hinsicht signifikant: Er war seiner Mutter immer ganz besonders eng verbunden gewesen, er war scheu und unsicher, spielte selten mit seinen Kameraden, fühlte sich in der Schule nicht wohl (obwohl seine Leistungen durchaus befriedigten) und löste seine Probleme gewöhnlich in der Weise, daß er »aufgab« oder zu seiner Mutter lief. Nach der Schilderung der Autoren bezog dieser Patient eine Art Allmachtsgefühl aus der Tatsache, daß er die »einzige Frucht« des mütterlichen Schoßes und für seine Mutter das Kostbarste überhaupt auf der Welt war. Der Gedanke, die Mutter mit einem anderen Kind teilen zu müssen, bedeutete den Verlust dieser ganz unangemessenen Selbsteinschätzung und den Zusammenbruch seiner pathologischen Bindung an die Mutter.

Dieses Kind litt zweifellos an einer depressiven Erkrankung – und dies nicht nur auf der Grundlage seiner Symptome, sondern weil seine Reaktion der tatsächlichen Belastung keineswegs angemessen war; sie entwickelte sich aus seiner verzerrten Sicht der Dinge. Er brauchte seine Mutter so dringend, er war in seiner Individuation so stark gehindert und in seinen eigenen Möglichkeiten der Sinnfindung und der Befriedigung so erheblich beschnitten worden, daß der Gedanke, ein anderes Kind werde sich in das magische Mutter-Sohn-Verhältnis hineindrängen, ausreichte, um ihn im Alter von zwölf Jahren in die depressive Dekompensation zu treiben.

Aber selbst bei Kindern, die diese Stufe der kognitiven Reife erlangt haben, ist die Depression nicht das gleiche wie bei erwachsenen Menschen. Die Selbsteinschätzung des älteren Kindes ist noch immer stärker formbar als die des Erwachsenen und reagiert rascher auf positive Erfahrungen in der Umgebung. Das negative Selbstgefühl ist noch nicht so festgefügt, daß alle Erfolge automatisch abgewertet werden oder das Kind allen Befriedigungen aus dem Wege geht. Der wesentliche Unterschied zwischen der Depression in diesem Stadium und der »erwachsenen« Form besteht allerdings darin, daß das Kind sich noch nicht an der Zukunft orientiert. In der Latenzphase kann es seine gegenwärtige Lage noch nicht wirklich in einen Zusammenhang mit möglichen zukünftigen Erfahrungen bringen. Es ist nicht so, daß es seine Zukunft im Versuch der Abwehr etwa leugnet – es denkt ganz einfach nicht an die Zukunft. Rie (1966) trifft in diesem Zusammenhang die Feststellung, daß ein grundsätzlicher Unterschied zwischen der Depression des Erwachsenen und der des Kindes darin liegt, daß das Kind nicht das Gefühl der Hoffnungslosigkeit empfindet. Rie führt zahlreiche Definitionen der Depression des Erwachsenen an und sagt, daß in allen diesen Definitionen das zeitliche Moment angesprochen und mithin der Gedanke an die Zukunft enthalten ist. Wenn der Mensch vor dem Eintritt in die Adoleszenz den Zusammenhang zwischen langfristigen Zielen und augenblicklichen Bestrebungen noch nicht zu erfassen vermag und wenn ihm der Gedanke der Infinität, die Vorstellung von der Unwiderruflichkeit einer Enttäuschung oder eines Verlusts in seinem Leben noch fremd sind, dann, so sagt Rie weiter, ist dieser Mensch gar nicht imstande, Hoffnungslosigkeit und Verzweiflung zu empfinden – zwei ganz wesentliche Merkmale der Depression des Erwachsenen.*

Ries Ausführungen scheinen auf einer soliden theoretischen Grundlage zu stehen, denn auch Piaget (1952) kommt zu dem Schluß, daß das Kind bis zum Beginn der Adoleszenz den »konkreten Dingen« verhaftet und zu Abstraktionen, wie sie die Vorstellung der eigenen Person zu einem zukünftigen Zeitpunkt notwendig voraussetzt, noch nicht fähig ist. Ries Überlegungen decken sich auch mit den klinischen Beobachtungen. Kinder klagen nicht darüber, daß es ihnen nicht gelingt, sich die Zukunft vorzustellen, oder daß ihre Niedergeschlagenheit in alle Ewigkeit anhalten wird. Es ist nicht so, daß sie die Möglichkeit einer für sie unerträglichen Zukunft leugnen – sie denken ganz einfach nicht daran.

---

* Ries Argumente sind auch insofern bedeutsam, als sie erneut zeigen, daß Depression letzten Endes von der Entfaltung der Ichfähigkeiten (insbesondere der kognitiven Fähigkeiten) und nicht einfach nur von der Ausbildung des Überichs abhängig ist.

Klinisch faßbare depressive Episoden, die sich mit entsprechenden Zuständen des Erwachsenen wirklich vergleichen lassen, tauchen erst am Ende der Kindheit auf. Die Depressionen dieser Phase gleichen denen des Erwachsenen an Schwere, übertreffen sie in bezug auf ihren selbstzerstörerischen Gehalt und lassen daneben deutlich erkennen, daß die Entwicklung des betroffenen Menschen noch nicht abgeschlossen ist. Es wurde schon erwähnt, daß das Kind sich seine Zukunft nicht vorzustellen vermag; der Heranwachsende kann sich dagegen mit kaum etwas anderem beschäftigen.

Das Moment der Zeit nimmt in den Vorstellungen und in der Depression des Heranwachsenden einen großen Raum ein. Er hat das erschreckende Gefühl, daß alle Handlungen und Erlebnisse unwiderruflich sind, für immer Gültigkeit besitzen und in ewige Schmach und Verzweiflung münden werden. Diese übermäßige Betonung, die der Zusammenhang des Heute mit dem Morgen erfährt, übersteigt die Vorstellungskraft des Kindes und wird beim erwachsenen Menschen gewöhnlich durch dessen reichere Lebenserfahrung wieder gemindert. Der Heranwachsende dagegen sieht alles verloren und erkennt keine Möglichkeit der Lösung und Wiedergutmachung.

Im Rahmen seiner Beschäftigung mit gestörten Heranwachsenden, die man, unter einem anderen Blickwinkel betrachtet, auch als schwer depressiv einstufen könnte, hat Erikson (1959) sich auch mit diesem verzerrten Zeitgefühl beschäftigt. Er schreibt: »Alle unsere Patienten beklagten sich, daß sie große Taten unterlassen und große Talente vorzeitig vergeudet hätten; ebenso die Jugendlichen aus Kulturen, die solche Klagen als romantisch betrachten. Die Bösartigkeit dieses Zustands liegt in der resignierten Überzeugung, daß die Zeit daran nichts ändern werde, und zugleich in der heftigen Furcht, daß sie es doch tun könnte« (1959, S. 26; dt. S. 159). Diese Furcht vor der Zeit und die Unfähigkeit, mit ihr umzugehen, verleihen der Depression des Heranwachsenden ihre zwingende und überwältigende Qualität.

Im Denken des Heranwachsenden ist wenig Raum für Mäßigung, und dieser Umstand zeigt sich auch in der Art und Weise, in der er seine dysphorische Stimmung zum Ausdruck bringt. Der Heranwachsende lebt in einer Welt des »Alles oder Nichts«; er mißt ganz belanglosen Geschehnissen eine übertriebene Bedeutung zu und reagiert entsprechend dramatisch und übermäßig. Auch hier zeigt sich, daß er noch nicht die notwendige Reife besitzt, um alltägliche Ereignisse in die richtige Perspektive zu rücken. Für ihn haben alle Dinge den Anstrich des Endgültigen und gelegentlich der Verzweiflung.

Möglicherweise werden diese Merkmale durch die sozialen Zwänge noch gesteigert, die in unserer Kultur während dieser Entwicklungsphase auf die Jugendlichen ausgeübt werden. Wir erinnern ständig daran, daß sie an ihrer Zukunft zimmern – ob es sich nun um ihren Beruf, die Partnerwahl oder den Umgang mit den Mitmenschen handelt. Viele junge Menschen verlassen in dieser Phase zum ersten Mal ihr Elternhaus; sie glauben, auf die neue Verantwortung nicht ausreichend vorbereitet zu sein, und schämen sich andererseits auch wieder gewisser Wünsche und Regungen, von denen sie meinen, sie seien kindisch und zeugten von allzu großer Unselbständigkeit. Solche Jugendlichen sind so daran gewöhnt, den Anweisungen anderer Menschen zu folgen, daß die neue Freiheit starke Selbstzweifel in ihnen weckt und sie in die äußerste Einsamkeit treibt. Häufig gehen sie eine Bindung mit einer neuen autoritativen Figur ein, an die sie sich anlehnen, auf deren Führung sie sich verlassen und die ihrem Leben so etwas wie Sinn gibt.

In anderen Fällen ist der Heranwachsende ständig von dem dringenden Wunsch beseelt, der Idealvorstellung gerecht zu werden, die seine Eltern von ihm hegen – nur um schließlich festzustellen, daß er dazu entweder nicht imstande ist oder aber daß seine entsprechenden Bemühungen bedeuten würden, daß er niemals zur Individuation gelangt. Anthony (1975) führt die Schwierigkeiten des jungen John Stuart Mill an, um auf entscheidende Aspekte der Depression in der Adoleszenz hinzuweisen: Eines Tages hatte Mill sich die grundsätzliche Frage gestellt, ob er wohl glücklich werden würde, wenn er alles erreichte, was sein Vater von ihm verlangt hatte. Mill sah sich gezwungen, seine Frage mit Nein zu beantworten, und äußert sich über diesen Augenblick folgendermaßen: »Hier sank mir das Herz; das ganze Fundament meines Lebens brach zusammen... Mir schien, als gäbe es nichts mehr, für das ich leben konnte.« Und Anthony selbst bemerkt: »Er wurde krank, als er erkannte, daß die Verwirklichung der Ziele, wie sie seinem Vater vorschwebten, ihn nicht befriedigen würde, und gelangte wieder zu innerem Wohlbefinden (soweit ihm dies möglich war), als er begriff, daß der Tod des Vaters mehr Identität, mehr Autonomie und mehr Verantwortung für ihn, den Sohn, mit sich brachte« (1975, S. 448).

Nicht alle Heranwachsenden haben so viel Glück wie der junge Mill. Viele bemühen sich weiter, der elterlichen Idealvorstellung gerecht zu werden, die inzwischen auch ihre Idealvorstellung geworden ist, vergessen darüber Leben und Lebenslust und ergeben sich schließlich in die Depression, ob sie ihr Ziel nun erreicht haben oder nicht. In der Adoleszenz kann man beobachten, wie die typischen Formen der Depression allmählich Gestalt annehmen: wie die Abhängigkeit von anderen Menschen sich verfestigt, das dominante Ziel festgelegt wird und wie es vor allem zu der asketischen Selbstverleugnung kommt, die mit der Zeit jede erfreuliche und sinnvolle Erfahrung auslöscht.

■ ■ ■ Zusammenfassung ■ ■ ■

In den vorangegangenen Abschnitten haben wir versucht, depressive Erscheinungen im Kindesalter in einen Zusammmenhang mit der kindlichen Entwicklung zu bringen. Wenn wir die Depression als eine äußerst schwierig zu fassende affektive Erfahrung begreifen, die eine erhebliche kognitive Reife voraussetzt, dann können wir sagen, daß jene dysphorischen Zustände, die der Erfahrung der Depression vorausgehen, in Zusammenhang mit ihr stehen, nicht aber ihr gleichen. Die Deprivation des Säuglings, die Gängelung und Einschränkung des kleinen Kindes, die reizgebundene Traurigkeit des jüngeren wie die verhaltene Depression des älteren Kindes und schließlich die übertriebene, aber sehr heftig empfundene Verzweiflung des Heranwachsenden werden am ehesten verständlich, wenn man sie vor dem Hintergrund des kindlichen Entwicklungsprozesses betrachtet.

Die verschiedenen Arten der Reaktion, die Gründe für ihre Manifestation und die zugrundeliegenden strukturellen Elemente sind in Tabelle 8-1 parallel zu dem von Loevinger (1976) übernommenen Schema der Ichentwicklung wiedergegeben. Ein solcher Versuch einer Synthese, so unvollständig er zweifellos ist, mag immerhin zu einer ersten Auflistung und Beschreibung der Formen und Ursachen depressionsähnlicher Zustände in der Kindheit beitragen.

■ ■ ■ Selbstmord im Kindes- und Jugendalter ■ ■ ■

Der versuchte oder vollendete Selbstmord im Kindesalter unterscheidet sich deutlich vom selbstzerstörerischen Verhalten des Erwachsenen. Die Unterschiede betreffen die Häufigkeit von Selbstmordversuchen, das Geschlecht der selbstmordwilligen Patienten, die Wirkung soziokultureller Umwälzungen und – dies ist besonders signifikant – die Motive, die dem Selbstmord des Erwachsenen und dem des Kindes zugrunde liegen. Wie wir später noch sehen werden, ist es strittig, ob das selbstzerstörerische Verhalten kleinerer Kinder tatsächlich als »suizidal« betrachtet werden kann, da sie sich vielleicht über die Bedeutung des Todes noch gar nicht im klaren sind. Noch fraglicher erscheint die stereotype Assoziation von Suizid und Depression im

Kindesalter. Immerhin unternimmt aber doch eine so beträchtliche Zahl von depressiven Kindern und Heranwachsenden einen Selbstmordversuch, daß wir dieses Thema hier näher betrachten wollen.

Tabelle 8–1

Symptome und Ursachen der Depression in den verschiedenen Stadien der Entwicklung

Entwicklungsstadium	Symptome	wichtige psychodynamische Erscheinungen
Säuglingsalter	Rückzug im Anschluß an Weinen und Protestverhalten	Verlust der Stimulierung, der Sicherheit und des Wohlbefindens, wie sie durch die Mutter geboten wurden
frühe Kindheit	Gehemmtheit, übermäßige Anhänglichkeit	ablehnende Haltung der Eltern
mittlere Kindheit	Traurigkeit als unwillkürliche Reaktion auf die augenblickliche Situation	Zurückweisung durch die Eltern, Verlust belohnender Aktivitäten (z. B. durch eine chronische Krankheit)
späte Kindheit	Depression, geringe Selbstachtung	Unfähigkeit, die Wunschvorstellungen der Eltern zu erfüllen; Unfähigkeit, die Bedrohung zu ertragen, unter der die Beziehung zu den Eltern steht
Adoleszenz	Depression, übermäßige Getriebenheit, verzerrte Sicht der Zeit, Impulsivität	Unfähigkeit, dem internalisieten elterlichen Idealbild von ihrem Kind zu entsprechen; Unfähigkeit, sich von der Familie zu lösen

Art der Dysphorie	Stadien der Ich-Entwicklung nach Loevinger*
Deprivation in bezug auf die dringend benötigte Stimulation	präsozial, symbiotisch
ungenügende Befriedigung in bezug auf den sich entwickelnden eigenen Willen	impulsiv, autoprotektiv, Furcht vor dem »Eingefangen- und Festgehalten-Werden«; Tadel wird externalisiert; opportunistische Haltung
Traurigkeit, von Pausen unterbrochenes Weinen in direkter Reaktion auf Enttäuschungen und Verluste	konformistisch: Konformität in bezug auf äußere Regeln, Scham und Schuldgefühl wegen Regelübertretungen, »nette« Fassade

Art der Dysphorie	Stadien der Ich-Entwicklung nach Loevinger*
Depression mit kognitiver Komponente; der Affekt ergibt sich aus der Reflexion über die Umstände	hellhörig für die Stimme des eigenen Gewissens; konformistische Haltung, Differenzierung von Normen und Zielen, Gewahrwerden des eigenen Selbst gegenüber der Gruppe, hilfsbereit
besondere Akzentuierung der Depression wegen der verzerrten Sicht von endlichen Ereignissen	hellhörig für die Stimme des eigenen Gewissens: eigene Wertmaßstäbe, Schuldgefühle beim Gedanken an Konsequenzen, langfristige Ziele und Ideale

* Übernommen aus: Loevinger, J. (1976): Ego development. San Francisco (Jossey-Bass).

■ ■ Statistische Daten ■ ■

Demographische Erhebungen (Seiden 1969) lassen erkennen, daß die Selbstmordrate bei Kindern unter 15 Jahren sich im Laufe dieses Jahrhunderts kaum verändert hat. Die Zahl von 0,5 Todesfällen auf 100 000 Kinder unter 15 Jahren (Seiden 1969) ist seit dem Jahre 1900 konstant geblieben. Die beiden Weltkriege (während deren Dauer die Gesamtzahl der Selbstmordfälle rückläufig war) haben sie nicht verändert, und auch die (amerikanische) Wirtschaftskrise (in deren Folge die Gesamtzahl der Selbstmorde anstieg) hatte keinen Einfluß darauf. Allerdings ist es bekanntlich schwierig, die Selbstmordrate bei kleineren Kindern genau zu bestimmen, weil längst nicht alle Todesfälle dieser Art wirklich als Selbsttötungen gemeldet werden. Der Selbstmord jüngerer Kinder ist den überlebenden Angehörigen offensichtlich äußerst peinlich und weckt Schuldgefühle und Scham in ihnen, so daß die eigentliche Todesursache oft geheimgehalten wird. Kinder hinterlassen auch keine schriftliche Rechtfertigung für ihren Selbstmord, und so läßt sich ihr Tod leichter als ein unerwartetes tragisches Geschehen hinstellen.

Unter den Fällen des vollendeten und eindeutig festgestellten Selbstmordes überwiegt die Zahl der Jungen (Shaffer 1974), während die Mädchen häufiger mit Selbstmord drohen bzw. entsprechende Gesten vollführen (Mattson u. a. 1969). Auch kulturelle Faktoren sind von beträchtlichem Einfluß auf die Selbstmordrate, insbesondere bei Heranwachsenden und jungen Erwachsenen. Katholische Länder – wie zum Beispiel Irland –, in denen der Selbstmord als Sünde gilt, haben eine niedrigere Suizidrate. In Ländern wie beispielsweise Japan, in denen der Selbstmord als eine ehrenhafte Form des Sterbens betrachtet wird, ist die Selbstzerstörung bei den unter Dreißigjährigen die häufigste Todesursache (Seiden 1969). Nicht völlig geklärt ist die Frage der sogenannten »verborgenen Selbstmorde« unter jugendlichen Gettobewohnern oder den amerikanischen Indianern. Damit sind junge Menschen gemeint, die sich nicht selbst umbringen (was ihnen als Feigheit ausgelegt würde), sondern andere Menschen zwingen, sie im Vollzug einer waghalsigen oder delinquenten Handlung zu töten. Wolfgang (1969) nahm Einblick in die Polizeiakten von Philadelphia und stellte fest, daß die Zahl solcher durch das Opfer selbst herbeigeführter Tötungen unter den farbigen Jugendlichen verhältnismäßig hoch war.

Unter jüngeren Kindern ist der Suizid zwar noch sehr selten, doch mit zunehmendem Alter wird er immer häufiger, und bei den älteren Jugendlichen bzw. den jungen Erwachsenen gehört er in die erste Reihe der Todesursachen. Seiden zitiert die »Vital Statistics of the United States«, nach denen im Jahre 1964 in den einzelnen Altersgruppen auf 100 000 Personen die im folgenden genannte Zahl von Selbstmorden entfiel: Alter 5–9 Jahre: 0,05; Alter 10 bis 14 Jahre: 0,4; Alter 15 bis 19 Jahre: 4,6; Alter 20 bis 24 Jahre: 10,8. Aus diesen Zahlen wird deutlich, daß mit zunehmendem Alter der Kinder die Selbstmordrate in auffälliger Weise ansteigt.

■ ■ Die Motive ■ ■

Jedem Versuch, sich mit den Motiven des kindlichen Selbstmords zu befassen, muß eine Beschäftigung mit der Frage vorausgehen, wie Kinder den Tod überhaupt sehen. Nach Seiden haben viele Kinder den Wunsch, sich umzubringen, aber sie möchten dabei nicht sterben. Dieses Paradoxon gewinnt Sinn, wenn wir erkennen, daß viele Kinder den Tod nicht als einen irreversiblen Vorgang und den Selbstmord mithin nicht als einen Akt von höchster Tragweite betrachten. Seiden zitiert die Arbeit von Winn und Halla, die ihrerseits feststellten, daß jüngere Kinder dem unerlaubten Griff in den mütterlichen Geldbeutel etwa das gleiche Gewicht beimessen wie der Drohung, sich umzubringen.

Die allmähliche Ausfaltung der kindlichen Vorstellung vom Tod ist bereits von Schilder und Wechsler (1934) und später von Nagy (1959) untersucht worden. Die zuerst genannten Forscher stellten fest, daß das kleine Kind den Tod nicht für das natürliche Ende des Lebens hält, sondern ihn als ein Geschehen ansieht, das nur durch Gewalt oder durch Krankheit ausgelöst werden kann. Kleine Kinder glauben auch nicht, daß sie ihr Leben wirklich selbst auslöschen können. Der Tod gilt ihnen als vorübergehender und umkehrbarer Zustand.

Auf der Grundlage des Materials, das er aus projektiven Untersuchungen gewonnen hatte – Zeichnungen, kleinen Niederschriften, mündlichen Antworten auf Fragen, die an 378 Kinder gerichtet worden waren –, beschrieb Nagy, wie sich die Vorstellung des Kindes vom Tod entwickelt, und nannte in diesem Zusammenhang drei begriffliche Stufen: Kinder unter fünf Jahren betrachten den Tod als einen nur zeitweiligen, umkehrbaren Zustand, bei dem der Mensch »noch am Leben«, aber aller Aktion beraubt ist, etwa so wie im Schlaf. Zwischen fünf und neun Jahren beginnt das Kind, im Tod einen Zustand zu sehen, der den Menschen ängstigen muß und ihn von allen Menschen, die er liebt, trennt. Der Tod erscheint personifiziert als der »Knochenmann«, der zur Nachtzeit Kinder abholt, und gilt als eher zufälliges Geschehen, nicht aber als sicheres Ende aller Dinge. Kinder dieses Alters setzen den Tod eher mit physischen Veränderungen gleich (ein Toter besteht nur noch aus Knochen) als mit der möglichen Auslöschung oder Transformation des Bewußtseins. Etwa mit neun Jahren beginnen Kinder, eine »erwachsene« Sicht des Todes als des Endes des Lebens und als einer universalen Erscheinung zu entwickeln. Ein Junge von knapp zehn Jahren drückte es so aus: »Tod ist etwas, dem niemand entgehen kann.«

Anthony (1967) spricht von der »Angst des Achtjährigen«, die aus der übermäßigen gedanklichen Beschäftigung mit den Themen Tod und Sterben herrührt – sei es in bezug auf die eigene Person oder in bezug auf die Eltern. Wie Nagy stellt auch Anthony fest, daß das Kind in diesem Alter den Tod als nicht umkehrbar erkennt und sich angesichts seiner Unvermeidlichkeit hilflos fühlt. Diese Phase geht rasch vorüber und macht einem Gefühl der persönlichen Immunität Platz. Wenn in dieser Phase aber traumatische Geschehnisse eintreten, dann sind die Abwehrkräfte des Kindes zusätzlich herausgefordert, und es kann eine pathologische Entwicklung in Gang kommen.

Nach den genannten Untersuchungen ist es fraglich, ob wir selbstzerstörerische Akte vor dem zehnten Lebensjahr wirklich als »suizidal« ansehen können. In vielen Fällen (übrigens auch in späteren Jahren und sogar bei erwachsenen Patienten) ist es so, daß der Mensch für einen Augenblick die extreme Tragweite seines Vorhabens leugnet, um einer für ihn unerträglichen Situation zu entkommen oder einen anderen Menschen durch den Akt seiner Selbsttötung zu bestrafen. Diese extreme Maßnahme ist allerdings nur dann möglich, wenn Mitgefühl und Sympathie völlig fehlen. Daß sehr kleine Kinder sich nicht umbringen, obwohl sie doch die Permanenz des Todes nicht erkennen, zugleich aber sehr impulsiv sind, erklärt Shaffer (1974) in recht einleuchtender Weise mit der Überlegung, daß ihnen die kognitive Reife fehlt, um den Selbstmord sorgfältig zu planen, oder daß sie ganz einfach nicht wissen, wie sie die Sache anstellen sollen.

Unter den seltenen Fällen, in denen sich eindeutig nachweisen läßt, daß ein Kind durch Selbstmord ums Leben gekommen ist, haben die Forscher einige herausragende Sachverhalte ausfindig gemacht, die wohl den meisten von ihnen zugrunde liegen. Schon 1855 beschäftigte sich Durand-Fardel mit der Zahl der Selbstmorde, die zwischen 1835 und 1844 in Frankreich von Personen unter sechzehn Jahren begangen worden waren. Von den 192 statistisch erfaßten kindlichen Selbsttötungen konnte er 22 Fälle im einzelnen untersuchen. Von diesen 22 Kindern hatten zehn sich ertränkt, zehn weitere sich erhängt und zwei Kinder sich verbrannt. In keinem Fall wird von der Einnahme giftiger Substanzen oder von einer Überdosis an Medikamenten gesprochen – den heute vorherrschenden Formen der Selbstzerstörung. Aber die Motive, die dem kindlichen Selbstmord zugrundeliegen, sind seit einem Jahrhundert mehr oder weniger die gleichen geblieben. Durand-Fardel nennt die Furcht vor Bestrafung, Gewissensbisse nach einer unerlaubten Handlung, den Gedanken der »Bestrafung« der Eltern und schließlich den Wunsch, mit einem geliebten Menschen im Tode wieder vereint zu sein. Durch den ganzen Artikel zieht sich der leidenschaftliche Appell, die Kinder besser zu behandeln. Der Autor stellt auch fest, daß es weniger eine materielle Einschränkung irgendwelcher Art als vielmehr der Liebesentzug ist, der dem kindlichen Selbstmord gewissermaßen die Bahn bereitet: »In der bescheidenen Hütte des Landmannes wie in der Wohnung des Arbeiters und des Mannes von Bildung finden wir Kinder, die ein Leben ohne alle Zärtlichkeit ganz einfach nicht ertragen. Sie können mit Brutalität und Ungerechtigkeit nicht fertig werden.«

In späteren Studien klingen die gleichen Überlegungen an. Im Jahre 1937 untersuchten Bender und Schilder 18 Kinder unter dreizehn Jahren, die wegen eindeutiger Selbstmordgedanken in ein psychiatrisches Krankenhaus aufgenommen worden waren. Sie stellten fest, daß diese Kinder sämtlich aus einem emotional verarmten Milieu stammten und nicht das Maß an Liebe und Zuwendung erhalten hatten, das sie sich wünschten bzw. das sie brauchten. Diese emotionale Verarmung, so schreiben die Autoren, habe aggressive Gefühle den Eltern gegenüber aufkommen lassen, diese hätten ihrerseits sofort Schuldgefühle entstehen lassen, sich deshalb gegen das Selbst gerichtet und schließlich den Wunsch nach der Selbstzerstörung geweckt. Bender und Schilder stießen auch noch auf andere Motive in der von ihnen untersuchten Gruppe, zum Beispiel auf den Wunsch, die Umgebung zu strafen, sich die Liebe eines anderen Menschen »mit Gewalt« zu sichern oder wieder mit einem verlorenen Liebesobjekt vereinigt zu werden. Anderthalb Jahrzehnte später kam Despert (1952) zu ähnlichen Schlüssen, als er eine Gruppe von Kindern untersuchte, deren Selbstmordversuch gescheitert war.

In jüngerer Zeit hat Shaffer (1974) neuere Daten über Kinder untersucht, die tatsächlich Selbstmord begangen hatten. Er berichtet ausführlich über 31 Kinder unter 15 Jahren, die sich zwischen 1962 und 1968 in England und Wales das Leben nahmen. In mehr als einem Drittel der Fälle hatte das auslösende Ereignis etwas mit Ungehorsam und Regelübertretung zu tun – gewöhnlich war es die Furcht vor Strafe. Andere »Auslöser« waren – in der Reihenfolge ihrer Häufigkeit – Schwierigkeiten mit den Kameraden, Konflikte mit den Eltern, der Ausschluß aus der Schule, der Umgang mit einem psychotischen Elternteil und schließlich die Nachahmung eines »Vorbildes« – in diesem Fall hatte das Kind einen in der Presse groß herausgestellten Selbstmord für sich nachvollzogen. Nach den Persönlichkeitsbeschreibungen handelte es sich um Kinder, die 1. das Gefühl hatten, daß die anderen Menschen sie nicht mochten, 2. still und wenig mitteilsam waren oder 3. sehr selbstkritisch und perfektionistisch waren. Die Kinder aus der zuerst genannten Kategorie ließen sich auch in die beiden übrigen Kategorien einordnen; ein vierter Persönlichkeitstyp, dem sechs Kinder zuzurechnen waren – der impulsive und exzentrische Typ –, hatte mit den übrigen überhaupt nichts zu tun. Shaffer schließt, daß kindliche Selbstmordkandidaten in der Regel zwei Typen angehören: Es sind entweder hochintelligente Kinder, die von anderen Kindern ferngehalten und möglicherweise depressiv wurden, oder sehr wilde und ungestüme Kinder, die zu aggressiven Ausbrüchen neigten und Kritik gegenüber außerordentlich empfindlich waren. Klischees dieser Art finden sich im Zusammenhang mit den sogenannten »psychiatrischen Profilen« recht häufig; die eigentlichen Wurzeln der Suizidneigung vermutet man allerdings in der Vertrautheit solcher Kinder mit dem Phänomen des Selbstmordes selbst. Shaffer untermauert diese Annahme noch mit der Feststellung, daß Selbstmordversuche und Depressionen in der Familie dieser Kinder relativ häufig waren (so daß möglicherweise über das Thema Selbstmord auch gesprochen wurde).

Shaffer kommt zu dem Schluß, daß der kindliche Selbstmord das Ergebnis vieler Faktoren sei, unter denen nicht zuletzt eine gewisse kognitive Reife sowohl in bezug auf die wirkliche Bedeutung des Todes als auch in bezug auf die Fähigkeit zur Planung und Durchführung eines Suizids eine Rolle spielt. Zu den weiteren signifikanten Variablen zählt er ein gestörtes Familienleben, eine gedrückte seelisch-geistige Verfassung, einen auslösenden Vorfall (häufig demütigender Art), Zugang zu den entsprechenden äußeren Hilfsmitteln und die Beobachtung und gute Kenntnis »suizidaler« Verhaltensweisen. Aus Respekt vor ihren Gefühlen befragte Shaffer die überlebenden Angehörigen nicht direkt; er äußert sich daher auch nicht im einzelnen zum Thema der emotionalen Deprivation, die von anderen Forschern für so besonders bedeutsam gehalten wird.

Die nachstehende Fallgeschichte wirft vielleicht etwas Licht auch auf die besondere Atmosphäre in der Familie, auf die man bei der Beschäftigung mit kindlichen Selbstmördern und Selbstmordkandidaten so häufig trifft.

■ ■ Fallbeschreibung ■ ■

Die elfjährige Donna erwähnte gegenüber ihrer Lehrerin, daß sie sich das Leben nehmen wolle und sich schon seit einiger Zeit mit diesem Thema beschäftige. Diese »Beichte« hatte nichts von einer manipulativen Geste an sich, sondern ergab sich im Verlauf einer privaten Unterhaltung mit der Lehrerin, die Donna lieber mochte als ihre eigene Mutter. Donna war das älteste von vier Kindern und für ihre jüngeren Geschwister verantwortlich. Diese neckten und quälten die Schwester, aber Donna wagte nicht, sich zu rächen, weil sie fürchtete, dann von den Eltern bestraft zu werden. Als sie sechs Jahre alt gewesen war, hatte ein Verwandter sich sexuell an ihr vergangen, und Donna war mit Schmach und Schande für diesen Vorfall bedacht worden. Die Mutter warf ihr ständig vor, sie verhalte sich aufreizend und habe heimliche Liebschaften, obwohl das Mädchen erst elf Jahre alt war. Sie beobachtete Donna scharf und ließ nicht zu, daß sie außerhalb der Familie irgendwelche Freundschaften anknüpfte. Nach Schulschluß mußte Donna unverzüglich nach Hause kommen. Beide Eltern schlugen sie häufig. Eine Woche vor Donnas »Beichtgespräch« mit der Lehrerin hatte die Mutter in einem Wutanfall gesagt, sie werde Donna umbringen, und Donna glaubte ihr. Sie überlegte, daß es dann wohl immer noch besser sei, sich selbst das Leben zu nehmen. Auf Befragen bestritt die Mutter, das Kind jemals mißhandelt zu haben (obwohl sich das Gegenteil nur zu leicht beweisen ließ). Es stellte sich heraus, daß der Vater wohl eine ganze Reihe von Liebschaften unterhalten und die Mutter damit in Wut versetzt hatte. Beide Eltern sahen in Donna den Sündenbock für ihre eigenen Enttäuschungen und Mißerfolge. Hätte Donna nicht außerhalb der Familie einen Menschen getroffen, der ihr

Trost und Zuflucht bot und dem sie schließlich ihren Plan enthüllte, dann hätte sie sich möglicherweise wirklich das Leben genommen.

■ ■ Das Suizidverhalten in der Adoleszenz ■ ■

Das Bild ändert sich mit einem Schlag, wenn wir nun das Suizidverhalten eines Heranwachsenden betrachten. Vollendeter Selbstmord ist unter Jugendlichen nicht selten, die entsprechenden Andeutungen und Versuche sind sogar recht häufig. In der Altersgruppe der Fünfzehn- bis Neunzehnjährigen gehört der Selbstmord zu den häufigsten Todesursachen; 12 Prozent aller Selbstmordversuche überhaupt werden von Jugendlichen unternommen (davon sind 90 Prozent Mädchen; Seiden, 1969). Die Gründe für dieses verhältnismäßig häufige selbstzerstörerische Verhalten sind noch nicht völlig geklärt. Manche Autoren glauben, daß der Depression hier eine Schlüsselrolle zukommt, andere sind der Ansicht, daß Zorn und Ärger gegenüber einem anderen Menschen der häufigste und wichtigste Beweggrund sei.

Mattson u. a. (1969) gelangen aufgrund ihrer Untersuchung von 75 Patienten einer psychiatrischen Klinik zu einer Einteilung der kindlichen und heranwachsenden Selbstmordkandidaten in sechs Gruppen. Die Motive dieser Gruppen lauten im einzelnen: 1. Verlust des Liebesobjekts – diese Patienten litten unter dem Tod eines Elternteils oder eines Freundes/einer Freundin bzw. waren verlassen worden. Sie waren zutiefst deprimiert und wollten sterben, um wieder mit dem anderen Menschen vereinigt zu sein. Wohl waren sie einsam und traurig, zeigten aber keine Schuldgefühle und äußerten keine Selbstanklagen (drei Jungen, 14 Mädchen). 2. »Das böse Ich« – hier handelt es sich um Patienten, die sich eindeutig selbst verachten; diese Patienten haßten sich und hatten das Gefühl, nur den Tod zu verdienen. Sie sahen den Tod als Erlösung und als die Voraussetzung einer Wiedergeburt zu einem besseren Menschen an (neun Jungen, elf Mädchen). 3. Der letzte »Hilferuf«, der weniger an die Familie als an die Außenwelt gerichtet ist – diese Patienten standen unter einer chronischen äußeren Belastung, der sie nicht länger gewachsen waren, etwa physische Krankheit, zerrüttetes Familienleben (ein Junge, 14 Mädchen). 4. Jugendlicher Rachedurst und Zorn: Diese jungen Menschen ließen deutlich erkennen, daß sie ihre Umgebung durch ihre Selbstmordgesten unter Druck setzen und manipulieren wollten und gar nicht ernsthaft vorhatten, sich umzubringen. 5. Die juvenile Psychose: Die Patienten drohten wiederholt mit Selbstmord; dieser Schritt schien jedoch eher einen letzten und verzweifelten Versuch der Lösung ihrer inneren Spannung und Verwirrung und weniger das Ausagieren wahnhafter

Vorstellungen zu bedeuten (zwei Jungen, fünf Mädchen). 6. Das »Selbstmordspiel«: diese Patienten »flirteten« gewissermaßen mit dem Tod, um sich den Beifall ihrer Kameraden zu sichern und sich einen Nervenkitzel zu verschaffen. Sie leugneten den Tod und ließen erkennen, daß ihre Absichten keineswegs ernsthafter Natur waren (ein Junge, zwei Mädchen).

Diese ins einzelne gehende Beschäftigung mit einer großen Gruppe kindlicher und vor allem jugendlicher Selbstmordkandidaten zeigt die Vielfalt der Motive für das selbstzerstörerische Verhalten. Signifikant ist dabei, daß mehr als doppelt so viele Mädchen wie Jungen mit dem Selbstmord drohten und entsprechendes Verhalten an den Tag legten, während die vollendeten Selbsttötungen im gleichen Zeitraum und im gleichen geographischen Areal sämtlich von Jungen begangen wurden, die dazu im übrigen ausnahmslos Schußwaffen benutzten.

Aus diesem Material und weiteren Daten läßt sich der Schluß ziehen, daß heranwachsende Mädchen zwar häufiger als Jungen einen Selbstmordversuch unternehmen, daß bei den vollendeten Selbsttötungen aber die Jungen zahlenmäßig überwiegen. Ein ganz wesentliches Kennzeichen, durch das sich echte Selbstmordabsichten von bloßen Gesten und Verlautbarungen unterscheiden, ist die soziale Isolation (Seiden 1969). Solange jemand da ist, den der junge Mensch um Hilfe bitten oder an dem er seine Wut auslassen kann, läßt sich der Selbstmord abwenden. Wenn der Jugendliche aber der Meinung ist, daß es im Grunde keinen Menschen interessiert, ob er am Leben bleibt oder tot ist, dann wird der Selbstmord zu einer realen Möglichkeit. Viele Selbstmordversuche sind vielleicht nur verzweifelte Botschaften an einen anderen Menschen, aber die ernsthaft beabsichtigte Selbsttötung ist sorgfältig geplant und läßt keine Möglichkeit des Überlebens offen. Es kann natürlich geschehen, daß ein Versuch gewissermaßen »aus Versehen« gelingt und der Mensch stirbt, ohne es wirklich gewollt zu haben; zum anderen ist es möglich, daß die verzweifelte Geste von den Mitmenschen nicht ernstgenommen wird; dann glaubt der junge Mensch, daß im Grunde niemandem wirklich etwas an ihm liegt, und unternimmt nun unter Umständen einen echten und ernsthaften Versuch.

Eine Gruppe, der verhältnismäßig viel Aufmerksamkeit zugewandt worden ist, bilden die Selbstmordkandidaten unter den Collegestudenten. In Harvard und Yale ist die Selbstmordrate doppelt so hoch wie unter nichtstudierenden Jugendlichen (Seiden 1969). Untersuchungen in Oxford und Cambridge erbrachten ähnliche Ergebnisse (die bei Seiten zitiert sind). Vergleiche zwischen suizidgefährdeten und nicht suizidgefährdeten Kollegiaten zeigten, daß die erstgenannte

Gruppe im Durchschnitt älter war, bessere Lernerfolge hatte und offensichtlich eine geringere emotionale Stabilität aufwies. In der suizidgefährdeten Gruppe war zudem der Anteil der ausländischen Studenten höher, was darauf hinweist, daß unter Umständen die Loslösung vom gewohnten stützenden sozialen System und die größere Isolation eine Rolle spielen. Manche Autoren sehen Motive für den Selbstmord bei Studenten auch in der Angst vor dem Examen, in extremen Studienanforderungen bzw. in dem beschämenden Gefühl, zu wenig selbständig und den gestellten Anforderungen eben nicht gewachsen zu sein. Ein einheitliches Motiv, das alles suizidale Verhalten erklären könnte, ist also auch hier nicht auszumachen. Immerhin nennt Hendin (1975) eine Reihe von Gemeinsamkeiten unter denjenigen Studenten, die einen Selbstmordversuch unternehmen. Sehr beredt führt er aus, daß manche Menschen allein durch ihre Lebensführung gewissermaßen zum Tode hindrängen; sie sind so eingeschränkt und so sehr mit der düsteren und verzweifelten Atmosphäre ihres Elternhauses verhaftet, daß sie die Freuden etwa des Collegelebens und die Möglichkeiten des zwischenmenschlichen Engagements gar nicht ertragen können.

Solche Menschen empfinden den Zustand der Betäubung oder Erstarrung als einen Schutz, während der Gedanke an mögliche Befriedigungen ihnen Schuldgefühle bereitet, weil sie die heimliche Allianz mit den Eltern gewissermaßen verraten haben. Diese Schuldgefühle und die Erkenntnis, daß sie jede Freude und jedes Vergnügen erstikken, versetzen den Menschen in einen Zustand der Hemmung und Erstarrung; er kann sich weder über die alten Sanktionen hinwegsetzen noch weiterhin in Einklang mit ihnen leben. Der Suizid wird zu einer Möglichkeit, diesen Konflikt zu lösen. Der Tod hat schon immer einen besonderen Reiz für jene Menschen besessen, die – nach Hendin – durch die Selbstzerstörung dem elterlichen Befehl nachkommen, nur ja nicht zu leben zu wagen.

Hendins Arbeit lenkt unsere Aufmerksamkeit auf eine Reihe von Beweggründen für den Suizid, die für alle Altersgruppen von erheblicher Bedeutung sind: auf die Tatsache, daß der Mensch nicht Achtung und Anerkennung um seiner selbst willen genießt, auf das Versäumnis der Eltern, ihrem Kind eine lebensbejahende Haltung vorzuleben, und schließlich auf die Überzeugung des Menschen, daß er Verrat an seinen Eltern begeht und Schuld auf sich lädt, wenn ihm auch andere Beziehungen und Aktivitäten Freude und Vergnügen bereiten. Selbstmord wie Depression können letzten Endes die Folge eines selbstversuchten Ausschaltens aller erfreulichen und befriedigenden Lebensmöglichkeiten sein, die gar nichts mit einer allmächtigen Bezugsperson oder einem dominanten Ziel zu tun haben. Diese mangelnde Freiheit, neue Interessen entdecken oder neue Beziehungen eingehen zu können, also die mangelnde Freiheit, das Leben genießen zu können, führt zur Depression und hin und wieder schließlich zum Suizid. Wenn es dem jungen Menschen gelingt, in seinem Leben einen Bereich zu entdecken, der seine ureigene Angelegenheit ist und in dem die tödliche Last seiner Schuldgefühle und der elterlichen Gebote und Verbote nicht existiert, dann vermeidet er vielleicht doch noch die Abtötung seiner Kräfte und Möglichkeiten.

Bertrand Russell erinnert sich in seinem Lebensrückblick an die kalte und lieblose Atmosphäre, in der er aufgewachsen war. Als Heranwachsender hatte er oft mit dem Gedanken gespielt, seinem Leben ein Ende zu machen, aber er tat es dann doch nicht und konnte am Ende auf ein langes und fruchtbares Leben zurückblicken. Über die Zeit, als er fünfzehn Jahre alt war, heißt es in seiner Autobiographie: »Es gab einen Pfad, der über die Felder nach New Southgate führte, und ich ging dort oft allein spazieren, betrachtete die untergehende Sonne und dachte an Selbstmord. Ich beging aber keinen Selbstmord, denn ich wollte mehr von der Mathematik wissen« (1967, S. 45).

■■■■ Teil III ■■■■
Psychotherapie

■ ■ ■ ■ 9. Psychotherapie der schweren Depression ■ ■ ■ ■

■ ■ ■ Die Wahl der Behandlung ■ ■ ■

Für die Behandlung der schweren Depression gibt es gegenwärtig vier Methoden bzw. Methodenkombinationen: die Psychotherapie, die medikamentöse Behandlung, die Schocktherapie und die Hospitalisierung mit den entsprechenden milieutherapeutischen Bemühungen.

Der Therapeut muß sich über die Reichweite ihrer Anwendbarkeit im klaren sein, um entscheiden zu können, welche Behandlung oder welche therapeutische Kombination für den jeweiligen Patienten am besten geeignet ist. Umfang und Zweck dieses Buches erlauben es mir nicht, die Methoden, die nicht der Psychotherapie zuzuzählen sind, ausführlich zu behandeln.

In den letzten Jahren ist der medikamentösen Behandlung der Depression selbst in der Presse besondere Aufmerksamkeit zuteil geworden. Häufig bittet der Patient von sich aus um diese Art der Behandlung. Es fällt ihm in der Regel nicht weiter schwer, den Gedanken zu akzeptieren, daß eine Pille ihn von seiner Depression befreien kann, so wie eine Codeintablette ihm seine Zahnschmerzen nimmt. In schweren Fällen allerdings, in denen der Patient alle Hoffnung aufgegeben hat und glaubt, daß alles sinnlos sei, kann es sogar schwierig sein, ihn auch nur zum Einverständnis mit einer medikamentösen Behandlung zu bewegen.

Die medikamentöse Behandlung beginnt gewöhnlich mit der Verabreichung eines trizyklischen Mittels, von denen das bekannteste das Imipramin (Tofranil) ist. Der Patient wird darüber belehrt, daß die Besserung sich nicht über Nacht einstellen wird und daß es zwei bis drei Wochen dauern kann, bevor er eine Veränderung in seinem Zustand wahrnehmen wird. In der Regel spürt er zunächst, daß sein Appetit gestiegen ist und er besser schlafen kann, bevor das Gefühl der Depression an Intensität verliert. Wenn sich innerhalb eines Monats kein Zeichen der Besserung zeigt, geht man gewöhnlich zur Verabreichung eines MAO-Hemmers über.

Nach meinen Beobachtungen kommt es durch die Behandlung mit Medikamenten häufig zu einer Besserung, allerdings gerade nicht in den besonders schweren Fällen. Dazu kommt, daß der Patient, auch wenn es ihm besser geht, ja der gleiche Mensch bleibt, der er vor Beginn der medikamentösen Therapie gewesen ist; das heißt, er hat die gleiche psychische Ausstattung, die gleichen Kräfte und Möglichkeiten und ist noch genauso anfällig wie zuvor, wenn nicht noch andere Arten der Behandlung angewandt werden oder unerwartete günstige

Umstände eintreten. Die medikamentöse Behandlung ist bestenfalls eine Symptombehandlung von mäßiger Wirksamkeit. Das heißt keinesfalls, daß wir die Pharmakotherapie ablehnen oder auch nur gering achten dürfen, weil sie von so begrenzter Wirkung ist. Viele Fälle von schwerer Depression bereiten dem Patienten unsägliche Qualen. Alles, was geeignet ist, ihm diese Qualen auch nur teilweise zu erleichtern, ist unbedingt zu begrüßen, falls es nicht unerwünschte Nebenwirkungen zeitigt. Nach meiner Erfahrung und Kenntnis hat die Behandlung mit den bekannten Antidepressiva (trizyklischen Mitteln und MAO-Hemmern) keine schädlichen psychischen Wirkungen und führt nicht etwa zu Zuständen, die ihrerseits psychotherapeutische Bemühungen verbieten würden – zumindest, solange nicht mit massiven Dosen gearbeitet wird oder zusätzlich Neuroleptika verabreicht werden. Wenn MAO-Hemmer zur Anwendung kommen, müssen selbstverständlich entsprechende Diätregeln eingehalten und der Blutdruck sorgfältig beobachtet werden, weil es schon einmal zu einem gefährlichen Überdruck kommen kann. Die Verabreichung von Lithium erweist sich als wirksam in der Behandlung manischer Episoden, hilft aber depressiven Patienten nur sehr selten und kann auch kaum je das Wiederauftreten der Anfälle verhindern.

Wir können also sagen, daß Antidepressiva in der Behandlung schwerer Fälle von Depression zwar wirksam sind, aber nur in bescheidenem Ausmaß. Sie haben nicht die gleiche Wirkung wie die Neuroleptika in der Symptombehandlung der Schizophrenie.

Wenn die medikamentöse Behandlung gar keine Wirkung hat und es keinerlei Möglichkeit zu einer psychotherapeutischen Betreuung gibt, oder wenn zwingende Gründe eine sofortige Veränderung im Zustand des Patienten angeraten sein lassen (etwa bei gleichzeitiger physischer Krankheit, hohem Suizidrisiko, extremem Leidensdruck), dann ist Elektroschockbehandlung indiziert. Sie hat praktisch keine Wirkung im Fall milder (oder reaktiver) Depressionen, erweist sich aber in vielen Fällen von primärer schwerer Depression als recht hilfreich, und dies unter Umständen sogar dann, wenn der Patient schon viele Jahre lang krank ist, wie wir dies an erfolgreich behandelten Fällen von Involutionsmelancholie erkennen können. Allerdings sprechen nicht alle Patienten auf die Elektroschockbehandlung an, und viele wollen sich dieser Behandlung nicht unterziehen. Bei manischen Patienten ist die Elektroschockbehandlung weniger wirksam als die Verabreichung von Lithium.

Meiner Erfahrung nach macht die Elektroschockbehandlung den Patienten für psychotherapeutische Bemühungen nicht weniger zugänglich. Leider sind aber viele Patienten, die dank dieser Behandlung eine rasche Besserung ihres Leidens feststellen, nicht länger motiviert, sich auf eine lange psychotherapeutische Behandlung einzulassen und dabei zwangsläufig gewisse Aspekte ihres Lebens zu überdenken, die sie viel lieber vergessen möchten. In der Regel lehnen sie jede weitere Behandlung ab, bis der nächste Anfall sie trifft.

Eine stationäre Aufnahme ist insbesondere dann angezeigt, wenn die Gefahr besteht, daß der Patient versucht, sich umzubringen. Wir müssen uns allerdings darüber im klaren sein, daß ein gewisses Suizidrisiko bei praktisch allen Patienten gegeben ist, die an einer schweren Depression leiden. Der Psychiater muß abwägen, ob das Risiko groß, mäßig oder nur gering ist, und kann sich bei dieser Überlegung nicht auf irgendeine unfehlbare Methode verlassen. Die Gefahr ist gewöhnlich größer, wenn der Patient ledig, verwitwet, geschieden oder von seinem Partner getrennt ist, und dies aus zwei Gründen: Zum einen ist seine Lebensgeschichte eher geeignet, ihm das Gefühl der Hoffnungslosigkeit und der Hilflosigkeit zu vermitteln; zum anderen ist er weniger gut »überwacht«; er ist häufig allein, und wenn ihn dann plötzlich ein selbstzerstörerischer Impuls überkommt, ist die Möglichkeit sehr viel geringer, daß ein anderer Mensch ihn daran hindert, diesem Impuls nachzugeben.

Im Gegensatz zu dem, was für die Schizophrenie und für andere psychiatrische Zustände gilt, stellt die Hospitalisierung für die meisten depressiven Patienten gerade nicht die beste Milieutherapie dar. Der wichtigste und häufig einzige Vorteil der Hospitalisierung liegt darin, daß sie die Gefahr des Selbstmordes verringert und sicherstellt, daß der Patient die geeigneten Medikamente bzw. eine Elektroschocktherapie erhält.

Zwar weiß ich, daß ich von meinen eigenen theoretischen Neigungen und meiner klinischen Erfahrung beeinflußt bin, halte aber die folgenden Aussagen dennoch für objektiv:

1. Psychotherapie ist in jedem Fall von primärer schwerer Depression angezeigt.
2. Die Intensität der Depression sollte den Therapeuten nicht vom Versuch einer psychotherapeutischen Behandlung abhalten.
3. Eine begleitende oder vorangegangene medikamentöse Behandlung macht den Patienten nicht weniger empfänglich für psychotherapeutische Bemühungen, außer in Fällen, in denen antidepressive Mittel oder eine Kombination aus Antidepressiva und Neuroleptika in großen Mengen verabreicht worden sind.
4. Die medikamentöse Behandlung führt unter Umständen sehr viel rascher als die Psychotherapie zu einer Linderung der quälenden Symptome, aber sie bewirkt keine Änderung der grundlegenden

Persönlichkeitsstruktur, die schuld daran ist, daß der Patient für die Depression besonders anfällig ist.

5. Auch eine vorangegangene Elektroschockbehandlung macht den Patienten für psychotherapeutische Bemühungen nicht weniger empfänglich. Während der Zeitspanne jedoch, in der der Patient infolge des Elektroschocks vergeßlich oder leicht verwirrt ist oder noch unter anderen organischen Wirkungen zu leiden hat, sollte von den psychotherapeutischen Bemühungen über die eher oberflächliche Stützung des Patienten hinaus nicht allzuviel erwartet werden.

6. Psychotherapie ist dringend anzuraten, wenn der Patient in stationärer Behandlung ist.

7. Psychotherapie wird zur Notwendigkeit, wenn die medikamentöse und die Elektroschockbehandlung keine Wirkung zeitigen, sondern das Syndrom trotz dieser Behandlungen wiederkehrt, oder wenn der Patient sich weigert, es weiterhin mit physikalischer Therapie zu versuchen.

8. Psychotherapie sollte auch mit solchen Patienten begonnen werden, deren akute Anfälle spontan aufgehört haben. In diesen Fällen besteht das Ziel darin, ein Wiederauftreten der Anfälle so weit wie möglich auszuschließen.

Obwohl das Interesse am Phänomen der Depression so stark zugenommen hat, steckt die Literatur über die psychotherapeutische Behandlung der schweren Fälle gewissermaßen noch in den Kinderschuhen. Viele in jüngster Zeit erschienene Bücher über Depression lassen diesen Gegenstand entweder völlig aus oder begnügen sich mit wenigen und flüchtigen Hinweisen. Diese relative Vernachlässigung hat mehrere Gründe. Leichte Depressionen lassen sich mit Hilfe von Psychotherapie leichter behandeln und haben sich von jeher der Aufmerksamkeit der Psychotherapeuten erfreut. Andererseits hat der verführerische Gedanke, rasch zu Ergebnissen zu gelangen, das Interesse vieler Therapeuten auf die medikamentöse Behandlung gelenkt. Es ist zwar richtig, daß Patienten mit schweren affektiven Störungen – anders als Schizophrene – seit den Anfängen der Psychoanalyse bereits psychoanalytisch behandelt worden sind, aber es ist ebenso richtig, daß es vergleichweise wenige Patienten waren und die Behandlung in der Regel in den Pausen zwischen den einzelnen depressiven Anfällen stattfand. Wichtige Bücher bekannter Autoren über die Depression widmen sich zumeist nur ganz speziellen Problemen, wie sie sich aus der psychoanalytischen Behandlung einzelner Fälle ergeben haben.

■ ■ ■ Der Anfang der ■ ■ ■ psychotherapeutischen Behandlung

Die Anfangsphase der Behandlung ist die schwierigste und zugleich die entscheidendste. Ganz allgemein können wir folgendes sagen: Wenn nicht gleich zu Beginn eine intensive Beziehung zwischen Patient und Therapeut zustandekommt, sind die Aussichten für einen erfolgreichen weiteren Verlauf bereits erheblich geschrumpft. Zu Beginn sind verbale Kontakte nur schwer herzustellen, nicht weil der Patient sich zurückgezogen hat, wie dies bei vielen Schizophrenen der Fall ist, sondern weil er von seiner anscheinend immer gleichen Stimmung völlig durchdrungen ist. Alle seine Handlungen sind verzögert, und er findet nicht immer die richtigen Worte, um seine Gefühle zum Ausdruck zu bringen. Die Anstrengung, die es ihn kostet, zu sprechen und zuzuhören, erscheint ihm ungeheuer und – was noch schwerer wiegt – völlig umsonst. Er ist von seinen Gefühlen der Sinnlosigkeit, der Hilflosigkeit und der Verzweiflung ganz und gar besessen und überwältigt.

Der Therapeut nimmt von Anfang an eine aktive Rolle ein. Er gibt sich bestimmt, spricht klar und überzeugend und stellt nur sehr wenige oder aber gar keine Fragen. Er zeigt Anteilnahme, aber nicht in der Weise, daß der Patient daraus eine Bestätigung seiner Hilflosigkeit ablesen könnte. Wenn der Patient nicht von sich aus erklärt, warum er deprimiert ist, sollte man nicht versuchen, ihn unbedingt zur Rechtfertigung seiner depressiven Verfassung zu bewegen. Wenn er schwer depressiv ist, kann er ohnehin nicht antworten, und die immer neue Erkenntnis dieser seiner Unfähigkeit würde ihn nur noch stärker entmutigen und deprimieren. Der Therapeut kann ganz im Gegenteil die Konversation dadurch in Gang bringen, daß er sagt: »Höchstwahrscheinlich wissen Sie gar nicht, warum Sie deprimiert sind. Aber ich habe in meiner Arbeit bisher noch immer festgestellt, daß jede Depression ihre Gründe hat. Depression kommt nicht von ungefähr. Schmerz und Pein rühren aus Quellen her, die ein Mensch wie Sie zu einem bestimmten Zeitpunkt seines Lebens nun einmal nicht allein ausfindig machen kann. Dazu braucht er Hilfe.«

Wenn es dem Therapeuten gelingt, eine Beziehung mit dem Patienten zu begründen, und wenn er dem Patienten seinen ehrlichen Wunsch, ihn zu erreichen, ihm zu helfen und ihm ein Stück Hoffnung zu geben, glaubhaft machen kann, dann wird der Patient ihn in der Regel auch akzeptieren, wenn auch nur als dominante dritte Person neben ihm selbst und seiner dominanten Bezugsperson (bzw. seinem dominanten Ziel). Unter Umständen spürt er sofort Erleichterung, weil er im Therapeuten ein neues und verläßliches Liebesobjekt erkennt.

Diese sofort einsetzende Linderung kann so augenfällig sein, daß man sie fälschlicherweise schon für eine echte Heilung hält – in Wahrheit handelt es sich aber um eine vorübergehende Erscheinung, der eine neue depressive Attacke folgen kann, wenn der Patient das Wesen und die Grenzen dieser neuen Beziehung erkennt. Aus theoretischen Gründen mag es nicht unbedingt angezeigt erscheinen, den Patienten dazu zu bringen, sich gewissermaßen an einen Dritten anzulehnen. Wir wissen ja, wie oft die Schwierigkeiten des depressiven Patienten eben aus seiner Abhängigkeit von einer dominanten Bezugsperson herrühren – und nun reden wir ihm auch noch zu, einen dominanten Dritten neben seine dominante Bezugsperson zu setzen; mit anderen Worten, wir ermutigen ihn gerade nicht zur Selbständigkeit. Wir müssen uns aber über eines im klaren sein – wie übrigens auch bei der Behandlung schizophrener Patienten –: daß der Therapeut zu Beginn der Behandlung des schwer depressiven Patienten die Forderungen der Krankheit selbst nicht einfach außer acht lassen und so tun darf, als existierten sie nicht. Der erste sinnvolle Austausch mit dem Patienten muß mit Hilfe der Mechanismen bewerkstelligt werden, die uns seine Krankheit zur Verfügung stellt. Ein anderes Vorgehen wäre nicht nur sinnlos, es würde darüber hinaus das Leiden des Patienten wahrscheinlich noch vergrößern. Er würde die Behandlung sogleich als gefährlich empfinden und sie daher ablehnen, bevor eine sinnvolle therapeutische Beziehung überhaupt zustandegekommen wäre.

Nach dieser ersten Phase der Behandlung allerdings muß das Vorgehen des Therapeuten vor dem Hintergrund einer Beziehung erfolgen, in der der Therapeut nicht länger der dominante Dritte, sondern ein *signifikanter Dritter* ist, eine dritte Person von bestimmtem, aufrichtigem und eindeutigem Auftreten, die dem Patienten helfen will, ohne Forderungen an ihn zu stellen, die ihn erschrecken, und ohne von ihm zu verlangen, daß er sein bisheriges Lebensmuster fortsetzt. Während die dominante Bezugsperson als starre und statische Figur empfunden wurde, macht der signifikante Dritte eine rasche Veränderung durch und erscheint schließlich als ein Mensch, der mit dem Patienten über dessen Lebenserfahrungen spricht, ohne ihn kontrollieren und beherrschen zu wollen.

Die einzige Forderung des Therapeuten lautet, daß der Patient sich dem »Suchtrupp« anschließt, jener Gruppe aus zwei Menschen, denen daran gelegen ist, die Ursachen der Depression aufzudecken, sie zu verändern oder unwirksam zu machen. Ich persönlich ziehe den Ausdruck »Suchtrupp« dem Begriff der therapeutischen Allianz vor, der für mich einen zu militärischen Klang hat. Wir sind gemeinsam auf der Suche, aber natürlich haben wir dabei unterschiedliche Aufgaben. Die Vagheit und Unsicherheit des Patienten, seine zögernde Haltung und seine Mutlosigkeit werden durch die Führung wettgemacht, die der Therapeut ihm zuverlässig bietet.

Wie kann der Therapeut Führung leisten und Deutungen anbieten, die – einmal als richtig erkannt – dem Patienten das beruhigende Gefühl vermitteln, daß er sich der Behandlung getrost anvertrauen darf? Der Therapeut wird dazu imstande sein, wenn er sich mit dem psychodynamischen Werdegang des depressiven Patienten, wie er in den Kapiteln 5 und 6 geschildert ist, wirklich vertraut gemacht hat.

Sobald der Therapeut eine gute therapeutische Beziehung zu seinem depressiven Patienten hergestellt hat, muß er sich bemühen, die Leidensgeschichte des Patienten möglichst rasch aufzudecken und kennenzulernen. Worin besteht der Verlust wirklich, den der Patient erlitten hat und der ihn so stark bedroht? Hat dieser Verlust ein eingefahrenes Lebensmuster zerstört, so daß der Patient sich nicht länger an Gewohnheiten, Einstellungen, Vorstellungen und Gefühle halten kann, auf die bisher immer Verlaß gewesen ist? Der Verlust bezieht sich vielleicht gar nicht auf reale Dinge oder tatsächliche Ereignisse, sondern auf die symbolischen Werte, die den Dingen und Ereignissen beigelegt sind.

Viele Therapeuten, die davon überzeugt sind, daß die sogenannten endogenen Depressionen einzig und allein auf biochemische Unregelmäßigkeiten zurückzuführen sind, verstehen sich nicht recht auf die Suche nach belastenden Ereignissen aus einer früheren Lebensperiode des Patienten, oder aber sie suchen in der Vergangenheit bestenfalls nach Tatsachen, nicht aber nach Symbolen. Andererseits müssen wir uns darüber im klaren sein, daß auch ein belastendes Ereignis, das irgendwann einmal stattgefunden hat, nur vor dem Hintergrund von Herkunft, Werdegang und psychischer Verfassung des Patienten Bedeutung gewinnt. Das kann nicht deutlich genug hervorgehoben werden. Der Tod eines Menschen, der dem Patienten sehr wichtig war (in der Regel der Tod der dominanten Bezugsperson) mag in sich ausreichen, um eine Depression hervorzurufen. Aber auch in einem solchen Fall müssen wir dem Patienten erklären – und zwar in einer verständlichen Sprache und zu einem Zeitpunkt, zu dem er für Erklärungen empfänglich ist –, daß sein Kummer zwar völlig gerechtfertigt, aber von der Depression unterschieden und nicht ihre alleinige Ursache ist.

Der Therapeut muß wissen, daß die eigentliche Schwierigkeit in der Unfähigkeit des Patienten liegt, die notwendige Trauerarbeit durchzuhalten. Um diese folgenschwere Unfähigkeit zu begreifen, muß man eine Art »Längsschnittbetrachtung« des Lebens des Patienten vornehmen.

Sobald der Therapeut herausgefunden hat, welchem allgemeinen psychodynamischen Muster der depressive Patient in seinem Leben gefolgt ist, wird er die Behandlung in spezifischer Weise ausrichten, das heißt, er wird den Gang der Ereignisse, wie er in Kapitel 5 geschildert ist, für diesen speziellen Fall zu erkunden suchen und dann therapeutische Alternativen vorschlagen, die es dem Patienten ermöglichen, seine Trauerarbeit wirklich zu bewältigen. Ich möchte zunächst ausführlich über die Behandlung des Patienten berichten, der sich in seinem Leben an das Muster der Unterwürfigkeit gegenüber der dominanten Bezugsperson gehalten hat. Die Schilderung der Behandlung anderer Formen von schwerer Depression soll dann auf eventuelle Abweichungen beschränkt bleiben.

■ ■ ■ Die Behandlung des ■ ■ ■ depressiven Patienten, der sich einer dominanten Bezugsperson untergeordnet hat

Im Falle von Depressionen, die mit Selbstanschuldigungen einhergehen, gehört es zu den vordringlichen Aufgaben des Therapeuten, diejenige Person ausfindig zu machen, der der Patient am engsten verbunden ist. Sehr bald stellt sich dann heraus, daß wir es hier mit einer »dominanten Bezugsperson« zu tun haben. Der Patient versucht häufig, sich schützend vor diese dominante Bezugsperson zu stellen, indem er etwa sagt, an ihr sei überhaupt nichts auszusetzen. Wenn irgend etwas nicht so ist, wie es sein sollte, dann ist der Patient selbst schuld. Sobald der Therapeut genügend Informationen zusammengetragen hat, muß er dem Patienten nun aber dieses Verhältnis zur dominanten Bezugsperson interpretieren. Unsere Deutungen mögen den Eindruck erwecken, als seien sie direkt, rasch und einschneidend. Dieser Eindruck entsteht aufgrund der zusammenfassenden Darstellung – in der Praxis müssen die Deutungen langsam und vorsichtig erfolgen, damit sie nicht mit aller Heftigkeit zurückgewiesen werden. Selbst wenn ein bestimmtes auslösendes Geschehen (etwa die Entdeckung, daß der Ehepartner eine heimliche Beziehung unterhält, oder seine Ankündigung, er werde die Scheidung einreichen) bereits die Bestätigung erbracht hat, daß die Beziehung, auf die der Patient sich bisher verlassen hat, gescheitert ist, wird der depressive Patient Gründe finden, die den Partner entlasten und alle Schuld allein ihm selbst anlasten. Was dem Therapeuten klar ist, muß dem Patienten noch längst nicht klar sein, der ja weiterhin Gefühle und Fakten unterdrückt. Noch vorsichtiger müssen wir übrigens vorgehen, wenn die Depression durch den Tod der dominanten Bezugsperson ausgelöst worden ist. Das Schuldgefühl, das der Patient in diesem Fall empfindet, und seine eventuelle Verherrlichung des Verstorbenen machen es ihm außerordentlich schwer, sein nun beendetes Verhältnis zu der dominanten Bezugsperson allmählich in anderem Licht zu sehen.

Schritt für Schritt müssen wir in allen diesen Fällen dem Patienten klarmachen, daß er ja gar nicht weiß, wie er allein weiterleben soll. Er hat niemals auf sich selbst gehört und niemals selbst etwas darstellen wollen; es ging ihm immer nur darum, den Beifall, die Sympathie, die Liebe, die Bewunderung oder die Fürsorge der dominanten Bezugsperson zu erlangen. Um dieses Menschen willen, der für ihn so wichtig war, hat er den Wünschen dritter Personen entsprochen und seine eigenen Wünsche verleugnet, ja er hat sich sogar eingeredet, daß die Wünsche der anderen seine eigenen Wünsche seien. Hin und wieder hat er sogar die Irrtümer und Fehler des Partners zu seinen eigenen Irrtümern und Fehlern gemacht. So hat er aus der übermäßigen Sparsamkeit der dominanten Bezugsperson so etwas wie eigene Verschwendungssucht gemacht; die Sorglosigkeit und Nonchalance des anderen taucht verwandelt als Kleinlichkeit oder Zwanghaftigkeit des Patienten auf. Wenn es sich bei dem Patienten und seiner dominanten Bezugsperson um ein Ehepaar handelt, dann macht der Patient aus dem sexuellen Desinteresse des Partners unter Umständen übertriebene sexuelle Wünsche und Forderungen von seiner Seite – und umgekehrt: die ungezügelten Forderungen der dominanten Bezugsperson werden so gedeutet, als sei er, der Patient, vollkommen oder doch nahezu vollkommen gefühlskalt.

Manchmal ist es sehr wichtig, daß man – mit Zustimmung des Patienten – sich mit der dominanten Bezugsperson über die allgemeine Atmosphäre dieser Beziehung und über die Möglichkeit gewisser Veränderungen und Neuerungen unterhält. Der Therapeut kann seinen Gesprächspartner darüber belehren, wie man dem Patienten etwas von der Überzeugung nehmen kann, daß er eine schwere Bürde, nämlich Schuld, Verantwortung und die Erfahrung des Versagens und des Verlustes, mit sich herumschleppen muß. Aufgrund unterdrückter Feindseligkeit oder wegen ihres perfektionistischen Wesens, ihrer übertriebenen Moralvorstellungen oder ihrer zwanghaften Art verstärkt die dominante Bezugsperson häufig noch die Schuldgefühle des Patienten, sein falsches Pflichtbewußtsein und seinen Hang zur Selbstverleugnung, ohne dies zu wissen und zu wollen. Sätze wie »Du bist zu krank, um dich jetzt um den Haushalt zu kümmern« oder »Du hast so viele Jahre für mich gesorgt, jetzt will ich für dich sorgen« erhöhen noch die Schuldgefühle des Patienten. Mit Hilfe des Therapeuten muß der Patient seine eigenen Wünsche erkennen und sich darüber klar werden, welchen Sinn er seinem eigenen Leben beimessen möchte. Das ist nicht einfach, denn er hat ja seine eigenen Wünsche so lange Zeit verleugnet und unterdrückt. In vielen Fällen müssen wir die Tagträume, Hoffnungen und Wunschvorstellungen seiner Kinder- und Jugendjahre wieder in ihm wachrufen, um herauszufinden, was der Patient sich damals vom Leben versprach und was das Leben ihm seiner Meinung nach schuldig war. Wie schon erwähnt, ist die dominante Bezugsperson nicht notwendig ein einzelner Mensch – es kann sich dabei um die ganze Familie, um eine eigene Gruppe, eine Organisation oder sogar eine Firma handeln. Die Beziehung des Patienten zu diesem Menschen bzw. zu diesem System muß neu aufgerollt und nach Möglichkeit verändert werden.

Nachdem der Therapeut sich einen gewissen Zugang zur Psyche des Patienten verschafft hat, kann bei diesem einiges in Bewegung geraten: Der Patient ist jetzt vielleicht weniger deprimiert, dafür aber ärgerlich auf seine dominante Bezugsperson oder auf den Therapeuten, den er recht gerne in einen »dominanten Dritten« verwandeln würde. Die zornige und feindselige Haltung gegenüber der dominanten Bezugsperson (für gewöhnlich dem Ehepartner) steht manchmal in keinem Verhältnis zu den tatsächlichen Gegebenheiten. Wenn bisher unterdrückte oder unbewußte Vorstellungen nun an die Oberfläche kommen, dann kann es sein, daß der Patient die dominante Bezugsperson als tyrannische und beherrschende Figur ansieht, die sich ihn, den Patienten, gefügig gemacht hat. Jetzt steht der Therapeut vor der schwierigen Aufgabe, die Dinge zu klären und zurechtzurükken. In manchen Fällen ist die dominante Bezugsperson tatsächlich allzu anspruchsvoll gewesen, sie hat den Patienten beherrscht und sich seine unterwürfige und willfährige Art zunutze gemacht. Oft hat der Patient es aber auch selbst zugelassen, daß sich bestimmte Muster entwickelt und erhalten haben, weil er sich nicht durchsetzen konnte und immer und überall nachgegeben hat. Jetzt, da er dieses Muster verändern möchte, schiebt er der dominanten Bezugsperson die Schuld daran zu. Eine wirkliche Heilung ist aber nicht möglich, solange der Patient nicht begreift, daß er am Zustandekommen dieses Musters der Unterwürfigkeit ja selbst mitgewirkt hat.

Ich habe bisher von »dem Patienten« gesprochen und werde dies auch weiter tun. Ich möchte den Leser aber erneut daran erinnern, daß etwa zwei Drittel der Patienten dieses Typs Frauen sind und ich nur der Einfachheit halber von »dem Patienten« spreche. Zweifellos wird die veränderte Haltung der Gesellschaft in bezug auf die Rechte und Bedürfnisse der Frauen unser kulturelles Klima insgesamt verändern oder doch zumindest Einfluß auf die Häufigkeit bestimmter Entwicklungen nehmen. Der noch immer ausgesprochen patriarchalische Charakter unserer Gesellschaft ist der Grund, weshalb es Frauen leichter fällt, sich in die Abhängigkeit von einer dominanten männlichen oder auch einer dominanten weiblichen Bezugsperson zu begeben. Schon immer sind sehr viel mehr Frauen als Männer offen oder insgeheim dazu erzogen worden, sich auf die Unterstützung, Zustimmung und Anerkennung von seiten anderer Menschen zu verlassen. Manche dieser Frauen führen im Grunde gar nicht ihr eigenes Leben.

Die Tatsache, daß die Gesellschaft und die jeweilige Kultur diese Entwicklungen begünstigt haben, spricht die depressive Patientin nicht von aller Schuld daran frei, daß sie die Rolle, die sie bisher gespielt hat, einfach hingenommen hat. Ob zufällig oder ganz bewußt – sie hat der dominanten Bezugsperson nun einmal gestattet, diese ganz besondere Stellung in ihrem Leben einzunehmen. Viele Ehemänner sind sich gar nicht bewußt, daß sie die Rolle der dominanten Bezugsperson spielen, und an dieser Ahnungslosigkeit hat zweifellos der patriarchalische Charakter unserer Gesellschaft seinen Anteil. Wenn ihnen ihre Stellung als dominante Bezugsperson dann zum Bewußtsein kommt, versuchen sie unter Umständen, gewisse Tatsachen zu leugnen, und verteidigen sich heftig, als seien sie angeklagt worden.

Einsicht in diese Zusammenhänge bedeutet noch nicht, daß der Patient von seiner Depression befreit wäre, wenn er auch in den meisten Fällen Erleichterung verspürt. In der Regel ist der Patient weiterhin deprimiert, und zwar aus folgenden Gründen: 1. Er grübelt den Dingen nach, die er in seinem Leben nicht bekommen hat; 2. er hat das Gefühl, sich selbst verraten zu haben. Dadurch, daß er sich so weitgehend auf die dominante Bezugsperson eingestellt hat, ist er sich selbst gegenüber nicht ehrlich gewesen; 3. er erkennt, daß er auf viele Freuden, die er sich einst vom Leben erhofft hatte, inzwischen verzichtet hat; 4. er sieht absolut keine Möglichkeit, sich noch einmal zu verschaffen, was er sich hat entgehen lassen – die Chancen und Möglichkeiten, die er nicht wahrgenommen hat.

Wie wir in Kapitel 6 bereits sagten, werden solche Überlegungen nicht lange auf der bewußten Ebene verfolgt. Die anschließende Depression deckt diese kognitiven Komponenten zu. Der Therapeut muß den Patienten darin schulen, sich in dem Augenblick, in dem er solchen Überlegungen nachhängt oder in dem er glaubt, wieder in die Depression zu verfallen, selbst zu ertappen. Wenn der Patient sich dieser Vorstellungen und mithin auch seiner Bereitschaft, gleich wieder in die Depression zu verfallen, bewußt wird, dann kann er die Depression an ihrem Auftreten hindern oder doch zumindest vermeiden, daß sie ihre frühere Intensität erreicht. Anschließend muß er diese »depressionsträchtigen« kognitiven Komponenten mit dem Therapeuten besprechen. Wenn er begreift, daß er innerhalb dieses dynamischen Komplexes eine bestimmte Rolle innehatte, dann kann er sich von seinem Gefühl der Hilflosigkeit und Hoffnungslosigkeit befreien. Er wird jetzt wie auch später anders handeln, weil er allmählich lernt, auf die eigenen Interessen zu hören und sich das zu verschaffen, was für ihn selbst sinnvoll und belohnend ist. Verluste oder Enttäuschungen, die ihm von nun an begegnen, verwandeln sich nicht mehr sofort in Selbstanklagen und Schuldgefühle.

Mit Hilfe des Therapeuten muß der Patient seine Lebensweise und die Art seines Umgangs mit der dominanten Bezugsperson ändern. Er darf sein Leben nicht dieser Person weihen oder gleichsam stellvertretend – durch sie – leben. Andererseits wird er sich davor fürchten, sich jetzt allzu feindselig und zornig gegenüber der dominanten Bezugsperson zu geben. Diese Phase ist allerdings in dem Augenblick überwunden, in dem der Patient erkennt, daß die dominante Bezugsperson ja gar nicht ist, was er in all diesen Jahren bewußt in ihr gesehen hat, sondern im Grunde eine Vorstellung, die aus der Situation seiner frühen Kindheit herrührt. Mit anderen Worten, das Kindheitstrauma – der angebliche oder wirkliche Liebesverlust – und die Mechanismen, die in dem Versuch, die Liebe bzw. ihre Äquivalente (Bewunderung, Beifall, Sympathie, Fürsorge) wiederzugewinnen, eingesetzt wurden, haben es nötig gemacht, daß der Patient sich eine Person als Partner schuf oder wählte, der die Rolle der dominanten Bezugsperson gewissermaßen auf den Leib geschnitten war. Daneben hat der Patient gewisse Eigenschaften der dominanten Bezugsperson ganz einfach falsch wahrgenommen, um sie nur ja in dieser Rolle sehen zu können. Wenn der Patient an der Rolle, die die Bezugsperson bis vor kurzem noch innegehabt hat, nicht mehr interessiert ist, sondern sich statt dessen auf die Situation in seiner Kindheit konzentriert, dann hat die Behandlung bereits ein fortgeschrittenes Stadium erreicht.

Aber auch an diesem Punkt kann der Patient noch leicht in die Depression zurückfallen, denn Depression ist nun einmal seine eigentliche Lebensweise gewesen. Seinen depressiv gefärbten Gedanken darf nicht gestattet werden, sich zu einer rundum depressiven Stimmung auszuwachsen, sie müssen nach Qualität und Inhalt begrenzt bleiben, damit man sie analysieren kann. Der Patient versteht allmählich, daß es zum Wesen dieser Art der Depression gehört, daß selbst ganz unverfängliche Gedanken hin und wieder die Macht besitzen, einen depressiven Anfall auszulösen. Kleine Enttäuschungen oder Verluste, in deren Gefolge er sich schuldig fühlt, sich selbst anklagt oder in eine schwere Depression verfällt, stehen im Grunde für eine frühere und größere Frustration oder auch für die Enttäuschung, die sein ganzes Leben darstellt. Aber die Wahrscheinlichkeit ist gering, daß die frühen oder wiederkehrenden Verluste in derselben Weise wiederbelebt werden, wenn der Patient im Begriff ist zu lernen, wie er zu Selbstbehauptung und Erfüllung gelangen kann.

Es ist unmöglich, das in der Kindheit erlittene Trauma aus der Lebensgeschichte des Patienten »auszuradieren«, aber es ist möglich, das Muster zu verändern, mit dessen Hilfe der Patient bisher versucht hat, dieses Trauma ungeschehen zu machen oder zu bewältigen. Die ursprünglichen traumatischen Erlebnisse und die für ihre Bewältigung nicht geeigneten Muster verlieren schließlich ihre Macht und ihre zwingende Notwendigkeit, die dafür gesorgt haben, daß sie sich bisher erhalten haben bzw. immer wiederkehren konnten.

In der Behandlung von Depressionen, die mit Selbstanschuldigungen einhergehen, kommt dem Umgang mit irrationalen Schuldgefühlen eine große Bedeutung zu, und zwar nicht nur zu Beginn der Behandlung, sondern auch in ihren fortgeschrittenen Phasen. Anfälle starker Schuldgefühle treten immer wieder auf. Der Patient hat also im Laufe vieler Jahre ein Muster kennengelernt und wiederholt, das sich folgendermaßen darstellen läßt: Schuldgefühle – Buße – Versuch der Erlösung. Schuldgefühle weshalb? Ursprünglich hat das Kind die Schuld am ersten traumatischen Verlust sich selbst zugeschrieben. Es war unartig und böse. Durch Buße – nämlich durch versöhnendes Betragen, Gehorsam, harte Arbeit, Pflichterfüllung, Selbstverleugnung und die Entschlossenheit, den Frieden um jeden Preis wiederherzustellen – glaubte es, die Liebe, die Zustimmung und die Bewunderung, die es sich wünschte, wiedergewinnen zu können. Wenn es sie aber nicht bekam, fühlte es sich wiederum schuldig, weil es nicht genug getan, nämlich nicht genügend »gebüßt« hatte. Etwaige überschüssige Energie muß in einem solchen Fall zur Selbstbestrafung eingesetzt werden. Der Patient hat weiterhin das – wenn auch recht vage – Gefühl, daß ein ausreichendes Strafmaß ihn für die Mitmenschen annehmbar machen und ihm wieder zu einem Selbstbild verhelfen wird, das er akzeptieren kann. So wiederholt sich der Zyklus.

Schuldgefühle entstehen häufig deshalb, weil der Mensch seine dominante Bezugsperson (bewußt oder unbewußt) haßt. Freud (1917) spricht von den sadistischen Bestrebungen, die der depressive Patient gegenüber dem von ihm inkorporierten Liebesobjekt empfindet. Der

Patient wird also seine Schuldgefühle dann am ehesten abwerfen können, wenn er das Verhältnis zu seiner dominanten Bezugsperson von Grund auf ändert. Da aber Schuldgefühle bei vielen Patienten so fest gerade mit der »selbstanklägerischen« Form der Depression verwurzelt sind, werden häufig auch noch andere psychische Mechanismen soweit verändert, daß sie in diesen Schuldkomplex hineinpassen: Schuldgefühle werden oft dadurch wachgerufen, daß der Patient mit einer Gewohnheit bricht; er geht zum Beispiel am Sonntag nicht mehr in die Kirche oder begleitet sein Kind nicht mehr zur Schule. Jetzt hat er etwas, dessen er sich schuldig fühlen kann. In vielen Fällen ist es auch Angst, die in Schuldgefühle umgewandelt wird. Wenn es den Patienten auch schmerzt, sich schuldig zu fühlen, so ist ihm doch klar, daß er es damit selbst in der Hand hat, zu leiden und mithin »erlöst« zu werden, während die Angst ihm gewissermaßen »nichts einbringt« – er kann nichts mit ihr anfangen.

Die Zwangshandlungen und -gedanken, die in seltenen Fällen noch erschwerend zur ausgeprägten Depression hinzukommen, dienen im Grunde der Kanalisierung und schließlichen Linderung der Schuldgefühle und sollen letztlich dem Patienten die verlorene Liebe oder Zustimmung ebenfalls zurückbringen. In Wahrheit erschweren sie die Situation noch, anstatt sie zu erleichtern.

In den meisten Fällen wird man dem Patienten begreiflich machen können, daß und wie er seine Angst immer wieder in Schuldgefühle und Depression verwandelt. Er wird schließlich lernen, sich der Angst zu stellen, anstatt sich immer wieder für die Abfolge zu entscheiden, die zur Depression hinführt. Er wird auch verstehen, welche kognitiven Komponenten es sind, die zur Angst führen. Wenn das therapeutische Klima günstig ist, wird der Patient entdecken, daß er seine Angst durchaus zeigen und mit dem Therapeuten darüber sprechen kann. Die Angst – das heißt, seine negative Einstellung gegenüber Dingen, die ungewiß sind oder die noch in der Zukunft liegen – wird sich mit der Zeit in eine positive Erwartungshaltung umkehren.

Der Therapeut versteht es mit der Zeit immer besser, mit den Hindernissen umzugehen, die sich der gemeinsamen Arbeit entgegenstellen und geeignet sind, den Patienten wieder in eine depressive Stimmung zu versetzen. Ein solches Hindernis ist schon die Tatsache, daß jeder noch so kleine Mißerfolg, der Trauer oder Schuldgefühle auslöst, den Patienten ebenso leicht in die Depression treibt. Man muß ihm dann immer wieder sagen, daß das kleine Mißgeschick für eine viel größere Enttäuschung steht. Schwierigkeiten können sich auch daraus ergeben, daß gewisse Gedankenverbindungen, die dem Therapeuten zunächst harmlos erscheinen, immer wieder auftauchen – in

Wahrheit führen sie immer wieder zur Depression, und zwar wegen der besonderen Verbindungen und Verknüpfungen, die sie in der emotionalen Welt des Patienten insgesamt besitzen. Schließlich wird sich die emotionale Gestimmtheit des Therapeuten mehr und mehr der seines Patienten angleichen.

Wir dürfen auch nicht vergessen, daß ein Patient, dem nur die Niedergeschlagenheit wirklich vertraut ist, nach Gründen sucht, die ihm erlauben, deprimiert zu sein, und auch scheinbar ganz plausible Gründe dafür findet: Er beurteilt die eigene Person, die Welt und die Zukunft negativ (und damit haben wir jene kognitive Triade, wie sie von Beck beschrieben worden ist [1967]). Der Therapeut, der sich vorgenommen hat, »tiefenpsychodynamisch« vorzugehen, sollte sich davon nicht allzusehr beeindrucken lassen. Diese negative Einschätzung, die der Patient für sein Selbst, für die Welt und für die Zukunft übrig hat, ist ja nur Teil der manifesten Symptomatik, und der Patient muß lernen, was sie bedeutet und wie und warum er sie einsetzt. Andererseits muß dem Therapeuten auch klar sein, daß solche Vorstellungen möglicherweise so etwas wie den depressiven »Außenanstrich« der tiefverwurzelten Veranlagung zur Depression bilden können.

■ ■ ■ Die Behandlung des ■ ■ ■ depressiven Patienten, der übertriebene Forderungen an seine Umgebung stellt

Die Behandlung der Depression, die mit übertriebenen Forderungen und Ansprüchen einhergeht, ist ebenfalls schwierig. Bis zum Beginn der Behandlung ist der Patient zunehmend anspruchsvoller gegenüber seiner dominanten Bezugsperson aufgetreten, hat aber auch zunehmend das Gefühl der Deprivation empfunden. Jede nicht erfüllte Forderung empfindet er als Verletzung – als einen Verlust, der seine Depression noch verstärkt. Wenn nun die Behandlung beginnt, möchte der Patient in seinem Therapeuten einen Ersatz für die dominante Bezugsperson finden, die ihm seine Wünsche nicht erfüllt hat. Soweit die Forderungen des Patienten verständlich oder realistisch sind, sollte der Therapeut versuchen, darauf einzugehen und das Bedürfnis des Patienten nach Zuwendung und Beachtung zu befriedigen. Er muß es sogar hinnehmen, daß der Patient sich gewissermaßen an ihn klammert oder auch »auf ihm herumhackt«.

Kolb (1956, 1959), English (1949) und Cohen (1954) sehen in dieser übermäßigen Anhänglichkeit eine der größten Schwierigkeiten im Zusammenhang mit der intensiven psychotherapeutischen Behandlung manisch-depressiver Patienten: Manche Kranken wollen am Ende der

Sitzung nicht fortgehen; plötzlich fällt ihnen vieles ein, was sie noch sagen müssen; sie flehen den Therapeuten um Hilfe an und versuchen, ihm Schuldgefühle einzuflößen, weil sie keine Besserung verspüren. Wie Kolb sagt, zeigen solche Patienten durchaus angemessene oder doch allem Anschein nach angemessene Umgangsformen und schaffen es oft, durch ihre beharrlichen und inständigen Bitten dem Therapeuten die Reaktion zu entlocken, auf die sie es abgesehen haben.

Es kommt vor, daß man die Sitzung tatsächlich um einige Minuten verlängern muß, weil der Patient im letzten Augenblick unbedingt noch eine Bitte äußern möchte oder »noch eine Frage hat«. Das hat nichts mit übergroßer Nachgiebigkeit zu tun; gerade zu Beginn der Behandlung können wir nun einmal nicht erwarten, daß der Patient Mechanismen aufgibt, die er schon seit so langer Zeit anwendet.

Viele Patienten sind – besonders zu Beginn einer Sitzung – nicht in der Lage, sich frei zu äußern, und man sollte sie daher auch nicht auffordern, über ihre Gefühle im einzelnen zu sprechen oder sich in weitreichende Assoziationen zu verlieren. In solchen Fällen sollte der Therapeut vielmehr die Initiative ergreifen und ganz zwanglos auch einmal über Dinge sprechen, die nichts mit der Sache zu tun haben. Wie ein Patient von Thompson (1930) berichtet, sind die Worte des Analytikers für den depressiven Patienten oft so etwas wie Liebesbeweise, und Spiegel (1959, 1960) zeigt, wie der Therapeut dennoch rasch mit dem depressiven Patienten kommunizieren kann, auch wenn dessen Mitteilungs- und Verbalisierungsvermögen sehr dürftig ist. Der Patient äußert sich eher ganz direkt durch seine Empfindungen als durch verbale Symbole.

Wenn das im Vordergrund stehende Bestreben, zunächst einmal »angenommen« zu werden, befriedigt worden ist, läßt diese Form der »fordernden« Depression erheblich nach, wenn sie auch keineswegs verschwindet. Sie erscheint nicht länger als ständig vorhandene Stimmung, sondern tritt anfallsweise auf. In diesem Stadium ist es verhältnismäßig einfach, dem Patienten die Erkenntnis zu vermitteln, daß der depressive Anfall das Ergebnis einer bewußten oder unbewußten Folge von Überlegungen – bzw. ihrer symbolischen Äquivalente – ist, die etwa so lauten: »Ich bekomme nicht, was ich eigentlich bekommen müßte – das ist ein empfindlicher Verlust – es geht mir sehr schlecht.« Der Patient wird aufgefordert, bereits bei der ersten Vorstellung (»ich bekomme nicht, was ich eigentlich bekommen müßte«) innezuhalten, denn diese Worte bedeuten: »Ich würde gerne in die Glückseligkeit des Säuglingsdaseins zurückkehren. Ich möchte kein eigenständiger und selbstbestimmter Mensch sein.« Kann der Patient diese wiederkehrende Wunschvorstellung gegen eine andere Überlegung austauschen, zum Beispiel gegen die Frage: »Welche anderen Mittel als die aggressive Erwartungshaltung und die Abhängigkeit stehen mir zur Verfügung, um das zu bekommen, was ich haben möchte?« Mit anderen Worten, der Patient wird angehalten, seine Denkweise gewissermaßen umzustellen, so daß die bisher üblichen Gedankenverbindungen in dieser Form nicht wieder zustandekommen und damit nicht automatisch und unerbittlich in die alte Abfolge münden. Sein innerer Horizont erweitert sich, und er sucht nach neuen Lebensmustern. Der Patient kann solche Veränderungen in seinem Innern allerdings nur dann bewirken, wenn durch die neue Beziehung, die ihn mit dem Therapeuten verbindet, sein Verlust- und Leidensgefühl gemindert worden ist. Immer häufiger wird er jetzt den Versuch machen, sich von seiner Eigenständigkeit zu überzeugen. Gleichzeitig wird der Therapeut den Forderungen, die der Patient an ihn stellt, allmählich Einhalt tun. Auch nachdem die depressiven Anfälle verschwunden sind, dauert die Behandlung noch an, wobei jetzt der Erkundung der Vorgeschichte des Patienten besondere Bedeutung zukommt. Der Patient erkennt, daß sein altes Lebensmuster ihn in die Depression geführt hat, und daß die besondere Art seiner frühen interpersonalen Beziehungen die Entstehung eben dieses Musters bewirkt hat. Oberflächlichkeit, mangelndes Einfühlungsvermögen, eine von Depression überdeckte ausgesprochene Extravertiertheit, klischeehafte Vorstellungen und der infantile Wunsch, »wie ein kleines Kind geliebt zu werden« – alle diese Haltungen werden nun als Abwehrmechanismen erkannt und verschwinden schließlich.

■ ■ ■ Die Behandlung des depressiven ■ ■ ■ Patienten, der sein dominantes Ziel nicht erreicht hat oder an einer Mischform der Depression leidet

Wenn der Therapeut sich davon überzeugt hat, daß die Depression eine Folge der Erkenntnis des Patienten ist, daß er sein dominantes Ziel nicht erreicht hat bzw. es auf keinen Fall erreichen wird, dann richten sich seine anschließenden psychodynamischen Erkundungen gezielt auf die Frage, warum diese Erkenntnis denn wohl von einer solchen Durchschlagskraft gewesen ist. Die psychische Integrität des Patienten stand und fiel also mit der Verwirklichung eines Lebenswunsches – aber es ist nur eine ganz und gar narzißtisch geprägte Integrität gewesen. Nun, da sie ihm abhanden gekommen ist, fühlt der Patient sich zu Tode verwundet und tief deprimiert.

Therapeut und Patient müssen sich restlos darüber klar werden, welche Bedeutung dieses phantasierte Ziel für den Patienten besessen hat und welche – bewußten oder unbewußten – Verzweigungen und Verästelungen von ihm ausgegangen sind. Wieviel Raum hat der Patient dieser Wunschvorstellung in seinem Innenleben zugestanden? Ist es wahr, daß das Leben ohne diese Hoffnung keinen Sinn mehr hat? Der Patient braucht Hilfe bei der Suche nach neuen und anderen Wegen. Ist es wirklich notwendig, Sänger, Tänzer, ein berühmter Politiker oder ein erfolgreicher Geschäftsmann zu sein, um einen Sinn im Leben entdecken zu können? Der Patient wird diese Frage in den meisten Fällen bejahen, zumindest für seine Person. Manchmal wird er vielleicht auch sagen, daß der Verstand ihm zwar empfiehlt, mit Nein zu antworten, daß er aber nun einmal mit allen Fasern seines Herzens an eben diesem ersehnten Ziel festhalten will und muß. Von seinem subjektiven Standpunkt aus hat er recht, wie wir in Kapitel 6 bereits gesehen haben. Seine Selbstachtung und sein Identitätsgefühl sind von diesem Ziel abhängig gewesen, und jetzt fühlt er sich um seinen Traum betrogen. Wir müssen ihm helfen einzusehen, daß er dem Leben von Anfang an mit einer großen Forderung begegnet ist. Wo immer sie auch herrührt, diese Forderung hat, gänzlich unbegründet, zu falscher Selbsteinschätzung geführt, von der der Patient befreit werden muß. Aber sein Leben ist sicher mehr wert als nur eine falsche Hoffnung, eine Wunschvorstellung, die schon pathetisch-naive Ausmaße angenommen hat. Die Befreiung von dieser Illusion muß in Wahrheit als ein Erwachen gesehen werden, als die Erkenntnis, daß der Mensch ganz unrealistischen Zielen nachgejagt ist, und als der Beginn einer Suche nach neuen und solideren Zielen und Werten.

In vielen Fällen gelingt es uns, einen ganz bestimmten und sehr wichtigen Grund dafür ausfindig zu machen, warum der Patient der Verfolgung eines speziellen Zieles den Vorrang vor allen anderen Dingen in seinem Leben eingeräumt hat, und dann müssen wir ihm diesen Grund erklären: Im Laufe seiner Kindheit hat sich in ihm allmählich die Vorstellung entwickelt, daß er sich auf dem Weg über eine ganz bestimmte Leistung die Liebe, Zuwendung oder Zustimmung der Mutter (oder signifikanten Bezugsperson) zurückerobern könne. Später sah er dann in der Erreichung dieses Zieles das einzige, was ihn der Liebe und Zustimmung anderer Menschen überhaupt würdig machen und ihm so etwas wie ein Selbstwertgefühl verschaffen könnte. Sein bisheriges Leben erschien ihm nicht lebenswert und schön, sondern als ein langer Tunnel, der nur einen Ausgang, nur ein Ziel hat.

Die Behandlung muß die Aufforderung an den Patienten einschließen, seine Wertvorstellungen und Gewohnheiten neu zu ordnen sowie seinen Charakter zu ändern. Sie kann sich also sehr schwierig gestalten. So wie die Patienten, die den zuvor beschriebenen Kategorien zugehören, sich stärker mit ihren Mitmenschen einlassen und ihre Haltung gegenüber der früheren dominanten Bezugsperson ändern müssen, so müssen die Patienten des hier beschriebenen Typus dem Leben jetzt gewissermaßen mit einer breiteren Palette an Wünschen entgegentreten. Viele Formen der Behandlung, wie wir sie für den »unterwürfigen« wie auch den »fordernden« Patienten empfohlen haben, gelten auch für Patienten dieses dritten Typus.

In vielen Fällen lassen sie sich darüber hinaus auch dann anwenden, wenn der Patient sich in keine der drei genannten Kategorien einordnen läßt, weil er entweder Merkmale aus allen drei Kategorien in sich vereinigt oder weil sein Lebensmuster sich von den üblicherweise anzutreffenden Mustern zu unterscheiden scheint. Besonders schwierig sind Depressionen von langsamem oder schleichendem Verlauf. Manche dieser Patienten machen zunächst den Eindruck, als besäßen sie eine relativ ausgeprägte depressive Persönlichkeit. Schließlich stellt man fest, daß sie eine schwere Depression haben. Es gibt keine einzeln faßbare Episode, die als auslösender Faktor zu erkennen wäre. Der Patient führt ein Dasein, dessen einziger Sinn im Leiden zu bestehen scheint. Umgekehrt trifft man auch auf Fälle, bei denen eine einzelne und in sich nicht weiter bedeutsame Episode als der auslösende Faktor erkannt wird, aber nur weil der Patient ihr eine ungewöhnliche Deutung gegeben hat. Zum Beispiel kann eine Krankheit, die keineswegs ernsthafter Art ist, für einen bisher gut angepaßten Menschen das Signal bedeuten, daß sein Leben zu Ende geht und daß er es vertan hat.

Bei vielen solcher Fälle handelt es sich schließlich um die plötzliche oder auch allmähliche Erkenntnis des Patienten, daß er in seinem ganzen Leben keine einzige wirklich bedeutsame und auf Liebe oder Zuneigung basierende Beziehung zu einem anderen Menschen aufgebaut und kein wirklich bedeutsames Ziel erreicht hat. Einem solchen Patienten gegenüber müssen wir in der gleichen Weise vorgehen wie gegenüber allen andern, das heißt, wir müssen ihm helfen, sein Leben von Grund auf neu zu betrachten und alternative Lebensmuster zu finden.

■ ■ ■ Die fortgeschrittenen Phasen der Behandlung ■ ■ ■

In den fortgeschrittenen Phasen der Behandlung jeder Art von Depression bestehen die Bemühungen des Therapeuten darin, immer wieder gemeinsam mit dem Patienten dessen Lebensmuster »durchzuackern« und ihm zu zeigen, daß er auch jetzt häufig noch nach den alten psychogenetischen Mechanismen handelt. Früher oder später lernt der Patient, der die Psychodynamik seiner Vergangenheit inzwischen begriffen hat, die alten Muster zu meiden, weil er sie als Scheinlösungen, als unsinnige Abwehrmechanismen oder als Teufelskreise erkannt hat. Bei manchen Patienten drohen die alten Mechanismen jedoch immer wieder durchzubrechen, selbst nachdem sie restlos durchschaut worden sind. Schon ein Gespräch darüber kann starke Emotionen hervorrufen, die sich mit den inzwischen gewonnenen Einsichten nicht vertragen, die aber deutlich zeigen, wie die affektive Seite der ursprünglichen Symptome einmal ausgesehen hat. Selbst nachdem der Patient die Bedeutung seiner Symptome und Verhaltensmuster verstanden hat, ist es manchmal immer noch viel leichter für ihn, die alten Muster zu befolgen.

So müssen wir dem Patienten immer wieder erklären, daß er lernen muß, sich selbst darüber zu befragen, was er wirklich möchte. Sehr häufig wird seine Antwort gar keine wirkliche Antwort sein. Vielleicht sagt er: »Vor allem möchte ich Ruhe und Frieden haben. Und dann möchte ich, daß meine Kinder glücklich sind.« Er muß lernen – und immer wieder lernen –, daß »Frieden um jeden Preis« bedeutet, daß er zunächst die Mitmenschen anstatt sich selbst zufriedenstellt und daß selbst das »Glück seiner Kinder« – wenn auch ein durchaus natürliches Anliegen jedes Vaters und jeder Mutter – kein Wunsch ist, der in erster Linie mit ihm selbst zu tun hat.

Mit anderen Worten, der Patient muß lernen, auf sich selbst zu hören und die übermächtige Rolle des »Du« zu reduzieren. Gleichzeitig muß er von sich aus darum bemüht sein, innere Ressourcen zu entwickeln, zum Beispiel seine Konflikte in schöpferisches Tun zu verwandeln. Plötzliche Anzeichen von Kreativität bei scheinbar ganz unschöpferischen und unauffälligen depressiven Persönlichkeiten sind ein gutes Zeichen. Vorübergehende Gefühle der Depression werden dann durchaus ertragen, und das deutet, wie Zetzel (1965) sagt, auf ein gewisses Maß an Ichstärke hin.

Wir können noch eine Reihe anderer – sekundärer – Empfehlungen für die Behandlung des depressiven Patienten anführen. Außer während der Zeitspanne, zu der die Depression besonders tief ist, sollte der Patient zur Aktivität angehalten werden. Inaktivität begünstigt depressive Neigungen. Der Patient muß sich seine Aufgaben gewissermaßen stufenweise zuteilen. Er und der Therapeut können gemeinsam überlegen, wie das tägliche Arbeitspensum auszusehen hat, bis der Patient imstande ist, sich das entsprechende Programm selbst zusammenzustellen. Man muß ihn noch oft daran erinnern, daß – entgegen der Überzeugung, die er noch zu Beginn der Behandlung vertreten hat – sein Leben sich verändert hat, die Depression bereits nachläßt und seine Lebensfreude zurückkehrt, und man muß ihm sagen, daß der schlimmste Augenblick gewöhnlich am Morgen ist, wenn er aufwacht und die depressionsträchtigen Gedanken an die Oberfläche drängen, um dann rasch von einer alles erfassenden depressiven Stimmung verdrängt und abgelöst zu werden.

Es geschieht nicht selten, daß der Patient ein persönliches Merkmal oder einen Wesenszug annimmt, der dem, den er soeben aufgegeben hat, genau entgegengesetzt ist. So kann es vorkommen, daß ein zuvor stets unterwürfiger Patient jetzt in einem Maße selbstbewußt auftritt, das nicht nur für seine Angehörigen unerträglich ist, sondern auch alle Regeln des Umgangs mißachtet. Sein Zorn ist oft fehlgelenkter Zorn, der sich in den langen Jahren der Unterwürfigkeit bzw. der Frustration angesichts der Unerreichbarkeit seiner hochgesteckten Ziele angesammelt hat.

Die Couch und die orthodox-psychoanalytische Methode der freien Assoziation sind in der Behandlung schwer depressiver Patienten selbst in den Intervallen zwischen den einzelnen Anfällen nicht angezeigt. Viele Fehlschläge, die in der Behandlung depressiver Patienten zu verzeichnen waren, gehen auf die Anwendung der klassischen psychoanalytischen Technik zurück. Heute sind viele Therapeuten der Meinung, daß sowohl retardierte als auch hyperaktive Patienten etwas weniger häufig behandelt werden sollten – eine bis drei Sitzungen pro Woche. Viele Patienten, insbesondere die älteren, kommen auch mit einer Sitzung pro Woche gut zurecht. Der Therapeut muß eine relativ aktive Rolle spielen – er sollte dem Patienten zwar nicht gerade das Gefühl vermitteln, daß er gedrängt und unter Druck gesetzt wird, er darf aber angesichts der natürlichen Extravertiertheit des Patienten auch keine allzu große Passivität an den Tag legen. Wenn der Therapeut meint, gewisse Schlußfolgerungen ziehen oder die Gefühle des Patienten verstehen zu können, dann sollte er nicht zögern, das auch offen zu äußern. Der Patient zieht es häufig vor, nichts zu sagen, nicht weil er etwa unfähig wäre, die Dinge zu ordnen – wie der Neurotiker oder der Schizophrene –, sondern weil er sich schuldig fühlt oder sich schämt, seine Wut, seine Feindseligkeit und – paradoxerweise – auch seine Schuldgefühle und seine Depression zu zeigen. Traumdeutungen sind sehr nützlich und spiegeln die Konflikte des depressiven Patienten wie auch seine allgemein pessimistische Stimmung deutlich wider. Viele schwer depressive Patienten haben im übrigen große Schwierigkeiten, sich an ihre Träume zu erinnern.

Besonders schwierig gestaltet sich die Behandlung hypomanischer Episoden, weil die hier zu beobachtende Ideenflucht jeden sinnvollen Kontakt verhindert. Hier muß man umgekehrt vorgehen: Der Patient wird aufgefordert, Einzelheiten wegzulassen, das heißt er wird mit voller Absicht gereizt und in Wut versetzt; oder der Therapeut verlangt, daß er über ganz bestimmte Themen spricht – Themen, die mit Sicherheit einen depressiven Anfall einleiten. Der Übergang zum Zustand der milden Depression gilt als therapeutisch erstrebenswert.

Wenn die Behandlung schwer depressiver Patienten auch schwierig ist, so kann sie doch zum Erfolg führen und von beiden Beteiligten als belohnend empfunden werden. Man kann sich kaum etwas Beglückenderes vorstellen als das allmähliche Nachlassen einer scheinbar unendlichen Trauer und die Auflösung eines Lebensmusters, welches das Dasein eines Menschen drastisch verengt hat.

■ ■ ■ ■ 10. Psychotherapie ■ ■ ■ ■ der schweren Depression: Fallbeschreibungen

In diesem Kapitel wird der Fall von Doris Fullman* im einzelnen geschildert, die übrigen Fälle werden kürzer und nur in ihren wesentlichen Aspekten dargestellt. Alle hier beschriebenen Patienten sind von dem Zeitpunkt an, zu dem sie in meine Sprechstunde kamen, ausschließlich psychotherapeutisch behandelt worden. Der Fall Fullman ist hier zwar sehr ausführlich, aber dennoch nicht in allen seinen Aspekten untersucht worden. Manche Schlußfolgerungen werden hier nicht vorgetragen, weil sie verhältnismäßig leicht zu ziehen sind; andere wiederum sind deshalb ausgelassen worden, weil sie sehr schwer zu ziehen und weil sie ungewiß sind. Ihre Auslassung wird den Leser anregen, es mit einer eigenen Interpretation zu versuchen.

■ ■ ■ Doris Fullman ■ ■ ■

Am letzten Märztag des Jahres 1967 kam Herr Andrew Fullman in meine Sprechstunde, nachdem er zuvor telefonisch um einen Besprechungstermin gebeten hatte. Er sagte sogleich, er komme nicht in eigener Sache, sondern wegen seiner Frau Doris. Sie war jüdischer Abstammung, damals 58 Jahre alt und seit einiger Zeit in einer psychiatrischen Anstalt, ohne daß ihr Zustand sich gebessert hatte. Die Anstaltsärzte wußten nicht, was sie noch tun sollten. Sie hatten alles versucht – medikamentöse Behandlung, Elektroschocks, Psychotherapie und Milieutherapie –, aber kein nennenswertes Ergebnis erreicht. Doris war noch immer schwer depressiv und hatte weiterhin Selbstmordgedanken.

Herr Fullman fügte hinzu, dies sei nicht die erste Depression im Leben seiner Frau. Sie war schon mehrfach depressiv gewesen; den ersten schweren Anfall hatte sie nach der Geburt des ersten ihrer drei Kinder erlitten. Damals hatte man ihm erklärt, der Zustand seiner Frau hänge wahrscheinlich damit zusammen, daß sich während der Schwangerschaft ihr Blutdruck so stark erhöht hatte. Eine zweite sehr schwere Depression war vor nicht allzu langer Zeit eingetreten, nachdem die Mutter der Patientin gestorben war. Ich fragte nach dem Verhältnis zwischen Doris und ihrer Mutter, und Herr Fullman sagte, seine Schwiegermutter sei recht autoritär, übermäßig kritisch und

---

* Die Namen aller Patienten in diesem Buch sind erfunden; Angaben, die zur Identifizierung der Patienten führen könnten, sind entsprechend verändert worden. Homonyme sind rein zufällig.

sehr anspruchsvoll gewesen, und Doris habe es ihr niemals recht machen können. Sie war ein »richtiges Aas« gewesen. Auf meine weiteren Fragen berichtete Herr Fullman, seine Ehe mit Doris sei glücklich, wenn Doris auch das Gefühl habe, in sexueller Hinsicht etwas zu kurz gekommen zu sein. Weiter äußerte er sich zu diesem Gegenstand nicht. Dagegen sagte er mehr als einmal, daß seine Frau gerne nach Hause entlassen werden wollte, daß die Ärzte ihrer Entlassung aber wegen der anhaltenden Suizidgefahr nicht zustimmen wollten und er nicht wisse, was er tun solle.

Ich sagte, ich würde mit den behandelnden Ärzten reden, und dann würden wir weitersehen. Er wollte das Gespräch abwarten und hoffte, ich würde es sofort führen. Er hatte gerade Urlaub und wollte auf eine Kreuzfahrt gehen, wenn es ihm auch leid tat, daß seine Frau ihn nicht begleiten konnte.

Ich rief im Krankenhaus an und erhielt einen äußerst düsteren Bericht. Die Patientin litt an einer schweren Depression und gehörte zu einer Gruppe von Kranken, die ständig beaufsichtigt wurden, weil sie in Gefahr waren, sich umzubringen. Die Tatsache, daß die Depression nach so langer Zeit nicht wenigstens nachgelassen hatte, war einigen Kollegen Anlaß zu der Vermutung, daß es sich hier letzten Endes wohl um eine schizophrene Störung handelte, wenn es bisher auch noch niemals zu Halluzinationen, Wahnvorstellungen oder Beziehungsideen gekommen war. Seit ihrer Einlieferung ins Krankenhaus hatte Frau Fullman hohe Dosen Tofranil erhalten, ohne daß sich irgendeine Wirkung gezeigt hätte; vor kurzem war sie auf Thorazine, ein Chlorpromazin-Präparat (200 mg 4 × täglich), Stelazine (2 mg 2 × täglich) und Artane (2 mg 2 × täglich) umgestellt worden. Dieser Wechsel in der Medikation war erfolgt, nachdem sich bei den Ärzten Zweifel hinsichtlich der Richtigkeit der ursprünglichen Diagnose eingestellt hatten. Ich fragte, ob die Patientin wohl zusammen mit einer Begleitperson in meine Sprechstunde kommen könne, und erhielt eine Zusage.

Als ich Doris zum ersten Mal (am 15. April 1967) sah, beobachtete ich ihr Gesicht, ihr Auftreten und ihre Haltung und wechselte einige Worte mit ihr. Meiner Meinung nach war es bereits möglich, eine erste Beurteilung vorzunehmen, die später selbstverständlich auf ihre Richtigkeit hin überprüft werden mußte. Ich konnte eine schizophrene Störung sofort ausschließen, die Diagnose der schweren Depression bestätigen und mir vorstellen, daß wir gut miteinander auskommen würden.

Sie berichtete, sie habe schon von mir gehört und auch den Wunsch gehabt, mich aufzusuchen, aber sie sei sehr deprimiert und könne wahrscheinlich gar nicht sprechen. Vorgestern war sie mit dem Gefühl aufgestanden, sie werde niemals wieder gesund werden. Sie hatte ganz eindeutig Selbstmordgedanken; das Leben war einfach nicht lebenswert. Allerdings war sie der Meinung, sie würde niemals selbst Hand an sich legen. Ich sagte ihr, daß wir uns meiner Meinung nach sehr gut miteinander unterhalten könnten, und daß ich sie natürlich bitten würde, wiederzukommen. Heute hätte ich sie empfangen, weil ihr Mann mich um ein Gespräch gebeten und ich daraufhin ihren Besuch in meiner Sprechstunde arrangiert hätte. Sie berichtete, daß ihr Mann gegenwärtig Urlaub habe und sich auf einer Kreuzfahrt befinde. Einigermaßen überrascht fragte ich: »Und was sagen Sie dazu, daß Ihr Mann ohne Sie auf eine Kreuzfahrt geht?« Ihre Antwort lautete: »Ich bin ärgerlich, denn die ›Aurora‹, das Schiff, mit dem mein Mann reist, ist ein Schiff, das mir sehr gefällt. Ich bin nicht ärgerlich auf ihn – ich bin ärgerlich auf meine Krankheit, die der Grund ist, weshalb ich nicht mitgehen konnte.« Sie hatte Schwierigkeiten mit dem Reden und sprach sehr langsam. Um den Dialog nicht abreißen zu lassen, sagte ich halb im Scherz, sie sei die einzige Frau, die ich kenne, die ihrem Mann gestattet habe, allein auf eine Kreuzfahrt zu gehen. Sie antwortete, es sei ihr klar, daß er das Recht auf einen Urlaub habe. Sie war jetzt schon fast drei Jahre im Krankenhaus, und er hatte niemanden, mit dem er etwas unternehmen konnte. Sie sei nicht im geringsten ärgerlich auf ihren Mann. Wenn sie es überhaupt sei, dann höchstens auf ihre Mutter, die kürzlich im Alter von 79 Jahren gestorben war. Ihre Mutter war ein Mensch gewesen, den sie trotz aller Anstrengung niemals hatte zufriedenstellen können.

Ich wollte mehr über das Verhältnis der Patientin zu ihrer Mutter erfahren, und Frau Fullman erzählte, die Mutter habe ständig irgendwelche Bitten und Wünsche geäußert und ihr immer noch Verhaltensvorschriften gemacht, als sie, die Tochter, die Fünfzig schon überschritten hatte. Sie selbst habe immer gedacht, sie müsse eben irgendwie mit der Mutter auskommen, um nicht ihre Mißbilligung auf sich zu ziehen. Die Zustimmung der Mutter zu dem, was sie tat, war absolut notwendig, besonders als die Patientin noch sehr jung gewesen war. Seit ihrer Heirat war sie allerdings längst nicht mehr so abhängig von der Mutter gewesen. Aber nachdem die Mutter nun gestorben war, empfand sie starke Schuldgefühle, weil sie sie in einem Altersheim untergebracht hatte, anstatt selbst für sie zu sorgen. Ihr schlechtes Gewissen, so meinte sie, habe wohl zu ihrer Depression noch beigetragen. Sie sagte auch, sie würde das Krankenhaus so gerne verlassen und nach Hause zurückkehren; andererseits erzählte sie dem behandelnden Arzt, Dr. B., seltsame Dinge – etwa daß ihr ihre Wohnung zuwider sei und sie sie am liebsten anzünden würde.

Gegen Ende der Sitzung sagte ich, meiner Meinung nach könnten wir uns sehr gut unterhalten, und ich würde dafür sorgen, daß sie regelmäßig mit einer Begleitperson vom Krankenhaus aus in meine Sprechstunde kommen könnte. Wenn ich sie erst besser kennen würde, dann würde ich ihr, sobald ich der Meinung sei, sie könne das Krankenhaus verlassen, dies sagen. Sie hörte aufmerksam, aber ungläubig zu. Ich hatte das Gefühl, sie »erreicht« zu haben, und war am Ende dieser ersten Sitzung überzeugt, schon sehr viel über meine neue Patientin zu wissen. Sie machte einen sehr unterwürfigen Eindruck auf mich und schien unfähig, sich durchzusetzen. Als sie ging, fiel mir wieder ein, daß ihr Mann allein auf eine Kreuzfahrt gegangen war und daß mich das irgendwie störte und ärgerte. Ich schob den Gedanken beiseite und hatte jetzt das Gefühl, es sei nicht sehr geschickt von mir gewesen, überhaupt über diese Sache zu scherzen. Die Patientin hatte vermutlich recht mit der Bemerkung, sie sei ja schließlich fast drei Jahre krank gewesen und Herr Fullman dürfe jetzt ruhig einmal Urlaub machen. Aber dann sagte ich mir wieder, daß es Frau Fullman also gelungen war, mich zu beeinflussen: Sie hatte so überzeugend gesprochen, daß selbst ich ihre grundsätzliche Unterwürfigkeit und Selbstbescheidung hingenommen hatte. Gewiß hatte ihr Mann ein Recht auf seinen Urlaub, aber mußte er ausgerechnet eine Kreuzfahrt auf der Aurora machen, dem Schiff, das Doris so gern mochte? War er nicht recht gefühllos? Ich erwähne diese Überlegungen, weil ich es für wichtig halte, auch den Nebengedanken nachzugehen, die dem Therapeuten schon während der ersten Sitzung kommen. Es war nicht zu übersehen, daß die Patientin einen gewissen Einfluß auf mich ausgeübt hatte, und ich hoffte, daß mir das gleiche auch bei ihr gelungen war.

Bisher habe ich mich nur mit unserem Gespräch beschäftigt. Ich erkannte aber an ihren langsamen Bewegungen und an ihrem ernsten und nahezu unbewegten Gesicht – auch wenn sich einmal ein winziges Lächeln gezeigt hatte, als ich den Versuch machte, sie aufzuheitern – wie auch an ihrem melancholischen Blick, daß ich es hier mit einer intensiven Depression zu tun hatte, und ich empfand den heftigen Wunsch, ihre geheimen Ängste kennenzulernen und ihr zu helfen. Ihre unterwürfige und willfährige Haltung lieferte mir bereits wertvolle Hinweise. Mir schien, daß ihr Fall meine Theorien mehr oder weniger bestätigte: Die Mutter war ihre »dominante Bezugsperson« gewesen, und ich mußte dieser Hypothese nur noch etwas weiter nachgehen. »Hüte dich«, so sagte ich zu mir selbst, »daß du diesen Fall nicht in dein vorgefaßtes Schema hineinzwängst.«

Zwischen der ersten und der zweiten Sitzung erhielt ich eine Reihe von Berichten aus dem Krankenhaus. Die Patientin war sehr deprimiert und inaktiv und hegte verstärkt Selbstmordgedanken. Ihr nächster Besuch in meiner Sprechstunde, bei dem sie wiederum von einer Pflegerin begleitet wurde, war ebenso aufschlußreich wie der erste. Sie sagte sogleich, sie sei sehr deprimiert. Sie habe das Gefühl, sie werde niemals wieder gesund werden, und sie sei ganz und gar mutlos. Schließlich sei sie ja, bevor sie ins Krankenhaus gekommen war, schon vierzehn Jahre lang in der Behandlung von Dr. N., einem Psychotherapeuten, gewesen, und es habe sich nichts gebessert. Die erste schwere Depression sei nach der Geburt ihres ersten Kindes eingetreten, als sie 32 Jahre alt gewesen war. Ich bat sie, mir von ihrer Kindheit zu erzählen. Sie sagte, sie habe zwei Brüder gehabt und stets mit ihnen um die Zuneigung der Mutter gewetteifert, ohne allerdings jemals sicher zu sein, ob sie sie auch erlangen könne.

Dann sagte sie, sie habe mit acht Jahren einen Unfall gehabt, aber mit den Einzelheiten dieser Geschichte würden wir vielleicht kostbare Zeit verlieren. Ich redete ihr zu, mir den Hergang zu schildern, und sie erzählte, daß sie eines Tages mit ihrem Bruder Richard gespielt hatte und schließlich in Streit mit ihm geraten war. In ihrem Ärger hatte sie mit einer Feder nach ihm geworfen, und die Feder hatte Richard am Auge verletzt. Er war sofort ins Krankenhaus gebracht worden, aber das Auge war nicht mehr zu retten gewesen. Doris berichtete, sie habe sich ihr Leben lang wegen dieser Sache schuldig gefühlt. Ich fragte, ob ihre Eltern sie beschimpft oder bestraft hätten, und sie verneinte dies. Die Eltern hatten die Sache sehr verständnisvoll aufgenommen, sie erkannten durchaus, daß sie das Unglück ja nicht beabsichtigt hatte. Sie war nicht nur nicht bestraft worden, sondern man hatte überhaupt nicht mehr über diese Sache gesprochen, um sie nicht damit zu belasten. Schließlich war sie ja noch ein Kind, und sie hatten gespielt, als das Unglück passierte. Meinem Eindruck nach fühlte die Patientin sich schuldiger, als sie jetzt zugab, und wir durften dieses Thema nicht gleich wieder fallen lassen, ohne uns wenigstens kurz mit den möglichen Implikationen dieses Unfalls zu befassen; aber es war offensichtlich, daß sie nicht bereit war, weiter über diese Geschichte zu sprechen, und so bestand ich nicht darauf. Ich sagte, ihr Bericht sei sehr wichtig gewesen, und wir würden später noch einmal in größerer Ausführlichkeit auf diese Sache zurückkommen. Ich wolle sie während ihres Krankenhausaufenthaltes regelmäßig einmal in der Woche sehen; nach ihrer Entlassung könnten wir dann vielleicht drei Sitzungen pro Woche vereinbaren. Sie kam von nun an regelmäßig einmal in der Woche zur Sitzung und wurde dabei immer von einer Pflegerin begleitet.

Auch die dritte Sitzung war bedeutsam. Sie sagte mir, sie habe Angst, niemals wieder gesund zu werden, weil sie nicht gesund werden wolle. Sie fühle sich hoffnungslos deprimiert und habe nicht den Wunsch zu leben. Sie empfinde für keinen Menschen etwas, nicht einmal für ihren Mann und die Kinder. Sie sei ja schon so niedergeschlagen gewesen, als ihr Sohn Walter vor 26 Jahren geboren worden war. Jede Frau sei doch wohl glücklich, einen Sohn zu haben, aber sie sei über die Geburt ihres Sohnes deprimiert gewesen. In ihrer Niedergeschlagenheit habe sie das Gefühl gehabt, sich gar nicht um das Kind kümmern zu können. Zugleich habe sie sich schuldig gefühlt, weil sie nun einmal keine gute Mutter sein konnte. Sie habe sich Walter gegenüber immer schuldig gefühlt, weil sie in dieser Weise auf seine Geburt reagiert hatte. Als die Zwillinge Elsie und Roberta auf die Welt kamen, habe sie versucht, das, was sie Walter schuldig geblieben war, an ihnen wiedergutzumachen. Aber auch was sie für die Töchter getan hatte, sei eben wiederum nicht aus Liebe, sondern nur aus Pflichtgefühl erfolgt.

Als sie das nächste Mal zur Sitzung kam, sagte sie wieder, sie sei sehr deprimiert. Nichts in ihr dränge sie, gesund zu werden. Sie habe sich überlegt, daß ich wohl ihren Mann angerufen hätte, der inzwischen von der Kreuzfahrt zurückgekommen sei, und ihm geraten hätte, sie für immer wegzuschaffen, vielleicht in ein staatliches Krankenhaus. Sie fühle sich vollkommen hoffnungslos. Ihr Familienleben sei wie ein emotionales Vakuum. Es ziehe sie nichts dorthin zurück, sie empfinde keine Zuneigung für Mann und Kinder. Sie habe ihre Familie niemals akzeptiert, und diese hätten auch sie, die Mutter, niemals akzeptiert. Nicht einmal die sexuellen Beziehungen mit ihrem Mann taugten etwas. Offensichtlich finde ihr Mann sie nicht begehrenswert; seit sie verheiratet seien, habe Andrew niemals von sich aus den Wunsch gezeigt, mit ihr zu schlafen, sondern immer nur, wenn sie die Initiative ergriffen habe.

Hier unterbrach ich sie und erklärte ihr, daß ich nach dem, was sie mir bis jetzt berichtet hatte, darauf schließen könne, daß sie ein Mensch sei, der niemals seinen eigenen Wünschen nachgegeben habe. Ja, sie höre nicht einmal auf ihre eigenen Wünsche; sie wisse nicht einmal, welcher Art diese Wünsche seien. Sie lebe für die anderen, aber das erfülle sie mit Groll, und deshalb habe sie das Gefühl, daß sie diese anderen nicht liebte. Sie lebe nur, um das zu tun, was die anderen ihrer Meinung nach von ihr erwarteten. So habe sie das Gefühl, auch die anderen liebten sie nicht, weil sie so viel von ihr erwarteten. Von jetzt an, so sagte ich, müsse sie auf ihre innere Stimme hören und auf ihre geheimen Wünsche achten, und ich würde ihr dabei helfen.

Ich bemühte mich, überzeugend zu sprechen, aber irgendwie erschienen mir meine Deutungen selbst etwas zu glatt; sie waren vielleicht im psychiatrischen Sinne korrekt, aber es fehlten ihnen die für diesen speziellen Fall zusätzlichen und bedeutsamen Dimensionen. Die Patientin sagte: »Aber wenn ich auf meine eigenen Wünsche höre, fühle ich mich schuldig. Ich fühle mich immer schuldig, schuldig, schuldig! Als ich fünf war, erzählte ich meiner Mutter, daß ein kleiner Junge meinen Rock hochgehoben und mich auf die Knie geküßt hatte. Meine Mutter sah mich geradezu angewidert an und sagte: ›Ich kann mir schon denken, was für eine Frau einmal aus dir werden wird.‹ Aber«, so fügte die Patientin hinzu, »ich empfand keinerlei Schuldgefühl, als der Junge mich auf die Knie küßte. Ich hätte die Sache völlig vergessen. Ich wußte ja überhaupt nichts von Sex. Später fühlte ich mich wegen jeder Sache schuldig, auch wegen der Worte, die meine Mutter damals über diesen Jungen verloren hatte, und wegen aller Dinge, die auch nur entfernt an Sex denken ließen.«

»Sie sagten, daß Sie sich erst später schuldig fühlten. Wann war das?« fragte ich. Die Patientin antwortete: »Ich weiß nicht.« Ich sagte: »Ich habe das Gefühl, Sie wissen es.« Die Patientin überlegte eine Weile und sagte dann: »Ich weiß, daß Sie das wissen. Jeder weiß es; aber niemand hat jemals die Wahrheit gesagt.« Sie begann zu weinen und sagte dann sehr laut: »Mein Bruder! Das Auge meines Bruders! Ich bin schuld, daß er das Auge verloren hat. Ich habe Ihnen neulich nicht erzählt, wie es gekommen ist. Wir spielten zusammen, aber dann fing er an mich zu quälen. Ich sagte ihm: ›Gleich schmeiße ich dir diese Feder ins Auge.‹ Und dann tat ich es. Die Feder verletzte das Auge tatsächlich. Es war Absicht, Herr Doktor. Ich erinnere mich, daß ich später dachte: Warum haben sie mich nicht bestraft? Sie haben es nicht getan; niemand hat mich auch nur gescholten. Aber ich erwartete Strafe; ich erwarte sie noch immer. Noch heute frage ich mich: Warum bestrafen sie mich nicht? Wenn ich andere Menschen ansehe, erwarte ich, daß sie mich bestrafen.«

»Und dann haben Sie das Gefühl, Sie müßten büßen, unterwürfig sein und gehorchen. Sie tragen noch immer eine schwere Last mit sich herum für das, was Sie damals als kleines Kind im Spiel Ihrem Bruder angetan haben. Sie haben ihm gesagt, Sie würden ihn am Auge verletzen, und dann ist das tatsächlich geschehen. Deshalb ist es so leicht für Sie, die Rolle des Schuldigen zu akzeptieren. Als das Unglück geschah, haben Sie sich sogar überlegt, was Sie möglicherweise schon vorher Schlimmes getan hatten, und Sie haben sich an die Geschichte mit dem Jungen erinnert, der Sie auf die Knie küßte, und an das, was Ihre Mutter dazu sagte.«

Beim nächsten Besuch berichtete Doris, sie fühle sich jetzt seit Jahren zum ersten Mal besser. Sie lächelte mich an und sagte, ich hätte ihr wirklich geholfen. Jetzt habe sie wieder Hoffnung. Meine Worte hätten ihr eingeleuchtet. Ich erinnerte sie daran, daß sie das letzte Mal ja den größten Teil der Unterhaltung allein bestritten, daß ich ihr aber geholfen hatte, die Bedeutung dessen zu erkennen, was sie mir erzählte.

In dieser und den folgenden Sitzungen (im Frühjahr 1967) enthüllte sie mir noch weitere Dinge, die ihr zu schaffen machten. Ihr Mann war ein sehr erfolgreicher Geschäftsmann, aber sie war als Frau, als Mutter und als Ehepartnerin nicht sonderlich erfolgreich. Tatsächlich hatte ein Bruder ihres Mannes das Geschäft aufgebaut, das jetzt von ihrem Mann geleitet wurde; aber dieser Bruder war dann gestorben, und ihr Mann, der zunächst sein Teilhaber gewesen war, hatte seinen Posten mit übernommen. Nach dem Tod ihres Schwagers hatte sie Mitleid mit ihrem Mann gehabt, der sehr traurig gewesen war, und gleichsam um ihn zu trösten und zu erfreuen, war sie im Alter von 32 Jahren, fünf Jahre nach ihrer Heirat, schwanger geworden. Tatsächlich hatte der Tod des Schwagers sie stärker deprimiert als ihren Mann.

In den folgenden Sitzungen war sie abwechselnd stärker und dann wieder weniger deprimiert. Einmal träumte sie, daß ihr Mann sie verlassen und eine sehr junge Frau geheiratet hatte. Einen ganzen Monat lang erzählte sie mir immer wieder, daß sie gewissermaßen zum Abladeplatz für alle möglichen Schuldgefühle geworden war: Schuldgefühle beim Tod des Schwagers, weil sie sich nicht um ihn gekümmert hatte; Schuldgefühle wegen der Empfindungen, die sie bei der Geburt ihres Sohnes gehegt hatte; Schuldgefühle beim Tod von Dorothy, einer Schwester ihres Mannes, die ihrem Bruder ihr Vermögen vermacht hatte, deren Tod sie aber herbeigewünscht hatte, weil Dorothy sich sehr befehlshaberisch und wie eine Schwiegermutter benommen hatte. Selbst zum Zeitpunkt ihrer Heirat war Doris sich nicht sicher gewesen, ob sie ihren Mann wirklich liebte. Er war zuvor mit einer anderen Frau verlobt gewesen. Diese Frau hatte das Verlöbnis Hals über Kopf aufgelöst und ihren Chef geheiratet. Herr Fullman war darüber sehr traurig gewesen. Doris hatte das Gefühl, daß sie vielleicht wiedergutmachen müsse, was eine andere ihm angetan hatte. Ich sagte: »Sie mußten für das büßen, was eine andere Frau getan hatte. Ihr Auftrag lautete, Ihren Mann glücklich zu machen, nicht so sehr, selbst glücklich zu werden.« In der nächsten Sitzung sagte sie, sie könne nicht ertragen, was ich ihr über ihre Ehe gesagt hatte; aber dennoch, es sei richtig, daß sie büßen müsse; sie habe

Schuldgefühle wegen vieler Dinge. Ich sagte ihr, daß sie ihre Situation sehr genau schildere. Sie habe nicht nur eine unterwürfige Haltung eingenommen, sondern fühle sich auch für die ganze Familie verantwortlich und für die ganze Familie schuldig.

In der nächsten Sitzung sagte sie, es gehe ihr viel besser; sie hatte in den letzten Tagen kein Schlafmittel nehmen müssen. Dann sah sie mich an und sagte fest: »Wissen Sie übrigens, Herr Doktor – wenn ich meinen Bruder damals mit dieser Feder ins Auge hätte treffen wollen, dann hätte ich das tausendmal versuchen können, und zwar ohne Erfolg. Es war ein unglücklicher Zufall, daß ich die Stelle wirklich getroffen habe.« Sie sah mich an und lächelte. Dann fügte sie hinzu: »Das hat man mir schon früher gesagt, und ich habe es nicht geglaubt. Aber jetzt glaube ich es. Ich konnte ja überhaupt nicht richtig zielen, aber ich habe zufällig die richtige Stelle getroffen.« Ich stand auf und sagte zu ihr: »Frau Fullman, jetzt haben Sie einen wirklichen Durchbruch geschafft. Sie sind auf dem Weg, die Last Ihrer Schuldgefühle loszuwerden, die Hauptursache Ihrer Depression. Ich sage Ihnen voraus, daß Sie das Krankenhaus Anfang Juni verlassen können.«

Und tatsächlich wurde Frau Fullman in den ersten Junitagen aus dem Krankenhaus entlassen, in dem sie fast drei Jahre lang gefangen gewesen war.

In den folgenden Monaten besserte sich der Zustand der Patientin langsam, aber stetig, und sie fand rasch wieder ins Leben zurück. Jetzt sprach sie sehr viel ausführlicher über ihre Ehe. In der Hochzeitsnacht hatte ihr Mann keinerlei Anstalten gemacht, mit ihr zu schlafen. Als sie ihn gefragt hatte, warum er keine Lust dazu habe, hatte er geantwortet: »Wir sind jetzt bis ans Ende unseres Lebens miteinander verheiratet. Warum diese Eile?« Sie war überzeugt, daß er recht hatte, und glaubte, es sei wohl irgendwie nicht richtig, daß sie soviel erwartet hatte. Schon ihre Mutter hatte sie als Kind davon überzeugt, daß sie allzusehr an sexuellen Dingen interessiert und daß Sex etwas Schmutziges sei.

In den fast dreißig Jahren ihrer Ehe hatte ihr Mann so gut wie nie von sich aus den Versuch gemacht, sich ihr zu nähern. Sie mußte die Initiative ergreifen, und dann war er bereit. Deshalb hatte sie das Gefühl, nicht begehrenswert und nicht anziehend zu sein. Aber auf den Fotos aus den ersten Jahren ihrer Ehe, die sie mir zeigte, machte sie einen sehr anziehenden Eindruck. Im weiteren Fortgang der Behandlung gelang es ihr allmählich, sich auch einmal über ihren Mann zu beklagen. Ihren Worten nach war er zu keinerlei romantischen Gefühlen fähig und zeigte niemals irgendwelche zärtlichen Gesten. Er gebrauchte keine zärtlichen Anreden, er hielt ihr nicht die Hand, wenn sie im Kino saßen, er kaufte ihr keine Blumen und nahm sie nicht in die Arme, bevor sie schlafen gingen. Sie wußte, daß die Familie ihres Mannes eher kühl veranlagt war und Herzlichkeit nicht zum Ausdruck bringen konnte. Seine Verwandten küßten und umarmten einander nie, aber wer weiß? Vielleicht war Andrew so kalt, weil er sie nicht liebte?

Andrew war von Haus aus wohlhabend, während Doris' Eltern als arme Einwanderer in einem Elendsviertel gewohnt hatten. Sie waren aus Rußland nach Amerika gekommen, als Doris elf Jahre alt gewesen war. Sie konnte sich noch an einen Onkel erinnern, der in Rußland geblieben war; er liebte seine Nichte sehr und stellte nicht ständig Forderungen an sie, wie ihre Mutter dies tat. Die Erinnerung an diesen Onkel war in ihr lebendig geblieben als etwas, das man hochhalten mußte.

Als sie heiratete, glaubte sie, sich aus der strengen Herrschaft ihrer Mutter befreien zu können. Statt dessen geriet sie unter ein neues Joch. Zunächst einmal hatte sie das Gefühl, daß alle Verwandten ihres Mannes, vor allem Dorothy, die reiche Schwägerin, sie wegen ihrer sozialen Herkunft nicht für voll nahmen. Sie mußte ständig besänftigen, begütigen, sich unterwerfen und ihren Geschmack wie ihre gesamte Lebensweise dem Stil der Fullmans anpassen. Außerdem glaubte sie, daß auch ihr Mann ihr überlegen sei und man alles für ihn tun müsse. Schließlich war er ein bedeutender Geschäftsmann und bekleidete eine ungewöhnlich hohe soziale Stellung. Er mußte stets gut gekleidet sein, man mußte ihn achten und um sein Wohl besorgt sein. Nach den Worten der Patientin war ihr Mann von sehr angenehmem Wesen und erfuhr allseits Bewunderung und Verehrung, während ihr selbst kein Mensch solche Gefühle entgegenbrachte. Sie war ein Fußabtreter – und noch dazu einer, der, wenn man nicht auf ihm herumtrat, allen Vorübergehenden zuzurufen schien: »Du hast vergessen, auf mir herumzutreten.«

Wir können inzwischen ein erstes Profil der Patientin entwerfen, bevor wir uns näher mit weiteren interessanten Aspekten dieses Falles beschäftigen. Weitaus deutlicher als bei den allermeisten Fällen von Depression spielte hier eine einzelne Episode aus der Kindheit der Patientin eine entscheidende Rolle, deren Folgen sich ein Leben lang auswirkten. Der Unfall, der den Bruder das Auge kostete, festigte in Doris eine Haltung, die von Schuldgefühl, Sühnebereitschaft und Unterwürfigkeit gekennzeichnet war. Sehr wahrscheinlich wäre es besser gewesen, wenn Doris gleich nach diesem Unglück bestraft worden wäre – nicht schwer, aber doch streng und mit erkennbar erzieherischer Absicht. Das Ausbleiben von Strafe bewirkte, daß sie stets und ständig die Überzeugung von ihrer Schuld und Schlechtigkeit mit sich herumtrug und deshalb ewig das Gefühl hatte, dafür büßen zu müssen. Niemand sprach davon, daß sie an dem Unfall schuld war, aber es lag so etwas wie ein Schuldspruch in der Luft, und sie fühlte, daß man von ihr erwartete, daß sie nun ganz besonders brav, willfährig und gehorsam sein würde. Ohne sich dies selbst einzugestehen, hielt sie sich für verpflichtet, ihre fürchterliche Tat zu sühnen. Doris' Mutter war eine äußerst anspruchsvolle, starre und perfektionistische Frau, die mit dem Zustand der Welt und mit der Art, in der die Dinge erledigt wurden, niemals zufrieden war – schon gar nicht, wenn Doris sie erledigte. Angesichts der Persönlichkeit der Mutter kann man mit großer Wahrscheinlichkeit annehmen, daß Doris depressive Züge auch dann entwickelt hätte, wenn das Unglück nicht geschehen wäre. Doris aber stellte unbewußt einen Zusammenhang zwischen dem Unfall und der Behandlung her, die ihr zunächst von ihrer Mutter und später dann von der Welt und vom Leben insgesamt zuteil wurde.

Ihr Leben wurde zu einer Art Beweis dafür, daß sie für das, was sie getan hatte, büßen konnte, und zu einer einzigen Anstrengung, von einer Mutter angenommen zu werden, die sie nicht annehmen wollte. Diese ihr Leben bestimmenden Gefühle verwandelten sich in äquivalente kognitive Konstrukte. So hatte sie in ihren jungen Jahren gelegentlich das Gefühl, sie sei einzig und allein zu dem Zweck auf der Welt, ihre Mutter zu erfreuen, weil die Mutter sie brauchte. Sehr bald wurde die Mutter zur dominanten Bezugsperson. Als Doris heiratete, glaubte sie sich von dieser dominanten Figur nun befreien zu können, aber es dauerte nicht lange, bis die Stellung der dominanten Bezugsperson dann von ihrem Mann eingenommen war. Es war ganz unmöglich, daß er jemals etwas falsch machte. Doris war unermüdlich besorgt, es ihm und seiner Familie nur ja recht zu machen. Diese Entwicklung nahm ihren Gang ungeachtet der Tatsache, daß Doris mit ihrer Betriebsamkeit und ihrer Begabung, mit neuen Situationen rasch fertigzuwerden, wenn sie nicht gerade depressiv war, einen beträchtlichen Anteil am beruflichen Fortkommen ihres Mannes hatte, indem sie geschäftliche Entscheidungen mittrug und den eigenen sozioökonomischen Aufstieg ohne Schwierigkeiten bewältigte.

Es ist interessant zu wissen, daß sie sogar gewisse Schwächen und neurotische Züge ihres Mannes zu eigenen Fehlern und Mängeln erklärte. Wie alle depressionsanfälligen Menschen neigte sie eher zur Introjektion als zum – entgegengesetzten – Mechanismus der Projektion. So glaubte sie trotz ihrer sexuellen Unausgefülltheit, ihre entsprechenden Wünsche seien zu stark und mithin vulgär und billig. Daß ihr Mann sich ihr in der Hochzeitsnacht nicht zuwenden wollte, war für sie ein eindeutiger Beweis dafür, daß sie nun einmal nicht anziehend und nicht begehrenswert war. Nie kam ihr der Gedanke, daß ein Mann, der sich in der Hochzeitsnacht in dieser Weise benimmt, vielleicht selbst sexuelle Schwierigkeiten haben könnte. Daß Herr Fullman tatsächlich sexuelle Schwierigkeiten hatte, wurde mir später bestätigt, als ich erfuhr, daß er nur dann erregt werden konnte, wenn Doris die Initiative ergriff. Dennoch deutete Doris dieses fehlende sexuelle Interesse als einen Beweis dafür, daß mit ihr (nicht etwa mit ihm) irgend etwas nicht in Ordnung war. Natürlich war auch mit ihr etwas nicht in Ordnung, wenn sie diese Situation einfach hinnahm.

Nach der Geburt ihres ersten Kindes litt sie an einer postpartalen Depression – der ersten schweren Depression ihres Lebens. Sie fühlte sich schuldig, weil sie glaubte, keine gute Mutter zu sein, und ihre Depression nahm zu. Die Geburt des Kindes brachte sie zu der Erkenntnis, daß sie sich mit einem Leben abfinden müsse, das darin bestand, andere Menschen zu erfreuen und zufriedenzustellen. Sie war schwanger geworden, um ihren Mann zu trösten, der zu diesem Zeitpunkt über den Tod seines Bruders trauerte. Die Mutterschaft bedeutete für Doris, daß sie nun unwiderruflich ein Leben als ergebene Hausfrau zu führen hatte, der die Sorge für ein letztlich unerwünschtes Kind aufgetragen war. Es war niemand da, der ihr erklärt hätte, wie es psychodynamisch zu ihrem augenblicklichen Zustand gekommen war, oder der ihr geraten hätte, den Umstand doch einfach hinzunehmen, daß sie das Kind nicht wollte und der Tag kommen werde, an dem sie es annehmen und lieben würde. Niemand befreite sie von den Schuldgefühlen hinsichtlich dessen, was sie nun einmal nicht verhindern konnte (siehe Kapitel 11).

Frau Fullman sah in mir als einer dominanten dritten Person einen Halt, und ich sagte ihr, daß sie eine Zeitlang diese Art der Beziehung akzeptieren müsse. Sie erkannte immer deutlicher, daß sie selbst erheblich dazu beigetragen hatte, daß sie die eigenen Wünsche verleugnet und sich in die Rolle des bußfertigen Sünders begeben hatte. Ich erklärte ihr, daß ihr Mann zwar einigermaßen rücksichtslos, aber doch nicht so dominant und anspruchsvoll sei, wie sie dies immer angenommen hatte. Sie selbst hatte ihn in die dominante Position hineingebracht, in der er ihre Mutter ersetzen sollte. Gewiß bereitete ihr Mann ihr mit seinem sexuellen Desinteresse großen Kummer, aber anstatt ihm zu einer Behandlung zu raten, war sie bereit zu akzeptieren, daß auch mit ihr in sexueller Hinsicht nicht alles stimmte.

Ich half Doris, mutig der eigenen Stimme Geltung zu verschaffen und weniger darauf zu sehen, ob die Mitmenschen ihr Verhalten billigten. Selbstverständlich brauchte sie im Augenblick meine Zustimmung, aber es gelang mir, meine Rolle zu verändern, nämlich von der dominanten dritten zur signifikanten dritten Person zu werden. Frau Fullman machte die typischen Veränderungen durch, wie wir sie bei Menschen beobachten, die aus einer tiefen Depression emportauchen. Zuzeiten war sie nun allzu selbstsicher, ja sogar zornig. Hin und wieder brachte sie ihre Meinung sehr brüsk zum Ausdruck und kränkte den einen oder anderen, den die Verwandlung ihrer Persönlichkeit erschreckte. Es war klar, daß sie in ihrer Depression rücksichtsvoller und höflicher gewesen war. In manchen Fällen war es schwierig zu sagen, ob ihr Zorn gerechtfertigt war, auf falschen Vorstellungen beruhte oder auf die Unfähigkeit zurückging, das neue Familienklima richtig einzuschätzen, nachdem ein wichtiges Familienmitglied sich nun so drastisch verändert hatte. Der nachstehend beschriebene bedeutsame Vorfall soll das verdeutlichen:

Als Doris aus dem Krankenhaus nach Hause kam, versuchte die ganze Familie sie aufzuheitern, und ihre Tochter Roberta machte im Scherz einmal eine Bemerkung über eine Frau namens Eloise, die den Vater während der Kreuzfahrt auf der Aurora »verfolgt« hatte. Diese Frau hatte ihm einmal ein Taschentuch geliehen, damit er sich die Stirn trocknen konnte, und unter Hinweis darauf rief sie eines Tages an und bat, Herrn Fullman sprechen zu dürfen. Doris regte sich sehr darüber auf und empfand heftige Eifersucht. Mann und Kinder bekamen ihre Verärgerung zu spüren. Herr Fullman versicherte ihr immer wieder, daß sie viel zuviel aus der Geschichte mache. Die Frau, so sagte er, sei eine ganz reizlose alte Jungfer, die gesehen hatte, daß hier ein Mann allein auf dem Schiff war, und die daraufhin den Versuch gemacht hatte, sich ihm anzuschließen. Vielleicht war ihm ihre Aufmerksamkeit nicht unangenehm gewesen, aber es war nichts geschehen. Einige Tage später fielen Doris beim Staubwischen ein paar Fotos in die Hände, die auf der Aurora aufgenommen worden waren und die Andrew immer neben der gleichen Frau in der Gruppe der Passagiere zeigten. Sie fragte ihn, ob diese Frau Eloise sei, und ihr Mann bejahte und sagte wiederum, ihre Eifersucht sei einfach absurd. Es sei überhaupt nichts gewesen. Doris gab sich zögernd mit dieser Darstellung zufrieden. Sie wußte, wie konservativ ihr Mann war, und war eigentlich überzeugt, daß es auf dem Schiff nicht zu einer intimen Begegnung gekommen war, aber die Aufmerksamkeit, die die beiden einander offensichtlich entgegengebracht hatten, machte sie wütend. Jetzt fühlte sie sich nicht länger deprimiert, sondern sehr zornig.

Einige Tage später kam es zur Explosion. Das Telefon läutete. Doris wußte nicht, daß ihr Mann den zweiten Hörer im Nebenzimmer bereits abgenommen hatte, und nahm ebenfalls ab. Eine weibliche Stimme sagte in triumphierendem Ton: »Hallo, Andrew, denkst du noch an die Aurora?« Das war alles. Doris warf den Hörer auf die Gabel und lief ins anstoßende Zimmer, wo Andrew nervös versuchte, das Gespräch so rasch wie möglich zu beenden. Die Telefonnummer der Fullmans stand nicht im örtlichen Fernsprechverzeichnis. Warum hatte Andrew Eloise die Nummer gegeben? Andrew sagte, er habe das eben in einem Augenblick der Schwäche oder der Gedankenlosigkeit während der Schiffsreise getan. Immer wieder versicherte er, daß zwischen ihm und Eloise nichts gewesen sei. Walter, Elsie und Roberta ergriffen Partei für ihn und sagten, die Mutter mache einen großen Wirbel um nichts. Diese Eloise sei ein unglückliches Wesen, das auf der Reise dringend Anschluß gesucht habe. Der Vater liebe nur sie, die Mutter. Alle Kinder und vor allem Roberta bemühten sich, ihr zu versichern, daß er ihr trotz ihrer Krankheit immer treu geblieben sei. Die Worte »trotz der Krankheit« machten Doris wütend. Sie dachte: »Ich habe drei Jahre im Krankenhaus verbracht, und niemand hat geglaubt, daß ich je wieder herauskäme. Wer weiß, was passiert wäre, wenn ich nicht bald nach Hause gekommen wäre? Wenn Dr. Arieti nicht schon angekündigt hätte, daß ich im Juni entlassen werden würde, und wenn er mir nicht geholfen hätte, herauszukommen, was dann? Dann würde jetzt Eloise hier leben.«

Ich schloß mich der Meinung der Kinder an, daß sie die ganze Geschichte viel zu sehr aufbausche. Vielleicht war Andrew die Aufmerksamkeit einer anderen Frau nicht unangenehm, aber wieweit er darauf einging, ist schwer zu sagen. Da ihm jedes aggressive Auftreten ja völlig abging, spricht alles dafür, daß es nicht zu Intimitäten gekommen war, aber gerade das reizte Doris nur um so mehr. Wenn sich doch wenigstens in sexueller Hinsicht etwas getan hätte! Aber Andrew war ganz der Alte – nur an platonischer Liebe und Gesellschaft interessiert. Und eine andere Frau konnte Doris leicht in dem ersetzen, was sie ihrem Mann bedeutete: nicht Sex und Liebe, sondern Gesellschaft. Die Episode war störend für Doris, weil sie ihrer Ehe insgesamt eine neue Perspektive verlieh und sie zum ernsthaften Nachdenken zwang. Was konnte sie jetzt, an der Schwelle des Alters, tun, wenn sie kein Vertrauen mehr zu Andrew hatte? Ich sagte ihr, daß sie eine ganze Menge tun könne. Sie sollte einerseits versuchen, ihre Ehe zu verbessern, andererseits von ihrem Mann unabhängiger werden und sich stärker auf die eigenen inneren Kräfte verlassen. Das tat sie denn auch: nach der Entlassung aus dem Krankenhaus nahm sie keine Beruhigungsmittel und keine antidepressiven Medikamente mehr ein. Sie gewann noch andere Schlachten. Früher war sie Kettenraucherin gewesen; nun gab sie das Rauchen vollkommen auf.

Wie ich schon sagte, gab sie sich manchmal allzu selbstsicher. Früher war sie ihren Angehörigen schwach und zerbrechlich erschienen, jetzt kam sie ihnen vor wie der Fels von Gibraltar, und diese neue Haltung war ihnen ein Ärgernis. Roberta sagte oft, sie sei »allzu stark psychoanalysiert«. Aber Doris war auf die uneingeschränkte Zustimmung ihrer Mitmenschen nicht mehr angewiesen. Sie war zur autonomen Befriedigung imstande.

Die Behandlung wurde fortgesetzt, hauptsächlich um zu verhindern, daß jede kleine Enttäuschung einen Rückfall in die Depression verursachte. Es ist ja nur allzu leicht, wieder in eine Verfassung zu geraten, die das bisherige Leben eines Menschen so weitgehend bestimmt hat. Doris aber war allmählich fähig, zwischen Enttäuschungen einerseits und Traurigkeit bzw. Depression andererseits sehr wohl zu unterscheiden. Auch ihre Einstellung gegenüber ihrer Ehe wandelte sich. Sie erkannte, daß sie selbst nur zu bereitwillig die Rolle des unterwürfigen Partners übernommen, ihren Mann in die Position der dominanten Bezugsperson gebracht und sich mit dem patriarchalischen Charakter der Gesellschaft abgefunden hatte.

Von Anfang an war mir klar gewesen, daß es – angesichts von Doris' Alter bei Beginn der Behandlung und angesichts der Tatsache, daß sie seit ihrem 32. Lebensjahr nahezu ununterbrochen in einem depressiven Zustand gewesen war – kaum möglich sein würde, sämtliche Schwierigkeiten zu beseitigen oder alle frühen negativen Eindrücke zu tilgen, unter denen sie soviel zu leiden hatte. Mir war auch klar, daß wir in einigen Bereichen nicht mehr als einen erträglichen Kompromiß erreichen würden.

Immerhin übertraf das Ergebnis diese Erwartungen. Doris war jetzt stolz darauf, drei nette und tüchtige Kinder zu haben, die in nicht allzu ferner Zeit selbst Eltern sein würden. Nachdem die schwere Depression verschwunden war und Doris gelernt hatte, der eigenen Stimme Geltung zu verschaffen, konnte sie auch zeigen, daß sie von außergewöhnlicher Intelligenz war, ein feines Gespür für andere Menschen besaß und überhaupt viel von der Beziehung der Menschen untereinander verstand. Sie war auf vielen Gebieten bewandert und beeindruckte ihre Zuhörer durch ihre originellen und gelegentlich überraschend humorvollen Bemerkungen. Ein Beispiel sei hier angeführt: »Ich kann sagen, daß mein Leben bisher ungewöhnlich interessant verlaufen ist. Ich habe drei Dinge erlebt, die ich mir auch in meinen kühnsten Träumen nicht hätte vorstellen können: Erstens habe ich die Gründung des Staates Israel erlebt; zweitens habe ich mit eigenen Augen im Fernsehen verfolgt, wie Menschen den Mond betraten; und drittens habe ich eines Tages den Telefonhörer abgenommen und am anderen Ende eine weibliche Stimme zu meinem Mann sagen hören: ›Hallo, Andrew, denkst du noch an die Aurora?‹«

An diesem Punkt begann ich meine Notizen für diesen Bericht zusammenzustellen, und glaubte, der Fall sei beendet. Doris war neun Jahre lang frei von Depressionen gewesen. Sie machte zunehmend Gebrauch von allen Möglichkeiten, die das Leben ihr bot, und schien zufrieden und ausgefüllt. Jetzt, nach neun Jahren, erkrankte sie schwer an einer Gürtelrose, die ihr quälende Schmerzen bereitete. Wenig später hatte sie beim Stuhlgang häufig Blutungen. Alle Anzeigen deuteten darauf hin, daß sie an Darmkrebs litt. Sie unterzog sich allen möglichen Untersuchungen, und die Fachärzte kamen zu dem Schluß, daß sie an einem seltenen, aber gutartigen Tumor litt, der keine Behandlung erforderte, aber hin und wieder Blutungen mit sich brachte. Doris verfiel wieder in die Depression. Die Behandlung mußte von neuem aufgenommen und jetzt noch intensiver als früher gestaltet werden. Anfangs glaubte sie, daß die Ärzte ihr nicht die Wahrheit sagten und ihr die wirkliche Diagnose verschweigen wollten. Schließlich ließ sie sich davon überzeugen, daß ihre Krankheit nicht bösartig war, aber die tiefe Depression hielt mehrere Monate an.

Es stellte sich heraus, daß sie bei Ausbruch der Krankheit geglaubt hatte, ihr Leben sei nun zu Ende, und sie hatte das Gefühl, das Leben nicht voll ausgekostet zu haben. Ein Jahr zuvor hatte sie übrigens ein warnendes Anzeichen in Form einer nur wenige Minuten währenden depressiven Verstimmung verspürt. Damals hatte sie sich zusammen mit ihrem Mann auf einer Kreuzfahrt befunden und plötzlich festgestellt, daß das Schiff nicht so schön war wie die Aurora. Sie hatte sich gefragt: »Habe ich dafür gelebt?« und sich sehr unglücklich gefühlt. Es war ihr gelungen, die wenigen Augenblicke der Depression zu überwinden, aber als sie dann körperlich krank wurde, konnte sie nicht länger Widerstand leisten. Die alten Gefühle überkamen sie von neuem. Sie glaubte sich verloren und unfähig, irgend etwas zu unternehmen; sie war wie leblos. Alle ihre Komplexe oder kognitiven Konstrukte, von denen ich gehofft hatte, sie seien soweit geschwächt worden, daß sie sie nicht wieder in Unruhe versetzen könnten, waren wieder da. Wir mußten von neuem ihre ganze Lebensgeschichte durcharbeiten. Alle ihre pathogenen kognitiven Konstrukte waren, wie sich jetzt herausstellte, durch die frühere Behandlung nicht ausgelöscht, sondern nur geschwächt worden und konnten in Augenblikken der besonderen psychischen Belastung von neuem an die Oberfläche kommen. Doris' Beziehung zu mir als ihrem Therapeuten war zwar gut, aber zunächst hatte ich doch große Schwierigkeiten, wieder die Rolle des signifikanten Dritten einzunehmen. In gewisser Weise war Doris von mir enttäuscht, weil sie an mich geglaubt hatte und nun nach neun Jahren doch wieder krank geworden war. Die Sitzungen erfolgten in sehr kurzen Abständen. Wir benutzten ein Tonbandgerät, so daß die Patientin sich den Inhalt jeder Sitzung im Laufe des Tages noch einmal anhören konnte.

Am Ende waren alle kognitiven Konstrukte, die wir erneut hatten durcharbeiten müssen, verändert und ihrer krankmachenden Wirkung einigermaßen entkleidet worden. Doris war nun etwa 69 Jahre alt, aber es gelang ihr, wieder Vertrauen zu fassen und Hoffnung zu schöpfen, daß das Leben auch in ihrem Alter noch lebenswert sei. Sie begriff, daß sie in ihrem tiefsten Innern nicht wirklich geglaubt hatte, das Leben sei sinnlos – sie wäre ja nicht depressiv geworden, wenn sie dies wirklich geglaubt hätte. Das Leben war im Gegenteil sehr wichtig für sie. Sie war in die Depression verfallen, weil sie annahm, daß sie sehr krank war und möglicherweise sterben würde, ohne ihr Leben wirklich voll und ganz bejaht zu haben. Der Dampfer, der nicht so schön war wie die Aurora, stand für ein langweiliges und sinnloses Leben; aber jedes Leben ist erstrebenswert, wenn der Mensch es entsprechend gestaltet. Ich sagte ihr, daß sie sich damit abfinden müsse, für einige Monate wieder von mir abhängig zu sein. Als wir ihre Lebensgeschichte erneut miteinander durchgingen, kam sie zu der Erkenntnis, daß ihr Leben als erwachsene Frau zwar schwierig gewesen war, ihr aber nicht nur ihre Schwächen, sondern auch ihre Stärken und Vorzüge vor Augen geführt hatte. Anstatt sich darauf zu konzentrieren, wie unglücklich sie gewesen war, richtete sie ihr Augenmerk jetzt auf die kleinen täglichen Fortschritte. So konzentrierten wir uns bei der Behandlung dieser letzten Attacke nicht mehr allein auf die erneute Beschäftigung mit der Vergangenheit, sondern auch auf eine ins einzelne gehende Betrachtung ihres gegenwärtigen Lebens.

Wir stellten fest, daß die inzwischen eingetretenen körperlichen Beschwerden natürlich eine sehr wichtige und unvorhersehbare Rolle bei dem Rückfall in die Depression gespielt hatten. Sie hatte auch darin wieder die Vergeltung für ihre angebliche Schuld gesehen; sie sollte sterben, ohne an ein wirkliches Ziel gelangt zu sein und ohne die Erfüllung in einer wahren Liebe gefunden zu haben.

Inzwischen geht es Doris wieder gut. Ihr Mann, der sich übrigens auf ihren Vorschlag hin die Tonbänder der einzelnen Sitzungen ebenfalls angehört und viel daraus gelernt hat, steht ihr heute viel näher und ist auch sehr viel mitteilsamer geworden. Er hat wohl auch einige seiner Hemmungen abgelegt. Es ist niemals zu spät.

■ ■ ■ Henry Tusdori ■ ■ ■

Der Arzt Dr. Henry Tusdori war 47 Jahre alt, als er um Behandlung wegen einer Depression bat, die bereits seit sieben Jahren bestand. Als Mediziner hatte er sich natürlich selbst alle möglichen Antidepressiva beschaffen können, aber sie hatten keine Besserung seines Zustandes gebracht. Vor kurzem war die Krankheit sogar schlimmer geworden, und er hatte sich überlegt, ob er nicht lieber ins Krankenhaus gehen sollte. Die Verschlechterung war nach seiner Scheidung eingetreten. Phyllis, seine geschiedene Frau, hatte es nach seinen Worten nicht mehr mit ihm ausgehalten, weil er ein mutloser und geschlagener Mann war. Nach der Scheidung fühlte er sich einsam und ungeliebt. Er hatte zwar schon wieder eine Freundin namens Peggy, die sehr an ihm hing, aber es lag ihm nicht allzuviel an ihrer Zuneigung. Er hatte das Gefühl, daß sie sich nur deshalb für ihn interessierte, weil er Arzt war und ihr seine geistige Überlegenheit wie seine materiellen Verhältnisse Eindruck machten. Er trauerte noch immer seiner ehemaligen Frau nach, die seiner überdrüssig geworden war und ihn verlassen hatte. Sie hatte gewußt, wie man liebt – er wußte es nicht; sie vermochte sich durchzusetzen – er vermochte es nicht. Andererseits hatte er immer gewollt, daß Phyllis sich allen seinen Wünschen fügte, was sie aber nicht getan hatte.

Henry Tusdori galt unter seinen Kollegen als außerordentlich tüchtiger Dermatologe und war auf diesem Gebiet mit einigen aufsehenerregenden Veröffentlichungen hervorgetreten; dennoch behauptete er, daß er keine Freude an seinem Beruf habe. In den vergangenen zwei oder drei Jahren hatte die Arbeit ihn nicht mehr recht befriedigt, er hatte Patienten verloren und war im Grunde entschlossen, seinen Beruf aufzugeben. Er empfand eine unendliche Ernüchterung und Unzufriedenheit und war nicht willens, irgendeine seiner Unternehmungen zu Ende zu führen. Er fragte sich, ob es sich überhaupt lohne zu leben.

Schon kurz nach Beginn der Behandlung ließ er durchblicken, daß er keineswegs gerne Dermatologe gewesen sei, sondern immer davon geträumt hatte, ein berühmter Schriftsteller zu werden. Seit seiner Schulzeit verbrachte er täglich mehrere Stunden damit, Erzählungen und Gedichte zu verfassen, aber die Verleger hatten seine Manuskripte immer zurückgewiesen. Er besaß durchaus Talent zum Schreiben, aber er konnte seine literarischen Ambitionen nicht genügend pflegen, weil seine ärztliche Tätigkeit ihn stark in Anspruch nahm. Manchmal träumte er allerdings noch immer davon, eines Tages den Nobelpreis für Literatur zu gewinnen.

Dieser Mann lebte für das dominante Ziel, ein weltberühmter Autor zu werden. Alles andere in seinem Leben war diesem Ziel untergeordnet. Dabei vernachlässigte er nicht nur gelegentlich seine ärztlichen Aufgaben und Verpflichtungen; auch seine Beziehungen zu Frauen ließen viel zu wünschen übrig. Frauen zählten für ihn nur soweit, als sie seine literarischen Bestrebungen unterstützten. Phyllis und dann später Peggy mußten seinen Deklamationen bis spät in die Nacht hinein lauschen und ihm immer wieder versichern, daß er eines Tages zum Erfolg gelangen würde. Wenn sie protestierten oder nicht auf seine Wünsche eingehen wollten, wurde er zornig. Er war niemals wirklich gewalttätig geworden, aber er erzählte, daß er ein paarmal seine aggressiven Impulse kaum hatte zügeln können. Selbstmordgedanken stellten sich immer dann ein, wenn er zu dem Schluß kam, daß er als Autor wie als Arzt eigentlich nichts tauge.

Henry wurde in Italien geboren. Als er vier Jahre alt war, brachten seine Eltern ihn zu Freunden, die in einer entfernten Stadt lebten. Der Vater war ein bekannter Antifaschist, die Eltern fühlten sich von den Faschisten bedroht und wollten ihr Kind in Sicherheit wissen. Henry konnte die Zusammenhänge natürlich noch nicht begreifen, er fühlte sich ganz einfach bestraft – fortgeschickt, weil er böse gewesen war. Später lebte die Familie wieder zusammen, und Henry tat, was in seinen Kräften stand, damit Mutter und Vater ihn niemals wieder »zurückweisen« mußten. Die Mutter und noch mehr der Vater sprachen ihm gegenüber immer wieder davon, daß er ein »bedeutender Mann« werden müsse, sie machten Bemerkungen über seine Intelligenz und weckten hochfliegende Pläne in ihm.

Da Henry sich zwischen seiner literarischen und seiner ärztlichen Tätigkeit gewissermaßen zerteilen mußte, erreichte er die hohen Ziele nicht, die er angestrebt hatte. Er war zwar im Alter von zwanzig Jahren mit seinen Eltern in die Vereinigten Staaten ausgewandert, aber der damit verbundene Wechsel der Sprache tat seinen schriftstellerischen Bemühungen keinen Abbruch. Er sprach sehr gut Englisch, dennoch erreichte er sein Ziel nicht. Als Arzt genoß er dagegen immer einen besonders guten Ruf. Die Liebe seiner Eltern bzw. die Liebe von Menschen, die später an deren Stelle traten, glaubte er sich allerdings nur dadurch verdienen zu können, daß er es als Schriftsteller zu etwas brachte. Im Grunde brauchte er die Liebe einer Frau sehr dringend, aber das dominante Ziel, die Verwirklichung seiner literarischen Ambitionen, hinderte ihn daran, zu einer echten und intimen Beziehung mit einer Frau zu gelangen. Solange seine Konflikte nicht durchgearbeitet und zum großen Teil gelöst waren, quälte Henry sich weiterhin mit Enttäuschungen herum und nährte weiter seinen Haß auf den ärztlichen Beruf.

Im Verlauf der Behandlung schraubte er seine literarischen Ambitionen schließlich herunter. Er akzeptierte sich als einen Menschen von eigenem Wert, wenn das auch nicht hieß, daß noch ein zweiter Dostojewski aus ihm werden würde. Es bedeutete ihm allmählich immer mehr, ein tüchtiger und geschickter Arzt zu sein, der vielen Menschen helfen konnte. Auch konnte er seine ungewöhnliche Intelligenz und seine inneren Ressourcen nun auf viele andere Lebensbereiche anwenden. Seine Beziehung zu Peggy besserte sich erheblich, da er sie jetzt als einen Menschen mit eigenen Rechten betrachtete, als ein Wesen, das ihm zwar herzlich zugetan war, aber nicht als Objekt behandelt werden wollte, nur um geliebt zu werden. Henry behielt die Schriftstellerei zu seinem Vergnügen auch weiterhin bei. Er erkannte, daß ihm der Arztberuf ja nicht aufgezwungen worden war; er hatte ihn selbst gewählt, und dies nicht nur, um sein Auskommen zu haben. Die literarische Tätigkeit verlor etwas von ihrer Wichtigkeit für ihn, weil er allmählich erkannte, welche Rolle sie in seinem Leben gespielt hatte. Mit anderen Worten, er begriff, daß er mit der Wunschvorstellung, ein großer Schriftsteller zu werden, versucht hatte, den Verlust wiedergutzumachen, den er damals in seiner Kindheit glaubte erlitten zu haben. Die Suizidvorstellungen blieben aus, und er verschwendete keinen Gedanken mehr an eine Aufnahme ins Krankenhaus. Gelegentlich litt er noch unter leichten depressiven Verstimmungen, wenn er an die größte Hoffnung seines Lebens dachte. Dieses dominante Ziel war so fest in seinem Innern verwurzelt, daß sich gewisse Vorstellungen in diesem Zusammenhang nicht vollständig auslöschen ließen.

■ ■ ■ ■ 11. Die postpartale Depression ■ ■ ■ ■

■ ■ ■ Einleitende Bemerkungen ■ ■ ■

Wir haben in Kapitel 3 gesehen, daß nach einer Entbindung so gut wie alle Arten psychiatrischer Störungen auftreten können. Viele Autoren sind der Meinung, daß diese Zustände sich durch keinerlei Spezifität auszeichnen: Die Entbindung wird nur insofern zum auslösenden Faktor, als sie die Widerstandskräfte der Wöchnerin schwächt.

Nun ist die Geburt eines Kindes für die Mutter aber zweifellos ein sehr bedeutsames Geschehen und läßt sich nicht in der gleichen Weise betrachten wie ein »gewöhnlicher« auslösender Faktor. Die Geburt kann sehr wohl ein Geschehen sein, das durch seine nur ihm eigenen Merkmale geeignet ist, einen psychiatrischen Zustand in der Patientin auszulösen. Möglicherweise bewirkt kein anderes Ereignis, weder in dieser besonderen Lebensperiode der Patientin noch zu einem früheren oder späteren Zeitpunkt, einen ähnlichen Zustand.

Meine Beschäftigung mit den schizophrenen Psychosen, wie sie im Anschluß an eine Entbindung auftreten können, hat mich von der »psychogenen« Bedeutung der Geburt eines Kindes überzeugt (Arieti 1974). Die Beschäftigung mit den postpartalen Depressionen veranlaßt mich zu ähnlichen Schlüssen.

Zilboorg (1928, 1929) hat als einer der ersten Forscher auf diesem Gebiet die postpartalen Zustände aus psychodynamischem Blickwinkel betrachtet. Er liefert zu diesem Thema allerdings ausgesprochen orthodoxe Interpretationen. Nach Zilboorg leidet die Mutter an einem Kastrationskomplex und sieht in dem Kind »vor allem anderen den Wert eines ihr verlorengegangenen männlichen Organs«. Außerdem betrachtet sie ihre mütterliche Bindung an das Kind als unzureichend und wendet sich deshalb einem eher maskulinen Verhalten zu.

Ganz im Gegensatz zu dieser Behauptung habe ich bei Frauen, die nach der Entbindung an psychiatrischen Komplikationen litten, nur selten ein Wiederaufflackern schlummernder homosexueller Tendenzen beobachten können.

Zilboorg (1931) hat auch als einer der ersten Autoren depressive Zustände beschrieben, wie sie im Anschluß an die Geburt eines Kindes sowohl beim Vater als auch bei der Mutter auftreten können, und solche Zustände in erster Linie als die Wiederbelebung der inzestuösen ödipalen Bindung an den andersgeschlechtlichen Elternteil interpretiert. Ich habe im Jahre 1959 geschrieben, daß die Geburt eines Kindes, das die Eltern sich ausdrücklich gewünscht hatten, bei beiden Eltern eine Depression auslösen kann. Wörtlich heißt es: »Bei manchen jungen Vätern sorgt die Geburt eines Sohnes für eine Wiederbelebung des Traumas der Verdrängung durch einen neuen Bruder bzw. eine neue Schwester. In diesen Fällen trifft man auf unbewußte Phantasien bezüglich der verlorenen Brust (denn jetzt erfreut sich das Baby der Brust der Mutter-Ehefrau). Es ist interessant, daß die Geburt des Kindes eine schizophrene Psychose nur bei der Mutter auszulösen vermag, wohingegen sie depressive Attacken bei den Vätern ebenso häufig wie bei den Müttern hervorruft« (Arieti 1959). Heute möchte ich dem hinzufügen, daß meiner Meinung nach von depressiven Zuständen, wie sie im Anschluß an die Geburt eines Kindes auch bei Vätern auftreten können, seltener berichtet wird als von den entsprechenden Zuständen bei den Müttern, und zwar aus zwei Gründen: Zum einen kommt es vielen Autoren gar nicht in den Sinn, einen Zusammenhang zwischen der Depression des Vaters und der Geburt des Kindes zu erkennen; zum zweiten sind die väterlichen Depressionen im allgemeinen sehr viel weniger schwer als diejenigen der Mütter. Weiter kann ich aus heutiger Sicht hinzufügen, daß es bei den Vätern zwar sehr viel häufiger zur Depression kommt, wenn ihnen ein Sohn geboren worden ist, daß Depression aber auch durch die Geburt einer Tochter ausgelöst werden kann.

Wainwright (1966) schildert zehn Fälle von Vätern, die nach der Geburt eines Kindes im psychiatrischen Sinne erkrankten; in sieben dieser Fälle war das Kind ein Sohn. Bieber und Bieber (1977) berichten über verschiedene Arten postpartaler psychiatrischer Zustände bei Müttern wie bei Vätern. Bei den Frauen stellten sie häufig fest, daß die Patientin Angst hatte, eine von Konkurrenzdenken geprägte Feindseligkeit bei ihrer Mutter zu erwecken, und sich folglich auch davor fürchtete, ebenso viele Kinder wie ihre Mutter zu bekommen. Wenn die schwangere Frau daran dachte, daß sie mit dem jetzt erwarteten Kind genauso viele Kinder haben würde wie ihre Mutter, dann wuchs ihre Angst so stark, daß sie einen ernst zu nehmenden psychiatrischen Zustand auszulösen vermochte.

■ ■ ■ Psychodynamische Entwicklungen ■ ■ ■

Ich zitiere hier eigene Ausführungen zum Thema der postpartalen schizophrenen Psychosen:

> »Je eingehender wir den einzelnen Fall unter psychodynamischen Vorzeichen betrachten, desto deutlicher erkennen wir, daß das Erlebnis, ein Kind zur Welt gebracht zu haben, eine Episode von solcher Tragweite war, daß damit eine vollständige psychische Neuorientierung von seiten der Patientin notwendig wurde. Chertok

(1969) schreibt, daß Mutterschaft so etwas wie eine Integrationskrise innerhalb der psychosexuellen Entwicklung der Frau darstellt. Die Übernahme der Mutterrolle bedeutet auch eine Wiederbelebung jener ›Strukturierungskonflikte‹, die die Entwicklung der Mutter geprägt und ihre Identifikationen geformt haben. Chertok fügt hinzu, daß ›die Entbindung das Ende – zumindest ein vorläufiges Ende – dieser Krise und häufig auch ihren Kulminationspunkt darstellt. Die Art, wie sie erfahren wird, hängt von der gesamten Vorgeschichte der Frau ab; zugleich steht sie unter dem Einfluß der Ungewißheiten eines wichtigen Augenblicks und kann eine direktive Wirkung auf die Zukunft haben.‹ Diese Worte passen sogar noch besser auf Frauen, die nach einer Entbindung psychiatrische Zustände entwickeln. Ich glaube, daß die Wiederbelebung der ›Strukturierungskonflikte‹ hin und wieder ganz zwangsläufig zu psychopathologischen Entwicklungen führt. Das pathologische Moment ist das Ergebnis des Wechselspiels zwischen den Konflikten der Patientin und den Abwehrmechanismen, die sie errichten kann. Die Entbindung war also ein ganz wesentlicher Faktor in der Entstehung der Störung« (Arieti 1974).

Was Chertok als Krise bezeichnet, ist das Eintreten einer gewissen – klinisch faßbaren und bewußt empfundenen – Instabilität innerhalb eines Gleichgewichtes, wie es zuvor dank der Tatsache bestanden hatte, daß die Mutter sich in ihrem Leben ja nach bestimmten Mustern »eingerichtet« hatte.

Das Baby, der kleine Eindringling, wird für die verletzliche und sehr sensitive Mutter und, wie wir gesehen haben, auch für den Vater zum »großen Eindringling«, der imstande ist, das bisher vorhandene labile und stets gefährdete Gleichgewicht zusammenbrechen zu lassen. Es ist jetzt hier, in Fleisch und Blut gegenwärtig, es ist endlich angekommen und läßt sich nicht zurückschicken. Vor seiner Ankunft dachte man daran wie an einen vagen Traum, an die bevorstehende wünschenswerte Bereicherung der Familie, an etwas, das man lieben, hegen und pflegen würde; aber jetzt sieht man in ihm eine Bedrohung oder den Zerstörer einer Illusion, häufiger sogar beides.

Wie kommt es, daß man das Kind so betrachtet? Wir wollen hier zunächst die Depression des Vaters behandeln, die sehr viel eher zu begreifen ist. Wir sagten schon, daß sie in der Regel weniger schwer ist. Der Vater durchlebt im allgemeinen jenes Trauma noch einmal, das ihm widerfuhr, als er selbst ein Kind war und die Ankunft eines weiteren Kindes in seiner damaligen Sicht der Dinge für ihn den teilweisen oder vollständigen Verlust der mütterlichen Liebe mit sich brachte. In der Mehrzahl der Fälle hat die Mutter (die Großmutter des jetzt geborenen Kindes) ihre Liebe gar nicht vom Patienten (dem Vater des Kindes) abgezogen, der Patient hat aber die Ankunft des neuen Geschwisters in dieser Weise interpretiert, und zwar aus Gründen, die erst im Verlauf der psychotherapeutischen Behandlung ans Licht geholt werden müssen. Wir sagten schon, daß viele Väter sich die Szene wieder vor Augen führen können, wie die Mutter das Neugeborene nährte. Zugleich mit diesen Erinnerungen können sie auch jene Phantasien wiederbeleben, in denen sie das neue kleine Kind nicht so sehr als Eindringling, sondern als einen Dieb betrachteten, der die Liebe und die Brust der Mutter gestohlen hatte. Diese Phantasien waren oft von Zorn, Rachegelüsten und Schuldgefühlen begleitet.

Jetzt ist der Patient in ähnlicher Weise bedroht. Entgegen der Stimme der Vernunft sieht er in seinem eigenen Kind den Usurpator, der ihm die Liebe seiner Frau stehlen will. Aber damit nicht genug: Das Baby wird beweisen, daß er, der Vater, der Liebe gar nicht würdig ist – etwas, was er übrigens schon immer geargwöhnt hat. Damit verliert der Vater ein annehmbares Selbstbild, und zugleich kommt es zu einer ganz irrationalen und vollständig unbewußten Neubewertung der eigenen Person, die in katastrophalem Ausmaß negativ ausfällt. In der Regel ist die Depression nicht sehr schwer; der Patient kann die Dinge verbalisieren und mit Hilfe des Therapeuten das in sein Bewußtsein zurückholen, was bisher unterdrückt war. Er kann auch wieder Zuversicht schöpfen, was die Liebe seiner Frau zu ihm angeht. Natürlich gibt es innerhalb dieses Schemas erhebliche Abweichungen. Bei manchen Patienten bildet zum Beispiel das frühere Trauma, das sie bei der Geburt eines Bruders oder einer Schwester erlitten, den wesentlichen lebensgeschichtlichen Faktor; bei anderen ist es die unsichere Beziehung zur eigenen Frau.

Depressionen der Mutter nach der Entbindung sind weitaus komplizierter. Ganz unerwartet entwickelt sich hier gewissermaßen ein spannendes Drama. In der Regel sind vier Mitspieler beteiligt: die Mutter, das Baby, der Ehemann und die Mutter der Patientin (die Großmutter des kleinen Kindes). In seltenen Fällen spielt auch der Vater der Patientin, der Großvater des kleinen Kindes also, eine Rolle. Der unerfahrene junge Therapeut neigt zunächst zu der Annahme, daß das Baby und der Mann der Patientin eine besonders wichtige Rolle spielen, und das tun sie ja auch wirklich, aber in der Mehrzahl der Fälle kommt dem Part, den die Mutter der Patientin dabei innehat, fast noch mehr Bedeutung zu. In den meisten Fällen, die mir bekannt geworden sind, war die dominante Bezugsperson nicht der Ehemann und nicht das Baby, sondern die Mutter der Patientin. Ich habe schon erwähnt, daß Bieber und Bieber (1977) einen häufig auftretenden dynamischen Faktor in der Furcht der Patientin entdeckten, in Konkurrenz mit ihrer Mutter zu geraten, was die Zahl der jeweiligen Kinder angeht. Ich glaube, wir können im Zusammenhang mit dieser Erscheinung von einer Art Niobe-Komplex sprechen. Niobe, Königin von Theben und Tochter des Tantalus, prahlte mit ihrer Fruchtbarkeit und sagte, daß die Göttin Leto ja nur zwei Kinder habe. Darüber gerieten Letos Kinder, Apollo und Artemis, in Zorn und töteten alle Kinder der Niobe. Auch Zeus beteiligte sich an der Rache und verwandelte Niobe in ein steinernes Bild, das unaufhörlich weinte – ein Abbild des depressiven Stupor. Die Biebersche Patientin spürt, daß sie dabei ist, der Mutter ihre Überlegenheit zu beweisen, und – so möchte ich sagen – daß sie ähnlich wie Niobe bestraft wird.

Nach meiner Erfahrung stellen allerdings Patientinnen, wie sie von Bieber und Bieber geschildert werden, nur einen kleinen Prozentsatz der Fälle von postpartaler Depression. Und auch in diesen Fällen hat die enge Bindung an die Mutter ja Einfluß auf viele Aspekte des Lebens und nicht nur in bezug auf die Frage, wie viele Kinder die Patientin zur Welt bringt.

In den meisten Fällen von postpartaler Depression bei jungen Müttern, die mir bekanntgeworden sind, war die Mutter der Patientin nicht nur die dominante Bezugsperson, die die Patientin versöhnlich stimmen mußte und auf deren ununterbrochenes Wohlwollen sie angewiesen war, sondern zugleich der Mensch, mit dem die Patientin sich, wenn auch widerstrebend, identifizierte. Mit anderen Worten, die Patientin hatte an der Mutter ein Modell, das sie nachahmte – nicht aus Bewunderung, sondern um ihre Zustimmung und ihre Liebe zu erlangen. Wenn das Kind geboren wird, ist die Identifikation vollkommen und nicht mehr umkehrbar. Von nun an ist die Patientin Mutter, wie ihre Mutter, und vermutlich die gleiche Art Mutter, die auch ihre Mutter immer gewesen ist. Aber das kann die Patientin nicht hinnehmen. Also muß sie ihre Mutter zurückweisen – das heißt zugleich, daß sie einen großen Teil ihres Selbst, das ja nach der Mutter »modelliert« ist, einen großen Teil ihrer Bindungen an andere Menschen, die sie nach dem Vorbild der Mutter geformt hat, und natürlich ihre Beziehung zu dem Kind, das sie doch als seine Mutter bestätigt, ebenfalls zurückweisen muß. Gleichzeitig empfindet sie Schuldgefühle, weil sie den Gedanken nicht ertragen kann, daß sie die Mutterrolle nicht annimmt.

Manchmal kommen zu diesen gedanklichen Konstellationen noch andere hinzu, oder diese anderen gewinnen gar die Oberhand. Die Patientin möchte auf die Rolle als Frau, die sie einmal angestrebt hat, nicht verzichten – nehmen wir an, sie hätte Naturwissenschaftlerin oder Anwältin werden wollen. Jetzt wird sie Mutter sein, und die Karriere, bisher ihr dominantes Ziel, unter Umständen aufgeben oder mindestens verschieben. Sie wird Mutter sein und eine Rolle einnehmen, deren Bedeutsamkeit sie jetzt nach Kräften herunterspielt: Auch weibliche Tiere können Mütter sein. Ihr Selbstgefühl und ihre Vorstellung vom Leben ganz allgemein erfahren damit eine einschneidende Veränderung.

Entgegen manchen Erwartungen hat die Furcht, die Liebe des Ehemannes zu verlieren, die sich von nun an ja allein auf das kleine Kind richten könnte, in den Fällen postpartaler Depression, die mir bekanntgeworden sind, keine besondere Rolle gespielt. Diese Feststellung steht im Gegensatz zu dem, was ich in Fällen postpartaler Depression bei den Vätern beobachten konnte. Ich muß allerdings immer wieder sagen, daß ein einzelner Therapeut natürlich keine repräsentative Gruppe von Patienten behandeln kann. Der Eindruck, den der einzelne Therapeut hinsichtlich des möglichen Auftretens eines bestimmten Bündels psychodynamischer Faktoren gewonnen hat, erweist sich also möglicherweise als korrekturbedürftig, wenn es gelingt, eine große Zahl von Fällen zusammenzutragen und miteinander zu vergleichen.

In vielen Fällen postpartaler Depression versuche ich so rasch wie möglich herauszufinden, ob die Patientin das Kind ablehnt und deshalb Schuldgefühle empfindet. Wenn sie das Kind tatsächlich ablehnt und das auch zugibt, dann beeile ich mich zu sagen: »Bedenken Sie drei wichtige Dinge: Erstens müssen Sie die Tatsache anerkennen, daß Sie das Kind im Augenblick nicht akzeptieren, aber seien Sie sicher, Sie werden es bald akzeptieren und lieben können. Zweitens müssen Sie versuchen, sich nicht wegen einer Sache schuldig zu fühlen, die Sie nicht verhindern können. Und drittens, Ihrem Kind wird es nicht schlechtgehen. Irgend jemand wird sich so lange um das Kind kümmern, bis Sie imstande sind, das selbst zu tun.« Ich habe festgestellt, daß diese Worte die Patientin vorübergehend beruhigen und ihr eine Hilfe sind, solange sie ein tieferes Verständnis für die Situation noch nicht erworben hat.

Die letzten Seiten dieses Kapitels enthalten einen Fallbericht, der die Psychodynamik der postpartalen Depression verdeutlichen und zugleich einige therapeutische Modalitäten aufzeigen soll. Es handelt sich um einen der schwersten Fälle von Depression, die ich jemals gesehen habe. Ich glaube zwar, diesen Fall in seinen wesentlichen Aspekten gelöst zu haben, aber ich möchte keinesfalls behaupten, ihn bis in alle Einzelheiten wirklich verstanden zu haben. Der Leser wird mit Sicherheit auf eine Reihe von Möglichkeiten stoßen, die ich nicht weiter verfolgt habe, und gewisse Sachverhalte nur angedeutet finden, denen eine weitergehende Klärung gutgetan hätte.

■ ■ ■ Fallbericht ■ ■ ■

Als ich Lisette zum ersten Mal sah, war sie 24 Jahre alt. Sie war Australierin und nach Amerika gekommen, weil ihr Mann ein Reisestipendium erhalten hatte und sich in New York City beruflich fortbilden wollte.

Ich möchte zunächst kurz die Ereignisse schildern, die Lisette in meine Sprechstunde geführt hatten: Vor einigen Monaten hatte sie einer Tochter das Leben geschenkt. Gleich nach der Entbindung stellten sich Depressionen ein; aber weder sie selbst noch ihre Familie schenkten diesem Umstand besondere Beachtung, und Lisette wurde nicht behandelt. Ihr Zustand verschlechterte sich jedoch erheblich, und schließlich mußte sie für einige Monate ins Krankenhaus aufgenommen werden. Sie sprach auf die medikamentöse Behandlung gut an und wurde entlassen. Aber nach einigen Wochen verfiel sie wieder in tiefe Depressionen. Sie wandte sich an einen Psychoanalytiker der klassischen Schule, aber auch seine Behandlung brachte ihr keine Besserung. Die Situation verschlechterte sich im Gegenteil sehr rasch. Die Patientin war nicht mehr imstande, sich um das Kind zu kümmern, und in ihren Aktivitäten vollständig gelähmt. Die Schwiegermutter mußte aus Australien nach Amerika kommen, um der Patientin beizustehen. Sie wurde von Lisette so unfreundlich empfangen und behandelt, daß sie schließlich nach Hause zurückkehrte. Dann kam die Mutter der Patientin und blieb mehrere Monate bei ihr. Die Patientin sprach ganz unverblümt über ihre Selbstmordgedanken, und es bestand ständig die Gefahr, daß sie sich tatsächlich das Leben nehmen würde. Man konnte sie nicht allein lassen.

Als ich die Patientin zum ersten Mal sah – beim Betreten des Wartezimmers meiner Praxis –, wurde sie von Mutter und Ehemann begleitet, die sie auf beiden Seiten untergefaßt hatten, fast als wollten sie sie vor dem Hinfallen bewahren. Lisettes Gesicht drückte eine so tiefe Traurigkeit und Verlassenheit aus, daß sie mir schon fast »wie gemalt« erschien und ich einen Augenblick lang dachte, der Ausdruck sei vielleicht nicht echt, sondern nur aufgesetzt, und das Ganze sei mehr oder weniger Theater. Eine ähnliche Szene war mir zuvor bestenfalls in italienischen Filmen begegnet. Als Lisette mir dann allein gegenübersaß, war kein Zweifel mehr möglich, daß sie wirklich litt: es handelte sich um eine echte, unkontrollierbare, überwältigende, alles umfassende und alles zerstörende Depression. Ihre Hoffnungslosigkeit und Verzweiflung wie ihre motorische Retardation hinderten sie daran, frei zu sprechen. Immerhin gelang es ihr, mir kurz zu berichten, daß die Behandlung bei ihrem augenblicklichen Therapeuten ihr nichts nütze, daß sie krank sei und sterben wolle. Als ich später mit der Mutter und dem Ehemann sprach, während sie sich unter der Aufsicht einer anderen Person im Wartezimmer befand, erfuhr ich, daß ich nur beratend tätig sein sollte. Sie wollten wissen, ob die Patientin vielleicht mit Elektroschocks behandelt werden könnte; es war nicht länger möglich, sie im Hause zu behalten. Sie wollten im Grunde nur herausfinden, ob ich in diesem Fall strikt gegen eine Schockbehandlung sei. Angesichts der Tatsache, daß die medikamentöse wie die psychoanalytische Behandlung keinen Erfolg gehabt hatten, und angesichts der Schwere und Dringlichkeit des Falles sagte ich dem Ehemann, sie sollten es mit der Schockbehandlung versuchen und mich anschließend noch einmal konsultieren.

Die Patientin erhielt 15 Schocks. Das ist eine große Zahl für depressive Patienten, die in der Regel nur fünf erhalten. Die Behandlung wurde schließlich wieder abgebrochen, weil sich auch hiernach keine Besserung zeigte. Ich erinnerte mich an die Anfänge meiner Tätigkeit am Pilgrim State Hospital und daran, daß depressive Patienten, die nach einer so ausgedehnten Behandlung keine Besserung zeigen, eine düstere Prognose haben. Als Lisette wieder zu mir kam, war sie noch immer sehr deprimiert und hoffnungslos. Trotz der 15 Elektroschocks hatte ihr Gedächtnis so gut wie keinen Schaden erlitten. Sie sagte mir, daß sie äußerst ungern zu ihrem Analytiker zurückkehren oder weitere Schockbehandlungen über sich ergehen lassen würde, und bat mich, sie in Behandlung zu nehmen.

Ich möchte hier beschreiben, was ich angesichts dieser Bitte empfand. Dieser Wunsch ist sicherlich zumindest teilweise narzißtischen Ursprungs, aber daneben liegt ihm auch meine Überzeugung zugrunde, daß es notwendig ist, auch die Gefühle des Analytikers zu Beginn der Behandlung eines jeden schwerkranken Patienten genau zu erkunden. Ich war außerordentlich betroffen angesichts dieser tiefen und scheinbar unendlichen Qual. Ich war auch aufs höchste verwundert. Mir war zwar bereits klar, daß dies alles mit der Geburt des Kindes zusammenhing, aber wie eine Entbindung eine so zerstörerische Depression bewirken konnte, war mir ein Rätsel. Welches fundamentale Konstrukt bzw. welche Beziehung war hier so heftig erschüttert worden, daß es zu einem derartig gewaltsamen und sicher nicht mehr vollständig heilbaren Prozeß bei dieser jungen, vielversprechenden, intelligenten und sensiblen Frau hatte kommen können?

Ich brauche kaum zu erwähnen, daß der Therapeut, der Lisette bisher behandelt hatte und mit dem ich die Sache besprach, nichts dagegen einzuwenden hatte, den Fall abzugeben. So kam Lisette nun zu mir. Ich will im folgenden kurz die Vorgeschichte der Patientin schildern, so wie ich sie in den ersten paar Monaten der Behandlung allmählich zusammentragen konnte.

Die Patientin wurde in einem kleinen Ort in der Nähe einer großen Stadt in Australien geboren. Die Eltern gehörten der oberen Mittelschicht an. Der Vater war ein bekannter Scheidungsanwalt, der mit einem fröhlichen Gemüt gesegnet war und die Welt durch eine rosarote Brille betrachtete, was ihm seine brillante Karriere sehr erleichtert hatte. Seine elegante und glatte Art, sein überschäumender Optimismus ließen ihn sicher und unaufhaltsam durchs Leben steuern, ohne daß eine Spur zurückblieb. Lisette stand ihrer Mutter sehr viel näher als dem Vater. Die Mutter war eine sehr anspruchsvolle Frau. Sie besaß humanistische Bildung, kannte sich in Kunst und Literatur, insbesondere in der Lyrik sehr gut aus und hatte sehr vieles mit der Tochter gemeinsam. Solange Lisette zur Schule ging und auch später, als sie schon das College besuchte, half ihr die Mutter bei den Hausaufgaben. Allerdings verlangte sie sehr viel, und wenn man Lisette glauben durfte, zeigte ihr Gesicht fast ständig einen unzufriedenen und mißbilligenden Ausdruck.

Lisettes Mutter war früher mit einem Mann verlobt gewesen, der in jungen Jahren starb. Sie sprach häufig von diesem Mann und fand dabei so überschwengliche Worte, wie man sie im Zusammenhang mit ihrem jetzigen Ehemann, Lisettes Vater, niemals von ihr hörte. Der Vater bewunderte und verehrte seine Frau, während sie ihm nicht mehr als lauwarme Gefühle entgegenbrachte und ihm bestenfalls freundschaftlich zugetan war. Lisette beschrieb die Ehe ihrer Eltern als ganz gut, aber nicht als wunderbar. Sie wußte, daß das geschlechtliche Zusammenleben der Eltern nicht eben spannend war; die Mutter hatte ihr erzählt, daß sie dem Vater »den Gefallen eben tue«.

Früher hatte die Mutter an epileptischen Anfällen und ebenfalls an Depressionen gelitten. Beide Beschwerden hatten offenbar begonnen, als Lisettes jüngerer Bruder geboren war. Die Mutter war damals so schwer depressiv, daß die vierjährige Lisette eine Zeitlang in die Obhut ihrer Großmutter gegeben werden mußte. Diese Großmutter, die Mutter ihrer Mutter, war übrigens der einzige Mensch in Lisettes Kindheit, der Zärtlichkeit, Liebe, Wärme und Fürsorge ausstrahlte. Lisette hatte sie heiß geliebt. Trotz der Zärtlichkeit der Großmutter empfand Lisette die Trennung von ihrer Mutter als Trauma. Die Mutter erholte sich rasch von ihrer Depression, aber sie litt auch, wie gesagt, an epileptischen Anfällen. Was dieses Leiden anging, so gab es in der Familie nur heimliche Andeutungen. Tatsächlich war Lisette schon zwanzig Jahre alt, als sie zum erstenmal einen Anfall der Mutter mit eigenen Augen miterlebte. Sie betete, Gott möge ihrer Mutter helfen, aber an deren Gesicht konnte sie sehen, daß Gott ihr Gebet nicht erhören wollte. Die Wahrheit ließ sich nicht länger verbergen, und sie empfand ein schreckliches Grauen – ein moralisches Grauen – angesichts dieser göttlichen Weigerung.

Die Patientin war immer eine gute Schülerin gewesen. Als Heranwachsende fand sie sich häßlich und hatte Minderwertigkeitsgefühle; ihre Einstellung dem Leben gegenüber war negativ. Alles, was gut oder liebenswert erschien, war zugleich oberflächlich – so wie der Vater. Alles, was ernsthaft und wertvoll war, schien unerreichbar – so wie die Zustimmung der Mutter. Es gab keinen Zweifel für Lisette, daß die Mutter immer den Bruder bevorzugt hatte, auf den Lisette eifersüchtig und neidisch war. In der Adoleszenz hatte sie eine rebellische Phase, während der es ihr schien, als seien alle Menschen leer, oberflächlich und gewissermaßen aus Kunststoff. Um ihr Aussehen kümmerte sie sich nicht, und ihre Erscheinung vernachlässigte sie. Mit ihrer lässigen Kleidung und ihrem sehr ungezwungenen Auftreten stieß sie auf Mißbilligung nicht nur von seiten ihrer Mutter, sondern auch von seiten der sogenannten besseren Familien in der Kleinstadt, in der sie lebte. Soviel Lisette aber einerseits an diesen Leuten auszusetzen hatte, so sehr sehnte sie sich andererseits nach deren Zustimmung und Wohlwollen.

Als Jack, ein junger Mann aus kleinbürgerlichen Verhältnissen, sich um sie bemühte, war sie schon dankbar, daß jemand ihr Vorhandensein überhaupt bemerkt hatte. Sie verliebte sich Hals über Kopf in ihn, sie bewunderte seinen Idealismus, seine Intelligenz, seine wissenschaftlichen Interessen, und als Jack seine Ausbildung abgeschlossen hatte, heirateten sie. Lisette berichtete, ihre Ehe sei von Anfang an glücklich gewesen. Das einzige, was ihr überhaupt nicht gefiel, war die Familie ihres Mannes und vor allem seine Mutter. Sie war so anders als Jack – so schrecklich gewöhnlich, ordinär und materialistisch. Sie hatte überhaupt keine Manieren – sie aß mit den Fingern und nahm Schnupftabak. Außerdem war sie so engstirnig. So liebenswert Jack war, so wenig liebenswert war seine Mutter. – Dann bekam Jack ein Forschungsstipendium für die Vereinigten Staaten, und darüber freuten sie sich alle sehr. Inzwischen war Lisette aber schwanger geworden, ohne dies eigentlich beabsichtigt zu haben. Der Zeitpunkt war denkbar ungünstig, und Lisette war sehr ärgerlich und fühlte sich elend. Obwohl ihr Zustand die Dinge erschwerte, trafen Lisette und ihr Mann im Mai, im fünften Monat der Schwangerschaft, in Amerika ein (das Baby sollte im September auf die Welt kommen).

Lisette berichtete mir von einer merkwürdigen Vorstellung, die sie während der Schwangerschaft gehabt hatte. Diese Vorstellung erschien mir, als ich sie zum erstenmal hörte, in der Tat so seltsam, daß ich einen Augenblick lang an eine schizophrene Störung dachte. Lisette erzählte mir nämlich, während der Schwangerschaft habe sie das Gefühl gehabt, ihre Schwiegermutter sei in sie eingedrungen. »*Was* haben Sie da gerade gesagt?« fragte ich und zeigte ihr damit ungewollt, wie verblüfft, ja geradezu entgeistert ich war. Lisette sagte in beruhigendem Ton: »Keine Sorge. Ich habe es nicht wörtlich gemeint. Aber der Samen meines Mannes, der mich schwanger gemacht hat, enthielt ja doch Gene, die er von seiner Mutter geerbt hatte. Es war mir eben nicht recht, daß in mir ein Kind heranwuchs, das zum Teil auch von meiner Schwiegermutter abstammte.«

Trotz dieser beruhigenden Erklärung erschien mir die Vorstellung bizarr, und in anderem Zusammenhang hätte ich wohl weiterhin an die Möglichkeit einer schizophrenen Erkrankung gedacht. Tatsächlich wissen wir, daß gewisse Ausdrücke, die der zukünftige Schizophrene und auch der bereits akut Schizophrene in metaphorischer Weise gebraucht, die Vorläufer späterer Delusionen sind. In diesen Fällen enthält die Wahnvorstellung dann wörtlich das, was zuvor metaphorisch gemeint war. Aber im vorliegenden Fall gab es kein weiteres Anzeichen für eine schizophrene oder schizophrenieähnliche Störung. Ich mußte mich auf meine klinische Erfahrung mit schizophrenen Patienten stützen, um das klinische Bild in seiner Gesamtheit zu bewerten und diese Möglichkeit auszuschließen. Die weitere Entwicklung des Falles bestätigte mir dann meinen Schluß, daß eine Schizophrenie nicht vorlag.

Die Patientin entband im September, und die Symptome der Depression zeigten sich zunächst in milder, später dann in sehr ausgeprägter Form. Die Geburt des Kindes war gewissermaßen der Brennpunkt, von dem aus die gesamte manifeste Symptomatik ihren Ursprung nahm, um dann in verschiedene Richtungen auszustrahlen. Lange Zeit konnte Lisette über die Geburt ihrer Tochter Clare nicht einmal zusammenhängend sprechen. Die Entbindung selbst war für Lisette ein so quälendes und schreckliches Erlebnis gewesen, daß wir uns darüber nicht unterhalten konnten, bevor wir in der Behandlung den Boden für ein solches Gespräch bereitet hatten. An dieser Stelle mag es aber nützlich sein, noch einmal die grundlegenden, Lisettes Leben bestimmenden Konstrukte zu betrachten.

Im Leben der Patientin gab es eine dominante Bezugsperson, und diese Person war nicht der Ehemann, sondern die Mutter; die Mutter, an deren Zustimmung der Patientin so dringend gelegen war, mit deren Zustimmung sie aber niemals sicher rechnen konnte; die Mutter, mit der sie sich gerne identifizieren wollte, sich aber nicht länger identifizieren konnte.

Diese dominante Mutter hatte – als kognitives Konstrukt – sozusagen einen Satelliten in der Gestalt der Schwiegermutter. Was ihre Ansichten und Vorstellungen hinsichtlich der Schwiegermutter betraf, so mußte die Patientin hier nicht so vorsichtig sein, wie dies in bezug auf die eigene Mutter notwendig war. Ohne Schuldgefühle oder irgendwelche Gewissensbisse und noch bestärkt durch gewisse Vorfälle verschob Lisette ein paar der schlechten Eigenschaften ihrer Mutter und zugleich die Empfindungen, die sie ihrer Mutter gegenüber hegte, auf die Schwiegermutter. Ihre Schwiegermutter war nicht nur vulgär und ewig unzufrieden, sie war es auch gewesen, die Lisette zur Mutter gemacht hatte. Die Schwiegermutter wurde, wenn auch nur auf einer quasi-metaphorischen Ebene, zur phallischen Mutter, die in Lisette eingedrungen war und sie geschwängert hatte. Der Ehemann blieb aus dieser Betrachtung ganz und gar ausgeschlossen; die Schwiegermutter, die Lisette zur Mutter hatte werden lassen, war eine monströse Verzerrung von Lisettes wirklicher Mutter. Es war, als ob Lisette, wenn sie ihre Schwangerschaft akzeptierte, zugleich auch ihre Mutter und ihre Schwiegermutter und das, wofür diese beiden standen, akzeptieren mußte. Wenn sie für Mutterschaft standen, dann war es eine Mutterschaft, die sie zurückweisen wollte. Diese Art von Mutterschaft anzuerkennen, würde nämlich bedeuten, so zu sein, wie diese beiden waren; es würde die Aufgabe ihres Selbstbildes bedeuten, eines kognitiven Konstruktes von der eigenen Person, das sie hegte und pflegte und das ihr Belohnungen einbrachte. Immerhin war es Lisette während der Schwangerschaft allem Anschein nach wohl ergangen. Es war der Vorgang der Geburt selbst, der ihren Zustand ausgelöst hatte, aber Lisette wollte lange Zeit nicht über diesen Vorgang sprechen.

Dennoch hatte ich von Anfang an den Eindruck, daß Lisette sich mir öffnen könne. Ich war als der dominante Dritte sofort von ihr akzeptiert worden, und als sie mir dann volles Vertrauen entgegenbrachte und in mir einen Menschen sah, der nichts von ihr verlangte, der sie akzeptierte und nicht mißbilligte, wurde ich zur signifikanten dritten Person. Ich hatte das Gefühl, daß sie mich zwar nicht als Quelle der Zuneigung betrachtete, aber doch eine Quelle der Kraft, der Klarheit und der Hoffnung in mir sah.

Mehrere Monate lang beschäftigten wir uns in den Sitzungen mit Lisettes Beziehung zu ihrer Mutter und mit dem Umstand, daß Lisette letztlich dafür lebte, die Zustimmung der Mutter zu erlangen. Ein mißbilligender Blick, eine abwertende Geste der Mutter genügten, und sie versank in einen Zustand tiefer Niedergeschlagenheit. Die Ablehnung von seiten der Mutter bedeutete äußerste Zurückweisung und bewies ihr ihre vollkommene Wertlosigkeit. Sie brauchte die Mutter, und sie wollte, daß die Mutter sich um sie kümmerte und um sie bemüht und besorgt sein sollte, so wie die Großmutter das getan hatte. Lisette wollte von der Mutter nicht nur bemuttert und versorgt werden, sie wollte darüber hinaus, daß die Mutter eine gute Meinung von ihr hatte. Die Mutter war offenbar die einzige Person, die in dieser Familienkonstellation überhaupt zählte, und doch interpretierte Lisette viele Handlungen oder Worte der Mutter in negativer Weise – nicht mit der mißtrauischen Verzerrung des Paranoikers, sondern mit der Feindseligkeit des Depressiven. Wenn die Mutter beispielsweise äußerte, die Patientin habe es doch im Vergleich zu ihr selbst recht gut, dann deutete sie nach Lisettes Meinung damit an, daß die Tochter verwöhnt sei und sich das Leben leicht mache. Wenn die Mutter sagte, daß Jack ein prächtiger Ehemann sei, dann hieß das, daß Lisette sich mit ihrem Mann nicht messen könne. Wenn die Mutter ein großes Aufhebens um das Baby machte und es mit zärtlichen Ausdrücken bedachte, geriet Lisette in tiefe Niedergeschlagenheit und wünschte sich, die Mutter möge doch in dieser Weise auch von ihr, der Tochter, sprechen. Sie ärgerte sich entsetzlich über die Mutter und konnte doch den Gedanken nicht ertragen, wieder mit Clare allein zu sein, wenn die Mutter nach Australien zurückkehrte. Dann würden die Pflichten ihr über den Kopf wachsen, und sie würde sich vollkommen verloren vorkommen.

Indem ich Bemporads (1970) Formulierung benutzte, wies ich Lisette immer wieder darauf hin, daß sie im Augenblick zur autonomen Befriedigung nicht fähig sei. Was ihre Selbstachtung und das Gefühl ihres eigenen Wertes anging, so sei sie ganz und gar auf die Bestätigung von seiten ihrer Mutter angewiesen. Die Mutter war nicht nur eine Quelle der Liebe oder Zuneigung, sondern beinahe eine Quelle von Leben und Sauerstoff. Wenn sie mit ihrer Zustimmung zurückhielt, dann war jede Versorgung abgebrochen, und Lisette verfiel in die Depression. Schon beim kleinsten Anzeichen dafür, daß der Mutter etwas nicht recht sein könnte, war es, als sei die Versorgung unterbrochen. Mißbilligung brachte ihr nicht nur Depressionen, sondern auch Schuldgefühle ein, denn sie glaubte, die Mißbilligung verdient zu haben.

Ich erklärte Lisette, daß das erste bedeutsame Trauma ihres Lebens nach der Geburt ihres Bruders eingetreten war, als man sie von der schwer depressiven Mutter getrennt hatte und sie sich so verlassen und beraubt gefühlt hatte. Dazu kam, daß sie Beraubung, Liebesverlust und Depression mit dem Gedanken an die Entbindung assoziierte. Ich habe festgestellt, daß im Fall einer postpartalen Psychose – sowohl schizophrener als auch depressiver Ausprägung – die Patientin eine doppelte Identifizierung – mit ihrer Mutter und mit ihrem Kind – vornimmt. Soweit Lisette sich mit ihrer Mutter identifizierte, war sie eine Mutter, die unfähig war zu lieben, eine Mutter, die depressiv wurde, eine Mutter, die nur einen Eindringling wie Clare lieben würde. Die kleine Clare wurde zum Äquivalent von Lisettes Bruder, der ihr einst die Liebe der Mutter geraubt hatte. Wenn Lisette sich mit dem Kind identifizierte, fühlte sie sich verloren, wie sich ein Kind fühlt, dem keine Liebe entgegengebracht wird. All diese Gefühle waren miteinander verwoben, und selbstverständlich widersprachen sie einander.

Ganz allmählich empfand Lisette die Behandlung als eine Befreiung von der Mutter. Mißbilligung von seiten der Mutter war nicht länger gleichbedeutend mit Liebesverlust oder dem Verlust allen Lebenssinns. Die Behandlung war nicht so sehr eine Befreiung von der Mutter als einer physischen Realität, sondern von der Mutter als dem mentalen Konstrukt von der dominanten Bezugsperson. Die Beziehung zum Analytiker als dem signifikanten Dritten gestattete es ihr, von der Identifizierung mit der Mutter abzulassen, ohne zugleich ihr Selbstwertgefühl einzubüßen. Jetzt erzeugte auch der Gedanke, daß die Mutter Mißbilligung zeigen oder empfinden könnte, keine Depressionen oder Schuldgefühle mehr. In dem Maße, in dem die Mutter an Bedeutung verlor, schwand auch die Macht der »Satelliten«-Konstrukte in Gestalt der Schwiegermutter und der wohlanständigen kleinstädtischen Bevölkerung. Im Anfang der Behandlung hatte Lisette, wenn die Rede auf die Menschen in ihrer Heimatstadt kam, sich nämlich wirklich noch Gedanken darüber gemacht, was sie wohl von ihr halten mochten – obwohl doch Tausende von Kilometern zwischen ihr und diesen Leuten lagen. Während die Mutter als inneres Objekt und die damit zusammenhängenden Konstrukte an Bedeutung verloren, wurde der Ehemann zunehmend wichtiger. Lisette hatte ihren Mann immer geachtet und bewundert, aber sie hatte ihm niemals solche Bedeutung zugemessen, daß ein Ausbleiben seiner Zustimmung gewissermaßen lebensgefährlich für sie geworden wäre. Jetzt konnte sie ihn als Liebesquelle betrachten und »genießen«. Ihr sexuelles Interesse erwachte wieder zum Leben. Sie war jetzt auch eher imstande, sich für Jacks Beruf und seine Forschungstätigkeit zu interessieren. Früher war sie, genau wie ihre Mutter, nur an künstlerischen und schöngeistigen Themen interessiert gewesen.

Bis zu diesem Punkt hatte die Behandlung darin bestanden, die Bedeutung gewisser fundamentaler Konstrukte zu verändern, so daß der Verzicht auf sie nicht mehr als Katastrophe empfunden wurde und neue und gesündere Konstrukte an ihre Stelle rücken konnten. Mit anderen Worten, die Patientin war auf der Suche nach einem Sinn des Lebens, der nicht von den alten Konstrukten abhängig und nicht mit pathologischen Vorstellungen verknüpft war, und ihre Suche war erfolgreich. Sie war jetzt erstaunt darüber, daß sie bestimmte Gedanken und Empfindungen überhaupt hatte haben können. Zum Beispiel erinnerte sie sich, daß ihre Depression verstärkt wurde, wenn die neugeborene Clare an ihrer Brust getrunken hatte. Sie wollte das Kind nicht nähren; sie wollte selbst »genährt« werden, vielleicht von ihrer Mutter. Es fiel ihr auch ein, daß sie immer ärgerlich geworden war, wenn Jack ihr sagte, sie sollte sich um das Kind kümmern. Er hätte ihr sagen sollen, daß sie sich um sich selbst kümmern sollte. Sie erkannte, daß die Depression, die Identifizierung mit dem kleinen Kind und ihre Rivalitätsgefühle ihm gegenüber dafür gesorgt hatten, daß sie in einem unvorstellbaren Maße regredierte.

Nach einigen Monaten der Behandlung glaubten wir, die Patientin könne ihr Leben nun selbst führen und die Mutter nach Australien zurückkehren. Lisette erlitt auf die Trennung von der Mutter hin einen leichten Anfall von Depression, aber es kam nicht zur Katastrophe. Nach einiger Zeit fragte Lisette sich manchmal, wie sie es überhaupt so lange in der gleichen Wohnung mit der Mutter hatte aushalten können.

Nach der Abreise der Mutter bedurfte es immer noch einiger Sitzungen, bevor Lisette sich überwinden konnte, über eine sehr bedeutsame Sache zu sprechen – das Erlebnis der Entbindung. Sie erzählte mir, daß sie gleich zu Beginn der Schwangerschaft beschlossen hatte, einen Kurs für werdende Mütter zu besuchen, um sich auf die natürliche Entbindung vorzubereiten. Der wichtigste Grundsatz im Zusammenhang mit der natürlichen Geburt lautet, daß die in den Wehen liegende Frau sich dem Schmerz nicht einfach überläßt, sondern versucht, die Herrschaft über sich selbst zu behalten. Sie soll nicht schreien; Schreien ist unsinnige Verzweiflung und bedeutet, daß man nicht länger Herr seiner selbst ist. Was aber war geschehen? Obwohl sie sich auf die Entbindung vorbereitet hatte, konnte Lisette, als es soweit war, den Schmerz nicht ertragen; sie schrie. Es war ein langer, sich wiederholender, tierähnlicher Schrei. Während sie ihn ausstieß, hätte sie sich am liebsten selbst umgebracht, denn Schreien bedeutete den Verzicht auf das Menschsein, es bedeutete Desintegration. Aber sie schrie, schrie, schrie! Wie grauenvoll, sich selbst so schreien zu hören, wie absolut menschenunwürdig!

Viele Sitzungen gingen mit dem Gespräch über die kognitiven Konstrukte der Patientin im Zusammenhang mit der Geburt ihres Kindes hin. Sie war ärgerlich darüber, daß sie ein biologisches Wesen, mehr Tier denn Frau war. Die Biologie war grausam. Frauen waren die Opfer der Natur. Sie wurden zu Sklavinnen des Reproduktionssystems. Am Anfang stand das herrliche Erlebnis der romantischen Liebe, und am Ende kam dann jener lächerliche und degradierende Augenblick, in dem man Leben schenkte. Während man Leben schenkte, befand man sich in einer passiven und immobilen Position, die einfach entwürdigend war. Schwestern und Ärzte, die einem nichts bedeuteten, sahen einen in dieser tierähnlichen und degradierenden Lage. Man lehnte sich dagegen auf, man schrie und büßte seine Würde ein. Lisette hatte sich gewünscht, daß ihr Mann den großen Augenblick, in dem sie ihrem Kind das Leben schenken würde, miterlebte, und nun war er Zeuge ihres Abstiegs in die tiefste Entwürdigung geworden. Die Entbindung war der Tod der Liebe, der Tod des Frauseins. Man war nicht länger man selbst, man war ein Weibchen irgendeiner tierischen Spezies. Man wurde zu dem, was diese dominanten Erwachsenen aus einem machten – und was noch schlimmer war, man brauchte sie. Man war nicht länger man selbst, man war bereits tot, denn das Ideal des Selbst-Seins – was man gewesen war oder was man hatte werden wollen – war nicht länger haltbar. Man gab das Versprechen des Lebens auf, man erfuhr eine Auflösung seiner Gedanken und Überzeugungen. Die Qual nahm zu, sie wurde unerträglich.

Lisette hatte nicht nur den körperlichen Schmerz, sondern auch moralische Qualen erlitten. Sie konnte nichts mehr denken. Sie war zutiefst niedergeschlagen, und die Wellen der Depression schlugen immer heftiger über ihr zusammen. Aber an der Peripherie ihres Bewußtseins tauchten ganz schwach doch einige wirre Gedanken auf: Sie wollte nicht Mutter sein, sie wollte das Kind nicht versorgen, sie würde auch gar nicht dazu fähig sein, sie konnte sich nicht um ihr Heim kümmern, sie sollte am besten sterben. Es war ihr unmöglich hinzunehmen, was sie geworden war – Mutter –, und der Begriff der Mutter war für sie keineswegs von jener Erhabenheit umgeben, die unsere Kultur ihm verleiht, sondern besaß all die negativen Merkmale, von denen schon die Rede war. Sie war wahrscheinlich zu einer tierähnlichen Mutter geworden, wie ihre Schwiegermutter eine war.

Mit fortschreitender Behandlung konnte Lisette alle diese Gedanken rekapitulieren, die ihr während und nach Clares Geburt gekommen waren – Gedanken, die immer undeutlicher geworden und fast ins Unbewußte abgesunken waren, je mehr die Depression sich in ihrem Bewußtsein ausbreitete. Was jetzt in der Behandlung auftauchte, waren also die Vorstellungen, die zunächst die Depression ausgelöst hatten und die dann durch die Depression wieder ins Unbewußte zurückgekehrt waren.

Obwohl diese Gedanken als ein sehr wirres Gefüge erschienen, fiel es mir nicht schwer, Lisette zu helfen, sie zu entwirren und schließlich loszuwerden, denn wir hatten die Vorarbeiten dazu ja bereits geleistet. Nachdem wir die Mutter als die inkorporierte dominante Bezugsperson und als Identifikationsobjekt »demontiert« hatten, war es nicht mehr so schwierig, die zugehörigen Vorstellungen ins Bewußtsein zurückzuholen. Lisette konnte jetzt verstehen, daß sie mit dem Akt der Entbindung ihre Identifikation mit der Mutter verstärkt hatte, die depressiv und epileptisch geworden war, nachdem sie Lisettes Bruder zur Welt gebracht hatte. Andererseits konnte sie ihre Identifikation mit der Mutter nicht länger hinnehmen, zumindest nicht in diesem Ausmaß. Wenn sie diese Identifikation zurückweisen wollte, mußte sie auch die Mutterschaft zurückweisen. Aber jetzt, da die Behandlung ihr geholfen hatte, das Bedürfnis nach Identifikation mit der Mutter endgültig fortzuschieben, konnte sie die Mutterschaft und zugleich sich selbst, so wie sie war und als das, was sie geworden war – dasheißt auch als Mutter – akzeptieren.

Schon zu Beginn der Behandlung hatte Lisette erkannt, daß ihr Unglück zum Teil darauf zurückging, daß ihr Zustimmung und Belohnung von seiten der Mutter nicht zuteil geworden waren; später entdeckte sie allerdings, daß sie in erster Linie deshalb so gelitten hatte, weil ihre wichtigsten Konstrukte in einer Art Dämmerzustand verharrt hatten und nicht durch andere Konstrukte ersetzt worden waren. Sie erkannte, daß die Depression stark genug gewesen war, um sie an der Suche nach einer anderen Betrachtung des Lebens zu hindern, und verstand auch, daß der körperliche Schmerz, den sie bei der Entbindung erdulden mußte, ein Symbol für die größere und noch viel überwältigendere Qual war, wie sie durch die Erschütterung ihrer grundlegenden Konstrukte hervorgerufen worden war. Schließlich wurde es ihr durch die Behandlung möglich, den Verlust dieser Konstrukte zu ertragen, ohne in die Depression zu geraten.

Die Analyse ihrer Träume war ein weiterer interessanter Aspekt von Lisettes Behandlung. Seit Beginn der Behandlung kreisten die meisten ihrer Träume um das Thema Geburt und Entbindung. Einige charakteristische Träume sollen hier kurz wiedergegeben werden: Lisette lag in den Wehen und war aufs Höchste entsetzt. Sie war aufgetrieben wie ein Ballon. Jemand stach in den Ballon, und sie fühlte sich zusammenschrumpfen. Scham und Grauen hielten an. – Unser Gespräch über diesen Traum drehte sich darum, daß die Schwangerschaft einen Menschen aus ihr gemacht hatte, der sie nicht sein wollte. Die körperliche Veränderung war in Wirklichkeit wie im Traum ein Symbol der inneren Veränderung, die sie durchmachte.

In einem anderen Traum war die Patientin zum zweiten Mal schwanger und sagte sich, sie wolle diese Schwangerschaft passiv hinnehmen und sich nicht dagegen wehren. Ganz plötzlich fand sie sich im Gefängnis wieder. Durch die Gitterstäbe des Fensters sah sie auf die Straße, die voller Mülltonnen stand. Eine andere Frau befand sich mit ihr in der gleichen Zelle. Diese Frau war nicht ängstlich wie Lisette, sondern mutig. Lisette wußte, daß sie gehängt werden würde. Sie betrachtete sich im Spiegel und dachte: »Wie werde ich wohl aussehen, wenn ich tot bin? Ich möchte so aussehen wie jetzt.« Sie trug ein hübsches Nachthemd und beschäftigte sich nicht mit dem Tod selbst, sondern mit der Frage, wie sie nach dem Tod aussehen würde. Die Analyse dieses Traums machte deutlich, daß er ihre Gefühle, die sie bei dem Gedanken, Mutter zu werden, früher empfunden hatte und zum Teil noch immer empfand, widerspiegelte. Die Mutterschaft würde sie zu einer Gefangenen machen. Ihr wahres Selbst, die wahre Lisette, würde sterben, und sie würde eine andere Frau werden. Sie konnte nicht so sein wie ihre Zellengenossin, ihr ideales Selbst – tapfer sogar angesichts widriger Umstände.

In wieder einem anderen Traum sah Lisette eine Frau, die in den Wehen lag. Ihre Wangen waren voller Falten und Runzeln. Sie hatte sich in dem Augenblick zu einer runzeligen Alten verändert, in dem sie das Kind zur Welt brachte. Ein Mann, der Ehemann dieser Frau, rauchte und redete nebenher über das Fest, das er geben wollte, um die Geburt des Kindes zu feiern. Die Patientin fand, er sei unsympathisch und grausam, weil er nicht wußte, was seine Frau durchmachte.

In ihren Assoziationen sagte die Patientin, niemand, nicht einmal ein liebevoller Ehemann, könne begreifen, was eine Frau in diesen Augenblicken durchmache. Auf die Aufforderung, sich nun auf die Tatsache zu konzentrieren, daß die Wangen der Frau so runzlig und faltig geworden waren, zuckte sie zusammen und sagte mit angstvoller Stimme: »Ihr Gesicht ähnelte sehr stark dem Gesicht meiner Mutter, wie ich es damals bei ihrem epileptischen Anfall sah. Meine Mutter wurde Epileptikerin, als sie meinen Bruder zur Welt brachte.«

Lisettes Träume wiederholten nicht nur die Themen, die wir bereits früher besprochen hatten, sondern enthüllten noch weitere Aspekte, die sonst vielleicht nur flüchtige Beachtung gefunden hätten. Der letzte Traum, den ich hier geschildert habe, deutete auf Ärger nicht nur gegenüber einem einzelnen Mann, sondern gegenüber einer männlich orientierten Welt bzw. einer patriarchalischen Gesellschaft, die nicht weiß, was Frauen durchzustehen haben. Die Männergesellschaft kennt weder den Schmerz des Gebärens noch den Status der Frauen. Schwangerschaft und Kindererziehung machen es der Gesellschaft auf mehrfache Weise möglich, den Frauen eine untergeordnete Rolle zuzuweisen, in der das Schwergewicht auf ihren biologischen Funktionen liegt und sie deshalb vieler Möglichkeiten beraubt sind, die den Männern offenstehen. Die Schwangerschaft wird zum Gefängnis, wie dies in einem von Lisettes Träumen zum Ausdruck kommt, und bedeutet das Ende der Existenz als ganzer Mensch (die Erhängung). Wenn es ihr auch schwerfiel, dies zuzugeben, so wahrte Lisette doch einen gewissen Groll darüber, daß sie ihr Heimatland um der Karriere ihres Mannes willen verlassen hatte. Dieser Groll wuchs, nachdem ihr die Schwangerschaft, die Wehen und die Überlegung, daß sie von nun an ja für das Baby sorgen mußte, die Grenzen und Beschränkungen ihres zukünftigen Lebens aufgezeigt hatten – eine Erkenntnis, auf die sie innerlich nicht vorbereitet war.

Lisettes Fall zwingt uns, einen gewissen – vielleicht nicht fundamentalen, aber doch wichtigen – Zusammenhang zwischen der postpartalen Depression (oder überhaupt allen postpartalen psychiatrischen Störungen) und dem Status der Frau in der patriarchalischen Gesellschaft zur Kenntnis zu nehmen. Möglicherweise kommt es dort häufiger zu postpartalen Störungen, wo die Frauen nicht mehr ohne weiteres bereit sind, ihre traditionelle Rolle zu akzeptieren. Schwangerschaft und Geburtsschmerz vermitteln der Frau möglicherweise den Eindruck, als sei sie in ihrer biologisch-reproduktiven Rolle gewissermaßen eingesperrt.

Lisette war imstande, alte Bedeutungen vor einem nichtpathologischen Hintergrund auf ihre Richtigkeit hin zu prüfen und neue Bedeutungen zu akzeptieren. Sie machte rasche Fortschritte. Meine Befürchtung, es werde schwierig sein, die Rolle des Ehepartners in Lisettes Leben zu verändern, erwies sich als unbegründet. Im Gegensatz zu den übrigen Männern in ihrem Leben – Lisettes Vater und Bruder –, die keine signifikanten Bezugspersonen waren, gewann der Ehemann rasch an Bedeutung und galt der Patientin uneingeschränkt als derjenige, von dem sie Liebe, Gemeinsamkeit und Intimität erfuhr.

Ich fragte Lisette, ob ich ihren Fall veröffentlichen dürfe, und sie stimmte sofort zu. Daraufhin sagte ich, daß jeder, der ihre Geschichte lesen würde, nun durch sie daran erinnert würde, daß wir gerade erst aus dem Dschungel heraus sind; wir können ohne weiteres wieder in einen tierähnlichen Status zurückfallen, nicht etwa weil wir Tiere sind – was ja durchaus zutrifft –, sondern weil wir Menschen mit Vorstellungen und Gedanken sind. Bestimmte Vorstellungen können uns dazu bringen, daß wir wie Tiere fühlen und handeln – das heißt als biologische Wesen, die ihre Eigenarten als Menschen verloren haben. Die Beschäftigung mit den Lebensumständen eines einzelnen ist wichtig, so sagte ich ihr, aber ihre Geschichte zeige auch, daß es noch wichtiger ist, sich über diese Umstände Gedanken zu machen. Denn indem wir uns mit den Bedingungen menschlichen Daseins auseinandersetzen, legen wir gleichsam die Grundlage für unser Leben; ist diese Grundlage nicht stabil genug, kann sie möglicherweise das Gewicht unserer Existenz nicht mehr tragen. Ihre Geschichte zeige aber auch, daß wir sogar grundlegende Vorstellungen und Gefühle ändern und eine neue Form der Erfüllung finden können.

Lisette ist mit ihrer Familie längst in ihre Heimat zurückgekehrt. Im Verlauf von zehn Jahren ist es zu keinem Rückfall gekommen.

■■■■ 12. Psychotherapie der Depression ■■■■ der mittleren Lebensjahre (Involutionsmelancholie)

■■■ Die spezifische ■■■ Psychodynamik der mittleren Lebensjahre

Im Leben jedes Menschen kommt einmal der Zeitpunkt, an dem er seinen bisherigen Lebensweg überdenkt und sich zugleich Gedanken über die Jahre macht, die noch vor ihm liegen.

Heuzutage, da die Lebenserwartung so erheblich gestiegen ist, stellen die meisten Menschen diese Rückschau erst in recht fortgeschrittenem Alter an – mit sechzig Jahren oder sogar noch später. Aber manche Menschen nehmen diese Bewertung zeitiger vor, in den sogenannten mittleren Jahren, einer Lebensperiode, die wir manchmal auch als die Involutionsphase oder bei Frauen die Phase der Menopause bzw. des Klimakteriums bezeichnen.

Zu dieser frühzeitigen Bewertung des bisherigen Lebensverlaufs kommt es in der Regel, weil der Betreffende hinsichtlich seiner Existenz von einem tiefen Pessimismus erfüllt ist, der sich dann in voller Stärke zeigt, wenn die Jugend endgültig vorbei und das reife Alter erreicht ist. Unzufriedenheit mit dem eigenen Los und die Überzeugung, daß das, was noch kommen wird, die Sache wohl auch nicht mehr lohnt, liegen dieser negativen Sicht der Dinge zugrunde. Die Situation wird noch dadurch erschwert, daß das kognitive Substrat, in dem die Unzufriedenheit und die negative Einstellung ihre Wurzeln haben, durcheinandergerät und entweder an der Peripherie der Bewußtheit bleibt oder aber vollkommen unterdrückt wird. Was dagegen voll im Bewußtsein bleibt, ist eine ernstlich depressive Gestimmtheit. Damit haben wir in ganz kurzen Worten das Drama umrissen, das man auch als Involutionsmelancholie bezeichnet hat. Hinter diesen knappen Feststellungen verbirgt sich eine ganze Reihe von Sachverhalten. Bei Frauen kommt es zur ersten schweren Depression häufig zur Zeit der Menopause oder kurz danach. Das können wir nicht als einen Zufall betrachten; aber die umfangreiche Forschung auf diesem Teilgebiet hat bisher noch keinen ursächlichen Zusammenhang zwischen dem Stillstand der Östrogenproduktion durch die Eierstöcke und der Depression herstellen können. Die meisten Frauen verfallen in dieser Zeit nicht in die Depression, die meisten Frauen haben auch nach der Menopause noch sexuelle Bedürfnisse – es sei denn, sie sind schwer depressiv –, und bei einigen wenigen Frauen ist das sexuelle Verlangen sogar gesteigert. Wenn die Menopause für das Entstehen der Depression verantwortlich gemacht werden kann, dann wahrscheinlich wegen der psychologischen Bedeutungen, die dem Phänomen der Menopause beigelegt sind.

In diesem Zusammenhang sind verschiedene Dinge zu beachten. Die Frau behält zwar ihr sexuelles Interesse und unterhält möglicherweise auch weiterhin befriedigende sexuelle Beziehungen, aber sie weiß, daß sie nicht länger Kinder gebären kann. Heutzutage wünschen sich nur sehr wenige Frauen noch Kinder, wenn sie die Menopause erreicht haben. Daher können wir das Ende der reproduktiven Phase nicht als die direkte Ursache von Depressionen ansehen. Manche Patientinnen messen allerdings dem Alter, von dem an sie keine Kinder mehr bekommen können, eine Bedeutung bei, die mit den biologischen Veränderungen kaum noch etwas zu tun hat. Es kommt dann infolge der Menopause etwa zu der folgenden gedanklichen Konstruktion: »Die Jugend ist vorbei, die äußeren Reize schwinden, das Alter kommt näher. Ich werde immer häßlicher aussehen und immer weniger von meinem Leben haben. Niemand hat mich jemals wirklich geliebt, und es besteht keine Aussicht, daß es dazu jetzt noch kommen könnte. Ich habe nichts, auf das ich mich freuen könnte; ich bin in einer Situation gefangen, aus der ich mich nicht mehr befreien kann.« Wäre ihr Leben befriedigend verlaufen, dann würde die Patientin nicht so denken. Bisher hat sie immer gehofft, daß es in ihrem Leben aufwärts gehen würde. Die Menopause wird in ihren Augen jetzt zu einem Meilenstein, der anzeigt, daß es diese Hoffnung nicht mehr gibt. In Kapitel 3 haben wir gesagt, daß viele Autoren die prämorbide Persönlichkeit der Involutionsmelancholikerin als starr, peinlich genau, zwanghaft und in ihren Interessen stark eingeschränkt beschreiben. Solche Schilderungen weisen darauf hin, daß die Patientin im großen und ganzen einem der Lebensmuster gefolgt ist, die wir in Kapitel 6 ausführlich dargelegt haben.

Die Menopause nimmt die letzte Hoffnung auf Erfüllung in der Liebe oder im Beruf. Wohl spielt für manche Frauen die Tatsache, daß sie es in ihrem Beruf nicht sehr weit gebracht haben, eine bedeutsame Rolle, aber bei den meisten Patientinnen stehen doch Komplexe in bezug auf ihr Liebesleben im Vordergrund. Die Patientin hat sich nach Liebe gesehnt, sie aber nicht erhalten. Wenn sie doch geliebt worden ist und selbst geliebt hat, dann war es eine Liebe, die mit den größen Schwierigkeiten verbunden war, eine Liebe, die es nicht lohnte, eine Liebe, die bei weitem nicht das war, was sie sich in ihren jungen Jahren erträumt hatte. Wenn sie nicht bedauert, daß sie nun keine Kinder mehr bekommen kann, so tut es ihr leid, daß sie niemals Kinder gehabt hat, oder – wenn sie Kinder hat – daß ihr die Kinder doch nicht die Erfüllung brachten, die sie sich erhofft hatte. Von dieser

Art ist die Depression, die im übrigen häufig auf eine Hysterektomie folgt.

Die Patientin grübelt darüber nach, daß nichts von dem, was sie sich erhofft und ausgemalt hat, eingetreten ist und daß alles, was sie je zustandegebracht, was immer sie erreicht oder gewonnen hat, lächerlich ist im Vergleich zu dem, was sie erwartet hatte, zu den Anstrengungen, die sie unternommen hatte, oder zu dem, was sie hätte erreichen können, wenn sie sich anders entschieden hätte. Aber jetzt ist es zu spät; jetzt kann sie nichts mehr ändern.

Dieses Bild ist im Grunde das gleiche, das wir bereits in Kapitel 6 beschrieben haben. Der wesentliche Unterschied besteht darin, daß die Depression durch die Menopause oder genauer gesagt, durch die kognitive Neubewertung des Lebens hervorgerufen worden ist, wie die Patientin sie zwangsläufig vornehmen mußte, nachdem sie den Höhepunkt ihres Lebens überschritten hat. Ich muß hier betonen, daß die Menopause nicht einfach ein »auslösender Faktor« ist; sie ist ein ganz besonderer Faktor, dem wegen seiner besonderen biologischen Merkmale, dem Ausbleiben der Menses, nur allzu leicht bestimmte Bedeutungen beigemessen werden. Die Patientin, die der Depression bisher entgangen ist, obwohl sie sich mehr oder weniger an die »depressogenen« Lebensmuster gehalten hat, ist dazu nicht länger in der Lage, wenn sie sich nun einem Vorgang gegenübersieht, den sie gewissermaßen als den Beginn der Abenddämmerung ihres Lebens ansieht.

In manchen Fällen tritt um die Zeit der Menopause ein unerfreuliches Ereignis ein, das entsprechend der zu dieser Zeit vorherrschenden Stimmung gedeutet und in dem dann der auslösende Faktor erkannt wird. Wenn die schwere Depression abgeklungen ist, vermag die Patientin sich wieder an diese Episode zu erinnern.

Szalita (1966) berichtet über den Fall einer Frau, die mit 49 Jahren eine Auslandsreise unternahm. Sie war seit elf Jahren verwitwet. Ein Film, den sie vor einiger Zeit gesehen hatte, ließ den Gedanken in ihr reifen, daß eine Reise ins Ausland ihr vielleicht ein Abenteuer bringen könnte. Um ihre Chancen zu erhöhen, kleidete sie sich völlig neu ein und reiste Erster Klasse, was allein schon die Ersparnisse eines ganzen Jahres verschlang. Die Reise wurde ein völliger Fehlschlag. Sie sah sich nicht nur ignoriert, sondern von jedermann gemieden. Szalita fährt fort:

> »Eines Tages setzte sie sich vor den Spiegel in ihrer Kabine und begann nachzudenken. Sie konnte sich später nicht mehr erinnern, woran sie gerade gedacht hatte, als sie plötzlich von einer starken Furcht ergriffen wurde. Sie fühlte, daß sie im Begriff war, in Ohnmacht zu fallen – zu sterben. Sie rannte aus ihrer Kabine und bat,

man möge ihr den Bordarzt schicken. Auf Deck zu gehen fürchtete sie sich, weil sie sich möglicherweise ins Wasser stürzen würde. – Sie geriet in große Aufregung, lief ruhelos im Kreis herum, zählte ihre Schritte und konnte nachts nicht schlafen. Schließlich beschloß sie, nach Hause zurückzukehren« (1966).

Solche Fälle sind tragisch und haben gelegentlich zerstörerische Wirkungen, aber die Psychodynamik scheint leicht verständlich, gerade auf einer bewußten Ebene. Warum ist dann die Behandlung so schwierig? Wie einfach die inneren Abläufe auch sein und wie viele Komponenten der Patientin auch bewußt sein mögen – das Gesamtbild, seine Wirkungen, sein Ursprung und seine Implikationen sind ihr dennoch nicht klar. Sobald sie etwas Einsicht in die Zusammenhänge gewinnt, wird dieses aufkommende Verständnis sofort wieder vom Gefühl der Depression überschwemmt und verdrängt. Manchmal behauptet eine solche Patientin, sie wisse überhaupt nicht, warum sie deprimiert ist. Dann wieder findet sie offenbar plausible Gründe, die ihre gedrückte Stimmung rechtfertigen. Wie viele andere depressive Patienten auch betrachtet sie sich selbst, die Welt und die Zukunft in recht oberflächlicher und negativer Weise.

Mit anderen Worten, sie setzt die von Beck beschriebene kognitive Triade in Gang (1967). Auch in diesen Fällen muß uns klar sein, daß diese Triade gewissermaßen nur der Verschleierung dient, das heißt, daß eine oberflächliche Depression eine sehr viel tieferreichende überdeckt, deren kognitiver Gegenpart vor langer Zeit entstanden und nun teilweise oder ganz ins Unbewußte abgeglitten ist.

Die psychotherapeutischen Techniken, die bei schwer depressiven Patienten zur Anwendung kommen, lassen sich auf die meisten Fälle von schwerer Depression anwenden, wie sie in den mittleren Lebensjahren auftritt. Es gibt eine Gruppe von Patienten und Patientinnen, bei denen die innere Dynamik noch einen weiteren Faktor aufweist. Wenn die Menopause oder das Klimakterium einsetzt, beginnt die Patientin, den »verpaßten Gelegenheiten« nachzugrübeln. Wenn sie nicht ihren jetzigen Ehemann, sondern den Mann geheiratet hätte, der sich früher einmal um sie bemüht hat, oder wenn sie jene andere berufliche Laufbahn eingeschlagen hätte, für die sie ein angeborenes Talent besaß und nicht den Beruf, den sie schließlich wirklich ergriffen hat, dann wäre ihr Leben ganz anders und viel erfüllter verlaufen. Die verpaßte Gelegenheit wird jetzt zum Trauma des Verlustes, das oft in dieser besonderen Lebensperiode wiederbelebt wird, wenn die Frau glaubt, daß ihr nichts mehr geblieben ist. Dabei wird auf die »verpaßte Gelegenheit« selbst häufig gar nicht Bezug genommen, zumindest nicht zu Beginn der Behandlung. Wenn die Patientin versucht, sich die manifeste Symptomatik zu erklären, dann kommen vielmehr hypochondrische Erscheinungen zur Sprache, sie erwähnt unerklärliche Gefühle, von denen sie gepeinigt wird, und läßt eine oberflächlich-negative Sicht der eigenen Person, der Welt und der Zukunft erkennen. Erst in einem fortgeschrittenen Stadium der Behandlung beginnt sie dann, über die verpaßten Gelegenheiten zu sprechen. Eine Depression, die zum großen Teil auf den Komplex (bzw. auf das kognitive Konstrukt) der verpaßten Gelegenheiten zurückgeht, kann sehr intensiv werden, aber nicht den äußersten Schweregrad erreichen – ein »ozeanisches« Ausmaß wird in diesen Fällen selten beobachtet. Immerhin wird die verpaßte Gelegenheit so erfahren, als gebe es keinerlei Möglichkeiten mehr und auch keine Hoffnung, je noch eine Chance zu haben.

Warum kommt es in diesen Fällen nicht zum äußersten und zerstörerischsten Grad der Depression? Diese Frage ist nicht schwierig zu beantworten, wenn wir uns klarmachen, daß es sich bei diesem Komplex um einen Abwehrmechanismus handelt. Er bringt die Patientin zwar dazu, zu trauern und sich zu grämen, aber zugleich gestattet er es ihr doch auch, sich ein bescheidenes Maß an Selbstachtung zu bewahren; die Patientin spürt, daß sie eine Chance in ihrem Leben gehabt hat. Ob das, was ihr entgangen ist, nun Liebe oder die Befriedigung in ihrem Beruf gewesen wäre, sie hat das Gefühl, daß sie diese Belohnungen hätte erlangen können – daß sie ihrer würdig war – und daß sie sich nur falsch entschieden hat, bzw. daß das Schicksal (also Umstände, die sich ihrer Kontrolle entzogen) es eben anders gewollt hat. Bedauern und Reue angesichts der Tatsache, daß man gewisse Dinge im Leben nicht getan hat, sind wichtige Ursachen der Depression, aber sie führen nicht zur Depression in ihrer schwersten Ausprägung.

Auch Männer können solche Zustände, wie wir sie soeben für die Frauen beschrieben haben, an sich erfahren; allerdings sind solche Fälle sehr viel seltener.

Wenn wir endokrine Faktoren schon im Zusammenhang mit der Involutionsdepression der weiblichen Patientin für nicht entscheidend halten können, so ist dies im Fall der männlichen Patienten noch weniger möglich. Männliche Sexualhormone werden über eine sehr viel längere Zeitspanne hinweg produziert als weibliche. Wir wissen auch, daß die meisten Männer, wenn sie nicht krank oder aber depressiv sind, bis ins hohe Alter hinein normale sexuelle Beziehungen unterhalten können. Maranon (1954) berichtet, daß Pawlow noch im Samen von 91jährigen Männern und Metchnikow sogar im Samen eines Hundertunddreijährigen aktive Spermatozoen fand. Männer, die die mittleren Lebensjahre erreicht haben, messen der Frage, ob sie noch zeugungsfähig sind und wie es um ihre äußere Erscheinung bestellt ist, längst nicht soviel Bedeutung bei wie Frauen dies tun, und sie betrachten das Leben an diesem Punkt in der Regel auch nicht so, als nähere es sich bereits seinem Ende. Zweifellos sind diese Unterschiede zwischen den Geschlechtern weitgehend kulturell bestimmt, und wahrscheinlich werden sie sich verwischen und schließlich ganz verschwinden, je einhelliger die Rechte der Frau anerkannt werden.

Szalita (1966) schildert den Fall eines 62jährigen Mannes, der den Beginn seiner agitierten Depression mit der nachstehend wiedergegebenen Episode in Zusammenhang brachte.

Er traf einen alten Freund, den er dreißig Jahre lang nicht gesehen hatte, und erkannte ihn nur mit großer Mühe. »Ich stand einem alten, hinfälligen Mann gegenüber«, erzählte er. »Schließlich dämmerte es mir, daß ich wohl genauso aussehen müsse. Ich ging nach Hause, um mich im Spiegel zu betrachten, und erkannte mich nur mühsam in dem Bild, das sich mir bot. Aus dem Spiegel starrte mich ein ganz verrunzeltes Gesicht an, mit Tränensäcken unter den Augen. ›Das bin ich!‹ schrie ich. Am liebsten hätte ich den Spiegel zerbrochen!«

Szalita fügt hinzu, daß dieser Mann nie verheiratet gewesen war, aber zahlreiche Liebesbeziehungen unterhalten hatte und sich für einen Liebling der Frauen hielt. Nach diesem Ereignis meinte er, es sei »aus mit ihm«. Er wurde zum Hypochonder und entwickelte Symptome, wie auch seine Mutter sie gehabt hatte.

Gewiß fühlen sich auch manche Männer bedroht durch das, was die Zeit ihnen äußerlich angetan hat. In der Regel bedrückt sie aber eher die Tatsache, daß sie es in ihrem Beruf nicht so weit gebracht haben, wie sie ursprünglich gedacht hatten. Manche Männer fürchten die Konkurrenz der Jüngeren, was ihren Umgang mit Frauen betrifft, aber weit mehr Männer fühlen sich im beruflichen Bereich bedroht. Manche werden unsicher in ihrer Arbeit und können keine Entscheidungen mehr treffen. Andererseits ist ihnen die Vorstellung zuwider, daß sie in die Abhängigkeit von anderen geraten können.

■ ■ ■ Psychotherapie ■ ■ ■

■ ■ Frau Marie Carls ■ ■

Frau Marie Carls war Mitte fünfzig, als sie zum ersten Mal in meine Sprechstunde kam. Sie war eine distinguierte Frau von beinahe aristokratischem Auftreten, hatte studiert und zeichnete sich durch die gewandte und literarisch anmutende Sprechweise aus, wie sie für die gebildeten Familien der oberen Mittelschicht, in der sie aufwachsen war, kennzeichnend ist. Sie war in Europa geboren und hatte bis vor wenigen Jahren auch dort gelebt.

Während des ersten Gesprächs machte sie einige Bemerkungen, die einander zu widersprechen schienen. Sie sagte, vor zehn Jahren habe man ihr die Gebärmutter entfernen müssen, weil sich ein riesiges Fibrom gebildet hatte. Die Operation hatte keine Nachwirkungen gehabt, aber jetzt, vor einigen Monaten, waren störende Symptome aufgetreten. Sie fühlte sich deprimiert und ständig in einem Zustand der Spannung oder der Erregtheit; ihr Mund war trocken; seitdem sie so deprimiert war, konnte sie in keiner Nacht länger als drei Stunden schlafen. Nach ihren Worten war ihr Leben bisher heiter und ohne Probleme verlaufen. Warum sie sich so deprimiert fühlte, war ihr selbst ein Rätsel. Sie lebte in glücklicher Ehe mit Julius, ihrem Mann, und freute sich sehr, daß sein Beruf es jetzt mit sich gebracht hatte, daß sie einige Jahre in den Vereinigten Staaten leben würden. Wenn er seine Aufgaben hier abgeschlossen hatte, dann würde sie auch sehr gerne wieder in ihr Heimatland zurückkehren. Gewiß, früher einmal hatten sie beide vorübergehend eine Beziehung zu einem anderen Partner gehabt, aber keinem von ihnen hatte die außereheliche Beziehung letztlich etwas bedeutet. Beide Affären waren inzwischen zu den begrabenen Erinnerungen gepackt worden, die keiner von ihnen wieder auferstehen sehen wollte.

All ihre Beschwerden waren somatischer Natur. Sie ermüdete rasch und fühlte sich manchmal vollkommen erschöpft. Sie wußte, daß sie schwermütig war, aber sie meinte, das komme vielleicht daher, daß sie sich insgesamt nicht wohl fühlte. Sie war sehr religiös, in einer streng katholischen Umgebung aufgewachsen und ging häufig zur Beichte.

Nach den ersten Sitzungen begann sie, ihre verschiedenen Beschwerden und ihren allgemein unerfreulichen Zustand als eine »dunkle Macht« zu bezeichnen, die immer wieder von ihr Besitz ergreife. Sie wußte, daß es sich bei dieser dunklen Macht um eine psychische Erfahrung handelte, um etwas, das plötzlich kam und bewirkte, daß sie deprimiert war, sich erschöpft fühlte und häufig Magenkrämpfe hatte. Auf die Frage, ob sie früher schon einmal etwas Derartiges erlebt habe, sagte sie, nach der Geburt ihres ersten Kindes, mit 24 Jahren, sei sie sehr deprimiert gewesen, und dieser Zustand habe von ferne demjenigen geähnelt, in dem sie sich jetzt befinde, wenn er auch längst nicht so intensiv und im Grunde mit der gegenwärtigen Situation gar nicht zu vergleichen gewesen sei.

Im Laufe der dreijährigen Behandlung kam die Patientin immer wieder auf die geheimnisvolle Macht zu sprechen: Manchmal fühlte sie sich ganz wohl, und dann war sie plötzlich wieder so niedergeschlagen. Die psychosomatischen Symptome – die Müdigkeit, der schlechte Allgemeinzustand, die Krämpfe – ergriffen dann vollständig Besitz von ihr. Sie hatte das Gefühl, ganz und gar von einer schwarzen Wolke oder einem dunklen Nebel erfüllt zu sein.

Marie Carls war das jüngste von drei Kindern. Ihre Mutter war nach ihren Worten eine Frau, deren Gegenwart jedem Menschen sofort und sehr nachhaltig bewußt wurde. Sie hatte ein »vulkanisches« Temperament und war leidenschaftlich und gefühlsbetont, zugleich aber auch von zwanghaftem Wesen. Es gab gewisse Fächer und Schubladen im Haus, die nur sie allein aufziehen durfte. Als der Vater der Patientin einmal in eine dieser Schubladen hineinsah, geriet die Mutter in einen hysterischen Zustand und drohte, sich aus dem Fenster zu stürzen. Der Vater schlug ihr ins Gesicht. Er selbst war sehr konventionell und galt als ein liebevoller Mensch und guter Familienvater. Vor seiner Tochter hatte er anscheinend keine Geheimnisse. Als er 78 Jahre alt und längst Witwer war, vertraute er ihr an, daß er noch immer sexuelle Wünsche habe und nicht wisse, was er tun solle. Ob sie einen Rat für ihn wisse? Sie wußte keinen.

Die Patientin hatte sich ihrer Mutter immer sehr eng verbunden gefühlt. Zu Hause hatten sie oft im Spaß gesagt, sie klebe an ihrer Mutter wie die Briefmarke am Umschlag. Sie versuchte stets, die temperamentvolle Mutter versöhnlich zu stimmen und es ihr in jeder Hinsicht recht zu machen. Die Mutter zeigte sich allerdings ihrer mütterlichen Rolle keineswegs gewachsen. Als Marie mit dreizehn Jahren ihre Regel bekam, hatte sie keine Ahnung, was das sein könnte. Auf ihre Frage sagte ihr die Mutter: »Es ist etwas Natürliches, aber eine schmutzige Sache.« Das Thema wurde niemals wieder besprochen; es war tabu. Die Patientin sagte, sie sei lange Zeit sehr naiv gewesen. Sie erinnerte sich, daß eine Freundin ihr einmal von einem dreizehnjährigen Mädchen erzählt hatte, das schwanger geworden war. Sie hatte keine Ahnung gehabt, wie das zugegangen sein mochte. Das Mädchen hatte sich dann in einem Anfall von Verzweiflung umgebracht.

Ihre Regel war häufig verspätet gekommen, und bis zum Alter von neunzehn Jahren hatte Marie dann immer gefürchtet, schwanger zu sein, obwohl sie gar keinen Kontakt mit Männern gehabt hatte. Als sie mit 23 Jahren heiratete, war sie noch Jungfrau. Aber sie blutete nicht, als ihr Mann in der Hochzeitsnacht in sie eingedrungen war. Er sagte damals zu ihr: »Vielleicht hast du mir eine kleine Sünde zu beichten, wenn du einmal siebzig bist!« Aber sie *war* Jungfrau, und ihr Mann schien ihr zu glauben, denn er sprach niemals wieder über diese Sache. Sie dagegen dachte von Zeit zu Zeit über die »kleine Sünde« nach, und dann fiel ihr jedesmal der herrliche Garten des Hauses ein, in dem sie ihre Kinder- und Jugendjahre verbracht hatte. Auch zwei Jungen tauchten in der Erinnerung auf, die Söhne des Gärtners; aber die Patientin war sich sicher, daß sie niemals in körperliche Berührung mit ihnen gekommen war oder sich dies auch nur gewünscht hatte. Sie räumte allerdings ein, daß sie möglicherweise derartige Vorstellungen unterdrückt haben könnte. Nein, sie war stolz darauf gewesen, als Jungfrau in die Ehe gegangen zu sein. Sie entstammte einer Familie, in der die religiösen Vorschriften und Traditionen hochgehalten wurden. Immerhin, eine ihrer Tanten hatte mit ihrem ungezwungenen Benehmen alle Welt schockiert. Nach außen kritisierte sie fast jeder; heimlich wurde sie dagegen von allen bewundert. Anders als die Tante gab die Patientin der Mitwelt oder einzelnen Menschen niemals Anlaß zur Aufregung. Sie gehorchte und fügte sich den Wünschen ihrer Umwelt.

Als ihr späterer Ehemann die Absicht erkennen ließ, sie zu heiraten, war sie mit ihrer ganzen Familie der Meinung, eine ausgezeichnete Partie zu machen. Sie war nicht gerade hell begeistert von diesem Mann, aber sie konnte schließlich an einem Menschen, der ehrlich, zuverlässig, familienbewußt und gut katholisch war, nichts auszusetzen haben. Auch nach der Heirat zeigte sie sich wie bisher unterwürfig und willfährig. Zuvor hatte sie Schwierigkeiten mit ihrer äußerst temperamentvollen Mutter gehabt, und so nahm sie nach der Eheschließung fast automatisch wieder die alte Haltung ein. Von ihrem Mann sagte sie, er sei sehr rücksichtsvoll, mache keinen Unterschied zwischen ihnen und versuche nicht zu dominieren. Sein einziger Fehler bestehe darin, daß er keine so schrecklich temperamentvolle und dynamische Persönlichkeit sei; er sei zu friedlich, zu gut und fast ein wenig langweilig.

In den ersten Monaten der Behandlung beschrieb die Patientin ausführlich, wie ruhig und friedlich ihr Leben verlief, wie gut und wie rücksichtsvoll ihr Mann war, wie sehr sie ihn achtete, wie langweilig ihr Leben und ihre Ehe waren und daß sie eigentlich gar keine Wünsche – auch keine sexuellen Wünsche – hatte. Nur zwei Dinge spielten eine herausragende Rolle in ihrem Leben und kamen in den Sitzungen immer wieder zur Sprache: Ihre tiefe Gläubigkeit und die dunkle Macht, die von irgendwoher kam, um sich ihrer zu bemächtigen, sie in die Depression zu stürzen oder sie mit psychosomatischen Symptomen zu überschwemmen.

Ihre Träume bildeten einen deutlichen Gegensatz zu ihrem friedlichen und ereignislosen Leben. Nach der Lektüre von Dostojewskis *Schuld und Sühne* träumte sie, sie habe mit einem ihrer Brüder ein Verbrechen begangen. In einem anderen Traum hatte man ein Mädchen ermordet aufgefunden. Viele ihrer Träume wiederholten das Thema von Schuld und Wiedergutmachung.

Einige Monate nach Beginn der Behandlung erzählte mir die Patientin wieder einen Traum: Ignatius und sie waren übereingekommen, einander nicht mehr zu treffen. Sie würde ihn also für immer verlassen müssen. Ich fragte, wer Ignatius sei, denn ich hatte diesen Namen bis dahin noch niemals gehört. Einigermaßen überrascht erwiderte die Patientin: »Aber als ich das erste Mal bei Ihnen war, habe ich Ihnen doch erzählt, daß ich früher einmal ein Verhältnis hatte.« Dann berichtete sie mir, daß sie während des Zweiten Weltkrieges am Rande einer Großstadt gelebt hatte, die häufig bombardiert wurde. Sie war dreißig Jahre alt, als Ignatius, ein Freund der Familie, vollständig ausgebombt wurde. Sie und ihr Mann luden daraufhin den Junggesellen ein, bei ihnen zu wohnen. Ignatius und Marie fühlten sich rasch zueinander hingezogen. Beide versuchten, gegen die aufkommenden Gefühle anzugehen; aber als Julius einmal für einige Tage verreisen mußte, wurde aus der Anfechtung dann doch mehr als nur eine Anfechtung. Sie schliefen ein paarmal miteinander, aber Marie gelangte nicht wirklich zum Orgasmus. Zwischen ihnen beiden bestand allerdings eine starke geistige Verbundenheit. Ignatius verstand sie: Er sprach ihre Sprache, er liebte, was auch sie liebte, und er gab ihr das Gefühl, am Leben zu sein. Sie erinnerte sich, daß sie sich vor ihrer Heirat einmal einen Spruch ausgedacht und oft mit Emphase aufgesagt hatte: »Lang lebe das Leben«; aber erst mit Ignatius hatte dieser Spruch wieder einen Sinn bekommen. Ignatius schlug vor, gemeinsam zu fliehen, aber sie nahm diesen Vorschlag nicht ernst. Einige Monate später mußten sie wie alle übrigen Bewohner die Stadt verlassen. Ignatius und Marie versprachen einander, in Verbindung zu bleiben, aber beiden war nicht wohl beim Gedanken an Julius, der seiner Frau treu ergeben und dem Freund ein echter Freund war. Sie unternahmen nichts, um den Kontakt aufrechtzuerhalten. Zwei Jahre später und etwa ein Jahr nach Kriegsende erfuhr Marie, daß Ignatius geheiratet hatte. Danach fühlte sie sich unglaublich allein und verzweifelt.

Während der nächsten Sitzungen sprach Marie fast ausschließlich von Ignatius, und in dieser Zeit rückte die sogenannte dunkle Macht ganz deutlich in den Vordergrund. Sie beschrieb diese Macht als »ein Gefühl, das ins Gigantische wächst; eine innere Empfindung physischer und psychischer Art, die manchmal auch von Gedanken begleitet ist. Es ist ein Unbehagen, das sich zunächst im ganzen Körper ausbreitet und sich dann seinen Ort im Magen oder im gesamten Verdauungstrakt sucht.« Einmal sagte sie: »Die dunkle Macht ist ein gesichtsloses Etwas, das mich oft mit fürchterlicher Gewalt trifft. Sie hinterläßt entweder eine physische Krankheit oder eine tiefe Depression. Sie kommt plötzlich, in einem Augenblick, in dem man sie am wenigsten erwartet hat. Einmal war ich gerade dabei, meine Geranien zu gießen, als es mich ganz plötzlich überfiel.«

In dieser Phase der Behandlung berichtete mir Marie eines Tages, es habe eine Zeit gegeben, da habe sie wegen ihrer Beziehung zu Ignatius Schuldgefühle empfunden und schließlich beschlossen, ihrem Mann die ganze Sache zu beichten und alles zu akzeptieren, was er daraufhin entgegnen würde. Julius' Reaktion war in mehr als einer Hinsicht anders als erwartet. Zunächst einmal war er keineswegs wütend. Außerdem sagte er: »Marie, ich muß dir etwas gestehen, was ich dir bisher verschwiegen habe. Auch ich habe während des Krieges einmal ein kurzes Verhältnis mit einer jungen Frau gehabt. Wir sollten einander alles verzeihen, die ganze Sache vergessen und weiter in Frieden zusammenleben.« Zunächst fühlte Marie sich verletzt bei dem Gedanken, daß ihr Mann eine Liebesbeziehung unterhalten hatte, aber dann war sie eher erleichtert und fügte sich willig dem »weisen und reifen Entschluß« ihres Mannes. Es kam noch hinzu, daß Julius nun, nachdem er die Geschichte mit Ignatius erfahren hatte, auch sexuell stärker an ihr interessiert war.

Viele Jahre vergingen, in denen sie ein behagliches und nicht eben ereignisreiches Leben führte. Sie hatte zwei Kinder, die beide jung heirateten. Im Interesse des beruflichen Aufstiegs ihres Mannes kamen sie nach dem Krieg in die Vereinigten Staaten. Frau Carls war begeistert von Amerika, sie führte das, was man ein glückliches Leben nennen könnte, und doch verfiel sie zunehmend in die Depression.

Zu einem späteren Zeitpunkt im Verlauf der Behandlung konzentrierte Marie sich auf ihre Ehe. Hatte sie den Vorschlag ihres Mannes, zu vergeben und zu vergessen, wirklich akzeptiert? Doch wohl nur zum Schein. Der Pakt mit ihrem Mann nahm ihr einen Teil ihrer Schuldgefühle, nicht aber ihre Einsamkeit und ihren Lebenshunger. Die dunkle Macht stand für das Leiden, das sie unterdrücken wollte. Ihr Leiden war stärker geworden, je deutlicher ihr bewußt geworden war, daß das Alter nicht mehr fern war und sie alle ihre Chancen verloren hatte. Ignatius blieb als die »verpaßte Gelegenheit« in ihrem Gedächtnis gegenwärtig. Ja, Ignatius hatte gewollt, daß sie mit ihm fortging, aber sie hatte das nicht tun wollen, denn sie hatte geglaubt, ihr Mann und Gott würden ihr das niemals verzeihen. Selbst das kurze herrliche Glück war durch ihre Gewissensbisse überschattet gewesen.

Ihre ewige Willfährigkeit und gehorsame Haltung hatten es ihr unmöglich gemacht, ihr Ziel zu erreichen. Es gab irgendwo auf der Welt einen Ignatius, aber sie hatte ihn für immer verloren. Sie hatte ihren Mann nie geliebt, und das war es, was an ihrer Ehe nicht in Ordnung war.

Marie hatte jahrelang gehofft, den Verlust von Ignatius zu verwinden, aber jetzt war das nicht mehr möglich. Sie konnte nicht mehr ausrufen: »Lang lebe das Leben.« Sie dachte jetzt eher: »Weg mit diesem Leben ohne Ignatius, einem Leben, das keinen Sinn mehr hat.«

Als sie sich dieser Gedanken bewußt wurde, fühlte sie sich noch stärker deprimiert. Sie klagte jetzt immer seltener über die dunkle Macht und immer häufiger über ihre Ehe. Alles, was sie in ihrem Leben aufgebaut hatte, war hohl oder beruhte auf hohlen Voraussetzungen. Im Grunde war ihr Mann gar nicht so gutmütig und tolerant, wie sie ihn immer gesehen hatte; er war vielmehr recht anspruchsvoll, denn sie sollte sich ja nach seiner Lebensweise richten, mit all diesem Frieden und dieser Langeweile. Aber das war unmöglich, wenn sie doch diesen Mann gar nicht wirklich liebte.

Einige Zeit später sagte sie, in ihrem Leben gebe es nichts als einen leeren Raum. Sie hatte völlig und unwiderruflich versagt, sie hatte fürchterliche und nicht wiedergutzumachende Fehler begangen. Es war besser, mit der dunklen Macht zu kämpfen, als sich mit der Wahrheit auseinandersetzen zu müssen; besser nicht zu wissen als zu wissen. Hatte der Therapeut ihr wirklich geholfen?

Hier müssen wir uns überlegen, was wir über diese Frau wissen, bevor wir den weiteren Verlauf der Behandlung schildern können. Es war klar, daß ihr Leben seit ihrer Kindheit und bis zum gegenwärtigen Zeitpunkt nicht glücklich gewesen war. Sie war in dem Glauben erzogen worden, daß sie durch die Begegnung mit dem richtigen Mann glücklich werden würde. Ein idealer Ehemann würde alle ihre Wünsche erfüllen und ihrem Leben wirklich Sinn verleihen. Diese Erwartungen wurden sowohl durch ihre Familie als auch durch die Ansichten ihrer Zeit, wie sie insbesondere in Romanen und Filmen zum Ausdruck kamen, genährt. Selbst in ihren Tagträumen nahm sie – wie viele Mädchen ihres Alters – eine abhängige Stellung gegenüber dem Mann ein. Der Mann war es, der alle ihre Träume erfüllen würde.

Einen solchen Mann zu finden, wurde zum dominanten Ziel für sie. Aber dieses Ziel war nicht damit erreicht, daß sie ihren Mann heiratete, der doch weit hinter ihrem Ideal zurückblieb. Dann betrat Ignatius die Szene und wurde sofort mit allen Attributen überhäuft, wie sie dem dominanten Ziel nun einmal zugehörten. Er kam und ging wieder, er wurde zum dominanten Ziel, das nun nicht mehr zu erreichen war. Es war schwierig, so große Gefühle ersticken und unterdrücken und sich wieder in eine blutleere und konventionelle Ehe finden zu müssen. Bis zu einem gewissen Grade gelang der Patientin dies doch, wobei ihr Glaube ihr zu Hilfe kam. In der Tat gelobte sie bei der Beichte dem Priester einmal zwei Dinge: nicht länger nach Ignatius zu suchen und nicht länger für ihn zu beten. Aber es war klar, daß sie immer weiter nach ihm suchte und im Grunde noch immer hoffte, Ignatius wiederzufinden oder wenigstens einen anderen Ignatius oder irgend etwas zu finden, wofür Ignatius eben stand. Als ihr klar wurde, daß Ignatius wahrscheinlich nie mehr wiederkehren würde, machten sich die unterdrückten – oder besser gesagt verdrängten – Gedanken und Gefühle mit Macht bemerkbar. Sie versuchte wieder und wieder, sie zu unterdrücken, aber die Depression und die sogenannte dunkle Macht blieben bewußt. Ein Teil ihrer Depression erfuhr eine psychosomatische Transformation.

Als es der Patientin allmählich möglich wurde, das zu verbalisieren, was sie so lange Zeit für sich behalten hatte, nahm ihr bewußtes Erleben zunehmend die Form der Trauer um die »verpaßte Gelegenheit« an. Sie hätte sich dafür entscheiden können, mit Ignatius wegzugehen, und dann hätte sich ihr Traum von der Liebe in herrlicher Weise verwirklicht. Aber mit ihren Schuldgefühlen und ihren konventionellen Gewohnheiten hatte sie alles verdorben. Indem sie ihre Zuflucht zu der Vorstellung nahm, daß ja einmal die Möglichkeit bestanden hatte, ihr Ziel in die Tat umzusetzen, konnte sie sich eine gewisse Selbstachtung bewahren, sie hatte nicht allen Halt verloren, und ihre Depression erreichte niemals jene Stufe, auf der sich ernsthafte Selbstmordabsichten einstellen. Ihren Schuldgefühlen stand sie mit einer gewissen Ambivalenz gegenüber: zuzeiten hatten die Schuldgefühle ihr Leben zerstört, zu anderen Zeiten waren sie das erlösende Moment gewesen, das sie vor der vollständigen Katastrophe bewahrt hatte.

Für den Therapeuten war es nicht schwierig zu erkennen, was an dieser kognitiven Struktur nicht stimmte, und dann einen Behandlungsplan aufzustellen. Man mußte ihr helfen, das dominante Ziel und alle zugehörigen Konstrukte zu demolieren und neue und andere Lebensmuster zu entdecken. Aber in der Praxis war das alles nicht so einfach.

Nachdem die Patientin eine gute Beziehung zu ihrem Therapeuten begründet hatte und ihn als einen signifikanten Dritten betrachtete, wurden zunächst die handgreiflichen und leicht verständlichen Aspekte ihrer kognitiven Struktur angegriffen. War Ignatius wirklich der ideale Mann, den sie in ihm zu sehen geglaubt hatte? Was war denn eigentlich so wunderbar an ihm? Selbst die sexuelle Seite der Beziehung war doch nicht voll befriedigend gewesen. Warum ging er so leichten Herzens fort und kam nach dem Krieg nicht zurück? Die Klärung dieser alten Geschichten wurde dadurch erschwert, daß Marie fest glaubte, das getan zu haben, was Gott von ihr verlangt hatte. Nicht nur sie selbst, auch Ignatius hatte so gedacht. Sie fuhr fort, Ignatius zu verteidigen und ihn auf seinem Sockel zu halten, wenn auch mit schwindender Überzeugung. Am Ende fragte sie sich selbst, ob der wirkliche Ignatius ihrem Bild von Ignatius überhaupt entsprochen hatte bzw. ob »Ignatius« nicht eigentlich ein Mythos gewesen sei. Allmählich neigte sie immer stärker zu der Ansicht, daß Ignatius ein Mythos war. Wenn sie ihn sich aber als Mythos dachte, dann wurde die Depression – sofern sie nicht gerade durch die dunkle Macht ersetzt war – wieder stärker; ganz offensichtlich, weil sie den Mythos von Ignatius, den Mythos der »verpaßten Gelegenheit« brauchte.

Die kognitive Struktur vom dominanten Ziel wurde dadurch noch heftiger angegriffen, daß ich sie fragte, ob sie sich vor dem Auftreten von Ignatius in ihren Träumen und Phantasien jemals einen Mann vorgestellt habe, der eines Tages erscheinen und wie Ignatius sein würde. Tatsächlich beantwortete sie meine Frage mit ja; sie habe sich häufig einen solchen Mann erträumt; als Ignatius dann erschien, war er die Verkörperung dessen, was sie sich vorgestellt hatte. Als die Patientin zu diesem Schluß gekommen war, erhob sie sich aus ihrem Stuhl und sagte im Ton tiefer Niedergeschlagenheit, dem eine große Kraft, nicht etwa Schwäche innewohnte: »Der Mythos von Ignatius existierte schon vor Ignatius.« Sie hielt einen Augenblick inne und fügte dann hinzu: »Drei Mythen. Der Mythos, daß Ignatius kommen würde, der Mythos, einen wunderbaren Ignatius verloren zu haben, und der Mythos, daß Ignatius zurückkehren würde.« Das war nun in der Tat eine große Enthüllung. Was ich und meine Schüler das dominante Ziel nennen, erschien hier als Mythos, und zwar als ein Mythos, der seinerseits eine ganze Reihe von Mythen entstehen ließ. Ich sagte ihr, meiner Meinung nach habe sie vollkommen recht. Aber konnte sie mir erklären, warum der Mythos von dem Ignatius, der da kommen sollte, eigentlich ein Mythos gewesen war? Mit dieser Frage wollte ich sie natürlich dazu bringen, sich nun dem kognitiven Substrat ihrer Schwierigkeiten zuzuwenden und dieses Gefüge von neuem zusammenzusetzen.

Sie zählte mir erneut die vielen Gründe auf, die sie bewogen hatten, sich ganz auf das Auftauchen dieses idealen Mannes zu konzentrieren: Ihre Großmutter hatte romantische Geschichten verfaßt, die die Patientin gierig verschlang. In diesen Geschichten war die Frau immer als ein passives Wesen dargestellt, dessen wichtigste Beschäftigung darin bestand, auf einen Mann zu warten, der ihrem Dasein die Berechtigung verleihen und schließlich ihre verborgenen Tugenden entdecken würde. Aber die wenigen, die sie überhaupt beachteten, waren ihrer nicht würdig. Der Mann, der ihrer würdig gewesen wäre, entpuppte sich dann entweder als Sadist, oder aber er war ein wunderbarer Mensch, der aus den verschiedensten Gründen unerreichbar blieb. Dieses Thema tauche noch heute in der amerikanischen Unterhaltungsliteratur auf – so sagte die Patientin –, in Romanen, die nicht nur von Frauen, sondern auch von Männern verfaßt würden. Sie wollte damit natürlich nicht sagen, daß der Ursprung ihrer Schwierigkeiten etwa bei der Großmutter liege. Die Großmutter war nur die Vertreterin einer Kultur, die den Frauen ein falsches Ziel als erstrebenswert vorgaukelt. Das Ziel war insofern falsch, als es das einzige oder doch eines der sehr wenigen Ziele war, die eine Frau in ihrem sozialen Umfeld überhaupt verfolgen konnte. In späteren Sitzungen stellte die Patientin dann einen Zusammenhang zwischen diesem Ziel und der ausgesprochen patriarchalischen, männlich-chauvinistischen Gesellschaft her, die die Frauen dazu verleitete, ein solches Ziel zu akzeptieren. Ihre ursprünglichen Wünsche – sich die »vulkanische« Mutter günstig zu stimmen und dem Vater zu Gefallen zu sein, dem sie in ödipaler Verbundenheit zugetan war – erfuhren eine gewisse Bündelung und Kanalisierung; das Ziel lautete nun, zu jener Art von weiblichem Wesen zu werden, das die Umwelt, wie sie meinte, in ihr zu sehen wünschte.

Frau Carls erklärte mir, daß sie nach Beendigung der Affäre mit Ignatius in rekonstruktiver Absicht schon selbst einiges an kognitiver Arbeit geleistet habe. Diese Bemühungen waren aber falsch gewesen und hatten zu nichts geführt. Nachdem sie erkannt hatte, daß Ignatius für sie verloren war, hatte sie sich bemüht, ihre Ehe zu verbessern, aber auch dieser Versuch war in die falsche Richtung gegangen; sie suchte weiter nach dem perfekten Leben oder dem idealen Ziel in Gestalt einer Beziehung, in der sie wiederum den abhängigen Part übernehmen konnte. Aber jedesmal, wenn Julius seine Schwächen erkennen ließ, dann erschien ihr das alles als sehr dürftig. Wenn sie schon nicht die ekstatische, gierige und verzehrende Liebe empfinden konnte, wie sie sie Ignatius entgegengebracht hatte, dann, so dachte sie, könnte sie doch wenigstens eine solide geistige Beziehung zu Julius unterhalten, die auf dem Bewußtsein der wechselseitigen Verantwortung, der Loyalität, der Freundschaft und der gemeinsamen Erfahrungen aufbaute. Aber sie war von Julius abhängig, und Julius erlebte das Leben nun einmal nicht mit der gleichen Intensität wie sie. Sie empfand etwas, das sie als »Hunger nach dem Absoluten« bezeichnete und das sie in ihrer Ehe zu finden hoffte. Hin und wieder sprach sie auch vom »Hunger nach Vollkommenheit«, wie es sie auf Erden nun einmal nicht geben kann. Manchmal wachte sie mitten in der Nacht auf und verspürte ein Gefühl der Angst oder, wie sie es nannte, des heiligen Schreckens. Interessant war dabei aber, daß sie in einer solchen Nacht, als sie mit dem »heiligen Schrecken« aufgewacht war, zuvor geträumt hatte, daß sie Ignatius küßte. Der Traum hatte ihr ein starkes Lustgefühl vermittelt, dessen Süße sie mit Worten unmöglich schildern konnte.

Es bestand also gar kein Zweifel daran, daß die Suche nach dem Absoluten in Wirklichkeit der Ersatz für die Suche nach Ignatius war. Sie suchte noch immer nach Ignatius; aber ihre religiösen Anschauungen, ihr Loyalitätsgefühl und schließlich das Abkommen, das sie mit ihrem Mann geschlossen hatte (das Gewesene zu vergessen und einander zu lieben), ließen sie zugleich den Versuch machen, Ignatius – oder welchen anderen Mythos auch immer – zu unterdrücken.

Maries Depression war manchmal sehr heftig, und ihr Hausarzt drängte mich dann, ihr antidepressive Mittel zu verschreiben. Ich widersetzte mich seinem Drängen jedoch. Bei manchen Patienten erscheint es mir ratsam, Antidepressiva zu verschreiben, nicht aber bei solchen, bei denen ich das Gefühl habe, daß wir soeben dabei sind, einen Schritt nach vorn zu tun. In Maries Fall waren wir so weit gekommen, daß wir tatsächlich begriffen hatten, warum das dominante Ziel sich hatte entwickeln können, aber wir wußten noch nicht, warum es unbedingt fortbestehen mußte. Doch allmählich gelangten wir zu der Einsicht, daß dieses dominante Ziel eine ganz besondere Ausprägung oder einmalige Nuance besaß: Der Verlust von Ignatius stand für ein Leben ohne Liebe, und ein Leben ohne Liebe war dem Tod gleichzusetzen. Das heißt, die dominanten kognitiven Konstrukte ließen sich wie folgt zusammenfassen: »Ich habe entdeckt, daß es in meinem Leben keine Liebe gibt. Keine Liebe zu besitzen ist gleichbedeutend mit dem Tod. Mein Leben ist ein lebendiger Tod. Der wirkliche Tod wäre ihm vorzuziehen.«

Ein Psychiater muß dem Gedanken natürlich zustimmen, daß Liebe wichtig und ein Leben ohne Liebe ein ganz armes Leben ist. Aber Liebe bedeutet vielerlei, und es gibt viele Arten von Liebe. Für Marie bedeutete sie nur die romantische Liebe, die ganz Leidenschaft und Feuer ist, wie die Liebe, die sie sich mit Ignatius vorgestellt hatte. Ein Leben ohne diese Art von Liebe ist keineswegs ein Leben, das sich durch das völlige Fehlen von Liebe auszeichnet, und kann keinesfalls mit dem Tod gleichgesetzt werden – aber für sie war es nun einmal so. Es gibt eine Menge starker und positiver Gefühle, die der Mensch gegenüber seinen Angehörigen, seinem Beruf, seinen Freunden, der Menschheit oder gegenüber kulturellen Erscheinungen und Zeugnissen empfinden kann. Es sind unterschiedliche »Lieben«, aber auch sie zählen. Ein Leben ohne die romantische Liebe, wie Marie sie sich mit Ignatius vorstellte, kann dennoch reich und belohnend sein. Kurz, es galt, ihr klarzumachen, daß der Sinn ihres Lebens nicht in der Verwirklichung des Ignatius-Mythos liegen mußte.

Marie Carls durchschaute mit der Zeit all die komplizierten Verzweigungen ihrer Komplexe oder kognitiven Konstrukte. Viele Einzelheiten mußten voneinander gelöst, korrigiert und in die richtige Perspektive gebracht werden. Allmählich sah sie ihr Leben nicht mehr als vertan und vergeudet an, und sie erkannte, daß ihre Gaben und Möglichkeiten sich nutzbringend anwenden ließen, wenn sie nicht gerade in den Dienst der »verpaßten Gelegenheit« gestellt wurden. Sie pflegte jetzt stärker ihre weitgespannten kulturellen Interessen. Die Beziehung zu ihrem Mann besserte sich; sie maß der Ehe zwar immer noch eine erhebliche, aber doch nicht mehr die alleinige Bedeutung unter den Möglichkeiten des Lebens bei. Natürlich war die Patientin schon immer fähig gewesen, die Perioden der echten Depression und des quälenden Schmerzes von den offensichtlich asymptomatischen Phasen zu unterscheiden. Jetzt gelang es ihr darüber hinaus, die scheinbare Ruhe – die nichts als stillschweigende Resignation und gewaltsame Unterdrückung von Groll und Erbitterung ist – von der echten Heiterkeit zu unterscheiden, wie sie entsteht, wenn der Mensch sich und sein Schicksal angenommen hat.

Die erste Hälfte der Behandlung führte durch viele Höhen und Tiefen, denn die Patientin hatte immer wieder Anfälle von Depression, wenn alte Konstrukte oder Teilkomplexe aufgegeben werden mußten, aber vom Beginn des zweiten Jahres an war deutlich zu erkennen, daß es insgesamt aufwärts ging. Die Behandlung erstreckte sich über drei Jahre und endete mit der vollständigen Wiederherstellung. Inzwischen sind sechs Jahre vergangen, und es ist kein Rückfall eingetreten.

Zwei Punkte müssen noch etwas weiterverfolgt werden, bevor wir diesen Bericht abschließen. Wenn wir uns der Freudschen Terminologie bedienen wollen, können wir sagen, daß der erste mit dem Es, der zweite mit dem Überich der Patientin zu tun hat.

Ein Psychoanalytiker der orthodoxen Schule hätte sich eingehender mit der ödipalen Fixierung dieser Patientin und mit den anderen sexuellen Nebenbedeutungen des Falles befaßt. Es besteht kein Zweifel, daß die Patientin eine starke Bindung an ihren Vater besessen hatte, und vermutlich hatte der Vater ein gewisses kontraödipales Interesse an ihr, was aus der einen oder anderen Bemerkung der Patientin herauszulesen war. Diese ödipale Bindung könnte die Suche der Patientin nach dem unerreichbaren Mann noch verstärkt haben, denn der eigene Vater ist nun einmal »unerreichbar«. Es ist auch sehr gut möglich, daß ein gewisses sexuelles Interesse an den Gärtnerssöhnen, das aus dem Bewußtsein verdrängt worden war, ursprünglich recht stark war und der Patientin Schuldgefühle bereitet hatte. Sie kamen ihr in der Hochzeitsnacht wieder in den Sinn, als ihr Mann von der »kleinen Sünde« sprach, die sie ihm eines Tages würde beichten müssen. Was damals in der Kindheit eine imaginierte oder in der Phantasie begangene Sünde war, erfuhr eine zeitliche Verschiebung und wurde zu der Sünde mit Ignatius, die sie dann tatsächlich beichtete.

Die zweite Überlegung betrifft die Rolle der religiösen Gebundenheit der Patientin: Schadete sie ihr mehr, als daß sie ihr nützte? Die Liebe zu Gott bewahrte sie davor, die »Liebelosigkeit« ihres Lebens noch härter zu empfinden. Andererseits vergrößerte sie ihre Schuldgefühle; als sie spürte, daß sie das Leben ohne jene sündige Liebe nicht ertragen konnte, glaubte sie, nun auch Gottes Liebe zu verlieren. Wir haben in Kapitel 6 gesehen, daß manche depressiven Patienten, insbesondere solche, die in einer sehr gläubigen Gemeinschaft oder Gruppe leben, auch Gott zu ihrer dominanten Bezugsperson machen können. Dann wird der liebende Gott so wenig wie möglich beachtet, und alle Aufmerksamkeit wendet sich dem fordernden und eifernden Gott zu. In solchen Fällen kann der Patient jene Konflikte oder ambivalenten Empfindungen, die er sonst einer dominanten menschlichen Bezugsperson gegenüber verspürt, in seinem Verhältnis zu Gott erleben. Frau Carls' Haltung gegenüber Gott war nicht in dieser Weise ausgeprägt. Als es ihr gelang, den Mythos ihrer romantischen Liebe zu demontieren, nahm ihre religiöse Betätigung und ihre Liebe zu Gott wieder einen wichtigen Platz in ihrem Leben ein und half ihr – zusammen mit der Liebe zu ihren Kindern, zu ihrem Mann, zur Arbeit und zu den schönen und erhebenden Dingen des Lebens – wieder Befriedigung und Erfüllung in ihrem Leben zu finden. Was bis vor kurzem noch eine gequälte Existenz gewesen war, war nun ein von Heiterkeit und Optimismus erfülltes Leben.

Das Wort »gequält« schließlich erfordert noch eine letzte Bemerkung. Gab es in diesem Fall ausreichende und irreversible Ursachen, die unweigerlich Qual und Pein bringen mußten? Es scheint so, als müsse diese Frage verneint werden. Die Mutter der Patientin war temperamentvoll wie ein Vulkan, aber nicht grausam oder feindselig. Ihr Vater war weder ein Tyrann noch ein Verführer, und erst im hohen Alter war sein Verhalten nicht mehr angemessen. In der Familie herrschte insgesamt ein herzlicher Ton, wenn er auch von Zwängen, Konventionen und einem ausgeprägten Pflichtgefühl überlagert war. Man hat den Eindruck, daß die Patientin schwere Depressionen wohl niemals kennengelernt hätte, wenn eine Atmosphäre der Spontaneität geherrscht hätte, in der sie sich weniger starre Muster des Denkens, Fühlens und Verhaltens hätte aufbauen können.

Dieser Fall zeigt uns erneut, daß die Vorstellungen, wie sie von der jeweiligen Kultur, von der Familie und vom Patienten selbst ausgewählt und übernommen werden, den Menschen in eine Falle starrer Muster und absurder Mythen sperren und ihn in einer verzweifelten Lage gefangenhalten können, aus der es keine Hoffnung auf Entkommen gibt. Die Alternative, die dem Patienten bleibt, besteht gewöhnlich darin, daß er alle seine Lebenswahrnehmungen mit einer depressiven Stimmung überschwemmt oder aber, wie Marie, seltsame Erfahrungen macht, die aus der Dunkelheit des inneren Selbst kommen und den Menschen ganz in ihren Bann schlagen.

■ ■ Herr Rafgaf ■ ■

Herr Paul Rafgaf bat auf Anraten seiner Schwester um ein Gespräch mit mir. Die Schwester hatte erkannt, daß er zutiefst deprimiert war. Herr Rafgaf war 49 Jahre alt und seit 24 Jahren in einem Reisebüro beschäftigt. Seit einigen Monaten konnte er seine Arbeit nicht mehr zufriedenstellend ausführen, weil sie ihm immer langsamer von der Hand ging. Seine Firma war daraufhin bereit, ihm einen längeren Urlaub zu gewähren. An eine Entlassung war nicht gedacht, weil Herr Rafgaf seine Arbeit so lange mit Erfolg und Umsicht verrichtet hatte. Als er seinen Urlaub antrat, sagte man ihm, er könne wiederkommen, sobald er sich wieder ganz gesund fühle. Inzwischen waren aber schon Monate vergangen, und Herr Rafgaf stellte keine Besserung, sondern sogar noch eine Verschlechterung seines Zustandes fest. Der Gedanke, wieder an seinen Arbeitsplatz zurückkehren zu müssen, erfüllte ihn mit Schrecken. Er würde niemals den Mut aufbringen, seinen Chef anzurufen und um seine Wiedereinstellung zu bitten. Warum sollten sie ihn auch wieder nehmen? Er taugte ja doch zu nichts.

Auf die Frage, warum ihn der Gedanke an die Arbeit so schrecke, sagte er, seine Firma lasse den größten Teil der Aufgaben, die in den verschiedenen Abteilungen anfielen, jetzt mit Hilfe von Computern erledigen. Er würde wohl nicht mehr lernen, mit diesen schrecklichen Maschinen umzugehen, von denen es zwar hieß, sie seien ganz einfach, die ihm aber so ungeheuer kompliziert erschienen. Der Gedanke, mit einem Computer arbeiten zu müssen, reichte aus, um ihn in Panik zu versetzen. Er hatte das Gefühl, in der Geschäftswelt nicht mehr überleben zu können. Am liebsten würde er einschlafen und gar nicht mehr aufwachen. Er hatte schon daran gedacht, in ein Irrenhaus zu gehen, sich aber dann doch anders entschlossen. Das Beste wäre vielleicht, wenn er sich umbringen würde.

Der Patient lebte allein. Ich forderte ihn auf, täglich einmal seine Schwester wie auch mich anzurufen. Diese Gespräche würden dafür sorgen, daß er sich nicht so einsam fühlte, und uns alarmieren, falls er tatsächlich einen Selbstmordversuch unternehmen sollte. Auf die Frage, warum er allein lebe, sagte er, er sei eben nicht verheiratet; tatsächlich war er homosexuell. Zwölf Jahre lang hatte er eine Beziehung mit George unterhalten, der drei Jahre älter war als er, aber diese Freundschaft ging jetzt ebenfalls in die Brüche. Sie hatte den Schwung der ersten Zeit verloren und war inzwischen rein platonischer Art. Der Patient sprach sehr negativ über diese Freundschaft, die immerhin zwölf Jahre überdauert hatte. Seine homosexuellen Beziehungen litten darunter, daß es bei ihm stets zur vorzeitigen Ejakulation kam und die Begegnung immer nur wenige Sekunden anhielt. Er war wirklich verloren, er konnte weder lieben noch arbeiten. Es hatte nur eine wirklich wichtige homosexuelle Beziehung in seinem Leben gegeben, und auch diese Bindung ging nun zu Ende, ohne daß er hoffen konnte, ein neues Verhältnis könnte an ihre Stelle treten.

Ich versicherte dem Patienten, daß seine Depression durchaus psychotherapeutisch zu behandeln sei. Wir begründeten ein therapeutisches Bündnis, und allmählich begann er, von seinem bisherigen Leben zu erzählen. Er war streng katholisch erzogen worden. Als er sieben Jahre alt gewesen war, hatte der Vater seine Arbeitsstelle verloren, und die Familie mußte sich aus finanziellen Gründen für eine Weile trennen. Die Eltern zogen mit seiner Schwester zu den Großeltern väterlicherseits, der Patient wurde zu seiner Großmutter mütterlicherseits gebracht, die mit einer seiner Tanten zusammenlebte. Als die Familie einige Jahre später wieder vereint war, verstanden sich die Eltern nicht mehr. Sie konnten weder miteinander noch getrennt voneinander leben. Der Patient bewunderte seinen Vater, der schwer arbeitete, aber er liebte ihn nicht. Der Vater verstand es nicht, sich ihm mitzuteilen, und der Sohn hatte das Gefühl, ihm sehr ferne zu stehen und nicht von ihm beachtet zu werden. Andererseits war er häufig und schon von frühester Kindheit an in Vaterfiguren geradezu vernarrt. Er erinnerte sich, daß er mit acht Jahren für einen Priester geschwärmt und Ministrantendienste getan hatte, um seinem Idol gefällig zu sein. Als er sich später von dem jungen Priester trennen mußte, war dies ein großer Kummer für ihn. Er fühlte sich von ihm verlassen, so wie er sich verlassen gefühlt hatte, als seine Eltern sich von ihm trennten.

Der Patient war sich schon zeitig in seinem Leben seiner homosexuellen Neigungen bewußt und empfand deswegen Schuldgefühle. Sein Vater hatte ihn schon als »weibisch« bezeichnet, als er erst sechs oder sieben Jahre alt gewesen war. Später versuchte er es auch mit heterosexuellen Beziehungen, allerdings ohne Erfolg. Als er die höhere Schule verließ, spielte er mit dem Gedanken, in einen Orden einzutreten. Vielleicht würde die Religion ihn von seiner Homosexualität heilen; das Priesteramt würde ihn den Sex vergessen und die Sünde meiden lassen. Andererseits masturbierte er allerdings heftig und stellte sich dabei homosexuelle Szenen vor.

Seine Jugend war durch ununterbrochene Selbstabwertung und ständige Enttäuschungen gekennzeichnet gewesen. Aus Geldmangel mußte er sein Studium nach zwei Jahren abbrechen. Er litt an Akne, fand sich häßlich und hatte das Gefühl, bei Männern wie bei Frauen gleichermaßen unbeliebt zu sein. Immerhin gelang es ihm, durch harte Arbeit und diszipliniertes Verhalten eine gewisse Anpassung zu erreichen. Die Arbeit bei der Reiseagentur befriedigte ihn, und die lange Freundschaft mit George vermittelte ihm das Gefühl, daß es doch immerhin einen Menschen gab, der ihn mochte. Allerdings neigte er zu großer Willfährigkeit und dazu, sich George in allen Dingen unterzuordnen.

Jetzt, mit neunundvierzig Jahren, erkannte er, daß die Freundschaft mit George zu Ende ging und in sexueller Hinsicht bereits zu Ende war, und daß es ihm wohl nicht mehr möglich sein würde, noch einmal einen Partner zu finden. George hatte ihn ebenso »im Stich gelassen« wie einst Vater und Mutter und später der junge Priester. Daß seine Firma jetzt Computer einsetzen wollte, verstärkte seine Verzweiflung noch. Diese Maßnahme war ein Symbol für die Tatsache, daß das Leben den Menschen vor immer neue Herausforderungen stellt – er aber war ihnen nicht gewachsen. Das geringe Maß an Sicherheit, das er in seiner Arbeit und in der Beziehung mit George gefunden hatte, zerrann; er sah sich schutzlos einer feindseligen Welt gegenüber. Überhaupt hatte er das Gefühl, mit zunehmendem Alter die Dinge immer weniger im Griff zu haben.

Die Begründung des »therapeutischen Teams« gelang ohne Schwierigkeiten. Gewisse Haltungen, die der Patient unterdrückt oder verdrängt hatte, kamen ihm jetzt wieder deutlich ins Bewußtsein. Meine grundsätzlichen Erklärungen wurden von ihm akzeptiert und sorgten dafür, daß die Depression an Intensität nachließ. Der Patient verstand die Bedeutsamkeit der Ereignisse, die sich in seiner Kindheit abgespielt hatten, und das alte Gefühl der Untauglichkeit, das in dem Augenblick wieder aufgetaucht war, als seine Sicherheit ins Wanken geraten war. Er verstand auch, daß die Angst, erneut im Stich gelassen zu werden, wie es ihm schon früh in seinem Leben geschehen war, in seinem Denken eine herausragende Rolle gespielt hatte.

Ich erklärte ihm, daß es für homosexuelle Menschen in mittleren Jahren immer schwierig ist, eine neue Beziehung aufzubauen, und konnte so verhindern, daß er seine Situation als Zeichen des persönlichen Versagens betrachtete. Auch machte ich ihm Mut, es mit einer neuen Bindung zu versuchen. Er begriff, daß dies in seinem Alter wohl gewisse Umstellungen nötig machen würde, daß das Leben aber dennoch weiterging und er nicht alle Hoffnung aufgeben mußte. Ganz allmählich hatte er dann auch wieder das Gefühl, daß er in seiner Firma gebraucht wurde und daß er durchaus imstande sein würde, sich mit den neuen Arbeitsbedingungen vertraut zu machen. Ich redete ihm zu, seinen Chef anzurufen und um seine Wiedereinstellung zu bitten. Der Chef war froh, daß er wieder arbeiten konnte. Herr Rafgaf nahm seine Arbeit wieder auf, ohne daß es zu Schwierigkeiten oder zu Anzeichen einer neuen Depression kam. Die Behandlung dauerte insgesamt 18 Monate, die eigentliche Depression war allerdings schon früher verschwunden. Seither sind drei Jahre vergangen. Ein Rückfall ist nicht eingetreten.

■ ■ ■ ■ 13. Psychotherapie der milden Depression ■ ■ ■ ■

■ ■ ■ Überblick über die einschlägige Literatur ■ ■ ■

Die ersten Veröffentlichungen, die sich mit der psychotherapeutischen Behandlung der Depression beschäftigten, hatten die Betreuung schwer beeinträchtigter Menschen zum Inhalt. Die frühen Beiträge von Abraham (1911) und Freud (1917) betrafen psychotische Depressionen oder manisch-depressive Störungen. Mit der psychoanalytischen Behandlung der milden Depression – heute wohl der häufigsten Störung, mit der die Psychiater es zu tun haben – beschäftigte man sich nicht vor Ende der dreißiger Jahre. Gero veröffentlichte 1936 eine umfassende Abhandlung über die analytisch orientierte Psychotherapie im Falle von zwei nichtpsychotischen depressiven Patienten. Im Jahr darauf verfaßte Lorand (1937) dann einen allgemeiner gehaltenen Bericht über die Dynamik der milden Depression und ihre Behandlung. Seit Erscheinen dieser beiden wichtigen Beiträge sind viele einschlägige Artikel über die Psychotherapie milder Formen der Depression geschrieben worden. Manche leiden allerdings unter der sklavischen Anlehnung an die Ausführungen Freuds in *Trauer und Melancholie*, die dort gar nicht ausdrücklich auf die leichte Depression gemünzt waren. In diesem Kapitel soll ein ausführliches Programm für die Psychotherapie der milden Depression vorgestellt werden, das meiner Ansicht nach erfolgreich ist. Dieses Programm ist keineswegs etwa neu und von mir erdacht. Daß ich damit in der Schuld hervorragender älterer Autoren stehe, mag daran ersichtlich werden, daß ich immer wieder entsprechende Vorarbeiten zitiere. Die Überzeugung, die ich mit den meisten dieser Autoren teile, ist, daß der psychodynamische Ansatz die geeignete Behandlung für diese Zustände darstellt.

Diese letzte Feststellung wird möglicherweise auf Widerspruch stoßen. So könnte etwa eingewandt werden, daß die Wirksamkeit von Psychotherapie unmöglich nachzuweisen ist, weil nämlich milde Depressionen sich gelegentlich selbst dann bessern, wenn gar keine Behandlung erfolgt, und die »Heilung« rein zufälliger Art sein kann. Es trifft zu, daß die meisten depressiven Episoden sich schließlich verflüchtigen, aber das eigentliche Problem besteht darin, daß sie wiederkehren. Deshalb sollte die psychotherapeutische Behandlung der milden Depression das Ziel haben, den Patienten vor künftig auftretenden Depressionen zu schützen. Zu beachten ist ferner, daß in vielen Fällen die akuten depressiven Attacken mit der Zeit nachlassen, die Patienten aber eine ganz spezifische Charakterstruktur haben, die sich so auswirkt, daß sie ständig leicht deprimiert sind. Solche Menschen sind in ganz erheblichem Ausmaß daran gehindert, sich ihres Lebens zu freuen oder einen Sinn darin zu entdecken, so daß sie ständig am Rande der Verzweiflung leben. Ein weiterer Grund, weshalb Psychotherapie in Fällen milder Depression so dringend angezeigt ist, besteht darin, daß die physikalische Therapie sich bei dieser Form der depressiven Störung als nicht besonders wirksam erwiesen hat.

Eine Übersicht über die verschiedenen Experimente mit antidepressiven Mitteln (Smith, Troganza und Harrison 1969) kommt zu dem Schluß: »Bei sorgfältig durchgeführten Experimenten dieser Art ist der Unterschied zwischen der Wirksamkeit antidepressiver Mittel und der Wirksamkeit von Placebos nicht beeindruckend« (S. 19). Manche Forscher (Kurland 1976) berichten, daß sie gleichermaßen befriedigende Ergebnisse in der Behandlung der milden Depression sowohl mit starken Antidepressiva wie etwa Thioridazine (Melleril) als auch mit schwächeren Mitteln wie Diazepam (Valium) erzielen konnten. Es ist also keineswegs klar, ob und gegebenenfalls welche antidepressiven Mittel im Falle milder Depressionen überhaupt eine nennenswerte Wirkung haben.

Klein (1974) hat eine eigene Einteilung der depressiven Störungen in drei Gruppen vorgenommen: »endogenomorph«, reaktiv und chronisch-neurotisch. Auf der Basis dieser Klassifizierung nimmt Klein an, daß mit der Verabreichung trizyklischer Antidepressiva im Fall des endogenomorphen und des reaktiven Typs gute Ergebnisse zu erzielen sind, nicht aber im Fall des chronisch-neurotischen Typs der Depression.

Andere Forscher wie zum Beispiel Klerman u. a. (1974) sowie Weissman u. a (1974) glauben zwar an die Wirksamkeit antidepressiver Mittel bei depressiven Störungen, sagen aber, daß diese Mittel hauptsächlich die somatischen Symptome angreifen – die Nahrungsverweigerung, die Schlaflosigkeit und die psychomotorische Retardation. Physische Beschwerden dieser Art spielen aber im Symptombild der milden Depression keine herausragende Rolle. Dagegen hält Klerman die Psychotherapie für wirkungsvoller als die Medikation, wenn es darum geht, die soziale Kompetenz des Menschen und seine Selbstwahrnehmung zu verändern.

Ich selbst habe Patienten, die an einer milden Depression litten, und charakterdepressiven Patienten trizyklische Antidepressiva mit nur geringem Erfolg verabreicht. Die Symptome besserten sich nur geringfügig, und dazu klagten die meisten Patienten über Nebenwirkungen – in der Regel über eine allzu starke Ruhigstellung und über Mundtrockenheit. Raskin (1974) beobachtete, daß Patienten mit einer milden Depression für die ungünstigen Wirkungen antidepressiver

Mittel in der Regel wenig Toleranz aufbringen und daß die Medikation in vielen Fällen eingestellt werden muß, weil sich schwerwiegende Nebenwirkungen einstellen.

Bis jetzt liegt uns noch kein Bericht über einen sorgfältig durchgeführten Vergleich der Wirksamkeit der psychoanalytischen Psychotherapie einerseits und der Chemotherapie andererseits vor. Die Ergebnisse des Boston-New Haven Collaborative Depression Project (Weissman u. a. 1975) kommen einer solchen Idealstudie nahe, lassen andererseits aber in signifikanten Bereichen zu wünschen übrig. Diese Gruppe verglich den Zustand einer großen Zahl depressiver Patienten, die teils mit Amitriptylin (Elavil®) behandelt, teils mit einem Placebo versorgt und teils gar nicht behandelt worden waren, und dies jeweils bei gleichzeitiger psychotherapeutischer Versorgung bzw. ohne sie. Es stellte sich heraus, daß die Psychotherapie von signifikanter Wirkung in bezug auf die soziale Anpassung war (wobei sich diese Wirkung allerdings erst sechs bis acht Monate nach Beginn der Behandlung zeigte), daß sie aber auf die eigentlichen Symptome der Depression keine Wirkung ausübte. Dagegen hatte Amitriptylin eine deutliche und rasche Wirkung auf die Symptome und verhinderte Rückfälle, wirkte sich aber nicht auf die soziale Anpassung aus. Die psychotherapeutische Versorgung, wie sie hier gehandhabt wurde, bestand allerdings aus nur einer Sitzung pro Woche mit einem Sozialarbeiter, bei der der Patient über seine Probleme im »Hier und Jetzt« sprach, bei der jedoch nicht der Versuch gemacht wurde, dem Patienten zu Einsicht und Verständnis in bezug auf die tieferliegenden Ursachen seiner Depression zu verhelfen. Von einer wirklichen Erprobung der Wirksamkeit der psychodynamischen Psychotherapie kann also hier nicht die Rede sein, und die Studie stellt im Grunde nichts als einen Vergleich der medikamentösen Behandlung einerseits mit einer in ganz geringem Umfange stützenden Therapie andererseits dar. Es ist bedauerlich, daß der kurze therapeutische Kontakt hier als »Psychotherapie« bezeichnet wird. Diese Bezeichnung mag auf den ersten Blick gerechtfertigt sein, aber sie ist letzten Endes irreführend, denn die Behandlung schloß weder die Analyse der Abwehrmechanismen noch der unbewußten kognitiven Inhalte oder der Manifestationen der Übertragung ein. Covi u. a. (1974) stellten in bezug auf die von ihnen betreuten »neurotisch-depressiven« Patienten fest, daß die medikamentöse Behandlung sowohl einer einmal wöchentlich betriebenen Gruppentherapie als auch der im Abstand von zwei Wochen geleisteten stützenden Psychotherapie überlegen war. Diese Feststellungen sind allerdings aus den gleichen Gründen angreifbar wie die der Boston-New-Haven-Gruppe.

Der Nutzen einer medikamentösen Therapie verglichen mit der psychotherapeutischen Versorgung in Fällen von milder Depression ist also weiterhin umstritten. Eines wird durch die entsprechenden Studien allerdings bestätigt: beide Behandlungsformen können nebeneinander eingesetzt werden, ohne daß sie sich in ihrer Wirkung etwa wechselseitig beeinträchtigten. Gewisse Hinweise deuten sogar darauf hin, daß Medikamente einerseits und Psychotherapie andererseits unterschiedliche Aspekte des depressiven Symptomkomplexes angreifen: Medikamente mildern die vegetativen und somatischen Symptome, während die Psychotherapie geeignet ist, dem Patienten zum besseren Sozialverhalten, zur Anpassung an seine Umgebung und zu erhöhter Selbstachtung zu verhelfen.

Der gegenwärtige Stand unseres Wissens wird in einem Bericht der Group for the Advancement of Psychiatry von 1975 sehr treffend beschrieben: »Bei aller unserer ja durchaus soliden Kenntnis sowohl der Psychologie als auch der Biologie der Depression fehlen uns dennoch jene integrativen Konzepte, ohne die sich die Pharmakotherapie und die Psychotherapie nun einmal nicht zu einem vernünftigen Behandlungsprogramm zusammenbinden lassen, das nachweislich wirksamer ist als die Behandlungsansätze, die jeweils nur auf einem dieser Konzepte beruhen« (S. 346).

Die Elektroschocktherapie wird im allgemeinen bei Fällen von milder Depression nicht empfohlen (Prange 1973). Ich habe eine kleine Anzahl von Patienten kennengelernt, die auf diese Behandlung hin eine recht fragwürdige Besserung zeigten. In der Regel verfielen sie erneut in die Depression, nachdem das hirnorganische Syndrom, wie es durch die Behandlung entstanden war, sich wieder gelöst hatte. Dazu kommt, daß die Amnesie, die durch die Elektroschockbehandlung bewirkt wird, die Untauglichkeitsgefühle der Patienten vergrößerte und damit die Depression unter Umständen noch verstärkte. Eine Hospitalisierung wird in Fällen milder Depression selten nötig, denn die betroffenen Menschen sind nicht in Gefahr, sich umzubringen, und in Denken und Handeln nicht ernsthaft beeinträchtigt. Kurzfristig mag die stationäre Aufnahme dem Patienten nützen, weil ihm hier die so dringend benötigte Fürsorge und Aufmerksamkeit von seiten anderer Menschen zuteil wird. Auf lange Sicht würde eine Hospitalisierung aber nur seinen Widerstand gegenüber der Forderung erhöhen, die Dinge selbst in die Hand zu nehmen, und ihn noch stärker an der notwendigen Erkenntnis hindern, daß er seine Probleme durch eigeneAnstrengung lösen muß.

Meiner Überzeugung nach ist die Psychotherapie also die wirksamste Behandlung für Fälle von milder Depression – ob nun der Patient daneben noch medikamentös behandelt wird oder nicht. Sicher ist, daß Patienten mit einer milden Depression sehr schwer zu behandeln sind; es liegt in der Natur ihrer Störung, daß sie sich einer Veränderung heftig widersetzen und ihre Symptome dazu benützen, den Verlauf der Behandlung zu steuern. Der depressive Mensch ist infolge seiner Abhängigkeit häufig in einem Netz pathologischer Beziehungen mit anderen Menschen gefangen, die auch ihrerseits versuchen, eine Änderung seiner Persönlichkeit zu verhindern. Das heißt, der Veränderung stehen auch beträchtliche äußere Hindernisse entgegen. Vereint sorgen diese inneren und äußeren Kräfte dafür, daß die Behandlung sich oft lange hinzieht und sehr mühsam gestaltet. Dabei geht die Besserung der manifesten Symptome zwar oft rasch und einfach vonstatten, aber die Veränderung der grundlegenden Persönlichkeitsstruktur zieht sich sehr in die Länge. Lorand (1937) schreibt: »Das ständige Unglücksgefühl depressiver Patienten und ihr fundamentales Mißtrauen, wie es sich im Gefolge früher leidvoller Erfahrungen herausgebildet hat, wirken zusammen und lassen die Behandlung außerordentlich schwierig werden« (S. 333).

Der therapeutische Ansatz gegenüber der milden Depression kreist um drei wichtige Themen: das Muster der Abwehrmechanismen, die zugrundeliegenden, unbewußten kognitiven Strukturen (was die Bewertung der eigenen Person und der Menschen in der Umgebung angeht) und die Übertragungssituation – die im übrigen der wichtigste therapeutische Faktor überhaupt ist.

■ ■ ■ Die Anfangsphase: ■ ■ ■ Festlegung des Behandlungsverlaufs

Die meisten depressiven Patienten kommen erst dann zur Behandlung, wenn sie bereits akut krank sind und der Verlust einer Rolle oder einer mitmenschlichen Beziehung, die ihnen wichtig war, ihre Selbsteinschätzung und ihre Erwartungen an die Umgebung verändert hat. Ein solcher Patient kann erregt, verwirrt oder retardiert sein; in jedem Fall wird seinem Verhalten aber die Forderung nach einer magischen Erlösung und Errettung zugrundeliegen. Gerade in dieser ersten Phase muß der Therapeut sich hüten, dem unglücklichen und gequälten Menschen, der ihm gegenübersitzt und so begierig auf Trost und Zuspruch wartet, allzu große Versprechungen zu machen. In diesem Zustand wird der Patient den Therapeuten loben und ihm nach Kräften schmeicheln. Der Therapeut muß darauf achten, daß er nicht zu einer neuen dominanten Bezugsperson für den Patienten wird, auf die sich dieser dann in seiner Suche nach Fürsorge und reflektierter Befriedigung verläßt. Wenn er diese Rolle akzeptiert, die für sein professionelles Selbstverständnis zweifellos sehr schmeichelhaft ist, dann ist er bereits zum Scheitern verurteilt. Der Patient wird dann nämlich immer weitergehende Forderungen an ihn stellen. Wenn der Therapeut sich schließlich in der ganz absurden Situation wiederfindet, daß er für das gesamte Leben des Patienten verantwortlich sein soll, dann treffen seine Bemühungen um das Zustandekommen einer konstruktiven therapeutischen Beziehung bei seinem Patienten nur auf Ärger und Verdruß und auf das Gefühl, betrogen worden zu sein – der Patient ist nämlich im Geist bereits in eine Art »Tauschhandel« mit ihm eingetreten.

Coyne (1975) berichtet von dem unglücklichen Fall, in dem ein Therapeut sich von seiner depressiven Patientin dazu bewegen ließ, mehr zu versprechen, als er dann erfüllen konnte: Eine angehende Therapeutin tauchte gemeinsam mit einer neuen Klientin in einem Zentrum zur Suizidverhütung in Florida auf. Die Therapeutin war den Klagen der Klientin, sie tauge nichts und fühle sich von jedermann zurückgewiesen, immer wieder mit der Versicherung begegnet, sie verstehe die Klientin ja nur allzu gut, ihr liege aber sehr viel an der Klientin und sie habe sie schrecklich gern. Nachdem sie der Klientin wochenlang in dieser Weise zugeredet hatte und die Sitzungen in immer kürzeren Abständen angesetzt worden waren, kam die Klientin plötzlich mit dem Vorschlag, wenn die Therapeutin sich wirklich so sehr für sie interessiere, wie sie gesagt habe, dann könnten sie doch die Nacht gemeinsam verbringen. Die Therapeutin geriet in Panik und beendete den Fall mit den Worten, die Klientin möge doch beginnen, ihre neuerworbenen Einsichten nun auch auf ihr tägliches Leben anzuwenden. Die Klientin erschien weiter zu den zuvor schon festgelegten Sitzungsterminen und sprach vage von Selbstmord, woraufhin die Therapeutin sie in das erwähnte Zentrum begleitete. Auf den Vorschlag, die Therapeutin möge ihre Klientin ehrlich mit den Dingen konfrontieren, die sich in dieser Beziehung ereignet hatten, weigerte sich die Therapeutin ärgerlich, überhaupt mit der Klientin zu sprechen – sie habe sie in der Tat sehr gern und wolle nichts tun, womit sie sie verletzen könne (S. 32).

In diesem Fall hatte die Therapeutin sich fortgesetzt besorgt gezeigt und überfürsorglich verhalten. Es ist natürlich auch denkbar, daß ein Therapeut ärgerlich auf seinen Patienten wird, weil dieser still und heimlich seine therapeutischen Erfolge untergräbt und ihn in eine unrealistische Beziehung hineindrängt, in der er immer nur der Gebende ist.

Die subtile Freude des mild-depressiven Patienten bzw. des »depressiven Charakters« an der Manipulation seiner Mitmenschen ist von Bonime (1960, 1976) sehr treffend beschrieben worden. Bonime kommt immer wieder auf diesen Typ zu sprechen, der andere Menschen zwingt, etwas für ihn zu tun, zur therapeutischen Zusammenarbeit aber keineswegs bereit ist. Ein Gutteil seiner Depression ist für Bonime ganz einfach Zorn, der aus der Tatsache herrührt, daß es dem Patienten nicht gelungen ist, die Handlungen anderer Menschen direkt zu modifizieren. Wie in dem eben beschriebenen Beispiel kann dieser Zorn sehr wohl auch darauf zurückzuführen sein, daß der Patient eine Beziehung »verraten« sieht, die überhaupt nur in seiner Vorstellung bestand. Ich kannte einen depressiven Patienten, der neunzehn Jahre lang immer wieder in Behandlung gewesen war, ohne daß es zu einer wirklichen Persönlichkeitsveränderung gekommen wäre. Er setzte seinen früheren Therapeuten dazu ein, ihm in seinem Leben immer wieder die Richtung zu weisen, ihn auf magische Weise vor den Wechselfällen des Lebens zu bewahren und ihm zu gestatten, seine am Rande der Legalität angesiedelten geschäftlichen Machenschaften fortzusetzen (die er anders darstellte, um sich die Zustimmung des Therapeuten zu bewahren). Dieser Patient erschien zu jeder Sitzung neu und anders gekleidet oder frisiert und bemühte sich um ein »nettes« Aussehen gegenüber dem Therapeuten. In seiner Vorstellung ließ er sich ständig von seinem Therapeuten wie von einem schützenden Amulett begleiten und vor Schaden bewahren. Schließlich weigerte sich der Therapeut (nach neunzehn Jahren), ihn wieder regelmäßig in Behandlung zu nehmen, und der Patient geriet in eine schwere Depression. Dieser Patient ist das beste Beispiel dafür, daß Nachgiebigkeit gegenüber den Forderungen des Depressiven möglicherweise der symptomatischen Oberflächenstruktur zugute kommt, das heißt, daß sie die Symptome erleichtert, das zugrundeliegende Muster aber unangetastet läßt.

Jacobson (1971) spricht ebenfalls über die Schwierigkeiten im Zusammenhang mit der Festlegung des Behandlungsverlaufs, da der depressive Patient ja gelernt hat, jeden seiner Schritte in der Erwartung zu betrachten, daß damit eine erwünschte Reaktion von seiten der dominanten Bezugsperson hervorgerufen wird. Über die Behandlung eines ihrer Patienten schrieb sie:

> »In der anschließenden dritten, lang anhaltenden und auch wieder typischen Behandlungsphase lebte der Patient fast ausschließlich in der Aura oder Atmosphäre der Analytikerin und zog sich in gefährlichem Ausmaß von anderen persönlichen Beziehungen zurück. Die Übertragung war zum einen durch sehr abhängiges, masochistisches Verhalten der Analytikerin gegenüber gekennzeichnet, zum anderen

aber auch durch zunehmende Forderungen nach einer Gegenleistung für dieses Verhalten, nach einer aufopferungsvollen Hingabe meinerseits nämlich« (dt. S. 361).

Auch Kolb (1956) bemerkt, daß die anfängliche Beziehung mit dem depressiven Menschen »dem Therapeuten schwer zusetzt, weil der Patient sich wie eine Klette an ihn hängt. Der depressive Patient verlangt nach Befriedigung. Er versucht, dem Therapeuten die Befriedigung abzuringen oder sie sich zu erzwingen, indem er um Hilfe winselt, sein ganzes Elend zur Schau stellt und andeutet, daß ja den Therapeuten die Schuld trifft, wenn er ihn in diesem unglückseligen Zustand verharren läßt.« Solche Menschen können es nicht lassen, den Therapeuten immer wieder auch zwischen den festgesetzten Besprechungsterminen anzurufen oder um eine Sitzung außer der Reihe zu bitten. Einmal rief mich ein Mann nach dem ersten Gespräch an, in dem ich ihn als nur mild depressiv eingeschätzt hatte. Zunächst bat er mich vielmals um Entschuldigung für die Störung, um mir dann zu sagen, er habe Selbstmordgedanken gehabt. Schließlich wartete er schweigend ab, was ich ihm antworten würde. Ich sagte ihm, daß ein Patient bei mir sitze, und daß ich ihn später zurückrufen würde. Aufgeregt erwiderte er, sein früherer Therapeut habe sich immer, auch während einer Sitzung mit einem anderen Patienten, die Zeit genommen, mit ihm zu sprechen, wenn er sich so bedrückt gefühlt habe. Das Schweigen, das auf die erste Mitteilung hin eintrat, ist ein Beispiel für die Erwartung des Depressiven, daß ein anderer ihm seine Probleme schon lösen wird. Dieser Mann war erst ein einziges Mal bei mir gewesen, aber er erwartete ganz selbstverständlich, jetzt bevorzugt behandelt und auf Verlangen versorgt zu werden.

In den ersten Sitzungen sollte dem Patienten klar gemacht werden, wo die Grenzen der Behandlung liegen. Der Therapeut muß deutlich erklären, wie er es mit Telefonanrufen, nicht wahrgenommenen Terminen und ähnlichem halten wird; es darf hinsichtlich dieser Dinge nicht der Eindruck entstehen, man werde sich darüber schon irgendwie einig, wenn sie akut seien. Selbst unter diesen Voraussetzungen versuchen noch manche Depressive, die Regeln zu durchbrechen, indem sie ihr Leiden laut und deutlich zur Schau stellen. Ich habe nicht den geringsten Zweifel, was die Echtheit dieses Leidens angeht, und ich fühle mich immer und ganz natürlicherweise gedrängt, alles zu tun, was in meinen Kräften steht, um einem unglücklichen Menschen zu helfen. Aber ein Verstoß gegen die einmal festgelegten Regeln wird unweigerlich den weiteren Verlauf der Behandlung bestimmen. Der Depressive muß von Anfang an wissen, daß er die Macht hat, sich selbst zu helfen, und daß der Therapeut ihm – durch Konfrontation und Interpretation – zwar helfen wird, dieses Ziel zu erreichen, daß aber die therapeutische Aufgabe letzten Ende bei ihm selbst liegt.

Schließlich muß der Patient den Horizont seines Bewußtseins erweitern, der in der Kindheit auf die Verzerrung seiner Interaktionsmuster und auf den traurigen Verzicht auf erfreuliche und bedeutsame Erfahrungen im Leben verengt worden ist. Wie wir noch sehen werden, erfordert dies eine kognitive Neustrukturierung, in deren Verlauf alte Erfahrungen ins Bewußtsein gehoben und mit einer neuen Bedeutung versehen werden. In der therapeutischen Beziehung werden Verhaltensweisen ausgelöst, geprüft und schließlich dazu eingesetzt, beim Patienten eine neue Einschätzung der eigenen Person und anderer Menschen zu bewirken.

■ ■ Die Reaktion des Therapeuten auf den Patienten ■ ■

In der Literatur ist immer wieder davon die Rede, daß sich die wohlwollend-positive Haltung des Therapeuten seinem depressiven Patienten gegenüber und sein beruhigender Zuspruch sehr günstig auf den Ausgang der Behandlung auswirken. Übertriebenes Zureden kann aber mehr schaden als nützen, weil der Patient dann nämlich glaubt, daß der Therapeut genau wie er von seiner Hilflosigkeit und seiner schrecklichen Behinderung überzeugt ist. Bei Bonime (1962) heißt es ganz richtig: »Ständiges Zureden schadet, und wahrscheinlich schadet es niemals mehr als dann, wenn der Patient gerade tief in seiner Depression steckt: Er glaubt dann nämlich, er sei vollkommen machtlos, und der unangebrachte Zuspruch verdeckt seine Ressourcen noch, anstatt sie zu mobilisieren.« Diese therapeutische Einstellung kann in den späteren Phasen der Behandlung etwas großzügiger gehandhabt werden, wenn der Patient allmählich selbst etwas unternimmt und sich an dem therapeutischen Unternehmen tatsächlich beteiligt. Aber er muß von Anfang an verstehen, daß die Besserung seines Zustandes nun einmal *seine* therapeutische Aufgabe und nicht Sache des Therapeuten ist.

Andererseits kann der Therapeut sich nicht einfach in die Schweigsamkeit des Analytikers begeben, und in den ersten Sitzungen empfiehlt es sich auch nicht, von der Couch Gebrauch zu machen. Wenn der Therapeut schweigt und den Patienten in der Schilderung seines elenden Zustandes fortfahren läßt, dann vergrößert er noch die – jetzt in der Übertragung sichtbar werdende – Verzerrung der dominanten Bezugsperson. Lieber sollte er aktiv und direkt sein. Depressive Patienten wollen zu Beginn ihrer Behandlung häufig nur über ihre Depressivität sprechen. Bei Spiegel (1965) kann man nachlesen, wie manche depressiven Patienten den Therapeuten regelrecht zermürben, weil sie anfangs immer und immer wieder die gleichen Klagen äußern, während sie an die kognitiven Prozesse einfach nicht heranwollen. Es heißt dort ganz richtig, daß freies Assoziieren auf dieser Stufe unmöglich ist und der Therapeut sich daher selbst um Informationen bemühen muß. Auch Levine (1965) erwähnt das Phänomen der »ausgeleierten Schallplatte«, das heißt die Tatsache, daß ein depressiver Patient unter Umständen immer und immer nur klagt. Levine ist der Meinung, daß der Therapeut diesen Kreislauf der Klagen tätig durchbrechen muß, damit der Patient sich mit anderem befaßt und seinen inneren Gesichtskreis erweitert. Der Therapeut kann das Gespräch auf ein anderes Thema bringen und so die immer wieder erfolgende Schilderung der Symptome unterbinden. Wie Kolb (1956) sagt, ist es von größter Wichtigkeit, daß der Therapeut offen und ehrlich ist, was seine eigenen Grenzen und seine eigenen Empfindungen angeht. Depressive Menschen sind in einer betrügerischen und heimlichtuerischen Atmosphäre aufgewachsen, und man muß ihnen vorführen, daß man sich auch direkt und geradeheraus verhalten kann. Darüber hinaus sollte der Therapeut ihnen mit Achtung begegnen und deutlich erkennen lassen, daß er natürlich erwachsene Menschen in ihnen sieht, die sich entsprechend verhalten. Interpretationen sollten niemals in abschätzigem Sinne erfolgen, sondern so, als unterhalte sich der Therapeut mit einem reifen Menschen über die eine oder andere Einsicht. Einer Regression auf seiten des Patienten sollte man unbedingt rechtzeitig begegnen. Der Therapeut muß durch seine Haltung gerade die reifen Züge der Persönlichkeit des Depressiven stützen und stärken. Daneben muß er dem Patienten helfen zu verstehen, daß er als eigener und eigenständiger Mensch wichtig ist und daß das, was er etwa für den Therapeuten tut, gar nicht so sehr ins Gewicht fällt. Nach meinen Erfahrungen interpretiert man jedes Anzeichen von Übertragung am besten auf der Stelle, zumal ja solche Hinweise den Wunsch des Depressiven enthüllen, sein »gutes« Verhalten wieder gegen die Versorgung durch eine dominante Bezugsperson einzutauschen. – Auch Jacobson (1975) empfiehlt, den Patienten schon zu Beginn der Behandlung immer sogleich mit seiner Übertragung zu konfrontieren:

> »Die sofortige Interpretation der Tendenz dieser Patienten, den Analytiker zunächst zu verherrlichen und zu idealisieren und dann von ihm enttäuscht zu sein, ist von großem Wert für die weitere Analyse, denn sie bereitet die Beteiligten auf die negative Übertragung vor, zu der es im späteren Verlauf noch kommen wird« (S. 434–5).

Diese negative Übertragung läßt sich vermeiden, wenn man dem Patienten rechtzeitig klarmacht, daß er den Therapeuten verzerrt sieht.

Im Rahmen seiner Beschäftigung mit der nichtpsychotischen Depression zeigte sich Gero (1936) schon frühzeitig am Phänomen der negativen therapeutischen Reaktion interessiert, das heißt an dem Umstand, daß der Zustand des Patienten sich auf die zutreffende und genaue Interpretation des Therapeuten hin verschlechtert. Wichtig an Geros ausgezeichneter Arbeit ist vor allem der Hinweis, daß der Therapeut sich zunächst durch den »Charakterwiderstand« des Depressiven hindurcharbeiten muß, bevor eine erfolgreiche analytische Arbeit überhaupt möglich wird. Zu jenem Zeitpunkt stand Gero unter dem Einfluß von Wilhelm Reichs Technik der Charakteranalyse und machte sehr geschickten Gebrauch davon. Seine Arbeit ist noch heute von Wert; sie zeigt, daß sich therapeutische Resultate erst dann erzielen lassen, wenn die Art und Weise, wie der Patient mit seinen Mitmenschen und mit dem Therapeuten umgeht, interpretiert ist. In der Behandlung müssen dem Patienten daher seine ständigen Forderungen, seine Abhängigkeit, seine Überempfindlichkeit und seine Freude an der Manipulation seiner Mitmenschen vor Augen geführt werden, damit man die Wurzeln der Störung freilegen und analysieren kann.

In dieser anfänglichen Phase der Behandlung zeigt der Patient unter Umständen eine rasche Besserung seiner Symptome, weil er glaubt, jetzt eine neue dominante Bezugsperson gefunden zu haben, die für seine unangebrachten Bedürfnisse sorgt. Wenn der Therapeut sich dann aber weigert, auf diese Ansprüche und Forderungen einzugehen, wird der Patient sich darüber beklagen, daß der Therapeut uninteressiert sei und ihn nicht verstehe, daß die Behandlung ihm nichts helfe, daß sie ihren Preis nicht wert sei, und er wird den Wunsch äußern, sie abzubrechen. In dieser Phase ist der Inhalt der Sitzungen verhältnismäßig unwichtig; das erste Ziel des Patienten besteht darin, den Therapeuten zu seiner neuen dominanten Bezugsperson zu machen und in einen neuen »Tauschhandel« mit ihm einzutreten. Die Behandlung sollte sich gerade auf diese Versuche des Patienten konzentrieren und ihm anhand der Übertragung zeigen, daß bisher alle seine signifikanten Beziehungen von seiner pathologischen Abhängigkeit gekennzeichnet waren.

Der Therapeut muß darauf achten, daß er die Selbsteinschätzung des Depressiven, der sich ja für hilflos, unfähig oder überwältigt hält, nicht etwa übernimmt. Selbstbeschuldigungen dieser Art haben viele Gründe und lassen sich auf mehrfache Weise erklären. Zum Teil dienen sie der Manipulation der Mitmenschen – dann sollen sie sicherstellen, daß ein anderer Mensch dem Patienten Unterstützung angedeihen läßt und dieser sich der Verantwortung entziehen kann – und zeigen gewissermaßen, welche Form der Abwehr der depressive Mensch im Umgang mit anderen heranzieht. Wie allerdings auch Gero sagt, haben wir die Situation insgesamt noch nicht in den Blick genommen, solange wir uns nur mit den interpersonalen Aspekten des Verhaltens des Depressiven beschäftigen. Die kognitiven Binnensysteme, die den Kern der Persönlichkeit des Depressiven bilden, müssen ebenfalls betrachtet werden. In seinem tiefsten Innern glaubt der Depressive nämlich an seine Inferiorität und fühlt sich tatsächlich unfähig, den Anforderungen des Lebens zu entsprechen. Als er ein Kind war, hat man dafür gesorgt, daß er sich schwach und abhängig fühlte, und jeder Versuch seinerseits, sich selbst darzustellen und zur Geltung zu bringen, hat ihm den Vorwurf der Undankbarkeit oder der Illoyalität eingetragen. Aus den Schilderungen depressiver Patienten ergibt sich, wie Cohen und ihre Mitarbeiter (1954) mit großer Sorgfalt nachweisen, daß sie als Kinder zu Leistung und Wohlverhalten gedrängt worden waren, weil nur so das Fortbestehen einer für sie wichtigen Beziehung gewährleistet war. Zuviel Leistung und Wohlverhalten war aber andererseits eine Bedrohung für die so dringend benötigte Bezugsperson, und so wurde alles, was das Kind in seinem täglichen Leben zustandebrachte, so betrachtet, als handele es sich um »Rückzahlungen« für empfangene Liebe oder um ein im Interesse der Familienehre ohnehin zu erwartendes Verhalten. Arbeit und Anstrengung wurden in der Hoffnung unternommen, die machtvolle Bezugsperson zufriedenzustellen, und dienten nicht der allmählichen Entwicklung der Selbstachtung oder dem Wunsch, etwas zu »können«. Eine Patientin berichtete beispielsweise, daß sie immer eine sehr gute Schülerin gewesen sei, bei zwei öffentlichen Prüfungen unter allen Teilnehmern am besten abgeschnitten und schließlich ein Stipendium erhalten habe. Die Mutter hatte diese beeindruckende Leistung als selbstverständlich angesehen, ihre Tochter aber getadelt, weil es ihr an Geschick im Umgang mit anderen Menschen fehlte und sie niemals einen Freund hatte. Wenn das Mädchen aber einmal nicht so hervorragend abgeschnitten hatte, wurde es von der Mutter gescholten und empfand schwere Gewissensbisse.

Die Schwierigkeiten, die der depressive Mensch in der Regel hat, wenn er eine verantwortungsvolle oder führende Stellung bekleidet, finden ihre Erklärung zum Teil in diesem mangelnden Selbstvertrauen und in dem Umstand, daß er immer einen anderen Menschen braucht, der ihn vom Sinn seines Lebens überzeugt und ihn von seinen Schuldgefühlen befreit. Als »Nummer zwei« ist der Depressive ein ausgezeichneter Arbeiter, der alle Anweisungen willig befolgt und alles tut, um sich das Lob seines Vorgesetzten einzuhandeln. Diese hervorragenden Leistungen bringen ihn dann oft in eine leitende Stellung, und der damit verbundene Verlust der Beziehung zu einer geschätzten übergeordneten Person kann eine schwere klinische Depression auslösen. In solchen Situationen sieht sich der Depressive gezwungen, selbständig Entscheidungen zu fällen, von denen er sich niemals sicher ist, ob sie richtig sind, von denen er aber andererseits meint, sie müßten immer richtig sein. Er sehnt sich nach Bestätigung von seiten einer dominanten Bezugsperson, nach der immerwährenden Versicherung, daß er seine Sache gut macht, und nach Befreiung von der Last, die es für ihn bedeutet, selbständig zu sein und sich zu behaupten.

In all dem haben wir eine Bestätigung dafür, daß der Depressive seine Möglichkeiten in der Tat allzu gering einschätzt. Joffe und Sandler (1965), Jacobson (1971) und andere sagen daher auch von der Depression, daß sie zum Teil aus der Diskrepanz zwischen einem unrealistischen Ichideal und dem tatsächlichen Selbst herrührt. Slipp (1966), der in der Gefolgschaft von Klein steht, stellt fest, daß der spätere depressive Patient als Kind seine Bemühungen darauf richtet, das böse elterliche Introjekt in ein gutes elterliches Introjekt zu verwandeln, damit es sich selbst achten kann. Nach seinen Worten binden die Eltern das Kind an sich, indem sie unmöglich zu erfüllende Forderungen erheben. Wichtig ist in diesem Zusammenhang, daß das unrealistische Ichideal gar nicht um seiner selbst willen angestrebt wird, sondern nur zu dem Zweck, sich die Fürsorge anderer Menschen zu sichern. Dieses Opfer – der Verzicht auf das Bewußtsein der eigenen Leistung – und die hoffnungslos unrealistischen Erwartungen müssen dem Patienten immer wieder vor Augen gehalten werden. Es läßt sich dartun, daß unter den Selbstbeschuldigungen gewisse unrealistische Erwartungen liegen, das irrige Gefühl des Patienten, daß ja er selbst für alles verantwortlich sei, was ihm widerfährt – wenn er irgendwo keinen Erfolg hatte, dann ist es seine eigene Schuld, er hat sich nicht heftig genug um diese Sache bemüht. Der Therapeut darf sichtbare Erfolge und Leistungen nicht mit allzuviel Lob »belohnen«, sondern muß dafür sorgen, daß der Patient lernt, ein Gefühl der inneren Befriedigung zu empfinden – unabhängig von den Wechselfällen des Lebens. Das läßt sich sowohl durch Interpretationen als auch mit Hilfe der Übertragung erreichen, indem man den Patienten darauf hinweist, daß er die Macht des Therapeuten ja ganz erheblich übertreibt und dessen Ansichten allzu wichtig nimmt. Auch hier ist es wieder sehr hilfreich, wenn der Therapeut offen und rückhaltlos die eigenen Grenzen erkennen läßt und zugibt, daß auch ihm schon Irrtümer unterlaufen sind; der Patient hat es dann leichter, andere Menschen, die angeblich so vollkommen sind, als das zu erkennen, was sie sind – nämlich »auch nur Menschen«. Manchmal wird ein solcher Patient ärgerlich auf den Therapeuten, weil dieser seinem Ideal von einer allmächtigen Figur nicht entspricht; solche Reaktionen eignen sich dann sehr gut für die Interpretation.

Die Begründung dieser spezifischen therapeutischen Beziehung, in der der Patient den Therapeuten als interessierten und verständnisvollen Menschen, aber weder als nährend-fürsorgliche noch als idealisierte Bezugsperson ansehen kann, in der er allmählich erkennt, in wie ungebührlichem Ausmaß er auf die Zustimmung und den Beifall seiner Mitmenschen angewiesen ist, und in der ihm die Unangemessenheit seiner Forderungen deutlich wird, nimmt mehr oder weniger die erste Phase der Behandlung in Anspruch.

■ ■ ■ Die mittlere Phase ■ ■ ■ der Behandlung: Das Durcharbeiten

In der nächsten Phase der Behandlung geht es im wesentlichen um die Reaktion (und die widerstrebende Haltung) des Depressiven angesichts der Forderung, die dominante Bezugsperson aufzugeben. Wir haben es hier also häufig mit dem schwierigsten Teil der Behandlung zu tun, weil in dieser Phase eine gewisse Neuordnung im kognitiven und im interpersonalen Bereich nötig wird. Der Patient regrediert auf frühere Verhaltensweisen und wird häufig sogar ärgerlich auf den Therapeuten, der ihn veranlaßt hat, die gewohnten und sicheren, wenn auch letzten Endes enttäuschenden Quellen der Selbstachtung aufzugeben. Eine meiner Patientinnen berichtete mir von einem Traum, in dem sie von einem Mann immer wieder zu irgendwelchen gefährlichen Handlungen gedrängt wurde. Der Mann war irgendwie seltsam, er schrieb nämlich sehr steil von unten nach oben. Von dem Platz aus, an dem sie in meinem Sprechzimmer saß, war ihr auch meine Handschrift sofort als in dieser Weise von unten nach oben verlaufend erschienen. Im Traum hatte sie sich gefürchtet – was darauf verwies, daß sie auch den Gedanken fürchtete, ihr Verhalten ändern zu müssen, wie wir dies in der Behandlung besprochen hatten. Ein Traum, den man in dieser Phase der Behandlung sehr häufig zu hören bekommt, ist der vom Tod eines Elternteils. Freud (1900) hielt diese Träume für typisch und machte sie gewissermaßen zur Grundlage seines Konzepts des ödipalen Konflikte – er sagte nämlich, sie repräsentierten wiederbelebte, gegen den jeweiligen Elternteil gerichtete Todeswünsche, die der Mensch in seiner Kindheit gehegt hatte. Einen Beweis für diese Deutung sah er in der Tatsache, daß derjenige Elternteil, um den es in diesem Traum ging, häufig schon jahrelang tot war und mithin der Tod im Traum kein gegenwärtiger Wunsch sein konnte. Was ihm seine Annahme darüber hinaus zu bestätigen schien, war der unangemessene Affekt, der in diesen Träumen vorherrschte.

Beim depressiven Menschen scheinen solche Träume jedoch eine andere Bedeutung zu haben. Sie stehen für den Verzicht des Patienten auf jenen Teil seiner selbst, der den Vater bzw. die Mutter repräsentiert. Es ist ein Versuch, die ursprüngliche dominante Bezugsperson und jenen Teil des Selbst aufzugeben, der noch immer den alten Diktaten folgt. Die affektive Komponente solcher Träume ist oft ein Hinweis auf das, was der Patient beim Gedanken an den Verzicht auf eine tief verwurzelte Verhaltensweise empfindet, die bestimmt ist von der Reaktion auf eine Autorität. Einer »ödipalen« Interpretation solcher Träume steht die klinische Feststellung entgegen, daß die Patienten vom Tod der Mutter wie auch vom Tod des Vaters träumen können, wobei die Frage, welcher Elternteil »geträumt wird«, ganz offensichtlich damit zu tun hat, welcher von beiden die dominante Bezugsperson war, nicht aber damit, wem die sexuelle Rivalität des Kindes galt.

Beispielweise erzählte mir eine Frau, die chronisch depressiv gewesen war, vor Antritt der ersten selbständig unternommenen Reise in ihrem Leben den folgenden Traum: Ihr Vater war gestorben, aber sie konnte nicht an seinen Tod glauben. Irgendwelche anderen Leute versuchten ihr klarzumachen, daß er tot sei, und sie empfand Bestürzung. Später war sie mit ihrem Bruder zusammen in einem Laden und wollte einen Totenschein zum Beweis dafür haben, daß der Vater gestorben war, und der Geschäftsinhaber weigerte sich, das Papier zu unterschreiben. Der Vater dieser Patientin war schon zwanzig Jahre tot, aber in ihrer Erinnerung war er noch immer der selbstherrliche Tyrann, der ihren Bruder bevorzugt und die Patientin nach Kräften eingeschüchtert hatte, die sich vor ihm fürchtete und Schuldgefühle ihm gegenüber empfand. Wir können den Traum hier nicht in allen seinen Aspekten betrachten, aber vielleicht ist der Hinweis interessant, daß die Patientin im Begriff stand, ihren Bruder zu besuchen, der in einer weit entfernten Stadt lebte, und es kaum erwarten konnte, ihm zu zeigen, welche Fortschritte sie im Laufe der Behandlung gemacht hatte. Die ambivalente Reaktion auf den Tod des Vaters, wie sie in dem Traum enthalten war, steht wohl für die Unsicherheit der Patientin beim Gedanken daran, daß sie ihre bisherige, von Abhängigkeit gekennzeichnete Lebensführung aufgeben sollte, und für ihre ängstliche Gespanntheit angesichts des neuerlichen engen Kontaktes mit ihrem Bruder. Der Geschäftsinhaber könnte sehr wohl der Therapeut gewesen sein, der der Patientin nicht bestätigen möchte, daß sie sich wirklich vom Einfluß des Vaters befreit hat.

Ein anderer Patient berichtete, daß er im Traum am offenen Grab seines Vaters gestanden habe. Er weinte, und die Umstehenden versuchten ihn zu trösten. Er spürte, daß alle, die ihm nahestanden, krank waren. Als er aufwachte, fand er sich in Tränen. In seinen Assoziationen erinnerte dieser Patient sich an den wirklichen Tod seines Vaters und sagte: »Damals war mir, als ob mein Lebenszweck ausgelöscht worden wäre.« Zwischen ihm und seinem Vater hatte eine fast symbiotisch zu nennende Beziehung bestanden; der Vater hatte ihn seinen Geschwistern entschieden vorgezogen. Der Sohn hielt sich strikt an alle Anweisungen seines Vaters und wurde dafür mit Lob überschüttet und immer auch mit beträchtlichen Geldmitteln versorgt. Nie wagte er, sich dem Vater zu widersetzen, seit er erlebt hatte, wie es seinen Brüdern ergangen war, als sie einmal in einer unbedeutenden Sache anderer Meinung gewesen waren als der Vater. Der Patient war in einer ländlichen Gegend aufgewachsen, und der Vater, ein wohlhabender und einflußreicher Geschäftsmann, hatte wie ein kleiner Monarch über sein riesiges Anwesen geherrscht. Der Sohn hatte sich zwar sklavisch an die Anweisungen des Vaters gehalten, es aber in seinen eigenen Angelegenheiten oft an Verantwortungsgefühl fehlen lassen und in seiner Naivität und Unüberlegtheit sogar hin und wieder kleinere Geldbeträge verloren. Diesen Traum hatte er, nachdem er beim Kartenspiel einmal eine beträchtliche Summe eingebüßt hatte. Vielleicht stand er für die Erkenntnis des Patienten, daß er jetzt auf sich selbst gestellt war, sich aber im Grunde sehnlichst wünschte, wieder von einer machtvollen Bezugsperson versorgt und geführt zu werden. Der Traum zeigte die für ihn ganz charakteristische Hinwendung zu anderen Menschen, die die Dinge wieder in Ordnung bringen sollten, so wie sein Vater das immer getan hatte, wenn er in Schwierigkeiten gewesen war.

Ein dritter Patient träumte ebenfalls vom Tod seines Vaters, und zwar nachdem er im wachen Leben an einem Familientreffen teilgenommen und sich gesagt hatte, daß er den »Tauschhandel«, der ihn seit Jahren mit dem Vater verband, nicht länger aufrechterhalten konnte. Den ganzen Tag über hatte er sich über seinen Vater lustig gemacht und nicht mehr das alte Bedürfnis empfunden, sich seiner Zustimmung und Fürsorge zu sichern. In der Nacht träumte er von der Beerdigung des Vaters und empfand nichts. Es war, als sei dieser Tod nur eben eine ganz neutrale Feststellung.

Wie wir aus diesen Beispielen sehen können, handelt es sich bei dem

Elternteil, der im Traum stirbt, häufig – jedoch nicht immer – um den Vater, und zwar bei männlichen wie bei weiblichen Patienten. Diese Feststellung findet ihre Erklärung wohl in jenem ganz charakteristischen Kindheitsverlauf, den viele dieser Patienten noch rekonstruieren können: Danach hatte die Mutter sich dem Säugling gegenüber durchaus liebevoll gezeigt und das Kind angemessen versorgt und gepflegt. Aber mit Beginn der rebellischen Kleinkinderjahre wurde der Patient dann Teil des familiären Systems, in dem der Vater die einzige Autorität war und versöhnlich gestimmt werden mußte, während die Mutter allmählich die Fürsorge für das Kind über der Erfüllung der väterlichen Forderungen aufgab. Das Kind, das jetzt zu einem selbständigen und mit seinem eigenen Willen begabten Wesen wurde, erschreckte die Mutter mit dieser Entwicklung, so daß sie sich aus ihrer elterlichen Verantwortung zurückzog. Häufig werden solche Kinder als Mittlerfiguren zwischen der schwachen Mutter und dem machtvollen Vater eingesetzt, weil die Mutter sich diesem allzu mächtigen Partner nicht direkt entgegenstellen kann. Das Kind macht sich schon bald die in der Familie herrschende Überzeugung zu eigen, daß der Sinn des Lebens darin besteht, den allmächtigen Vater durch beispielhaftes Verhalten zu erfreuen und zu beschwichtigen. Mit der Zeit nimmt es die Reaktionen des Vaters als Barometer für den eigenen Wert, anstatt sich zum Zweck der Bestätigung seiner Selbstachtung die geeigneten unabhängigen Instanzen zu schaffen.

Was an diesen »Todesträumen« hervorgehoben werden sollte, ist der Umstand, daß der im Traum erlebte Affekt wohl den Schlüssel für die therapeutischen Fortschritte des Patienten bildet. Diese Träume können durchaus auch die Strafe für ein Verhalten zum Inhalt haben, das verboten war und damit die Abwendung der Bezugsperson vom Patienten heraufbeschwören mußte. In solchen Fällen empfindet der Patient in seinem Traum eine verzweifelte Einsamkeit und Hilflosigkeit. Wenn aber der Teil des Selbst, der den Überzeugungen der dominanten Bezugsperson noch anhängt, allmählich schwächer wird, dann empfindet der Patient eher so etwas wie Erleichterung oder doch zumindest die Bereitschaft zur Abgrenzung.

■ ■ Die charakteristische ■ ■ Widerstandshaltung des Depressiven

In dieser mittleren Phase der Behandlung stoßen wir gelegentlich auf ein erstaunliches Maß an Regression und Widerstand. Wohl ist der Patient entschlossen, sich zu ändern, und er unternimmt auch durchaus Anstrengungen in dieser Richtung, aber gleichzeitig leidet er nun unter einer anderen Form von Depression, die wir in Ermangelung eines geeigneteren Ausdrucks vielleicht als »Deprivationsdepression« bezeichnen können. Der depressive Patient kann jetzt keinerlei Sinn mehr in seinem Leben entdecken, nachdem er es aufgegeben hat, allein um der Belohnung von seiten der dominanten Bezugsperson willen zu handeln. Das Gefühl der Einsamkeit erschreckt ihn, nachdem er ganz zu Recht festgestellt hat, daß die Welt ja keineswegs jeden seiner Schritte verfolgt und er den meisten Menschen eigentlich recht wenig bedeutet. Einerseits ist er erleichtert, weil er jetzt nicht mehr dafür leben muß, von anderen Menschen Lob und Wohlwollen zu erhalten, andererseits kann er sich ein Leben ohne Lob und Wohlwollen nicht vorstellen.

In einem früheren Artikel (1973) schilderte ich einen jungen Arzt, dem die Vorstellung, von seinem Vorgesetzten ständig begutachtet und auf Schritt und Tritt genau beobachtet zu werden, lieber war als der Gedanke, daß kein Mensch seine Arbeit überwachte (oder sich »dafür interessierte«, wie er sich ausdrückte). Er war so darauf geeicht, seine Handlungen und ihre Folgen für andere Menschen genau zu berechnen, daß die Erkenntnis, daß andere Menschen in erster Linie mit ihrem eigenen Leben und Wohlergehen befaßt sind, ihm gewissermaßen seine ganze Daseinsberechtigung zerstörte. Er verfiel in eine Depression, als seine Ausbildung sich ihrem Ende näherte und ihm klar wurde, daß er bald auf sich selbst gestellt sein würde und ohne die wohlgefügte und zugleich einengende hierarchisch-akademische Ordnung auskommen müßte, die ihn bisher umgeben hatte. Als Patient hatte er die etwas störende Angewohnheit, jede seiner Handlungen in größter Ausführlichkeit erklären zu müssen, so als müsse er sein Verhalten unbedingt vor dem Zuhörer rechtfertigen. Diese Gewohnheit hatte er seiner Mutter zu verdanken, die sehr zudringlich gewesen war und immer von ihm hatte wissen wollen, was er tat und warum er es tat. So hatte er natürlich keine Möglichkeit gehabt, sich seines eigenen Wertes bewußt zu werden, und war in diesem Punkt dem Urteil seiner Umgebung wehrlos ausgesetzt. Im weiteren Verlauf der Behandlung wurde ihm auch klar, daß er sich gewisser verdeckter Forderungen und kalkulierter Verzichtleistungen bedient hatte, um nur ja die für ihn so dringend nötigen Rückmeldungen von den Menschen zu bekommen, die ihm wichtig waren. Die Beziehungen des depressiven Menschen sind von seinen narzißtischen Wünschen und Bedürfnissen bestimmt, das heißt, die Menschen sind ihm nur insoweit wichtig, als sie ihn loben oder ihn von Schuldgefühlen befreien können. Nie hat er den Versuch gemacht, in seinen Bezugspersonen etwa eigenständige Menschen zu erkennen. Es ist erstaunlich, wie wenig Ahnung der Depressive vom Innenleben anderer Menschen hat, obwohl er sich doch so gut darauf versteht, sich die gewünschte Reaktion von diesen anderen zu verschaffen. Er ist nicht so sehr am Wesen seines Gegenübers interessiert als vielmehr daran, wie dieser andere nach außen auftritt. Das ist der Grund, weshalb depressive Menschen oft an Psychopathen erinnern – sie üben eine subtile Kontrolle über ihre Mitmenschen aus und zeigen dabei nicht das geringste Interesse an deren Wohlergehen.

Cohen und ihre Mitarbeiter (1954) sprechen von der »stereotypen Reaktion« des depressiven Patienten und wollen damit sagen, daß er andere Menschen, den Therapeuten eingeschlossen, nur immer in der gleichen Weise, nämlich als Neuauflage der elterlichen Gestalten sehen kann, nicht aber als jeweils verschiedene, eigenständige Wesen. Er begreift andere Menschen nicht als vielschichtige Persönlichkeiten, die gut und böse sein können und außerhalb der Reichweite seiner eigenen Ansprüche und Forderungen stehen. Cohen u. a. halten die stereotype Reaktion insofern für ein Abwehrmanöver, als der Depressive Angst davor hat, an seinen wichtigen Bezugspersonen unerfreuliche Züge zu entdecken, und sie führen dieses Verhalten darauf zurück, daß der Depressive es als Kind versäumt hat, Teilobjekte zu einem ganzen – zugleich guten und schlechten – Objekt zu integrieren. Die stereotype Betrachtung der Mitmenschen ist wohl nichts anderes als eine manipulative Einschätzung, die dazu dient, herauszufinden, ob sich die anderen als Ersatzquelle der Selbstachtung eignen oder nicht, das heißt also, ob sie ein intrapsychisches Bedürfnis zu befriedigen vermögen.*

Der erwachsene Depressive hält Ausschau nach einem geeigneten Menschen, auf den er die Rolle der dominanten Bezugsperson projizieren kann, damit er selbst zurechtkommt, also die Achtung eines anderen gewinnt und Schuldgefühlen entgeht. Dieser andere Mensch wird mit allen möglichen magischen Kräften und Fähigkeiten ausgestattet. Der Depressive verzerrt den anderen, damit dieser ihm seine inneren Bedürfnisse erfüllt, und zugleich modifiziert er sein eigenes Verhalten, um den Wünschen des anderen, wie er sie sieht, gerecht zu werden. Freud (1921) erkannte diese pathologische Form der Ich-Objekt-

* Allerdings ist diese ausgezeichnete Arbeit von Cohen u. a. hier nicht direkt anwendbar, denn die Autoren arbeiteten mit hospitalisierten manisch-depressiven Kranken, die weit stärker beeinträchtigt waren als die mild-depressiven Patienten, von denen hier die Rede ist. Außerdem erhebt sich auch hier wieder die Frage, wie weit die stereotype Art der Betrachtung der Mitmenschen das Ergebnis der schweren Depression war bzw. wie weit sie bereits die prämorbide Art des Umgangs des kranken Menschen mit seinen Mitmenschen kennzeichnete.

Beziehung ganz deutlich und beschrieb sie ausführlich in *Massenpsychologie und Ich-Analyse.* Er legt in dieser Arbeit dar, daß das Objekt unter bestimmten Umständen an die Stelle des Ichideals gesetzt wird, so daß eine äußere Instanz nun die Aufgaben einer normalerweise im Innern angesiedelten Instanz übernimmt. Was die Wirkung dieses Prozesses auf das Ich angeht, so bemerkt Freud: »[Das Ich] ist verarmt, hat sich dem Objekt hingegeben, dasselbe an die Stelle seines wichtigsten Bestandteiles gesetzt.« Aufgabe des Therapeuten ist es, solchen Verzerrungen des Patienten zu widerstehen, die Übertragung zu erklären und diese höchst wichtige Komponente – das Ichideal – wieder in seine Funktion als unabhängige innerpsychische Instanz einzusetzen.

Um es noch einmal zusammenzufassen: Das eigentliche Problem des Depressiven scheint darin zu bestehen, daß er in bezug auf seine Selbstachtung ein Kind geblieben und auf das Urteil anderer Menschen angewiesen ist. Wie Arieti in anderem Zusammenhang sagt, ist die ursprüngliche interpersonale Beziehung von Mutter und Kind nicht in einen intrapsychischen Zustand mit verschiedenen mentalen Instanzen umgewandelt worden. Deshalb macht der Depressive auch im Erwachsenenleben aus anderen Menschen »Eltern«, indem er sie als eine Art äußeres Gewissen benutzt und sein Verhalten so weit einschränkt, daß es nur noch aus Gehorsam bzw. Rebellion besteht. An diesem Punkt also treffen die interpersonalen und die intrapsychischen Aspekte der Depression aufeinander: *An die Stelle von inneren Instanzen werden andere Menschen gesetzt, und auf andere Menschen projiziert der Depressive die verzerrten Bilder aus seiner Vergangenheit.* Die Grundlage der Therapie besteht in der Modifizierung dieses zweiseitigen Prozesses; davon, wie dieser Prozeß verläuft, hängen schließlich auch die verschiedenen Manifestationen der Charakterabwehr ab. Kurz gesagt, der Depressive hat es versäumt, innere Regulatoren für seine Selbstachtung zu entwickeln.

Damit sich die gewünschte Veränderung während dieser mittleren Behandlungsphase einstellen kann, bedarf es einer kognitiven Neuordnung in verschiedenen Bereichen; das heißt einer Veränderung der Bedeutung, die der Patient seinen gewohnten Erfahrungen und seinen Hoffnungen gibt. Was sein Selbst betrifft, so muß er in erster Linie seine Erwartungen zurückschrauben und die Fähigkeit erwerben, Freude an eigenen Aktivitäten zu empfinden. Diese kognitive Neustrukturierung bezieht sich nicht allein auf die zwischenmenschlichen Erfahrungen. Der Mensch wird jetzt auch in die Lage versetzt, Gedanken und Gefühle vor sich selbst zuzugeben, die er bisher verdrängen mußte. Eine Bewußtseinserweiterung hat stattgefunden – er kann sich nun ohne Furcht vor Schuldgefühlen mit innerpsychischem Material befassen. Sein Vorstellungsvermögen hat eine Ausdehnung erfahren und ist nicht mehr, wie bisher, an die wiederkehrenden Themen von Abhängigkeit und Manipulation gebunden.

Das Schwergewicht dieser zweiten Phase der Behandlung liegt also auf der Ermunterung des Patienten zu eigener Aktivität, auf der Beseitigung der »Deprivationsdepression« und auf einer Veränderung im interpersonalen Verhalten. Wenn der Patient jetzt tatsächlich freier mit den Mitmenschen umzugehen vermag, ist er vielleicht zunächst erstaunt, daß sie ihn nicht zurückweisen oder strafen. Eine junge Frau berichtete mir während der Anfangsphase ihrer Behandlung den folgenden Traum, der in anderer Weise das gleiche aussagt. Sie träumte, daß sie das Aussehen einer bestimmten Figur aus einem Fernsehstück angenommen hatte, die von ihrem Mann wie überhaupt von den männlichen Fernsehzuschauern heiß geliebt wurde. Im Traum wurde sie in dieser Verkleidung von dem Mann, der in der betreffenden Serie den Ehemann der so beliebten weiblichen Figur darstellte, umarmt und geküßt, was ihr sehr gefiel. Zugleich allerdings hatte sie die Vorstellung, daß sie Liebe nur empfangen könne, wenn sie jemand anderes sei. Wenn entdeckt würde, wer sie wirklich war, dann würde niemand sie lieben. Auch hier haben wir es also mit dem Gedanken zu tun, daß man vorgeben muß, ein anderer Mensch zu sein, wenn man Liebe erlangen will. Die Patientin war der Meinung, daß sie im Stich gelassen werden würde, wenn sie im Einklang mit ihren eigenen Wünschen handeln würde und nicht mit dem Ziel, anderen Menschen einen Gefallen zu tun. Entscheidend ist für solche Patienten der Augenblick, in dem sie dem anderen Menschen wirklich vertrauen und es nicht mehr nötig haben, sich seine Unterstützung durch emotionale Bestechung oder Bedrohung zu erzwingen. Dann haben sie vielleicht zum ersten Mal in ihrem Leben das Gefühl, daß andere sie lieben können, ohne daß es dazu der Manipulation bedarf.

Zugleich ändert sich das Verhalten des Patienten gegenüber dem Therapeuten, der jetzt nicht mehr den Mittelpunkt der Welt für den Patienten darstellt. In dieser Phase taucht neues Material auf, von dem der Patient bisher gefürchtet hat, es werde ihm den Therapeuten entfremden. Die Behandlung ist jetzt nicht mehr ein Spiel, in dem es darum geht, die Liebe des Therapeuten zu erringen, sondern eine gemeinsame Bemühung zur Erkundung und Festigung einer neuen Seinsweise.

Diese Phase ist die Zeit des Durcharbeitens, in der das gegenwärtige Verhalten geprüft, mit der Vergangenheit oder auch mit der möglichen Übertragung in einen Zusammenhang gebracht und durch die Interpretation entweder gefördert oder aber als ungeeignet abgetan wird. Becks (1976) »kognitiver« Behandlungsstil eignet sich zur Korrektur der Verzerrungen, die der Patient vorgenommen hat, und zur Identifizierung jener Reize, die falsche Reaktionen heraufbeschwören. In dieser Phase der Behandlung sind die Träume des Patienten von besonderer Bedeutung, denn trotz der vielleicht äußerlich schon erreichten Besserung lassen sie noch häufig die alten Funktionsmuster deutlich werden. An diesem Punkt kann der Patient beginnen, seine Gedanken und Gefühle wirklich gründlich zu erforschen und mögliche Bereiche der Regression wie auch der heilsamen Veränderung zu erkennen. Er kann die therapeutische Aufgabe umfassender und besser akzeptieren und in der Behandlung schon fast als typischer Neurotiker »durchgehen«.

■ ■ ■ Die Endphase der Behandlung ■ ■ ■

Die letzte Phase der Behandlung hat in der Hauptsache mit äußeren und weniger mit inneren Hindernissen gegenüber der Veränderung zu tun; der Patient braucht jetzt die Unterstützung des Therapeuten, um die neuerworbenen Funktionsmuster zu festigen. Die realen Probleme, die jetzt auftauchen, gehen darauf zurück, daß der Patient seinen Umgang mit den Mitmenschen und seine Sicht der eigenen Person geändert hat. Das gilt für fast alle auf psychotherapeutischem Wege zustandegekommenen Veränderungen, am ehesten aber im Fall depressiver Patienten, deren pathologische Verhaltensweisen sich ja so weitgehend auf ihre zwischenmenschlichen Beziehungen auswirkten. Die Eltern, der Ehepartner, die Freunde und der Arbeitgeber – sie alle werden es zu verhindern suchen, daß sich an dem für sie so bequemen Verhältnis, das sie zu dem Patienten unterhalten haben, etwas ändert. Gewöhnlich werden sie in der Weise opponieren, daß sie dem Patienten Schuld- oder Schamgefühle einflößen, weil er seine Abhängigkeit von ihnen aufgegeben hat. Die Mutter einer Patientin drohte beispielsweise mit Selbstmord, weil die Patientin die Absicht hatte, aus der gemeinsamen Wohnung auszuziehen.

Im Fall älterer und verheirateter Patienten ist dieser Widerstand von außen am deutlichsten spürbar – er kommt von seiten des Ehepartners. Das neue Verhalten des Patienten erscheint dem Partner in der Regel als Bedrohung. Wohl haben die wiederkehrenden depressiven Anfälle ihn manchmal schon zur Verzweiflung gebracht, aber eigentlich hätte er es doch lieber, wenn der depressive Partner weiterhin abhängig, gehemmt oder einfach leicht kontrollierbar bliebe. Dies gilt besonders für Fälle, in denen eine depressive Frau mit einem dominierenden Mann verheiratet ist, der sich vor seinen eigenen Emotionen fürchtet. Solche Ehemänner erkennen nicht, daß sie am fortgesetzt depressiven Zustand ihrer Frau nicht unbeteiligt gewesen sind; oft stehen sie der psychotherapeutischen Behandlung skeptisch gegenüber und halten die Depression für ausschließlich metabolisch bedingt. Sie fühlen sich bedroht, wenn die Frau jetzt infolge der Behandlung allmählich Autonomie entwickelt und zur Erfüllung und Befriedigung ihrer Bedürfnisse nicht mehr von ihnen abhängig ist, aber sie können ihre Befürchtungen natürlich nicht offen zugeben, sonst würden sie nämlich ihre eigene Abhängigkeit eingestehen, die sie als Zeichen der Schwäche betrachten. Statt dessen versuchen sie auf ganz subtile Weise, die Veränderung zu sabotieren, indem sie der Patientin Vorwürfe machen und sich darüber beklagen, daß sie ihren Aufgaben und Verpflichtungen nicht mehr so recht nachkomme. Solche Männer befriedigen ihre eigenen Abhängigkeitsbedürfnisse, indem sie dafür sorgen, daß andere in die Abhängigkeit von ihnen und damit unter ihre Kontrolle geraten.

Männliche Patienten sind häufig mit einer Frau verheiratet, die ständig unzufrieden ist, ununterbrochen Kritik übt und die alten Minderwertigkeitsgefühle wieder in ihnen weckt, die sie ursprünglich gegenüber einer sehr anspruchsvollen Mutter empfunden haben. Auch diese Frauen haben nicht bewußt den Wunsch, daß der Partner in die Depression gerät; aber sie beschweren sich ständig bzw. finden immer einen Weg, die Selbstachtung ihrer Männer zu zerstören.*

Natürlich widersetzen sich nicht alle Ehepartner einer Veränderung des depressiven Patienten. Manche passen sich allmählich an dessen neue Reaktionen und Aktivitäten an. Andere begrüßen die Veränderung aufrichtig und empfinden auch ihr eigenes Leben als sehr viel befriedigender, seitdem der Partner nicht nur nicht mehr deprimiert ist, sondern auch keine Schuldgefühle mehr in ihnen weckt, sie nicht mehr manipuliert, in sexueller Hinsicht aufgeschlossener und emotional zugänglicher ist.

Auch abgesehen von den äußeren Kräften, die sich einer anhaltenden Veränderung häufig in den Weg stellen, braucht der Patient den Therapeuten, damit er in seinem Entschluß, mit den alten Verhaltens-

* Auch Forrest (1969) hat wiederholt festgestellt, daß pathologische eheliche Interaktionen die Depression bei manchen Patienten immer von neuem hervorrufen und mithin ein gewichtiges Hindernis für die Besserung bzw. die Heilung darstellen. Sie empfiehlt eine Kombination von Paartherapie und Individualtherapie von Anfang an, mit der sie bereits gute Ergebnisse erzielt hat.

mustern zu brechen, nicht ins Wanken gerät. Wir müssen damit rechnen, daß es zu Rückschlägen kommt, etwa zu heftigen Klagen darüber, daß andere Menschen ihn zu manipulieren suchen – was der Patient früher ohne weiteres hingenommen hat, weil es ihm nämlich gar nicht bewußt geworden ist. Die Endphase der Behandlung depressiver Patienten ähnelt also dem gleichen Stadium in der Behandlung anderer neurotischer Störungen. Ein in sich zusammenhängendes neues Verhaltensmuster hat sich herausgebildet, das mit der Zeit entgegen allen äußeren und inneren Hindernissen gefestigt wird.

Daß diese Phase der Behandlung erfolgreich verläuft, wird meiner Meinung nach dadurch bestätigt, daß jetzt bestimmte Merkmale auftauchen, die bisher nicht vorhanden waren. Sie haben in der Regel damit zu tun, daß der Patient sich grundsätzlich von den Reaktionen anderer Menschen unabhängig gemacht und sich ein eigenes Selbstwertgefühl geschaffen hat. Das Interesse des Patienten an seinen Mitmenschen nimmt zu, und er macht sich nun auch die Erfahrungen anderer Menschen zunutze. Diese neue Art des Umgangs mit der Mitwelt ist möglich geworden, weil der Patient sich besser in andere einfühlen, sich mit seinen Mitmenschen identifizieren und sie als eigenständige, wenn auch »verwandte« Individuen betrachten kann. Bisher war sein Einfühlungsvermögen eher psychopathischer Art: Er wußte, wie er eine bestimmte Reaktion hervorrufen konnte, aber er konnte sich nicht ernsthaft in die Rolle des Gegenübers versetzen und dessen Erfahrungen nachempfinden. Daß er jetzt angesichts realer Situationen imstande ist, Ärger zu zeigen, ist ein Beweis dafür, daß er sich sicher genug fühlt, um sich gegenüber der Mitwelt zu behaupten.

Schließlich ist es notwendig, sich mit den »Geistern der Vergangenheit« zu arrangieren; häufig sieht das so aus, daß auf die ursprüngliche Überbewertung der früheren dominanten Bezugsperson jetzt erst einmal zornige Anschuldigungen an ihre Adresse folgen. Bevor die Behandlung abgeschlossen wird, muß der Patient seine Vergangenheit aber ohne allzu starken Groll betrachten können. Seine Beziehung zum Therapeuten nimmt jetzt die Merkmale der freundschaftlichen Verbundenheit an, ohne übermäßige Dankbarkeit oder Bewunderung. Daß man über alle Erfahrungen miteinander sprechen kann, ist für den Patienten insofern hilfreich, als er sich nun eher als Partner des Therapeuten denn als Patient betrachten kann. Die Tür sollte aber offengehalten werden, denn der Patient wird den Therapeuten als den einen Menschen, dem gegenüber er sich völlig rückhaltlos geben kann, zumindest noch so lange brauchen, bis er in seinem täglichen Leben ähnlich stabile Beziehungen begründet hat.

Depressive Patienten können außerordentlich schwierig sein, sie können unseren Zorn wachrufen und uns entsetzlich zur Last fallen, aber letzten Endes kann ihre Behandlung uns auch tiefe Befriedigung verschaffen, wenn sie erst einmal beginnen, ihre beträchtlichen Gaben in den Dienst uneigennütziger Bemühungen zu stellen, anstatt wie früher ihre Mitmenschen zu ganz unsinniger Ergebenheit und Anhänglichkeit zu zwingen.

■ ■ ■ ■ 14. Psychotherapie ■ ■ ■ ■ der milden Depression: Fallbeschreibung

Mit diesem Kapitel, in dem wir die Vorgeschichte und die psychotherapeutische Behandlung eines jungen Mannes schildern, der an einer milden Depression litt, wollen wir die theoretischen Ausführungen (Kapitel 7 und 13) über die Dynamik dieser Form der affektiven Störung und über ihre Behandlung an einem konkreten Beispiel belegen. Im Fall dieses jungen Patienten können wir von einer Charakterdepression sprechen, bei der es von Zeit zu Zeit zu akuten Verschlimmerungen kam. Immerhin waren die Symptome zu keiner Zeit so stark ausgeprägt, daß sein Denkvermögen oder seine Realitätsprüfung bedroht gewesen wären. Auch eine Medikation war nicht indiziert; sie hätte schädlich sein können, denn das Vertrauen in Medikamente hätte möglicherweise der Einsicht entgegengearbeitet, daß der endgültigen Besserung seines Zustandes eine Veränderung der Persönlichkeit vorausgehen mußte.

Noch eine weitere einleitende Bemerkung sei hier angeschlossen. Sie betrifft die häufig anzutreffende Gleichsetzung von Weiblichkeit und Schwäche. Der Patient war in einem italo-amerikanischen Milieu aufgewachsen, in dem Frauen als Menschen von geringerem Wert galten, und er benutzte das Symbol der Frau in seinen Träumen und Assoziationen entsprechend den unglücklichen Vorurteilen, wie sie ihm durch seinen ethnischen Hintergrund vermittelt worden waren. In der Behandlung muß man zunächst dem Patienten folgen, das heißt man muß die spezifischen Symbole akzeptieren, die er zur Darstellung seines Selbst verwendet, selbst wenn man mit diesen offensichtlich verzerrten Hervorbringungen nicht einverstanden ist. Es war mir eine Befriedigung zu beobachten, daß dieser Patient, als es ihm wieder besser ging, seine männlich-chauvinistische Einstellung aufgab und eine enge und von gegenseitiger Achtung getragene Beziehung mit einer Frau eingehen konnte.

■ ■ ■ Erste Angaben zur Person des Patienten ■ ■ ■

Als ich Fred im August 1964 zum erstenmal sah, war er 23 Jahre alt, ein gutaussehender, kräftig gebauter junger Mann, der im dunklen Anzug mit Krawatte einen sauberen und ordentlichen Eindruck machte. Sein gespreiztes und unnatürliches Auftreten stand allerdings in deutlichem Gegensatz zu seiner sonstigen Erscheinung. Er war unglaublich ängstlich und fühlte sich höchst unbehaglich. Hemd und Jackett waren schweißgetränkt, und er konnte kaum stillsitzen. Es bereitete ihm Schwierigkeiten zu erklären, warum er eine Behandlung beginnen wollte, obwohl er sich nach Kräften bemühte, sich entgegenkommend und liebenswürdig zu zeigen. Er sagte, er tauge zu rein gar nichts, habe Angst vor den Menschen, könne keine Arbeit zu Ende bringen und sei ein jämmerlicher Versager. Zur Zeit bestand seine einzige regelmäßige Tätigkeit darin, daß er einige Stunden am Tag im Lebensmittelgeschäft seines Vaters arbeitete, so daß der Vater zum Mittagessen nach Hause fahren und sich anschließend etwas ausruhen konnte. Schon diese geringe Arbeitsbelastung schien ihm eine unerträgliche Qual; er konnte sich nur schlecht konzentrieren, war leicht ablenkbar und fürchtete ständig, etwas falsch zu machen. Seine übrige Zeit verbrachte Fred damit, zu Hause vor dem Fernseher zu sitzen; gelegentlich erledigte er auch einmal einen Gang für seine Mutter. In diesen Stunden des Nichtstuns fühlte er sich leer und unglücklich. Ein oder zwei Mal in der Woche ging er mit einem Freund oder mit seinem Vetter zu einem Tanzabend in die Stadthalle, dann stand er herum oder nahm all seinen Mut zusammen, um ein Mädchen zum Tanzen aufzufordern. Wenn ihm das endlich gelungen war, überfiel ihn von neuem eine schreckliche Unruhe, und er konnte kaum ein Gespräch mit seiner Tänzerin führen. Die Folge war, daß er nirgends wirklich Anschluß fand und stets sehr niedergeschlagen und in der Überzeugung nach Hause ging, er würde niemals eine Freundin finden.

Nach seinem Bericht war er schon seit vielen Jahren ängstlich und deprimiert und hatte einen Minderwertigkeitskomplex, aber in den letzten paar Monaten war alles viel schlimmer geworden, und es waren auch neue Symptome aufgetaucht, etwa um die Zeit, zu der sein Vater einen Herzanfall erlitten hatte. Der Zustand seines Vaters war allerdings zu keinem Zeitpunkt wirklich bedenklich gewesen. Fred hatte sich wohl Sorgen um den Vater gemacht, war aber dann rasch beruhigt, als es dem Vater wieder besser ging. Was ihn weit mehr beschäftigte, war der Gedanke, daß er, solange sein Vater noch im Krankenhaus war, das Geschäft für ihn würde führen müssen. Er sah den Augenblick gekommen, seine Fähigkeiten unter Beweis stellen und männliche Verantwortung übernehmen zu können. Aber der Vater stellte sehr bald klar, daß er vom Krankenbett aus die Fäden schon in der Hand behalten werde, und behandelte den Sohn in einer Weise, die dieser als verächtlich empfand. Fred arbeitete jetzt länger als früher, aber seine Zuständigkeiten waren sehr begrenzt; ein Onkel hatte vorübergehend die Leitung des Geschäftes übernommen. Für Fred war diese Situation sehr beschämend, und ihm kam der Gedanke, der Vater traue ihm wohl nicht zu, daß er das Familienunternehmen weiterführen könne. Das deckte sich mit seinem negativen

Selbstbild, und so kam es, daß er sich zunehmend deprimiert fühlte. Fred stellte die Entscheidung seines Vaters öffentlich niemals in Frage und rechtfertigte dies damit, daß er den Vater nicht habe beunruhigen wollen, weil es ihm damals doch so schlecht gegangen sei.

Sobald der Vater aus dem Krankenhaus entlassen war, nahm er seine Arbeit entgegen dem Rat der Ärzte in vollem Umfang wieder auf. Freds Hilfe akzeptierte er nur insoweit, als er dadurch in Ruhe zu Mittag essen und sich anschließend etwas hinlegen konnte – etwa zwei Stunden pro Tag. In der übrigen Zeit war Fred mehr oder weniger frei. Seitdem sein Vater nach Hause zurückgekehrt war, passierte es immer wieder, daß Fred nachts schreckerfüllt erwachte und nur schwer wieder einschlafen konnte. Er wußte dann nicht mehr genau, ob er geträumt hatte, aber ihm schien, daß diese Angstanfälle irgendwie mit seinem Vater zu tun hatten, der jeden Morgen um fünf Uhr aufstand, um auf den Fisch- und Fleischmarkt zu fahren. Ein weiteres neues Symptom beschrieb Fred als ein »Erstarren«, das gewöhnlich im Geschäft oder dann auftrat, wenn er unter Menschen war. In solchen Augenblicken hatte er das Gefühl, seine Umgebung weiche zurück und werde ganz still, und er selbst löse sich allmählich von der konkreten Welt. Diese Zustände der Depersonalisation erschreckten ihn zunächst, später empfand er sie als recht friedliche und angenehme Augenblicke – und damit als um so erschreckender.

Das herausragende Symptom aber war ein unendliches Gefühl der Hoffnungslosigkeit und der Sinnlosigkeit seines Daseins. Über allen Dingen lag so etwas wie ein Schleier von Unheil und Freudlosigkeit, alles schien unüberwindlich oder bedrohlich und erschreckend.

Zwei Tage später erschien Fred zur zweiten Sitzung. Diesmal war er längst nicht so ängstlich und gehemmt und konnte sich besser mitteilen. Wieder sprach er über seine augenblickliche Situation und über seine übergroße Abhängigkeit von seinem Vater, den er abgöttisch verehrte. Seine wenigen glücklichen Augenblicke, so sagte er, seien die, in denen sein Vater ihn lobte, weil er irgendeine schwierige Sache zufriedenstellend erledigt hatte. Er war außergewöhnlich familiengebunden und verbrachte nahezu seine gesamte Zeit mit seinen Eltern, einem Vetter oder anderen Angehörigen.

Während dieser Sitzung machte Fred nach jeder Bemerkung eine Pause und sah mich an, als wartete er darauf, eine Art Rückmeldung von mir zu bekommen. Mehrmals fragte er, ob er sich verständlich ausgedrückt habe bzw. ob ich verstehen könne, was er meinte. Seine Höflichkeit grenzte an Kriecherei.

Nach dieser Sitzung hatte Fred den ersten Traum seit Beginn der Behandlung. Im Traum befand er sich im Wartezimmer meiner Praxis.

Er öffnete die Tür zu meinem Sprechzimmer und sah sich zu seinem Erstaunen jetzt in das Gewand einer Nonne gehüllt, die mir über den Schreibtisch hinweg etwas zuflüsterte. Über diesen Anblick zugleich erleichtert und enttäuscht, zog er sich ganz still von der Tür zurück, um nicht bemerkt zu werden, und verließ die Praxis.

Fred berichtete diesen Traum mit einem gewissen Unbehagen. Seinen Worten zufolge zeigte der Traum, daß er eigentlich vor der Behandlung davonlaufen wolle, und er habe Angst, daß ich deshalb ärgerlich auf ihn sein könnte. Eine ganze Stunde lang bemühte er sich, meine Verzeihung zu erlangen und mich versöhnlich zu stimmen. Ich interpretierte den Traum nicht, und Fred schien ihn auch ohne meine Hilfe weitgehend zu verstehen. Wenn ich jetzt zurückblicke, dann muß ich feststellen, daß in diesem Traum eine Vielzahl von Bedeutungen steckte und die gesamte Analyse, wie sie dann ablief, darin prophetisch vorweggenommen war. Freds Selbstdarstellung als unbeflecktes weibliches Wesen erschien immer wieder, als seine defensive soziale Fassade, während sein wahres Selbst, das so voller Mißtrauen und Argwohn war, sich still davonmachte, um nur ja nicht bemerkt oder gar in den Mittelpunkt gestellt zu werden.

■ ■ ■ Die klinische Vorgeschichte ■ ■ ■

Fred hatte sein ganzes bisheriges Leben in einem italienischen Viertel von New York verbracht. Auch sein Vater und seine Mutter waren bereits in Amerika geboren, hatten aber von ihren Eltern, die aus Italien eingewandert waren, noch zahlreiche familiäre und kulturelle Wertvorstellungen übernommen. Die Familie führte ein sehr zurückgezogenes Leben und stand nur mit anderen italo-amerikanischen Familien, in der Regel weitläufigen Verwandten, in Verbindung.

Freds Vater war in ärmlichen Verhältnissen aufgewachsen und hatte schon als Kind mitverdienen müssen. Er besaß so gut wie keine Schulbildung, war aber aufgeweckt und von rascher Auffassungsgabe und hatte es als Besitzer eines gutgehenden Lebensmittelgeschäftes zu bescheidenem Wohlstand gebracht. Sein Mißtrauen gegenüber den Mitmenschen war schon fast paranoid zu nennen. Alle anderen Menschen waren, wenn man ihn hörte, selbstsüchtig und unehrlich, die Welt war ein Dschungel, in dem die Unschuldigen und die Unfähigen nicht überleben konnten. Seine Angehörigen bekamen immer wieder zu hören, daß sie dank seines unermüdlichen Einsatzes einen Wohlstand erreicht hatten, wie er selbst ihn in seiner Jugend nie gekannt hatte. Ohne ihn, so fügte er hinzu, würde die ganze Familie wohl bald wieder in Hilflosigkeit und Armut zurückfallen. Die übertriebene Darstellung der Feindseligkeit der Außenwelt diente ihm dazu, seine selbstverkündete Überlegenheit und seinen heldenhaften Einsatz noch stärker herauszustreichen.

Wenn man ihm an den Karren fuhr, war Freds Vater unglaublich starrköpfig und stur, aber sobald man sich seinen Forderungen willig fügte, war er großzügig und sogar zärtlich. Wenn seine Wünsche erfüllt wurden – das heißt, wenn man ihm gestattete, Kontrolle und Autorität auszuüben –, dann geizte er nicht mit Lob und Geschenken für die ganze Familie. Traf er dagegen auf Widerspruch – und sei es nur, daß der andere seine Meinung über einen bestimmten Baseball-Spieler nicht teilte –, dann fing er an zu streiten, wurde störrisch und eigensinnig, geriet häufig in Wut und konnte seinen Groll wochenlang nicht vergessen. Innerhalb der engsten Familie war allerdings eine solche Reaktion fast nie notwendig; ein strenger Blick, eine knappe Bemerkung, aus der seine Unzufriedenheit herauszuhören war, reichten aus, um jeden Widerstand zu ersticken. Im Grunde hielt er seine Familie jedoch dadurch in Schach, daß er Schuldgefühle einflößte, weniger dadurch, daß er Furcht verbreitete. Niemand zweifelte daran, daß alle ihr Leben nur ihm verdankten, und daß es ein Zeichen von mangelnder Loyalität wäre, wenn man ihn ärgerte oder kränkte. In den ersten Sitzungen beschrieb Fred seinen Vater als »wunderbaren, sehr intelligenten, klugen, eben einen richtigen Mann«. Dagegen sagte er von seiner Mutter, sie sei eine »italienische Gracie Allen«* und so etwas wie das Schoßhündchen der Familie. Aus seinen Worten mußte man entnehmen, daß sie vollkommen närrisch im Kopf, dabei aber gutmütig und sanft war. Sie stand wohl völlig im Schatten ihres Mannes und wagte niemals, ihm zu widersprechen. Fred erinnerte sich, daß sie ihm, als er noch ein Kind gewesen war, einmal Vorwürfe gemacht und gesagt hatte: »Was soll denn dein Vater denken?« – so als könne sie selbst gar nichts Schlimmes an seinem Betragen entdecken, aber als sei das, was er getan hatte, deshalb böse, weil es möglicherweise den Vater kränken oder stören könnte. Nach 24jähriger Ehe wagte sie es noch immer nicht, sich in seiner Gegenwart mit einer Zigarette zu zeigen, weil ihr Mann es nicht für richtig hielt, daß Frauen rauchten.

Im Laufe der Behandlung änderte sich Freds Urteil über seine Mutter. Er gab zu, daß er sie trotz ihrer nach außen gezeigten Freundlichkeit und ihrer so liebenswürdigen Art eigentlich doch eher kühl fand und nicht recht wußte, woran er mit ihr war. Er konnte sie

* Gracie und George Allen, amerikanisches Komikerpaar. Gracie Allen trat in der Rolle der einfältig fragenden Frau auf.

»niemals irgendwo packen« geschweige denn ihr irgendeine Aussage von Belang entlocken. Sie sprang von einem Thema zum anderen, ließ niemals ihre wahren Empfindungen erkennen und wurde nervös, wenn man versuchte, ihr wirklich nahezukommen oder sie zu einem Echo zu bewegen. Am Ende hatte man den Eindruck einer etwas zurückgezogenen und deprimierten Frau, die sich in fast hysterischer Weise gegen alle freundschaftlichen und herzlichen Empfindungen sträubte. Freds Schicksal schien schon vor seiner Geburt beschlossen gewesen zu sein. Der Vater hatte sich sehnlichst einen Sohn gewünscht, gewissermaßen als den endgültigen Nachweis seiner Erfolge in der Welt. Er zeigte ein ungewöhnliches Interesse an Freds Erziehung und schrieb seiner Frau vor, wie sie sich *seinem* Sohn gegenüber zu verhalten hatte. Als Säugling wurde Fred allerdings allein von der Mutter versorgt und betreut, die dem Kind, das ja noch keinerlei Bedrohung ihrer Sicherheit darstellte, ihre ganze Liebe und Fürsorge angedeihen ließ. Fred wurde von ihr gestillt, entwickelte sich zufriedenstellend und war allem Anschein nach ein glücklicher und zufriedener Säugling. Mit dem eigenwilligen und auf seine Selbständigkeit bedachten Kleinkind kam sie dann allerdings nicht mehr so gut zurecht.

Als er anderthalb Jahre alt war, wurde seine Schwester Susan geboren. Wir können aus verschiedenen Gründen annehmen, daß dieses Ereignis traumatisch für ihn war. Die erneute Schwangerschaft und das zweite Kind sorgten zwangsläufig dafür, daß die Mutter ihm etwas entrückt wurde und nicht mehr so viel Zeit wie bisher mit ihm verbringen konnte. Der Rückzug der Mutter fiel vielleicht deshalb noch mehr ins Gewicht, weil Fred sehr bald zum Sohn seines Vaters wurde, während Susan die Tochter ihrer Mutter war. Das übermäßige Interesse des Vaters an seinem Sohn und die Tatsache, daß die Mutter sich mit dem Neugeborenen ruhiger und behaglicher fühlte als mit ihrem Kleinkind, waren vielleicht der Grund, daß die Mutter sich stärker von Fred zurückzog, als man normalerweise hätte annehmen können. Die langfristigen Auswirkungen dieses ersten Objektverlustes standen unter dem Einfluß des zeitlichen Zusammentreffens der Geburt seiner Schwester und der ersten Anzeichen von Opposition und Individuation auf seiten des kleinen Jungen. Ob der Rückzug der Mutter in Freds eigener Vorstellung mit seinen allerersten Versuchen, sich selbst zu behaupten, zusammenfiel, darüber kann man nur spekulieren; immerhin wurde er rasch zum willfährigen Musterkind, das sich nur selten gegen irgendwelche Forderungen seiner Eltern zur Wehr setzte. Die Sauberkeitserziehung zum Beispiel ging rasch und ohne Schwierigkeiten vonstatten.

Freds Schwester wurde von ihrem Vater kaum beachtet, während ihr, wie schon gesagt, die ganze Sorge der Mutter galt. Mit Fred dagegen macht der Vater großes Aufhebens, und ihn überschüttete er mit Zärtlichkeit. Seine Vorzugsstellung wurde rasch von der Mutter erkannt und genutzt, sie setzte den Sohn als Mittler und Zwischenträger gegenüber ihrem Ehemann ein. Fred erinnerte sich, als sehr kleines Kind bereits gehört zu haben, er sei der einzige Mensch, der mit seinem Vater reden könne. So wurde Fred noch weiter in die Abhängigkeit vom Vater hineingedrängt, und zwar durch die Mutter, die ihm ein falsches Bild von der Macht ihres Mannes vermittelte und Freds Gefühl der eigenen Wichtigkeit noch erheblich verstärkte.

Freds früheste Erinnerungen gehen in diese Zeit (in das Alter von drei bis vier Jahren) zurück: »Ich hatte mich unter dem Tisch versteckt, und alle sahen mich an. Vielleicht habe ich auch nur Verstecken gespielt, aber jedenfalls war mir unbehaglich zumute.« Zur gleichen Zeit träumte Fred immer wieder einen schrecklichen Traum, in dem er von einem riesigen Baum, der langsam auf ihn niederstürzte, zerquetscht und zermalmt wurde. Der Vater hatte ständig ein Auge auf Fred, der Sohn war sein Ein und Alles. Er wurde gelobt und verhätschelt, durfte sich aber in seiner Kronprinzenrolle kaum jemals direkt und offen äußern. Auch hielt man ihn davon ab, mit den Nachbarskindern zu spielen, und gestattete ihm nur den Verkehr mit seinen gleichaltrigen Vettern. Da deren Eltern seinem Vater häufig finanziell verpflichtet waren, zeigten die Vettern sich Fred gegenüber unangemessen respektvoll und demütig. Wenn Fred sich einmal nach Kinderart schlecht benommen hatte, bestand die Strafe in der Regel darin, daß man ihm Schuldgefühle einflößte, weil er seinen Eltern Kummer bereitet hatte, oder daß man ihm das Gefühl vermittelte, daß sie sich seiner nun schämen müßten und er dem Ansehen des Vaters geschadet hatte.

Fred war ein überdurchschnittlich guter Schüler. Seine Lehrer mochten ihn, weil er beherrscht und ungewöhnlich höflich war. Er lernte fleißig und bemühte sich, es jedermann recht zu machen. Er war der Meinung, er müsse immer gute Noten bekommen, um ja seinen Vater nicht zu enttäuschen. In seiner Klasse besaß er einige Freunde; auch war er ein guter Sportler, der die Nachmittage mit Baseballspielen verbrachte. Seine Kameraden mochten ihn, obwohl er ziemlich schüchtern und zurückhaltend war. Seine allerersten Schuljahre erschienen ihm in der Erinnerung als eine besonders glückliche Zeit. Solange er gute Zeugnisse nach Hause brachte und sich ordentlich betrug, stellten seine Eltern keine großen Forderungen an ihn. Er fühlte sich von seiner Umgebung akzeptiert und seinen Mitmenschen sogar ein klein wenig überlegen. Seine Schwester und seine Vettern waren ihm völlig ergeben, und da der Vater ihn ständig lobte und ihm eine glorreiche Zukunft voraussagte, war Fred durchaus von sich eingenommen.

Als er dreizehn Jahre alt war, geriet er auf dem Schulhof mit einem anderen Jungen in Streit, und es kam zu einem Handgemenge. Sein »Gegner« zog ein Messer heraus und stach auf Fred ein. Als das Klingelzeichen für die nächste Stunde ertönte, ließen sie voneinander ab. Fred wußte sehr wohl, daß er blutete, aber er versuchte, die Wunde zu verbergen, und ging in sein Klassenzimmer, um weitere Unannehmlichkeiten zu vermeiden. Die Lehrerin entdeckte aber, daß er verletzt war, und brachte ihn rasch ins nächste Krankenhaus. Er erinnerte sich, daß später auch seine Eltern eintrafen und eine schreckliche Szene machten. In der Folge stellte sich eine Lungenentzündung ein, und Fred mußte zwei Monate lang im Krankenhaus bleiben. Die psychischen Folgen seiner Verletzung wogen schwerer. Als er in die Schule zurückkehrte, galt er dort als der »Junge mit den Messerstichen« und fühlte sich in dieser herausgehobenen Stellung gedemütigt und beschämt. Er hätte den anderen Jungen besiegen müssen und sich nicht von ihm verletzen lassen dürfen. Auch erschien ihm der Vorfall als Beweis dafür, daß der Vater mit seinem Weltbild ganz recht hatte und daß er ein Narr gewesen war, so vertrauensselig zu sein und zu glauben, der andere Junge werde ehrlich kämpfen. Sein Vater strengte einen Prozeß an, der sich lange hinzog und dann doch nicht mit einer Bestrafung des Täters endete, sondern nur mit einem zur Bewährung ausgesetzten Urteil. Das versetzte den Vater in solche Wut, daß er vor Gericht zeterte und tobte, weil sein wehrloser Sohn beinahe von einem nichtswürdigen Rowdy umgebracht worden sei. Für Fred hatte dieser Auftritt lediglich zur Folge, daß er öffentlich lächerlich gemacht worden war. Nach dem Prozeß sagte der Vater denn auch ärgerlich zu ihm: »Wenn irgend jemand versuchen würde, auf mich einzustechen, dann würde ich diesen Kerl in der Luft zerreißen.« Fred kam sich schwach und feige vor und hatte das Gefühl, in den Augen seines Vaters ein Versager zu sein.

Das Schlimmste an der ganzen Sache war aber, daß der Vater beschloß, Fred solle ihm von nun an nach der Schule und an den Samstagen im Geschäft helfen. Nach außen hin erklärte er diese Entscheidung damit, daß Fred alt genug sei zu lernen, wie man ein Geschäft führt, und daß er ihn eben brauche, aber es war ein offenes Geheimnis, daß er ein Auge auf seinen Sohn haben wollte und ihm nicht traute, wenn er nach der Schule noch mit anderen Jungen spielte. Fred tat nicht sehr viel mehr, als herumzusitzen und dann und wann ein paar

Pakete auszutragen, aber er war vom Kontakt mit Gleichaltrigen abgeschnitten und gezwungen, ständig mit seinem Vater zusammenzusein. Für kurze Zeit widersetzte er sich der neuen Regelung, aber schließlich wurde er durch Versprechungen und Einschüchterungen gefügig gemacht. Es hieß, dies sei ja nur eine vorübergehende Lösung, und er sei für größere Aufgaben bestimmt. Zehn Jahre später, als Fred zu mir in Behandlung kam, war er noch immer Hilfskraft seines Vaters im familieneigenen Unternehmen.

Von diesem Zeitpunkt an war Fred niemals mehr richtig außerhalb des Kreises seiner Familie. Er schloß keine wirklichen Freundschaften, und an gleichaltrigen Kameraden hatte er nur seine Vettern. Er gab den Versuch auf, sich den Forderungen der Eltern zu widersetzen, und akzeptierte die Rolle, die man für ihn vorgesehen hatte. Nur in seinen Phantasien war er wirklich er selbst. Seine Tagträume waren von zweierlei Art: Einerseits sah er sich als mächtigen und erfolgreichen Mann, zu dem andere Männer aufschauten; andererseits stellte er sich vor, daß er Beziehungen mit schönen Frauen unterhielt, die sich um ihn rissen; diese Träume waren häufig von Masturbation begleitet. Es gelang ihm nicht immer, sich selbst zu befriedigen, und häufig empfand er bei diesen Versuchen Scham und Schuldgefühle. Seine Familie war eher prüde, und über sexuelle Themen wurde nicht gesprochen. Nach Freds Erinnerung wurde dieser Gegenstand nur einige wenige Male erwähnt, als der Vater Susan das Ausgehen verbot bzw. von ihr wissen wollte, wo sie gewesen war. Im Laufe der Behandlung erinnerte Fred sich, daß er einmal, als er noch sehr klein gewesen war, dabei ertappt worden war, daß er »etwas mit seiner Schwester gemacht hatte«. Die Erinnerung war höchst vage, und er war sich nicht sicher, was damals wirklich geschehen war, außer daß er sich sehr geschämt hatte und sehr peinlich berührt gewesen war.

Als Fred sechzehn Jahre alt war, wollte er eines Abends zu einem seiner Vettern gehen und fand ihn zu seinem Entsetzen tot in einer Schlinge hängen. Trotz seines ersten Schocks gelang es Fred, den Körper vom Seil zu lösen, und er versuchte, den Vetter künstlich zu beatmen. Als das keinen Erfolg hatte, rief er seinen Vater an und bat ihn herüberzukommen. Im Laufe der Behandlung kam Fred immer wieder auf diesen Vorfall zu sprechen, und immer wieder änderte sich seine Haltung dazu: Er war über den Selbstmord des Vetters ehrlich entsetzt gewesen, aber zuzeiten wurde diese Reaktion auch von eher egozentrischen Motiven in den Hintergrund gedrängt: daß er in einer so tragischen Situation hatte handeln können, erregte ihn und vermittelte ihm ein Gefühl von Heldentum. Als dann aber die Polizei eintraf, übernahm sein Vater das Kommando und schickte ihn nach Hause, das heißt, er nahm ihm seinen Ruhm und machte ihn lächerlich. Seine Angehörigen entledigten sich ihrer Schuldgefühle auf die Weise, daß sie Fred mehrfach sagten, er hätte das Leben des Vetters retten können, wenn er an jenem Abend zeitiger aufgebrochen wäre, um ihn zu besuchen. Sie meinten auch, da er ja Freds Freund gewesen sei, hätte Fred doch Anzeichen von Unglücklichsein an ihm entdecken müssen und so die Tat verhindern können. Fred akzeptierte diese Interpretationen zum Teil, weil sie ihm ein Gefühl von Wichtigkeit vermittelten – es hätte in seiner Macht gestanden, das Unglück zu verhindern. Schließlich identifizierte Fred sich mit dem Vetter und betrachtete dessen extreme Handlung nun als ganz folgerichtig – das Leben des Vetters hatte sich vor einem ganz ähnlichen Hintergrund abgespielt wie sein eigenes, und das hatte ihn ins Unglück gestürzt.

Ein Jahr später mußte Freds Vater längere Zeit zu Hause bleiben, weil er sich einen Bruch zugezogen hatte. Zu seiner Überraschung stellte Fred fest, daß der Vater Angst vor Schmerzen und vor dem ärztlichen Eingriff hatte und sich entsprechend anspruchsvoll und kindisch benahm. Er hatte Mühe, das Bild des jammernden und klagenden Vaters mit seiner bisherigen Vorstellung vom Vater als einem durch nichts zu erschütternden Helden zu verbinden. Schließlich griff er zum Mittel des Rationalisierens: Der Vater hatte Wahnvorstellungen oder war ganz einfach nicht er selbst; auf diese Weise vergaß er die jüngsten Eindrücke prompt, bis sie ihm in der Behandlung wieder ins Gedächtnis kamen.

Fred schloß seine Schulzeit mit achtzehn Jahren ab und ging an ein College in New York City, vor allem weil sein Vater dies wünschte. Er selbst verspürte wenig Lust, noch ein Studium zu beginnen, und hatte keine besonderen Interessen. Vom ersten Tag seines Studentenlebens an war er ängstlich und unsicher, aber er konnte zu Hause über diese Empfindungen nicht sprechen, weil er fürchtete, sich damit lächerlich zu machen. Es fiel ihm schwer, sich auf seine Studien zu konzentrieren und das, was er lernte, im Gedächtnis zu behalten. Im Unterricht hatte er Angst, aufgerufen zu werden und sich lächerlich zu machen. Selbst wenn er die richtige Antwort wußte, meldete er sich niemals von sich aus zu Wort, weil er fürchtete, mit irgend etwas herauszuplatzen, was er eigentlich gar nicht sagen wollte. Auch die Dozenten flößten ihm Angst ein, es waren in der Hauptsache Männer, und sie waren längst nicht so an den Studenten interessiert, wie seine bisherigen Lehrer es gewesen waren; sie traten eher geschäftsmäßig auf und wahrten eine gewisse Distanz, und Fred konnte sie allein durch gutes Betragen nicht für sich gewinnen. Er fand keine Freunde im College und machte von sich aus auch keinen Versuch dazu. Nach den Vorlesungen fühlte er sich unruhig und erschöpft und ging immer sofort nach Hause. Gewöhnlich schlief er am Tag und mühte sich in der Nacht mit seinen Hausarbeiten ab. Das Studentenleben war eine fürchterliche Qual für ihn, und er zog sich bei jeder Gelegenheit davon zurück.

Das einzige Ventil, das ihm in diesen Jahren zur Verfügung stand, waren seine Verabredungen mit der Tochter einer befreundeten Familie. Dabei war es ganz typisch, daß Fred das Mädchen eigentlich gar nicht besonders mochte und auch gar nicht den Versuch machte, sich ihm wirklich zu nähern, aber immerhin gingen sie doch zwei Jahre lang regelmäßig zweimal in der Woche miteinander aus. Daß er es zu einer Freundin gebracht hatte, auch wenn ihm nichts an ihr lag, und jedes Wochenende fest verabredet war, half seiner Selbstachtung ganz entschieden auf. In der Behandlung stellte sich heraus, daß Fred im Grunde sehr wenig von diesem Mädchen wußte und niemals versucht hatte, seine Freundin als einen eigenständigen Menschen zu sehen. Sie gingen miteinander ins Kino, wo man ohnehin nicht viel miteinander reden konnte, oder sie gingen gleich mit einer größeren Gruppe aus, und so kam ein wirklicher Kontakt erst gar nicht zustande. Später erinnerte Fred sich daran, daß dieses Mädchen ebenso kühl wie uninteressant war. Höchstwahrscheinlich waren gesellschaftliche Rücksichten auch für sie der Grund gewesen, sich auf die Beziehung mit Fred überhaupt einzulassen.

Im übrigen erschöpfte sich Freds Teilnahme am gesellschaftlichen Leben darin, daß er hin und wieder mit seinen Vettern und Freunden ein Tanzlokal besuchte, um vielleicht einmal ein Mädchen kennenzulernen. Soweit kam es allerdings nie; er und seine Freunde standen nur herum und machten ihre Bemerkungen, und wenn es hoch kam, unterhielten sie sich bei ihrem Sprudel darüber, daß das Lokal mies und die Mädchen langweilig seien. Eines Abends machten sie die Bekanntschaft einer Prostituierten, die ihnen gegen Bezahlung eine besondere Art der sexuellen Befriedigung in Aussicht stellte. Sie gingen auf das Angebot ein, und Fred gelangte in der Tat zur Ejakulation. Aber die Furcht, es dem Mädchen nicht recht zu machen, war so groß, daß er so gut wie nichts dabei empfand und froh war, als alles vorüber war. Das Mädchen schien Gefallen an Fred gefunden zu haben; sie fragte, ob er nicht einmal ohne seine Freunde wiederkommen wolle, und versprach, ihm auch kein Geld abzuverlangen. Nach langem Zögern und Überlegen ging Fred tatsächlich wieder hin, aber diesmal war er impotent. Sie unterhielten sich eine Weile, und je mehr Fred über das Mädchen erfuhr, desto weniger fühlte er sich erregt. Er wünschte, seine Freunde wären da, denn allein mit diesem Mädchen fühlte er sich plötzlich sehr unbehaglich. Das letzte Mal, so schien es ihm, hatte er seine Männlichkeit ja unter Beweis gestellt und war nur eben einer unter vielen gewesen. Heute verhinderte der Gedanke an eine individuelle Beziehung jede sexuelle Aktivität. Fred war zwar sehr verstört, weil er in dieser Weise versagt hatte, aber er rationalisierte auch diesen Vorfall, indem er sich abwechselnd sagte, das arme Mädchen habe ihm leid getan, und sie sei eben doch »nichts als eine Hure«, und deshalb sei er bei ihr schon wieder abgemeldet.

Im letzten Jahr seiner Ausbildung suchte Fred den für die Studenten zuständigen Psychiater auf. Die Eingeschränktheit seines Lebens ließ sich nicht länger einfach »wegrationalisieren«; die Vorlesungen erschreckten ihn immer mehr, seine Noten waren kaum noch durchschnittlich, seine Freundin wollte nichts mehr mit ihm zu tun haben, er war vor Angst ständig wie gelähmt, und es gab Zeiten, in denen er stark deprimiert war und alle Hoffnung aufgegeben hatte. Von dieser ersten Begegnung mit einem Therapeuten war Fred sehr enttäuscht. Der Psychiater war distanziert und uninteressiert; er fühlte sich wohl gelangweilt oder wollte Fred möglichst rasch wieder loswerden; es war völlig klar, daß er ihn nicht mochte. – Auf jeden Fall behandelte er Fred nicht so, wie Fred behandelt werden wollte, und so brach Fred die Sache nach zwei Monaten wieder ab.

Dieses letzte Jahr im College gehörte zu den schlimmsten Zeiten in Freds Leben. Seine Leistungen waren mehr als dürftig, und entsprechend fiel sein Abschlußzeugnis aus. Er hatte sich für Psychologie als Hauptfach entschieden, weil er hoffte, auf diese Weise gewisse Einsichten in die eigene Person zu gewinnen, aber es geschah nichts anderes, als daß er genau die Symptome entwickelte, von denen er gelesen hatte. So kam er zu dem Schluß, er sei wohl schizophren. Diese Diagnose wurde dadurch »bestätigt«, daß er die Behandlung nicht abgeschlossen hatte; er glaubte, der Therapeut habe ihn abgeschoben, weil er unheilbar krank war und niemand ihm mehr helfen konnte.

Der Abschluß seiner Ausbildung wurde in der Familie zwar mit großem Aufwand gefeiert, aber er selbst fühlte keinerlei Hochstimmung und hatte keine Ahnung, was er nun mit seinem Leben anfangen wollte. Sein Vater schlug vor, er solle es doch mit einer Anstellung in einem großen Kaufhaus versuchen, und es gelang Fred tatsächlich, beim Einstellungsgespräch einen guten Eindruck zu machen. Die Arbeit selbst machte ihm dann allerdings allzuviel Angst, und er gab die Stelle nach ein paar Wochen wieder auf. Das Arbeitsleben schien ihm eine Fortsetzung dessen zu sein, was er schon im College erlebt hatte; er fürchtete sich vor dem Chef, sprach kaum einmal mit einem anderen Menschen und konnte sich nur schwer konzentrieren. Er versuchte es in einem anderen Kaufhaus und beschloß durchzuhalten, aber seine Angst behinderte ihn so stark in seiner Tätigkeit, daß die Geschäftsleitung ihn wieder entlassen mußte. Nun beschloß Fred, zur Marine zu gehen; das würde alle seine Schwierigkeiten beseitigen. Dort würde man ihn lehren, durchzuhalten, und einen Mann aus ihm machen. Natürlich waren seine Eltern dagegen, daß er sich zur Marine meldete, und redeten ihm zu, doch lieber in Ruhe nach einer anderen Arbeit zu suchen. Es war bedeutsam, daß es dem Vater offensichtlich recht war, daß der Sohn möglichst wenig tat und nur eben den frischgebackenen College-Absolventen spielte. Es mag sein, daß Fred seine Rolle erfüllt hatte, soweit es den Vater betraf; möglich ist allerdings auch, daß der Vater, der ja keineswegs dumm war, die Schwierigkeiten seines Sohnes erkannt hatte und ihn nicht drängen wollte.

Die Entscheidung darüber, ob er zur Marine gehen sollte, wurde Fred dadurch abgenommen, daß sein Vater einen Herzanfall erlitt und Fred nun ganztägig im Geschäft helfen mußte. Wie schon erwähnt, hatte er aber keine wirkliche Verantwortung und suchte sie auch nicht. Als der Vater an seinen Arbeitsplatz zurückkehrte, wurde Fred wieder genau mit den gleichen Aufgaben betraut, die er auch schon mit dreizehn Jahren ausgeführt hatte.

So standen die Dinge, als Fred sich fünf Monate später zur Behandlung anmeldete. In dieser Zeit hatten seine Niedergeschlagenheit und seine ängstliche Beunruhigung immer weiter zugenommen, und er fühlte sich hilflos wie ein Tier in der Falle. Unwillig verbrachte er seine paar Stunden pro Tag im väterlichen Geschäft und zog sich dann in sein Zimmer zurück, wo er sich seinen Phantasien überließ oder sich vor den Fernseher setzte.

■ ■ ■ Die Behandlung ■ ■ ■

Mit Ausnahme einiger Unterbrechungen – die wir jeweils ausdrücklich erwähnen –, befand Fred sich drei Jahre lang in Behandlung und erschien zwei bis drei Mal wöchentlich in meiner Sprechstunde. In dieser ganzen Zeit versäumte er niemals eine Sitzung, ohne dies zuvor angekündigt und eine plausible Entschuldigung dafür vorgetragen zu haben. Er kam nie zu spät und zahlte immer pünktlich. Er zog es vor, auf einem Stuhl zu sitzen anstatt auf der Couch zu liegen.

Schon das Zusammenfügen der Vorgeschichte erwies sich als schwierig, denn Fred nützte jede Gelegenheit, sich bei seinen zahlreichen Beschwerden aufzuhalten. Er grübelte geradezu besessen auch nur den geringfügigsten Störungen nach – seinen Gedächtnislücken, seinem schlechten Konzentrationsvermögen, seinen Schlafstörungen und anderen banalen körperlichen Beschwerden. Jedesmal, wenn er eines dieser »Leiden« erwähnt hatte, entschuldigte er sich für seine Klagen und sagte, er sei sich selbst zuwider, weil er so ein »altes Waschweib« sei. Dieser ganze Schwall von Klagen und Beschwerden rund um die eigene Person wurde mit großer Dringlichkeit und Verzweiflung vorgetragen und sollte Trost und Zuspruch beim Zuhörer auslösen. Fred fragte mich, ob andere Patienten ähnliche Symptome hätten und ob sie wieder gesund geworden seien. Er war unruhig und ärgerlich, weil ich mich von seinen Symptomen wenig beeindruckt zeigte, und pflegte dann wieder einige Sitzungen mit der Erklärung zu verbringen, wie hilflos und minderwertig er sich fühle. Sein jämmerliches Leben – keine Freunde, keine Verabredungen, kein berufliches Fortkommen – schilderte er in der gleichen dringlichen und flehentlichen Art, dazwischen legte er Pausen ein und wartete ab, ob ich etwas sagen würde. Ich gab allerdings keinen Kommentar, sondern fragte ihn nur, was er während der Gesprächspausen eigentlich denke, und erwies ihm die gebotene Höflichkeit. Ich gab mich freundlich und respektvoll, aber ich ließ mich weder zu allzugroßer Nachgiebigkeit noch zu übertriebenen Versprechungen hinreißen. In solchen Augenblicken starrte Fred mir ins Gesicht, vielleicht im Versuch, aus meinen Reaktionen zu erkennen, was er nun sagen sollte. Er war übermäßig höflich und rücksichtsvoll; er sagte, er müsse mir ja zur Last fallen und meine Stimmung niederdrücken; und er sprach häufig davon, was ich wohl empfinden oder von ihm denken müsse.

In dieser Zeit erzählte mir Fred den folgenden Traum: Er befand sich auf einer kalten und ganz und gar eintönigen Landstraße, an der es keine Möglichkeit zum Unterschlupfen gab und wo er sich wie ein Ausstellungsstück vorkam. Ich deutete den Traum als symbolisch für die Behandlung und sagte, er fühle sich ausgesetzt und ohne jeden Schutz. Zugleich ließ ich durchblicken, daß der Traum besagen könnte, daß er mit seinen üblichen Manipulationen hier nicht weiterkommen werde, was gut sei, denn alles, was im Augenblick von ihm verlangt würde, sei, daß er sich offen und ehrlich äußerte und seine Zuflucht nicht zu den üblichen Ausflüchten nahm. Weiter schien mir der Traum anzudeuten, daß er sich als hilfloses Wesen in einer kalten und kahlen Welt sah, eine Sicht, die eine Verzerrung sowohl seiner Fähigkeiten als auch seiner mitmenschlichen Umgebung bedeutete. Diese verzerrte Sicht deckte sich genau mit der Welt- und Lebensanschauung, die sein Vater sich zurechtgelegt und die Fred inzwischen für sich übernommen hatte. Ich erwähnte auch, daß er nun, da er seine gewohnten Machenschaften nicht anwenden könne, die seltene

Gelegenheit habe, wirklich frei und aufrichtig zu sprechen. Fred entgegnete mir, ich sei kalt und gleichgültig, und es falle ihm schwer, sich jemandem gegenüber zu äußern, der so wenig Einfühlungsvermögen besitze. Mir kam der Gedanke, daß er wünschte, ich möge ebenso reagieren wie sein überfürsorglicher Vater. Als ich mich weigerte, seiner Bitte zu entsprechen, berichtete er mir eine Reihe von Träumen, deren manifeste Symbole aus Fernsehprogrammen stammten, die hauptsächlich die Verfolgung durch Gestapo-Offiziere oder Mafiaverbrecher zum Inhalt hatten. Ich interpretierte diese Träume, indem ich sagte, der Verfolger sei wohl ich, und fragte ihn, warum er der Meinung sei, ich stelle ihm nach, wo ich doch in Wahrheit ganz einfach geschwiegen hatte. Daraufhin meinte er, ich müsse ihn ja ablehnen, denn ich hätte ihm nicht die Anteilnahme entgegengebracht, die er sich von einem Arzt nun einmal erhoffte. Dann folgten Assoziationen, die seinen Vater und sein Verhältnis zum Vater betrafen, ein Thema, das im Laufe der Behandlung immer und immer wieder aufkam. Im Grunde gab er dem Vater die Schuld an seinem augenblicklichen Zustand. Der Vater hatte das Versprechen, ihm ein schönes Leben zu bereiten, nicht eingelöst. Ein andermal wieder sagte er, wenn sein Vater nicht krank geworden wäre und man ihn zur Marine gelassen hätte, dann wäre er jetzt ganz in Ordnung. Seine Verurteilung des Vaters hatte etwas Forderndes und Erwartungsvolles, so als wolle er meine Unterstützung gegen den Vater gewinnen. Es war klar, daß Fred sich nicht vorstellen konnte, sein Leben selbst zu ändern, irgendwie erwartete er, daß ein anderer sein Schicksal in die Hand nehmen würde.

Im dritten Behandlungsmonat hatte Fred etwas Erstaunliches zu berichten: Auf dem Weg zu einem Tanzlokal war er unversehens in einen Unfall verwickelt worden und hatte das Auto seines Vaters leicht beschädigt. Urplötzlich empfand er eine unglaubliche Genugtuung, und es gelang ihm sogar, ein Mädchen zum Tanzen aufzufordern, ohne die übliche Angst dabei zu empfinden. In der darauffolgenden Sitzung brachte er diese Hochstimmung mit dem Umstand in Verbindung, daß er etwas beschädigt hatte, was seinem Vater gehörte, und war über diese Gedankenverknüpfung ganz entsetzt, aber dann erinnerte er sich, daß er mit seiner früheren Freundin einmal abends irgendwohin gefahren war, um zu parken und mit ihr zu schmusen. Ganz unerwartet war damals sein Vater im Lastwagen vorbeigekommen und hatte ihn angewiesen, das Mädchen nach Hause zu fahren und dann schleunigst selbst heimzukommen. Offensichtlich hatten die Eltern sich Sorgen gemacht, weil er nicht zur gewohnten Stunde nach Hause gekommen war, und der Vater hatte nach ihm gesucht. Fred war wütend und schämte sich, aber er fügte sich und brachte das

Mädchen nach Hause. Seine Wut verwandelte sich dann allerdings in Schuldgefühle, als die Eltern ihm noch Vorwürfe machten, weil er ihnen Sorgen bereitet und auch die Eltern des Mädchens mit seinem langen Ausbleiben in Unruhe versetzt hatte. In der Sitzung wurde er von neuem zornig, und sein Zorn kam auch frei zum Ausdruck, als er den ganzen Vorfall nun realistischer betrachtete. Ich meinte, die Beschädigung des Autos habe ihm wohl das Gefühl gegeben, es seinem Vater einmal heimgezahlt zu haben, und deshalb habe er sich so erlöst und so selbstsicher gefühlt.

Leider nutzte Fred diese Deutung dahingehend, daß er sich dem fügte, was er für meine Wünsche hielt, anstatt sich ernsthaft um seine Autonomie zu bemühen. Er fing an, mein Lob zu singen und die Analyse zu preisen, weil sie ihn »befreie«, und in den folgenden Sitzungen fuhr er fort, mich zu meinem Vorteil mit seinem Vater zu vergleichen. Er sagte, es gehe ihm jetzt besser, und er wurde noch freundlicher und entgegenkommender als bisher, allerdings in einer kumpelhaften Weise, die den Umständen ganz und gar nicht angemessen war. Ich erklärte ihm, daß er ärgerlich auf mich sei, weil es ihm nicht gelinge, die Art von Beziehung zu mir aufzubauen, die er sich wünschte. Fred widersprach und sagte, er sei mit der Behandlung voll und ganz zufrieden, und er könne jede Art von Behandlung »vertragen«. Seiner Meinung nach wollte ich ihn nur auf die Probe stellen, selbst wenn ich ihn zurückwies.

Ich begann nun, sein Verhalten während der Sitzungen als den Versuch zu interpretieren, Zuspruch und Ermutigung von meiner Seite zu erhalten. Diese Taktik führte zu dem folgenden Traum, den ich leider damals nicht ganz richtig einzuschätzen wußte: Fred stand auf der Straße mit einem Mann zusammen, der ein sprichwörtlicher Weiberheld war. Ein hübsches Mädchen kam an ihnen vorbei, und Fred erwartete, der andere werde die Chance ergreifen und dem Mädchen ein paar bewundernde Worte zurufen. Aber der Mann beachtete das Mädchen überhaupt nicht, und Fred war enttäuscht und deprimiert.

Aus der Rückschau betrachtet verweist dieser Traum auf Freds Wunsch, den Therapeuten für sich zu interessieren, indem er die Haltung einer verführerischen Frau einnimmt, und auf seine Erwartung, daß ich, der Therapeut, jetzt gleich etwas sagen werde, was er gerne hört. Also läßt Fred im Traum das Mädchen vorbeigehen, aber ich lasse mich nicht ködern, und er ist enttäuscht, so wie er auch in den Sitzungen enttäuscht ist. Der Traum zeigt auch den trügerischen Aspekt der passiv-weiblichen Figur, denn der wirkliche Fred steht abseits und wartet ab, was geschehen wird. Eine Bestätigung für diese Interpretation glaubte ich – allerdings auch erst im nachhinein –

darin zu erkennen, daß Freds Assoziationen zu diesem Traum sich um die Einstellung seines Vaters zu Frauen drehten und somit auch den Ursprung seiner passiv-femininen Fassade andeuteten.

Anstatt den Dingen nun in dieser Richtung weiter nachzugehen, fragte ich Fred, was er von Mädchen halte. Diese Frage machte ihm unverkennbar Angst und traf ihn unvorbereitet. Er gab eine allgemeingehaltene Antwort – er möge die Mädchen gern – und machte dann seine Symptome dafür verantwortlich, daß ihm kein normales Sexualleben möglich sei. Seine Symptome waren aber nun einmal Teil seiner Persönlichkeit und also ein ganz wesentlicher Aspekt seiner selbst, und sie traten häufig gerade dann auf, wenn er selbständig handeln wollte oder sich in nächster Nähe einer Person des anderen Geschlechts befand. Das heißt, trotz seiner Versicherungen, daß es ihm wirklich um Autonomie und um ein normales Sexualleben gehe, fand ein Teil seiner Persönlichkeit solche Unternehmungen unerfreulich oder gar gefährlich. Mit diesem Gespräch wollte ich Fred davon überzeugen, daß er bei der Entstehung seiner Schwierigkeiten durchaus auch eine Rolle innegehabt hatte und daß deshalb auch ihre Lösung gewissermaßen in seiner Person lag. Diese Deutung führte ihrerseits zu dem nachstehend beschriebenen Traum:

»Ich halte mich in einem Haus auf. Dort bedroht ein Ungeheuer alle Menschen, und jedermann hat Angst. Das Ungeheuer sieht aus wie ein vages, zähflüssiges Gebilde aus einem Science-fiction-Film. Ich laufe weg, aber ich merke schon, es gibt keinen Ausweg. Dann nähert sich das Monster einem Fenster, und ich sehe, daß es sich um eine riesengroße Matratze handelt, die aufreißt und noch viel, viel größer wird. Ich weiß, daß ich sie wieder zusammennähen muß. Ich nehme eine Nadel und einen Faden und fange an, den Riß zuzunähen. Meine Familie sieht mir voller Stolz zu.«

Am Tag, bevor er diesen Traum hatte, war Fred ein Kinoplakat zu dem Film *Das Ehebett* aufgefallen, das vermutlich den Auslöser für das Symbol »Matratze« geliefert hatte. Eine andere Assoziation lautete: »Näh dir den Hosenstall zu!«, eine Aufforderung, an die er sich aus seiner Kindheit erinnerte. Der Traum wurde als Freds Furcht vor seiner Sexualität gedeutet, die er als ein Ungeheuer ansah und die er mit dem Einverständnis seiner Familie durch sein angedeutetes weibliches Auftreten und Verhalten (Nähen erinnert an weibliche Tätigkeiten) unter Kontrolle hielt.

Ich glaube, dies war die für die ganze Analyse entscheidende Sitzung, denn Fred fing endlich an zu begreifen, daß er sehr wohl etwas mit seinen Symptomen zu tun hatte und daß es an ihm lag, ob er eine Besserung seines Zustandes erreichen würde oder nicht. Er erkannte, daß seine sexuellen Schwierigkeiten sich nur durch eine Änderung in seinem Innern bewältigen lassen würden, nicht dadurch, daß er sein Verhältnis zu seinem Vater änderte oder versuchte, sich mir gefällig zu zeigen. Allmählich ließ er sich in die Behandlung »hineinziehen«.

Seine Reaktion auf diese Erkenntnis, daß er die Dinge selbst in der Hand hatte, war von zweifacher Art. Einerseits war er hocherfreut, daß er sich tatsächlich selbst helfen konnte, andererseits war er ebenso erschrocken angesichts der Möglichkeit, selbständig zu handeln oder sich allein in seinem eigenen Interesse irgendwo Geltung zu verschaffen. Auf meine Aufforderung, er solle doch anfangen, sich als eigene und selbständige Person zu sehen – die vermutlich, wie ich jetzt annehmen muß, zu früh ausgesprochen wurde –, reagierte Fred mit Träumen, in denen ein Auto total zerstört wurde (Verlust der Kontrolle) oder in denen er sich am Strand befand und schwimmen gehen wollte, sich aber vor Haien fürchtete. Meine Hartnäckigkeit hatte zur Folge, daß er schon vor und dann erst recht in den Sitzungen ängstlich und beunruhigt war. Wieder fing er an, über seine zahlreichen Beschwerden zu klagen, und warf mir vor, ich verstünde seine schreckliche Lage nicht und bringe ihn durch meine Gefühllosigkeit und Kälte ganz durcheinander. Ich konterte, daß es ihm eben Angst einflöße, wenn ich ihn mit der Möglichkeit zu Veränderung und Aktion konfrontierte; wir sollten einmal die Gründe untersuchen, weshalb eine Veränderung für ihn etwas so Furchterregendes sei. Er erwiderte, er sei zu hilflos und tauge zu nichts. Er sei kürzlich wieder einmal auf dem Campus gewesen und habe sich dort sehr deprimiert gefühlt, weil ihm auf einmal klar geworden sei, daß er seine Zeit am College vertan hatte und daß es jetzt zu spät war, noch irgend etwas zu tun. Ich begegnete dieser pessimistischen Haltung damit, daß ich sagte, meiner Meinung nach mache es ihm schon fast Freude, sich so romantisch-fatalistisch zu geben, denn das sei das Bequemste, wenn man andere Wünsche verbergen wolle, die man sich selbst nicht eingestehen könne, und ich zog seine Hochstimmung angesichts der Zerstörung des väterlichen Autos als Beispiel heran. Ich deutete seine selbstauferlegte Abstinenz als Abwehr gegenüber sexuellen Strebungen und seine Unschuld und Passivität als Reaktionsbildung gegenüber den mächtigen und unangenehmen Wünschen nach Rache und Vergeltung. Fred leugnete jedoch alle Motive, die seinem Gefühl, vom Leben betrogen worden zu sein, zugrundeliegen könnten.

In den folgenden Sitzungen fing er dann allerdings an, seinen Vater rücksichtslos schlechtzumachen, weil er ihn gelähmt und seine Individuation verhindert habe. Diese Anklagen wurden so vehement und geradezu überstürzt vorgetragen, daß ich sie nicht für einen neuen

Versuch der Manipulation, sondern für echt hielt. Ich stimmte ihm zu, daß seine Beziehung zum Vater von Feindseligkeit und Abhängigkeit gekennzeichnet sei, machte ihn aber zugleich darauf aufmerksam, daß er genau die gleiche Beziehung ja nun mit mir und höchstwahrscheinlich auch mit anderen Menschen eingehen wollte; und ich tat das wiederum in der Absicht, ihm seine eigene Rolle im Zusammenhang mit seiner Neurose deutlich zu machen. Ich sagte ihm, daß ich zwar durchaus verstehe, wie hilflos er als Kind gewesen war, aber ich könne es nicht akzeptieren, daß eine derartig infantile Beziehung auch vom reifen Menschen noch fortgesetzt wurde. Er habe gelernt, sich in einer harmlos-passiven Weise zu geben, um seine wahren Gefühle vor den Menschen zu verbergen, die, wenn er sie zeigen würde, ihm vielleicht Bestrafung eintragen würden. Dann sprach Fred wieder davon, daß er sich Sorgen um den Vater mache, wobei diese Ausführungen möglicherweise von dem unannehmbaren Wunsch nach der Zerstörung des Vaters motiviert waren. Zum Teil war seine Besorgnis verständlich, denn der Vater hatte ja einen Herzanfall gehabt, aber manches daran war auch ganz unsinnig. Die innere Dynamik bestand zu diesem Zeitpunkt wohl aus drei Komponenten:

1. aus dem Wunsch, den Vater zu zerstören, um so zu Freiheit und Befriedigung zu gelangen;

2. aus der Furcht, daß dieser Wunsch Wirklichkeit werden könnte und Fred dann hilflos und allein sein würde;

3. aus der übermäßigen und von Unwillen und Ärger geprägten Beschäftigung mit dem Vater.

Die gehaßte Figur war zugleich die dringend benötigte Figur, und so war die ambivalente Beziehung zu seinem Vater und später zu anderen Autoritäten zustandegekommen. Er brauchte ihre Unterstützung und fühlte sich doch zugleich von ihnen erdrückt. Eng verwoben mit dieser Dynamik war die übermäßige Bedeutung, die er der individuellen Selbstbehauptung beimaß – er glaubte, daß jede Handlung von seiner Seite zur Zerstörung der eigenen Person wie auch zur Zerstörung anderer Menschen führen müsse.

Dieser letzte Punkt kam ganz deutlich in einem Traum zum Ausdruck, den mir Fred bei diesem Stand der Analyse erzählte: Er befand sich in einem Flugzeug, das soeben starten sollte. Er hatte große Angst und wünschte, die Maschine möge am Boden bleiben, aber sie hob ab. Später kam ihm die Befürchtung, das Flugzeug werde genau über dem Geschäft seines Vaters abstürzen; aber er entdeckte, daß er es mittels äußerster Anstrengung und Konzentration auf diesen Gedanken dazu bringen konnte, in der Luft zu bleiben. Diese Konzentration war schrecklich ermüdend, aber er mußte sie beibehalten, um den

Absturz zu vermeiden. Er wachte auf und fühlte sich deprimiert und ausgelaugt. Der Traum erweckte viele Kindheitserinnerungen wieder zum Leben, die mit Freds Angst zu tun hatten, seinen Vater zu verärgern oder irgend etwas zu tun, was dem Vater verächtlich erscheinen würde, so daß er sich schämen müßte. Er erzählte mir, daß jeder Schritt, den er als Kind unternommen hatte, für seinen Vater von großer Bedeutung gewesen sei. Selbst jetzt, so klagte er, könne er zu Hause kein trauriges oder unglückliches Gesicht machen, ohne daß der Vater ihn sofort ausfrage, was denn los sei, und Fred ihm versichern müsse, es sei alles in Ordnung. Die übermäßige Besorgtheit des Vaters und das allzugroße Interesse, das er dem Sohn entgegenbrachte, sorgten im Verein mit den entsprechenden Warnungen der Mutter (»Das bricht deinem Vater das Herz!«) dafür, daß Fred eine hochgradig übertriebene Vorstellung von seinen Möglichkeiten, das Leben anderer Menschen zu beeinflussen, und große Angst vor spontanen Handlungen entwickelte, die in ihrer so schrecklich aggressiven Art dieses fremde Leben sogar zerstören konnten. Die Feindseligkeit, die in dem Traum zum Ausdruck kam, war nicht zu übersehen. Fred wollte den Vater, der ihn so entsetzlich bedrängte, zerstören, aber seine Furcht davor war ebenso stark wie sein Verlangen danach. Ich erklärte ihm weiter, der Traum zeige seinen Zorn auf die von ihm verinnerlichten Diktate des Vaters und gar nicht so sehr auf den leibhaftigen Vater selbst. Die eigentliche Ursache seiner gegenwärtigen Hemmungen und Beschränkungen seien die introjizierten väterlichen Werte und damit er selbst. Wenn er seinem Vater jetzt die Schuld zuschiebe, so bedeute das nur, daß er wieder einmal bestreiten wolle, daß die Verantwortung für eine Veränderung bei ihm selbst lag.

So weit war die Analyse im Februar 1965 gediehen, als Fred mich eines Tages unerwartet anrief und mir sagte, sein Vater habe einen zweiten Herzinfarkt erlitten und liege im Krankenhaus. Ich erwartete das Schlimmste und fürchtete, Fred werde zusammenbrechen angesichts der Tatsache, daß seine feindseligen Wünsche in Erfüllung gegangen waren. Statt dessen nahm Fred die Krankheit des Vaters recht gelassen hin, vielleicht aus zwei Gründen: Der Vater war rasch wieder aus der größten Gefahr heraus; und Fred war durch die Umstände gezwungen, das Geschäft zu übernehmen, was bedeutete, daß er zehn bis zwölf Stunden am Tag arbeiten mußte. In dieser Notlage hatte er das Gefühl, wirklich gebraucht zu werden und zum ersten Mal in seinem Leben seinem Vater ebenbürtig zu sein. Dieser Zustand hielt etwa drei Monate an, weil sich der stationäre Aufenthalt des Vaters durch eine Lungenembolie in die Länge zog. In dieser Zeit konnte Fred nicht regelmäßig zu den Sitzungen kommen; ich sah ihn daher nur hin und wieder. Wir machten nicht den Versuch, ernsthaft analytisch miteinander zu arbeiten, sondern sprachen in der Hauptsache über reale Vorkommnisse und Schwierigkeiten.

Zunächst empfand Fred großen Stolz, daß er das Geschäft weiterführen konnte, aber bald schon klagte er, er sei überarbeitet und fühle sich ausgepumpt. Allerdings bestand kaum die Gefahr, daß er aufgeben würde, denn mit der Hilfe seiner Onkel hielt er das Geschäft gut in Gang. In dieser Zeit, die tatsächlich schwierig für ihn war, ließen seine Symptome nach, und er klagte nicht über mangelnde Konzentration oder über Verwirrtheit. Als es dem Vater wieder besser ging, war auch der frühere Status quo wiederhergestellt: Der Vater übernahm auch diesmal vom Krankenbett aus die Aufsicht über das Geschäft, und Fred befolgte seine Anweisungen. Dieses Mal durfte Fred den Verkehr mit den Kunden abwickeln; was aber die finanzielle Seite betraf, so räumte der Vater ihm keine Verantwortung ein. Fred stellte fest, daß er zehn Stunden am Tag unentgeltlich arbeitete, und seine anfängliche Begeisterung verwandelte sich in Zorn und Depression. Seine Haltung erfuhr jetzt eine bedeutsame Veränderung, nachdem er erkannt hatte, daß der Vater in ihm nicht mehr als einen Angestellten zu sehen wünschte und daß er entgegen seinen früheren Versprechungen gar nicht daran dachte, sich auf gleicher Basis mit dem Sohn zu messen.

Während der Krankheit des Vaters berichtete Fred mir einen ersten deutlich sexuell bestimmten Traum: »Meine Schwester fiel von irgendeinem hochgelegenen Punkt ins Wasser. Ich sprang hinterher und versuchte, sie künstlich zu beatmen. Aber dann merkte ich, daß ich es übertrieben hatte.« Am Tag vor dem Traum war er bei seiner Schwester ins Zimmer getreten, als sie sich gerade umzog. Er erkannte die sexuelle Getöntheit des Traumes und setzte die Wiederbelebung mit Geschlechtsverkehr gleich. Ich meinte, es sei wohl so gewesen, daß er die Abwesenheit des Vaters dazu genutzt hatte, sich gewisse sexuelle Empfindungen und vielleicht auch wiedererwachte Wünsche im Zusammenhang mit seiner Schwester zu gestatten, die verdrängt worden waren, weil er die Strafe des Vaters fürchtete.

Der Vater kehrte im April nach Hause zurück und konnte nach einem weiteren Monat wieder halbtags arbeiten. Wir nahmen die regelmäßigen Sitzungen – zweimal wöchentlich – im Mai wieder auf. Zur ersten Sitzung erschien Fred deutlich verärgert. Er war mit einem Kunden in eine Auseinandersetzung geraten, und gerade in diesem Augenblick war sein Vater hereingekommen und hatte ihn weggeschickt. Er fühlte sich gedemütigt. Immerhin verließ er das Geschäft und ging ohne viel Aufhebens nach Hause. Später maulte er gegenüber dem Vater, der den Versuch einer Entschuldigung machte, ihm aber zugleich sagte, Fred kenne eben die Kunden nicht so gut wie er, und damit andeutete, daß Fred seine Stellung im Geschäft eben nicht behaupten könne. Ich benützte diesen Vorfall und Freds augenblickliche Verfassung, um das gesamte Thema seiner Selbsthemmung und seiner Furcht vor dem Vater wie auch seines Wunsches, sich gegen den Vater zu behaupten, von neuem aufzurollen.

In der nächsten Sitzung erzählte er mir den folgenden Traum: »Ich bin mit einem Mädchen unterwegs, und wir suchen nach einem Ort, wo wir es miteinander tun können. Wir finden ein Zimmer in einem Krankenhaus, und ich ziehe einen Vorhang zu, damit wir allein sind. Dennoch habe ich das Gefühl, daß wir beobachtet werden, und bekomme einen Schreck. Alles kommt mir sehr neu und ungewohnt vor. Dann verwandelt sich meine Furcht in Lust, und ich bin erregt.« Das Krankenhaus wies auf den Klinikaufenthalt des Vaters. Fred erinnerte sich, daß er sich vorübergehend erregt gefühlt hatte, als er auf dem Weg zum Zimmer seines Vaters einmal einige spärlich bekleidete Patientinnen gesehen hatte. Seine Furcht, beobachtet zu werden, erinnerte ihn an irgendwelche sexuellen Spiele mit seiner Schwester. Ferner assoziierte er dazu auch seine gegenwärtige Einstellung zum Sex als einer Sache, deren man sich schämen und die einem zuwider sein müsse. Er meinte, sein Vater werde eher enttäuscht als zornig sein, wenn er Fred mit einer Frau erwischen würde. Sex hatte mit der Ausbeutung der Frau zu tun und war mit der Vorstellung von einem Menschen, den man gern hatte, unvereinbar. Fred erkannte diese Ansichten als völlig irrational, verteidigte sie aber dennoch.

Ich brachte vorsichtig zum Ausdruck, seine Ansichten über die Sexualität könnten durch inzestuöse Wünsche gefärbt sein, wenn man zum Beispiel auch an den Traum von der künstlichen Beatmung und an seine Erinnerung an die sexuellen Spiele in seiner Kindheit denke; Fred aber meinte, selbst wenn die Sache mit seiner Schwester diese Gefühle ausgelöst habe, so sei es dennoch die Prüderie seines Vaters, die den Ausschlag gegeben hätte. Das Fazit dieser Sitzung lautete: Sexuelle Wünsche unter Geschwistern sind nichts Ungewöhnliches; wenn man dazu noch bedenke, daß Fred ja früher so gut wie gar nicht aus dem Umkreis der Familie herausgekommen sei und in diesem Punkt noch immer gewissen Beschränkungen unterliege, dann sei es klar, daß er sogar besonders anfällig dafür sein müsse; der Traum schließlich repräsentierte sowohl seinen Wunsch, dem Vater zu zeigen, daß er sexuelle Beziehungen unterhalten konnte, als auch seine Furcht, der Vater könne dahinterkommen, daß Fred keineswegs »geschlechtslos« war.

Das Thema Sexualität war auch noch Gegenstand der nächsten Sitzung, in der Fred den folgenden Traum erzählte: »Eine Frau kommt in den Laden. Ich will ihr Äpfel verkaufen, aber sie geht wieder hinaus. Ich sage zu meinem Gehilfen, ich wolle ihr die Äpfel trotzdem verkaufen, und dann laufe ich ihr hinterher. Auf der Straße hole ich sie ein, und sie sagt mir ganz kühl, daß sie überhaupt keine Äpfel will. Ich werde wütend und explodiere. Ich sage: ›Was ist denn das für eine Dankbarkeit!‹« Freds Assoziationen zu diesem Traum kreisten um seine Furcht vor der Sexualität und um die entsetzliche Angst, von einer Frau, der er sich in sexueller Absicht nähern würde, lächerlich gemacht zu werden. Er sagte, wenn er mit einem Mädchen verabredet sei, dann versuche er immer, sexuelle Gefühle ganz auszuschalten, und wenn er einmal ein Mädchen küßte, dann gingen ihm dabei ganz andere Gedanken durch den Kopf. Am Tag vor dem eben beschriebenen Traum war eine Frau in den Laden gekommen und hatte ein wenig mit Fred geflirtet. Sein Gehilfe neckte ihn damit, nachdem die Kundin wieder gegangen war, und sagte, jetzt habe er sich aber eine ganz tolle Gelegenheit entgehen lassen. Später stellte Fred sich vor, wie es wäre, wenn er eine intime Beziehung mit dieser Frau unterhielte, und wurde sehr deprimiert bei dem Gedanken, daß er im wirklichen Leben ja viel zu feige war, um jemals irgend etwas anzufangen. Die Äpfel ließen ihn an diese Gelegenheit denken, aber auch an »Adam und Eva, die Schlange mit dem Apfel, etwas Betrügerisches und Aufreizendes, weibliche Täuschung und Irreführung«. Dann sagte er, manche Frauen seien so affektiert und kokett, und man »weiß ja nie, wie man nun eigentlich mit ihnen dran ist«.

Ich war überzeugt, daß die Frau in dem Traum Freds weibliche Fassade repräsentierte, zumal der Apfel ja für weibliche Täuschungskünste steht. Der Traum bedeutete also wohl, daß sein passiv-feminines Gehabe sich ungeachtet all der Opfer, die er gebracht hatte, um diese Fassade zu errichten, nicht auszahlte. Aber dann erzählte Fred, daß sehr viele ältere Frauen, die verwitwet oder geschieden waren, bei ihm kauften, und daß sein Gehilfe sich immer über ihre modisch-neckische Aufmachung lustig machte und Fred empfahl, »sich doch mit einer von ihnen zusammenzutun«, denn ältere Frauen seien »dankbar«.

Ich warf ein, daß die Frau in seinem Traum aber nicht dankbar gewesen sei, und daß sie eigentlich seine List (die Äpfel) hätte schätzen müssen. Ich fragte Fred, welche Frau in seinem Leben ihm denn seiner Meinung nach dankbar sein müßte. Mit einigem Unbehagen erwiderte er, daß ihm niemand dankbar sein müsse, denn er habe nur immer alles für seinen Vater getan. Dann überlegte er eine Weile und meinte, vielleicht habe seine Mutter ihn gegen seinen Vater eingesetzt; er habe sie jedenfalls oft beschützt, indem er seinen Vater beschwichtigte. Gleich anschließend nahm er diesen Verdacht aber wieder zurück und sagte, daß seine Mutter vollkommen unschuldig und wirklich ein allzu harmloses Gemüt sei, vollkommen unbedeutend, aber der Liebling der Familie. Ihr Kosename sei »Puppi«; er selbst nenne sie allerdings niemals so. Ich fragte, warum er das denn nicht tue, und er antwortete in selbstgerechtem Ton: »Weil sie meine Mutter ist... es wäre nicht richtig... vor allem, wenn fremde Leute dabei sind.« Ich fragte, ob er vielleicht nicht wolle, daß andere Menschen die Gefühle kannten, die er seiner Mutter entgegenbrachte. Er antwortete wieder nicht ohne Selbstgerechtigkeit, er habe keine Gefühle, deren er sich schämen müsse, und er habe immer nur gut und freundlich von ihr gedacht. Er wollte wohl andeuten, ich beginge eine Art Sakrileg, wenn ich etwa darauf anspielen wollte, daß er seiner Mutter mit gemischten Gefühlen begegnete. Dennoch deutete ich seinen Traum als Symbol für die Tatsache, daß er ärgerlich auf seine Mutter war, weil sie sein »Opfer« nicht gewürdigt hatte – die Tatsache nämlich, daß er, um sie vor dem Vater zu beschützen, kein selbstbewußtes und auftrumpfendes Verhalten gezeigt hatte. Im Traum hatte er sich eine Art quasi-sexueller Belohnung von der Frau erhofft, und statt dessen will sie nun überhaupt nichts von den Äpfeln haben. Wir können also den Traum, der durch Freds Enttäuschung über seine angebliche Minderwertigkeit im Umgang mit Frauen und durch den sexuell getönten Inhalt der vorausgegangenen Sitzungen zustande gekommen war, wie folgt deuten: Ursprünglich hatte Fred, um seiner Mutter gefällig zu sein und ihre Liebe zu erringen, eine weibliche Fassade errichtet, aber dieser Versuch der Anpassung hatte genau das Gegenteil dessen zur Folge, was er damit bezweckt hatte. Fred stellte fest, daß seine Mutter – und übrigens die Frauen ganz allgemein – von seiner passiv-femininen Persönlichkeit nichts wissen wollten. Der Traum endet mit der Feststellung, daß ältere Frauen – wie seine Mutter – nicht wirklich dankbar sind.

Man könnte diesen Traum auch eher »klassisch« interpretieren: dann würde er Freds Versuch darstellen, dem Therapeuten mitzuteilen, daß er wirklich nicht imstande gewesen ist, Frauen für sich zu interessieren, und deshalb vom Therapeuten-Vater nicht bestraft werden darf. Der kleine Flirt mit der Kundin und die Neckereien seines Gehilfen hatten vielleicht ödipale Befürchtungen wieder aufleben lassen, gegen die Fred sich dadurch schützen mußte, daß er seine Unattraktivität unter Beweis stellte.

Beide Interpretationen legten die Vermutung nahe, daß der Augenblick geeignet war, um Freds Empfindungen gegenüber seiner Mutter zu erkunden. Ich machte einen entsprechenden Versuch und stieß auf unerbittlichen Widerstand. In den nächsten paar Sitzungen beklagte Fred sich erneut über seine Arbeit im Geschäft und wollte sogar wieder über seine Symptome sprechen. Ich versuchte immer wieder, das Gespräch auf seine Gefühle der Mutter gegenüber zu bringen, aber er tat das Thema mit der üblichen unverbindlichen Bemerkung ab, er habe mir ja schon alles erzählt, was über sie überhaupt zu sagen sei.

Zu dieser Zeit war das therapeutische Verhältnis dadurch gekennzeichnet, daß ich beharrlich auf seinen Widerstand und auf seine Weigerung verwies, seine Gefühle zuzugeben, während Fred sehr wohl spürte, daß er mich enttäuschte, und bei dem Gedanken, mich eventuell zu verärgern, ängstlich wurde. Deshalb versuchte er, mich in dieser Zeit dadurch »zu erfreuen«, daß er gewisse reale Fortschritte machte, zum Beispiel darauf bestand, daß sein Vater ihm ein regelmäßiges Gehalt zahlen müsse (nachdem er diese Forderung monatelang vor sich hergeschoben hatte). Dies war nun zwar ein entschiedener Schritt vorwärts, aber er war weniger aus »gesunden Motiven« heraus als vielmehr in der Absicht getan worden, mich versöhnlich zu stimmen. Fred begann jetzt auch wieder, seinen Vater zu kritisieren, und zwar eindeutig in der Absicht, mich wissen zu lassen, daß er meine Person dem Vater vorziehe.

Nachdem ich auf so hartnäckigen Widerstand gestoßen war, beschloß ich, mich wieder einmal der Übertragung zuzuwenden, weil so vielleicht neues Material an die Oberfläche dringen würde. Deshalb brachte ich das Gespräch auf die Gefühle des Patienten im Zusammenhang mit der Behandlung. Fred ging geradezu begeistert darauf ein und sagte, die Behandlung helfe ihm, und er habe den Eindruck, schon große Fortschritte gemacht zu haben. Ich wies ganz deutlich darauf hin, daß es zwar in bezug auf die Symptome zu einer gewissen Besserung gekommen sei, daß seine eigentlichen Schwierigkeiten sich aber nach der nun einjährigen Behandlung noch kaum gebessert hätten und es ihm möglicherweise eine gewisse Befriedigung verschaffe, die Dinge so zu belassen, wie sie nun einmal waren. Dazu sagte Fred, seine Schwierigkeiten seien eben so schwerwiegend, daß die Behandlung lange dauern müsse, und er sei sehr zufrieden mit seinen Fortschritten. Er freue sich schon immer auf die nächste Sitzung, und unsere Gespräche seien für ihn der Höhepunkt der Woche. Anstatt diese Bemerkung nun dankbar aufzunehmen, sagte ich nur, der Zweck der Behandlung sei ja, sein Leben *außerhalb* meiner Praxis zu verbessern, und ich hätte den Verdacht, er schätze die Behandlung nicht deshalb, weil es ihm in irgendeiner Weise besser gehe, sondern weil er hier jemanden gefunden habe, der die Stelle seines Vaters einnehmen – nämlich sein Leben lenken und ihm das Gefühl einflößen konnte, geliebt zu werden und wichtig zu sein.

Während der nächsten paar Wochen fuhr ich fort, die therapeutische Beziehung zu erkunden und die Übertragung direkt anzugreifen. Was sich dabei herausschälte, läßt sich als eine Beziehung von rein »geschäftlichem« Charakter kennzeichnen: Fred war bereit, zu tun, was immer ich seiner Meinung nach von ihm forderte, wenn ich meinerseits ihn loben, ihm meine Fürsorge angedeihen lassen oder doch auf jeden Fall die Beziehung fortsetzen würde. Was mich zu dieser Zeit besonders beeindruckte, war Freds geradezu jammervolle Abhängigkeit von anderen Menschen, soweit es um seine Befriedigung und um die Bestätigung ging, daß das Leben einen Sinn habe

Während wir so mit Übertragung und Widerstand beschäftigt waren, gab Fred einmal zu, daß er zu Beginn jeder Sitzung ganz bewußt nach einem Hinweis dafür suche, worüber er wohl am besten sprechen könnte, damit ich mit der Sitzung zufrieden wäre. Er sagte, er fühle sich deprimiert und enttäuscht, wenn es ihm nicht gelinge, mich dazu zu bringen, daß ich in heiterer und beruhigender Weise auf ihn einging. Wieder wies ich ihn darauf hin, daß der Ursprung seiner Übertragung mit seiner Beziehung zu seinem Vater zu tun hatte. Ich versuchte ihm begreiflich zu machen, daß er inzwischen doch unabhängig und nur sich selbst verantwortlich sei. In dieser Zeit kaufte Fred sich ein Tonbandgerät. Das war in der Tat ein bemerkenswertes Ereignis, denn nie zuvor in seinem Leben hatte er jemals etwas für sich selbst gekauft.

Die nächsten Monate verbrachten wir damit, uns mit Freds selbstauferlegten Hemmungen und Beschränkungen zu befassen.

Zum Beispiel war er unter Menschen immer sehr leicht ängstlich, deshalb beschäftigten wir uns zunächst mit seinen Rivalitätsgefühlen und mit seinem Dominanzstreben. Bei einer Party, die er besuchte, wollte er am liebsten im Mittelpunkt stehen; zugleich aber empfand er Angst, auch nur bemerkt zu werden. Ein anderes Mal versuchte er, die autoritäre Art seines Vaters im Umgang mit anderen Menschen nachzuahmen, und erkannte dann in der Sitzung, daß dies eine Möglichkeit war, mit seinen Minderwertigkeits- und Untauglichkeitsgefühlen fertigzuwerden. Aus allen diesen Gesprächen schälte sich schließlich Freds heimliches Ideal heraus, nämlich ein Ebenbild seines Vaters zu sein – ein Ideal, das er hinter seiner passiv-unterwürfigen Fassade verborgen gehalten hatte. Ich versuchte ihm klarzumachen, daß beide Rollen – Übermensch wie Säugling – schließlich zu Enttäuschung und Beeinträchtigung führen *mußten*.

Inzwischen verabredete Fred sich schon hin und wieder einmal mit einem Mädchen. Er mußte viel Angst ertragen und gewissermaßen umlernen, bevor er sich in weiblicher Gesellschaft einigermaßen wohlfühlte. Etwa im Januar 1966 erzählte er mir, er habe ein Mädchen namens Frances kennengelernt, das er »wirklich gern habe«. Allerdings zögerte er, sie zum Ausgehen einzuladen. Er fürchtete, sie werde ihn zurückweisen oder er werde, falls sie ihn doch mochte, sie so beherrschen wie sein Vater zeitlebens die Mutter beherrscht hatte. Trotz seiner Hemmungen lud er Frances schließlich ein und traf sich von nun an öfter mit ihr. Zugleich klagte er weiter über das Geschäft und die Schwierigkeiten mit seinem Vater. Einmal schimpfte er gewaltig auf den Vater und stieß schließlich hervor: »Und meine Mutter mag ich auch nicht. Warum zum Teufel steht sie nicht ein einziges Mal gegen ihn auf? Warum muß ich immer dazwischen stehen?« Ich hatte das Gefühl, jetzt sei die Gelegenheit wirklich gekommen, das ganze Thema seiner Empfindungen gegenüber seiner Mutter wieder aufzunehmen, dem er sich im letzten Sommer so heftig widersetzt hatte. Also sagte ich, jetzt hätte ich ihn zum erstenmal etwas Abfälliges über seine Mutter sagen hören. Fred sagte, seit kurzer Zeit falle ihm auf, daß seine Mutter ihn oft, bevor er zu einer Verabredung gehe, zur Seite nehme und sich bei ihm über das Leben mit ihrem Mann beklage. Das passiere immerhin so häufig, daß er vermute, seine Mutter wolle ihm irgendwie den Abend verderben, indem sie ihm Gewissensbisse einflößte. Sie hatte so überzeugend geklagt und gejammert, daß Fred einige Male versucht gewesen war, wieder nach Hause zu gehen, weil er das Gefühl hatte, er müsse sie vor dem Vater in Schutz nehmen oder ihr doch zumindest eine Freude machen. Auf meine Frage, warum seine Mutter sich wohl plötzlich so verhalte, sagte Fred, in den letzten Wochen sei er nach Feierabend oft gar nicht mehr nach Hause gegangen, wenn er abends noch etwas vorgehabt habe, und seine Mutter habe wohl die Möglichkeit vermißt, mit ihm zu reden und ihm ihre Sorgen anzuvertrauen. Dann sagte er, als käme ihm diese Einsicht ganz plötzlich, daß er in all den Jahren seine Zeit größtenteils zu Hause bei seiner Mutter verbracht und sie ihm alles erzählt und ihn irgendwie dazu benützt habe, »sich die Dinge von der Seele zu reden«. Ich erinnerte Fred an den Traum, in dem es um die Dankbarkeit gegangen war, und daran, daß er absolut nicht über seine Mutter hatte sprechen wollen, und meinte, er wolle wohl viele Gefühle, die er ihr gegenüber hegte, nicht zugeben. Aber Fred war, was dieses Thema anging, noch immer nicht bereit zu reden.

Einige Wochen später war Fred mit einigen Freunden unterwegs. Er saß mit Frances auf dem Rücksitz des Autos und schmuste mit ihr, als ihn plötzlich eine starke Unruhe überkam und er das Gefühl hatte, er sei nicht mehr er selbst. Er kam deprimiert und ärgerlich auf sich selbst nach Hause und hatte in dieser Nacht den folgenden Traum: »Ich sitze auf dem Rücksitz eines Autos, das von einem Chauffeur gelenkt wird, und habe ein stark geschminktes und hübsches Mädchen neben mir. Wir halten Ausschau nach einem Platz, wo wir parken können, aber es ist alles besetzt. Im Traum bin ich ebenfalls ein Mädchen, und wir möchten einander unbedingt berühren. Das Mädchen faßt mir an den Busen, und ich finde das sehr schön, aber ich weiß, daß es falsch ist.« Zögernd berichtete er dann, das Mädchen habe ihn an seine Mutter erinnert, wenn sie besonders sorgfältig gekleidet sei. Der Gedanke war ihm auch sehr unbehaglich, daß er in dem Traum ein Mädchen gewesen war. Der Chauffeur war merkwürdig schweigsam gewesen, wußte aber, wo er hinfuhr, und Fred vertraute ihm. Im Traum war es Nacht gewesen, aber alle Straßen waren hell erleuchtet. Das erinnerte Fred an wilde und verbotene Sexspiele. Die lebhaftesten Eindrücke waren sein Wohlbehagen und seine Verwirrung gewesen: »Ich wollte so gerne, daß sie mich berührte, aber ich wußte, daß es nicht richtig war. Ich dachte immerzu: Wieso bin ich denn plötzlich eine Frau? Ihr Streicheln tat mir wohl, aber zugleich war ich ganz verwirrt, weil ich doch eigentlich keine Frau sein konnte. Ich dachte, wie komme ich nur zu diesem Körper, wieso habe ich denn diese Brüste?« Fred sagte, auch im wirklichen Leben komme er sich oft wie eine Frau vor, so unmännlich und passiv. Im Traum war es irgendwie wichtig, daß er so war, damit das Mädchen überhaupt bereit war, ihn zu streicheln. Ich interpretierte dies so, daß Fred eine passive, gewissermaßen »kastrierte« Rolle akzeptiert hatte, um die Liebe seiner Mutter zu erringen, und daß sie ihn vielleicht dazu verführt hatte, Papas kleiner Junge zu sein. Ich rief ihm die frühere Sitzung noch einmal in allen Einzelheiten ins Gedächtnis, in der er davon gesprochen hatte, daß er wohl häufiger zu Hause bleiben sollte, um die Mutter vor seinem Vater zu schützen. Seine Passivität war offensichtlich: Er schützte seine Mutter nicht dadurch, daß er sich gegen seinen Vater stellte, sondern dadurch, daß er ihre Sache vertrat, sich dem Vater gewissermaßen selbst anbot und so den neurotisch gefärbten Tauschhandel von neuem begründete. Auf diese Worte hin erinnerte Fred sich daran, daß er sich schon manchmal gewünscht hatte, ein Mädchen zu sein wie seine Schwester; dann hätte man ihn sicher auch so sein lassen, wie er war: »Sie brauchte nie irgend etwas zu tun; sie konnte einfach sie selbst sein.«

Der Chauffeur in Freds Traum weckte in ihm die Erinnerung an ein Ereignis, das sich zugetragen hatte, als Fred sechs oder sieben Jahre alt gewesen war: Er saß mit der Mutter hinten im Auto, der Vater fuhr. Sie waren auf dem Weg zu einem Familientreffen, und Fred, der mit seinen Hausaufgaben nicht fertiggeworden war, hatte seine Hefte und Bücher mitgenommen. Er versuchte zu lernen, aber der Vater sang und schimpfte die ganze Zeit, und Fred konnte sich nicht konzentrieren. Er bat die Mutter, sie möge den Vater auffordern, etwas leiser zu sein, aber sie sagte, er solle eben später lernen und den Vater doch jetzt nicht unterbrechen. Sie drückte ihn an sich, um ihm zu zeigen, daß sie seine Enttäuschung verstand, daß sie selbst aber auch schon seit langem nichts anderes mehr tue, als sich ihrem Mann zu fügen. Im Traum war der Fahrer »merkwürdig schweigsam«, und das bedeutete, daß der Vater sich so lange nicht störend einmischen würde, wie Fred seine weibliche Fassade aufrechterhielt. Fred konnte ein Bündnis mit der Mutter schließen und sich an verbotenen Befriedigungen erfreuen. Andererseits kann der Chauffeur auch der Analytiker gewesen sein, der Fred durch die Therapie hindurchsteuerte. Diese Deutung des Traumes gestattete eine erneute Betrachtung und Bewertung der Übertragung: Fred saß noch immer auf dem Rücksitz, gab vor, eine Frau zu sein, und war nicht bereit, sich bei seiner eigenen Behandlung aktiv zu beteiligen.

Diesen Traum hatte wohl mein Versuch ausgelöst, seine Gefühle für seine Mutter und für Frances in dem Augenblick zu erkunden, da er sich einer Frau gegenübersah, die er gern hatte und die darauf wartete, daß er in sexueller Hinsicht die Initiative ergreifen würde. Daß er diesem Wunsch nicht hatte nachkommen können, ohne dabei gewissermaßen »seine Persönlichkeit zu verlieren«, erweckte den gesamten ödipalen Konflikt wie auch seine besondere Lösung wieder zum Leben.

Dieser Traum erhellt einen Teil der Dynamik, die Freds Schwierigkeiten zugrundelag. Den größten Teil des Frühjahrs 1966 verbrachten wir damit, die allgemeinen Themen, wie sie in diesem Traum aufgetaucht waren, auf Freds tägliches Verhalten zu beziehen. Daß er im vergangenen Sommer nicht bereit gewesen war, seine ödipalen Wünsche im Rahmen der Behandlung aufzudecken, deutete vielleicht darauf hin, daß er in mir jemanden sah, der die Rolle des strafenden Vaters übernehmen würde, den man sich doch durch unterwürfiges und abhängiges Verhalten ständig günstig stimmen mußte. Und Freds Furcht, sich durchzusetzen und sich zu exponieren, läßt sich vielleicht darauf zurückführen, daß er von beiden Eltern in eine Rolle hineingezwungen worden war, die nicht so sehr seinem eigenen Wohlbefinden diente als vielmehr ihren Interessen.

Wir haben in Fred ein typisches Beispiel für den selbstauferlegten

Anhedonismus des Depressiven. Er verzichtet auf alle Befriedigung – sexueller oder anderer Art – in der Hoffnung, die Liebe der für ihn unendlich wichtigen Bezugsperson zu gewinnen. Fred fürchtete sich nicht allein vor der sexuellen Befriedigung; er führte in jeder Hinsicht das Leben eines Asketen. Er kaufte so gut wie niemals etwas für sich selbst, er hatte keine Liebhabereien oder besonderen Interessen, er nahm keine Notiz von Dingen, die die ganze Nation bewegten. Seine Wißbegier und seine natürlichen Gaben wie auch die Fähigkeit, sich aus eigener Kraft Befriedigungen zu verschaffen, waren im Streben nach Beifall und Zustimmung von seiten seiner Eltern aufs schwerste getroffen und verbogen worden. Eben diese bereits in der Kindheit erfolgte Stillegung all dessen, was das Leben interessant und lebenswert macht, hat ihre Fortsetzung so oft in der wahrhaft öden Existenz des erwachsenen Depressiven, der ganz zu Recht keinen Sinn mehr in seinem Leben zu entdecken vermag.

Ein weiterer Zug, den wir durcharbeiteten, war Freds extreme Passivität, die ihn daran hinderte, sich als selbstbestimmten Menschen zu sehen, der sein Leben tätig verändern konnte. Er war weiterhin sehr auf der Hut und behielt seine Gefühle für sich, um nur ja niemanden zu verletzen. Ich versuchte, ihn dazu zu bewegen, seinen Zorn oder Unwillen in der Behandlung zum Ausdruck zu bringen, und ganz allmählich gelang es ihm, auch einmal Kritik an meiner Person oder an der Analyse zu äußern. Ich nutzte dies, um seine ausgesprochene Furcht vor »Vergeltung« und seine übertriebenen Vorstellungen von der Wirkung seiner Person auf andere Menschen mit ihm durchzusprechen.

Die Freundschaft mit Frances ergab eine Menge Material für die Behandlung. Fred war noch immer nicht bereit, ihr mit Offenheit zu begegnen, er erwartete gewisse Reaktionen von ihr, er hatte das Gefühl, Frances gegenüber eben auch irgendeine Rolle zu spielen. Der Umgang mit Frances bewirkte immerhin, daß Fred zugab, im Umgang mit seiner Mutter das Gefühl der Sinnlosigkeit und der Enttäuschung empfunden zu haben, weil es ihm niemals gelungen war, in ein vertrautes Verhältnis zu ihr zu treten. Im Laufe der Behandlung wurde deutlich, daß sie zwar zärtlich sein konnte, daß sie sich aber vor echter Nähe und Vertrautheit fürchtete und ihre Gefühle anderen Menschen gegenüber oft verleugnete. Sie zog zwar Fred ins Vertrauen und erweckte den Eindruck, als wolle sie wirkliche Nähe zu ihm, aber wenn er von seinen eigenen Gefühlen sprach, fing sie entweder an, dummes Zeug zu reden, oder hatte plötzlich etwas anderes zu tun.

Es kostete Fred unendliche Mühe, ein ehrliches Verhältnis zu Frances zu begründen. Er fürchtete, sie würde wie seine Mutter reagieren, und zögerte deshalb, ihr gegenüber Schwäche oder Abhängigkeit zu zeigen. Aber dann erzählte er ihr doch von seinen Schwierigkeiten im Geschäft, von den unangenehmen Jahren im College und schließlich auch von seiner Behandlung. Und Frances' pragmatische Haltung, die in so deutlichem Gegensatz zu Freds von Scham und Selbstmitleid geprägter Einstellung stand, war zweifellos gut für ihn und verhalf ihm zu einer besseren Perspektive, was seine bisherige Lebenseinstellung anging.

Immer und immer wieder trat die Gestalt des Vaters auf. Je sicherer und gelöster Fred sich unter anderen Leuten fühlte, desto stärker wurde seine Überzeugung, daß dem Vater gerade dann etwas zustoße: so hinderte er sich selbst daran, Befriedigung aus seinen Aktivitäten zu ziehen. Der Gedanke, daß Fred seinen Vater »zerstörte«, wenn er etwas aus eigenem Antrieb unternahm, zeigte sich in unseren Gesprächen über seine Berufswahl und seine Zukunftspläne. Er konnte sich noch immer nicht vorstellen, unabhängig von seinem Vater zu handeln, er wollte den Vater an seinen endlich zu erwartenden Erfolgen teilnehmen lassen. Alles, was er ohne Beteiligung des Vaters zustandebrachte, galt ihm als Verrat und weckte in ihm Schuldgefühle und die Überzeugung, er sei selbstsüchtig.

Noch hatte Fred keine Vorstellung, was er mit seinem Leben eigentlich anfangen wollte. Er wußte, daß er keinesfalls im Geschäft des Vaters bleiben konnte, aber die Angst, die er beim Gedanken ans Weggehen empfand, ließ ihn das ganze Thema immer rasch wieder beiseiteschieben. Er hatte oft phantasiert, er könnte Polizist werden, aber er wußte, daß dies ein »neurotischer« Wunsch war, der es ihm gestatten würde, seine Rachegelüste und seine Herrschsucht unter dem Mantel der Respektabilität auszuleben. Schließlich sagte er, er wolle in die Sozialarbeit oder in die Bewährungshilfe gehen. Diese Entscheidung mag durch die Identifizierung mit dem Therapeuten zustande gekommen sein, die Anregung dazu hatte jedoch das Gespräch darüber geliefert, daß er in seiner Schulzeit einmal mit einem Messer verletzt worden war. Er meinte ganz zu Recht, wenn er und seine Familie damals schon beraten worden wären, dann hätten sich seine gegenwärtigen Schwierigkeiten weitgehend vermeiden lassen. Im Sommer 1966 unterzog er sich ohne allzu große Angst und mit befriedigendem Erfolg der Prüfung für die Aufnahme in den Staatsdienst. Kurz nachdem er die Mitteilung erhalten hatte, daß er für eine Ausbildung als Sozialarbeiter vorgesehen sei, stellten sich Phantasien ein, in denen sein Vater im Sterben lag. Einmal wachte er nachts zu Tode erschrocken auf; er hatte geträumt, den Vater tot im Sarg liegen zu sehen. Fred erkannte die Irrationalität dieser Gefühle, aber dennoch litt er schwer unter ihnen. Ein Traum, den er mir zu jener Zeit erzählte, gibt vielleicht einigen Aufschluß über die Ursachen seines damaligen Verhaltens:

Fred ging an einem Strand zwischen zwei Frauen spazieren. Sie näherten sich einem kräftig aussehenden Mann. Fred empfand den heftigen Wunsch, von diesem Mann bewundert zu werden, und fürchtete zugleich, der Mann werde ihn gar nicht beachten, sondern nur Augen für seine beiden Begleiterinnen haben. Fred schämte sich seines Wunsches, den Mann für sich zu interessieren, und fühlte sich gleichermaßen unbehaglich und deprimiert, als ihm dies nicht gelang. Vermutlich stand der Mann für Freds Vater, und die beiden Frauen waren seine Mutter und seine Schwester. Der Konflikt schien im Traum darin zu bestehen, ob er den Vater als Quelle der Befriedigung aufgeben sollte oder nicht. Mit der zunehmenden Unabhängigkeit empfand Fred auch immer deutlicher, daß er die Vorzugsstellung verlieren würde, die er bei seinem Vater innehatte, und das weckte seine alte Rivalität gegenüber Mutter und Schwester. Die Phantasien vom Tod des Vaters könnten bedeuten, daß er den Vater aufgab – nicht als wirkliche Person, sondern als »Erfüller« seiner neurotischen Wünsche und Bedürfnisse. Der Vater hatte als Figur, die Befriedigung und Erfüllung gewährleistet, eine solche Bedeutung in Freds Leben angenommen, daß es Fred jetzt schwerfiel, diesen Weg zu verlassen. Er wollte beides: Selbstsicherheit und Unabhängigkeit, aber zugleich auch das sichere Gefühl, sich auf die Hilfe und Fürsorge des Vaters verlassen zu können. Auf den Vater verzichten hieß auf die Möglichkeit der Erfüllung und Befriedigung zu verzichten, die sich im Laufe von Jahren herausgebildet hatte. Deshalb war der »psychische Tod« des Vaters ein so erschreckender Gedanke.

In dieser Zeit durchlebte Fred die »Deprivationsdepression«. Er fühlte sich verloren und unglücklich, weil er sich jetzt gezwungen sah, seine bisherige Art des Umgangs mit den Mitmenschen aufzugeben. Seine Depression verstärkte sich wieder, obwohl er wußte, daß er sich von seinen pathologischen Bindungen befreien mußte, und zwar um jeden emotionalen Preis. Diese Übergangsperiode spiegelte den Verzicht auf die dominante Bezugsperson, bevor das Selbst beginnen konnte, jene Funktionen zu übernehmen, die bisher von der dominanten Bezugsperson wahrgenommen worden waren. Fred glaubte, ganz allein für das Wohlergehen und das Glück seines Vaters verantwortlich zu sein, und dieses Empfinden lähmte alle seine Bemühungen, etwas für sich selbst zu tun. Im Grunde durchlitt Fred eine Art Trauerprozeß, weil er die innere Beziehung zu seinem Vater verloren hatte. Er klagte über Isolation und Einsamkeit und über die Sinn- und

Ziellosigkeit des Lebens. Die nachstehend wiedergegebenen Äußerungen, die aus verschiedenen Sitzungen jener Zeit stammen, zeigen ganz deutlich seine Niedergeschlagenheit darüber, daß er den Vater als Quelle der Befriedigung und als richtungweisende Figur aufgeben mußte:

> Ich muß immer wieder versuchen zu begreifen, daß er nicht mehr da ist. Ich habe das Gefühl, ganz allein zu sein, aber ich habe keine Angst, ich bin nur sehr traurig.
>
> Ich kann ihn tatsächlich sehen, wie er da in der Leichenhalle liegt.
>
> Es ist, als ob er sterben muß, damit ich wieder gesund werde.
>
> Ich habe ständig das Gefühl, daß ich ihn nie wieder sehen werde, genau wie damals, als es so kritisch um ihn stand. Es ist, als ob ich einen Verletzten auf der Straße liegen lasse. Ich habe immerzu das Gefühl, daß ich ihn verrate.

Ich erklärte ihm, daß er beides wollte – seine Freiheit und seine Abhängigkeit –, daß er sich aber für das eine oder andere entscheiden müsse. Ich deutete seine neuerliche Depression als Folge des Umstandes, daß er jetzt keine Befriedigung mehr aus der Tatsache seiner Abhängigkeit ziehen könne, und betonte, daß er auf diese Möglichkeit der Befriedigung verzichten müsse, wenn er sich emotional befreien wolle.

Immer wieder nahm Fred einen neuen Anlauf zu eigenen Aktivitäten, obwohl er heftige Schuld- und Angstgefühle dabei empfand. Seine Frustration darüber kam in einem Traum von einer Katze zum Ausdruck, einem Tier, das in Freds Augen ein faules und schmarotzerhaftes Dasein führte. Im Traum fand er die Katze in seiner Wohnung und gab ihr etwas Milch, aber sie war damit nicht zufrieden und bettelte immer weiter. Schließlich wurde sie zärtlich, und zwar in einer heimtückischen und manipulativen Weise (die ihn an sein altes Selbst erinnerte), aber Fred traute ihr nicht und jagte sie fort. Als er – zufrieden mit sich selbst – ins Haus zurückkehrte, war auch die Katze wieder da.

Dieser Traum zeigt den Kampf, den der Patient führen muß, um sich zu verändern. Fred erkannte mit Hilfe des Traums, daß er sein altes Persönlichkeitsmuster verändern mußte. Aber dieses Muster ist so fest verwurzelt, so eingegraben, daß die Aufgabe zunächst völlig unmöglich erscheint. Der Patient braucht in dieser Zeit alle Unterstützung von seiten seines Therapeuten, damit er spürt, daß er im Kampf gegen seine pathologischen Züge nicht allein steht.

Fred lernte ganz allmählich, Zorn und Ärger zu empfinden, ohne fürchten zu müssen, daß er die Beherrschung verlieren könnte oder massive Vergeltung zu erwarten habe. Er wurde auch mir gegenüber selbstsicherer und machte sich längst nicht mehr so viele Gedanken über meine Reaktionen. Diese neu erworbene Fähigkeit, Zorn und Mißbilligung offen zum Ausdruck zu bringen, ging zum Teil auf die Erkenntnis zurück, daß er ein Recht auf solche Gefühle habe, und zum Teil darauf, daß er längst nicht mehr so dringend auf die Zustimmung anderer Menschen angewiesen war. Das heißt zugleich, daß er Situationen jetzt realistischer wahrnahm und sie nicht mehr so stark verzerren mußte, um das Bedürfnis, zornig zu werden, so gering wie möglich zu halten. Wenn er jetzt ärgerlich oder zornig war, dann eher infolge einer allmählich erfolgenden kognitiven Neustrukturierung und nicht so sehr aufgrund der Umleitung eines unbewußten Affekts.

Fred und sein Vater kamen überein, daß Fred noch bis zum Sommer 1967 im Geschäft bleiben sollte. Bis dahin würde der Vater sich einen Partner suchen oder Freds Stelle anderweitig besetzen. Fred bemühte sich daraufhin, zum entsprechenden Zeitpunkt bei der Stadt angestellt zu werden.

Zugleich mit Freds Rivalitätsdenken und Konkurrenzstreben erkundeten wir auch seine Beziehung zu Frances. Diese Beziehung war zunächst von dem Versuch gekennzeichnet, sich über Frances selbst zu bestätigen. Er wollte ausprobieren, wie sie auf ihn reagierte, ob er für sie überhaupt interessant sei usw. Zu diesem Zeitpunkt hatte er kaum eine Vorstellung, wer sie eigentlich war; sie repräsentierte für ihn wohl die Frauen ganz allgemein. Noch lange Zeit später war sein Interesse an Frances rein narzißtischer Art. Es ging ihm nicht darum, daß sie glücklich und zufrieden war, er wollte sich seine »Tauglichkeit« beweisen: Er wollte ihr die Erfüllung und Befriedigung verschaffen, die er seiner Mutter schuldig geblieben zu sein meinte, und sich dann des Echos von ihrer Seite erfreuen. In dieser ganzen Zeit gewann ich aus Freds Schilderungen kein wirkliches Bild von Frances' Persönlichkeit. Sie war damals für ihn hauptsächlich ein (mütterliches) Übertragungsobjekt bzw. ein »Übergangsobjekt« im Sinne Winnicotts (1953).

Erst als Frances ihn spüren ließ, daß sie an ihm interessiert war und ihn mochte, wandelten sich seine Gefühle ihr gegenüber. Schließlich begann er, sie mit seiner Schwester Susan zu vergleichen. Was diesen Vergleich so bedeutsam erscheinen ließ, war der Umstand, daß Fred die Frauen jetzt als Menschen mit eigenen Gefühlen und Rechten betrachtete. Er versuchte, Frances gegenüber so aufrichtig und ehrlich wie nur möglich zu sein und sich auf keinen Fall so manipulativ wie sein Vater zu verhalten, der die Frauen abschätzig behandelt hatte, nur um die eigenen Abhängigkeitsbedürfnisse nicht zugeben zu müssen.

Der Bereich der Sexualität war durch besondere Schwierigkeiten gekennzeichnet. Zu Freds ödipalen Befürchtungen kam die Unfähigkeit, Sexualität und Zärtlichkeit als zusammengehörige Dinge anzusehen. Dieser Konflikt ging zum großen Teil auf die starren kulturellen Vorschriften seiner Umwelt zurück, aber er war nicht zuletzt auch als Abwehr gegen die sexuellen Gefühle seiner Schwester gegenüber entstanden.

In dieser Schlußphase sprach Fred nur noch selten von seinen Eltern; er schien sich von seiner Familie befreit zu haben, obwohl er noch immer im Elternhaus lebte und im Geschäft des Vaters arbeitete. Sein Zorn den Eltern gegenüber ließ allmählich nach; wenn er von ihnen sprach, dann eher im Ton der Resignation – sie würden eben bleiben wie sie waren. Jedenfalls übten sie keinen großen Einfluß mehr auf ihn aus.

Die Hochzeit fand im Juni statt. Als ich Fred nach den Flitterwochen wiedersah, schien er sehr zufrieden. Im Anschluß an einen kleinen Empfang in der Familie hatte er den folgenden Traum: »Die ganze Familie war bei einer Party. Wir sprachen über diesen großen Wachhund, der gestorben war. Ich fühlte mich erleichtert und dachte bei mir, wer hat denn den schon gebraucht?«

In den verbleibenden Sitzungen sprachen wir über Freds berufliche Aussichten und über seine Möglichkeiten, sein Leben selbst zu bestimmen. Gegen Ende der Behandlung war er zuversichtlich, machte aber andererseits kein Hehl aus seinen Begrenzungen. Meines Wissens ist es nicht wieder zu einer depressiven Episode gekommen, seit wir die Behandlung vor mehr als zehn Jahren beendeten.

Die Geschichte dieses Patienten zeigt noch einmal, wie bestimmte unbewußte kognitive Strukturen – im Gefolge spezifischer Erlebnisse und Erfahrungen in der Kindheit – sich allmählich verfestigen und im späteren Leben zu pathologischem Verhalten führen. Freds frühe Zurückweisung durch die Mutter, der »Tauschhandel«, auf den er sich in der Beziehung zum Vater einließ, die Tatsache, daß er für Akte der autonomen Befriedigung bestraft wurde – all das bereitete den Boden, auf dem sich das dringende Bedürfnis nach einer dominanten Bezugsperson und die Selbsthemmung entwickeln konnten, die ihn für die Depression anfällig machten. Seine Vorstellungen von sich selbst, von anderen Menschen und vom Leben, wie es sein sollte, sorgten dafür, daß er sich in einer unglücklichen Situation festfuhr, die er aus eigener Kraft nicht ändern zu können glaubte. Die psychotherapeutische Behandlung konnte diese Strukturen soweit modifizieren, daß Freds Wertvorstellungen und Verhaltensweisen sich änderten und er schließlich seine Depression überwinden konnte.

■■■■ 15. Psychotherapie ■■■■ der Depression im Kindes- und Jugendalter

Bei der Behandlung von Depressionen im Kindes- und Jugendalter müssen die pathologischen Symptome vor dem Hintergrund des Entwicklungsprozesses gesehen werden. Die klinischen Manifestationen, die Ursachen und die therapeutischen Möglichkeiten variieren je nach Alter des Patienten sehr stark, und der Therapeut muß flexibel sein, sowohl was die Beurteilung der Störung als auch was das therapeutische Vorgehen betrifft. Wie schon früher dargelegt, treten echte Depressionen nicht vor der späten Kindheit auf, und auch diese Fälle sind noch recht selten. In meiner über zwölfjährigen Tätigkeit als frei praktizierender Kinderpsychiater und als Leiter der psychiatrischen Abteilung einer großen Kinderklinik sind mir nur eine Handvoll Kinder im präpubertären Alter begegnet, die wirklich depressiv waren. Viele andere Kinder waren traurig oder unglücklich, aber alle diese Kinder reagierten im Grunde auf eine Belastung in ihrer Umgebung, und keines von ihnen hatte bereits festgefügte Interaktionsweisen oder Selbstvorstellungen, die dieses Unglücksgefühl hätten perpetuieren können. In allen diesen Fällen führte die Verbesserung der äußeren Situation des Kindes zu einer Änderung des Affekts. Kinder, deren chronische Krankheit es ihnen unmöglich macht, die ihrem Alter entsprechenden Befriedigungen zu erlangen, oder Kinder, in deren häuslicher Umgebung Strafe und Deprivation an der Tagesordnung sind, reagieren immer mit Traurigkeit, haben aber kaum jemals das Gefühl, selbst »schlecht« zu sein. Sie sind verstört und durcheinander, weil sie krank sind oder von den Eltern kritisiert und ignoriert werden.

Selbst wenn tatsächlich ein gewisser Hang zur Selbstbeschuldigung vorhanden ist, so ist dies nicht das gleiche wie im Fall des erwachsenen Depressiven. Ein »angeschlagenes« Selbstbild kann sich von einem Augenblick zum anderen verändern und spricht sehr rasch auf eine Verbesserung der äußeren Situation an. Ich habe beispielsweise festgestellt, daß viele Kinder, die Schwierigkeiten mit dem Lernen haben, der Meinung sind, daß sie den Anforderungen eben nicht genügen, und möglicherweise chronisch unglücklich sind, wenn sie sich in einer Situation befinden, in der gute schulische Leistungen hoch bewertet werden. Eltern und Lehrer vermitteln ihnen unbewußt die Botschaft, daß sie größere Erfolge haben könnten, wenn sie sich nur etwas mehr anstrengen würden. Auch ehrgeizige Mitschüler wählen sich manchmal gerade solche Kinder zum Opfer ihrer Neckereien und Spötteleien und bestärken sie auf diese Weise noch in ihrer Überzeugung, anders und minderwertig zu sein. Solche Kinder reagieren aber sehr günstig auf eine Umgebung, die ihnen mehr Verständnis entgegenbringt und ihre sonstigen Fähigkeiten zu schätzen weiß, und solche Fähigkeiten lassen sich auch therapeutisch mit dem Ziel nutzen, ihr Selbstgefühl zu stärken. Häufig sind solche Kinder künstlerisch begabt, andere sind gute Sportler oder geschickte Handwerker, und diese Talente können noch gefördert werden, um dem Kind etwas von der Enttäuschung zu nehmen, die es im Bereich der Lernfächer immer wieder erlebt. Kinder mit Lernhemmungen finden gewöhnlich von sich aus und ohne therapeutische Hilfe ein Gebiet, auf dem sie das Defizit durch andere Leistungen ausgleichen können; allerdings handelt es sich bei diesen »Leistungen« nur zu oft um kriminelle Aktivitäten.

Die Behandlung von Depressionen im Kindes- und Jugendalter ähnelt in vieler Hinsicht der Behandlung des Erwachsenen. Es gibt aber auch eine Reihe wichtiger Unterschiede, die wir hier hervorheben wollen. Erstens ist die Fähigkeit des Kindes zu abstraktem Denken noch begrenzt. Das Kind hat Mühe, sich verbale Interpretationen allgemeinen Charakters in der Weise zunutze zu machen, daß es sie auf einzelne Bereiche seines Lebens anwendet. Die Interpretationen müssen also konkret, spezifisch und praktikabel sein. Alles muß so formuliert werden, daß es dem Kind verständlich ist und sich unmittelbar verwenden läßt. Auch werden die Interpretationen, die wir heute anbieten, oft nicht bis zur nächsten Sitzung »reichen«, das heißt, es muß vieles wiederholt werden, und wir müssen viel Geduld aufbringen.

Zweitens sollte die Behandlung von Kindern darauf abzielen, selbst zu einem Stück Entwicklung des Patienten zu werden. Die Behandlung ist weniger von rekonstruktiver Arbeit als von einem Prozeß gemeinsam erlebten Wachstums gekennzeichnet. Die Sitzungen werden vom Kind nicht als losgelöst von seinen übrigen Lebenserfahrungen empfunden, und so ist auch die Beziehung zum Therapeuten stark realitätsbezogen und hat, unabhängig vom Inhalt der Sitzungen, einen großen Einfluß auf Wachstum und Entfaltung im allgemeinen. Kurz gesagt, die Behandlung von kindlichen Patienten ist weit weniger »künstlich« als die von Erwachsenen; das Kind sieht darin eine lebendige Beziehung zu einem anderen Erwachsenen und erlebt sie als einen Teil in der Gesamtheit seiner Erfahrungen. Das bedeutet, daß der Therapeut nicht sehr viel Zeit darauf verwendet, die Verzerrungen des Kindes durch verbale Interpretationen zu korrigieren; vielmehr demonstriert er durch sein Verhalten, daß er das falsche Bild, das das Kind von sich selbst und von anderen Menschen hat, nicht akzeptiert.

Ein depressiver elfjähriger Junge war beispielsweise der Meinung, er müsse Noten nach Hause bringen, die jenseits seiner Fähigkeiten lagen, und er war sehr erstaunt, daß der Therapeut keineswegs unzufrieden war, als er keine Eins in seinem Zeugnis hatte. Auf diese Weise lernte das Kind, daß eine signifikante Person in seinem Leben nicht mit Ärger auf seine angeblich mangelhaften Leistungen reagierte. Diese Art, die therapeutische Beziehung einzusetzen, ist weit wirksamer als eine verbale Interpretation etwa des Inhalts: »Du erwartest zu viel von dir selbst«, die einem Erwachsenen gegenüber vielleicht angebracht wäre. Für Kinder ist die Behandlung ein Aspekt ihres Lebens, und sie reagieren eher auf Handlungen denn auf Worte.

Da sich das Kind ja noch mitten im Entwicklungsprozeß befindet, wird die Behandlung häufig leichter vorangehen und weniger Zeit in Anspruch nehmen als beim erwachsenen Patienten, dessen Ansichten über sich selbst und über die Mitmenschen bereits festgefügt sind. Kinder ändern sich rascher, wenn sie dem Therapeuten erst einmal vertrauen und bereit sind, ihr Leben durch die Therapie beeinflussen zu lassen. Die psychotherapeutische Behandlung ist zum Teil die in der Übertragung vollzogene Wiederholung einer früheren Kind-Mutter- bzw. Kind-Eltern-Beziehung und zum Teil eine neue Erfahrung, die Einfluß auf die weitere psychische Entwicklung des Patienten nimmt.

Aber dem Vorteil, der darin liegt, daß die Entwicklung des Kindes noch nicht abgeschlossen ist, steht andrerseits ein schwerer Nachteil entgegen: Kinder haben weniger Kontrolle über ihr tägliches Leben und werden ständig auch von anderen signifikanten Erwachsenen beeinflußt. Insofern ist die Behandlung selten erfolgreich, wenn die häusliche Umgebung einer Veränderung weiterhin im Wege steht. Ein Kind kann nicht wegziehen, die Stellung wechseln oder radikale Veränderungen in seinem täglichen Leben vornehmen. Es ist ganz real von den Launen anderer abhängig, und diese mächtigen anderen Personen können Veränderungen rasch wieder zunichte machen, die in der Sitzung vielleicht mit großer Mühe herbeigeführt worden sind. Wenn man ein Kind in Behandlung nimmt, muß man sich also mit den Widerständen der Familie ebenso befassen wie mit denen des kindlichen Patienten. Es muß ein gutes Verhältnis auch zu den Eltern bestehen, nicht nur die therapeutische Beziehung mit dem Kind. Oft haben die Eltern die besten Absichten, aber unbewußt sabotieren sie die Bemühungen um eine Heilung. Diese automatischen Reaktionsmuster müssen deutlich aufgezeigt werden, so daß die Eltern erkennen, daß sie am Fortbestehen der Störung keineswegs unschuldig sind.

Ein Faktor, der nicht unerheblich zur psychopathologischen Entwicklung des Kindes beiträgt, in der klinischen Literatur aber nur selten erwähnt wird, ist die häusliche Atmosphäre. Die Atmosphäre in den Familien depressiver Kinder ist oft charakterisiert von einer steifen Feierlichkeit; manchmal ist ein Elternteil depressiv, oder ein Familienmitglied ist chronisch krank; Freude, Lachen und Spontaneität gibt es nicht. Daneben finden wir eine ganz extreme und geradezu erdrückende wechselseitige Abhängigkeit voneinander und Bezogenheit aufeinander, und das Kind wird allzu stark mit der Frage des psychischen Wohlergehens seiner Umgebung belastet. Es kommt sich fast wie ein Verräter vor, wenn es sich vergnügt, während seine Eltern doch so unglücklich sind. In anderen Fällen wird dem Kind das Gefühl vermittelt, es müsse alle seine Energien darauf verwenden, die Mutter (bzw. den Vater) zufriedenzustellen, die (bzw. der) Liebe und Belohnung nur dann »herausrückt«, wenn das Kind sich gehorsam und unterwürfig zeigt. Selbständiges Auftreten oder äußere Einflüsse bedrohen die dominante Stellung der Eltern, und deshalb antworten diese darauf mit Zurückweisung oder mit verächtlicher Kritik. Die meisten Familien mit einem depressiven Kind haben diesem Kind allzu früh in seinem Leben und völlig zu Unrecht die Verantwortung für das Glück der ganzen Familie oder für die Erfüllung all ihrer Erwartungen aufgebürdet.

Diese Situation ist außerordentlich belastend, denn es gehört nun einmal zu den wichtigsten Erfordernissen der späten Kindheit, daß das Kind ein eigenes Wertgefühl als Mitglied der menschlichen Gemeinschaft und losgelöst von seiner Familie entwickelt. Wenn die Eltern dieses Selbstwertgefühl zerstören, dann kommt es unter Umständen nicht nur zur Depression, sondern auch zu einem folgenschweren entwicklungsmäßigen Stillstand. Das ist der Grund, weshalb wir die entwicklungsmäßigen Erfordernisse im Auge behalten müssen, wenn wir Kinder behandeln. Wir müssen gewissermaßen ständig auf der Lauer liegen, und zwar nicht nur in bezug auf die augenblicklichen Symptome, sondern auch in bezug auf die Blockierung der Entwicklung, die die augenblickliche Situation beim Kind bewirkt. Das ältere Kind muß allmählich die übertriebene Bedeutung abbauen, die es den Eltern bisher beigemessen hat, und sich zur Selbstbestätigung anderen, außerhalb der Familie stehenden Menschen zuwenden, wenn es sich normal entwickeln soll.

Der Mangel an Individuation fällt auch bei den depressiven Jugendlichen auf, mit denen wir es in der klinischen Praxis keineswegs selten zu tun haben. Diese jungen Menschen sind durch ein Gefühl der Schuld und der Verpflichtung an ihre Familie gebunden; oft sind sie gute Schüler und durchaus umgänglich, aber was sie tun, tun sie nicht für sich selbst, sondern für die Familie. Hendin (1975) beschrieb eine Gruppe schwer depressiver Collegestudenten, die alle bereits einen Selbstmordversuch hinter sich gebracht oder doch jedenfalls mit dem Gedanken an Selbstmord gespielt hatten. In all diesen Fällen spielten die enge Bindung an einen Elternteil und der Verzicht auf persönliche Freiheit und Befriedigung eine herausragende Rolle. Im College hatten sie zwar die Möglichkeit, sich zu befreien, aber diese Möglichkeit erschien ihnen als Bedrohung, denn sie würde das emotionale Band zu den Eltern ja lockern, auf das sie doch so dringend angewiesen waren. Hendin schreibt, daß diese Jugendlichen zu stillen und unauffälligen Nichtstuern erzogen worden waren, die niemals Erregung oder Freude zeigten, sondern sich nur verbissen darum bemühten, der elterlichen Idealvorstellung zu entsprechen. Andere Heranwachsende rebellieren gegen das Diktat der Eltern und fügen sich dabei selbst oft Schaden zu. Die Eltern sollen sich schuldig fühlen für das, was sie ihnen angetan haben, und deshalb versuchen sie, die Eltern zu verletzen, indem sie sich selbst verletzen. Sie üben also auf die gleiche indirekte Weise Zwang auf die Eltern aus – indem sie nämlich dafür sorgen, daß die Eltern sich schuldig fühlen –, wie die Eltern das ihnen gegenüber auch schon getan haben. Sie sind keineswegs frei, wie sie behaupten, sondern in einer ambivalenten Weise an die Eltern gebunden.

Auch bei der Behandlung depressiver Jugendlicher müssen die entwicklungsmäßigen Erfordernisse mit einbezogen werden. In diesem Alter erprobt der Mensch seine Persönlichkeit in der größeren Gemeinschaft. Dieser Prozeß beginnt in der späten Kindheit, wenn das Kind sich zunehmend Gleichaltrigen zuwendet, und erfährt in den Jahren der Adoleszenz seine wirkliche Ausprägung. Um diese Zeit geht der junge Mensch enge Beziehungen zu Menschen ein, die nicht seiner Familie angehören. Er setzt sich bewußt mit Wertvorstellungen und Lebensstilen auseinander, die von den Wertvorstellungen und dem Lebensstil seiner eigenen Familie mehr oder weniger abweichen. Was seinen Platz in der Gesellschaft angeht, so kann er sich jetzt nicht mehr auf den Familienstatus berufen und nicht mehr auf die Unterstützung durch die Familie verlassen; er ist zum ersten Mal in wesentlichen Dingen auf sich selbst gestellt. Ob er von seiner Peergruppe bzw. von Erwachsenen, die er schätzt, angenommen oder aber zurückgewiesen wird, hängt von seinen Fähigkeiten und seiner Persönlichkeit ab. Es muß also eine allmähliche »Entwöhnung« von der Familie und seine Hinwendung zur größeren Gemeinschaft stattfinden. Über die Schwierigkeiten, die mit diesem Entwöhnungsprozeß gerade in unserer Zeit und in unserer Mittelschicht-Kultur verbunden sind, ist schon viel geschrieben worden. Für den Therapeuten stellt sich eine doppelte Aufgabe: Die Behandlung depressiver Jugendlicher muß zum einen auf die Korrektur jener kognitiven Verzerrungen ausgerichtet werden, die einen Menschen für die Depression prädisponieren, und zum anderen den jungen Menschen dazu befähigen, die spezifischen Aufgaben dieser Lebensspanne erfolgreich zu bewältigen.

■ ■ Paul: Ein Fall von schwerer Depression ■ ■

Es gibt Heranwachsende, deren melancholische Episoden so schwerwiegend sind wie die der erwachsenen Patienten. Ein solcher Fall soll hier kurz vorgestellt werden.

Paul war achtzehn Jahre alt und hatte das College ohne Abschluß verlassen. Nach einem durchaus ernstgemeinten Selbstmordversuch kam er zur Behandlung; er hatte wahllos große Mengen von Tabletten geschluckt, nachdem es zum Bruch mit seiner Freundin gekommen war. Glücklicherweise war die Medikamentenmischung, die er zu sich genommen hatte, nicht tödlich gewesen. Pauls Vorgeschichte enthielt schon gewisse pathologische Elemente, die sich bis in seine frühe Kindheit zurückverfolgen ließen: Er war immer sehr scheu und verschlossen gewesen, hatte sich nie von seiner Mutter trennen wollen und fürchtete sich vor seinen gleichaltrigen Spielkameraden; seine schulischen Leistungen schwankten stark, obwohl er überdurchschnittlich begabt war. Es fiel ihm auch schwer, seine Gefühle zum Ausdruck zu bringen, und er bekam heftige Magenkrämpfe, wenn er unter einem besonderen Druck stand (seine Schwester hatte schon als Kind ein Magengeschwür, und die Mutter litt an migräneartigen Kopfschmerzen). Bei unserem ersten Zusammentreffen war Paul kaum in der Lage, ein zusammenhängendes Gespräch zu führen. Er war in einem extremen inneren Aufruhr und sagte mehrmals, er wolle am liebsten tot sein. Seine kognitiven Funktionen waren durch das alles überschwemmende Gefühl von Schmerz und Verzweiflung wie gelähmt. Er lief in meinem Sprechzimmer auf und ab, brach immer wieder in Tränen aus und klagte über schwere Magenkrämpfe. Ab und zu war er völlig ruhig, fast wie im Stupor, und dann wieder konnte er nicht mehr stillsitzen, sondern mußte das Hin- und Herlaufen wieder aufnehmen. Von seiner ehemaligen Freundin konnte er nicht sprechen, ohne daß ihm die Tränen kamen. Er konnte weder essen noch schlafen, nachts lief er in seinem Zimmer auf und ab. Ich empfing Paul täglich und telefonierte häufig auch zwischen zwei Sitzungen mit ihm. Ich sicherte mir auch die Hilfe von seiten seiner Familie, weil ich einen weiteren Selbstmordversuch nicht ausschließen konnte. Zunächst war geplant, Paul ins Krankenhaus einzuweisen, aber der Gedanke, von zu Hause fortzumüssen, schreckte ihn übermäßig. Andererseits schien er aus der Gesellschaft seines Vaters einen gewissen Trost zu ziehen. Angesichts der ausgeprägten somatischen Symptome (und der entfernten Möglichkeit eines zugrunde liegenden schizophrenen Prozesses) verschrieb ich ihm zunächst Stelazine*. Die ersten Sitzungen vergingen damit, daß ich einfach mit Paul zusammensaß und ihn dazu zu bewegen versuchte, über die Gedanken zu sprechen, die seine Depression ausgelöst hatten. Paul wiederholte immer wieder, ohne Carrie – seine bisherige Freundin – sei die Welt leer für ihn, sein Leben nicht mehr lebenswert und er selbst unvollständig und aller Hoffnung beraubt, jemals wieder glücklich zu sein.

Allmählich stellte sich heraus, daß Paul schon seit Jahren depressiv war, daß aber seine Freundschaft mit Carrie ihn in letzter Zeit vom Gefühl inneren »Abgestorbenseins« befreit und ihm das Leben erträglich gemacht hatte. Daß Carrie jetzt nicht mehr für ihn da war, hatte Paul in die totale Verzweiflung und Hoffnungslosigkeit gestürzt.

Pauls Vorgeschichte ähnelt der Geschichte anderer depressiver Patienten, die in diesem Buch bereits vorgestellt worden sind. In seinem Fall war die dominante Bezugsperson die Mutter. Pauls Mutter entstammte einer wohlhabenden Familie und war in einem eleganten Vorort aufgewachsen. Äußerlich hatte es ihr an nichts gefehlt, aber sie hatte wenig Liebe und Herzlichkeit von ihren Eltern erfahren. Ihr Vater und ihre Mutter beurteilten die Menschen zuallererst nach ihrer sozialen Stellung und ihrer äußeren Erscheinung; finanzielle Erfolge und sozialer Aufstieg erschienen ihnen bewundernswert. Auch Pauls Vater kam aus einer gesellschaftlich hochangesehenen Familie, hatte aber zum Entsetzen seiner Eltern die Musik zu seinem Lebensinhalt gemacht. Als hoffnungsvoller junger Musiker hatte er einige bescheidene Erfolge gehabt, konnte seiner Familie aber nicht das Leben bieten, das er und seine Frau gewohnt waren. Pauls Eltern liebten einander, aber die finanziellen Schwierigkeiten sorgten dafür, daß Pauls Mutter im tiefsten Innern ständig gereizt und unzufrieden war und der Vater sich als Versager fühlte. Sie verbargen jedoch diese Gefühle vor anderen und gaben sich nach außen weiter als wohlhabende Familie, obwohl sie sich mit einem mittleren Einkommen begnügen mußten.

Pauls Mutter fühlte sich anderen Menschen wegen der finanziellen Schwierigkeiten immer etwas unterlegen, zum Teil wohl deshalb, weil sie von ihren Geschwistern, die alle in reiche Familien geheiratet hat-

* Synthetische Drogen, die als Tranquilizer Verwendung finden.

ten, etwas hochnäsig als die arme Verwandte behandelt wurde. Ihre »Ehrenrettung« war ihr ein dringliches Anliegen, und so versuchte sie, ihren früheren Status dadurch wiederzuerlangen, daß sie ihre Kinder zum Erfolg antrieb, um so ihre Wahl des Ehepartners im nachhinein zu rechtfertigen. Beide Kinder waren ungewöhnlich intelligent, deshalb bestand die Mutter darauf, sie müßten beide studieren und es einmal besonders weit bringen. Sie war liebevoll und großzügig, so lange ihre Kinder sich höflich und musterhaft verhielten und gute Noten nach Hause brachten. Hatte eines von ihnen aber einmal Pech gehabt, dann geriet sie in Wut und hielt beiden Kindern lange Strafpredigten. Sie glaubte aufrichtig, nur das Beste für sie zu tun, und hatte keinen Blick für die Zwänge, die sie ihren Kindern auferlegte.

Pauls Vater war weniger verkrampft, ein Mann, der Späße und Scherze liebte, für »die Kunst« lebte und mit dem, was er erreicht hatte, zufrieden war. Allerdings schämte er sich, daß er seiner Familie nicht mehr bieten konnte, und diese Scham hatte ihn zu Hause in eine zweitrangige Rolle gedrängt, so daß er sich nur selten um das Familienleben kümmerte. Sein Beruf brachte es zudem mit sich, daß er viel auf Reisen war, so daß er sich an den elterlichen Aufgaben kaum beteiligte und, selbst wenn er zu Hause war, seiner Frau in ihrem Umgang mit den Kindern eigentlich nie widersprach.

Unter der Aufsicht der Mutter war Paul zwar ein guter Schüler, aber hinsichtlich wesentlicher Lebensbereiche war er naiv und unwissend. Seine einzige Aufgabe bestand darin, gute Noten nach Hause zu bringen; andere Aufgaben (die ihn auf das Leben als erwachsener Mensch vorbereitet hätten) wollte man ihm nicht auftragen. Als er in die Pubertät kam, hatte er den Eindruck, anders und schwächer als seine Altersgenossen zu sein. Zum Ausgleich übte er sich im Gewichtheben oder legte sich selbst harte Bewährungsproben auf; so lief er zum Beispiel barfuß im Schnee oder schlief bei schlechtem und stürmischem Wetter im Zelt. Trotz dieser Anstrengungen hielt er sich weiterhin für unmännlich und untauglich.

Auf seine Mutter war Paul sehr zornig, aber er hatte Angst, diese Gefühle zum Ausdruck zu bringen. In seinem Elternhaus herrschte eine falsche Fröhlichkeit, alles war nett und wunderbar, obwohl sämtlichen Familienmitgliedern klar war, daß das Selbsttäuschung war. Aber niemand wagte es, diese falsche Harmonie in Frage zu stellen, und so unterdrückte jeder seine Gefühle, was vielleicht die zahlreichen psychosomatischen Beschwerden erklärt.

Wenn Paul sich während dieser Zeit, zu Beginn der Pubertät, mit anderen Jungen verglich, fühlte er sich tatsächlich deprimiert. Er kam sich vor wie ein Ausgestoßener, der mit den meisten seiner Kameraden gar nichts anfangen konnte. Bei geselligen Anlässen war er von quälender Schüchternheit, und wenn er einmal eine Party oder ein Tanzfest besuchte, bekam er häufig Magenschmerzen. Er sprach mit niemandem über seine Empfindungen, sondern suchte Trost in ausgefallenen Liebhabereien und in der körperlichen Ertüchtigung. Auch machte er schwache Versuche, sich gegen seine Mutter aufzulehnen, indem er sein Zimmer in größter Unordnung verließ oder sich schlampig kleidete, aber ihre Führung und Anleitung brauchte er noch immer. Mit ihr zusammenzusein war schwierig für ihn, ohne sie zu sein noch schwieriger. Seine glücklichsten Stunden zu jener Zeit waren die seltenen Spaziergänge mit seinem Vater, der die Natur ebenfalls liebte. Allerdings sprachen sie bei solchen Gelegenheiten kaum miteinander. Beide waren sie scheu und still und von großer Sensibilität, aber keiner konnte sich dem anderen öffnen.

Als Paul auf ein College in einer anderen Stadt ging, geriet er in die größte Verwirrung, weil er nie zuvor für sich selbst hatte sorgen müssen. Infolge schlechter Planung mußte er das College wieder verlassen, um nicht schon im ersten Jahr durch das Examen zu fallen. Daß er diesem Fehlschlag gerade noch entgangen war, überraschte ihn; er begriff im Grunde gar nicht ganz, was ihm da passiert war. Tiefbeschämt und in dem Gefühl, in dem einzigen Bereich, in dem er etwas hätte leisten können, nun doch versagt zu haben, kehrte er nach Hause zurück. In diesem Augenblick, in dem er so gering von sich selbst dachte, begegnete er Carrie, die sein Selbstbild umkehrte. Sie nahm ihn wie er war, sie stellte keine Bedingungen und kümmerte sich nicht um angebliche Fehlschläge. Bei ihr konnte er an seinen eigenen Wert und daran glauben, daß er ihrer Liebe würdig sei. Paul war ganz von seiner Liebe erfüllt und machte Carrie zum Angelpunkt seines Daseins. Die Freundschaft mit ihr war die einzige wirklich glückliche Zeit in seinem Leben. Er ging so stark darin auf, daß er sich auch beim zweiten Anlauf im College nicht auf seine Studien konzentrieren konnte. Seine Gedanken waren ständig bei Carrie, und so stieg er ein zweites Mal aus, um nicht durch die Prüfung zu fallen. Nach etwa einem Jahr, in dem es für ihn kaum etwas anderes als seine Liebe gegeben hatte, sagte Carrie ihm unter Tränen, sie sei noch zu jung, um sich so ausschließlich an einen einzigen Menschen zu binden, und löste das Verhältnis. Wenig später versuchte Paul sich umzubringen.

Es dauerte lange, bis Paul in der Lage war, sich losgelöst von Carrie zu betrachten. Er hatte sie nicht nur geliebt, er war auch von ihr abhängig gewesen. Durch sie hatte er sich bestätigt gefühlt, durch sie hatte er ein Gefühl des eigenen Wertes und der eigenen Bedeutung erworben. Er hatte sie dazu benutzt, sein früheres Selbstgefühl abzuwehren, das ihm die chronische Depression und eine so geringe Selbstachtung eingetragen hatte. Er konnte Carrie in den Sitzungen nicht erwähnen, er hielt sich weiterhin nur bei seinen Symptomen auf. Zu jener Zeit war er nicht imstande, analytische Arbeit zu leisten, aber immerhin konnte er mir seine täglichen Erlebnisse mitteilen und brauchte nicht ständig zu klagen. In diesen Sitzungen, in denen wir in sachlichem Ton über ganz konkrete Dinge sprachen, tauchte immer wieder ein Thema auf – Pauls Unfähigkeit, Zorn und Ärger offen auszudrücken. Aus dem Inhalt seiner Äußerungen konnte man schließen, daß er auf Carrie zornig war, weil sie ihn in einer bestimmten Weise behandelt hatte, und daß er auch auf den Therapeuten ärgerlich war, der ihm nicht entschiedener half. Aber diesen Ärger ließ er niemals auch nur durchblicken.

In einer der ersten Sitzungen erzählte Paul, daß seine Schwester einmal die Geduld ihm gegenüber verloren und ihn beschimpft habe. Er hatte sie schweigend angehört, aber später Magenschmerzen bekommen. Ich erklärte ihm, daß er seinen Zorn leugnete, doch Paul erwiderte, er sei wohl eine besondere Art von Mensch, der nicht ärgerlich oder zornig zu werden brauche. Dieses Gespräch warf mit einem Schlag Licht auf seine defensiv-stoische Fassade, hinter der sich seine Minderwertigkeitsgefühle verbargen.

Von diesem Tag an beschäftigten wir uns mit der Blockierung seiner Gefühle und mit seiner Furcht vor den Folgen eines Gefühlsausbruchs für andere Menschen. Paul sprach allmählich freier und wurde einsichtiger, das heißt er versuchte, Gründe für seine augenblickliche mißliche Lage zu entdecken. Er erinnerte sich daran, daß seine Mutter, als er ein Kind gewesen war, immer alles für ihn geplant und bedacht hatte, und daß er deshalb sehr böse auf sie gewesen war, aber nie gewagt hatte, ihr das zu sagen. Er erinnerte sich auch, von seiner Mutter ganz und gar erdrückt und im übrigen völlig allein und ohne alle Hilfe gewesen zu sein. Dieses Gefühl der Isoliertheit hatte bis heute angehalten; er glaubte noch immer, er sei anders als die anderen und stehe abseits. Nur Carrie hatte ihn verstanden, und nun hatte sie ihn verlassen. Paul konnte nicht erkennen, daß er seine Beziehung zu Carrie dazu benutzt hatte, seine narzißtischen Bedürfnisse zu erfüllen, aber er begriff, daß sein eingeengtes soziales Leben, die Verleugnung seiner feindseligen Gefühle und die Furcht, andere etwa mit seiner Freimütigkeit zu verletzen, ihn dazu prädisponiert hatten, depressiv zu werden. Er konnte immerhin auch schon zugeben, daß seine besondere Sicht der eigenen Person nur ein Akt des Rationalisierens war.

Nach sechswöchiger Behandlung waren Pauls somatische Symptome soweit verschwunden, daß wir die medikamentöse Behandlung abbrechen und die Sitzungen auf dreimal wöchentlich beschränken konnten. Die Behandlung kreiste jetzt um sein ambivalentes Verhältnis zu seiner Mutter und um die Erkenntnis, daß diese hochwichtige Bindung seine Persönlichkeit geformt hatte. Es wäre ein leichtes gewesen, die Mutter für alle Schwierigkeiten verantwortlich zu machen, unter denen Paul jetzt zu leiden hatte, aber dieser Schluß wäre sowohl irrig als auch antitherapeutisch gewesen. Paul mußte sehen, daß er für seine Probleme mit verantwortlich war und daß er noch immer pathologische Verhaltensweisen zeigte, obwohl es ihm ja freistand, sich zu verändern. Er betrachtete sich selbst und andere Menschen noch immer vor dem Hintergrund der kognitiven Muster seiner Kindheit, das heißt in der Überzeugung von der eigenen Hilflosigkeit und Passivität und von der übermäßigen Macht und Dominanz der anderen. Als wir dieses Selbstbild in der Therapie erforschten, wurden uns auch Pauls wiederholte selbstzerstörerische Aktionen verständlich – die Weigerung, sich im College für sich selbst verantwortlich zu fühlen, die verschiedenen passiv-aggressiven Manöver, durch die er mit seiner Mutter ins reine zu kommen hoffte, und schließlich die Erwartung, daß jemand anders sein Leben verändern würde – was dann für kurze Zeit von Carrie übernommen worden war.

Im Zusammenhang mit der mangelnden Bewältigung der entwicklungsmäßigen Aufgaben in der Adoleszenz fiel besonders auf, daß Paul seine täglichen Erfahrungen nicht dazu einsetzen konnte, die unbewußten Kognitionen zu verändern, die er als kleines Kind aufgebaut hatte. Zu den Lebenserfahrungen des Heranwachsenden gehört die Konfrontation mit neuen Ideen und ungewohnten Lebensanschauungen, die oft in scharfem Kontrast zu dem stehen, was in der eigenen Familie Geltung hat. Paul hatte sich jedoch jeder Veränderung oder Neubewertung seines Weltbildes vollkommen verschlossen. Er hatte auch die notwendige innere Anpassung nicht vollzogen, die normalerweise stattfindet, wenn ein junger Mensch das Elternhaus verläßt und im täglichen Austausch mit der Umwelt neue Erfahrungen sammelt. Carrie hatte Pauls inneren Horizont nicht wirklich erweitert. Es stellte sich heraus, daß Paul sie schon fast wie im Wahn in seine Erwartungen eingepaßt hatte; sie war gar nicht wirklich als eigene Person gewürdigt worden, sondern nur als Verkörperung einer in der Phantasie existierenden guten Mutter. Im Grunde wußte Paul nur wenig von ihr – sie existierte, um seine immer gleichen Bedürfnisse zu befriedigen, so wie seine eigene Existenz ja auch der Erfüllung der unbewußten Bedürfnisse seiner Mutter diente.

Ein großer Teil der Behandlung bestand in dem Bemühen, Paul jene

Sicherheit finden zu lassen, die er brauchte, um sich neuen Erfahrungen zu öffnen und ein neues kognitives Gleichgewicht auf einem realistischen Fundament auszubilden. Wir verbrachten viele Sitzungen damit, seine Art der Wahrnehmung von Ereignissen zu erkunden, nicht aber mit einer breitangelegten Rekonstruktion, wie sie bei einem erwachsenen Patienten nötig gewesen wäre. Alte Wunden und die damit verbundenen Verzerrungen wurden zwar nicht umgangen, aber insgesamt diente die Behandlung einem umfassenderen Zweck – die Behandlung sollte zu einer angemessenen Entwicklung außerhalb der Sitzungen führen.

Die Beziehung zum Therapeuten war auch deshalb wichtig, weil sie Verzerrungen korrigierte. Zunächst wollte Paul im Therapeuten den allmächtigen Heiler sehen, der, wie seine Mutter, die Dinge im Handumdrehen in Ordnung bringen würde. Zugleich mißtraute er aber dieser dringend benötigten Bezugsperson und mußte sehr auf der Hut sein, was seine Worte und sein Verhalten in der Sprechstunde betraf. Er begriff, daß der Therapeut ihm auch nicht im Handumdrehen Erleichterung zu verschaffen vermochte und daß er sich im Grunde selbst helfen mußte. Zugleich begegnete er hier einer Autorität, die ihn zur Freiheit ermutigte, anstatt von Kontrolle zu sprechen, und die Gefühle als wichtig akzeptierte. Die Übertragung wurde nicht direkt interpretiert, weil Pauls sich wandelnde Beziehung zum Therapeuten vor dem Hintergrund der Entfaltung seines Selbst betrachtet wurde.

Paul ist jetzt seit mehr als acht Jahren frei von Depressionen. Noch wichtiger ist vielleicht, daß er es fertigbrachte, von zu Hause wegzugehen, seine berufliche Zukunft selbst in die Hand zu nehmen und Beziehungen zu anderen Menschen aufzubauen, die beide Seiten befriedigen.*

■ ■ Zusammenfassung ■ ■

Paul unterscheidet sich vielleicht nicht sehr deutlich von erwachsenen depressiven Patienten, was die Familiengeschichte, die grundlegende Dynamik und die unbewußten Vorstellungen betrifft. Der therapeutische Ansatz muß aber entsprechend der Altersstufe des Patienten und den Aufgaben, die mit seiner Entwicklung auf dieser Stufe verbunden sind, modifiziert werden. Daß der therapeutische Prozeß eine Abwandlung erfahren muß, leuchtet ein, wenn man sich mit der phänomenologischen Welt des Kindes oder des Heranwachsenden beschäf-

* Nach Fertigstellung dieses Manuskripts hatte ich die Freude, eine Einladung zu Pauls Hochzeit (er ist jetzt Ende zwanzig) und die Mitteilung zu erhalten, daß er mit seinem Leben zufrieden ist und Freude an seiner Arbeit hat.

tigt. Junge Patienten lernen mehr aus Handlungen als aus Worten, mehr aus konkreten Erfahrungen als aus feingedrechselten Interpretationen. Therapie darf bei ihnen nicht nur eine Erfahrung sein, mit der die früheren Störungen korrigiert werden, sondern sie muß den Menschen befreien, so daß er seine neuen Erfahrungen zu weiterem seelischen Wachstum nutzen kann.

■■■■ Teil 4 ■■■■

Depression als soziologischer Faktor

■ ■ ■ ■ 16. Erster Teil: Soziokulturelle ■ ■ ■ ■ Faktoren, Wissenssoziologie und Depression

■ ■ ■ Einführung ■ ■ ■

Wir wissen heute längst, daß wir bei der Beschäftigung mit psychiatrischen Zuständen auch soziokulturelle Faktoren in Betracht ziehen müssen. In diesem Zusammenhang wird häufig gefragt, ob es sich um politische, religiöse, wirtschaftliche, ernährungsspezifische oder weltanschauliche Faktoren handelt, ob diese Faktoren mit unserer Kultur insgesamt zusammenhängen oder sich nur auf bestimmte herausragende oder auch sekundäre Kennzeichen dieser Kultur beziehen, ob sie in ätiologischer Hinsicht für die jeweilige Störung wesentlich sind, ob sie ihr Auftreten erleichtern oder behindern und was uns die historische Erkundung enthüllt, wenn wir Vorkommen und Verbreitung eines psychiatrischen Zustandes über eine lange Zeitspanne hinweg beobachten. Und was fügt schließlich die Anthropologie unserem Verständnis hinzu?

Dies ist ein weites Forschungsfeld, selbst wenn wir es auf die psychiatrischen Syndrome beschränken, die wir als Depression bezeichnen.

Bemporad und ich sind Psychiater und Psychoanalytiker und erheben nicht den Anspruch, auf den anderen Gebieten, die ich soeben genannt habe, hinreichend bewandert zu sein. Wir haben uns deshalb darauf beschränkt, in diesem Kapitel die wenigen Bereiche zu diskutieren, in denen unsere Untersuchungen einen gewissen Tiefgang erreichten. Unsere Auswahl ist dabei eher zufällig, aber wir hoffen doch zeigen zu können, daß die angesprochenen Sachverhalte von einiger Relevanz sind. Wir sind uns bewußt, daß auf diesen Gebieten noch unendlich viel Arbeit geleistet werden muß, und wir hoffen, daß andere diese Erkundungen fortsetzen werden.

Ich meine, daß der kognitive Ansatz sich besser als jeder andere dazu eignet, die psychiatrische mit der soziokulturellen Forschung zu integrieren. Bei diesem Ansatz liegt ja das Hauptgewicht auf den Ideen und Vorstellungen, und die meisten Vorstellungen des Menschen entstammen seiner soziokulturellen Umgebung. Zwar werden viele Gedanken und Denkgewohnheiten in der Kindheit von den Mitgliedern der eigenen Familie übernommen, aber die Familienmitglieder sind schließlich Träger der Kultur, der sie angehören. Später eignet sich der Mensch Gedanken und Gedankensysteme von vielen anderen Menschen seines soziokulturellen Milieus und von den verschiedenen Institutionen und Medien an, die die Kultur ihm bietet.

Der Zweig der Soziologie, der als Wissenssoziologie bezeichnet wird, ist für den kognitiven Ansatz von besonderer Bedeutung. Es ist nämlich derjenige Zweig, der den Zusammenhang zwischen Denken und Gesellschaft untersucht. Schon die Griechen wußten, daß die Psyche des Menschen von den sozialen Bedingungen geformt wird. Im frühen achtzehnten Jahrhundert war es Giambattista Vico, der als erster nachwies, daß jede geschichtliche Epoche ihre eigene Art zu denken besitzt. In sehr viel jüngerer Zeit haben Emile Durkheim, Karl Mannheim und Max Scheler wichtige Veröffentlichungen zu diesem Thema vorgelegt, die wir im Rahmen dieses Buches natürlich nicht im einzelnen würdigen können. Was wichtig ist, weil es in engerem Zusammenhang mit dem Gegenstand dieses Buches steht, ist der Umstand, daß die menschliche Psyche es nie mit mehr als einem Sektor der Realität zu tun hat. Dieser Sektor wird sehr weitgehend durch die Gesellschaft bestimmt. Jede Gesellschaft ist auf bestimmte Ideen und Wertvorstellungen eingestimmt, die dann ihrerseits Gefühlen, Ideen und Handlungen den Weg bereiten oder auch verstellen. Hier geht es um die Frage nach dem Zusammenhang zwischen einem bestimmten Sektor des sozialen Bewußt- und Betroffenseins und dem Vorkommen der Depression.

Bevor wir in unseren Überlegungen fortfahren, sollten wir erwähnen, daß es Soziologen und Philosophen gibt, die den Ideen eine weniger wichtige Rolle bei der Gestaltung des menschlichen Lebens einräumen. Einer der bekanntesten Vertreter der Soziologie und Anhänger der nichtkognitiven Betrachtungsweise ist Vilfredo Pareto; seiner Ansicht nach handelt der Mensch zuerst und erforscht erst dann die Gründe für sein Handeln. Pareto nennt diese Gründe Derivationen und meint damit, daß sie sich von den Trieben oder anderen Strebungen herleiten, die die menschlichen Verhaltensweisen und, durch diese, wiederum das Denken des Menschen bestimmen. Diese Position ist nicht allzu weit vom Freudschen Standpunkt entfernt. Daß ein beträchtlicher Teil des menschlichen Lebens aus einfachen Handlungen besteht, die in ihrem Ursprung quasi triebhaft sind, läßt sich nicht leugnen, aber das ganze menschliche Leben als eine Derivation solcher einfachen Handlungen und physiologischen Funktionen sehen zu wollen, hieße in einer Weise reduktionistisch vorgehen, die den unendlichen symbolischen Möglichkeiten des Menschen unrecht tut. Es trifft zu, wie Pareto sagt, daß der Mensch zuerst handelt und erst dann nach plausiblen Gründen sucht, um seine Handlungen und Gefühle zu rechtfertigen; diese »Gründe« sind nichts als Rationalisierungen. Der wahre Grund oder das wahre Motiv muß aber nicht notwendig triebhafter Art sein, sondern ist sehr oft das Ergebnis komplizierter kognitiver Konstrukte, die unbewußt geworden sind. Pareto hat also nur insoweit recht, als er bestimmte psychische Ebenen betrachtet, andere dagegen außer acht läßt. Mit anderen Worten, Pareto geht bei der Analyse dieses Phänomens zwar sehr viel weiter als der »Mann von der Straße«, denn er erkennt, daß der »Grund« eine im nachhinein entstandene Rationalisierung ist. Aber er geht nicht weit genug, denn ebensowenig wie der Mann von der Straße erkennt er die unbewußten kognitiven Konstrukte, die viele Handlungen und Gefühle des Menschen bestimmen.

Wenn wir uns einmal nicht den Handlungen, sondern den Gefühlen zuwenden, dann stellen wir fest, daß viele Autoren dem gleichen Irrtum unterliegen. Als Beispiel möchte ich den Philosophen Miguel de Unamuno nennen, der in seinem Buch *Del sentimiento tragico de la vita* zu Recht ausführt, daß das Leben des Menschen in erster Linie emotional bestimmt ist. Man halte zwar den Menschen für ein vernunftbegabtes Wesen, aber eigentlich, so Unamuno, sollten wir ihn als affektiv bestimmtes oder fühlendes Wesen bezeichnen. Unamuno hat recht, aber wie so viele Autoren, die sich seit alters her in ähnlicher Weise geäußert haben, versteht auch er den psychischen Ursprung der meisten menschlichen Emotionen nicht. So sagt Unamuno, daß es »gewöhnlich nicht unsere Ideen sind, die uns zu Optimisten oder zu Pessimisten machen, sondern es ist unser Optimismus oder unser Pessimismus, physiologischen oder vielleicht pathologischen Ursprungs, die beide in gleichem Maße unsere Ideen machen«. Mit anderen Worten, Traurigkeit oder Hochstimmung legen fest, was wir denken und welche Schlüsse wir ziehen. Jeder Beobachter, der auf dieser Stufe der Untersuchung stehenbleibt, würde Unamuno zustimmen. In unserer psychiatrischen Praxis sehen wir viele Fälle, die auf den ersten Blick den Standpunkt dieses Philosophen zu bestätigen scheinen.

Die folgende Episode mag wie ein Scherz klingen; in Wirklichkeit handelt es sich um ein Phänomen, dem wir Psychiater in dieser und ähnlicher Form in unserem täglichen Umgang mit depressiven Patienten sehr häufig begegnen. Eine depressive Frau berichtete mir, sie fühle sich sehr niedergeschlagen, besonders seit sie einen sehr deprimierenden Film gesehen habe, in dem eine traurige Begebenheit auf die andere gefolgt sei, der traurig geendet und sie daran erinnert habe, wie ihr Leben bisher verlaufen sei und wie es aller Wahrscheinlichkeit nach weiterhin verlaufen würde. Sie schwor, sie werde sich niemals wieder einen so traurigen Film ansehen. Wenige Tage später erzählte sie, sie sei im Kino gewesen und habe einen sehr frivolen und lustigen Streifen voller Witz und Gelächter gesehen. Auf meine Frage, ob sie sich danach besser gefühlt habe, antwortete sie: »Im Gegenteil. Als ich aus dem Kino kam, fühlte ich mich so elend wie noch nie.

Der Film hatte mich daran erinnert, wie das Leben sein könnte – daß es Menschen gibt, die lachen und glücklich sind. Wie verschieden ist das alles von meiner Situation!« Diese kleine Szene scheint Unamunos Standpunkt zu bestätigen. Der a priori vorhandene Pessimismus der Patientin (ein emotionaler Zustand) ließ sie alle äußeren Geschehnisse in pessimistischer Weise deuten. Aber beide, Pareto wie Unamuno, bleiben mit ihrer Interpretation auf der Ebene des Bewußtseins. Es ist zwar richtig, daß der Pessimismus der Patientin (oder ihre grundlegende emotionale Gestimmtheit) dafür sorgte, daß sie die Dinge so negativ sah, unabhängig von der Natur des jeweiligen äußeren Geschehens, aber es ist ebenso richtig, daß ihr Pessimismus aus einem kognitiven Substrat – möglicherweise einer sehr umfangreichen Konstellation von Gedanken und Erinnerungen – erwachsen war, dessen sie sich absolut nicht oder doch so gut wie nicht bewußt war.

Man könnte nun natürlich einwenden, daß auch ein unbewußtes kognitives Substrat ein Abkömmling eines primitiven emotionalen, quasi-intuitiven Zustandes sei oder, im Freudschen Sinne, ein Abkömmling des reinen Trieblebens. Dem möchten wir erneut unsere grundsätzliche Annahme entgegenhalten, daß das Auftreten der kognitiv-symbolischen Ebene im Seelenleben des Menschen eine so revolutionäre Umwandlung bewirkt, daß das Leben selbst sich drastisch verändert.

Kommen wir zurück zu unserem eigentlichen Gegenstand, dem Zusammenhang zwischen den soziokulturellen Gegebenheiten und der Depression. Dabei sollen in diesem ersten Teil folgende Aspekte erörtert werden:

1. Das häufigere Vorkommen depressiver Störungen bei Frauen
2. Affektive Psychosen und die »innen-geleitete« bzw. »außen-geleitete« Gesellschaft
3. Unser Zeitalter – Zeitalter der Depression
4. Sozio-philosophische Prämissen für den Therapeuten

Im zweiten Teil des vorliegenden Kapitels untersucht Jules Bemporad den Zusammenhang zwischen der Art der Kindererziehung und der Depression.

■ ■ ■ Das häufigere ■ ■ ■ Vorkommen depressiver Störungen bei Frauen

Es steht außer Frage, daß die Depression, insbesondere in ihren schwereren Formen, bei Frauen sehr viel häufiger als bei Männern auftritt. Statistiken aus verschiedenen Teilen der Welt bestätigen dies: In den Vereinigten Staaten beschäftigten sich Winokur und seine Mitarbeiter (1971) mit den Verwandten von 129 Probanden und stellten fest, daß in dieser größeren Gruppe mehr Frauen als Männer depressiv waren. In Island entdeckte Helgason (1966) eine erheblich größere Gefährdung der Frauen, was die Möglichkeit einer späteren affektiven Psychose angeht; in Dänemark stellte McCabe (1975) fest, daß sehr viel mehr Frauen als Männer wegen einer affektiven Psychose ins Krankenhaus aufgenommen wurden (das Verhältnis der männlichen zu den weiblichen stationären Patienten betrug 0,64:1). In einer ganz ausgezeichneten Veröffentlichung gehen Weissman und Klerman (1977) den Angaben aus den letzten vierzig Jahren bezüglich des für Männer und Frauen unterschiedlich starken Auftretens von Depression in den Vereinigten Staaten und in anderen Ländern nach. In den Vereinigten Staaten, so fanden sie heraus, war das Verhältnis von depressiven Frauen zu depressiven Männern durchweg 2:1, und in allen übrigen westlichen Industrieländern waren die Werte ähnlich. Von den hochindustrialisierten Ländern zeigten nur Finnland und Norwegen einen etwas geringeren Vorsprung der Frauen vor den Männern. In einigen Entwicklungsländern (Indien, Irak, Neu-Guinea, Zimbabwe) sieht es so aus, als sei die Zahl der männlichen Depressiven höher als die der weiblichen.

Weissman und Klerman (1977) stellen sich natürlich die hier zu erwartende Frage, ob das berichtete Überwiegen der weiblichen Depressiven nicht vielleicht ein künstlich geschaffenes Phänomen sei und dadurch zustande komme, daß Frauen eine Depression und die zugehörigen Symptome stärker wahrnehmen, sie eher zugeben, bereitwilliger darüber berichten und sich eher um Hilfe bemühen als Männer. Derartige Einstellungen und Gewohnheiten würden die erwähnten Zahlenverhältnisse erklären. Nach Durchsicht der einschlägigen Literatur konnten die Autoren dann aber ausschließen, daß diese Einstellung der Frauen auf die Häufigkeit des Auftretens der Depression Einfluß hatte, und gelangten zu dem Schluß, daß das Überwiegen der Störung bei den weiblichen Patienten ein ganz reales Faktum ist. Weissman und Klerman halten die Mitwirkung eines genetischen Faktors in der Ätiologie der Depression für möglich, beenden die Diskussion dieses Gegenstandes dann aber mit den Worten: »Gegenwärtig reichen die Erkenntnisse, die wir aus unseren genetischen Untersuchungen ableiten können, nicht aus, um Schlußfolgerungen bezüglich der Art der Transmission ziehen oder das häufigere Auftreten der Störung bei Frauen erklären zu können.«

Weissman und Klerman (1977) gehen dann der Frage nach, ob die jahrhundertealte soziale Benachteiligung der Frauen vielleicht psychische Konsequenzen gehabt habe, die zur Depression führen. In diesem Zusammenhang tragen sie zwei Hypothesen vor. Die erste, von den Autoren als »Statushypothese« bezeichnet, bezieht sich auf die soziale Diskriminierung der Frau. Soziale Diskriminierung und ungerechte Behandlung führen danach zur Hilflosigkeit in ökonomischer und rechtlicher Hinsicht, zur Abhängigkeit von anderen, zu geringer Selbstachtung, zu niedrigen Erwartungen und schließlich zur klinischen Depression. Die zweite Hypothese, von den Autoren als »erlernte Hilflosigkeit« bezeichnet, besagt, daß »sozial konditionierte, stereotype Bilder bei den Frauen eine kognitive Ablehnung des Gedankens der Selbstbehauptung schaffen, die durch die in der Gesellschaft vorherrschenden Erwartungen noch verstärkt wird... Die klassischen Werte im Zusammenhang mit der ›Weiblichkeit‹ erfahren eine Neudefinition und werden zu einer Variante der ›erlernten Hilflosigkeit‹, die ja für die Depression charakteristisch ist.«

Auch der Zusammenhang von Ehe und Depression wird bei Weissman und Klerman (1977) diskutiert. Sie zitieren eine ganze Reihe von Autoren, allen voran Gove (1972, 1973), die zu dem Schluß kamen, daß Verheiratetsein für Männer Schutz bedeutet, für Frauen dagegen eine nachteilige Wirkung hat. Psychische Störungen aller Art finden sich bei ledigen, verwitweten und geschiedenen Frauen relativ seltener als bei Männern. Nur verheiratete Frauen leiden häufiger unter psychischen Störungen als verheiratete Männer. In Weissman/Klermans Veröffentlichung sind noch weitere Daten enthalten, die keinen Zweifel daran lassen, daß Frauen häufiger an Depression erkranken als Männer. (Die Autoren sind auch noch anderen Interpretationen nachgegangen, die wir hier nicht erwähnen können. Der Leser wird insoweit auf die Originalquelle verwiesen.)

Die moderne Psychiatrie folgt überwiegend dem Konzept, daß psychiatrische Konditionen mehrfachbestimmt sind. So kann also im Vorhandensein oder Nichtvorhandensein ganz bestimmter sozialer Faktoren der entscheidende Grund dafür liegen, daß spezifische pathogene Muster erworben oder aber vermieden werden. Ich finde es durchaus einleuchtend, daß die meisten wichtigen psychodynamischen Muster, die zur Depression führen und die wir in den vorangegangenen Kapiteln beschrieben haben, aus soziokulturellen Gründen mit größerer Wahrscheinlichkeit bei Frauen anzutreffen sind. Wir wollen die nachstehend genannten Mechanismen noch einmal daraufhin betrachten: die willfährige Haltung gegenüber der dominanten Bezugsperson im Anschluß an die Erfahrung eines Verlustes oder in Reaktion auf eine entsprechende Drohung; die Orientierung des ganzen Lebens auf die dominante Bezugsperson oder auf den Beifall und die Befriedigungen von seiten dieser Bezugsperson hin; die Abhängigkeit;

die Ausrichtung auf das dominante Ziel der »romantischen Liebe« usw.

Die Erfahrung des Verlusts scheinen sowohl Jungen als auch Mädchen zu machen. Wenn es bereits hier einen Unterschied gibt, so ist er durch die vorhandenen Daten jedenfalls noch nicht eindeutig bestätigt worden. Ich kann deshalb nur versuchsweise die Hypothese aufstellen, daß in Familien, die gewisse Vorurteile bezüglich des Geschlechts ihrer Kinder hegen und in denen bereits eine Tochter da ist, die Geburt eines Sohnes mit besonderer Freude begrüßt wird und zur Folge hat, daß das ältere Kind – das Mädchen – von nun an weniger Beachtung erfährt. Dem neugeborenen kleinen Jungen wird sehr viel Aufmerksamkeit entgegengebracht, und das Mädchen erlebt das Trauma des Liebesverlustes. Möglicherweise sind diese Überlegungen nichts als Spekulation. Keineswegs als Spekulation können wir aber den Umstand abtun, daß kulturelle Faktoren bei Mädchen sehr viel häufiger als bei Jungen all jene Mechanismen und zwischenmenschlichen Beziehungen begünstigen, die zur Depression führen können. Wir können sehr häufig beobachten, daß das Verhältnis zwischen Müttern und Töchtern von der gemeinsamen, nämlich von der Mutter an die Tochter weitergegebenen Vorstellung geprägt ist, spezifische Pflichten erfüllen zu müssen. Töchter empfinden dieses an sie weitergegebene Pflichtbewußtsein sehr viel deutlicher als Söhne und leben auch stärker danach. Die unterwürfige Haltung gegenüber einer männlichen dominanten Bezugsperson wird zudem durch den patriarchalischen Charakter unserer Gesellschaft gefördert. Der Frau erscheint es ganz natürlich, daß sie sich einer männlichen dominanten Bezugsperson anschließt. Jean Baker Miller (1976) und andere Autoren haben gezeigt, daß die Auffassung noch immer weit verbreitet ist, die Frau habe den Bedürfnissen anderer Menschen zu dienen und sei an das Los des Mannes gebunden, und daß es für sie sehr viel schwieriger als für den Mann ist, ein authentisches Selbst auszubilden.

Man könnte vielleicht sagen, daß unsere Kultur als Ganzes eine Verschwörung mit den persönlichen Konflikten der Frau eingeht, so daß es ihr leichter fällt als ihrem männlichen Partner, auf Selbstbestimmung und persönliche Macht zu verzichten und eine masochistische Haltung einzunehmen. Das verschwörerische Moment auf seiten der Kultur besteht darin, daß sie die Frau gerade davon ablenkt, sich der Abnormität ihrer Situation bewußt zu werden. Wie ich an anderer Stelle schon ausführen konnte (Arieti 1974b), ist es nicht allein die Patientin, die ihre Empfindungen bezüglich der Abnormität bestimmter zwischenmenschlicher Beziehungen und die dazugehörigen kognitiven Konstrukte unterdrückt, sondern die Gesellschaft tut genau das gleiche. In meinem Buch *Der Wille zur Menschlichkeit* (dt. 1976) habe ich geschrieben:

»Nicht nur das Individuum verdrängt, sondern auch die Gesellschaft. Der Einzelne muß also eine doppelte Last verdrängen: seine eigene und die der Gesellschaft. Wie verdrängt die Gesellschaft? Dadurch, daß sie das Individuum lehrt, vielen Dingen keine Beachtung zu schenken (selektive Nichtbeachtung); durch die Verschleierung der wirklichen Werte bestimmter Dinge; dadurch, daß sie unfairen Praktiken den Anschein der Legalität und Legitimität gibt; durch die Übermittlung von Gedanken und Idealen als absolute Wahrheiten ohne jedes Infragestellen und ohne jedes Forschen nach dem Beweismaterial, auf dem sie angeblich basieren. Die Abwehrmechanismen gegen anstößige Wünsche, die Freud beim Individuum beschreibt (zum Beispiel Verdrängung; Reaktionsbildung – das Gegenteil von dem tun, was man beabsichtigte; Isolierung – die Ablösung des Gefühls von unerfreulichen Handlungen, indem diese in fast legalistischer Weise zwingend gemacht werden; oder Rationalisierung), kann man auch in der Gesellschaft finden« (S. 60–61).

In einer patriarchalischen Gesellschaft verdrängt die Frau häufig den Kummer, den Zorn und die Enttäuschung, die ihre untergeordnete Stellung mit sich bringen. Diese Verdrängung führt nun aber im günstigsten Fall zur neurotischen Abwehr, im ungünstigsten Fall fördert sie die Entstehung ernsthafter seelischer Störungen, insbesondere der Depression. Auch wenn wir die allerersten Anfänge des Musters weiblicher Abhängigkeit in die ersten zwei oder drei Lebensjahre zurückverfolgen können, so kann man dennoch sagen, daß dieses Muster in vielen Fällen nicht weiterbestehen und keine so festen Wurzeln schlagen könnte, wenn die Gesellschaft insgesamt es nicht fördern würde.

In manchen sozialen Schichten wird Weiblichkeit mit Abhängigkeit gleichgesetzt. Die Anlehnung an einen »starken« Mann ersetzt das selbstsichere Auftreten und das eigene Durchsetzungsvermögen. Der Mann bezeichnet sich häufig selbst als die Säule oder Stütze und verstärkt damit die Hilflosigkeit seiner Partnerin. Später aber wird er sich bitter über eben diese Hilflosigkeit beklagen, die er doch selbst gefördert hat.

Ihre abhängige und untergeordnete Stellung macht die Frau anfälliger für die Entwicklungen, wie wir sie in Kapitel 6 beschrieben haben. Ihre Abhängigkeit ist auch der Grund, weshalb sie sich selbst schlechter helfen kann und weshalb sie gegenüber bestimmten Geschehnissen verletzlicher ist, die dann zum auslösenden Faktor einer pathologischen Entwicklung werden können. Ein Mensch, der sich auf seine eigenen inneren Möglichkeiten und Fähigkeiten verläßt, wird von ungünstigen Umständen weniger stark getroffen.

Man könnte nun erwarten, daß die Art von Depression, die auf die Erkenntnis folgt, das dominante Ziel nicht erreicht zu haben, bei Frauen sehr verbreitet ist. In absoluten Zahlen gemessen trifft dies auch zu. Wir müssen uns allerdings darüber klar sein, daß das dominante Ziel vieler Frauen nicht mit der beruflichen Karriere, sondern mit der Liebe zu tun hat; viele Frauen sind über ihr Liebesleben enttäuscht. Deshalb ist es häufig schwierig, ihre Depression richtig einzuordnen und festzustellen, ob sie mit der Beziehung zu einer dominanten Bezugsperson oder aber mit dem Umstand verbunden ist, daß das dominante Ziel »Liebe« nicht erreicht worden ist. Die Gründe sind unschwer zu verstehen: Viele Frauen sind nicht ermutigt worden, einen Beruf zu ergreifen, der wirklich ihren Neigungen entspricht, sondern versteckt oder offen auf das Ziel der Mutterschaft und der Führung des Haushalts hingelenkt worden. Dieses Ziel wurde ihnen so dargestellt, daß sie es für sehr erstrebenswert halten mußten, denn es war mit der Verwirklichung des Traumes von der großen Liebe verbunden. Nun ist Liebe in der Tat etwas sehr Wichtiges, und alle Menschen, Männer wie Frauen, müssen nach Liebe streben, wenn aber die »große Liebe« zum alleinigen Anliegen oder Ziel im Leben wird und den Platz aller anderen Ziele einschließlich des Bemühens um andere Arten von Liebe einnimmt, dann wird das Leben in starre Muster gezwängt, für die sich später nur unter großen Schwierigkeiten noch Alternativen finden lassen.

Bei Männern hat die Depression, die durch die Erkenntnis ausgelöst wird, daß ein dominantes Ziel nicht erreicht worden ist, in aller Regel mit dem beruflichen Werdegang zu tun. Da heute immer mehr Frauen sich von traditionellen Zielen ab- und dem Ziel einer beruflichen Karriere zuwenden, läßt sich wohl voraussagen, daß in Zukunft immer mehr Frauen auch in diesem Bereich enttäuscht sein werden, vor allem wenn die Diskriminierung der berufstätigen Frauen weiter anhält.

Manche Frauen sind doppelt gefährdet. Sie verbinden sich durch ihre Heirat mit einer männlichen dominanten Bezugsperson und fühlen sich nicht nur dann unerfüllt, wenn sie selbst ihr dominantes Ziel nicht erreichen, sondern auch dann, wenn dies ihrem Ehemann nicht gelingt. Ob die verheiratete Frau glücklich ist, hängt leider noch immer davon ab, ob ihr Mann sich erfüllt und zufrieden fühlt; für den Mann gilt dies längst nicht im gleichen Maße.

An diesem Punkt lohnt es sich, die klassische psychoanalytische Theorie näher zu betrachten, der zufolge die Tatsache, daß Frauen häufiger an Depression erkranken als Männer, ihren Grund im Kastrationskomplex der Frauen hat. Ich glaube, es ist leichter, der folgenden Formulierung zuzustimmen: Depressive Frauen neigen nicht wegen des »Penisverlustes« – also einer reinen Phantasie – stärker zur Trauer, sondern weil sie tatsächlich »kastriert« worden sind, wenn auch in übertragenem Sinne. Es ist der symbolische Penis, der ihnen genommen worden ist, die männliche Rolle in der Welt mit all ihren Möglichkeiten – man kann als Mann Präsident der Vereinigten Staaten werden oder auch »nur« Direktor einer kleinen Bank. In meinem Buch *Creativity: The Magic Synthesis* (1976) habe ich zu erklären versucht, daß der Grund, weshalb Frauen auf künstlerischem Gebiet nicht so bedeutende Leistungen hervorgebracht haben wie Männer, nicht etwa in ihrer andersartigen biologischen Ausstattung, sondern in den sozialen Bedingungen lag. Dem möchte ich hinzufügen, daß Frauen nicht nur daran gehindert worden sind, aktiv ihre Begabungen zu pflegen; sie empfingen auch nicht die Anregungen, wie Männer sie durch den geistigen Austausch mit Gleichgesinnten, durch die Ausübung bestimmter Tätigkeiten und Berufe erhalten.

Da ihnen die Möglichkeit der Entfaltung in so vielen Bereichen verwehrt war, sind manche Frauen auf den Gedanken verfallen, sich anderweitig Macht zu verschaffen: auf dem Weg der Verlockung, Verführung und Liebe. Frauen, die glauben, ihre Reize während der Zeit der Menopause zu verlieren, sind daher besonders gefährdet, an Involutionsmelancholie zu erkranken.

Obwohl die Gesellschaft mit Erfolg dabei ist, die Bedingungen zu verändern, die Frauen so besonders anfällig für Depressionen machen, ist die gegenwärtige Situation noch lange nicht befriedigend. Und ungeachtet der Veränderungen auf der Verhaltensebene sind die alten kognitiven Konstrukte und die »zugehörigen« Gefühle noch immer wirksam. Moulton (1973) schreibt: »Das Unbewußte der modernen Frau enthält noch viele Spuren der bewußten irrigen Vorstellungen ihrer Großmutter... Die Kräfte, die die Anpassung [des Menschen] an seine Umgebung bewirken, sind unglaublich flexibel, aber sie arbeiten selten rasch. Eine ständig sich wandelnde Kultur bietet den Menschen eine breite Palette von Möglichkeiten, aber die Wirkungen lassen sich nicht voraussagen.« Wir könnten dem hinzufügen, daß das Unbewußte des modernen Mannes ebenfalls viele Spuren der bewußten irrigen Vorstellungen seines Großvaters enthält. Dazu kommt, daß sich auf der bewußten Ebene alte und neue Konzepte und Vorstellungen vermischen und so für Konfusion sorgen.

Auch im letzten Drittel des zwanzigsten Jahrhunderts stehen viele Menschen noch unter dem Einfluß von Vorstellungen, die im neunzehnten Jahrhundert und zu Beginn unseres Jahrhunderts vorherrschten. Ich finde es interessant, welche Auffassungen über die Frauen durch die Oper vermittelt werden, genauer gesagt, durch die Art, in der Frauen in dieser Kunstgattung repräsentiert sind.

Ich möchte dem Leser versichern, daß ich mir keines Vorurteils gegen die Oper bewußt bin. Schon als Kind habe ich Opern geliebt, und mein Abonnement an der Metropolitan Opera besteht seit Jahrzehnten. Dennoch muß ich sagen, daß es mir doch oft recht schwer fällt, die großartigen Ouvertüren, melodischen Arien und mitreißenden Intermezzi mit der absurden Ideologie der Libretti in Einklang zu bringen. So wie die Frauen in den meisten Textbüchern geschildert werden, kann ich sechs größere Kategorien ausmachen:

1. Die Frau ist Opfer des Mannes – sie wird von ihm ausgenutzt, verletzt und brutal behandelt –, und die Gesellschaft gibt ihr keine Möglichkeit, sich zu befreien.
2. Die Frau ist krank oder schwach.
3. Die Frau ist kindlich, eitel und unselbständig.
4. Die Frau ist leichtlebig und flatterhaft.
5. Die Frau ist oberflächlich, unaufrichtig und unzuverlässig.
6. Die Frau ist schön und liebenswert, solange sie jung ist; aber ihre Jugend ist rasch vorbei.

Häufig treffen mehrere dieser Kategorien auf die gleiche Operngestalt zu.

Die erste Kategorie ist am weitesten verbreitet; aus ihr geht hervor, daß die Männer brutal mit den Frauen umgehen und die Aussichten für die Frauen recht düster sind. Für alle sechs Kategorien gilt, daß entweder das Leben der Frauen von den Männern zerstört wird und die Frauen daher zu Recht deprimiert sind, oder aber daß die Männer ein so negatives Bild von den Frauen haben, daß die Verzweiflung der Frauen ebenfalls gerechtfertigt ist. Einige Beispiele sollen das Gesagte untermauern. Ich beginne mit der sechsten Kategorie, mit der die Vorstellung bestätigt wird, daß Jugendlichkeit das wichtigste Gut für eine Frau darstellt und sie zum Zeitpunkt der Menopause gewissermaßen »am Ende« ist. In Puccinis »Madame Butterfly« ist die Heldin fünfzehn Jahre alt, als sie die große Liebe findet, aber diese Liebe ist tragisch und findet keine wirkliche Erfüllung. In Strauß' »Rosenkavalier« rührt uns am meisten die Figur der Marschallin, die im Alter von 32 Jahren ihrer verlorenen Jugend nachtrauert. In der berühmten Spiegelarie klagt sie darüber, daß sie nicht mehr das schöne junge Mädchen von einst ist. Die Zeit fließt unerbittlich vorbei, und die Marschallin sieht voraus, daß ihr Liebhaber Octavian sie um eines viel jüngeren Mädchens willen verlassen wird.

Die Liste der Heldinnen, die in unsere erste Kategorie gehören, ist in der Tat sehr lang. Madame Butterfly wird von ihrem Mann verlassen und bringt sich um. Donizettis »Lucia di Lammermoor« wird das Opfer ihres Bruders, der sie zur Heirat mit Arthur zwingt, einem Mann, den sie verabscheut. Edgar, ihr Geliebter, erscheint kurz nach der erzwungenen Heirat und wirft Lucia vor, ihn betrogen zu haben. Lucia wird wahnsinnig, tötet Arthur und singt dann ihre berühmte Wahnsinnsarie.

In Tschaikowskis »Eugen Onegin« wagt die Heldin Tatjana etwas, was für eine russische Frau unvorstellbar ist: sie schreibt Onegin einen Brief, in dem sie ihm ihre Liebe gesteht. Daraus ergeben sich tragische Verwicklungen. Aber während sie ihren Brief schreibt, bittet Tatjana um Gnade und Verständnis. In Verdis »Rigoletto« ist die Heldin Gilda das Opfer des Herzogs von Mantua, der sie verführt, und das Opfer ihres Vaters, der sie nicht selbständig und erwachsen werden läßt. Rigoletto bittet Gildas Gesellschafterin, die Tochter zu hegen und zu pflegen, als wäre sie eine schöne und seltene Blume. Nachdem Gilda verführt worden ist, will der rachedurstige Rigoletto den Herzog töten lassen, aber Gilda bietet sich statt des Herzogs an und wird von einem gedungenen Mörder umgebracht. In Verdis »La Traviata« findet die leichtlebige und flatterhafte Violetta schließlich die große Liebe und will ihr Leben von Grund auf ändern. Aber die Gesellschaft kann nicht vergessen, wie ihre Vergangenheit aussah, und das wird ihr zum Verhängnis. Das Libretto, das auf Dumas' »Kameliendame« zurückgeht, nimmt ein in der französischen Literatur sehr beliebtes Thema auf: die vergnügungssüchtige Frau oder Halbweltdame, der von der bürgerlichen Gesellschaft nicht die Möglichkeit gegeben wird, ihre Ehre wiederherzustellen.

Leichtlebige Frauengestalten erscheinen in der Oper häufig als Hauptpersonen (Thais, Manon) oder als Kontrastfiguren zur Heldin (Musette in Puccinis »Bohème«, Maddalena in »Rigoletto«, Lola in Mascagnis »Cavalleria Rusticana«). Ebenso häufig treffen wir kränkliche Frauen, etwa die Violetta in »La Traviata«, die Mimi in »La Bohème«, die Antonia in »Hoffmanns Erzählungen«.

In einigen wenigen Opern treten allerdings auch Frauen auf, die sich in unsere sechs Kategorien nicht einordnen lassen, sondern tätig dafür sorgen, daß die Dinge ein gutes Ende nehmen. Denken wir beispielsweise an die Minnie in »Das Mädchen aus dem goldenen Westen« von Puccini. Interessant ist in diesem Zusammenhang aber, daß Puccini mit dieser weiblichen Figur nur geringen Erfolg hatte. Wohl verstand er es meisterhaft, die Frau als Opfer (Butterfly, Tosca, Schwester Angelica, Liu) als Kranke (Mimi) oder als flatterhaftes Wesen (Musette, Manon) darzustellen; seine Minnie ist ihm dagegen längst nicht so gut gelungen.

Die umfassendste und vollständigste Darstellung der Frau in der Oper haben wir wohl in »Hoffmanns Erzählungen« von Offenbach. Der Dichter Hoffmann erzählt einigen Studenten die drei großen Liebesabenteuer seines Lebens. Die erste Frau, die er geliebt hat, ist Olympia, die Tochter des berühmten Physikers Spalanzani. Aber leider muß er entdecken, daß sie gar keine richtige Frau, sondern eine seelenlose Puppe ist, ein Automat, der schließlich zertrümmert wird. Hoffmanns zweite Liebe ist die venezianische Edelkurtisane Giulietta, die sich und andere Menschen ins Unglück bringt. Die Dritte schließlich ist Antonia, die Tochter eines Musikers. Antonia liebt Hoffmann ebenfalls, aber wichtiger als ihre Liebe ist ihr doch ihre Zukunft als Sängerin. Sie soll nicht mehr singen, weil sie schwindsüchtig ist, aber sie singt schließlich doch wieder und stirbt. Hoffmann ist wiederum getäuscht worden. Am Ende sagt er sich, daß irdische Liebe ihm nicht bestimmt ist; seine wahre Liebe gilt der Muse der Dichtkunst.

Dieses merkwürdige Libretto kann natürlich nicht wörtlich verstanden werden. Es hat zweifellos symbolische Bedeutung. Wir können uns als Psychiater der Ansicht, Liebe zu finden sei unmöglich, zwar nicht anschließen; aber wir können sie als Überlegung immerhin respektieren. Auch der große Schopenhauer dachte ähnlich. Was uns heute aber falsch klingt, trotz der schönen Melodien, ist die Art, in der die Frauen geschildert werden. Die drei Lieben des Dichters Hoffmann sind Prototypen von Frauen, wie sie in vielen Opern und anderen Kunstwerken des neunzehnten und selbst noch unseres zwanzigsten Jahrhunderts geschildert werden. Olympia ist kein Mensch, sondern eine mechanische Schöpfung, von Männern gemacht und äußerst zerbrechlich. Giulietta ist eine Prostituierte aus ersten Kreisen, Antonia ist ein ganz schwaches Wesen.

Ich glaube, daß es in einer Welt, die die Frau in der Rolle des Opfers sieht, sie als krank, einfältig, naiv oder schließlich leichtlebig – nämlich als Dirne – betrachtet, kein Wunder ist, wenn Frauen an ihrem Schicksal verzweifeln und eher als Männer dazu neigen, schwermütig zu werden. Man könnte dem natürlich entgegenhalten, daß das Melodrama sich mit ungewöhnlichen Schicksalen befaßt, seine Stoffe also im Blick auf ihre Ungewöhnlichkeit auswählt. Aber solche ungewöhnlichen Schicksale ziehen die Aufmerksamkeit ja nur deshalb auf sich, weil sie verbreitete Ansichten akzentuieren oder übertrieben wiedergeben. Es ist richtig, daß diese Ansichten rapide auf dem Rückmarsch sind, aber sie sind nicht verschwunden. Dazu kommt, daß viele unserer Patienten in einer Zeit aufgewachsen sind, als diese Vorstellungen noch Gültigkeit besaßen, besonders in bestimmten Kreisen. Frau Fullman (Kapitel 10) und Frau Carls (Kapitel 12) haben sich manchen Zug der Opernheldin bewahrt.

Die Einstellung unserer heutigen Gesellschaft gegenüber den Frauen ist noch immer keineswegs ideal, aber die Zukunft läßt doch hoffen. In den kommenden Jahren wird die Diskrepanz, wie sie im Auftreten der Depression zwischen Männern und Frauen heute noch besteht, wohl geringer werden. Wirklich sichere Voraussagen sind in dieser Hinsicht allerdings nicht möglich. Es können sich neue und unerwartete soziale Gegebenheiten einstellen und dafür sorgen, daß diese Diskrepanz fortbesteht, sich umkehrt oder aber noch größer wird.

■ ■ ■ Affektive Psychosen und die ■ ■ ■ »innen-geleitete« bzw. die »außen-geleitete« Gesellschaft

Seit den Zeiten Kraepelins und bis in die frühen dreißiger Jahre zogen die affektiven Psychosen (die manisch-depressive Erkrankung, die psychotische Depression und die Involutionsmelancholie) die gleiche oder doch nahezu die gleiche Aufmerksamkeit auf sich wie die Schizophrenie (dementia praecox). Mit Beginn der dreißiger und bis in die siebziger Jahre hinein hat dann das Interesse an diesen Zuständen aber immer mehr nachgelassen.

Wie ich an anderer Stelle schon ausgeführt habe (1959, 1976), hat diese Entwicklung ihren Grund wahrscheinlich darin, daß schwere affektive Störungen nicht mehr so häufig auftreten wie früher. Daß heute das Interesse der Forscher an den manischen Zuständen wieder aufgelebt ist, steht wohl im Zusammenhang mit den eindrucksvollen Erfolgen, die man seit kurzem in der Behandlung manischer Patienten mit der Verabreichung von Lithium erreicht. Dieses Mittel ist zwar zur Behandlung manischer Zustände schon 1949 von Cade eingeführt worden, aber damals hielt man es für gefährlich. Erst in den sechziger Jahren wurde Lithium dann populär. Das neue Interesse an der Depression oder an den manischen Zuständen bedeutet nicht, daß wir es nicht – wenn auch in geringem Maße – auch heute noch mit typischen zweiphasigen manisch-depressiven Erkrankungen zu tun hätten, die sich durch vollerblühte manische Episoden und schwere depressive Attacken auszeichnen, die mit Selbstanschuldigungen einhergehen.

Im Jahre 1928 kamen auf je 100 000 Einwohner im Staat New York zehn Neuaufnahmen von manisch-depressiven Patienten, im Jahre 1947 waren es 3,7 Neuaufnahmen je 100 000 Einwohner. Die Erstaufnahmen stellten 1928 13,5 Prozent aller Aufnahmen, 1947 waren es nur noch 3,8 Prozent. Das heißt, innerhalb von zwanzig Jahren sank die Zahl der manisch-depressiven Patienten, die in die staatlichen Krankenhäuser von New York aufgenommen werden mußten, auf ungefähr ein Drittel; sie hat seitdem keine Aufwärtsbewegung mehr erkennen lassen. Die meisten anderen Bundesstaaten melden ähnliche Entwicklungen. Nach der Statistik tritt diese Form der Psychose also inzwischen erheblich seltener auf. Aber eine Interpretation der statistischen Angaben ist schwierig, denn wie bei allen psychiatrischen Statistiken sind auch hier viele Variablen im Spiel. Bellak (1952) nennt drei mögliche Erklärungen: ein tatsächliches Nachlassen der relativen Häufigkeit dieser Krankheit; eine größere Toleranz auf seiten der gesunden Bevölkerung gegenüber den leichteren Fällen der manisch-depressiven Erkrankung; ein Wandel in den diagnostischen Gepflogenheiten.

Diesen drei Hypothesen können wir noch zwei weitere anfügen. Die vierte Hypothese lautet, daß die zu Beginn der Krankheit angewandten neuen therapeutischen Methoden eine solche Besserung oder gar Heilung bewirken, daß die Patienten gar nicht stationär aufgenommen werden müssen. Denken wir vor allem an die Elektroschockbehandlung, die ja eine manisch-depressive Attacke, insbesondere in der depressiven Phase, ganz rasch beenden kann. Aber diese Hypothese hält einer näheren Überprüfung nicht stand. Die ersten Berichte über die Elektroschockbehandlung von Cerletti und Bini erschienen 1938. In den Vereinigten Staaten wurde die Methode 1939 eingeführt, allerdings fand sie bis 1943 keine sehr weite Verbreitung, schon gar nicht in der privaten Praxis bei nichthospitalisierten Patienten. Andererseits läßt die Statistik erkennen, daß die Zahl der Erstaufnahmen manisch-depressiver Patienten schon seit 1928 gesunken ist. Was ich in bezug auf die Elektroschockbehandlung gesagt habe, kann für die Behandlung manischer Zustände mit Antidepressiva oder mit Lithium nur noch stärker betont werden. Diese Methoden wurden eingeführt, nachdem man schon längst einen deutlichen Rückgang im Auftreten affektiver Psychosen festgestellt hatte. Bevor wir uns mit einer fünften Hypothese beschäftigen, wollen wir zunächst Bellaks Erklärungsversuche im einzelnen erörtern.

Bellaks dritte Hypothese, wonach für diesen Rückgang ausschließlich die veränderten diagnostischen Gepflogenheiten verantwortlich zu machen sind, ist wohl kaum haltbar. Es ist richtig, daß viele Patienten mit gemischter Symptomatik seit den dreißiger Jahren nicht mehr als manisch-depressiv, sondern als reaktiv-depressiv, senil-depressiv, als schizophren, schizo-affektiv, zwanghaft psychoneurotisch etc. klassifiziert worden sind. Die Frage, die sich hier aufdrängt, lautet: Warum ist man so zögernd mit der Diagnose der manisch-depressiven Psychose umgegangen?

Dazu läßt sich mit Recht sagen, daß diese zögernde Haltung nicht etwa nur eine Laune war, sondern durch die Tatsache begründet ist, daß die typischen oder schwerwiegenden manisch-depressiven Merkmale bei den Fällen, die man stationär behandeln mußte, schon lange Zeit nur eine zweitrangige Rolle spielten, während sie früher eine herausragende Rolle innegehabt hatten. Ich habe auch erwähnt (Kapitel 3), daß wir es in den letzten Jahren zunehmend mit solchen Fällen zu tun haben, bei denen die depressive Symptomatik ganz stark an die Anfänge eines schizophrenen Prozesses erinnert. In diesen Fällen kommt natürlich der anfänglichen und sehr viel deutlicher ausgeprägten Symptomatik die größte Aufmerksamkeit zu. Häufig lassen sich in solchen Fällen übrigens auch schizophrene Reste ausmachen, selbst wenn die depressiven Züge die Oberhand gewinnen.

Die Berichte aus anderen Teilen der Welt weisen in die gleiche Richtung. Gold (1951) fand im Mittelmeerraum und in Irland eine relativ größere Verbreitung manisch-depressiver Psychosen gegenüber den schizophrenen Psychosen. In den orientalischen Ländern, vor allem dort, wo Hinduismus und Buddhismus vorherrschen, ist die manisch-depressive Psychose sehr viel seltener, dagegen gibt es auf den Fidschi-Inseln sehr viele manisch-depressive Patienten. Gold fügt hinzu, daß in Indien wenig manisch-depressive und mehr schizophrene Psychosen vorkommen, daß aber für Inder, die auf die Fidschi-Inseln ausgewandert sind, gerade das Gegenteil zutrifft. Kurz nach dem Zweiten Weltkrieg gab es in Italien mehr Fälle von klassischen oder rein manisch-depressiven Erkrankungen als in den Vereinigten Staaten. Im Jahre 1949 wurden in den Vereinigten Staaten die stationären Aufnahmen für manisch-depressive Patienten mit 4,7 und für Schizophrene mit 16,1 pro 100 000 Einwohner angegeben; die entsprechenden Zahlen für Italien lauten 10,0 für die manisch-depressiven und 8,2 für die schizophrenen Patienten.*

Italienische Psychiater sagen allerdings, daß seit den späten vierziger Jahren das Vorkommen des klassischen Typs der manisch-depressiven Psychose auch in Italien geringer geworden ist und etwa im gleichen Maße abgenommen hat wie in den Vereinigten Staaten.

Im Zusammenhang mit den Veränderungen im Bereich der Diagno-

---

* Die Angaben über die Verhältnisse in Italien stellte mir freundlicherweise Professor Francesco Bonfiglio aus Rom zur Verfügung. Im einzelnen lauten sie folgendermaßen: Erstaufnahmen schizophrener Patienten in Italien im Jahr 1947: 3,541; 1948: 3,780; 1949: 3,854; Erstaufnahmen manisch-depressiver Patienten: 1947: 4,298; 1948: 4,562; 1949: 4,791. Die obengenannte Zahl der stationären Aufnahmen je 100 000 Einwohner stellt das jährliche Mittel in der Zeit von 1947 bis 1949 dar.

stik müssen wir auch überlegen, ob nicht vielleicht die Differenzierung nach Kategorien wie etwa Involutionsparanoia und Involutionsmelancholie, wie sie in den letzten Jahrzehnten üblich geworden ist, für die statistischen Unterschiede verantwortlich zu machen ist. Mit anderen Worten, Patienten, die man zuvor als manisch-depressiv diagnostiziert hätte, sind später vielleicht diagnostisch in die Kategorie der Involutionssyndrome eingeordnet worden. Auch hier ist es nicht einfach, alle beteiligten Faktoren zu berücksichtigen. Zum Beispiel sind die Involutionspatienten früher vielleicht als Paranoiker oder Paraphreniker eingestuft worden. Nur in Fällen reiner Involutionsmelancholie besteht, was die Diagnose angeht, so etwas wie Konkurrenz gegenüber der manisch-depressiven Psychose. Es ist zweifelhaft, ob die Fälle von reiner Involutionsmelancholie, wenn man sie den offiziellen Zahlen für die manisch-depressiven Erkrankungen hinzufügen würde, den beobachteten Rückgang der manisch-depressiven Psychose wieder umkehren oder den Unterschied im Verhältnis der Erstaufnahmen schizophrener und manisch-depressiver Patienten erklären würden. Auch hier kommt der Trend ganz deutlich in der Statistik zum Ausdruck. Von den Erstaufnahmen in staatliche Krankenhäuser von New York für das Jahr, das mit dem 31. März 1947 endete, gibt Bellak 27,7 Prozent mit der Diagnose dementia praecox, 7,0 Prozent mit der Diagnose Involutionspsychose und 3,8 Prozent mit der Diagnose manisch-depressive Psychose an. (Zusammen bildeten die Involutionspsychotiker und die manisch-depressiven Patienten also 10,8 Prozent der Erstaufnahmen dieses Jahres).

Bellaks zweite Hypothese lautet, daß die gesunde Bevölkerung den leichten Fällen heute mehr Toleranz entgegenbringt. Er sagt, daß der »auf seinen Vorteil bedachte, laute und energische Verkäufer-Typ« ein Typ sei, den man inzwischen akzeptiert. Das ist zwar richtig, aber dieser Typ entspricht – trotz gewisser Ähnlichkeiten – nicht dem zyklothymen Hypomaniker, der leicht manisch-depressiv wird, sondern deckt sich eher mit Fromms (1947) »Markt-Charakter« bzw. mit der von Riesman (1950) beschriebenen »außen-geleiteten« Persönlichkeit. Diese zweite Hypothese von Bellak enthält allerdings einen Hinweis: Seit einigen Jahrzehnten sind die leichteren Fälle sehr viel verbreiteter. Ich glaube, daß dies stimmt. Aber um eine Erklärung für den Unterschied werden wir uns bemühen, wenn wir der fünften Hypothese im einzelnen nachgehen.

Diese Beobachtungen und Überlegungen scheinen zu dem Schluß zu führen, der in Bellaks erster Hypothese enthalten ist: Der zahlenmäßige Rückgang der manisch-depressiven Patienten, zumindest derer, die so schwer krank sind, daß sie stationär aufgenommen werden müssen, ist real und kein Trugschluß. Dieser Rückgang ist zwar nicht universal, aber er scheint doch für viele Länder, vor allem für die westlichen Länder, zuzutreffen, wenn er auch nicht überall gleich schnell vonstatten ging.

Wenn wir die Gründe für diesen zahlenmäßigen Rückgang bzw. für das Nachlassen der Symptomatik der manisch-depressiven Psychose tatsächlich durchschauen würden, dann hätte dies interessante Weiterungen für die Psychiatrie im allgemeinen und das Gebiet der Psychohygiene im besonderen.

Was David Riesman als die »innen-geleitete« Persönlichkeit bzw. die »innen-geleitete« Kultur bezeichnet, steht wohl in Zusammenhang mit der typischen manisch-depressiven Psychose, deren depressive Phase von Selbstanschuldigungen gekennzeichnet ist. Sollten diese Persönlichkeit und diese Kultur eines Tages verschwinden, dann werden wir wahrscheinlich auch diese Psychose nicht länger beobachten.

Nach Riesman kommt die innen-geleitete Gesellschaft als Folge demographischer und politischer Veränderungen zustande. Zu bestimmten Zeiten in der Geschichte verursacht ein rapides Bevölkerungswachstum eine Verknappung der materiellen Güter und damit eine Psychologie des Mangels. Dieser Typ der Gesellschaft ist im Laufe der Geschichte schon mehrfach entstanden. Die Gesellschaft, die in diesem Zusammenhang unmittelbare Bedeutung für uns besitzt, nahm ihren Anfang in der Renaissance und entfaltete sich zur Zeit der Reformation. Fromm (1941) schreibt, daß dem Menschen in dieser geschichtlichen Periode die Sicherheit, die er im Mittelalter dank seiner Zugehörigkeit zu einem geschlossenen Klassensystem genossen hatte, verloren ging und er sich nun auf seine eigenen Anstrengungen angewiesen sah. Die Lehre Luthers und indirekt die Lehre Calvins vermittelten dem Menschen das Gefühl, daß alles von seinen eigenen Bemühungen abhing. Der tiefempfundene Gedanke an Verantwortung, Pflicht, Schuld und Strafe, der schon im frühen Mittelalter lebendig, damals aber noch auf wenige gläubige Menschen beschränkt gewesen war, erhielt außerordentliche Bedeutung und durchtränkte gewissermaßen jede Lebensäußerung. Diese Kultur setzte sich schließlich im gesamten Abendland durch und ist erst im dritten oder vierten Jahrzehnt unseres Jahrhunderts durch eine andere Kultur ersetzt worden, die »außen-geleitete« Kultur.* In einigen Ländern, bei-

* Wir sollten uns allerdings hüten, die außen-geleitete Kultur bzw. Persönlichkeit, wie sie von Riesman beschrieben wird, mit dem von mir als nach außen hin orientiert bezeichneten Persönlichkeitstyp zu verwechseln. Die Orientierung nach

spielsweise in den Vereinigten Staaten, ging dieser Wechsel sehr rasch vonstatten; in anderen verläuft er langsamer und ist noch immer in Gang.

In der innen-geleiteten Gesellschaft sind den Eltern ihre Pflichten stets gegenwärtig, und die Sorge um das neugeborene Kind nimmt erheblichen Raum in ihren Gedanken ein. Es ist wohl diese pflichtbewußte Sorge und später die Belastung des Kindes mit eigener Verantwortung und mit dem Gefühl für Pflicht und Schuld, die den Boden dafür bereiten, daß das Kind jene starken introjektiven Tendenzen entwickelt, die in der Genese der manisch-depressiven Psychose eine so herausragende Rolle spielen.

Den typischen manisch-depressiven Menschen und die typische innen-geleitete Persönlichkeit verbinden die folgenden Gemeinsamkeiten:

1. Die pflichtbewußte Mutter läßt dem Kind schon sehr früh in seinem Leben eine so ausgeprägte Fürsorge angedeihen, daß das Kind starke introjektive Tendenzen entwickelt.

2. Später tritt eine drastische Veränderung ein, wenn dem Kind eigene Verantwortung aufgebürdet wird. Diese Veränderung bewirkt das Trauma vom verlorenen Paradies.

3. Das Individuum fühlt sich für jeden möglichen Verlust verantwortlich. Es reagiert mit Willfährigkeit, harter Arbeit und starken Schuldgefühlen. Das Leben wird zum Fegefeuer.*

4. Dies führt zu depressiven Neigungen oder zu Inaktivität, die ihrerseits Schuldgefühle weckt oder aber wieder Aktivität auslöst, die sinnlos erscheint. All diese negativen Zustände und Empfindungen werden als Beweis für die eigene Wertlosigkeit mißdeutet und führen zu der Erwartung, das Paradies von neuem, und diesmal für immer zu verlieren. So entsteht ein wahrer Teufelskreis.

Andere Untersuchungen machen auf einen Zusammenhang zwischen der manisch-depressiven Psychose und der innen-geleiteten Gesellschaft aufmerksam, der nicht ganz zufälliger Art sein kann: Die Untersuchungen von Eaton und Weil über die Hutterer (1955 a, b) werfen vielleicht zusätzliches Licht auf diese Hypothese. Die Hutterer

---

außen, von der ich spreche, ist eine Art hypomanischer Abwehr gegen bzw. eine Reaktionsbildung auf die nach innen zielende Orientierung. Riesmans außen-geleitete Persönlichkeit ist ein ganz anderer Typ, wie er vornehmlich in der außengeleiteten Gesellschaft anzutreffen ist.

* An diesem Punkt weichen viele manisch-depressive Patienten vom Muster der Orientierung nach innen ab; statt dessen entwickeln sie nun eine außergewöhnlich abhängige, an den Hypomaniker gemahnende und »nach außen hin orientierte« Persönlichkeit.

sind Nachkommen deutscher Einwanderer, die sich in Nord- und Süddakota, in Montana und der kanadischen Prärie niederließen. Ihr Leben ist sehr stark von der Religion geprägt, und die Geburtenrate ist sehr hoch; im Durchschnitt hat eine Huttererfamilie zehn Kinder. Hier haben wir es mit einer typischen innen-geleiteten Gesellschaft zu tun. Unter 8542 Menschen fanden Eaton und Weil nur neun Personen, die irgendwann in ihrem Leben an Schizophrenie erkrankt waren, und 39 Personen, die an einer manisch-depressiven Psychose gelitten hatten. Mit anderen Worten, die manisch-depressive Psychose war unter den Hutterern 4,33 mal so häufig wie die Schizophrenie, während in der gesamten Bevölkerung der Vereinigten Staaten Schizophrenie weit häufiger auftrat als manisch-depressive Psychosen.

Es gibt noch weitere historische Tatsachen, die auf einen Zusammenhang zwischen der innen-geleiteten Gesellschaft und der Häufigkeit der manisch-depressiven Psychose verweisen. Diese Fakten sind aber nicht zuverlässig, da sie nicht wissenschaftlich erhärtet sind, so aussagekräftig sie auch scheinen mögen. Unter den Ärzten der vorchristlichen Epoche war vor allem Hippokrates an Fällen von Manie und Melancholie interessiert. Man kann also annehmen, daß er über ausgedehnte Erfahrungen mit solchen Fällen verfügte, und damit wird es wahrscheinlich, daß sie gehäuft auftraten. Nach Riesman wiederum war die athenische Kultur zu jener Zeit innengeleitet.

Was ich bisher ausgeführt habe, darf nicht etwa so verstanden werden, als wollte ich in der innen-geleiteten Kultur »die Ursache« der manisch-depressiven Psychose sehen. Ich möchte nur die Hypothese vortragen, daß dieser Typus von Kultur offenbar jene familiären Konfigurationen und zwischenmenschlichen Konflikte verursacht, die in der Regel zu schweren Formen der manisch-depressiven Psychose führen, wobei die depressiven Phasen von Selbstanschuldigungen gekennzeichnet sind.

Eine fünfte Hypothese schließlich betrifft die Möglichkeit einer Veränderung in der Symptomatik vieler Fälle von Depression, einschließlich der depressiven Phasen der manisch-depressiven Psychose: die Symptomatik ändert sich und verliert an Intensität, so daß häufig eine Hospitalisierung gar nicht notwendig wird. So habe ich schon früher die Depression mit ausgeprägtem Forderungscharakter beschrieben, die in der Regel keinen so schweren Verlauf nimmt wie der mit Selbstanschuldigungen einhergehende Typ der Depression.

Der Zusammenhang, den wir zwischen der innen-geleiteten Kultur und dem von Selbstanschuldigungen geprägten Typ der Depression aufgezeigt haben, läßt sich für die Depression mit Forderungscharakter nicht behaupten. Ein Mensch, der sich auf andere Menschen verläßt, wenn es um seine Erfüllung und Befriedigung geht, hat sich die Anregungen seit frühester Kindheit aus der äußeren Umgebung geholt und ist von jeher weniger geneigt, irgendwelche fernen Werte und Ziele zu internalisieren und zu erdenken. Er ist in aller Regel außen-geleitet. Nach Riesman (1950) orientiert sich die außen-geleitete Persönlichkeit nicht an älteren Menschen, sondern an Gleichaltrigen. Ein Mensch, der im wesentlichen nicht nach innen und nicht auf sein eigenes Selbst, sondern auf die äußere Welt hin orientiert ist, neigt eher zu Forderungen an die Adresse anderer als zu Erwartungen an die eigene Person. Er ist auch weniger geneigt, sich selbst zu beschuldigen. Nach Riesman haben die außen-geleitete Kultur und die außen-geleitete Persönlichkeit die innen-geleiteten Typen mehr und mehr verdrängt. Wir können also die Behauptung aufstellen, daß heute zunehmend der »Forderungstyp« der Depression auf den Plan tritt. Bei diesem Typ handelt es sich zwar im Vergleich zu derjenigen Depression, die mit Selbstbeschuldigungen einhergeht, um eine leichtere Form, die auch seltener eine Hospitalisierung nötig macht. Dennoch müssen wir sie ebenfalls als ernsthafte Störung ansehen und dürfen sie nicht mit der sogenannten neurotischen oder reaktiven Depression verwechseln.

■ ■ ■ Unser Zeitalter – ■ ■ ■ das Zeitalter der Depression

Die Depression gilt heute als eine so verbreitete Erscheinung, daß manche Menschen nicht zögern, unsere Ära als das Zeitalter der Depression zu bezeichnen. Seit ich auf dem Gebiet der Psychiatrie tätig bin, wird immer wieder ein Zeitabschnitt mit einem psychiatrischen Etikett versehen. In den vierziger Jahren hörten wir, daß wir in einem Zeitalter der Angst lebten; in den fünfziger Jahren war vom Zeitalter der Entfremdung die Rede; die sechziger Jahre brachten uns die Ära des Zorns und nun, in den Siebzigern, leben wir im Zeitalter der Depression. Enthalten alle diese Behauptungen einen wahren Kern?

Es ist sicher richtig, daß zu bestimmten Zeiten der eine oder andere dieser negativen Gefühlszustände intensiver empfunden wird als die übrigen, und es ist ebenso richtig, daß periodisch auftretende kulturelle Entwicklungen sowohl das Individuum wie auch die gesamte menschliche Gesellschaft für die eine oder andere Stimmung ganz besonders empfänglich machen. Die Angst hat den Menschen von jeher begleitet, und die Psychoanalyse hat uns durch ihre Konzentration auf diesen Gefühlszustand erkennen lassen, daß es sich dabei um eine letztlich ständig vorhandene affektive Gestimmtheit handelt. Die Popularität der Psychoanalyse in den vierziger Jahren (in den Vereinigten Staaten) und die Erfahrungen des Zweiten Weltkrieges haben unser Bewußtsein für die Angst geschärft. Der Triumph der Technik, die Mechanisierung, die Rationalisierung, die industrielle und bürokratische Verflechtung in den fünfziger Jahren öffneten uns die Augen für die zunehmende Entfremdung des Menschen von sich und seiner Umwelt und bewirkten ein neues Interesse an den Theorien über die Lage des Menschen, wie sie von Hegel, Marx und anderen formuliert worden waren. Die Revolte gegen das Establishment, die in der Studentenbewegung und im Anstieg der Kriminalität in den sechziger Jahren zum Ausdruck kam, brachte das Wort vom Zeitalter der Angst und der Gewalt in Umlauf.

Aber was ist nun mit den siebziger Jahren, warum gelten sie als die Jahre der Depression? Welches Zusammentreffen von Faktoren hat dafür gesorgt, daß die Traurigkeit (oder Depression) sich stärker ausgebreitet hat bzw. daß wir für diese Gefühlszustände empfänglicher geworden sind? Ich habe schon angedeutet, daß es Psychiater gibt, die die Hypothese vertreten, wir hätten uns seit Cades Entdeckung der wohltuenden Wirkung von Lithium auf die manisch-depressive Psychose im wesentlichen eben auf das konzentriert, was wir tatsächlich behandeln können, nämlich auf die manischen und depressiven Trends unserer Zeit. Allerdings setzt sich diese Hypothese aus so vielen Vermutungen zusammen, daß man ernste Zweifel an ihrer Glaubwürdigkeit anmelden kann. Lithium hat sich zwar bei manchen manischen Patienten als ein wirksames Mittel zur Symptombehandlung erwiesen, nicht aber bei depressiven Patienten. Man kann sich auch kaum vorstellen, daß die Begeisterung einiger Pharmakotherapeuten unsere ganze Kultur beeinflußt haben sollte.

In der Geschichte gab es immer wieder Perioden der Depression, so etwa im frühen Mittelalter sowie in den Jahren nach der Reformation. Dieser Gefühlszustand wurde damals noch verschärft durch die das Denken bestimmenden Vorstellungen von Sünde, Schuld, Verdammnis, Strafe und Nichtswürdigkeit. Heute ist die Depression als kulturelle Erscheinung mit dem Verlust der traditionellen Werte und der Erfolglosigkeit unserer Versuche, die alten Werte durch neue zu ersetzen, verknüpft. Ein Gefühl der Sinnlosigkeit, das uns an die Erfahrungen des schwer depressiven Patienten denken läßt, durchzieht unsere gesamte gegenwärtige Kultur. Literarisch spiegelt sich dies am eindrucksvollsten im absurden Theater wider. Es vermittelt den Gedanken, daß Gott tot ist, und mit dem Tod Gottes gibt es auch keine Hoffnung mehr; das Leben ist ohne Sinn und in seinem Wesen absurd.

Auch in anderen literarischen Zeugnissen kommt die Sinnlosigkeit des Daseins zum Ausdruck. In der Spannung zwischen den Kräften des Wachstums und den Kräften der Zerstörung tragen am Ende die negativen Kräfte den Sieg davon. Schon 1942 schreibt Camus im *Sisyphus*:

> ». . . in einem Universum, das plötzlich der Illusionen und des Lichts beraubt ist, fühlt der Mensch sich fremd. Aus diesem Verstoßen-sein gibt es für ihn kein Entrinnen, weil er der Erinnerungen an eine verlorene Heimat oder der Hoffnung auf ein gelobtes Land beraubt ist« (dt. S. 16).

Das Schreckliche in diesem kulturellen Klima ist das Gefühl der Sinnlosigkeit. Viele Menschen können sich nicht länger als Teil eines sinnvollen Ganzen verstehen, als Teil der Gesellschaft oder als Teil einer ideologischen Gruppierung. Sie nehmen Zuflucht zu Zynismus, Distanzierung und Rückzug, doch auch diese Gegenmittel erweisen sich als zu schwach gegenüber dem Gefühl der Sinnlosigkeit; die Folgen sind Verzweiflung und Depression, die oft als chronische, ängstliche Traurigkeit oder als apathische Form der Depression auftreten.

Soziologen und Psychiater haben sich die Frage gestellt, ob es vielleicht die entsetzlichen Ereignisse unseres Jahrhunderts gewesen sind – der Erste Weltkrieg mit seinen Millionen Toten, die auf den Schlachtfeldern verbluteten, und dem Massaker an Armeniern, der Zweite Weltkrieg mit der versuchten Ausrottung der Juden und der Atombombe über Hiroshima –, die in Generationen von jungen Menschen ein Gefühl überwältigender Hoffnungslosigkeit, eine alles durchdringende Traurigkeit, Verzweiflung an der Menschheit und am Leben ganz allgemein haben entstehen lassen. Untersuchungen dieser Art sind in großem Maßstab natürlich kaum durchführbar. Ich kann nur für mich selbst sprechen und die Folgerungen nennen, zu denen ich aufgrund meiner Arbeit mit Depressiven und auch mit Patienten aus anderen klinischen Kategorien gelangt bin, die ich seit dem Ende des Zweiten Weltkrieges behandelt habe. Es ist mir klar, daß die Grenzen meiner Untersuchungen und meine persönliche Ausrichtung mich möglicherweise zu falschen Schlüssen geführt haben. Dennoch muß ich es wagen, meinen Versuch einer Beurteilung der Dinge hier vorzutragen.

Keiner meiner Patienten schien von den Auswirkungen und der Bedeutung des Holocaust und der Bombe auf Hiroshima auf einer tieferen Ebene berührt, außer wenn Freunde oder Verwandte Opfer dieser Katastrophe geworden waren. Das Massaker an den Armeniern ist praktisch von allen Menschen außer den Armeniern selbst schon längst vergessen. Ich hatte eigentlich erwartet, daß die Menschen von diesen entsetzlichen Geschehnissen wirklich betroffen gewesen wären, aber das war nicht der Fall. Ich konnte auch nicht annehmen, daß sie ihre Betroffenheit tief verdrängt hatten, denn ich hatte nur solche Patienten in meine Untersuchungen aufgenommen, die gründlich analysiert worden waren. Wenn hier wirklich Verdrängung im Spiel war, dann in einem Ausmaß, das mit den üblichen therapeutischen Prozeduren nicht zu bewältigen ist.

Alexander und Margarete Mitscherlich (1975) haben über die Unfähigkeit der Deutschen geschrieben, Trauer zu empfinden über das, was ihre Mitbürger im Zweiten Weltkrieg getan hatten. Aber wir können durchaus sagen, daß die Menschheit insgesamt nicht fähig gewesen ist, angesichts des armenischen Massakers, der Judenverfolgung oder der Atombombe auf Hiroshima wirkliche Trauer zu empfinden. Die Menschheit war nicht in der Lage, Trauerarbeit zu leisten; aber nicht etwa deshalb, weil sie die Notwendigkeit des Trauerns nicht eingesehen hätte. Die Empfindung von Trauer war vielmehr gar nicht vorhanden. Vielleicht muß noch mehr Zeit vergehen, damit die historischen Ereignisse in ihrer ganzen Tragweite erkannt werden. Jedenfalls kann ich die Atmosphäre der Depression, wie sie heute unsere Kultur bestimmt, nicht direkt mit den Tragödien unseres Jahrhunderts in Verbindung bringen oder hier gar einen linearkausalen Zusammenhang erkennen. Vielleicht aber hat gerade das Ausbleiben einer angemessenen emotionalen Reaktion zum Gefühl der verlorenen Werte und der Sinnlosigkeit des Lebens beigetragen, das wiederum eine so ziellose Verzweiflung nach sich gezogen hat.

■ ■ ■ Sozio-philosophische ■ ■ ■ Prämissen für den Therapeuten depressiver Patienten

Nun ist aber bei weitem nicht alles negativ. Auf einigen Gebieten haben wir auch Fortschritte erzielt, man denke etwa an die Emanzipation der Frau.

In einem kulturellen Klima, in dem die Sinnlosigkeit gepredigt wird, gestaltet sich die Aufgabe des Psychotherapeuten, der es mit depressiven Patienten zu tun hat, besonders schwierig. Der schwerkranke Patient läßt sich, wie beschrieben, kaum jemals von Ereignissen und Vorgängen anrühren, die über sein persönliches Unbehagen hinausgehen. Der Therapeut aber muß zu seiner eigenen Identität gelangen. Es wird ihm nicht gelingen, dem Patienten zu helfen, daß er auf Besserung hoffen und wieder Vertrauen zu sich selbst und zum Leben fassen kann, wenn er selbst glaubt, alles Warten sei ein »Warten auf Godot«*. Er muß im Gegenteil davon überzeugt sein, daß es

---

* Nach dem gleichnamigen Schauspiel von Samuel Beckett, in dem die Hauptpersonen vergeblich auf das (mögliche) Kommen Godots warten.

nicht genügt, nur passiv abzuwarten, während die Erde sich weiter um ihre Achse dreht; und er muß auch den Patienten davon überzeugen, daß es notwendig ist, etwas zu tun. Ich kann hier nicht allgemeine Ratschläge geben, die jeden Psychotherapeuten zu befriedigen vermöchten, denn im Umgang mit dem einzelnen Patienten spielen immer wieder neue und spezifische Faktoren eine Rolle. Aber ich will versuchen, Richtlinien zu formulieren, die dem Therapeuten, der es mit depressiven Patienten zu tun hat, bei seiner Aufgabe eine Hilfe sein können. Auch diese Richtlinien haben natürlich ihre Grundlage in unserer Kultur und bilden so etwas wie den gemeinsamen Nenner für alle Überlegungen und Voraussetzungen, auf denen die Psychotherapie aufbaut:

1. Der Psychotherapeut geht davon aus, daß ein Mensch nicht depressiv werden muß, wenn es ihm gelingt, sich auf die Träume zu konzentrieren, die in Erfüllung gegangen sind, statt jenen nachzuhängen, die sich nicht erfüllt haben. Je weniger Träume verwirklicht worden sind, desto wertvoller sind sie, und desto eher sollten sie gehegt und gepflegt werden.
2. Alter, Geschlecht, äußere Erscheinung und intellektuelle Fähigkeiten des Patienten können seine Entwicklungsmöglichkeiten wohl einschränken, aber wegen der unendlich vielfältigen kognitiven, emotionalen und willensmäßigen Funktionen der Psyche kaum je völlig zunichte machen. Bestimmte Lebensmuster müssen nicht zum Gefängnis werden, sie sind keine untilgbaren und unentrinnbaren Prägungen. Der Patient ist zu Veränderungen fähig und kann die Möglichkeiten nutzen, die das Leben ihm bietet.
3. Der Therapeut kann sich nicht an den Gedanken halten, daß das Leben sinnlos sei, denn sonst wird auch die Therapie sinnlos. Es gibt zwei Möglichkeiten: a) Entweder ist der Therapeut vom Vorhandensein einer transzendentalen Ordnung und folglich vom Sinn des Kosmos und des menschlichen Lebens überzeugt. Aber das ist eine Frage des Glaubens, und wir können diese Überzeugung nicht einfach im Bedarfsfall von einem Therapeuten verlangen, der sie nicht hat. b) Oder er teilt die Überzeugung, daß sich im menschlichen Leben Ordnung und mithin Sinn schaffen lassen, selbst wenn das Universum keine vorbestimmte Ordnung hat und der Mensch mit allen seinen Angelegenheiten ein zufälliges und unerklärliches Phänomen sein sollte. Er ist also davon überzeugt, daß jeder Mensch seinem Leben einen Sinn geben kann.

■ ■ ■ ■ Zweiter Teil: ■ ■ ■ ■
Depression und die Methoden der Kindererziehung

Bei dem Versuch, jene ätiologischen Faktoren, die zur Depression des erwachsenen Menschen führen, zu beschreiben, können wir uns gewisse Informationen vielleicht dadurch verschaffen, daß wir die Methoden der Kindererziehung in solchen Gesellschaften oder Subkulturen genau unter die Lupe nehmen, in denen eine große Zahl von Erwachsenen depressiv wird. Solche Untersuchungen ebenso wie Untersuchungen zum Familienhintergrund depressiver Patienten sind sehr selten, aber einige Daten sind verfügbar, und sie sollen hier wiedergegeben werden. Allerdings können wir die Methoden der Kindererziehung nicht ohne weiteres aus dem kulturellen Kontext herauslösen, in den sie eingebettet sind. Die Auffassungen, die in einer bestimmten Kultur vorherrschen, durchdringen alle Bereiche des individuellen Daseins, sie beeinflussen die Eltern und schlagen sich in dem Gedankengut nieder, das sie ihren Nachkommen vermitteln. Es geht also um mehr als allein um die Praktiken der Kindererziehung.

Welche bedeutsame Rolle kulturelle Normen spielen, kommt ganz deutlich in einer vergleichenden Studie von Parker (1962) zum Ausdruck, der zwei benachbarte Ethnien, die Ojibwa und die Eskimos, beobachtete. Er stellte fest, daß die beiden Völker zwar mit den gleichen äußeren Schwierigkeiten zu kämpfen hatten – nämlich kalte Winter erdulden und sich mit kärglicher Nahrung zufriedengeben mußten –, daß aber unter den Ojibwa die Depression, verbunden mit Anorexie, paranoiden Vorstellungen, Zwangsdenken und -handeln stark verbreitet war; die Eskimos dagegen zeigten so gut wie keine depressiven Störungen; allerdings waren unter den Eskimos hysterische Attacken häufiger und Konversionsreaktionen nicht unbekannt.

Zur Erklärung dieses Unterschiedes kann man natürlich auf die unterschiedlichen genetischen Grundlagen verweisen, aber diese Erklärung läßt sich nur schwer halten angesichts der Feststellung, daß die Symptomatik beider Gruppen sich veränderte, je enger sie mit der abendländischen Kultur in Berührung kamen. Eher scheint die unterschiedliche Pathologie auf die jeweiligen Stammesvorstellungen zurückzugehen, die sich ihrerseits wieder in der Kindererziehung niederschlugen. Die Eskimos sind oder waren zumindest ein Volk, in dem der Gedanke der Gemeinschaft, des Mitteilens und der Gleichheit aller Stammesangehörigen eine große Rolle spielte. Eine Führungsstruktur ließ sich kaum ausmachen, und der soziale Rang oder die individuelle Leistung erfuhren weiter keine Beachtung. Die Eskimos vertrauten den übernatürlichen Kräften und erwarteten, daß ihre Götter ihnen gewähren würden, was sie zum Überleben brauchten. In schwierigen Zeiten schlossen sie sich zusammen und teilten das bißchen Nahrung, das sie auftreiben konnten. Wenn eines der Stammesmitglieder ein Tabu durchbrach, dann übernahm die ganze Gemeinschaft die Verantwortung dafür, es gab also den Gedanken der individuellen Sünde und Schuld nicht. Wer mit den Eskimos in Berührung kam, rühmte ihr freundliches und freundschaftliches Wesen, ihre Kameradschaftlichkeit und ihre Bescheidenheit. Die Eskimos zeigten ihre Gefühle offen und zögerten nicht, einander um Hilfe zu bitten oder Schwäche einzugestehen.

Dagegen hieß es von den Ojibwa-Indianern, sie seien prahlerisch, mürrisch, mißgünstig und verschlossen. Sie waren überempfindlich gegenüber Kritik und konnten Groll oder Ärger auch nach langer Zeit nur sehr schlecht vergessen. In schwierigen Zeiten schlossen sich die kleinen und fest zusammenhaltenden familiären Einheiten voneinander ab, machten einander die verfügbaren Ressourcen streitig und beobachteten sich gegenseitig voller Mißtrauen. Die Ojibwa zeigten eine masochistische Haltung gegenüber ihren Göttern; sie erniedrigten sich und bettelten bei ihnen um Mitleid. Sie versuchten, sich ihre Götter durch Dulden und Leidensbereitschaft geneigt zu machen. Diese religiöse Haltung hatte ihren Grund vielleicht in der Überzeugung der Ojibwa, daß Unheil und Mißgeschick in keinem Fall durch außerhalb des Menschen liegende Kräfte verursacht würden. Irgend jemand war immer verantwortlich und mußte die Götter durch ein persönliches Opfer für seine Schuld, zu der sich die übrigen nicht bekannten, wieder besänftigen. Die Götter ließen sich nur durch Leiden wieder gnädig stimmen, und schon die Kinder wurden zum Leiden angehalten, um sich das Wohlwollen der Götter zu sichern.

Auch in der Kindererziehung gingen die beiden benachbarten Völker verschiedene Wege. Die Eskimos glaubten, daß im Kind die Seele eines vor kurzem verstorbenen Angehörigen bewahrt sei. Wenn man das Kind nicht freundlich behandelte und Leiden nicht von ihm fernhielt, dann stand zu befürchten, daß diese » Beschützerseele« den Körper des Kindes verlassen und das Kind krank werden oder sterben könnte. Deshalb wurde das Neugeborene vom ganzen Stamm willkommen geheißen, denn mit ihm kehrte ein geliebter Mensch aus dem Kreis der Verstorbenen zurück. Man ließ es dem Kind gegenüber an nichts fehlen, und es wurde sogar, wenn es wollte, bis zum Alter von vier Jahren von der Mutter ernährt. Man begegnete dem kleinsten Anzeichen von Mißbehagen, indem man dem Kind Nahrung, Zerstreuung oder Gelegenheit zu erfreulichen Aktivitäten bot. Seine Abhängigkeitsbedürfnisse wurden rundum erfüllt, ohne daß das Kind selbst etwas tun mußte, um sich die Liebe, die ihm entgegengebracht wurde, auch wirklich »zu verdienen«. In seinen verhaltensmäßigen Äußerungen war das Kind kaum eingeschränkt, die Sauberkeitserziehung wurde ohne allen Zwang gehandhabt, sexueller Neugier begegneten die Erwachsenen mit Toleranz. Mit Beginn der Pubertät wurde das Kind ganz allmählich und mit großer Geduld mit seiner Erwachsenenrolle vertraut gemacht.

Ganz im Gegensatz dazu glaubten die Ojibwa, das Neugeborene sei ein leeres Gefäß, dem Gefahren von seiten der abertausend bösen Mächte drohten, die die Welt bevölkerten. Um das Kind vor Unheil zu bewahren, wurde es von Anfang an streng erzogen und gegen die Verführung durch die bösen Geister »abgehärtet«. Schon frühzeitig in seinem Leben wurde es mit der düsteren und pessimistischen Lebenseinstellung der Ojibwa vertraut gemacht; so mußte es in regelmäßigen Abständen hungern, um für Zeiten des Mangels gerüstet zu sein. Im Einklang mit den herrschenden Ansichten und Vorstellungen wurde dafür gesorgt, daß es sich für sein Mißgeschick selbst verantwortlich fühlte und glaubte, daß Rettung nur durch selbstauferlegtes Leiden möglich sei. Schließlich setzte man dem Kind ein Ziel, das es zu einem bestimmten Zeitpunkt in seinem Leben zu erreichen hatte. Man erwartete, daß es im Verlauf eines außerordentlich schmerzhaften rituellen Vorgangs eine Vision haben werde, die ihm seinen zukünftigen Weg weisen würde. Daher fühlte es sich später verpflichtet, das Ziel, das ihm in dieser »Vision« enthüllt worden war, auch zu erreichen.

Parker kommt zu dem Schluß, daß das Verlangen des Eskimos nach sofortiger Befriedigung und die Tatsache, daß er sich im Hinblick auf die Erfüllung aller seiner Wünsche ohne Zögern auf die Gemeinschaft verläßt, ihn möglicherweise dazu prädisponiert, auf Not und Entbehrung mit einer gewissen Theatralik zu reagieren. Dagegen läßt sich die Tatsache, daß der Ojibwa auf Konflikt und Belastung in der Regel mit Niedergeschlagenheit und Depression antwortet, vielleicht damit erklären, daß er sich seiner Abhängigkeitsbedürfnisse schämt, in der Gemeinschaft keine Unterstützung findet, Erfüllung und Befriedigung nur durch selbstauferlegtes Leiden glaubt erreichen zu können, und daß schließlich sein Selbstwertgefühl von seiner persönlichen Tüchtigkeit und Leistung abhängt.

Eine weitere anthropologische Studie, die vielleicht etwas Licht auf die Psychogenese der Depression werfen kann, haben wir im Bericht von Eaton und Weil (1955 b) über die ganz und gar auf sich selbst hin orientierte Gemeinschaft der Hutterer im Norden der Vereinigten Staaten. Wie schon an anderer Stelle erwähnt, handelt es sich dabei um eine außerordentlich puritanische und ganz und gar auf ihre Pflichten und Aufgaben ausgerichtete Gemeinschaft, in der es nachgewiesenermaßen eine extrem hohe Rate an depressiven Störungen gibt. Die Wertvorstellungen dieser Gemeinschaft lassen sich wie folgt kennzeichnen: Selbstverleugnung (oder auch Verleugnung der Bedürfnisse anderer), Ablehnung hedonistischer und aggressiver Tendenzen (und Schamgefühl angesichts solcher Tendenzen), absolute Loyalität gegenüber der Gruppe und schließlich Hoffnung auf ein jenseitiges Leben, in dem der Mensch für seine Anstrengungen im Diesseits und für seine Bereitschaft zur Selbstverleugnung belohnt werden wird.

Die Hutterer erziehen ihre Kinder ganz anders als die Bewohner der angrenzenden amerikanischen Gemeinden. Die Mutter entbindet zu Hause und auf natürliche Weise, die Familien haben im Durchschnitt zehn Kinder (Geburtenkontrolle gilt als Sünde), und sobald das Kind zwei Monate alt ist, wird es in einer Gemeinschaftseinrichtung gepflegt und versorgt. Mit etwa zweieinhalb Jahren verbringt das Kind bereits den größten Teil des Tages in einer Art Vorschule, und von nun an ist sein gesamtes Leben auf die Gruppe und zunehmend auf die ganze Gemeinschaft bezogen. Eaton und Weil bemerken dazu, daß die Identifikation mit der Peergruppe sehr weit geht und das Bedürfnis nach Konformität stark ausgeprägt ist. Die ganze Erziehung ist geprägt von einer »ständigen, gleichförmigen und dabei ganz gewohnheitsmäßig erfolgenden religiösen Indoktrination« (S. 31). Darüber hinaus wird den Kindern ein absolutes Wertsystem mit klaren Regeln für zulässiges Verhalten vermittelt, dessen Rechtfertigung allein darin liegt, daß man es eben schon immer so gemacht hat. Die Kinder lernen, daß sie ihren dekadenten und geistig wie moralisch verkrüppelten Nachbarn überlegen sind und ein mustergültiges Leben zu führen haben. Sie werden nicht zu Wettstreit und Konkurrenzdenken untereinander angehalten, aber von jedem einzelnen wird erwartet, daß er bei allem, was er tut, sein Bestes gibt.

Was an der Studie von Eaton und Weil frappiert, ist der Umstand, daß dem heranwachsenden Kind kaum Freiheit und Spontaneität und im Grunde nicht einmal ein privater Raum zugestanden wird. Die starke Unterstützung und die Sicherheit, die die Gemeinschaft bietet, hat ihren Preis im Verzicht auf Individualität. Hinzu kommt die ständige Furcht, daß man sich nicht genügend bemüht und angestrengt hat und deshalb von der Gruppe oder von Gott gerichtet werden wird.

Die Auswirkungen all dieser Zwänge auf die Kinder der Hutterer waren für die Autoren des Berichtes und für die nicht der Gemeinschaft der Hutterer angehörenden Lehrer dieser Kinder deutlich erkennbar. Die Ältesten der Huttergemeinschaft hatten erklärt, es gebe bei ihnen keine fehlangepaßten Kinder, während die Lehrer der

Meinung waren, daß es etwa bei zwei Dritteln aller Huttererkinder gewisse pathologische Anzeichen gebe. Ironischerweise wurde gerade das Verhalten, das die amerikanischen Lehrer als pathologisch bezeichneten, von den Hutterererlehrern mit Beifall bedacht, während das Verhalten, das die amerikanischen Lehrer gerne gefördert hätten, bei den Hutterern als schlecht galt. So wandten sich die Hutterer gegen jedes Anzeichen von Impulsivität und Spontaneität, äußerten aber Lob und Beifall, wenn die Kinder sich ganz besonders zurückhaltend, unterwürfig und gehorsam verhielten.

Eine kleine Szene, wie sie von Eaton und Weil geschildert wird, macht uns die Atmosphäre deutlich, in der das Huttererkind aufwächst:

> »Einer der jungen Mitarbeiter, der im Umgang mit Kindern sehr spontan war, wollte mit einer Gruppe, die sich um ihn gebildet hatte, Fangen spielen. Aus dem Spiel wurde eine Balgerei, und der junge Mann war im Nu vollauf damit beschäftigt, die schreienden Jungen und Mädchen abzuwehren, die sich alle drängten, um ihm ›eine zu verpassen‹. Das Spiel machte ihm selbst Spaß, und er trieb die Kinder sogar noch an. Plötzlich ließ sich die schrille Stimme einer älteren Frau aus der Tür der Gemeinschaftsküche über den ganzen Hof hinweg vernehmen: ›Geht heim!‹ Die Kinder waren wie vom Blitz gerührt, hörten sofort auf und verschwanden alle. Eine einzige Bemerkung von seiten eines respektierten Erwachsenen reichte aus, um sie zu zügeln, obwohl diese Frau nicht etwa die Mutter eines der Kinder war. Später entschuldigten sie und einige andere Erwachsene sich bei dem jungen Mitarbeiter weitschweifig für das Verhalten der Kinder; unter anderem sagten sie: ›Sie sind entsetzlich ungezogen‹« (S. 132–133).

Allerdings erfährt das Huttererkind neben der sehr strengen Erziehung auch viel Liebe. Die Kinder sind der einzige Reichtum, den ein Hutterer sein eigen nennen kann, und stehen deshalb bei den Eltern in hohem Ansehen. Diese Gegenkraft bewahrt sie vielleicht davor, schon in der Kindheit schwere psychische Schäden davonzutragen, aber die starren Ansichten und Vorstellungen, die ihnen eingeimpft werden, zeigen sich bei den Erwachsenen dann in einer ungewöhnlich starken Neigung zur Depression.

Sowohl für das Huttererkind wie auch für das Ojibwakind ist das gesamte Leben von starken Tabus eingeengt, insbesondere was die spontane Freude am Dasein angeht. Immer und überall stößt es auf Beschränkungen und Begrenzungen; nie darf es so sein wie es eigentlich möchte. Für die Kinder beider Gemeinschaften gilt ferner, daß der Gedanke an Sünde, an Rechenschaft und Selbstverleugnung sie ständig begleitet. Die Welt gilt als ein Ort, der voller böser Versuchungen steckt, vor denen das Kind durch eine strenge Erziehung bewahrt werden muß. Die Hutterer gleichen diese Strenge mit Liebe wieder aus, aber diese Liebe muß durch harte Arbeit »erworben« werden. Die Ojibwa wiederum betrachten das Leiden als eine besondere Tugend und zeigen den Kindern ihre Liebe, indem sie sie auf die Härten des Erwachsenenlebens vorbereiten. Dem Ojibwa-Kind sind zwar mehr Freiheit und Individualität gestattet als dem Kind der konformistischen Hutterer, aber dafür ruht auf ihm die Last des visionären Ziels, das es zu erreichen hat, wobei es nicht auf die Hilfe anderer Menschen zählen kann. Diese Unterschiede erklären vielleicht auch die Abweichungen in den sekundären Symptomen, die mit den jeweiligen depressiven Episoden auftreten. Schließlich werden Außenstehende von beiden Gruppen mit Mißtrauen betrachtet, und beide halten sich selbst sowohl für »anders« als auch anderen Menschen überlegen.

Untersuchungen dieser Art sind zwar nicht eben zahlreich, aber die vorhandenen Studien bestätigen doch die grundlegende These, daß die Prädisposition zur Entwicklung einer Depression im Erwachsenenalter auf die frühen zwischenmenschlichen Beziehungen und auf bestimmte kognitive Strukturen, die das Kind internalisiert hat, zurückgeht. Wenn man die Berichte über die Kindererziehung bei den Ojibwa oder den Hutterern liest, fällt einem auf, daß die Kinderjahre späterer depressiver Patienten in unserer eigenen Kultur in vieler Hinsicht ähnlich verlaufen. Zwar verstärken unsere kulturellen Sitten und Gebräuche jene familiären Wertvorstellungen und Interaktionsstile nicht, die den Menschen für eine spätere Depression besonders empfänglich machen. Aber die Tatsache, daß diese Wertvorstellungen schon so früh im Leben erlernt werden, bzw. gewisse frühe Erfahrungen des Kindes (wie sie bei Cohen u. a. [1954] beschrieben sind) reichen dennoch aus, um das individuelle Denken und Verhalten eines Menschen so zu prägen, daß dieser zu einem späteren Zeitpunkt nicht mehr fähig ist, gesündere Formen der Anpassung auszubilden. In unserer Gesellschaft gibt es natürlich bestimmte Subkulturen, deren Wertvorstellungen so beschaffen sind, daß sie zur Entwicklung einer Depression geradezu prädisponieren. Aber der Mangel an Zusammenhalt, wie er in der amerikanischen Gesellschaft von heute insgesamt zu beobachten ist, mag unter Umständen bewirken, daß schon die pathologischen Vorstellungen, wie sie in einer einzigen Kernfamilie vorherrschen, ausreichen, um bei einem Kind eine gewisse Anfälligkeit für Depressionen zu schaffen.

■ ■ ■ ■ 17. Einige weitere ■ ■ ■ ■ Bemerkungen über den Zusammenhang zwischen Kognition und Depression

Jahrzehntelang ist die Rolle der kognitiven Prozesse bei psychopathologischen Vorgängen von den Vertretern der klassischen Psychoanalyse ignoriert worden. Einige kognitive Konzepte und Transformationen sind bereits in der psychoanalytischen Theorie enthalten, so zum Beispiel die Prozesse der Symbolisierung und der Traumverzerrung oder die besonderen Denkmuster in der Schizophrenie. Aber das Hauptinteresse der Psychoanalyse lag doch auf den Trieben und den Affekten, den primären Motivationskräften des Verhaltens, und nicht auf den strukturellen Aspekten des Denkens oder auf der Betrachtung der differenzierteren Determinanten des Verhaltens. Was die akademische Psychologie zur Motivation zu sagen hatte, galt in den Augen der Psychoanalytiker als zu oberflächlich, um die primitiven Kräfte beurteilen zu können, die sie hinter aller menschlichen Aktivität vermuteten. Die klassische psychoanalytische Position war rein reduktionistischer Art und ist es weitgehend auch heute noch, das heißt, alles Verhalten wird auf semibiologische Triebe zurückgeführt. Wenn kognitive Strukturen überhaupt in Betracht gezogen werden, dann nur als komplexe Repräsentationen von tiefer verwurzelten, triebhaften Strebungen.

Die philosophischen Gründe für die Reduzierung von hochentwikkelten psychischen Funktionen auf Triebkräfte sind schon von anderen Autoren in umfangreichen Untersuchungen über die historischen Wurzeln des Freudschen Denkens vorgetragen worden. In den Augen dieser Autoren sind die frühen psychoanalytischen Formulierungen repräsentativ für den besonderen Zeitgeist der viktorianischen Ära und eingeengt von einer mechanistischen, deterministischen und reduktionistischen Philosophie. Ich glaube, daß eine solche Sicht des Menschen den schöpferischen, ästhetischen, altruistischen und sozialen Aspekten der menschlichen Existenz nicht gerecht wird. Damit will ich nicht andeuten, daß wir zu einer vitalistischen oder mystischen Betrachtung des Menschen zurückkehren sollten; die höheren Funktionen lassen sich nämlich sehr wohl in eine naturwissenschaftliche Betrachtung hineinnehmen, nach der der Mensch auch im Biologischen verwurzelt ist. Die Schwierigkeit liegt darin, daß die traditionelle Psychoanalyse den biologischen Ursachen des menschlichen Verhaltens zu viel und den kognitiven und volitiven Aspekten des Menschen zu wenig Beachtung geschenkt hat. In den letzten Jahren haben die Psychoanalytiker zwar versucht, sich auch mit den kognitiven

Aspekten zu befassen, aber vielfach weiterhin von ihrer reduktionistischen und biologischen Position aus. So haben die Ichpsychologen die kognitiven Strukturen im Zusammenhang mit der Entwicklung des Ichs untersucht, aber hauptsächlich in den konfliktfreien Bereichen und nicht in ihrer Eigenschaft als mächtige Motivationskräfte des Verhaltens einschließlich neurotischer Konflikte. In dieser Eigenschaft sind die Kognitionen erneut auf den zweiten Platz verwiesen worden, soweit es Fragen des Alltagslebens angeht. Im Werk anderer Psychoanalytiker – denken wir etwa an Klein und die britische Schule der Psychoanalyse – sind die kognitiven Konstrukte zwar in die psychischen Konflikte großzügig mit hineingenommen, aber niemals als solche identifiziert worden.

Als einer der ersten Psychoanalytiker hat Arieti die Bedeutung der kognitiven Faktoren für die Psychopathologie erkannt und wiederholt darauf hingewiesen, daß Krankheit auch die Folge konfligierender Vorstellungen sein kann, die sich nicht weiter auf primitivere oder tieferliegende biologische Triebe reduzieren lassen. Arieti lehnt Freuds Theorien in bezug auf die ursprünglichen Triebe oder die unbewußten Kräfte keineswegs ab (wie dies gelegentlich in der neofreudianischen oder der kulturalistischen Schule der Fall ist), aber zugleich geht er davon aus, daß auch die höherentwickelten Funktionen des Menschen erheblich sowohl zum pathologischen Geschehen als auch zur Normalität beitragen. Diese umfassende Art der Betrachtung wird auch als kognitiv-volitionale Schule (Arieti 1974) bezeichnet, weil sie die Bedeutung der wichtigsten Aspekte der menschlichen Entwicklung, nämlich des Denkens und des Wollens, unterstreicht. Im vorliegenden Kapitel soll das Phänomen der Depression aus diesem Blickwinkel heraus betrachtet werden, wobei wir einen großen Teil des theoretischen Materials, das in diesem Buch enthalten ist, noch einmal in gestraffter Form rekapitulieren wollen.

■ ■ ■ Unbewußte Determinanten der Depression ■ ■ ■

Seit Beginn der psychoanalytischen Bewegung ist das Konzept des Unbewußten eines der zentralen Konstrukte der psychoanalytischen Deutung und ein höchst wichtiger Bestandteil der Persönlichkeitstheorie. Aber im Laufe der Entwicklung des psychoanalytischen Denkens hat das Konzept des Unbewußten manche Veränderung erfahren. Ursprünglich galt das Unbewußte als Zwischen- oder Grenzfläche zwischen Seele und Körper, als ein Bereich, in dem die biologischen Instinkte zu psychischen Vorstellungen wurden und in dieser Form das Verhalten beeinflußten. Man glaubte, daß das Unbewußte aus Urkräften bestehe, die man Triebe nannte. Das war das Erbe Darwins, in dessen Nachfolge Spencer den Primat der Kraft – nämlich drängender biologischer Instinkte – als wichtigste Determinante des Verhaltens hervorgehoben hatte.

Freud hat dann später nicht nur die Triebe und ihre Repräsentationen in den Begriff des Unbewußten mit aufgenommen, sondern auch die Objekte, die in der frühen Kindheit introjiziert worden waren. Diese frühen Inkorporationen (oder Identifikationen) wirken bis in das Erwachsenenleben hinein, ohne daß das Individuum dies »weiß«. Dieser Teil der psychoanalytischen Theorie wurde zum Kernsatz der Kleinschen Schule. Nach den Kleinianern sind psychische Konflikte nichts als die Repräsentanz von Kämpfen, wie sie zwischen den guten und den bösen internalisierten Objekten ausgetragen werden. Mit dieser Neuerung erhielt der Begriff, den man sich vom Unbewußten machte, eine größere kognitive und strukturelle Bedeutung. Die Kleinianer sind sogar noch weitergegangen: Sie postulieren das Vorhandensein hochkomplexer unbewußter Phantasien, die dem manifesten Verhalten zugrunde liegen, aber mit dem wachen Bewußtsein in keinem Zusammenhang stehen. Diese Phantasien, von denen die Kleinianer behaupten, daß sie einen großen Teil unseres Innenlebens ausmachen, sind hochentwickelte kognitive Systeme; aber in eben dieser Eigenschaft sind sie bisher so gut wie vollständig übersehen worden. Phantasien werden als einfache Kraftvektoren angesehen, die das Verhalten mehr oder weniger in der gleichen Weise beeinflussen wie die biologischen Instinkte, die ihnen theoretisch vorausgegangen sind.

Das Konzept des Unbewußten erfuhr seine Weiterentwicklung im Zuge der Neubetrachtung der Psychoanalyse, wie sie durch die Strukturtheorie eingeleitet wurde. Neben der »Dreiteilung« der Psyche in Es, Ich und Überich wurde postuliert, daß das Unbewußte nicht nur die triebmäßigen Kräfte des Es und die internalisierten Werte des Überichs, sondern auch eine Reihe hochkomplexer Funktionen des Ichs umfasse. In einigen seiner späten Werke, insbesondere im Zusammenhang mit dem Fetischismus (1927, 1938), hat Freud sich mit dem Gedanken einer Zweiteilung der Psyche nach zwei einander entgegenstehenden Arten der Weltbetrachtung getragen, einer bewußten und einer unbewußten, die alle beide sehr hoch entwickelt und von großer kognitiver Komplexität waren.

Ohne daß diese Tendenz jemals direkt anerkannt worden wäre, hat also das psychoanalytische Konzept des Unbewußten eine zunehmend kognitive Prägung angenommen und ist immer stärker differenziert worden. Die traditionellen Psychoanalytiker sehen sich zunehmend gezwungen, auch kompliziertestes mentale Konstrukte bei der Erforschung jenes Materials mit zu berücksichtigen, das als verdrängt oder verleugnet gilt. Aber noch sträubt sich die klassische Psychoanalyse heftig gegen diese Schlußfolgerung. Hier nun setzt Arieti gewissermaßen neue Maßstäbe, indem er eine umfassendere Sicht der Motivation empfiehlt. Auch Arieti stimmt dem Gedanken zu, daß der Mensch zum Teil von biologischen Kräften angetrieben wird und daß wir in gewissen mentalen Aktivitäten, etwa in Träumen oder psychotischen Zuständen, primitive Formen der Kognition entdecken können. Aber nicht alles Verhalten läßt sich auf elementare Zustände hin reduzieren. Das Unbewußte besteht auch aus hochentwickelten kognitiven Strukturen, die, ebenso wie die primitiveren Strebungen, unseren bewußten Wünschen zuwiderlaufen und deshalb unterdrückt werden. Psychische Konflikte können also das Ergebnis zweier einander entgegenstehender Ansichten bezüglich des Selbst oder anderer Menschen sein, wobei jede dieser Ansichten gleichermaßen gut formuliert und strukturiert ist. Diese unterdrückten Konstrukte üben eine mächtige Wirkung auf das manifeste Verhalten aus, und zwar sowohl direkt als auch auf dem Weg über die Abwehrmanöver des Individuums gegen sie. Trotz dieser Überlegung bezüglich der Motivation ist der wesentliche Punkt doch der, daß die unbewußten Konstrukte sich letzten Endes als kognitive Phänomene beschreiben lassen.

Arieti spricht von diesen internalisierten Gedankensystemen als von der »inneren Realität«, die er an anderer Stelle so definiert:

> »Die innere Realität ist das Resultat einer ständigen Neubeschäftigung mit vergangenen und gegenwärtigen Erlebnissen und Erfahrungen. Ihre Entwicklung kommt während des ganzen Lebens eines Menschen nicht zum Abschluß, obwohl sie in Kindheit und Adoleszenz am stärksten ist. Sie gründet auf der Tatsache, daß Wahrnehmungen, Gedanken, Gefühle, Handlungen und andere psychische Funktionen niemals völlig verschwinden, nachdem einmal die neuronalen Mechanismen eingesetzt haben, die ihr Auftreten vermittelten. Zwar können sie nicht so bewahrt werden, wie sie erfahren wurden, aber ihre Wirkungen bleiben als Komponenten der Psyche erhalten«. (1974, S. 879)

Das heißt also, das Unbewußte – oder im weiteren Sinne die innere Realität – ist die gesamte gewachsene Erfahrung, die eine ständige Weiterentwicklung erfährt und durch immer neue Erfahrungen modifiziert wird. Allerdings scheinen gewisse Vorstellungen oder Überzeugungen, die bereits zu einem frühen Zeitpunkt im Leben entstanden sind, gegenüber Veränderungen widerstandsfähig zu sein und neuen Erfahrungen so gut wie keine Angriffsfläche zu bieten. Häufig kommt es sogar vor, daß Erfahrungen, die möglicherweise die aus der Kindheit stammenden kognitiven Strukturen verändern könnten, vom Individuum so verzerrt werden, daß sie sich den frühen Vorurteilen an- und einfügen. Solche in der Kindheit entstandenen Fehleinschätzungen der eigenen Person wie auch anderer Menschen sind langlebig, und ihre verzerrenden Qualitäten erklären das anscheinend so unangemessene Verhalten des Menschen, das wir dann als pathologisch bezeichnen.

In seinen *Betrachtungen* kennzeichnet Kafka das Festhalten an vergangenen, längst aus der Mode gekommenen Vorstellungen in sehr poetischer und doch zugleich exakter Weise. Er schreibt, daß all diese sogenannten Leiden, so jammervoll sie erscheinen mögen, Überzeugungen sind, der Versuch des Menschen, in irgendeinem Mutterboden Wurzeln zu fassen. Unglücklicherweise hat dieser Mutterboden, dieses Urgestein aus Sicherheit, nur zu häufig mit den Fehleinschätzungen und Verzerrungen der primitiven Kognitionen des Kindes zu tun. Selbst wenn diese frühen Ansichten ursprünglich die Umgebung ganz exakt gespiegelt haben, so war doch das ideologische System, in dem der später depressive Mensch aufgezogen wurde, so vorurteilsbeladen und in sich falsch, daß es ihm bereits eine »schiefe« Grundlage für das Funktionieren als Erwachsener lieferte. Der Depressive fährt fort – übrigens ebenso wie andere psychisch fehlangepaßte Menschen –, seine Erfahrungen in einer besonderen und pathologischen Weise zu verarbeiten, ohne sich bewußt zu sein, daß er gegenwärtige Erfahrungen seinen in der Kindheit geprägten Überzeugungen nachbildet. In diesem Sinne können wir die Depression, wie auch andere psychiatrische Störungen, als ein Muster von grundsätzlich pathologischen Formen der Kognition betrachten.

Gewöhnlich fährt das Individuum fort, seine ihm selbst unbekannten Überzeugungen »auszuleben«, ohne zu wissen, woher seine Haltungen und Gefühle kommen. Hin und wieder werden ihm diese Vorstellungen von sich selbst und von anderen Personen undeutlich bewußt, aber solche Erkenntnisse schmerzen und sind oft unvereinbar mit den bewußten Erwartungen, die es hegt. So werden sie erst gar nicht in sein Bewußtsein zugelassen. Andere Vorstellungen werden ihnen entgegengestellt, die näher an der Oberfläche liegen. Diesen oberflächlichen Konzepten gelingt es aber nie wirklich, das Individuum zu beruhigen und sein Verhalten zu steuern. Aus der Entfernung mag es so aussehen, als ob den Handlungen des Menschen reife kognitive Vorstellungen entsprächen, aber wenn man seine engen Beziehungen genauer unter die Lupe nimmt oder seinen ganz persönlichen Gedanken wirklich nachgeht, dann werden die älteren unreifen Muster sehr rasch sichtbar. In diesen kompensatorischen kognitiven

Strukturen können wir so etwas wie eine Entsprechung zum Konzept der Abwehr oder des Widerstandes erblicken, wie es in der traditionellen Psychoanalyse Geltung hat. Im Gegensatz zur klassischen psychoanalytischen Sichtweise gelten uns sowohl die Abwehr als auch der unbewußte Inhalt als kognitive Phänomene. Danach liegen also die Schwierigkeiten des Depressiven darin, daß er seine Erfahrungen nicht in der richtigen Weise kognitiv verarbeitet, wobei diese falsche Verarbeitung in der Kindheit begründet worden ist und sich im Erwachsenenleben verfestigt hat.

■ ■ ■ Kognitive Muster aus der ■ ■ ■ Kindheit und die Depression des erwachsenen Patienten

Die Grundüberzeugungen, die einen Menschen für depressive Episoden anfällig machen, haben mit seiner Einschätzung der eigenen Person und wichtiger Bezugspersonen zu tun. Das entsprechende »Training« in der Kindheit sorgt dafür, daß der Depressive sich mit der Zeit in unangemessener Weise auf die nährende Fürsorge anderer Menschen verläßt, um so ein gutes Selbstgefühl aufrechtzuerhalten. Die dominante Bezugsperson oder das dominante Ziel wird ihm zum Daseinszweck, und ohne sie scheint ihm sein Leben ohne Sinn. Seine Selbsteinschätzung ist von den Zufälligkeiten äußerer Ereignisse abhängig. Und es ist gerade diese fraglose Anlehnung an äußere Instanzen, soweit es um das Selbstwertgefühl geht, die den Menschen für immer neue deperessive Episoden prädisponiert.

Der Depressive hat sich in bezug auf die eigene Person wie auf seine Mitmenschen eine Sicht bewahrt, wie sie für ein Kind typisch ist. Er sieht in seiner Bezugsperson noch immer die elterliche Figur, und er wertet sein Selbst ständig ab. Diese Sicht des eigenen Selbst ist ihm in der Kindheit so fest eingeprägt worden, daß andere und realistischere Erfahrungen, die sich als Korrektive hätten erweisen können, gar nicht erst in sein System von Grundüberzeugungen eindringen konnten. Aber die Depression des Erwachsenen ist nicht nur dadurch gekennzeichnet, daß die kognitiven Überzeugungen aus der Kindheit wiederaufgelebt sind. Der Mensch entwickelt diese fest verwurzelten Kognitionen vielmehr fort und weitet ihren Inhalt gar noch aus. Das Selbst wird noch stärker herabgewürdigt, und die Bezugsperson wird noch mächtiger bzw. das Ziel wird noch wichtiger. Um sich weiter an die gewohnten Lebensmuster halten und gegen bedrohliche kognitive Alternativen verteidigen zu können, übertreiben manche Menschen in der Erinnerung die ursprüngliche Beziehung übermäßig und perpetuieren damit das pathologische Geschehen. Die Kindheitserinnerungen des Patienten bzw. die Art seiner Übertragung hören sich gelegentlich so an, als ob er wirklich fürchterliche Erfahrungen mit brutalen Eltern gemacht habe.

Aber wir haben es dabei nicht immer mit der exakten Schilderung der Vergangenheit zu tun: Wohl steckt darin ein Kern von Wahrheit, aber diese Wahrheit ist durch die immer neue und von Übertreibung gekennzeichnete Bearbeitung entstellt worden, sie ist in dieser Ausprägung das Ergebnis jahrzehntelanger Verarbeitung und Verfestigung früher kognitiver Strukturen.

Aus diesem grundlegenden Gedankensystem, dem zufolge das Selbst eine Herabwürdigung erfährt, wenn die Zuwendung von seiten der dominanten Bezugsperson ausbleibt oder das alles überstrahlende Ziel nicht erreicht wird, leiten sich ganz folgerichtig gewisse sekundäre kognitive Strukturen her: Zum Beispiel das heftige Verlangen, die Befriedigung spendende Bezugsperson irgendwie zu kontrollieren, damit sichergestellt ist, daß die so dringend benötigte Fürsorge auch wirklich erbracht wird.

Einen weiteren Aspekt der depressiven Persönlichkeit, der sich aus diesem fundamentalen System herleitet, erkennen wir in der Furcht vor der »autonomen Befriedigung«. Wie in diesem Buch immer wieder gesagt wurde, geht der Depressive jeder Gelegenheit, aus eigener Kraft zur Befriedigung zu gelangen, aus dem Wege, und häufig tut er entsprechende Aktivitäten als kindisch oder albern ab. Hier wirkt die ablehnende Haltung der Eltern gegenüber allen Unternehmungen fort, die den Patienten von der Verfolgung der elterlichen Ziele hätten ablenken können bzw. die es ihm gestattet hätten, Bindungen außerhalb der Familie einzugehen. Diese Selbstbeschränkung ist insofern signifikant, als manche Menschen gerade infolge dieses sterilen und asketischen Lebensmusters depressiv werden; andere, die auf ein Geschehen in ihrer Umgebung mit einer Depression reagieren, werden wegen dieses eingeschränkten Musters an der Überwindung ihrer Verzweiflung gehindert.

■ ■ ■ Die klinische Episode ■ ■ ■

Diese kognitive Struktur macht den Patienten einerseits immer wieder anfällig für Depressionen, und sie sorgt andererseits dafür, daß er den schmerzlichen Affekt nicht angemessen abzuwehren vermag. Wenn ihm die äußeren Stützen genommen sind, die ihm ein befriedigendes Selbstbild ermöglichten (also die Gewißheit, von anderen gebraucht zu werden, die Verfolgung eines bestimmten Ziels oder eines ganz besonderen und von hoher Moral getragenen Lebensmusters), dann verliert er alle Selbstachtung und jeden Lebenssinn. Diese schmerzliche Erkenntnis (ob realistisch oder nicht) kulminiert dann in der bewußt empfundenen Depression. Dieser affektive Zustand resultiert mit einer gewissen Zwangsläufigkeit daraus, daß sich durch die Veränderung der Verhältnisse die Beurteilung des Selbst in seinem Verhältnis zur Umgebung verändert hat. Das Konzept des kindlichen Selbst, das verdrängt worden war, taucht von neuem auf – und mit ihm überwältigende Verzweiflung und Hoffnungslosigkeit.

Die Rolle der Selbsteinschätzung für das Zustandekommen der Depression wurde schon von Freud und vor ihm von Kierkegaard (siehe S. 227) erkannt. Freud unterschied zwischen Trauer und Depression: Bei der Trauer ist die Umgebung leer und öde, bei der Depression hingegen das Selbst. Ohne die notwendigen Stützen in der Umgebung läßt sich ein befriedigendes Selbstbild nicht wahren; es kommt zur schmerzlichen Transformation des Selbstkonzepts und damit schließlich zur Depression.

So betrachtet, ist Depression die Folge einer kognitiven Transformation. Dabei handelt es sich allerdings um einen außerordentlich verwickelten kognitiven Prozeß. Verglichen etwa mit Furcht oder Wut kann die Depression als eine hochentwickelte Emotion bezeichnet werden. Wie Arieti (1967) schreibt, setzt der Affekt der Depression die Fähigkeit zur Einschätzung des Selbst und seines Wertes sowie die gedankliche Beschäftigung mit der Zukunft voraus. Aber die kognitiven Strukturen, die das Erleben der Depression erst ermöglichen und diesem Erleben zugrundeliegen, sind dem Bewußtsein nicht zugänglich.

Der einigermaßen gesunde Mensch kann eine beginnende depressive Verstimmung dazu nutzen, seine Ressourcen zu mobilisieren und sein Leben in der Weise zu verändern, daß die Ursachen des schmerzlichen Affekts gemildert werden. Wir alle sind nach einem Verlust oder einer Enttäuschung in Gefahr, vorübergehend in eine Depression zu verfallen. Aber wie Sandler und Joffe (1965) sagen, muß diese psychobiologische Reaktion sich nicht notwendig zur klinischen depressiven Episode auswachsen. Die meisten Menschen können sich gegen die Depression wehren, indem sie dem verlorenen Objekt oder der vereitelten Hoffnung ihre psychische Bedeutung nehmen und sie durch ein anderes Objekt bzw. ein anderes Ziel ersetzen. Mit der Zeit löst sich die Depression, weil der Betroffene andere Beziehungen eingehen und andere Ziele verfolgen kann, die ihn befriedigen; sein Selbstwertgefühl war nicht ausschließlich von der verlorenen äußeren Instanz abhängig.

Der depressionsanfällige Mensch dagegen hat keinen Zugang zu anderen kognitiven Möglichkeiten, die ihm neue Quellen der Befriedigung erschließen könnten. Becker (1964) benützt in diesem Zusammenhang eine Metapher: Der Depressive ist wie ein Schauspieler, der eine Reihe von Zeilen kennt, die sich nur vor einem ganz bestimmten Publikum rezitieren lassen. Er kann seine Situation nicht verändern – weder in bezug auf das, was er sagt, noch in bezug auf das Publikum, zu dem er spricht.

Während der depressiven Episode ersetzen *bewußte* kognitive Konstrukte die grundlegenden, in der Kindheit ausgebildeten Gedankensysteme, die die Depression herbeigeführt haben. Eine strukturelle Beschreibung dieses Prozesses sieht folgendermaßen aus: Ein unbewußtes System kognitiver Konstrukte interagiert mit einem traumatischen Geschehen in der Umgebung des Menschen; diese Interaktion gipfelt in einem affektiven Zustand und einer anschließenden Transformation, die ihrerseits neue kognitive Verzerrungen schafft. Becks kognitive Triade (siehe S. 76f.) verschwindet mit der Besserung des klinischen Zustandes, aber die zugrundeliegenden unbewußten Haltungen bleiben bestehen, und ohne eine ausgreifende therapeutische Intervention bleibt der Mensch deshalb auch weiterhin anfällig für immer neue depressive Attacken.

In manchen Fällen nimmt die Depression psychotische Ausmaße an; sie wird, wie auch die verzerrte Sicht der Welt, vom Patienten akzeptiert. Er macht nicht länger den Versuch, die Depression – und sei es auch mit unangemessenen Mitteln – abzuwehren; er wird vom schmerzlichen Affekt einfach überwältigt. Die Folge ist häufig eine allgemeine Verlangsamung der kognitiven Prozesse, so daß das Denken zu einer außerordentlich beschwerlichen Aufgabe wird. Diese schwer beeinträchtigten Patienten vermitteln dem Beobachter unter Umständen das Gefühl, ihre Depression sei ohne Inhalt – das heißt ohne psychologische Ursache. Aber bei geduldiger Befragung werden die kognitiven Aspekte der Depression – sowohl jene, die der depressiven Episode vorausgingen, als auch jene, die auf sie folgten – allmählich hervortreten. Eine erfolgreiche Behandlung ist erst dann möglich, wenn der Patient die Denkprozesse zu erkennen beginnt, die seiner Depression zugrunde liegen und sie immer weiter am Leben halten (Arieti 1977).

■ ■ ■ Therapeutische Schlußfolgerungen ■ ■ ■

Wenn wir gewisse psychopathologische Erscheinungen, wie etwa die Depression, als Resultat des Umstandes betrachten, daß der geschädigte Mensch die kognitiven Verzerrungen seiner Kindheit auch im

Erwachsenenleben beibehalten hat, dann hat dies gewisse Implikationen für die psychotherapeutische Technik. Die wichtigste Aufgabe des Therapeuten besteht darin, diese Verzerrungen aufzuheben und dem Patienten andere und angemessenere Vorstellungen zu ermöglichen, was seine eigene Person wie auch die Menschen in seiner Umgebung angeht. Gerade in der therapeutischen Situation werden jene früheren Vorstellungen deutlich sichtbar – zum Beispiel in den Verzerrungen der Übertragung.

Die erste therapeutische Aufgabe liegt also in der Identifizierung und Formulierung der unbewußten Überzeugungen und Vorstellungen des Patienten, die sich aus seinen Träumen, aus der Übertragung und aus seinen Äußerungen über andere Menschen ganz allgemein erschließen lassen. In der sicheren und vertrauensvollen Atmosphäre, wie sie durch die therapeutische Beziehung geschaffen wird, erkennt der Patient allmählich die seinem Erlebnis zugrundeliegenden kognitiven Systeme und die Wirkung, die sie auf sein Leben ausgeübt haben. Wenn diese Vorstellungen erst einmal »öffentlich gemacht« sind, lassen sie sich modifizieren, und es wird eine zutreffendere und dem erwachsenen Menschen angemessenere Interpretation der Realität möglich.

Sullivan prägte den treffenden Ausdruck von der »selektiven Unaufmerksamkeit«, um damit auf den defensiven Gebrauch des Mechanismus der Verleugnung zu verweisen, durch den wir Erfahrungen auszuschalten hoffen, die unsere Selbstachtung gefährden würden. Ein vielleicht gleichermaßen häufiger Mechanismus ist die »selektive Verzerrung«, das heißt die Mißdeutung von Ereignissen, die dann – solchermaßen mißdeutet – in die frühen unbewußten Gedankensysteme hineinpassen. Diese Verzerrungen werden nicht auf alle Erfahrungen übertragen, sondern selektiv genutzt, um archaische Bedürfnisse zu befriedigen, über die der Betroffene sich häufig gar nicht im klaren ist. In der Depression werden gewisse Bezugspersonen mit magischer und geradezu grandioser Macht ausgestattet, so daß sie zu dominanten Bezugspersonen für den Patienten werden können, der der Meinung ist, er könne nur richtig »funktionieren«, wenn er das Wohlwollen einer solchen hochgeschätzten Person besitzt.

Diese Verzerrungen werden in der therapeutischen Situation ebenso wie in den nichttherapeutischen Beziehungen, die dem Patienten etwas bedeuten, wiederbelebt. In der therapeutischen Situation allerdings werden sie dem Patienten gespiegelt, damit er die Gedankensysteme, die sein Dasein beherrschen und ihm soviel emotionale Qual verursachen, allmählich richtig zu beurteilen lernt.

Eine der wichtigsten Komponenten dieses Prozesses besteht darin, den Patienten so weit zu bringen, daß er es sich erlaubt, auch für außertherapeutische Erfahrungen offen zu sein, so daß das Leben selbst die Verzerrungen seines Gedankensystems zurechtrücken kann. Depressive Patienten – wie übrigens auch viele Patienten mit anderen Störungen – klammern sich an ihre verzerrten Kognitionen, sie fahren in der Mißdeutung ihrer Erfahrungen fort und ändern ihre fundamentalen Vorstellungen niemals. Die Behandlung muß dem Patienten Mut machen, ohne seine alten Vorurteile zu handeln und zu interagieren, so daß die Realität überhaupt erst bis zu seinen verzerrten Gedanken vordringen kann. Die Wiedergabe solcher Erfahrungen in der Sitzung ist Teil des Durcharbeitens. Trotz der beträchtlichen Unterstützung durch den Therapeuten (und trotz der Analyse der in der Übertragung auftauchenden Verzerrungen) beruht die Heilung letzten Endes darauf, daß der Patient seine Kognitionen im täglichen Leben außerhalb der psychotherapeutischen Praxis geändert hat.

■ ■ ■ ■ Bibliographie ■ ■ ■ ■

Abraham, K. (1960): Notes on the psychoanalytic treatment of manic-depressive insanity and allied conditions. In: Selected papers on psychoanalysis. New York (Basic Books), S. 137–156. Dt.: Ansätze zur psychoanalytischen Erforschung und Behandlung des manisch-depressiven Irreseins und verwandter Zustände. In: K. Abraham: Psychoanalytische Studien II. Frankfurt (S. Fischer) 1971.

– (1960, Original 1916): The first pregenital stage of the libido. In: K. Abraham, a. a. 0., S. 248–279. Dt.: Untersuchungen über die früheste prägenitale Entwicklungsstufe der Libido. In: K. Abraham: Psychoanalytische Studien zur Charakterbildung. Und andere Schriften. Frankfurt (S. Fischer) 1969.

– (1960, Original 1924): A short study of the development of libido, viewed in the light of mental disorders. In: K. Abraham, a. a. 0., S. 418–501. Dt.: Versuch einer Entwicklungsgeschichte der Libido auf Grund der Psychoanalyse seelischer Störungen. In: K. Abraham: Psychoanalytische Studien zur Charakterbildung. Und andere Schriften, a. a. O.

Adler, K. A. (1961): Depression in the light of individual psychology. *Journal of Individual Psychology*, 17, S. 56–67.

Akiskal, H. S. und W. T. McKinney (1975): Overview of recent research in depression. Integration of ten conceptual models into a comprehensive clinical frame. *Archives of General Psychiatry*, 32, S. 285–305.

Annell, A. L. (1969): Lithium in the treatment of children and adolescents. *Acta Psychiatria Scandinavia*, Suppl. 207, S. 19–30.

Ansbacher, H. L., und R. R. Ansbacher (1956): The Individual psychology of Alfred Adler. New York (Harper & Row). Dt.: Alfred Adlers Individualpsychologie. München (Ernst Reinhardt) ²1975.

Anthony, E. J. (1967): Psychoneurotic disorders. In: Friedman, A. M., und H. I. Kaplan (Hrsg.): Comprehensive textbook of psychiatry. Baltimore (Williams & Wellsing).

– (1975 a): Childhood Depression. In: Anthony, E. J., und T. Benedek (Hrsg.): Depression and human existence. Boston (Little, Brown).

– (1975 b): Two contrasting types of adolescent depression and their treatment. In: Anthony, E. J., und T. Benedek (Hrsg.), a. a. O.

Anthony, E. J., und P. Scott (1960): Manic-depressive psychosis in childhood. *Child Psychology and Psychiatry*, 1, S. 53–72.

Arieti, S. (1950): New views on the psychology and psychopathology of wit and of the comic. *Psychiatry*, 13, S. 43–62.

– (1959): Manic-depressive psychosis. In: Arieti, S. (Hrsg.): American handbook of psychiatry. Erste Aufl., Band I. New York (Basic Books), S. 419–454.

– (1960): The experiences of inner states. In: Kaplan, B., und S. Wapner (Hrsg.): Perspectives in psychological theory. New York (International Universities Press), S. 20–46.

– (1962): The psychotherapeutic approach to depression. *American Journal of Psychotherapy*, 16, S. 397–406.

– (1967): The intrapsychic self. New York (Basic Books).

– (1970 a): Cognition and feeling. In: Magda, A.: Feelings and emotions. New York (Academic Press).

– (1970 b): The structural and psychodynamic role of cognition in the human psyche. In: Arieti, S. (Hrsg.): The world biennial of psychiatry and psychotherapy, Band I. New York (Basic Books), S. 3–33.

– (1972): The will to be human. New York (Quadrangle). Dt.: Der Wille zur Menschlichkeit. Stuttgart (Klett) 1976.
– (1974 a): Interpretation of schizophrenia. New York (Basic Books).
– (1974 b): The cognitive-volitional school. In Arieti, S. (Hrsg.): American handbook of psychiatry. Zweite Aufl., Band I. New York (Basic Books), S. 877–903.
– (1974 c): Manic-depressive psychosis and psychotic depression. In: Arieti, S. (Hrsg.): American handbook of psychiatry, Band III. New York (Basic Books).
– (1976): Creativity: The magic synthesis. New York (Basic Books).
– (1977): Psychotherapy of severe depression. *Am. J. Psychiatry*, 134, S. 864–868.
Aronoff, M., Evans, R., und J. Durrell (1971): Effect of lithium salts on electrolyte metabolism. *Journal of Psychiatric Research*, 8, S. 139–159.
Baastrup, P. C., und M. Schou (1967): Lithium as a prophylactic agent against recurrent depressions and manic-depressive psychosis. *Archives of General Psychiatry*, 16, S. 162–172.
Baldessarini, R. J. (1975): The basis for the amine hypothesis in affective disorders. *Archives of General Psychiatry*, 32, S. 1087.
Beck, A. (1967): Depression: clinical, experimental, and theoretical aspects. New York (Paul B. Hoeber).
– (1970): The core problem in depression: the cognitive triad. In: Masserman, J. (Hrsg.): Science and Psychoanalysis 17. New York (Grune & Stratton).
– (1976): Cognitive therapy and the emotional disorders. New York (Int. Universities Press). Dt.: Wahrnehmung der Wirklichkeit und Neurose. Kognitive Therapie emotionaler Störungen. München (Pfeiffer) 1979.
Becker, E. (1964): The revolution in psychiatry. New York (Free Press).
Beckett, S. (1959): Waiting for Godot. London (Faber & Faber). Dt.: Warten auf Godot. Frankfurt (Suhrkamp) 1972.
Bellak, L. (1952): Manic-depressive psychosis and allied conditions. New York (Grune & Stratton).
Bemporad, J. R. (1970): New views on the psychodynamics of the depressive character. In: Arieti, S. (Hrsg.): The world biennial of psychiatry and psychotherapy, a. a. O.
– (1973): The role of the other in some forms of psychopathology. *Journal of the American Academy of Psychoanalysis*, 1, S. 367–379.
– (1976): Psychotherapy of the depressive character. *Journal of the American Academy of Psychoanalysis*, 4, S. 347–372.
Bender, L., und P. Schilder (1937): Suicidal preoccupations and attempts in children. *American Journal of Orthopsychiatry*, 7, S. 225–243.
Beres, D. (1966): Superego and depression. In: Lowenstein, R. M., L. M. Newman, M. Schur und A. J. Solnit (Hrsg.): Psychoanalysis – a general psychology. New York (International Universities Press).
Berg, J., R. Hullin und M. Allsopp (1974): Bipolar manic-depressive psychosis in early adolescence. *British Journal of Psychiatry*, 125, S. 416–418.
Berman, H. H. (1933): Order of birth in manic-depressive reactions. *Psychiatric Quarterly*, 12, S. 43.
Berner, P., H. Katschnig und W. Pöldinger (1973): What does the term »masked depression« mean? In: Kielholz, P. (Hrsg.): Masked depression. Bern (Huber). Dt.: Die larvierte Depression. Internationales Symposium, St. Moritz 1973. Hrsg. von P. Kielholz. Bern (Huber) 1973.
Bertalanffy, L. von (1956): General system theory. In: Bertalanffy, L. von, und A. Rapaport (Hrsg.): General system yearbook of the society for the advancement of general system theory. Ann Arbor (University of Michigan Press).

Bibring, E. (1953): The mechanism of depression. In: Greenacre, P. (Hrsg.): Affective disorders. New York (International Univ. Press).
Bieber, I., und T. B. Bieber (1978): Postpartum reactions in men and woman. *Journal of the American Academy of Psychoanalysis*, 6.
Bierman, J. S., A. B. Silverstein und J. E. Finesinger (1958): A depression in a six-year-old boy with poliomyelitis. *Psychoanalytic Study of the Child* 13, S. 430–450.
Bigelow, N. (1959): The involutional psychosis. In: Arieti, S. (Hrsg.): American handbook of psychiatry. Erste Aufl., Band I, a. a. O., S. 540–545.
Binswanger, L. (1963): Heidegger's analytic of existence and its meaning for psychiatry. In: L. Binswanger: Being in the World. New York (Basic Books).
Bonhoeffer, K. (1910): Die symptomatischen Psychosen im Gefolge von akuten Infektionen und inneren Erkrankungen. Leipzig (Deuticke).
Bonime, W. (1960): Depression as a practice. *Comparative Psychiatry*, 1, S. 194–198.
– (1962): The clinical use of dreams. New York (Basic Books).
– (1962): Dynamics and psychotherapy of depression. In: J. Masserman (Hrsg.): Current psychiatric therapies. New York (Grune & Stratton).
– (1976): The psychodynamics of neurotic depression. *Journal of the American Academy of Psychoanalysis*, 4, S. 301–326.
Bonime, W., und E. Bonime (im Druck): Depressive personality and affect reflected in dreams: a basis for psychotherapy. In: J. M. Natterson (Hrsg.): The dream in clinical practice. New York (Aronson).
Bowlby, J. (1958): The nature of the child's tie to his mother. *International Journal of Psycho-Analysis*, 39, S. 350–373.
– (1960 a): Grief and mourning in infancy and early childhood. *The Psychoanalytic Study of the Child*, 15, S. 9–52. New York (International Universities Press).
– (1960 b): Separation anxiety. *International Journal of Psycho-Analysis 41*, S. 89–113,
Boyd, D. A. (1942): Mental disorders associated with child-bearing. *American Journal of Obstetrics and Gynecology*, 43, S. 148–163; S. 335–349.
Braceland, F. J. (1957): Kraepelin, his system and his influence. *American Journal of Psychiatry*, 114, S. 871.
– (1966): Depression and their treatment. In: J. J. Lopes Ibor (Hrsg.): Proceedings IV, Teil 1. Madrid (World Conference on Psychiatry), S. 464.
Brenner, B. (1975): Enjoyment as a preventative of depressive affect. *Journal of Comparative Psychology*, 3, S. 346–357.
Brill, H. (1975): Postencephalitic States or conditions. In: S. Arieti (Hrsg.): American handbook of psychiatry. Zweite Aufl., Band IV, a. a. O., S. 152–165.
Brown, F. (1968): Bereavement and lack of a parent in childhood. In: E. Miller (Hrsg.): Foundations of child psychiatry. London (Pergamon).
Buber, M. (1937): Ich und Du. In: Die Schriften über das dialogische Prinzip. Heidelberg (Lambert Schneider) 1954.
Bunney, W. E., Carpenter, W. T. und K. Engelmann (1972): Brain seratonin and depressive illness. In: T. A. Williams, M. M. Katz und J. A. Shield Jr. (Hrsg.): Recent advances in the psychobiology of the depressive illnesses. Dept. of Health, Education, and Welfare, Publication No. (HSM) 70–9053.
Burton, R. (1927): The anatomy of melancholy. New York (Tudor).
Cade, J. F. (1949): Lithium salts in the treatment of psychotic excitement. *Medical Journal of Australia*, 2, S. 349–352.
Cadoret, R. J., und V. L. Tanna (1977): Genetics of affective disorders. In: G. Usdin (Hrsg.): Depression. New York (Brunner Mazel), S. 104–121.

Cameron, N. (1944): The functional psychoses. In: J. Mev. Hunt (Hrsg.): Personality and behavior disorders, Band 2. New York (Ronald Press).
Camus, A. (1942): Le mythe de Sisyphe. Paris (Gallimard). Dt.: Der Mythos von Sisyphus. Düsseldorf (Karl Rauch Verlag) 1958.
Carver, A. (1921): Notes on the analysis of a case of melancholia. *Journal of Neurology and Psychopathology*, 1, S. 320–324.
Cerletti, V., und L. Bini (1938): L'elettroshock. *Archivi generali die neurologia, psichiatria e psicoanalisi*, 19, S. 266.
Charatan, F. B. (1975): Depression in old age. *New York State Journal of Medicine*, 75, S. 2505–2509.
Chertok, L. (1969): Motherhood and personality. Psychosomatic aspects of childbirth. London (Tavistock).
Chodoff, P. (1970): The core problem in depression. In: J. Masserman (Hrsg.): Science and Psychoanalysis, Band 17. New York (Grune & Stratton).
– (1972): The depressive personality. *Archives of General Psychiatry*, 27, S. 666 bis 677.
Choron, J. (1972): Suicide. New York (Scribner's).
Cohen, M. B., Blake, G., Cohen, R. A., Fromm-Reichman, F., und E. V. Weigert (1954): An intensive study of twelve cases of manic-depressive psychosis. *Psychiatry*, 17, S. 103–138.
Committee on Nomenclature and Statistics of the American Psychiatric Association (1968): DSM-11: Diagnostic and Statistical Manual of mental disorders. Washington (American Psychiatric Association).
Coppen, A., Shaw, D. M., und J. P. Farrell (1963): Potentiation of the antidepressing effect of a monoamine oxidose inhibition by tryptophan. *Lancet*, 11, S. 79 bis 81.
Covi, L., Lipman, R. S., Derogatis, L. R. u. a. (1974): Drugs and group psychotherapy in neurotic depression. *American Journal of Psychiatry*, 131, S. 191 bis 198.
Coyne, J. C. (1976): Toward an interactional description of depression. *Psychiatry*, 39, S. 28–40.
Cytryn, L., und D. H. McKnew (1972): Proposed classification of childhood depression. *American Journal of Psychiatry*, S. 129–149.
Davidson, G. M. (1936): Concerning schizophrenia and manic-depressive psychosis associated with pregnancy and childbirth. *American Journal of Psychiatry*, 92, S. 1331.
Da Vinci, M. N. (1976): Women on women: The looking-glass novel. Denver Quarterly, 11, S. 1–13.
Dennis, W., und P. Najarian (1957): Infant development under environmental handicap. *Psychology Monographs*, 71, S. 1–13.
Despert, L. (1952): Suicide and depression in children. In: *Nervous Child*, 9, S. 378 bis 389.
Dublin, L. I. (1963): Suicide: A sociological and statistical study. New York (Ronald Press).
Durand-Fardel, M. (1855): Etude sur le suicide chez les enfants. *Annals of Medicine*, 1, S. 61–79.
Durrell, J., und J. J. Schildkraut (1966): Biochemical studies of the schizophrenic and affective disorders. In: S. Arieti (Hrsg.): American handbook of psychiatry. Erste Aufl., Band III, a. a. O.
Easson, W. H. (1977): Depression in adolescence. In: S. C. Feinstein und P. Giovacchini (Hrsg.): Adolescent psychiatry, Band 5. New York (Aronson).

Eaton, J. W., und R. J. Weil (1955 a): Culture and mental disorders. Glencoe (Free Press).
– (1955 b): The Mental health of the Hutterites. In: A. M. Rose (Hrsg.): Mental health and mental disorders. New York (Norton).
Engel, G., und F. Reichsman (1956): Spontaneous and experimentally induced depressions in an infant with gastric fistula. *Journal of the American Psychoanalytic Association*, 4, S. 428–456.
English, H. B., und A. C. English (1958): A comprehensive dictionary of psychological and psychoanalytic terms. New York, London, Toronto (Longmans, Green and Co).
English, O. S. (1949): Observations of trends in manic-depressive psychosis. *Psychiatry*, 12, S. 125.
Erikson, E. H. (1959): Identity and the life cycle. In: Psychological Issues, Band 1. New York (International Universities Press). Dt.: Identität und Lebenszyklus. Frankfurt am Main (Suhrkamp) 1970.
– (1963): Childhood and society. New York (Norton). Dt.: Kindheit und Gesellschaft. Stuttgart (Klett-Cotta) [8]1982.
Esslin, M. (1965): Das Theater des Absurden. Reinbek (Rowohlt).
Faris, R. E. L., und H. W. Dunham (1939): Mental disorders in urban areas. Chicago (University of Chicago Press).
Feinstein, S. C., und E. A. Wolpert (1973): Juvenile manic-depressive illness. *Journal of the American Academy of Child Psychiatry*, 12, S. 123–136.
Fenichel, O. (1945): The psychoanalytic theory of neurosis. New York (Norton). Dt.: Psychoanalytische Neurosenlehre. Olten, Freiburg (Walter) 1974–1977.
Fieve, R. R., Platman, S., und R. Plutchik (1968): The use of lithium in affective disorders. *American Journal of Psychiatry*, 125, S. 487–491.
Forrest, T. (1969): The combined use of marital and individual therapy in depression. *Contemporary Psychoanalysis*, 6, S. 76–83.
Frazier, S. H. (1976): Changing patterns in the management of depression. *Diseases of the Nervous System*, 37, S. 25–29.
Freud, A. (1953): Some remarks on infant observation. *The Psychoanalytic Study of the Child*, 8, S. 9–19.
– (1960): Discussion of Dr. J. Bowlby's paper. *The Psychoanalytic Study of the Child*, 15, S. 53–62.
– (1970): The symptomatology of childhood. *The Psychoanalytic Study of the Child*, 25, S. 19–41. Dt.: Die kindliche Symptomatik. In: Die Schriften der Anna Freud, Band IX, 1966–1970. München (Kindler) 1980.
Freud, S. (1900): Die Traumdeutung. Band II, III der Gesammelten Werke. Frankfurt (S. Fischer) 1961.
– (1917): Trauer und Melancholie. Band X der Ges. Werke.
– (1921): Massenpsychologie und Ich-Analyse. Band XIII der Ges. Werke, Zitat S. 125.
– (1923): Das Ich und das Es. Band XIII der Ges. Werke.
– (1927): Fetischismus. Band XIV der Ges. Werke.
– (1933): Neue Folge der Vorlesungen zur Einführung in die Psychoanalyse. Band XV der Ges. Werke, Zitat S. 66.
– (1938): Die Ichspaltung im Abwehrvorgang. Band XVII der Ges. Werke.
Fromm, E. (1941): Escape from freedom. New York (Rinehart). Dt.: Die Furcht vor der Freiheit. Zürich (Steinberg) 1945.
– (1947): Man for himself. New York (Rinehart).
Frommer, E. A. (1968): Depressive illness in childhood. In: A. Coppen und A. Walk

(Hrsg.): Recent developments in affective disorders. *British Journal of Psychiatry*, special publication No. 2, S. 117–136.
Fromm-Reichmann, F. (1949): Discussion of a paper by O. S. English. *Psychiatry*, 12, S. 133.
Gardner, J. (1977): Death by art. Some men kill you with a six-gun, some men with a pen. *Critical Inquiry* 3 (5).
Geisler, L. S. (1973): The construction of depression. *International Journal of General Psychiatry*, 10, S. 572.
Gibson, R. W. (1958): The family background and early life experience of the manic-depressive patient: a comparison with the schizophrenic patient. *Psychiatry*, 21, S. 71–90.
Gold, H. R. (1951): Observations on cultural psychiatry during a world tour of mental hospitals. *American Journal of Psychiatry*, 108, S. 462.
Goodwin, K. F., und W. E. Bunney (1973): A psychobiological approach to affective illness. *Psychiatric Annals*, 3, S. 19.
Gove, W. R. (1972): The relationship between sex roles, marital status and mental illness. *Social Focus*, 51, S. 36–66.
– (1973): Sex, marital status, and mortality. *American Journal of Sociology*, 79, S. 45–67.
Green, A. W. (1946): The middle-class male child and neurosis. *American Sociological Review*, 11, S. 31–41.
Greenspan, K., Aronoff, M., und D. Bogdansky (1970): Effect of lithium carbonate on turnover and metabolism of norepinephrine. *Pharmacology*, 3, S. 129–136.
Group for the Advancement of Psychiatry (1975): Pharmacotherapy and psychotherapy: paradoxes, problems and progress, Band IX. New York.
Gutheil, E. A. (1959): Reactive depressions. In: S. Arieti (Hrsg.): American handbook of psychiatry. Erste Aufl., Band I, a. a. O., S. 345–352.
Guyton, A. C. (1972): Structure and function of the nervous system. Philadelphia (W. B. Saunders).
Hauri, P. (1976): Dreams in patients remitted from reactive depression. *Journal of Abnormal psychology*, 85, S. 1–10.
Helgason, T. (1964): Epidemiology of mental disorders in Iceland. *Acta Psychiatrica Scandinavia*, 40.
Hempel, J. (1937): Die vegetativ-dystone Depression. *Nervenarzt*, 10, S. 22.
Hendin, M. (1975): Growing up dead: student suicide. *American Journal of Psychotherapy*, 29, S. 327–338.
Herzog, A., und T. Detre (1976): Psychotic reactions associated with childbirth. *Diseases of the Nervous System*, 37, S. 229–235.
Hinsie, L. E., und R. J. Campbell (1960): Psychiatric dictionary. New York (Oxford University Press).
Horney, K. (1945): Our inner conflicts. New York (Norton). Dt.: Unsere inneren Konflikte. Frankfurt (Fischer – Geist und Psyche).
– (1950): Neurosis and human growth. New York (Norton). Dt.: Neurose und menschliches Wachstum. Frankfurt (Fischer – Geist und Psyche).
Jacobson, E. (1946): The effect of disappointment on ego and superego formation in normal and depressive development. *Psychoanalytic Review*, 33, S. 129 bis 147.
– (1961): Adolescent moods and the remodeling of psychic structures in adolescence. *Psychoanalytic Study of the Child*, 16, S. 164–183.
– (1971): Depression. New York (International Universities Press). Dt.: Depression. Frankfurt (Suhrkamp) 1977.

– (1975): The psychoanalytic treatment of depressive patients. In: E. J. Anthony und T. Benedek (Hrsg.), a. a. O.
Jaspers, K. (1925): Allgemeine Psychopathologie. Berlin (Springer).
Jelliffe, S. E. (1931): Some historial phases of the manic-depressive synthesis. In: Manic-depressive psychosis. Applied research in nervous and mental disease, Band XI. Baltimore (Williams & Wilkins).
Joffe, W. G., und J. Sandler (1965): Notes on pain, depression, and individualism. *Psychoanalytic Study of the Child,* 20, S. 394–424.
Jones, E. (1955): Sigmund Freud: life and work, Band II. New York (Basic Books). Dt.: Das Leben und Werk von Sigmund Freud. Stuttgart (Huber) 1960.
Katz, S. E. (1934): The family constellation as a predisposing factor in psychosis. *Psychiatric Quarterly,* 8, S. 121.
Kielholz, P. (Hrsg., 1972): Depressive illness. Bern (Huber).
– (Hrsg., 1973): Masked depression. Bern (Huber). Dt.: Die larvierte Depression. Bern (Huber) 1973.
Kierkegaard, S. (Original 1843 und 1849): Die Krankheit zum Tode. Düsseldorf (Eugen Diederichs Verlag) 1957. Zitat S. 15 und 15/16.
Klaus, M. H., und J. H. Kennell (1976): Maternal-infant bonding. St. Louis (Mosby).
Klein, D. F. (1974): Endogenomorphic depression. *Archives of General Psychiatry,* 31, S. 447–454.
Klein, M. (1940): Mourning and its relation to manic-depressive states. In: M. Klein (Hrsg.): Contributions to psychoanalysis, 1921–1945. London (Hogarth Press). Dt.: Die Trauer und ihre Beziehung zu manisch-depressiven Zuständen. In: M. Klein: Das Seelenleben des Kleinkindes. Stuttgart (Klett-Cotta)[2]1983.
Klerman, G. L., Dimascio, A., Weissman, M., u. a. (1974): Treatment of depression by drugs and psychotherapy. *American Journal of Psychiatry,* 131, S. 186–191.
Körner, O. (1929): Die ärztlichen Kenntnisse in Ilias und Odyssee. München (J. F. Bergmann).
Kohlberg, L. (1969): Stage and sequence: The cognitive-developmental approach to socialization. In: D. A. Goslin (Hrsg.): Handbook of socialization theory and research. Chicago (Rand McNally).
Kolb, L. C. (1956): Psychotherapeutic evolution and its implications. *Psychiatric Quarterly,* 30, S. 1–19.
– (1959): Persönliche Mitteilung
Kovacs, M. (1976): Vortrag auf der »working conference to critically examine DMS-111 in midstream«. St. Louis: 10.–12. Juni.
Kraepelin, E. (1921): Manic-depressive insanity and paranoia. Edinburgh (Livingstone).
Kuhn, T. S. (1962): The structure of scientific revolutions. Chicago (University of Chicago Press). Dt.: Die Struktur wissenschaftlicher Revolutionen. Frankfurt (Suhrkamp) 1973.
Kurland, H. D. (1964): Steroid excretion in depressive disorders. *Archives of General Psychiatry,* 10, S. 554.
Kurland, M. L. (1976): Neurotic depression: an empirical guide to two specific drug treatments. *Diseases of the Nervous System,* 37, S. 424–431.
Landis, C., und J. D. Page (1938): Society and mental disease. New York (Rinehart).
Laplanche, J., und J. B. Pontalis (1973): The language of psychoanalysis. New York (Norton). Dt.: Das Vokabular der Psychoanalyse. Frankfurt (Suhrkamp) 1977.

Leeper, R. W. (1948): A motivational theory of emotion to replace »emotion as disorganized response.« *Psychiatric Review*, 55, S. 5–21.

Lemke, R. (1949): Über die vegetative Depression. *Psychiat. Neurol. und Psychol.*, 1, S. 161.

Lesse, S. (Hrsg., 1974 a): Masked depression. New York (Aronson).

– (1974 b): Psychotherapy in combination with antidepressant drugs in patients with severe masked depression. *American Journal of Psychotherapy*, 31, S. 185–203.

Levine, S. (1965): Some suggestions for treating the depressed patient. *Psychoanalytic Quarterly*, 34, S. 37–65.

Levy, D. (1937): Primary affect hunger. *American Journal of Psychiatry*, 94, S. 643–652.

Lewinsohn, P. M. (1969): Depression: a clinical research approach. (Unveröff. Manuskript, zitiert bei Coyne 1976).

Lewis, A. (1934): Melancholia: a historical review. *Journal of Mental Science*, 80, S. 1.

Lindemann, E. (1944): The symptomatology and management of acute grief. *American Journal of Psychiatry*, 101, S. 141.

Loevinger, J. (1976): Ego development. San Francisco (Jossey-Bass).

Lopez Ibor, J. J. (1966): Las neurosis como enfermedades del animo. Madrid (Gedos).

– (1973): Masked depression and depressive equivalents. (Zitiert in P. Kielholz: Masked depression, a. a. O.).

Lorand, S. (1937): Dynamics and therapy of depressive states. *Psychoanalytic Review*, 24, S. 337–349.

Lorenz, M. (1953): Language behavior in manic patients. A qualitative study. *Archives of Neurology and Psychiatry*, 69, S. 14.

Lorenz, M., und S. Cobb (1952): Language behavior in manic patients. *Archives of Neurology and Psychiatry*, 67, S. 763.

Luria, A. R. (1966): Higher cortical functions in man. New York (Basic Books). Dt.: Die höheren kortikalen Funktionen des Menschen. Berlin (VEB Deutscher Verlag der Wissenschaften) 1970.

– (1973): The working brain. An introduction to neuropsychology. New York (Basic Books).

McCabe, M. S. (1975): Demographic differences in functional psychosis. *British Journal of Psychiatry*, 127, S. 320–323.

McConville, B. J., Boag, L. C., und A. P. Purohit (1973): Three types of childhood depression. *Canadian Psychiatric Association Journal*, 18, S. 133–138.

McLean, P. D. (1959): The limbic system with respect to two basic life principles. In: M. A. B. Brazier (Hrsg.): The central nervous system and behavior. New York (Macy).

Mahler, M. (1961): Sadness and grief in childhood. *Psychoanalytic Study of the Child*, 16, S. 332-351.

– (1966): Notes on the development of basic moods: the depressive affect. In: R. M. Lowenstein, L. M. Newman, M. Schur und A. J. Solnit (Hrsg.): Psychoanalysis – a general psychology. New York (International Universities Press), S. 152–160.

– (1968): On human symbiosis and the vicissitudes of individuation. New York (International Universities Press). Dt.: Symbiose und Individuation. Bd. 1: Psychosen im frühen Kindesalter. Stuttgart (Klett-Cotta) [2]1979.

Malmquist, C. (1971): Depression in childhood and adolescence. *New England Journal of Medicine*, 284, S. 887–893; 955–961.

Malzberg, B. (1937): Is birth order related to incidence of mental disease? *American Journal of Physical Anthropology*, 24, S. 91.
– (1940): Social and biological aspects of mental disease. Utica, New York (State Hospital Press).
Mandell, A. J., und D. S. Segal (1975): Neurochemical aspects of adaptive regulation in depression: failure and treatment. In: E. J. Anthony und T. Benedek (Hrsg.), a. a. O.
Maranon, G. (1954): Climacteric: the critical age in the male. In: A. M. Krich (Hrsg.): Men: the variety and meaning of their sexual experiences. New York (Dell).
Mattson, A., L. R. Sesse, und J. W. Hawkins (1969): Suicidal behavior as a child psychiatric emergency. *Archives of General Psychiatry*, 10, S. 100–109.
Mendels, J. (1974): Biological aspects of affective illness. In: S. Arieti (Hrsg.): American Handbook of psychiatry. Zweite Aufl., Band III, a. a. O., S. 491–523.
Mendels, J., Stern, S., und A. Frazer (1976): Biological concepts of depression. In: D. M. Gallant und G. M. Simpson (Hrsg.): Depression. New York (Spectrum Publications), S. 19–76.
Mendelson, M. (1974): Psychoanalytic concepts of depression. New York (Spectrum Publications).
Messina, F., Agallianos, D., und C. Clower (1970): Dopamine excretion in affective states and following Li_2Co_3therapy. *Nature*, 225, S. 868–869.
Meyer, A. (1908 a): The role of the mental factors in psychiatry. *American Journal of Insanity*, 65, S. 39.
– (1908 b): The problems of mental reaction – types, mental causes and diseases. *Psychological Bulletin*, 5, S. 265.
Miller, J. B. (1976): Toward a new psychology of women. Boston (Beacon Press).
Miller, W. R., und M. E. P. Seligman (1976): Learned helplessness, depression, and the perception of reinforcement. *Behavioral Research and Therapy*, 14, S. 7–17.
Minkowski, E. (1958): Findings in a case of schizophrenic depression. In: R. May (Hrsg.): Existence. New York (Basic Books).
Mitscherlich, A., und M. Mitscherlich (1967): Die Unfähigkeit zu trauern. München (R. Piper & Co.).
Moulton, R. (1973): Sexual conflicts of contemporary women. In: E. G. Wittenberg (Hrsg.): Interpersonal explorations in psychoanalysis. New York (Basic Books).
Munn, N. L. (1946): Psychology: the fundamentals of human adjustment. New York (Houghton-Mifflin).
Murphy, H. B. M., Wittkower, E. D., und N. A. Chance (1967): Cross-cultural inquiry into the symptomatology of depression: a preliminary report. *International Journal of Psychiatry*, 3, S. 6–15.
Nagy, M. H. (1959): The child's view of death. In: H. Feifel (Hrsg.): The meaning of death. New York (McGraw-Hill).
Neal, J. B. (Hrsg., 1942): Encephalitis: a clinical study. New York (Grune & Stratton).
Odegard, O. (1963): The psychiatric disease entities in the light of genetic investigation. *Acta Psychiatrica Scandinavia* (Suppl.), 169, S. 94–104.
Olds, J., und P. Milner (1954): Positive reinforcement produced by electrical stimulation of septal area and other regions of rat brain. *Journal of Comparative Physiology and Psychology*, 47, S. 419–427.
Oswald, I., Brezinova, J., und D. L. F. Dunleavy (1972): On the slowness of action of tricyclic antidepressant drugs. *British Journal of Psychiatry*, 120, S. 673.

Palmer, H. D., und S. H. Sherman (1938): The involutional melancholic process. *Archives of Neurology and Psychiatry*, 40, S. 762–788.
Papez, J. W. (1937): A proposed mechanism of emotion. *Archives of Neurology and Psychiatry*, 38, S. 725–743.
Parkes, C. M. (1964): The effects of bereavement on physical and mental health: a study of the case records of widows. *British Medical Journal*, 2, S. 276.
– (1965): Bereavement and mental illness. *British Journal of Medical Psychology*, 38, S. 1–25.
– (1972): Bereavement: Studies of grief in adult life. New York (International Universities Press).
– (1973): Separation anxiety: an aspect of the search for the lost object. In: R. J. Weiss (Hrsg.): Loneliness. The experience of emotional and social isolation. Cambridge (MIT Press).
Parker, S. (1962): Eskimo psychopathology in the context of eskimo personality and culture. *American Anthropologist*, 64, S. 76–96.
Perris, C. (1966): A study of bipolar (manic-depressive) and unipolar recurrent depressive psychosis. *Acta Psychiatrica Scandinavia* (Suppl.), 194, S. 42.
– (1976): Frequency and hereditary aspects of depression. In: D. M. Gallant und G. M. Simpson (Hrsg.): Depression. New York (Spectrum Publications).
Piaget, J. (1932): The moral judgement of the child. New York (Free Press). Dt.: Das moralische Urteil beim Kinde. Frankfurt (Suhrkamp) 1973.
– (1951): Play, dreams and imitation in childhood. New York (Norton). Dt.: Nachahmung, Spiel und Traum. Stuttgart (Klett-Cotta) 1975.
– (1952): The origins of intelligence in children. New York (International Universities Press). Dt.: Das Erwachen der Intelligenz beim Kinde. Stuttgart (Klett-Cotta) ²1973.
Pollock, H. M., Malzberg, B., und R. G. Fuller (1939): Hereditary and environmental factors in the causation of manic-depressive psychosis and dementia praecox. Utica, New York (State Hospital Press).
Poznanski, E., und J. P. Zrull (1970): Childhood depression: clinical characteristics of overtly depressed children. *Archives of General Psychiatry*, 23, S. 8–15.
Poznanski, E., Krähenbühl, V., und P. Zrull (1976): Childhood depression: a longitudinal perspective. *Journal of the American Academy of Child Psychiatry*, 15, S. 491–501.
Prange, A. J., und I. C. Wilson (1972): Thyrotropin Releasing Hormone (TRH) for the immediate relief of depression: a preliminary report. *Psychopharmacology*, 26 (Suppl.).
Prange, A. J., Wilson, I. C., und A. M. Rabon (1969): Enhancement of imipramine antidepressant activity by thyroid hormone. *Am. J. Psychiatry*, 126, S. 457.
Prange, A. J. (1973): The use of drugs in depression: its theoretical and practical basis. *Psychiatric Annals*, 3, S. 56.
Protheroe, C. (1969): Puerperal psychoses: a long-term study 1927–1961. *British Journal of Psychiatry*, 115, S. 9–30.
Rado, S. (1956, Original 1927): The problem of melancholia. In: S. Rado: Collected papers, Band I. New York (Grune & Stratton).
– (1951): Psychodynamics of depression from the etiologic point of view. *Psychosomatic Medicine*, 13, S. 51–55.
Raskin, A. (1974): A guide for drug use in depressive disorders. *American Journal of Psychiatry*, 131, S. 181–185.
Redmond, D. E., Mass, J. W., und A. King (1971): Social behavior of monkeys selectively depleted of monoamines. *Science*, 174, S. 428–431.

Rennie, T. A. L. (1942): Prognosis in manic-depressive psychosis. *American Journal of Psychiatry*, 98, S. 801.

Rie, H. E. (1966): Depression in childhood: a survey of some pertinent contributions. *Journal of the American Academy of Child Psychiatry*, 5, S. 653–685.

Riesman, D., Glazer, N., und R. Denney (1950): The lonely crowd. New Haven (Yale University Press). Dt.: Die einsame Masse. Darmstadt–Berlin–Neuwied (Hermann Luchterhand) 1956.

Rochlin, G. (1959): The loss complex. *Journal of the American Psychoanalytic Association*, 7, S. 299–316.

Rosenthal, S. H. (1968): The involutional depressive syndrome. *American Journal of Psychiatry* (Suppl.), 124, S. 21–35.

– (1974): Involutional depression. In: S. Arieti (Hrsg.): American handbook of psychiatry. Zweite Aufl., Band III, a. a. O., S. 694–709.

Russell, B. (1967): The autobiography of Bertrand Russell: the early years. New York (Bantam).

Sachar, E., Hellman, L., und T. F. Gallagher (1972): Cortical Production in depression. In: T. A. Williams, M. M. Katz und J. A. Shield (Hrsg.): Recent advances in the psychobiology of the depressive illnesses. Department of Health, Education, and Welfare, Publication No. (HSM) 70–9053.

Sapirstein, S. L., und M. R. Kaufman (1966): The higher they climb, the lower they fall. *Journal of the Canadian Psychiatric Association*, 11, S. 229–304.

Salzman, L., und J. H. Masserman (1962): Modern concepts of psychoanalysis. New York (Philosophical Library).

Sandler, J., und W. G. Joffe (1965): Notes on childhood depression. *International Journal of Psychoanalysis*, 46, S. 88–96.

Schilder, P., und D. Wechsler (1934): The attitudes of children toward death. *Journal of Genetic Psychology*, 45, S. 406–451.

Schildkraut, J. J. (1965): The catecholamine hypothesis of affective disorders: a review of supporting evidence. *American Journal of Psychiatry*, 122, S. 509–522.

– (1975): Depression and biogenic amines. In: D. Hamburg und H. K. H. Brodie (Hrsg.): American handbook of psychiatry, Band 6. New York (Basic Books).

Schoenberg, B., Gerber, I., Wiener, A., Kutscher, A. H., Peretz, D., und Carrac (Hrsg., 1975): Bereavement: its psychological aspects. New York (Columbia University Press).

Schopenhauer, A. (o. J.): Die Welt als Wille und Vorstellung. Leipzig (Philipp Reclam). Zitat Band II, S. 508.

Segal, H. (1964): Introduction to the work of Melanie Klein. London (Heinemann.) Dt.: Melanie Klein. Eine Einführung in ihr Werk. München (Kindler) 1974.

Seiden, R. H. (1969): Suicide among youth. *Bulletin of Suicidology* (Suppl.).

Seligman, M. (1975): Helplessness. San Francisco (W. H. Freeman). Dt.: Erlernte Hilflosigkeit. München (Urban & Schwarzenberg) 1979.

Seligman, M., und S. Maier (1967): Failure to escape traumatic shock. *Journal of Experimental Psychology*, 74, S. 1–9.

Shaffer, D. (1974): Suicide in childhood and early adolescence. *Journal of Child Psychology and Psychiatry*, 15, S. 275–291.

Shambaugh, B. (1961): A study of loss reactions in a seven-year-old. *Psychoanalytic Study of the Child*, 16, S. 510–522.

Silverberg, W. (1952): Childhood experience and personal destiny. New York (Springer).

Slipp, S. (1976): An intrapsychic-interpersonal theory of depression. *Journal of the American Academy of Psychoanalysis*, 4, S. 389–410.

Smith, A., Troganza, E., und G. Harrison (1969): Studies on the effectiveness of antidepressant drugs. *Psychopharmacology Bulletin* (Special issue).

Smythies, J. (1973): Psychiatry and neurosciences. *Psychological Medicine*, 3, S. 267–269.

Sperling, M. (1959): Equivalents of depression in children. *Journal of Hillside Hospital*, 8, S. 138–148.

Spiegel, R. (1959): Specific problems of communication in psychiatric conditions. In: S. Arieti (Hrsg.): American handbook of psychiatry. Erste Auflage, Band I, a. a. O., S. 909–949.

– (1960): Communication in the psychoanalysis of depression. In: J. Masserman (Hrsg.): Psychoanalysis and human values. New York (Grune & Stratton).

– (1965): Communication with depressive patients. *Contemporary Psychoanalysis*, 2, S. 30–35.

Spitz, R. (1946): Anaclitic depression. *Psychoanalytic Study of the Child*, 5, S. 113 bis 117. Dt.: Anaklitische Depression. In: G. Bittner und J. Schmidt-Zords (Hrsg.): Erziehung in früher Kindheit. München (Piper) 1968.

Strecker, E. A., und F. Ebaugh (1926): Psychoses occurring during the puerperium. *Archives of Neurology and Psychiatry*, 15, S. 239.

Strongin, E. I., und L. E. Hinsie (1938): Parotid gland secretions in manic-depressive patients. *American Journal of Psychiatry*, 96, S. 14–59.

Sullivan, H. S. (1940): Conceptions of modern psychiatry. New York (Norton).

– (1953): The interpersonal theory of psychiatry. New York (Norton). Dt.: Die interpersonale Theorie der Psychiatrie. Frankfurt am Main (S. Fischer) 1980.

Szalita, A. B. (1966): Psychodynamics of disorders of the involutional age. In: S. Arieti (Hrsg.): American handbook of psychiatry. Erste Aufl., Band III, a. a. O., S. 66–87.

– (1974): Grief and bereavement. In: S. Arieti (Hrsg.): American handbook of psychiatry. Zweite Aufl., Band I, a. a. O., S. 673–684.

Taulbee, E. S., und H. W. Wright (1971): A psychosocial-behavioral model for therapeutic intervention. In: C. D. Spielberger (Hrsg.): Current topics in clinical and community psychology, Band 3. New York (Academic Press).

Tellenbach, H. (1974): Melancholie. Problemgeschichte-Endogenität-Typologie-Pathogenese-Klinik. Berlin (Springer).

Thomas, A., Chess, S., und H. G. Birch (1968): Temperament and behavior disorders in children. New York (New York University Press).

Thompson, C. M. (1930): Analytic observations during the course of a manic-depressive psychosis. *Psychoanalytic Review*, 17, S. 240.

Thompson, R. J., und F. H. Schindler (1976): Embryonic mania. *Child Psychiatry and Human Development*, 7, S. 149–154.

Titley, W. B. (1936): Prepsychotic personality of involutional melancholia. *Archives of Neurology and Psychiatry*, 36, S. 19–33.

Toolan, J. M. (1962): Depression in children and adolescents. *American Journal of Orthopsychiatry*, 32, S. 404–415.

Tupin, J. P. (1972): Effect of lithium and sodium and body weight in manic-depressives and normals. In: T. A. Williams, M. M. Katz und J. A. Shield (Hrsg.): Recent advances in the psychobiology of the depressive illnesses. Department of Health, Education, and Welfare, Publication No. (HSM) 70–9053.

Veith, I. (1970): Elizabethans on melancholia. *Journal of the American Medical Association*, 212, S. 127.

Wainwright, W. H. (1966): Fatherhood as a precipitant of mental illness. *American Journal of Psychiatry*, 123, S. 40–44.
Warneke, L. (1975): A case of manic-depressive illness in childhood. *Canadian Psychiatric Association Journal*, 20, S. 195–200.
Weinberg, W. A., Rutman, J., und L. Sullivan (1973): Depression in children referred to an educational diagnostic center: diagnosis and treatment. *Journal of Pediatrics* 83, S. 1065–1072.
Weiner, I. B. (1970): Psychological disturbance in adolescence. New York (Wiley).
Weiss, J. M. A. (1957): The gamble with death in attempted suicide. *Psychiatry*, 20, S. 17.
– (1974): Suicide. In: S. Arieti (Hrsg.): American handbook of psychiatry. Zweite Aufl., Band III, a. a. O., S. 763, 765.
Weissman, M. M., und G. L. Klerman (1977): Sex differences and the epidemiology of depression. *Archives of General Psychiatry*, 34, S. 98–111.
Weissman, M. M., Klerman, G. L., Payhel, E. S., u. a. (1974): Treatment effects on the social adjustment of depressed patients. *Archives of General Psychiatry*, 30, S. 771–778.
Weissman, M. M., Prusoff, B. A. und G. L. Klerman (1975): Drugs and psychotherapy in depression revisited. *Psychopharmacology Bulletin*, 11, S. 39–41.
Werner, H. (1948): The comparative psychology of mental development. New York (International Universities Press).
Whittier, J. R. (1975): Mental disorders with Huntington's chorea. Clinical aspects. In: S. Arieti (Hrsg.): American handbook of psychiatry. Zweite Aufl., Band IV, a. a. .O., S. 412–417.
Winnicott, D. W. (1953): Transitional objects and transitional phenomena. *International Journal of Psycho-Analysis*, 34. Dt.: Übergangsobjekte und Übergangsphänomene. *Psyche*, 23, 1969, S. 666–682.
Winokur, G., (1973): Depression in the menopause. *American Journal of Psychiatry*, 130, S. 92–93.
Winokur, G., Cadoret, R., Dorzab, J., und M. Baker (1971): Depressive disease. A genetic study. *Archives of General Psychiatry*, 25, S. 135–144.
Wolfgang, M. E. (1959): Suicide by means of victim-precipitated homocide. *Journal of Clinical and Experimental Psychology*, 20, S. 335–349.
Wolman, B. B. (1973): Dictionary of behavioral science. New York (Van Nostrand).
Woodworth, R. S. (1940): Psychology. New York (Holt).
Zetzel, E. R. (1965): Depression and its incapacity to bear it. In: M. Schur (Hrsg.): Drives, affects, behavior, Band 2. New York (International Universities Press).
Zilboorg, G. (1928): Malignant psychoses related to childbirth. *American Journal of Obstetrics and Gynecology*, 15, S. 145–158.
– (1929): The dynamics of schizophrenic reactions related to pregnancy and childbirth. *American Journal of Psychiatry*, 8, S. 733–767.
– (1931): Depressive reactions related to parenthood. *American Journal of Psychiatry*, 87, S. 927–962.
– (1941): A history of medical psychology. New York (Norton).
– (1944): Manic-depressive psychoses. In: S. Lorand (Hrsg.): Psychoanalysis today. New York (International Universities Press).

Personenregister

■■■■ Patientenregister ■■■■

■ ■ ■ ■ Sachregister ■ ■ ■ ■

Wolfgang Wesiack

Psychoanalyse und praktische Medizin

Grundzüge der Neurosenlehre, Psychotherapie
und psychosomatischen Medizin
1980. 352 Seiten, Register, Bibliographie, kart.
ISBN 3-12-908740-0

Noch vor wenigen Jahren wäre es kaum möglich gewesen, ein Buch über die Beziehungen zwischen Psychoanalyse und praktischer Medizin zu schreiben. Denn solche Beziehungen gab es, abgesehen von mehr oder weniger polemischen gegenseitigen Vorwürfen, jahrzehntelang überhaupt nicht. Inzwischen ist – trotz allen Widerständen – ein sachlicher Diskussions- und Rezeptionsprozeß in Gang gekommen. Dieser wird durch die neue Approbationsordnung für Ärzte noch gefördert, die mittlerweile auch von den Medizinstudenten Grundkenntnisse in Psychotherapie und psychosomatischer Medizin verlangt. Gefehlt hat bislang ein Leitfaden, der das vom Lernzielkatalog geforderte Wissen für die ärztliche Praxis verfügbar macht. Das vorliegende Buch schließt diese Lücke.

Der Autor vermittelt den Lesern – in erster Linie Medizinstudenten, Ärzten, klinischen Psychologen – jene Elemente der psychoanalytischen Theorie und ihrer praktischen Anwendung, ohne deren Kenntnis ein großer Teil der Patienten in Praxis und Klinik nicht sinnvoll behandelt werden. Es geht ihm nicht darum, den Organmediziner durch den Psychologen oder Psychoanalytiker zu ersetzen, und aus allen Ärzten »Minipsychoanalytiker« zu machen. Es geht ihm darum, angehenden wie praktizierenden Ärzten zu zeigen, daß der verstehend-einfühlende Zugang zum Patienten diagnostische und therapeutische Möglichkeiten eröffnet, die eine rein objektivierend-naturwissenschaftliche Einstellung zunehmend verstellt hat.

Klett-Cotta